国家社会科学基金项目／上海市重点图书
上海市促进文化创意产业发展财政扶持资金资助项目

A Research of
China's Accounting System from 1949

新中国会计制度发展演变研究

付 磊 等著

立信会计出版社
LIXIN ACCOUNTING PUBLISHING HOUSE

图书在版编目(CIP)数据

新中国会计制度发展演变研究 / 付磊等著. —上海：立信会计出版社，2020.12
 ISBN 978-7-5429-6656-8

Ⅰ.①新… Ⅱ.①付… Ⅲ.①会计制度-研究-中国 Ⅳ.①F233.2

中国版本图书馆 CIP 数据核字(2020)第 246241 号

策划编辑	孙 勇
责任编辑	孙 勇
封面设计	南房间

新中国会计制度发展演变研究
Xinzhongguo Kuaiji Zhidu Fazhan Yanbian Yanjiu

出版发行	立信会计出版社			
地　　址	上海市中山西路 2230 号	邮政编码	200235	
电　　话	(021)64411389	传　　真	(021)64411325	
网　　址	www.lixinaph.com	电子邮箱	lixinaph2019@126.com	
网上书店	http://lixin.jd.com		http://lxkjcbs.tmall.com	
经　　销	各地新华书店			
印　　刷	上海中华印刷有限公司			
开　　本	787 毫米×1092 毫米	1/16		
印　　张	42.5	插　　页	4	
字　　数	804 千字			
版　　次	2020 年 12 月第 1 版			
印　　次	2020 年 12 月第 1 次			
书　　号	ISBN 978-7-5429-6656-8/F			
定　　价	118.00 元			

如有印订差错，请与本社联系调换

编 写 说 明

(1) 本书所称会计制度,指的是全国性的规范会计工作的各种规则,包括会计法律(不包括商法、民法、国有资产法及相关条例中与会计有关的规定)、会计行政法规、会计行政规章、会计核算制度、会计准则及其他与会计工作相关的规定、办法、通知、指导意见等。

(2) 由于篇幅和精力的限制,本书所涉及的会计制度只限财政部门制定和审批的会计制度,不涉及财务管理制度和其他部门(如国家审计部门、市场监管部门)制定的制度。

(3) 本书所涉及的会计制度只限公开发布的制度,不含草稿、征求意见稿等非正式的规定。

(4) 新中国成立以来颁布的会计制度数量较大,本书选择具有较大影响和带有标志性的会计制度进行介绍和分析。

(5) 各会计制度的生效时间,以该制度的公布日为准,且只列制度的公布日期。

(6) 本书涉及的会计制度的时间范围自 1949 年至 2018 年。

(7) 本书按公认的新中国经济发展特征划分历史时期,不按照各类会计(企业会计、预算会计、注册会计师、内部控制、会计信息化、会计组织)的发展特征划分历史时期,即国民经济恢复时期(1949—1953 年)、计划经济体制形成初期(1954—1957 年)、经济冒进时期(1958—1960 年)、国民经济调整与发展时期(1961—1965 年)、国民经济挫折时期(1966—1977 年)[①]、向市场经济转轨时期(1978—1991 年)、市场经济建立时期(1992—2001 年)、转变经济增长方式时期(2002—2018 年)。这样处理,一是便于更好地将会计制度与其所产生的经济环境结合起来,体现会计制度变化的经济背景;二是各类会计的发展特征不尽相同,这样处理容易协调各类会计发展演变之间的关系,保持历史期间的一致性。

---

① 1976 年"文化大革命"结束,1978 年改革开放开始,本书将 1977 年划入国民经济挫折时期。

（8）企业会计制度部分只介绍工业会计制度，其他行业的会计制度不再提及。这是因为尽管各类企业会计有所差异，但这些差异并不导致各类企业会计基本模式及确认、计量等方面出现重大不同，各类企业会计之间不存在重大差异，有可能以工业会计制度作为各类企业会计制度的代表。这也是历史上各类企业往往参照工业企业会计制度制定本行业会计制度的原因。再有，新中国历史上按照行业划分的企业会计制度很多，本书难以一一介绍各类企业的会计制度；况且有些行业的会计制度很难收集，特别是新中国早期的分行业企业会计制度收集工作困难更大，无法将各类企业会计制度全部收集完整。由于存在这些考虑和现实困难，与其粗糙、不完整地介绍各类企业的会计制度，不如详细地介绍工业企业的会计制度，以工业企业会计制度的发展过程为典型，勾画新中国企业会计制度的发展脉络。

前　言

　　会计制度体现着会计工作的基本内容和方法，了解了会计制度的发展，也就了解了会计工作的基本发展状况。回顾新中国会计制度的发展历程，旨在通过梳理会计制度的前后变化，表现新中国会计工作的发展过程。

　　新中国会计制度的发展过程与社会经济的发展密不可分、息息相关，是社会经济发展的反映。因此，我们按照新中国社会经济发展的过程和阶段描绘会计制度的发展过程。

　　新中国的经济发展历程曲折反复，经历了不同的阶段和时期。首先，改革开放前与改革开放后是两个不同的阶段。改革开放前主要执行计划经济，改革开放后逐步放弃计划经济，转向市场经济。改革开放前后的经济发展和经济模式有着巨大的不同，表现出了极大的差异。其次，在改革开放前和改革开放后的两个阶段内，经济发展也并非始终一样，而是各有若干不同的期间，每个期间呈现不同的特点。这样说来，新中国的经济发展大致可以分为如下几个历史时期：国民经济恢复时期(1949—1953年)、计划经济体制形成初期(1954—1957年)、国民经济冒进时期(1958—1960年)、国民经济调整与发展时期(1961—1965年)、国民经济挫折时期(1966—1977年)、向市场经济转轨时期(1978—1991年)、市场经济建立时期(1992—2001年)、转变经济增长方式时期(2002—2018年)。在新中国经济发展的各个时期，会计制度随着经济的发展而变化。

　　新中国的国民经济恢复时期，指的是1949—1953年。这一时期，新中国刚刚成立，重要的任务是恢复被战争破坏了的经济，巩固新生政权。为了迅速发展经济，新中国实行了中央集权、统一管理经济资源、统一财经体制的策略，而统一财经体制的一项重要工作是建立统一会计制度。因此，这一时期会计制度建设的核心是建立统一会计制度，包括统一的国营企业会计制度和统一的预算会计制度，如1950—1951年陆续出台的中央各企业主管部门企业会计制度、总预算会计制度和单位预算会计制度、《国营企业统一会计簿籍、填制会计凭证办法》等。这一时期建立的会计制度，是新中国最早的一批会计制度，也是中国有史以来实施范围最广的现代会计制度。这些会计制度的公布与执行，改变了旧中国会计落后的局面，使现代会计在新中国全面推行，传统中式会计从此退出了历史舞台，完成了中国传统中式会计向现代会计的转化，实现了中国会计发展史上的重大转折。这一时期建立的会计制度还实现了会计的全国统一，从而结束了几千年来中国会计杂乱无章的局面。在新中国成立以前，我国尽管也有一些统一的会计制度，但执行范围只限于政府部门和部分政府经营的企业，广大民间企业会计落后、混乱并缺乏统一性。新中国在成立初期，凭借对经济资源的统一管理和统一财经体制，建立起了政府和国营企业的统一会计制度，并在短期内推广到其他企业（如公私合营企业），基本实现了全国的会计统一。会计的统一有着重要的意义。进入工业化社会之后，会计已经不是一家一户企业的个体行为，而是负有社会责任，即向会计信息使用者提供有用的决策信息，引导社会资金优化配置。会计这一作用的发挥，有赖于统一的会计。这是因为只有统一的会计才能使会计信息具有统一的标准，各企业的会计数据才具有可比性，会计信息使用者才能够凭借会计信息判断企业经营的优劣，否则会计的决策有用性无以实现。因此，统一会计是现代会计发挥作用，实现会计目标的前提，也是衡量会计先进性、合理性的标志之一。这一时期会计制度的另外一个贡献，是为新中国此后的会计制度建设搭建了框架，此后的会计制度便是在这一时期会计制度的基础上发展起来的。

在经济得到恢复和国营经济在国民经济中的地位得到巩固后，新中国开始转向计划经济体制。1954—1957年是新中国计划经济体制形成的初期。推行计划经济体制必然要求会计制度的配合。为了使会计更好地适应计划经济的需要，就要加强经济核算，还要加大向苏联的学习力度。这一时期颁布的《国营工业企业基本业务标准账户计划》《国营工业企业基本业务统一会计报表格式和说明》《国营工业企业凭单日记账核算形式标准账簿格式和使用说明》等企业会计制度，就是学习苏联会计的代表。全面学习苏联会计的做法，尽管使会计制度有繁琐和形式主义的缺陷，但也一定程度地促进了中国会计的进步，加快了会计制度建设。这一时期在前一时期初步建立统一会计制度的基础上，通过制定或修订各种会计制度，如制定统一的企业基本业务标准账户计划和会计报表格式，以及修改总预算会计制度和单位预算会计制度等方式，提高了会计核算的质量，细化了会计核算的内容，加强了经济核算。

1958—1960年的经济冒进，使新中国的经济发展遭受挫折。导致经济冒进的"左"倾政治同样影响了新中国的会计，一场以"简化、放权"为目的的"改革"，冲击了建立不久的会计制度，企业会计制度和预算会计制度均被大幅削减，没有削减的也被尽量地简化。"简化、放权"的结果，使会计工作无章可循，陷入混乱。虽然1959年后盲目的"简化、放权"得到一定的纠偏,但过度简化仍是国民经济冒进时期会计制度的主要特征。

经历了经济冒进后,新中国的经济发展进入了1961—1965年的调整与发展时期。所谓调整和发展,是强调"全国一盘棋",实现集中统一,克服前段时间过于分散、无序的状态,调整国民经济各部门间失衡的比例关系,巩固生产建设已取得的成果,充实新兴产业和短缺产品的项目,提高产品质量和经济效益。这个时期会计工作的核心是加强管理和经济核算,执行财经纪律,努力降低成本。随着《国营企业会计核算工作规程(草案)》《国营工业企业会计科目和使用说明》《国营工业企业会计报表格式和编制说明》《国营企业材料核算办法(草案)》《预算会计工作改革要点》《行政事业单位会计制度》《会计人员职权试行条例》《关于国营工业、交通企业设置总会计师的几项规定(草案)》《国营企业会计凭证、账簿的格式和使用办法(草案)》等一系列旨在强化经济管理的会计制度的出台,被打乱了的会计工作秩序得以好转。恢复被破坏了的正常会计秩序,成了这一时期会计制度的主要特点。同时,该时期中国也再次提出了会计改革的问题,要求继续改变会计工作中仍然存在的繁琐和形式主义。实际上,这个时期的会计制度建设主要沿着两个主题发展——秩序的恢复与制度的改革。其中,秩序的恢复是对国民经济冒进时期会计工作过度简化的校正,而以简化为主要内容的会计改革,则开启了新中国会计制度新一轮不断反复的"繁—简—繁—简"循环。

1966—1977年国民经济挫折时期,社会动荡,经济发展再次遭受挫折,会计工作陷入低谷,会计事业、会计制度建设遭受空前的破坏,原本建立起来的会计秩序被打乱,会计核算质量、会计工作水平显著倒退。该期间颁布的会计制度大体分为两类:一类是要求企业加强管理和经济核算,财政部等有关部门曾多次出台规范企业会计行为的决议或规定,以求力所能及地维护原有的会计秩序,减轻社会动荡对会计工作的冲击,如全国企业财务改革座谈会和全国计划会议财政座谈会的会议决议、《关于坚持统一计划,加强经济管理的规定》、《国营企业会计工作规则(试行草案)》等;另一类是新颁布的简化会计核算制度,如《关于改革财政报表的通知》《关于改革中央级财务会计报表的通知》《国营企业会计工作规划(试行草案)》等。由于政治局势不稳定,要求企业加强管理和经济核算的各种决议和规定的执行力微弱,作用十分有限;新颁布的简化会计核算制度,一方面要求执行会计规定,另一方面继续推行此前的会计简化。

1978—1991年,是我国经济向市场经济转轨的时期,停止了持续多年的政治动荡,开始重新发展国民经济,并逐步结束计划经济体制,开始向市场经济体制转变。与向市场经济转化相配合,该期间的会计工作,首先是恢复被破坏了的会计制度并补充修订其中过于简化、不适合经济管理要求的部分,如颁布《国营企业成本管理条例》和

《国营企业固定资产折旧试行条例》,三次修订《国营工业企业会计制度》,出台并修改《财政机关总预算会计制度》,修订《会计人员职权条例》;其次是根据经济体制改革的进展制定新的会计制度,如颁布被视为"新中国成立以后第一部参照国际会计惯例制定的全新的会计核算制度"——《中外合资经营企业会计制度》,颁布《中华人民共和国会计法》(简称《会计法》)、《行政事业单位预算会计制度》、《事业单位会计准则(试行)》、《关于成立会计顾问处的暂行规定》、《注册会计师条例》、《会计核算软件管理的几项规定(试行)》、《会计专业职务试行条例》、《总会计师条例》、《注册会计师检查验证会计报表规则(试行)》及注册会计师执业规则,等等。新中国经济向市场经济转轨的期间,也是会计向市场经济转轨的期间,新中国的会计制度从此开始逐步摆脱计划经济体制的束缚,以适应市场经济体制的需要。

1992年邓小平发表南方谈话和中国共产党第十四次全国代表大会提出的建立社会主义市场经济体制目标,标志着新中国的经济发展步入了建立市场经济的时期。这一时期一直延续到2001年。随着市场经济的建立,该时期出台了比以往更为深刻、广泛的会计改革措施,包括颁布《股份制试点企业会计制度》、《外商投资企业会计制度》、《企业会计准则》、《企业财务报告条例》、《企业会计制度》、《注册会计师法》、注册会计师执业规范体系、内部会计控制规范体系、《会计专业技术资格考试暂行规定》、《会计基础工作规范》,修订《财政总预算会计制度》和《会计法》,等等。这些措施围绕和服务于建立市场经济体制和现代企业制度的主线,为市场经济建设提供了会计信息保障,并为下一阶段更为深入、系统的会计改革奠定了基础,做好了前期准备。

2002年召开的中国共产党第十六次代表大会,制定了经济建设和经济体制改革的新目标,提出要走可持续发展道路;2003年10月中共十六届三中全会通过的《中共中央关于完善社会主义市场经济体制若干问题的决定》,提出了科学发展观,强调可持续发展,标志着新中国经济发展进入了转变增长方式的新阶段。配合经济增长方式的转变,这一时期的会计制度注重和加快了系统性改革和与国际准则的全面趋同,出台了与国际会计准则趋同的企业会计准则体系、注册会计师执业准则体系、企业会计信息化工作规范体系、内部控制规范体系、管理会计指导体系、政府会计准则体系、《民间非营利组织会计制度》等重要会计制度。该期间出台的会计制度改革的深度和广度明显甚于以往,改革的系统性更为鲜明。

几十年来,新中国的会计事业取得了辉煌的、举世公认的成绩,也经历过挫折,走过弯路。"以古为镜,可以知兴替",在我国经济与社会改革不断深入,逐步进入改革深水区的今天,非常需要深刻地总结历史经验,包括总结我国会计发展变化的历史经验,从中探寻规律,梳理思想,为我国会计的今后发展提供借鉴与参考。

目　录

上篇　新中国改革开放前的会计制度

第1章　改革开放前的企业会计制度 ……………………………………（3）
　第1节　国民经济恢复时期的企业会计制度：1949—1953年 ………（3）
　第2节　计划经济体制形成初期的企业会计制度：1954—1957年 …（63）
　第3节　国民经济冒进时期的企业会计制度：1958—1960年 ………（89）
　第4节　国民经济调整与发展时期的企业会计制度：1961—1965年 ……（106）
　第5节　国民经济挫折时期的企业会计制度：1966—1977年 ………（129）
　本章小结 ……………………………………………………………（137）

第2章　改革开放前的预算会计制度 …………………………………（141）
　第1节　国民经济恢复时期的预算会计制度：1949—1952年 ………（141）
　第2节　计划经济体制形成初期的预算会计制度：1953—1957年 …（150）
　第3节　国民经济冒进时期的预算会计制度：1958—1960年 ………（156）
　第4节　国民经济调整与发展时期的预算会计制度：1961—1965年 …（157）
　本章小结 ……………………………………………………………（161）

第3章　改革开放前的会计组织制度 …………………………………（162）
　第1节　会计人员制度 ………………………………………………（162）
　第2节　会计档案管理制度 …………………………………………（173）
　本章小结 ……………………………………………………………（175）

下篇 新中国改革开放后的会计制度

第4章 改革开放后的企业会计制度 (181)
 第1节 向市场经济转轨时期的企业会计制度：1978—1991年 (181)
 第2节 市场经济建立时期的企业会计制度：1992—2001年 (218)
 第3节 转变经济增长方式时期的企业会计制度：2002—2018年 (288)
 本章小结 (337)

第5章 改革开放后的预算会计制度与非营利组织会计制度 (341)
 第1节 改革开放后的总预算会计制度 (342)
 第2节 改革开放后的单位预算会计制度 (367)
 第3节 民间非营利组织会计制度 (402)
 第4节 社会保险基金会计制度 (409)
 本章小结 (411)

第6章 注册会计师制度 (413)
 第1节 向市场经济转轨时期的注册会计师制度：1978—1991年 (415)
 第2节 市场经济建立时期的注册会计师制度：1992—2001年 (431)
 第3节 转变经济增长方式时期的注册会计师制度：2002—2018年 (469)
 本章小结 (498)

第7章 改革开放后的内部控制制度 (501)
 第1节 向市场经济转轨时期的内部控制制度：1978—1991年 (501)
 第2节 向市场经济转轨时期的内部控制制度：1992—2001年 (509)
 第3节 转变经济增长方式时期的内部控制制度：2002—2018年 (518)
 本章小结 (540)

第8章 会计信息化制度 (542)
 第1节 向市场经济转轨时期的会计信息化制度：1978—1991年 (542)

第 2 节　市场经济建立时期的会计信息化制度：1992—2001 年 …………(544)

第 3 节　转变经济增长方式时期的会计信息化制度：2002—2018 年 ……(548)

本章小结 ……………………………………………………………………(561)

第 9 章　改革开放后的会计组织制度 …………………………………………(563)

第 1 节　会计人员管理制度 ………………………………………………(563)

第 2 节　会计档案管理制度 ………………………………………………(608)

本章小结 ……………………………………………………………………(618)

第 10 章　新中国会计制度发展演变总结 ……………………………………(622)

第 1 节　新中国会计制度的影响因素 ……………………………………(623)

第 2 节　新中国会计制度的特征与指导思想的变化 ……………………(630)

第 3 节　新中国会计制度发展演变的基本经验和路径依赖 ……………(646)

第 4 节　新中国会计制度发展的展望 ……………………………………(657)

参考文献 …………………………………………………………………………(663)

上 篇
新中国改革开放前的会计制度

上 篇

新中国成立初期的商业社会和地理

第 1 章

改革开放前的企业会计制度

会计的发展与经济和社会的发展紧密相连,经济和社会发展到怎样的程度,就有怎样的与之相应的会计。

改革开放前新中国的经济发展与企业会计制度发展可以分为五个历史时期:1949—1953 年为新中国国民经济恢复时期,也是新中国企业会计制度的初创期,这一阶段企业会计制度的特点表现为以建立统一会计制度为核心,开展会计制度建设;1954—1957 年为计划经济体制形成初期,这一阶段企业会计制度的特点是突显计划经济的要求,加大学习苏联的力度,较大程度地搬用苏联会计的做法;1958—1960 年为国民经济冒进时期,也是企业会计制度简化与纠偏的时期,其特点表现为实行会计制度制定权限的简化及随后对过度简化的纠正;1961—1965 年为国民经济调整与发展时期,也是企业会计制度的调整期,这一阶段企业会计制度的主要特点是整顿前一阶段被破坏了的会计秩序,尝试建立严格并适度简化的会计制度;1966—1977 年为国民经济挫折时期,也是企业会计制度的被破坏期,企业会计制度遭受"文化大革命"的巨大冲击和破坏。

第 1 节 国民经济恢复时期的企业会计制度:1949—1953 年

1949 年 10 月 1 日,中华人民共和国成立,中国从此走上了一条与以往截然不同的道路,中国的会计事业也因此发生了巨大的变化。

新中国成立之初,决定中国会计走向的社会经济环境主要是:其一,国家贫穷落后、满目疮痍,会计基础十分薄弱;其二,领导中国解放和建设事业的中国共产党已经明确了国营经济在国家经济建设中的领导地位和国家实行经济统制的大政方针。

一、新中国初创时企业会计的经济环境

(一) 旧中国的经济基础和会计发展状况

旧中国的经济十分落后,从根本上制约了会计的发展。到新中国成立前夕,中国工农业总产值中新式产业①所占的比重,大约为17%;在当时主要的几种工业产品中,1949年中国的原煤产量占世界总产量的2.86%,原油产量占世界总产量的0.03%,发电量占世界总量的0.56%,原钢产量占世界总产量的0.12%,水泥产量占世界总产量的0.61%,氮肥产量占世界总产量的0.16%②;至于代表工业技术综合水平的产业,如汽车工业、飞机工业、大型船舶工业、机械工业等,中国的产量则更为稀少。

由于经济落后,旧中国的教育水平随之落后。据统计,1949年中国拥有普通高等学校205所,在校学生11.65万人(其中研究生629人),教职工4.6万人,专任教师1.61万人;普通中等学校(含中等技术学校、中等师范学校、技工学校、普通中学)5 219所,在校学生127.05万人,教职工12.8万人,专任教师8.22万人;小学346 769所,在校学生2 439.1万人,教职工84.9万人,专任教师83.6万人。③〔另有统计资料称:1949年中国拥有普通高等学校205所,在校学生11.7万人,教职工4.6万人,专任教师1.6万人;中等学校(含中等技术学校、中等师范学校、技工学校、普通中学)5 216所,在校学生126.8万人,教职工12.8万人,专任教师8.3万人;小学346 800所,在校学生2 439.1万人,教职工84.9万人,专任教师83.6万人。〕④在这样的经济与教育水平下,旧中国的会计教育发展缓慢,人才缺乏。据1948年的统计资料,当时中国开设会计系、科、组的公立和私立专科以上的学校共41所,在各校的其他院系(如法学院、商学院、文学院、文法学院、管理学院、经济系、商学系、工商管理系、财务管理系、工业管理系、实业管理系等)中比较系统地开设会计课程的院校有20余所⑤,所培养的熟悉现代会计的专科以上学生也很有限。另有资料称:"1949年,全国大专院校中设有财会专业的院校53所(包括私立学校),在校学生人数5 518人。"⑥

落后的经济,特别是落后的现代产业以及落后的教育事业,必然导致旧中国会计的落后。"旧中国会计工作十分落后,近代会计方法仅在政府机关、官僚资本主义企

---

① 指区别于传统手工生产方式,采用现代机械生产方式的产业。
② 数据见许涤新、吴承明:《中国资本主义发展史》(第三卷),第742页,人民出版社,1992年版。
③ 数据见国家教委计划建设司:《中国教育统计年鉴(1990)》,第4~11页,人民教育出版社,1991年版。
④ 资料来源:《中国百科年鉴(1980)》,中国大百科全书出版社,1980年版。
⑤ 有关数据转引自郭道扬:《中国会计史稿(下)》,第620~624页,中国财政经济出版社,1988年版。
⑥ 杨纪琬:《中华人民共和国会计大事记》,转引自杨纪琬:《中国现代会计手册》,第28页,中国财政经济出版社,1988年版。

业、外国在华企业及少数规模较大的民族资本企业中推行,古老的中式簿记广为应用;推行现代会计方法的单位也是各行其是,没有全国统一的会计原则;会计教育极其贫乏落后;会计人才十分缺乏。"①有人以自己的亲身经历这样描述旧中国会计的状况:"著者(指其本人)曾于1948年调查过上海市的十多家中药材批发企业,可以说是清一色地使用着中式簿记……从调查中,还了解到这些工商业的会计,有的没有使用过钢笔,有的不会书写阿拉伯数字,这在旧式工商业中也不是个别的现象。"②中国会计学社上海分社负责人陈九如在《现代会计》发刊词中也说:"工商业目前(指1947年)至少还有百分之八十以上,沿用旧式会计。"③

(二) 新中国国有经济的建立及对经济发展的统一管理

新中国成立后所奉行的经济建设纲领和基本经济体制,集中体现在1949年9月第一届中国人民政治协商会议上通过的《中国人民政治协商会议共同纲领》(以下简称《共同纲领》)中。《共同纲领》规定,新中国是一个无产阶级领导的、各革命阶级联合专政的新民主主义国家。其经济制度和基本经济政策为:①新中国的经济主要由社会主义性质的国营经济、半社会主义性质的合作经济、国家资本主义性质的公私合营经济、私人资本主义经济、个体经济组成。②对以上各经济成分,基本经济政策是:国营经济处于领导地位,应得到优先发展;积极鼓励和扶持劳动人民的合作经济和公私合营经济;利用、限制和改造私人资本主义经济,即鼓励和扶持其有利于国家经济建设和社会发展的方面,限制和改造其不利于国家经济建设和社会发展的方面;通过互助合作的方式,引导个体经济的发展,走向共同富裕。③在产业政策上,优先发展重工业;国家统制对外贸易;实行"节制资本",由国家经营或控制关系国计民生的重要行业。上述经济政策归纳起来即为:"公私兼顾、劳资两利、城乡互助、内外交流。"④

在新中国成立之初的基本经济纲领与政策中,与会计直接相关的是国营经济在社会经济中的领导地位和国家对经济发展的统制。

1. 新中国国有经济的建立

建立国营经济在社会经济中的领导地位,是新中国经济政策的重要内容之一。新中国成立之初的国有经济主要来自三个方面⑤:

---

① 杨纪琬、余秉坚:《新中国会计工作的回顾》,转引自杨纪琬:《中国现代会计手册》,第1页,中国财政经济出版社,1988年版。
② 赵友良:《中国近代会计审计史》,第240页,上海财经大学出版社,1996年版。
③ 赵友良:《中国近代会计审计史》,第281页,上海财经大学出版社,1996年版。
④ 《中国人民政治协商会议共同纲领》,1949年9月29日。
⑤ 该部分的一些资料、数据,见吴承明、董志凯:《中华人民共和国经济史》,第138~139页,经济科学文献出版社,2010年版。

1) 没收的官僚资本

没收的官僚资本归新民主主义国家所有,是新民主主义革命的三大经济纲领(没收官僚资本、废除封建土地制、保护民族工商业)之一①。据不完全统计,新中国成立前后没收的官僚资本主义企业主要有:金融方面,国民党政府国家银行系统"四行两局一库"(中央银行、中国银行、交通银行、农民银行,中央信托局、邮政储备汇业局,合作金库)系统和省市地方系统的银行2 400家,官商合办的中国通商、中国实业、四明、新华等银行中的官股产权,山西裕华、亚东商业等官僚资本银行;工业方面,国民党政府资源委员会管辖的企业、国民党政府交通部和粮食部等其他部门所办的企业、国民党政府兵工系统和军事后勤系统的企业、"CC"系统等"党营"企业、各官僚家族的"商办"企业、各地官僚资本系统的企业,合计工矿企业2 858家;交通运输方面,国民党政府交通部、招商局所属全部交通运输企业,总计铁路20 000多千米、机车4 000多台、客车约4 000辆、货车约47 000辆、铁路车辆和船舶修造厂约30家、各种船舶20多万吨,政记轮船公司、大陆航运公司、三北公司中的官僚资本股份、中国航空公司、中央航空公司起义的12架民航飞机,招商局香港分局和在港起义的13艘海轮;商业方面,国民党政府经营的复兴、富华、中国茶叶、中国石油、中国盐业、中国蚕丝、中国植物油料等公司,大官僚经营的孚中、中国进出口、金山、利泰、扬子建业、长江实业等十几家垄断性贸易公司。

与此同时,各地方也利用没收的官僚资本建立了数量众多但规模不大的地方国营企业,据有关统计,1952年年底全国共有地方国营企业7 000多家,其中80%~90%是新中国成立、接管的中小型官僚资本企业。

通过没收官僚资本,1949年新中国的国有经济已在金融和现代工业、交通领域获得主导地位,其中在现代工业中所占的比重约为50%,在金融、铁路、港口、航空等领域更占有绝对优势。②

2) 前解放区政府自行建立的企业

战争中为了维持和发展解放区的经济、支撑战争所需,前解放区政府兴办了各种各样的企业,其中包括30多家解放区银行、若干综合商业贸易公司(如华北人民政府兴办的华北贸易总公司及东北解放区、华北解放区政府兴办的对外贸易公司)、数量众多的小型军需企业和加工企业,但这些企业的总体经济规模较小。

---

① 新民主主义革命的三大经济纲领,由中共中央于1947年12月第一次明确提出:"没收封建阶级的土地归农民所有,没收蒋介石、宋子文、孔祥熙、陈立夫为首的垄断资本归新民主主义国家所有,保护民族工商业。这就是新民主主义革命的三大经济纲领。"转引自《毛泽东选集》(第四卷),第1253页,人民出版社,1991年版。

② 政务院财政经济委员会:《一九四九年中国经济简报》,1950年。

3) 苏联移交、外国转让及其他来源的国营经济

根据1950年2月4日中苏双方签订的《中苏友好同盟互助条约》和其他有关协议,苏联向新中国政府移交了原由其拥有、租用和代管的全部中国境内财产,包括铁路、工厂、地产、宅舍等。此外,新中国成立后不少外商由于对新中国心存疑虑而纷纷抽逃资金,特别是朝鲜战争爆发后西方国家对华实行经济封锁,更使得外资企业难以为继,纷纷通过征用(如美孚石油公司、上海美商电力公司等)、转让(如开滦煤矿、颐中烟草公司等)等方式将企业移交给中国政府转为国营企业。

国家对于新兴国营经济,自其建立之时即实行计划和统一管理,这是在战争年代提出的新民主主义经济中就已经明确了的:"新民主主义经济之不同于普通的资本主义经济,还在于新民主主义的国民经济应该是在某种程度上具有组织性与计划性的经济。由于国家的一切经济命脉——如大工业、大运输业、大商业及银行、信贷机关与对外贸易等,均已掌握在国家手中,由国家对整个国民经济的生产和分配实行有力的领导,即实行某种程度的国民经济的组织性和计划性,是完全可能的和必要的。"[①]

占国民经济主导地位的国有经济的建立,为新中国的政府主导型经济奠定了经济基础。

2. 国家对经济发展的统一管理

新民主主义的经济思想包括三个组成部分:新民主主义的三大经济纲领(没收官僚资本、废除封建土地制、发展民族工商业)、新民主主义的经济结构(国营经济、合作经济、公私合营经济、私人资本主义经济、个体经济)、新民主主义的经济管理思想。按照新民主主义的经济管理思想,要通过中央与地方经济权限的划分、国家对市场的调控等,实现政府对国民经济发展的主导作用[②]。这一管理思想在《共同纲领》中有着充分的体现。《共同纲领》规定:"中央人民政府应争取早日制订恢复和发展全国公私经济各主要部门的总规划,规定中央和地方在经济建设上分工合作的范围,统一调剂中央各经济部门和地方各经济部门的相互关系。中央各经济部门和地方各经济部门在中央人民政府统一领导之下各自发挥其创造性和积极性。"[③]新中国成立前后革命战争尚未结束,军事开支大,连年战争又使本来就十分落后的经济雪上加霜,新政府必须尽快恢复经济,安定人民生活,建设新国家。为了尽快扭转经济困难的局面,客观上需要加强中央集权,实行以统为主、统分结合的政府经济管理体制,运用集中统一的手段

---

① 张闻天:《关于东北经济结构及经济建设基本方针的提纲》,转引自:《刘少奇论新中国经济建设》,第30页,中央文献出版社,1988年版。
② 吴承明、董志凯:《中华人民共和国经济史》,第105页,社会科学文献出版社,2010年版。
③ 中共中央党校党史研究室:《中共党史参考资料》(七),第23页,人民出版社,1980年版。

组织生产,统一使用资源,有步骤、分别轻重缓急地安排支出,最大限度地发挥现有财力的作用。基于这些需要,中央人民政府于1950年3月做出了《关于统一国家财政经济工作的决定》,确定全国统一财政收支、统一物资调配、统一现金管理,此后,虽然对中央与地方的管理权有所调整,但仍以中央统一管理财经工作为主。新中国成立初期对国家经济的统制,加快了国民经济的发展,也为日后推行计划经济体制做了准备。

为了保证国家经济工作的推进,中国共产党早在新中国诞生之前就已经酝酿成立国家经济管理机构及管理体制。在党的七届二中全会上,中共中央决定建立中央财政经济委员会,以统一领导全国的财经工作。1949年10月中央人民政府成立后,中央财政经济委员会转变为中央人民政府政务院下属的一个委员会,负责统一领导全国的财经工作。在中央财政经济委员会之下设立财政部(1949年12月12日设立会计制度处,由安绍芸担任处长;次年9月会计制度处调升为会计制度司,安绍芸为首任司长)、贸易部、重工业部、燃料工业部、轻工业部、纺织工业部、食品工业部、铁道部、交通部、邮电部、农业部、林垦部、水利部、劳动部、人民银行总行、海关总署等主管部。

新中国成立之初的社会经济环境,决定了中国会计的走向:刚刚建立的国营经济实行统一计划管理,需要有统一的国营企业会计制度;推行"统一财经",需要有全国步调一致的统一会计核算;落后的经济状况和会计状况,需要由政府出面尽快推行现代会计,而不能等待社会的自然演变。

二、国民经济恢复时期的主要企业会计制度

(一) 行业统一会计制度的建立

1950年3月9日,中央人民政府政务院财政经济委员会发出《关于草拟统一的会计制度的训令》(财经计字第1033号)称:"人民解放战争已获得基本胜利,全国极大部分地区已经或正在转入恢复生产,如何有计划地恢复与发展经济取得经济战线上的胜利,已成为各级人民政府财经部门的重要任务,为着实现这个任务,我们就要加强生产事业与各种企业的管理,特别是把经济核算制度建立并健全起来,是一个非常重要的环节。但现在各企业单位的会计是非常紊乱的,由于会计制度的纷乱,不仅影响了经济核算制度的贯彻,且使管理指导与计划上遭遇到许多阻碍,兹为克服以上困难,增进会计事务的效能,从而充分体现经济核算制度,便利指导生产起见,特决定由中央各企业主管部门,分别就所属企业及经济结构草拟各单位统一的会计制度草案,及有关的章则和账簿、报表、单据的样式,并由财政部设置专门机构统一加以审查,各企业主管部门须在本年4月5日前送交财政部审查,财政部须在5月5日以前提出审查意见,

报本委核定执行。"①

在财政经济委员会的统一部署下,财政部于1950年4月25日成立了由中央政府有关部门会计专家和部分在京高校会计教授组成的"会计制度审议委员会",负责对各部上报的会计制度进行审查。重工业部、轻工业部、纺织工业部、燃料工业部、铁道部、交通部、邮电部、贸易部、农业部、卫生部、中国人民银行、中央合作事业管理局、国家出版总署13个中央各企业主管部门在较短的时间内报送了各自草拟的会计制度。"会计制度审议委员会"截至1950年6月20日审查批准了其中9个部门的会计制度并报财政经济委员会核准实施,1951年上半年审查批准其他4个部门的会计制度。这些会计制度是新中国最早的一批分行业企业统一会计制度,这些制度的出台初步形成了新中国的国营企业会计制度体系。②

1950—1951年陆续批准的中央各企业主管部门企业会计制度是全国统一的企业会计制度,在各主管部门所辖的国营企业中执行。这些行业统一的会计制度根据财政部的统一要求拟订,在内容、结构上基本一致,均设8个部分③:

(1) 总则。其内容包括:制度的适用范围;所属各企业及经济机构的含义与意义;独立计算盈亏的会计单位及组织系统;年度、季度、月度的起讫日期;办理结算、决算的要求;以人民币为记账本位币;应用复式原理记账;以权责发生制为会计基础;各类资产的估价原则。

(2) 会计报表。其主要内容包括:其一,会计报表的一般规定。会计报表分日报、月报、季报和年报,并分为主要报表和补助报表两类;主要报表格式统一规定,由所属各企业及经济机构一致使用;补助报表格式除必要者外,由所属各企业及经济机构自行拟订;规定了各主要会计报表的名称、编制程序、编送期限、份数、编送程序;季度和年度的会计报表应包括主要会计报表;各主要会计报表须由主管人员及主办会计人员签名盖章;各会计汇总单位除了编制本身应编制的会计报表外,还应汇编本身及所属各会计单位的会计报表。其二,会计报表目录。包括各种会计报表的名称、所属类别(主要报表或补助报表)、报告期间(日报、月报、季报)。其三,会计报表格式和种类。报表上端须列明机关单位名称、报表名称、编制时间或期间;报表左右列各栏名称、上下列各项目名称;报表下端注明编制程序、需用份数、每份用途。会计报表分为资产负

---

① 杨纪琬:《重要法规和制度》,转引自杨纪琬:《中国现代会计手册》,第105页,中国财政经济出版社,1988年版。
② 时任财政部会计制度司司长的安绍芸曾认为,我国各种国营企业的统一会计制度"在1950年中大体上已基本建成"。见《新会计》,1952年第14期,第5页。
③ 以下内容参见财政部会计制度处:《介绍中央各企业主管部门所属企业及经济机构统一会计制度的一般内容》,《新会计》,1951年第1期(创刊号)。

债表、损益表、现金收支表、成本计算表 4 种。

(3) 会计科目。其主要内容有：①会计科目的一般性规定。规定会计科目分为总分类账科目和明细分类账科目两类；总分类账科目分为资产类（再分为流动资产、固定资产、其他资产 3 小类）、负债类（再分为流动负债、固定负债、其他负债 3 小类）、收益类（再分为营业收益、营业外收益 2 小类）、损失类（再分为营业损失、营业外损失 2 小类）4 大类，分别用四位数字编号，第一位数字表示科目所属的大类，第二位数字表示科目所属的小类，第三、第四位之合并数字则表示科目本身。总分类账科目统一规定，由所属各企业及经济机构一致使用；明细分类账科目除必要者外，所属各企业及经济机构根据实际情况自行拟订。②会计科目表。包括总分类账会计科目的分类、编号、名称，明细分类账会计科目的编号和名称。③会计科目的说明，列明主要会计科目的性质和使用方法。

(4) 会计簿籍。其主要包括：①会计簿籍的一般规定。规定会计簿籍分为序时账、分类账、补助账三类。②会计簿籍的格式。总分类账、现金收入簿、现金支出簿统一规定，由所属各企业及经济机构一致使用；除现金簿之外的各种日记簿、明细分类账、补助簿的格式，由所属各企业及经济机构根据实际情况自行拟订。

(5) 会计凭证。①会计凭证分为原始凭证、记账凭证两种，原始凭证的格式由所属各企业及经济机构根据实际情况自行拟订。②会计凭证的格式规定。记账凭证的格式统一规定，由所属各企业及经济机构一致使用。

(6) 会计事务处理程序。会计事务处理程序分为普通会计事务处理程序、成本会计事务处理程序、执行生产或业务及财务计划的会计处理程序、执行提取利润办法的会计处理程序、执行折旧基金解缴办法的会计处理程序 5 种。

(7) 会计格式组织系统图。这是指根据原始凭证填制记账凭证，根据记账凭证登记明细分类账、序时账、补助账，根据序时账登记总分类账，根据总分类账、明细分类账编制会计报表的会计核算流程。

(8) 附则。规定了其他未尽事宜，如：会计人员变更须办理交接手续；统一会计核算形式应按规定程序实施，所属企业及经济机构可提供意见但不得自行批准实施。

从上述内容看，当时的企业会计制度内容广泛，几乎涵盖了会计核算的各个方面，除了后来会计制度中常有的会计科目名称、会计报表格式外，还包括会计账簿、会计凭证、记账的基本要求和对主要资产的计价要求（体现在"会计事务处理程序"中）、记账程序（即"会计格式组织系统"）等方面的规定。这种内容详尽的会计制度，从一个侧面反映出当时企业的会计工作基础薄弱，不够正规，需要从各个方面做出详细规定。

以下以《中央纺织工业部所属企业及经济机构统一会计制度》(1950 年 12 月全国

财务会议讨论通过)为例,说明该批企业统一会计制度的主要内容。①

在该制度的第 1 部分"总则"中,规定了企业会计核算的基本要求与原则,其中很多内容体现了当时会计核算的先进标准和国营企业的特殊需要。

该部分的第 4 条规定了企业与其上级机关之间的核算权限:"为促使所属企业单位集中全力推行计划生产,加强成本管理,从而奠定经济核算的基础,并为统一销售事权起见,规定局或公司所在地之所属工厂,其销售业务得划归局或公司统筹办理,工厂产品按照核定之计划成本价格,拨与局或公司。销售工厂,结算计划成本与实际成本比较之生产盈亏,并据此考核生产成绩,销售盈亏由局或公司计算之。"

第 5 条规定了企业成本结算的期间:"各企业机构之生产成本应每月结算一次。"

第 6 条规定了会计期间:"每年一月一日起至十二月三十一日止为一会计年度,依公历纪元之年次为年度名称,依月次之顺序每三个月为一个会计季度,每月开始至月终为一会计月度。"

第 7 条规定了各期间的决算和结算要求,还规定了决算与结算的办法:"每届会计年度终了办理决算一次,每届会计季度终了办理结算一次,办理决算时应将损益科目于账面结清,办理结算得就表结算。"

第 8 条规定了记账本位币:"以人民币为记账本位币(东北地区暂除外)。"

第 9 条规定了所采用的记账方法:"账目登记应遵守复式簿记之原理。"

第 10 条规定了会计核算的基础:"会计事项之处理应以权责发生制为准则。"

第 11 条规定了资产入账的估价原则:"各项资产入账时,应以原价或核定价值为准。"

第 12 条规定了经营业务核算与基本建设业务核算之间的关系:"所有基本建设部分之会计事项,与营业部分之会计事项合并处理,不另建立基本建设账户系统,但基建基金应专户存储,严禁与营业资金相互流用。"

第 13 条提出了会计核算应符合计划管理的要求:"一切会计事项之处理应与计划密切配合。"

第 15 条规定了制度的修改权限:"本部所属各级机构,如有特殊情况,对本制度之规定必须加以适当调整时,应事前呈报本部并转商中央财政部同意后方得执行,但所属辅助性质之报表、簿籍、凭证及事实需要之会计明细科目,本制度未经列入者,得酌情增设并报本部备案。"

在该制度的第 2 部分"会计报表"中,规定了会计报表的分类、格式、目录等。其中

---

① 以下资料见薛平:《介绍中央纺织工业部所属企业及经济机构统一会计制度(草案)》,《新会计》,1951 年第 2 期,第 15~22 页;第 3 期,第 27~29 页。

第1条"会计报表之一般规定"中首先规定:"会计报表分主要报表、辅助报表、基本建设及大修理报表,依其编制时期之不同分为会计日报、会计月报、会计季报及会计年报四类。"

该条规定的第2款、第3款规定了对各级单位的会计报表的使用要求:"各种主要会计报表、辅助会计报表、基本建设及大修理报表经统一规定格式者,本部及所属各级机构应一致使用。""各种辅助会计报表除统一规定者外,本部及所属各级机构得根据实际需要自行增设使用。"

第4款规定了合并会计报表的编制要求:"各会计汇总单位除编制本身报表之外,并应汇编规定之合并会计报表。"

第5款规定了对会计报表内容的另外说明,相当于要求自愿编写报表附注:"各机构按期编制各种会计报表,内容如有特殊情况应另附分析说明,以求更为明确。"

第6款、第8款提出了对会计报表的装订和责任要求,提出了对会计档案的要求:"各机构编制之会计报表均应依照目录次序排列装订成册,封面上并应载明下列事项:机构名称;报表名称;月度、季度或年度;报表目录;行政主管人员盖章;机构印信。""各种报表上端应列明机构名称。末端各级负责人应按实际职称排列(如厂长、会计科长等),填报时并加盖印章。"

第9款规定了报表的编报日期:"各工厂之月报应于次月二十日前送局(成本报告应于次月十五日前送局);各工厂之季报应于次季第二月十日前送局;各工厂之年报应于次年二月底前送局。""管理局本身连同所属工厂之月报表应于次月底前送部(成本报告应于次月二十五日前送部);管理局本身、所属工厂及合并季报表应于次季第二个月底前送部;管理局本身、所属工厂及合并年报表应于次年三月十五日前送部。"

第2条"会计目录"中,第1款"主要会计报表"规定了主要会计报表的内容,包括资产负债表、损益表、现金收支表、制造成本表。

第2款"辅助会计报表"规定辅助会计报表包括:月计表、生产支出明细表、现金日报、固定资产目录表、固定资产折旧报告表、固定资产增减表、库存物资盘盈盘亏报告表、销货盈亏计算表、调拨盈亏计算表、部门成本报告表、原料成本报告表(甲、乙两种)、制成品单位成本分析表、实际成本与计划成本比较表、各厂制成品单位成本比较表、明细表(甲、乙两种)。

第3款"基本建设及大修理会计报表"规定这类报表需包括:基本建设基金收支表、基本建设工程竣工报告表(按工程完工验收后报)、基本建设未完工程总结报告表、基本建设已完工程总结报告表、大修理未完工程总结报告表、大修理已完工程总结报告表。

第 4 款"会计日报、月报、季报及年报",规定各类报表各应包括如下内容:

会计日报:现金日报(由厂、局、部分别编制)。

会计月报:月计表、现金收支表、基本建设基金收支表(以上 3 种报表除由厂、局、部各自编制外,还需有各级的汇编);工厂支出明细表(除由厂、局、部各自编制外,还需有局、部的汇编);制造成本表、原料成本报告表(甲、乙两种)、制成品单位成本分析表(以上 3 种报表由工厂编制);实际成本与计划成本比较表(除由厂、局、部各自编制外,还需有局、部的汇编);各厂制成品单位成本比较表(由局、部汇编);明细表(由厂、局、部各自编制)。

会计季报:资产负债表、损益表、现金收支表、基本建设基金收支表(以上 4 种报表除由厂、局、部各自编制外,还需有各级的汇编);工厂支出明细表(除由厂、局、部各自编制外,还需有局、部的汇编);固定资产折旧报告表、固定资产增减表、库存物资盘盈盘亏报告表(以上 3 种报表由局、部各自编制);销货盈亏计算表、调拨盈亏计算表(以上 2 种报表由局编制);实际成本与计划成本比较表(除由厂、局、部各自编制外,还需有局、部的汇编);明细表(厂、局、部各自编制)。

会计年报:资产负债表、损益表、现金收支表、基本建设基金收支表(以上 4 种报表除由厂、局、部各自编制外,还需有各级的汇编);工厂支出明细表(除由厂、局、部各自编制外,还需有局、部的汇编);基本建设未完工程总结报告表(除由厂、局、部各自编制外,还需有各级的汇编);基本建设已完工程总结报告表(除由厂、局各自编制外,还需有局、部的汇编);大修理未完工程总结报告表(除由厂、局、部各自编制外,还需有各级的汇编);大修理已完工程总结报告表(除由厂、局各自编制外,还需有局、部的汇编);固定资产目录、固定资产折旧报告表、库存物资盘盈盘亏报告表(以上 3 种报表由厂、局各自编制);销货盈亏计算表、调拨盈亏计算表(以上 2 种报表由局编制);实际成本与计划成本比较表(除由厂、局、部各自编制外,还需有局、部的汇编);明细表(由厂、局、部各自编制)。

该制度的第 3 部分"会计科目",规定了会计科目的设置权限、编号、会计科目的分类与名称。其中第 1 款"会计科目一般规定"中明确了各级会计科目的设置权限:"总分类账会计科目应为本部所属机构一致使用","各明细分类账会计科目,除统一规定者外,得由所属各机构,根据实际情况自行拟订报部备案"。此部分还规定了会计科目的类别:"总分类账会计科目分资产、负债、收益和损益四大类,资产类再分固定、流动和其他三类,负债再分固定、流动、其他和净值四类,收益再分营业收入和营业外收入二类,损失类再分营业支出、营业外支出及工厂支出三类。"此部分最后规定了会计科目的编号规则:"总分类账会计科目之编号,完全使用数目字,以四位数字为一编号,第一位表示大分类,第二位表示次级分类,第三位和第四位合并表示会计科目之本身。"

该部分的第2款"会计科目说明"中明确了4大类别各包括哪些会计科目。其中,"资产类"中的固定资产类包括28个会计科目,流动资产类包括34个会计科目,其他资产类包括20个会计科目;"负债类"中的固定负债(即长期负债)类包括6个会计科目,流动负债类包括19个会计科目,其他负债类包括5个会计科目,净值类("净值"指的是净资产,包括国家投资、企业盈亏两部分)包括7个会计科目(分别为:政府资金、资金备抵、其他资金、非常损失、上期盈余、上期亏损、本期损益);"收益类"中的营业收入类包括8个会计科目,营业外收入类包括11个会计科目;"损失类"中的营业支出(指与销售活动、管理活动有关的支出)类包括30个会计科目,营业外支出类包括14个会计科目,工厂支出(指产品生产过程中发生的支出)类包括30个会计科目。以上4大类别会计科目的总数量超过了180个,这在新中国成立后发布的各会计制度中是数量较多的。如此之多的会计科目,表现了会计核算的细致、复杂,这在会计分录的举例说明中也可以看得出来。会计科目中的另一个特殊之处,是没有独立表现所有者权益,而是将净值(净资产)类会计科目划归于"负债类"。实际上,这里的"负债"二字并非借款之意,而是用以表示所有的资金来源。

该制度的第4部分"会计簿籍",规定了会计簿籍分为序时账和分类账两类,其中序时账包括现金出纳簿,分类账包括总分类账、明细分类账、固定资产明细分类账、原材料明细分类账、产品分类账。

该制度的第5部分"会计凭证",规定了会计凭证分为原始凭证和记账凭证两种。"原始凭证得代替记账凭证使用,但应加盖'代替传票'之鲜明戳记。"记账凭证则分为现金收入传票、现金付出传票、现转账收入传票、转账付出传票、总传票。

该制度的第6部分"会计事务处理程序",提到了4种会计事务处理程序:一般会计事务处理程序、一般成本会计事务处理程序、执行折旧上缴办法之会计程序、执行利润上缴办法之会计程序。

一般会计事务处理程序提出了对会计记账的基本要求,同时规定了一些主要资产的计价。其主要内容有:

第1款规定:"本部及所属各机构所有会计原始凭证,必须按照规定经过各级机构之审计部门认可,行政主管人员签章,或合于其他有关规定者方为有效。"

第2款规定:"会计事务之发生,必须根据合法有效之原始凭证,制具记账凭证——传票。"

第 3 款规定:"传票所表示之会计分录,悉应依本制度之会计科目处理……"

第 5 款规定:"传票必须经过制票、复核及会计负责人加盖图章,并规定编号,方得视为合法有效之记账凭证,凭以记账。"

第 6 款规定:"每日应将各种传票汇总编制总传票,并得采用科目日结表,以为辅助。"

第 8 款规定:"每日所有交易应随时编制传票并及时登记入账。各种账簿应逐日结算余额,各统驭账户余额应注意与所统驭之诸明细账户余额之和相等。"

第 11 款规定:"每届季度终了结算及每届年度终了结算时,应将下列各事项予以整理,并做整理分录,凭以入账:①所有预收、预付、暂收、暂付、到期未收、到期未付及其他权责业已发生而尚未及时入账之各事项,应予整理入账。②所有周转金应催其报销入账,并应尽量收回。③各往来账户余额,应与对方机构核对相符,如有未达账项应查清入账。④原材料、成品及副产品等账户,应与经营部门实际盘存数量调整相符。⑤各项固定资产账户,应与经营部门实存数量调整相符。⑥每一账户,应加以适当之清理。"

第 12 款规定:"结算时账户清理以后,各项损益科目不得转入本期损益,所有季报中之资产负债表、损益表等,根据月计表或有关账册编制,但各损益科目应注意减除上一季度末之余额,俾能表示本季度之盈亏情况,至上季度之盈亏数字,可以在表上以上期盈余或上期亏损等项目表示之。"

第 13 款规定:"决算时账务整理以后,应做结账分录,即将各项损益科目余额,悉数转入本期损益科目,结清损益账户。"

第 15 款规定:"固定资产之原价应包括下列各因素:①固定资产购进之价格或自制之成本。②固定资产购进时之佣金、税捐、法律、登记及其他有关资产所有权获得之一切费用。③固定资产运达原定使用地点之运输储存费用。④固定资产使合于原定使用目的之整理检查及装置等费用。"

第 17 款规定:"各项固定资产在原则上,应依其原价减除已提存之累计折旧之余额价值,作为价格评定之标准。但规定未使用年限与资产情况不符,及资产原价有涨落时,应参照市价及物资情况,依重估价为准。"

第 21 款规定:"动用大修基金修理固定资产所有费用,应抵销原提大修理折旧备抵,不做增加固定资产价值,但大修理基金如果超过已提存之大修理折旧额,并经核准以普通流动资金弥补时,该超过部分应暂留账面,俟继续提存大修理折旧备抵后再行冲销。"

第 22 款规定:"为加强会计与经营部门之联系,为使固定资产之增减变动得随时入账,规定所有固定资产明细分类账,应由记账人员和经营人员共同负责核对。"

第 23 款规定:"原料及材料等项,在使用以前之采购费用等原则上应加入各项材料之成本。"

第 24 款规定:"原料及材料等在局与厂或厂与厂间之调拨,以账面原值为准;耗用时以定价(或统价)计入生产成本。如统价高于账面价格时,其差额转入'原材料准备';统价低于账面价值时,其差额转入'耗用料价差损'。每至结账,两科目对冲,其余额为准备时,经上级核准转入'政府资金',其差额为差损时,转入'本期损益'。"

第 27 款规定:"各项会计凭证、会计簿籍等应自年度终了时起继续保存十年,期满以后得报部核准后销毁之。"

该部分对一般成本会计事务处理程序、执行折旧上缴办法之会计程序、执行利润上缴办法之会计程序没有做出说明,而是"另行规定之"。

该制度在第 8 部分"附则"中主要规定会计交接手续:"本部及所属各级机构会计人员离职时,应将所经管之印信文件、会计凭证、簿籍报表、现金及其他公有物件与经办未了事项等悉数抄具移交清册,办理交代。交代未了不得离开职守,后任得拒绝接收,并应速报处理。"

新中国第一批企业统一会计制度中的其他几部,与《中央纺织工业部所属企业及经济机构统一会计制度》基本相同,但每项制度之间也各存在一些特殊之处。以《中央重工业部所属企业及经济机构统一会计制度》为例。《重工业部所属企业及经济机构统一会计制度》"系以四九年十一月(指 1949 年 11 月)华北企业部经理会议所通过并颁布的统一会计制度为基础,又吸收大连和东北的先进经验而草成"[①],是最早提交财政部(1950 年 4 月)、最早获得批准实施(1950 年 7 月 1 日)的,是新中国最早的一部企业统一会计制度(实施之初先在重工业部直属的华北区各单位执行,其他各大行政区"只发供其参考,尚未令其统一实行")。与其他企业统一会计制度相比,该制度"比较特殊的地方"主要有以下 6 个方面[②]。

1. 基本建设基金与营业资金划分两套账处理

为了防止企业单位将基本建设基金挪用于经营生产,或将生产资金挪用于基本建设,制度规定"基本建设基金与营业资金分别管制互不流用"。

2. 设置"生产支出"科目

该制度特别设置了"生产支出"科目,其作用相当于后来的"生产成本"科目或"基

[①] 祁田:《介绍中央重工业部所属企业及经济机构统一会计制度》,《新会计》,1951 年第 1 期,第 3 页。
[②] 以下内容及引文,见祁田:《介绍中央重工业部所属企业及经济机构统一会计制度》,《新会计》,1951 年第 1 期,第 3~10 页。

本生产"科目。"为着对生产财务实行有效的管理,使生产资金达到合理的使用,则必须首先制订生产支出预算(或计划),按预算或计划来调度和使用资金。因此在会计账簿上就必须能随时反映生产费用支出的情况,以便于检查计划的执行情形,实行财务监督,故在会计科目损失类中设立了'生产支出'……凡是一切与生产上有关的费用的发生,概须先记入'生产支出'科目及其相当的明细科目内,而后再转入部门成本,再由部门成本转入产品成本中。"

3. 计算部门成本

计算部门成本即计算各部门发生的生产支出。"生产支出发生的基础是在各个部门(生产部门、服务部门,亦即车间),欲控制生产支出的经济使用,不仅要计算全厂的支出总数,还要计算各部门生产支出的情况。另一方面欲使成本降低,首先要从部门成本做起,因此我们制度中规定了要计算部门成本即将生产支出按其发生的情况转入各相当部门,再由部门转入产品。部门成本除管理推销部门外所用的明细科目尽量与生产支出的明细科目取得一致,但生产部门亦得以辅助部门为其明细科目,产品成本的科目亦然,俾使财务科目与成本科目能串成一体。"

4. 损益区分为"生产损益"与"营业损益"

"企业经营的结果所发生的损益,系受两种因素的影响,一是内在的因素,即企业本身生产管理与经营工作的好坏……另一种是外部的因素,即市场价格的影响……因此,产品的商业利润或亏损不可能完全由企业本身所控制。由于内在因素影响企业损益的责任,应完全由企业负责人负责。由于外在因素的影响,企业发生的盈亏不能全部由企业负责人负责。我们欲分清两种责任则必须在计算损益时将此两种不同因素所影响的损益分别计算,其公式如下:

内在因素影响:计划成本(产销成本)－实际成本＝生产损益

外在因素影响:销货收入－销货成本(计划成本)＝营业损益

两种因素影响的结果:营业损益＋已实现的生产损益＝营业总损益"

5. 折旧、大修理的处理

(1) 计提的折旧额不直接冲减固定资金,而计入专门设置的"备抵固定资金"科目,以作对固定资金的抵销。"根据政府规定折旧全部上缴,上缴后企业一方面付出现金,一方面应减少固定资金,但为着使账面的固定资金原投资数额保持不变,故设立一'备抵固定资金'科目作为固定资金的抵销科目。"

(2) 计提大修理基金,其已耗用金额转入成本并作为递延资产逐期(视同折旧的一部分)予以上缴。"目前各厂矿的设备,大部陈旧不堪,大修理费用颇巨,而折旧又全部上缴,因此资金缺乏来源,曾呈请财委批准以折旧的30%充作大修理基金,使用以后分期摊销加入成本,为着使固定资产原值和折旧都不变,故不转入固定资产价值内,作为一种递延资产,逐期摊提之数解缴政府。"

6. 其他

(1) 决算报告中除报表外另须编写书面总结,其要点为:① 业务状况(推销概况、计划与实际比较发生重大差异之主要原因);② 盈亏发生的原因;③ 投资情况;④ 财务收支状况;⑤ 周转资金之经常使用情况;⑥ 成本计算月际波动的趋势;⑦ 财务上增进效率及减少不经济开支的改进意见;⑧ 下期业务的展望。

(2) 错账更正和账项冲销采用赤字冲账法。

(3) 特殊事项需予单独说明。

"如将资金划分为流动资金和固定资金,设置基金投资科目,以及将特殊会计科目做成分录,附于制度之后,以助了解等等。"

该会计制度规定的资产负债表基本格式见表1-1①。

表1-1　　　　　　　　　　　资 产 负 债 表

机 构 名 称

格式:资一　　　　　　　　　　　　　　　　　　　　　　　　　　年　月　日

资产	期末数	期初数	增减数	负债	期末数	期初数	增减数
固定资产				净值			
土地				固定资金			
房屋及设备				减:备抵固定资金			
减:折旧准备——房屋及设备				流动资金			
……				本期盈亏			
……				累计盈亏			
……(按固定资产类总分类账会计科目填列)				非常损失			
流动资产				固定负债			

---

① 本报表格式见杨时展:《1949—1992年中国会计制度的演进》,第10~11页,中国财政经济出版社,1998年版。

(续表)

资产	期末数	期初数	增减数	负债	期末数	期初数	增减数
库存现金				拨入零星资本支出基金			
银行存款				拨入大修理基金			
……				……			
……				……			
……（按流动资产类总分类账会计科目填列）				……（按固定负债类总分类账会计科目填列）			
其他资产				流动负债			
维护费用				银行透支			
拨出维护费				应付票据			
……				……			
……				……			
……（按其他资产类总分类账会计科目填列）				……（按流动负债类总分类账会计科目填列）			
				其他负债			
				预收收益			
				拨入维护费			
				……			
				……			
				……（按其他负债类总分类账会计科目填列）			

主管　　　　　　会计　　　　　　复核　　　　　　制表

说明：A. 本表根据总分类账内资产负债类各科目编制之。

B. 各抵销科目如折旧准备等，均应列于相当科目下增减之。

C. 增减数为期末数与期初数比较后之增或减数额，减少以红字填列。

总的来看，以上企业统一会计制度具有如下一些特点：

（1）采用了世界通用的若干现代会计概念、原则、方法。当时企业统一会计制度已经采用了若干与现代财务会计近似或一致的概念、原则，如重工业部所属企业及经济机构统一会计制度规定，"以企业机构为独立计算盈亏之会计单位""会计组织在所有机构中,不得掺入其他职能系统",即设立了会计主体假设;各制度均规定以公历年度为会计年度,即设立了会计期间假设;规定以人民币为记账本位币,即设立了货币计量假设。无论哪项制度,均明确了以权责发生制为会计基础,明确了以借贷法为记账方法,并提出了期末账项调整的具体要求和部分会计要素的计量原则(资产入账以原始或核定价值为准)等内容。

(2) 规定了层次齐全、数量繁多的各种类会计报表。提出了编写报表附注的要求,形成了较为完备的会计报告体系,其中主要会计报表分为资产负债表、损益表、现金收支表、成本报表4种,与当时以美英为代表的西方会计做法基本一致(成本报表除外)。在资产负债表中采用"资产=负债"的会计等式,而负债又包括债务和净值(由国家投资、企业盈亏组成)两部分,"'负债'的意义就是企业的资金来源,'资产'的意义就是企业的资金运用,换而言之就是企业资金的去路"[①]。这样,资产负债表的平衡关系实际上即为"资金运用=资金来源"。

(3) 形成了较为完善的账簿体系和会计循环程序。账簿体系是完成会计核算的保证,也是现代会计与旧式会计的区别之一。统一会计制度按照现代会计的要求,建立了包括各种总分类账、明细分类账、序时账、补助账在内的账簿体系,包括原始凭证和记账凭证的会计凭证体系,规定了账簿和凭证的使用方法、会计格式组织系统(即会计核算形式或会计循环),提供了会计核算的账簿组织保证和程序保证。

(4) 设置了完成会计核算所需的配套的会计科目,使得会计核算内容完整、统一。会计科目不仅是进行会计核算所必需的工具,也表现了对会计核算内容的认识。通过该批会计制度和会计科目的设置,可以看到当时普遍对资产区分了固定和流动部分,对负债区分了固定(长期)和流动部分,对收益区分了营业内收益和营业外收益部分,对损失区分了营业内支出(包括营业支出、工厂支出)和营业外支出部分,这些区分符合国际通行做法,同时也表明会计信息有着丰富的内容。

(5) 规定了若干项资产的入账价值,资产的成本构成较为明确、清晰。如规定固定资产的原价包括购买价或自制成本、购置税金及其他手续费、运输费、安装或调试费,原材料成本应包括采购费用,等等。

(6) 区分计划内和计划外两种损益。如重工业部所属企业及经济机构统一会计制度规定,用"生产损益""经营损益"分别表示因企业内部因素和企业外部因素导致的损益,以为成本分析和损益分析提供相应数据。

[①] 安绍芸:《关于国营企业编送决算报告办法、统一会计报表和统一会计科目的说明报告》,《新会计》,1952年第13期,第9页。

（7）体现计划或统一管理。刚刚建立的国营经济实行计划管理，该批统一会计制度体现了这一管理要求。如规定会计事项需与生产经营计划（由国家下达）"密切配合"；企业间调配使用的物资采用规定的价格，规定的价格与账面价值的差异另做调整；企业需严格执行由国家制定的会计制度，细微调整亦需报经批准；国营企业与国家经济管理部门之间为上下级关系，国营企业之间亦不存在商业秘密，故将成本报表作为对外报表上报；等等。

（8）核算责任成本。重工业部所属企业及经济机构统一会计制度中对部门成本的计算，实际上是一种责任成本核算，反映出当时将会计核算与成本管理相结合，会计为生产和管理服务的思想。

新中国最早的这批企业统一会计制度，是中国会计专家提出和审定的，一方面难免受到旧中国原有大型国营企业会计制度的影响[①]，另一方面更多地以当时西方会计的做法为基本构思[②]，结合对国营企业的资金管理要求（如利润和折旧上缴国家财政以及大修理基金提取的规定），并听取了作为财政部顾问的苏联专家的意见[③]，与当时流行于广大中小企业的旧中式会计（包括改良中式会计）截然不同，这是一套现代企业会计制度。这批会计制度的出台与实施，开始了在中国大规模推行现代企业会计的风潮，扭转了旧中国企业会计各行其是、各自为政的落后与紊乱局面[④]，并为以后的企业会计制度提供了样板。

（二）其他企业会计制度的建立

新中国成立之初除了企业的财务会计核算外，还有其他诸多会计制度亟须规范。在制定行业统一会计制度的同时，中央政府和各地方政府还先后就企业成本核算、财产清查、利润上缴、大修理资金管理等会计问题初建了一批规章制度。

[①] 北洋政府和南京国民政府分别制定有公有营业会计制度。如北洋政府交通部统一铁路会计委员会1914年颁发的"铁路资本支出分类则例""铁路营业进款分类则例""铁路营业用款则例""铁路岁计帐盈亏帐盈亏拨补帐则例""铁路总平准表分类则例"等企业会计制度；南京国民政府主计处1939年公布的"暂行公有营业会计一致规定"、1942年公布的"公有营业会计设计要点"等企业会计制度。（见赵友良：《中国近代会计审计史》第30～44页、第102～109页，上海财经大学出版社，1996年版）

[②] 第一任财政部会计制度司司长安绍芸曾在1951年11月财政部召开的第一次全国企业财务管理及会计会议上的发言中讲到："虽然我们的会计工作还有一定的基础，但这一基础毫无疑问是在英美帝国主义会计理论指导之下建立起来的。"（《新会计》，1952年第13期，第15页）

[③] 苏联派驻财政部的会计专家马卡洛夫在苏联《会计杂志》1953年第3期发表文章《中华人民共和国国营工业企业的会计核算》，《工业会计》杂志1953年第7期发表了该文的译文，其中称："在1950年和1951年上半年会计制度规章审议委员会审查了许多重要条例和章则草案，其中有重工业、燃料工业、纺织工业、铁路、邮电和人民银行的统一会计制度……审议委员会极力采用苏联先进经验，常常征询苏联专家的意见。"（刘揆初、陈锡祐译，《工业会计》，1953年第7期，第16页）

[④] 当时主持全国会计工作的财政部会计制度司司长安绍芸在第一次全国企业财务管理及会计会议上的报告中指出："我国各种国营企业的会计制度在1950年中大体已初步建立。"（《新会计》，1951年第12期，第14页）

1. 企业成本会计制度

企业产品成本既是实行经济核算和产品定价的基础,又是会计的重要核算内容。为了加强对国营企业的成本管理,人民政府有关部门纷纷制定本系统的成本核算制度,如铁道部 1951 年 6 月公布(同年 7 月 1 日执行)的"铁路经济核算制",电业管理总局及华北区、华东区各企业单位于 1951 年 1 月 1 日开始实施的《电业成本计算规程》,东北人民政府 1949 年公布的《工业暂行成本计算规程》,察哈尔省① 1951 年制定的《暂行成本计算规则》,等等。这些经济核算或成本计算规程构成了新中国最早一批成本会计制度。以下择要介绍其中的一些。

1) 东北人民政府《工业暂行成本计算规程》

1949 年东北人民政府公布了《工业暂行成本计算规程》,该规程于 1950 年 4 月 1 日开始执行;此后再行修订,1951 年度开始执行修订后的《工业部所属企业统一成本会计制度草案》。该制度主要就如下方面做出了规定②:

(1) 成本项目。该制度规定"成本项目分为:基本材料费、辅助材料费、燃料费、基本工资、辅助工资、电力费、蒸汽费、风力费、新产品试制费、外部加工费、车间(或现场)经费、厂矿管理费、局公司管理费及推销费十四项"。

(2) 计划价格成本。"为了分清内在的与外在的因素,以明确其责任起见,本应计算两套价格成本——'计划价格成本'与'实际价格成本',然为简化计算手续,本制度规定各单位之生产成本,一律按照计划价格计算,其为解决商品售价的'实际成本'则以统计方法计算之。"按照当时的认识,计划价格成本与实际价格成本有着不同的作用:"计划价格成本之主要作用,在使不受物价变动影响基础上衡量计划的完成程度,总结企业经营管理上所存在的缺点和今后努力的方向,贯彻财务管理方面的责任制,和保证完成积累的任务。""实际价格成本,仅为提供企业管理及商品作价之参考,使企业得到合理的利润,以保证扩大新民主主义社会的再生产,不得作为财务管理的依据。"

(3) 成本计算过程及对象。该制度将企业的成本计算过程分为四个阶段,称之为"四段成本计算"。"四段成本的计算,即是将'产品'与'劳务'之成本划分为车间成本、厂矿成本、工业成本及商业成本四个阶段顺序分别计算之。""它明确了各阶段的成本指标,分清了各阶段的责任——车间责任、厂矿生产责任、企业的生产责任与经营责任。"各阶段的成本内容分别为:①"车间成本:为车间(或现场)范围内所发生之一切直接及间接与车间(或现场)生产'产品'或供给'劳务'有关之各项费用,包括基本材料

---

① 1928 年设省,1952 年撤销。
② 见《新会计》,1951 年第 9 期,第 10~16 页。

费、辅助材料费、燃料费、基本工资、辅助工资、电力费、蒸汽费、风力费、新产品试制费、外部加工费及车间经费。"②"厂矿成本：为厂矿范围内所有之一切费用，包括'车间成本'与厂矿管理费。"③"工业成本：为企业整个生产及管理上所有之一切费用，包括'厂矿成本'与局公司管理费。"④"商业成本：为在整个生产及经营管理上所有之一切费用与对购用者负担之一切费用，包括'工厂成本'与推销费。"

（4）成本计算方法。该制度规定："成本计算制度就是成本计算的方法……依本制度之规定，成本计算须根据实际生产情况，按生产程序及产品种类之不同，分别采用单一成本计算制度、分步成本计算制度、分类成本计算制度，或分步及分类成本计算制度。"而所谓分步及分类成本计算制度，"为按'产品'或'劳务'之种类同时并按各种'产品'或'劳务'之生产程序以分别计算各种'产品'或'劳务'成本的方法"。

（5）费用分配方法。费用分配的总体思路是："先按车间部门计算出各车间及部门成本，然后将辅助车间及部门的费用，按其受益程度，用各种不同的方法分别分配于生产车间中，再行分配于各项产品成本中。"费用分配的具体规定主要有：

"辅助车间及部门费用之分配，一律采用'一次交互分配法'。"费用的分配标准可以是："①依计量器或其他记录所示之耗用量为分配标准；②依职工人数为分配标准；③依工作时间为分配标准。"

"厂矿管理费对车间之分配须分作两次分配之。第一次为其行政费用与一般管理费用对各车间之分配，与各辅助车间成本之分配同时同法为之。第二次为其损失性费用对各车间之分配，须于第一次费用分配于各生产车间、附设车间、副业车间及制作用具之辅助车间，俟各该车间之停工损失与特殊损坏工作损失算出后，再行汇总并同其他各项损失性费用，分别选择适当之标准个别分配于有关之车间。"

"产品成本仅计算至'工业成本'为止，其推销费用之分配为属于'商业成本'之计算，依各该产品之'商品量'计算之。"

（6）划分建设支出与生产支出。该制度中所称的生产支出，指的是"为一种物品或劳务应由本期产品所负担者"，包括："①为本期生产而发生之一切费用；②为不属于建设支出而有益于以后各期生产之一切费用。前项为本期生产费用，直接计入本期成本内。后项为递延费用，分期分摊于各期'产品'或'劳务'之成本中。"建设支出则指的是"为一种物品或劳务其一部分应在以后会计年度产品所分摊者"，包括："①事业准备费（注：包括调查勘查费、采矿费、专门研究费、开办费、复工费及其他递延资产）；②大修理费；③固定资产设置费；④固定资产增值费。"

（7）成本会计科目。"本制度规定，成本会计组织与财务会计组织采用分立制，以'成本总账统驭'账户与财务会计联系之。"

"成本会计科目,主要在于起钩稽与统计之作用,不涉及财产增减变化情形。故本科目规定,总分类账会计科目,仅按其所记各成本事项应表示之方向,分设借方科目与贷方科目二大类。"

"总账借方科目,首设'车间及部门费用'诸科目,次设'成本及成本外费用'诸科目,以分别记载各该费用及成本之数。贷方科目,设'成本总账统驭'一科目,以记载由财务会计转入及转入财务会计之数。"

2) 察哈尔省企业公司《暂行成本计算规则》

察哈尔省企业公司1950年制定关于成本计算的规则,1951年初进行修改,开始执行新的《暂行成本计算规则》。新规则主要在成本项目、成本价格方面做出了规定。①

关于企业的产品成本项目,新规则划分为基本材料费、辅助材料费、燃料费、电力费、用水费、蒸汽费、基本工资、辅助工资、附加工资、车间经费、工厂管理费、营业费共12项。其中,基本材料费指"直接用于产品而能够构成产品主要实体的原料";辅助材料费是"虽为产品必需但不能构成产品的主要实体,在生产过程中能掌握消耗定额的次要材料";燃料费是"产品直接需要热能所耗的燃料";基本工资是"工人直接从事于生产产品而支付的工资";辅助工资是"未从事于生产活动而依规定支付的辅助性工资及津贴(如法定节假日及为执行公民义务而支付的工资或煤、水电、津贴等)";附加工资是"按工资总额(不包括津贴)的一定比率,提存的福利金,如文教费、医药费、劳保费等";车间经费是"车间的一切生产费用,包括消耗材料费、运输费、修理检验、照明、保险、办公、折旧、取暖及推销耗损等费用";工厂管理费是"工厂管理部门所支出的一切费用,包括办公、修缮、照明、保险、书报、通讯、旅费、税捐、试验、保卫、交际、饲料等费用";营业费是"推销产品所发生的推销费用";而将电力、用水、蒸汽列为单独的成本项目,是因为"它们的成本,必须单独考核"。

在成本价格方面,该规则规定企业应计算"两种价格三套成本",即预计成本、预计价格成本、实际成本。所谓预计成本,"也可以叫计划成本,是依一定时期内的生产数量,按照生产计划中,既定各种消耗定额或规定标准,分别以不变价格算得的成本,这种成本完全建立在计划的基础上,是考核实际生产成绩的标尺。预计成本=不变价格×(实际生产量×单位消耗定额)"。所谓预计价格成本,"是依一定期间产品的实际消耗,而以不变价格(或预计价格)计算的成本……本月××费用支出×(原定不变价格之××指数÷本月份××指数)=应计不变费用。这样再与预计成本相较,便能把

---

① 内容和引文见:《新会计》,1951年第6期,第31页、第23页。

产品超支或降低的内在原因(消耗劳动生产率的增降、生产设备的运用)完全通过货币表现出来,发掘生产中的问题,予以有效的指导"。所谓实际价格成本,"是以实际生产消耗及实际支出的成本费来计算的,可以表示产品的真实成本,作为销售之参考"。

该规定在车间成本及部门成本的计算方面要求:"生产车间及有计量标准的电力、蒸汽、供水等辅助车间,可根据成本项目,分别计算其车间成本。"辅助部门(车间)之间的费用分配则"以采用一次交互分配法为准"。

该规定还提到了等级品、联产品、副产品的成本处理,规定"以上各种产品的成本计算办法,须根据其成分、重量、长度、面积、程度或正常市价研究它们和主要产品的比率,换算为一种产品后再分别介绍成本,由主要产品成本中扣除"。

以上两项成本会计制度是地方性的制度,也是新中国最早一批成本会计制度中的两项,表现了当时成本会计制度的基本情况。

(1) 对产品成本计算有着比较全面、具体的规定。例如,两项成本会计制度都规定了产品成本项目的具体内容,包括原材料、工资、经营管理费用三大类,且较为具体、细致。又如,规定成本计算方法,分别采取单一成本计算(即品种法)、分类成本计算(即分类法)、分步成本计算(分步法),或几种方法的综合运用。此外,对费用(如辅助费用)分配的方法和标准也提出了具体规定。通过制度条款对成本计算做出具体要求,强制企业必须按照规定的方法进行成本计算,这样的做法看上去似乎僵化、生硬,但考虑到当时新中国刚刚成立,会计管理百废待兴,秩序初建,人员素质很低,做出相对强硬的成本计算规定也是必要的,否则难以规范散乱的局面。

(2) 产品成本计算采取全部成本法,即产品成本中既含有制造费用,也包括厂矿管理费、局公司管理费、推销费或营业费等期间费用。这样的成本内容与后来流行的制造成本法不同,但在当时却是较为普遍的做法。

(3) 产品成本计算采用双轨制,分别计算产品的计划成本和实际成本,计划成本用于成本分析和绩效分析,实际成本用于产品定价。这表现出当时对成本数据运用的多重考虑。

(4) 单独计算各部门的成本,据以区分各部门的成本责任。如东北人民政府《工业暂行成本计算规程》规定将产品成本划分为车间成本、厂矿成本、工业成本、商业成本,分别表现车间、企业的成本,这反映了新中国成立之初各级会计制度制定部门对成本责任乃至企业经济核算的重视。

总体来看,这些成本会计制度是根据当时世界通行的成本核算理念和方法制定的,表现了较先进的成本核算水平,也表明这些制度的制定者了解和熟悉先进的成本核算模式,希望按照先进的管理方式管理国营企业。

2. 提缴折旧基金和提缴利润的会计处理规定(1951年)

新中国刚刚建立的国营企业,需要明确国家与国营企业之间的资金关系和管理权限,主要包括资金供应制度、成本核算制度、基本折旧制度、利润分配制度等。由于当时中央政府承担了大量的事权,财政体制以中央集中财权为主,所以国家与国营企业之间的资金关系和管理权限的原则是:国营企业的资金由国家调拨,成本由国家控制,折旧资金和利润上缴国家。从国营企业成本、折旧、利润事项有关的会计处理规定中,能够看出当时国家与国营企业之间这种资金关系和管理权限。

1951年财政部公布了《国营企业提缴折旧基金会计处理暂行办法》和《国营企业提缴利润会计处理暂行办法》。在以后的第一次、第二次全国企业财务管理及会计会议上,曾对这些国营企业提缴折旧基金和提缴利润办法进行过讨论和修改。

《国营企业提缴折旧基金会计处理暂行办法》的主要内容为四大项:①处理提缴折旧基金和大修理基金业务应设置的会计科目,共有"基本折旧基金""抵缴国库基本折旧基金""大修理基金""固定资产清理""缴国库固定资产变价""抵缴国库固定资产变价"等13个会计科目。②相关业务的会计分录。③超龄使用固定资产计提折旧基金和大修理基金的规定:"国营企业固定资产使用期满如仍继续使用时,应继续按月计算基本折旧及大修理折旧,并按月缴存基本折旧基金及大修理基金;其分录概与使用期未满者同。"④编制相关会计报表的要求,规定企业应于季度终了后编制"缴国库基本折旧明细表"和"提存大修理基金明细表",于年度终了时编制"缴国库固定资产变价明细表"。①

《国营企业提缴利润会计处理暂行办法》的主要内容为三大类:①处理提缴利润业务应设置的会计科目,共有"缴国库会计利润""抵缴国库会计利润""工厂奖励基金"等9个会计科目;②相关业务的会计分录;③编制相关会计报表的要求,规定企业应于季度终了后编制"缴国库利润明细表"。②

上述《国营企业提缴折旧基金会计处理暂行办法》是新中国早期关于企业固定资产折旧的管理规定,表现了政府国有经济管理部门对国营企业资金统一管理的要求和对固定资产折旧重要性的重视。但暂行规定主要规定的是企业提缴折旧的会计处理方法,包括设置哪些会计科目,如何编写会计分录,编制什么会计报表,对折旧的管理问题涉及很少,只提到对超龄使用固定资产需要继续提取折旧(这与后来的管理办法完全相反),未涉及固定资产提取折旧的范围、计算和提取折旧的方法、折旧率

---

① 《国营企业提缴折旧基金会计处理暂行办法》第21条,《新会计》,1951年第10期,第101页。
② 《国营企业提缴利润会计处理暂行办法》,《新会计》,1951年第10期,第15页。

和折旧额等。《国营企业提缴利润会计处理暂行办法》则规定了国营企业利润上缴的会计处理办法,用以指导和规范企业利润上缴的业务,保证国家的财政收入,亦没有涉及企业利润的管理问题,如利润分配的原则、程序、方法等。此外,这一办法要求设置"工厂奖励基金"会计科目,这是对当时已经实行了的企业提用奖励基金制度的响应。①

3.《国营企业资产清理及估价暂行办法》(1951年):第一部资产计价规范

新中国成立之初,国有经济分别来自没收的官僚资本、解放区原有的企业、外国转让的企业等几个方面,管理不统一和连年战争使得企业的账目混乱、财产不清,给管理工作造成了极大的障碍。为了使国营企业的管理正规化,实现经济核算制,政务院财政经济委员会于1951年6月发布了《关于国营企业清理资产核定资金的决定》,规定全国国营企业的固定资产和流动资产应一律重新清理登记,并按1951年6月底的人民币价格计价。为了落实上述决定,1951年7月31日政务院财政经济委员会发布《国营企业资产清理及估价暂行办法》。该暂行办法中涉及会计事项的内容有如下四项。②

1) 固定资产和流动资产的划分标准和范围

该办法第4条规定:"全国国营企业固定资产与流动资产划分的标准和范围,确定原则如下:

"一、属于固定资产者:包括生产用房屋、建筑物、动力设备、传导设备、生产机器设备、工具和生产上应用的器具、运输工具、家具用品、预备固定资产、对土地的投资、农产和副业用固定资产、货铺和供应用固定资产、住宅和附属建筑物、文化生活设施用和卫生保健用固定资产等项。

"二、属于流动资产者:包括原料和主要材料、购入半成品、辅助材料、燃料、在制品、成品、零星修理用的备品、包装器材、低值和易耗品、预付款、应收账款、库存现金等项。

"三、凡具有下列情形者,应列入流动资产:(一)资产的效用期限在一年以下者和易碎物品(如玻璃器具等),不论价值多寡,一律列入流动资产。(二)物品的效用期间在一年以上,单位价值在人民币一百万元以下者,应列入流动资产。此种物品按其使用期限,分期摊入成本,从摊提中进行重置。"

---

① 1952年1月政务院财政经济委员会颁发《国营企业提用企业奖励基金的临时规定》,凡已实行经济核算的国营基层企业和建设单位,根据其所属行业不同,完成生产计划、利润及上缴计划等不同规定并经批准者,可以按照规定申请提取企业奖励基金。

② 本部分内容和各引文,见《重要法规和制度》,转引自杨纪琬:《中国现代会计手册》,第123~124页,中国财政经济出版社,1988年版。

2) 固定资产成本、土地、流动资产及金融产品的估价

该办法第5条规定了对固定资产的估价："全国国营企业固定资产的估价,应以1951年6月底的'重置完全价值'为标准。所称重置完全价值,系指在目前条件下,获得该项资产崭新状态的重置成本,包括发票正价、税捐、佣金及运杂费等。

"一、如为建筑的固定资产,则以其在目前条件下的建筑费为其重置成本,包括设计费用、建筑准备工作费用（临时工舍、仓库、铁道专用线等的建筑费用,减去完工后变卖该项物资所得的款项）、全部建筑工程价值、购置设备和工程完成后对个别缺点修整等支出。

"二、如为机器安装的固定资产,则以其在目前条件下的设备费为其重置成本,包括发票正价、税捐、佣金、检验费、运输费和安装费等。

"三、固定资产的各项大修理,由大修理折旧款项抵补,不得作为增加固定资产的账面价值计算。

"四、用坏和损坏已失效用的固定资产,按估计可能出售的价格估列。"

该办法第8条规定了对土地的估价：

"一、国营企业的矿山、森林、池塘、油田、盐田、农田、牧场、铁路、公路等土地除特殊经营的企业另作规定者外,如原系人民政府接管后投资购入或已经办理财务手续作为投资者,则按实际投资额或原账面额为土地价值。其余暂不估价,其地面工程应估值列入营造物资产内。

"二、房屋基地及其附属土地,如原系人民政府接管后投资购入或原已估价列账者,即以原来账面额为土地价值；其未估价者,应一律进行估价,估价标准以当地地政机关（如无地政机关以当地人民政府）所估定的地价为标准。

"三、土地不摊提折旧,但企业单位应将所有全部土地的数量及其使用情况,另作记录备查,并列册上报。"

该办法第10条规定了流动资产的估价："全国国营企业流动资产的估价,亦应以1951年6月底的重置成本为标准,即包括现价、税捐、佣金及运杂费等,估价原则如下：

"一、原料、材料、辅助材料、燃料等,按重置成本估价；

"二、自制产品,按实际成本估价,购入商品和半成品,按重置成本估价；

"三、在制品,按实际成本或按在制品出产比例估价；

"四、应收账款、预付款项等,按账列结余额计列；

"五、废品、废料,按估计可能出售的价格估价。"

该办法第11条规定了金融产品的估价："公债、有价证券等,有时价者,按时价估

列。无时价者，按实际情形酌量估价。折实公债，按牌价估列。"

该办法第12条规定了资产估价的参照价值："全国国营企业，在资产估价工作中，关于固定资产和流动资产的6月底价格标准，除自制产品和在制品按实际成本估价者外，由各主管部门根据实际情况，结合下列办法，组织技术、财务、专家和了解情况之人员，共同妥善评定。

"一、公价、牌价、贸易合同价或国内外行情资料；

"二、国营企业的售价或造价；

"三、当地或临近地区的市价；

"四、根据规格或牌号不同的同种资产的比价；

"五、按资产原账面价值，按物价指数换算估列。"

3) 固定资产使用年限的确定

该办法第6条提出了固定资产使用年限的确定办法："……企业单位主要应根据固定资产的新旧程度、能力和使用情况等，重新鉴定使用年限（如按吨/公里计算者，应鉴定使用吨/公里）……对机器设备使用年限的鉴定，在冶炼、矿山、发电等方面连续性作业的机器和纺织、造纸、橡胶等机械，以一昼夜工作二十四小时为准，工具机械（母机）则以十六小时为准。其他各企业部门的机械，一昼夜以若干工作小时为准，由中央主管部门统一规定，报送全国核资委员会备案。"

4) 重估价与原账面价差的处理

该办法第15条规定："各企业资产经重估价后，如重估价与原账面额发生耗价或溢价差额时，应分别列入资产账户与折旧准备及清产估价差额科目予以调整，经最后核准后，结转政府资金。"

《国营企业资产清理及估价暂行办法》是新中国成立以后首次发布的资产估价制度，它所采用的一些原则与方法一直沿用至此后数十年的资产计价和估价实务中。这个办法的基本思想是：当资产的价值发生了变化时需要重新确认其实现价值，而不能墨守账面原有的历史成本。资产价值的重新确认，应该采用现时成本，包括重置成本、出售价格等，各种有价证券的价值则采用现行市价法确定。该暂行办法规定了各类实物资产（固定资产、流动资产和土地）的重置成本，区别外购和自建两种取得方式，分别规定了它们各自包括的内容，这相当于明确了资产的成本构成，这一办法一直为此后的企业资产定价和确定资产入账价值所用。该暂行办法还统一规定了国营企业固定资产的标准和折旧年限，对固定资产的这种管理方式也在国营企业中长期沿用。《国营企业资产清理及估价暂行办法》的出台与实施，为当时国营企业资产价值的确定提供了依据，使资产清理工作得以顺利实行，在较短的时间内摸清了国有经济的家底，为接下来的经济核算、经济规划与发展奠定了基础。

旧中国会计落后,方法不统一,企业的账目登记各行其是,资产数额不准确,不仅建立不久的国营企业需要进行资产清理与重新估价,而且非国营企业同样有这样的需要。因此,同时期还有一些与《国营企业资产清理及估价暂行办法》类似的针对其他企业的资产估值制度出台,如1950年12月22日政务院财政经济委员会私营企业局曾发布《私营企业重估资产调整资本办法》,其内容和要求与《国营企业资产清理及估价暂行办法》接近。①

(三) 1952—1953年的国营企业统一会计制度

出于适应国民经济逐步实行计划管理、推行经济核算需要的考虑,新中国建立早期统一企业制度之后不久,"1951年9月中旬,中财委召集各部研究制订国民经济计划表格,为了充实国民经济计划内容,为了财务计划与国民经济其他部分密切结合,避免各种计划重复与脱节……确定将财务计划列入国民经济计划,正式成为国民经济计划的一部分"。"企业财务收支计划……是编制国家预算的根据,必须满足国家预算的需要。"②随后,财政部于1951年11月召开了第一次全国企业财务管理及会计会议,结合计划经济的要求研究了国营工业、交通、贸易、农林、公用等企业财务收支计划的内容、表式,会计制度建设,会计主管人员职务、权力、责任条例,会计、统计、计划的联系与分工等问题。会议在会计制度建设方面,讨论了《国营企业编送决算报告暂行办法草案》《国营企业统一会计报表格式及说明草案》《国营企业统一会计科目及说明草案》《国营企业提缴折旧基金会计处理暂行办法草案》《国营企业提缴利润会计处理暂行办法草案》5个文件。

1952年10月,财政部召开第二次全国企业财务管理及会计会议,对第一次全国企业财务管理及会计会议制定的制度的贯彻执行情况进行总结、修改,讨论了财务、会计方面的文件,包括《国营企业财务收支计划编审办法草案》《基本建设拨款监督办法草案》《国营企业提缴利润办法草案》《国营企业提缴折旧基金办法草案》《国营企业提用企业奖励基金办法草案》《国营工业企业统一会计科目及说明修订草案》《国营工业企业统一会计报表格式修订草案》《国营企业统一登记会计簿籍填制会计凭证办法草案》《国营工业企业统一成本核算规程草案》《国营工业企业材料会计处理办法草案》《国营企业建设单位统一会计科目及说明草案》《国营企业建设单位统一会计报表格式及说明草案》《国营包工企业统一会计科目及说明草案》《国营包工企业统一会计报表

---

① 余肇池:《就会计的观点说明"私营企业重估财产调整资本办法"的要义》,《新会计》,1951年第9期,第17~19页。

② 张新周:《在全国企业财务管理及会计会议上的专题报告》,《新会计》,1951年第10期。

格式及说明草案》等多部草案。

经过全国企业财务管理及会计会议的讨论,陆续颁布了新一轮统一会计制度,包括工业、交通、铁路、邮电、贸易、农林6个行业的统一会计科目和统一会计报表,以及《国营企业决算报告编送暂行办法》《国营企业提缴折旧基金和提缴利润的会计处理规定》《国营企业统一登记会计簿籍填制会计凭证办法》《国营工业企业统一成本核算规程》等,集中形成了新的一批企业会计制度。

1.《国营企业决算报告编送暂行办法》(1952年):财务情况说明书和资产估值标准[①]

《国营企业决算报告编送暂行办法》公布于1952年1月26日,曾在全国第一次财务管理及会计行业上进行过讨论。该暂行办法共有六章,分别为:第一章"总则"、第二章"内容及编造根据"、第三章"报送及审核程序"、第四章"资产估价"、第五章"其他有关事项之处理"、第六章"附则"。其中第二章和第四章最为重要。

第二章"内容及编造根据"主要规定了决算报告的内容。第12条称:"决算报告包括下列两部分:一、会计报表;二、财务情况说明书。"

第13条称:"会计报表的种类与名称,主要包括下列各表:一、属于月份计算报告者:1.资产负债表;2.损益表;3.生产费用表;4.成本计算表(依产品分类)。二、属于季度结算报告者:1.资产负债表;2.损益表;3.销售利润表;4.生产费用表;5.成本计算表(依产品分类);6.成本计算表(依成本项目分类);7.主要产品成本分析表;8.流动资金运用情况分析表;9.总分类账科目余额表;10.基本建设资金收支明细表;11.大修理基金收支明细表。三、属于年度决算报告者:1.资产负债表;2.固定资产增减表;3.政府资金增减表;4.国库拨款及特种基金增减表;5.损益表;6.销售利润计算表;7.生产费用表;8.成本计算表(依产品分类);9.成本计算表(依成本项目分类);10.企业管理费用及车间费用明细表(主管企业部门及主管企业机构得免于汇编);11.流动资金运用情况分析表;12.总分类账科目余额表;13.基本建设资金收支明细表;14.未完基本建设工程明细表;15.大修理基金收支明细表。"

第14条规定了财务情况说明书的内容和编表时间:"财务情况说明书的内容应由主管企业部门于统一会计制度内规定之,主要包括下列各事项:一、财务收支计划的完成情况;二、财务状况的分析;三、损益原因的分析;四、成本的分析;五、流动资金周转情况;六、今后会计工作的改进意见。财务情况说明书,在办理月份计算时得免编报,季度结算时得扼要编报,年度决算时应将全部情况详细编报。"这里所说的财务情况说明书,是对企业经营结果的书面分析,揭示了会计报表所不能表达的情况,使得企业经

[①] 本部分内容和引文,见《重要法规和制度》,转引自杨纪琬:《中国现代会计手册》,第127～131页,中国财政经济出版社,1988年版。

营过程、结果和工作改进的信息报告更为详尽。《国营企业决算报告编送暂行办法》将财务情况说明书列为企业必编制的决算报告内容之后,财务情况说明书便成为我国企业长期以来的财务报告内容之一。

该暂行办法的第四章"资产估价"规定了企业主要资产的价值内容和确定办法。第27条明确了各种方式取得的固定资产原价的内容:"固定资产原价之内容规定如下:一、购入者——包括买价及可以使用前所发生的装置、运输、装卸、捐税、保险、整理、验收、储存等费用;二、自制者——包括制造过程中所耗用的原材料、人工等工厂成本;三、接管者——包括依法规定的清点估价及可以使用前所发生的装置、运输、装卸、包装、捐税、保险、整理、验收、储存等费用;四、拨入之未使用者——包括拨出单位的账面价值,及因调拨所发生的装置、运输、装卸、包装、捐税、保险、整理、验收等费用;五、拨入之已经使用者——按拨出单位的账面价值减去基本折旧准备后的账面价值计列,其因调拨所发生的运输、装卸、包装等费用,应按其资金来源分别列作待摊基本建设事业费或径做费用处理;六、捐赠者——按市价估计其价值,并包括可以使用前所发生的装置、运输、装卸、包装、捐税、保险、储存等费用。"

第28条规定固定资产折旧原则上采用直线法:"固定资产基本折旧之计算方法,以直线法为原则。"

第31条明确了定额资产原价的内容:"一、购入者——包括买价及可以使用前所发生的运输、装卸、包装、捐税、保险、整理、验收、储存等费用;二、自制者——包括制造过程中所耗用的原材料、人工等工厂成本;三、接管者——包括依法规定的清点估价及可以使用或出售前所发生的运输、装卸、包装、捐税、保险、整理、验收、储存等费用;四、拨入者——包括拨出单位之账面价值或双方商定之调拨价格,及因调拨所发生的运输、装卸、包装、保险、整理、验收、储存等费用;五、捐赠者——按市价估计其价值,并包括可以使用或出售前所发生的运输、装卸、包装、捐税、保险、整理、储存等费用。"

第33条规定了应收账款坏账的确定标准:"应收账款、往来账款等有下列情形之一者,应作为坏账:一、估计不能收回,且经上级机关批准者;二、追索而经司法机关批驳者;三、已愈法定追索期者。"

该暂行办法所规定的会计报表种类数量较多,其中一些报表长期使用如资产负债表、损益表、成本计算表等;另有部分报表因为作用有限且企业编制全套报表的工作量过大,故在使用一段时期之后不再使用,如固定资产折旧准备增减表、解缴基本折旧明细表、解缴固定资产变价收入明细表等。暂行办法中规定的各种资产原价内容、固定资产折旧方法与此前有关制度的规定无大区别,一直为企业所执行;应收账款坏账确定标准则应是第一次以制度规定的方式提出。

2. 国营工业企业统一会计科目和会计报表(1952年):第一部统一的工业企业会计制度

国营工业企业统一会计科目和会计报表是在财政部召开的第一次全国企业财务管理及会计会议上讨论通过的,并作为其他5个行业统一会计科目和会计报表的范本。1952年6月,财政部正式公布了国营工业企业统一会计科目及会计报表格式,要求自1953年1月1日起执行。工业企业的统一会计科目表、会计报表名称目录、资产负债表、销售利润(亏损)表、损益表、成本计算表(依产品分类)、成本计算表(依成本项目分类)的格式①,分别如表1-2至表1-8所示。

表1-2　　　　　　　　　国营工业企业统一会计科目表

科目编号	科目名称	一级明细科目编号	一级明细科目名称
	(一) 固定资产		
0101	固定资产		
		.01	土地
		.11	房屋及设备
		.12	建筑物
		.21	动力设备
		.22	传导设备
		.23	机器及设备
		.24	工具及生产用器具
		.31	运输设备
		.41	家具用品
		.51	其他生产用固定资产
		.61	非生产用固定资产
0111	未使用固定资产		
		.01	备用
		.11	停用
0121	不需用固定资产		
0131	产权未定资产		
0141	租赁固定资产改良费		

---

① 各表格式见《重要法规和制度》,转引自杨纪琬:《中国现代会计手册》,第132～154页,中国财政经济出版社,1998年版。

(续表)

科目编号	科目名称	一级明细科目编号	一级明细科目名称
0151	固定资产清理		
	（二）提出资产		
0201	缴国库流动资金		
0202	抵缴国库流动资金		
0211	缴国库基本折旧基金		
		.01	上年度
		.11	本年度
0212	缴专业银行基本折旧基金		
		.01	上年度
		.11	本年度
0221	缴国库固定资产变价收入		
0222	缴专业银行固定资产变价收入		
0231	缴国库利润		
		.01	上年度
		.11	本年度
0232	抵缴国库利润		
		.01	上年度
		.11	本年度
0233	缴专业银行利润		
		.01	上年度
		.11	本年度
0241	非常损失		
0242	固定资产保管费		
0243	预提企业奖励基金		
0251	存出保证金		
0252	冻结外汇及其他资产		
0261	附属企业投资		
		.01	固定资金
		.11	流动资金
0262	其他投资		

(续表)

科目编号	科目名称	一级明细科目编号	一级明细科目名称
	（三）材料		
0301	材料购入		
0311	原料及主要材料		
0312	辅助材料		
0313	燃料		
0314	零星配件		
0321	废料		
0331	包装物		
0332	低值及易耗品		
		.01	在库
		.11	在用
0341	在途材料		
		.01	原料及主要材料
		.11	辅助材料
		.21	燃料
		.31	零星配件
0351	委托加工品		
		.01	原料及主要材料
		.11	辅助材料
		.21	自制半成品
0361	材料价格差异		
		.01	原料及主要材料
		.11	辅助材料
		.21	燃料
		.31	零星配件
0371	呆滞材料		
	（四）工资		
0401	工资		
0411	附加工资		
	（五）生产		
0501	基本生产		

(续表)

科目编号	科目名称	一级明细科目编号	一级明细科目名称
0511	自制半成品		
0521	辅助生产		
0531	车间经费		
0541	企业管理费		
0551	废品损失		
0561	停工损失		
	(六) 成品		
0601	产成品		
0611	副产品		
0621	代制代修成品		
0631	产品成本差异		
	(七) 待摊费用		
0701	待摊费用		
		.01	新产品试制费
		.11	开矿准备费
		.21	预付保险费
	(八) 货币资金		
0801	银行存款		
0811	外埠存款		
0821	外汇存款		
0831	信用状		
0841	库存现金		
0851	库存票券		
	(九) 销售客户清算		
0901	发出商品		
0911	拒绝承付发出商品		
0921	应收账款		
	(十) 应收及预付款		
1001	备用金		

（续表）

科目编号	科目名称	一级明细科目编号	一级明细科目名称
1011	预付定金		
1021	预付加工费		
1031	其他预付款		
1041	职工欠款		
1051	暂付款		
1061	待处理材料短缺		
	（十一）内部往来		
1101	建设单位往来		
1111	其他内部往来		
	（十二）基本建设资产		
1201	已完基本建设投资		
1202	已完零星基本建设投资		
1203	待核销废止基本建设工程及其他支出		
1211	未完基本建设投资		
		.01	建筑工程
		.11	安装工程
		.21	需要安装的机械设备
		.31	不需安装的机械设备
		.41	器具工具及仪器
		.51	工程设计勘测费
		.61	其他
1212	未完零星基本建设投资		
		.01	建筑工程
		.11	安装工程
		.21	需要安装的机械设备
		.31	不需安装的机械设备
		.41	器具工具及仪器
		.51	工程设计勘测费
		.61	其他
1221	基本建设主要材料		
1222	基本建设其他材料		

(续表)

科目编号	科目名称	一级明细科目编号	一级明细科目名称
1231	基本建设低值及易耗品		
1241	待安装的机械设备		
1251	基本建设待摊费用		
1261	基本建设银行存款		
1262	基本建设库存现金		
1271	预付包工结构物及零件款		
1273	分期预付包工款		
1281	基本建设暂付款		
1291	基本建设预提企业奖励基金		
	（十三）大修理资产		
1301	已完大修理工程		
1311	待冲已完大修理工程		
1321	未完大修理工程		
1331	大修理银行存款		
1332	上级代管大修理基金		
1333	大修理库存现金		
1341	大修理预付款		
1351	其他大修理资产		
	（十四）基金		
1401	政府资金		
1411	其他资金		
1421	基本折旧基金		
		.01	上年度
		.11	本年度
1431	代管产权未定资产		
	（十五）拨款		
1501	国库拨入流动资金		
1511	转账拨入流动资金		
1521	国库拨入弥补亏损		
		.01	上年度
		.11	本年度

（续表）

科目编号	科目名称	一级明细科目编号	一级明细科目名称
1531	转账拨入弥补亏损		
		.01	上年度
		.11	本年度
1541	其他拨款		
（十六）折旧及摊销准备			
1601	固定资产折旧准备		
		.11	房屋及设备
		.12	建筑物
		.21	动力设备
		.22	传导设备
		.23	机器及设备
		.24	工具及生产用器具
		.31	运输设备
		.41	家具用品
		.51	其他生产用固定资产
		.61	非生产用固定资产
1611	未使用固定资产折旧准备		
		.01	备用
		.11	停用
1621	不需用固定资产折旧准备		
1631	产权未定资产折旧准备		
1641	租赁固定资产改良费摊销准备		
1651	低值及易耗品摊销准备		
（十七）银行借款			
1701	季节性借款		
1711	超定额借款		
1721	呆滞材料借款		
1731	发出商品借款		
1741	其他借款		

(续表)

科目编号	科目名称	一级明细科目编号	一级明细科目名称
1751	逾期未还借款		
	(十八) 供客户清算		
1801	应付账款		
1811	逾期应付账款		
1821	暂估应付账款		
	(十九) 应付及预售款		
1901	应付工资		
1902	应付附加工资		
1911	应付费用		
1921	应付税金		
1931	预提费用		
1941	存入保证金		
1942	预收定金		
1951	预收收益		
1961	企业奖励基金		
1962	福利基金		
1971	待领工资		
1981	暂收款		
	(二十) 基本建设负债		
2001	拨入基本建设基金		
2002	拨入零星基本建设基金		
2003	其他基本建设资金收入		
2011	基本建设低值及易耗品摊销准备		
2021	应付包工款		
2022	基本建设应付账款		
2031	基本建设暂收款		
2041	基本假设企业奖励基金		
	(二十一) 大修理负债		
2101	大修基金		
2111	拨入大修理基金		

(续表)

科目编号	科目名称	一级明细科目编号	一级明细科目名称
2121	大修理借款		
2131	其他大修理负债		
	(二十二)生产计划成果		
2201	生产计划成果		
	(二十三)税金及销售费用		
2301	税金		
2311	销售费用		
	(二十四)销售		
2401	产成品销售		
2411	代制代修成品销售		
2421	副产品销售		
2431	电能销售		
2441	材料销售		
2451	其他销售		
	(二十五)财务成果		
2501	损益		
		.01	销售损益
		.11	附属企业损益
		.12	福利事业损益
		.13	其他投资损益
		.21	租金收入
		.22	利息收入
		.23	违约收入
		.31	材料产品盘盈
		.41	未获结果的试验费用
		.42	停工维持费
		.51	以前年度损益
		.61	坏账损失
		.71	杂项损益

表 1-3　　　　　　　　　　国营工业企业会计报表名称目录

会工 01 资产负债表(月、季、年)	会工 12 生产费用表(季、年)
会工 02 固定资产及折旧准备增减表(年)	会工 13 成本计算表(依产品分类)(季、年)
会工 03 解缴基本折旧基金明细表(季)	会工 14 成本计算表(依成本项目分类)(季、年)
会工 04 解缴固定资产变价收入明细表(年)	会工 15 主要商品产品单位成本分析表(季)
会工 05 政府资金增减表(季、年)	会工 16 企业管理费及车间经费明细表(年)
会工 06 国库拨款及特种基金增减表(年)	会工 17 流动资金运用情况分析表(季、年)
会工 07 销售利润(亏损)表(月、季、年)	会工 18 已完成投资明细表(年)
会工 08 损益表(月、季、年)	会工 19 未完成投资明细表(季)
会工 09 解缴利润明细表(季)	会工 20 未完成投资增减表(年)
会工 10 拨入弥补亏损明细表(季)	会工 21 基本建设工程成本报告表(季)
会工 11 企业奖励基金计算表(年)	会工 22 拨入资金增减表(月、季、年)

表 1-4　　　　　　　　　　　资　产　负　债　表

部：
局：　　　　　　　　　　　　　年　月　日　　　　　　　　　　表式：会工 01
企业：　　　　　　　　　　　　　　　　　　　　　　　　　　　单位：人民币千元

科目编号	资产	期初数(年月日)	期末数(年月日)	增减数	科目编号	负债	期初数(年月日)	期末数(年月日)	增减数
行栏次 1	2	3	4	5	行栏次 6	7	8	9	10
	甲　固定及提出资产					甲　固定及定额负债基金：			
	固定资产：								
0101	固定资产				1401	政府资金			
0111	未使用固定资产				1411	其他资金			
0121	不需用固定资产				1421	基本折旧基金			
0131	产权未定资产					1. 上年度			
0141	租赁固定资产改良费					2. 本年度			
0151	固定资产清理				1431	代管产权未定资产			
	固定资产合计					基金合计			
	提出资产：					拨款：			
0201	缴国库流动资金				1501	国库拨入流动资金			
0202	抵缴国库流动资金				1511	转账拨入流动资金			
0211	缴国库基本折旧基金				1521	国库拨入弥补亏损			
	1. 上年度				1531	1. 上年度			

(续表)

行栏次	科目编号	资产	期初数(年月日)	期末数(年月日)	增减数	行栏次	科目编号	负债	期初数(年月日)	期末数(年月日)	增减数
	1	2	3	4	5		6	7	8	9	10
		2. 本年度						2. 本年度			
	0212	缴专业银行基本折旧基金					1541	其他拨款			
		1. 上年度						拨款合计			
		2. 本年度						折旧准备:			
	0221	缴国库固定资产变价收入					1601	固定资产			
	0222	缴专业银行固定资产变价收入					1611	未使用固定资产			
	0231	缴国库利润:					1621	不需用固定资产			
		1. 上年度									
		2. 本年度									
	0232	抵缴国库利润:					1631	产权未定资产			
		1. 上年度					1641	租赁固定资产改良费			
		2. 本年度						折旧准备合计			
	0233	缴专业银行利润:									
		1. 上年度									
		2. 本年度									
	0241	非常损失									
	0242	固定资产保管费									
	0243	预提企业奖励基金									
	0251	存出保证金									
	0252	冻结外汇及其他资产									
		提出资产合计									
		投资									
	0261	附属企业投资									
		1. 固定资金									
		2. 流动资金									
	0262	其他投资									
		投资合计									
	2501	亏损									
		1. 上年度									
		2. 本年度									
		亏损合计									
		固定及提出资产共计									
		乙 定额资产									
			计划定额								
			上年度	本年度							

（续表）

栏次 行次	科目编号	资产	期初数(年月日)	期末数(年月日)	增减数	栏次 行次	科目编号	负债	期初数(年月日)	期末数(年月日)	增减数
	1	2	3	4	5		6	7	8	9	10
	0311 0341 0351 0361	原料及主要材料									
	0312 0341 0351 0361	辅助材料					2501	利润：			
								1. 上年度			
	0313 0341 0351 0361	燃料						2. 本年度			
								利润合计			
	0314 0341 0351 0361	零星配件									
	0321 0331 0332 1651	废料 包装物 低值及易耗品						定额负债	计划定额 上年度	计划定额 本年度	
	0501 0521	在产品									
	0511 0351	自制半成品					1901	应付工资			
	0601 0611 0621 0631	产成品					1902	应付附加工资			
							1911	应付费用			
	0701 2301 2311 0301	待摊费用					1921	应付税金			
							1941	存入保证金			
		1. 新产品试用费					1942	预收定金			
		2. 开矿准备费						定额负债合计			
		3. 预付保险费 呆滞材料									
	0371							固定及定额负债共计			

44

(续表)

科目编号	资产	期初数(年月日)	期末数(年月日)	增减数	科目编号	负债	期初数(年月日)	期末数(年月日)	增减数
行次 1	2	3	4	5	行次 6	7	8	9	10
	定额资产共计					乙 定额资产负债			
	丙 清算及其他资产				1701	季节性借款			
	货币资金:				1711	超定额借款			
0801	银行存款				1721	呆滞材料借款			
0811	外埠存款								
0821	外汇存款								
0831	信用状								
0841	库存现金								
0851	库存票券								
	货币资金合计								
	销售客户清算:								
0901	发出商品								
0911	拒绝承付发出商品								
0921	应收账款								
	销售客户清算合计								
	应收及预付款:								
1001	备用金								
1011	预付定金					定额资产负债共计			
1021	预付加工费					丙 清算及其他负债			
1031	其他预付款								
1041	职工欠款					银行借款:			
1051	暂付款				1731	发出商品借款			
1061	待处理材料短缺				1741	其他借款			
	应收及预付款合计				1751	逾期未还借款			
	内部往来:					银行借款合计			
1101	建设单位往来					供应客户清算:			
1111	其他内部往来				1801	应付账款			
	内部往来合计				1811	逾期应付账款			
	清算及其他资产共计				1821	暂估应付账款			
	丁 基本建设资产					供应客户清算合计			
1201	已完基本建设投资					应付及预收款:			
1202	已完零星基本建设投资				1931	预提费用			
	待核销废止基本建设工程及其他支出				1951	预收收益			
1203	1. 废止基本建设工程损失				1961	企业奖励基金			

(续表)

行次	科目编号	资产	期初数(年月日)	期末数(年月日)	增减数	行次	科目编号	负债	期初数(年月日)	期末数(年月日)	增减数
栏次	1	2	3	4	5	栏次	6	7	8	9	10
		2.					1962	福利基金			
		3.					1971	待领工资			
	1211	未完基本建设投资					1981	暂收款			
	1212	未完零星基本建设投资						应付及预收款合计			
	1221	主要材料									
	1222	其他资料						内部往来：			
	1231						1101	建设单位往来			
	2011	低值及易耗品					1111	其他内部往来			
	1241	待安装的机械设备						内部往来合计			
	1251	待摊费用									
	1261	银行存款									
	1262	库存现金									
	1271	预付包工材料及未完部分工程款									
	1272	预付包工结构物及零件款									
	1273	分期预付包工款									
	1281	暂付款									
	1291	预提企业奖励资金									
		基本建设资产共计						清算及其他负债共计			
		戊　大修理资产						丁　基本建设负债			
	1301	已完大修理工程					2001	拨入基本建设资金			
	1311	待冲已完大修理工程					2002	拨入零星基本建设资金			
	1321	未完大修理工程					2003	其他基本建设资金收入			
	1331	银行存款					2021	应付包工款			
	1332	上级代管大修理基金					2022	应付账款			
	1333	库存与现金					2031	暂收款			
	1341	预付款					2041	企业奖励基金			
	1351	其他资产									
								基本建设负债共计			
		大修理资产共计						戊　大修理负债			
		资产共计					2101	大修理基金			
		补充资料：					2111	拨入大修理基金			
		1. 土地					2121	大修理借款			
		2. 租赁固定资产					2131	其他负债			

(续表)

行次	科目编号	资产	期初数(年月日)	期末数(年月日)	增减数	行次	科目编号	负债	期初数(年月日)	期末数(年月日)	增减数
	1	2	3	4	5		6	7	8	9	10
		3. 代管政府物资									
		4. 代管加工材料						大修理负债共计			
	1651	5. 低值及易耗品摊销准备						负债总计			
	2011	6. 基本建设低值及易耗品摊销准备									

表 1-5　　　　　　　　　　销售利润(亏损)表

部：
局：　　　　　　　　　　　　　　　　　_____年度　　　　　　表式：会工 07
企业：　　　　　　　　　　　___年第___季度___月份　　　　单位：人民币千元

栏次 行次	项目	本期			累计		
		计划数	实际数	增减数	计划数	实际数	增减数
	1	2	3	4	5	6	7
1	商品产品销售收入： 产成品						
2	代制代修						
3	副产品						
4	电能						
5	商品产品销售收入合计						
6	减：税金						
7	商品产品销售净收入						
	减：商品产品销售成本						
8	产成品工厂成本						
9	代制代修工厂成本						
10	副产品工厂成本						
11	电能工厂成本						
12	合　计						
13	加：销售费用						
14	商品产品销售成本合　计						

（续表）

项目	本期			累计		
	计划数	实际数	增减数	计划数	实际数	增减数
栏次 / 行次	1	2	3	4	5	6	7
15 商品产品销售利润（亏损）						
16 加：材料销售利润（亏损）						
17 其他销售利润（亏损）						
18 销售利润（亏损）总计						

首长：　　　　会计主管人员：

表1-6　　　　　　　　　　　损　益　表

部：
局：　　　　　　　　　　　　　　　　　　　表式：会工08（乙式—年度用）
企业：　　　　　　　　　　_____年度　　单位：人民币千元

栏次 / 行次	亏损	上年度	本年度	栏次 / 行次	利润	上年度	本年度
	1	2	3		4	5	6
1	销售亏损			13	销售利润		
2	附属企业亏损			14	附属企业利润		
3	福利事业损失			15	福利事业收益		
4	其他投资损失			16	其他投资收益		
5	未获得结果的试验费用			17	租金收入		
				18	利息收入		
6	停工维持费			19	违约收入		
7	以前年度损失			20	材料产品盘盈		
8	坏账损失			21	以前年度收益		
9	杂项损失			22	杂项收益		
10	合计			23	合计		
11	本年利润			24	本年亏损		
12	总计			25	总计		

补充资料：
依照规定本年利润处理如下：　　　　　　依照规定本年亏损处理如下：
缴人民银行　　¥_____　　　　　　　　国库拨入　　¥_____
缴专业银行　　　　_____　　　　　　　转账拨入　　　　_____
抵缴国库　　　　　_____
提留企业奖励基金　_____
固定资产保管费　　_____
共　计　　¥_____　　　　　　　　　　共　计　　¥_____
首长：　　　　　　　　　　　　　　　　会计主管人员：

表 1-7　　　　　　　　　　　成本计算表(依产品分类)

部：
局：　　　　　　　　　　　　＿＿＿＿年度　　　　　　　表式：会工 13
企业：　　　　　　　　　　　＿＿＿＿年第＿＿季度　　　单位：人民币千元

商品产量	单位	本期产量	本期单位成本			本期总成本			累计总成本		
			上年实际平均数	计划数	实际数	按上年实际平均成本计算数 (3×4)	计划数 (3×5)	实际数 (3×6)	按上年实际平均成本计算数	计划数	实际数
栏次 / 行次　　1	2	3	4	5	6	7	8	9	10	11	12
可比产品商业成本											
其他											
可比产品商业成本总计											
不可比产品商业成本											
其他											
不可比产品商业成本总计											
本期商品产品商业成本											

补充资料：本期产品占全部产品的比重：计划　　％，实际　　％。
首长：　　　　　　　　　　　　会计主管人员：

表 1-8　　　　　　　　　成本计算表(依成本项目分类)

部：
局：　　　　　　　　　　　_____年度　　　　　　　表式：会工 14
企业：　　　　　　　　　　_____年第___季度　　　　单位：人民币千元

项 目	本 期					累 计				
	全部商品产品		其中可比产品			全部商品产品		其中可比产品		
	计划数	实际数	按上年实际平均成本计算数	计划数	实际数	计划数	实际数	按上年实际平均成本计算数	计划数	实际数
1	2	3	4	5	6	7	8	9	10	11
1 原料及主要材料										
2 辅助材料										
3 工艺技术过程用燃料										
4 工艺技术过程用动力										
5 生产工人工资										
6 生产工人附加工资										
7 新产品试制费										
8 废品损失										
9 停工损失										
10 车间经费										
11 企业管理费										
12 本期商品产品工厂成本										
13 加：本期商品产品销售费用										
14 本期商品产品商业成本										

补充资料：

项 目	上年同期实际数	本期实际数	占全部工厂成本的百分比	
			上年同期	本期
1 不可修复废品的成本				
2 可修复废品的修复费用				
3 减：废品残余价值				

第1章 改革开放前的企业会计制度

（续表）

项　目		上年同期实际数	本期实际数	占全部工厂成本的百分比	
				上年同期	本期
4	废品过失人的赔款				
5	废品损失				
6	其中：销售后发现的废品损失				

首长：　　　　　　　　　　　　　　　　　　会计主管人员：

1952年6月公布的国营工业企业统一会计科目和各种会计报表与1950年的行业统一会计制度相比，不同之处如下所述。

1) 会计科目分类不同

此次公布的会计制度中，会计科目的数量比1950年第一批统一会计制度中的会计科目数量有所减少，一级科目为120余个，且会计科目的分类与前一制度不同。按照原来的计划，准备将会计科目按照会计要素分为资产、负债、生产、损益4类（1950年的企业统一会计制度曾对会计科目做过这样的分类，如《中央纺织工业部所属企业及经济机构统一会计制度》），其中资产类科目再分为固定及提出资产、定额资产、清算及其他资产、基本建设资产、大修理资产5小类，负债类科目再分为固定及定额负债、定额资产负债、清算及其他负债、基本建设负债、大修理负债5小类，生产类科目再分为生产费用、生产部门成本、生产计划成果3小类，损益类科目再分为销售收入、销售成本、其他收益、其他损失4小类[①]，但最终公布的制度却按照经济内容并结合科目的用途与结构，将所有会计科目分为25类。

2) 更加突出了会计适应国营经济计划管理需要的特点

在会计科目的设置上，本次公布的会计科目中，设置了比1950年行业统一会计制度更多地反映国家统一管理国营企业资金的科目，如"缴国库流动资产""缴国库基本折旧基金""缴国库固定资产变价收入"等。设置这些会计科目是为了表现国营企业与国家之间的资金调拨关系，是当时强调学习苏联计划经济下会计模式的结果。"这三个文件(注：指《国营企业决算报告编送暂行办法》《国营企业统一会计科目表》《国营企业统一口径报表格式及说明》)的最初稿是由苏联专家拟订的，而由我们结合实际情况

---

① 安绍芸：《关于国营企业编送决算报告办法、统一会计报表和统一会计科目的说明报告》，《新会计》，1952年第14期，第4～15页。

和苏联专家共同研究修正成现稿。"①然而,集中管理下的企业与国家之间严格、频繁的资金上缴下拨,不但程序繁琐,手续繁多,而且给企业会计工作带来了更多的负担。

会计报表的设置同样表现出集中管理国有经济的特点。按照制度的规定,国营工业企业会计报表共有22种,分别是资产负债表、固定资产及折旧准备增减表、解缴基本折旧明细表、解缴固定资产变价收入明细表、政府资金增减表、国库拨款及特种基金增减表、销售利润表、损益表、解缴利润明细表、拨入弥补亏损明细表、企业奖励基金计算表、生产费用表、成本计算表(依产品分类)、成本计算表(依成本项目分类)、主要商品产品单位成本分析表、企业管理费及车间经费明细表、流动资金运用情况分析表、已完成投资明细表、未完成投资明细表、未完成投资增减表、基本建设工程成本报告表、拨入资金增减表。国营工业企业统一会计报表格式和说明是与国营工业企业统一会计科目配套的会计制度,与1950年统一会计制度(如《中央纺织工业部所属企业及经济机构统一会计制度》)中的报表要求有所不同。计划管理对会计报表的要求,在资产负债表上表现得较突出。制度规定企业的资产负债表左方的资产和右方的负债各分为甲、乙、丙、丁、戊5组:资产方的甲组为固定及提出资产,这是企业最主要的资金,包括固定资产、提出资产(企业因对附属企业投资、解缴国库或上级的各种款项、非常损失等原因不能再加以运用的资金)、投资、亏损4项;负债方的甲组为固定及定额负债,"是企业最主要的资金来源,其数额是比较固定不变或是经常不变的"②,包括基金(企业所自有的各种资金和代管产权未定资产)、拨款、折旧准备、利润、定额负债5项。资产方的乙组为定额资产,指的是根据核定的生产计划确定的经常周转的资产,包括废料、包装物、低值易耗品、在产品、自制半成品、产成品、待摊费用、呆滞材料8项;负债方的乙组为定额资产负债,指企业以定额资产做保证由国家银行借入的各种款项,包括季节性借款、超定额借款、呆滞材料借款3项。资产方的丙组为清算及其他资产,指企业对外对内需经常性清理的各种债权及货币性资金,包括货币资金(库存现金和银行存款)、销售客户清算、应收及预付款、内部往来4项;负债方的丙组为清算及其他负债,指企业对外对内各种经常性清理的债务,包括银行借款、供应客户清算、应付及预收款、内部往来4项。资产方的丁组为基本建设资产,包括已完基本建设投资、已完零星基本建设投资、待核销废止基本建设工程及其他支出、未完基本建设投资、未完零星基本建设投资、低值及易耗品、待安装的机械设备、待摊费用、银行存款、库存现金、预

---

① 安绍芸:《关于国营企业编送决算报告办法、统一会计报表和统一会计科目的说明报告》,《新会计》,1952年第14期,第5页。

② 安绍芸:《关于国营企业编送决算报告办法、统一会计报表和统一会计科目的说明报告》,《新会计》,1952年第14期,第11页。

付包工材料及未完部分工程款、预付包工结构物及零件款、分期预付包工款、暂付款、预提企业奖励资金15项；负债方的丁组为基本建设负债，包括拨入基本建设资金、拨入零星基本建设资金、其他基本建设资金收入、应付包工款、应付账款、暂收款、企业奖励基金7项。资产方的戊组为大修理资产，包括已完大修理工程、待冲已完大修理工程、未完大修理工程、银行存款、上级代管大修理基金、库存与现金、政府款、其他资产；负债方的戊组为大修理负债，包括大修理基金、拨入大修理基金、大修理借款、其他负债。资产负债表将企业的业务分为基本业务、基本建设业务、大修理业务3部分，3部分业务有各自的资金来源和运用：资产方和负债方的甲、乙、丙组同属基本业务部分；资产方和负债方的丁组属基本建设业务部分；资产方和负债方的戊组则属大修理业务部分。这样，各部分资产与负债之间就显示出一定的对应关系：基本业务资产对应基本业务负债；基本建设资产对应基本建设负债；大修理资产对应大修理负债。

在基本业务部分内部，各组资产和负债之间又存在如下关系：

清算及其他资产（资产方丙组）＝清算及其他负债（负债方丙组）

定额资产（资产方乙组）－定额资产负债（负债方乙组）＝自由流动资金

固定及提出资产（资产方甲组）＋自由流动资金＝固定及定额负债（负债方甲组）

基本业务部分内部各组资产和负债之间的上述关系是理论上的，是对实际工作的指导，在现实工作中很可能被破坏，制度的制定者对此完全清楚，并无强行要求。"由于企业的活动是非常复杂的，清损及其他资产与清损及其他负债的总额往往不能相互平衡，因此上述的一定关系在事实上很难严格维持不变。"[①]

资产和负债之间种种对应关系，是由于贯彻资金专款专用原则所形成的；而只有实行资金的国家统一调拨和计划安排，才会有资金的专款专用。该资产负债表正是表达了计划经济下企业资金的专款专用。

1952年国营企业资产负债表反映国有经济集中管理的另一个表现，是在资产和负债的分类中单独设置定额资产和定额负债，并在定额资产和定额负债部分分别填写上年度和本年度的计划定额。在计划经济下，企业的资金依据国家核定的生产计划确定，定额拨付给企业。在资产负债表上表现资金的计划定额，是为了反映国家对企业资金的定额拨付和考核企业执行资金定额管理的情况。

同时，成本报表中区分可比产品和不可比产品，分别表现各自的成本、费用。可比产品是由管理机构批准和下达任务，是企业曾经生产过，具有成本资料的产品；不可比产品则是企业新生产、尚无成本资料的产品。将可比产品与不可比产品分开表达，可

[①] 安绍芸：《关于国营企业编送决算报告办法、统一会计报表和统一会计科目的说明报告》，《新会计》，1952年第14期，第9页。

比产品要反映目前成本与过去成本的比较,一方面突出了企业成本费用的计划性,提高了成本数据的可比性;另一方面也表现了企业生产的统一计划管理①。这种做法一直延续到 20 世纪 90 年代。

3) 报表的数目有所增加,内容有所变更

不再要求企业编制库存物资盘盈盘亏报告表、销货盈亏计算表、实际成本与计划成本比较表等反映具体管理结果的报表,增加了政府资金增减表、国库拨款及特种基金增减表、销售利润(亏损)表、企业奖励基金计算表、生产费用表、主要商品产品单位成本分析表等反映国家与企业之间资金调拨关系和反映企业基金管理、经营效果的会计报表。但不知出于何种考虑,原有的现金收支表被取消了。

此外,将销售利润(亏损)表和损益表分开设置,前者表现销售利润的形成过程,后者表现销售利润和其他各项利润及以前年度收益等,这也是一种很特殊的做法。

1952 年的企业会计制度总结了新中国成立之初最早一批会计制度的制定和实施经验,更多地体现了当时计划经济对企业资金管理、信息报送的要求,搭建了新中国此后 40 年企业会计制度的基本框架。

1952 年的国营工业企业统一会计制度出台后,为了适应当时国家经济发展和企业经济核算的需要,曾在以后的数年内多次修订,主要在会计科目、会计报表的数量上有所增减(如 1954 年《国营工业企业统一会计科目及会计报表格式》规定一级会计科目为 172 个、会计报表为 17 种,而 1952 年制度规定的会计科目为 120 余个、会计报表为 22 种),以及在内容表达和使用上有所变化,并无实质性改动。

3.《国营企业统一登记会计簿籍填制会计凭证办法》(1952 年)

新中国成立初期,各企业记录会计信息的手段各不相同,会计账簿、会计凭证的使用不规范,会计数据的可靠性难以保证。为了提高会计核算的质量,需要统一国营企业对会计账簿、会计凭证基本使用方法的要求。为此,《国营企业统一登记会计簿籍填制会计凭证办法》经第二次全国企业财务管理及会计会议讨论,由财政部于 1952 年 12 月 1 日公布。

该办法共四章,分别为"总则""会计凭证""会计簿籍""附则"。②

在第一章"总则"中,该办法要求企业必须采用复式记账法记账。第 2 条称:"国营

---

① 当时国家对国营工业企业的指令性指标为 12 个:总产值、主要产品产量、新种类产品试制、主要的技术经济定额、成本降低率、成本降低额、职工总数、年底职工数、工资总额、平均工资、劳动生产率、利润。见董志凯、武力主编:《中华人民共和国经济史(1952—1957 年)(上)》,第 459 页,社会科学文献出版社,2011 年版。

② 以下内容和引文见《重要法规和制度》,转引自杨纪琬:《现代中国会计手册》,第 187～190 页,中国财政经济出版社,1998 年版。

企业会计簿籍的登记,均须适用复式簿记原理和有关的统一会计科目。"

该办法还强调了会计凭证的合法性。第 3 条规定:"国营企业会计簿籍的登记,须以合法之记账凭单,合法之原始凭证或合法之原始凭证汇总表为根据。"

这一章中同时明确了会计凭证、簿籍的责任人和保存期限。第 5 条称:"国营企业之会计簿籍、会计凭证均应由企业之会计主管人员或其指定人员负责保管之。""会计簿籍应按其重要性保存 5 年至 10 年。会计凭证应按其重要性保存 1 年至 10 年。销毁时均须报经主管企业部门之同意。"但是该办法本身没有详细说明哪些是重要的会计账簿和凭证,哪些不是重要的会计账簿和凭证,账簿、凭证的实际保存期由企业根据情况自定。

在第二章"会计凭证"中,主要规定了会计凭证的种类、各种会计凭证的内容、会计凭证的更正方法、会计凭证的汇总、企业应该采取的具体复式记账方法、会计凭证的填制手续等内容。其中第 6 条指出,国营企业的会计凭证包括:"一、原始凭证;二、原始凭证汇总表;三、记账凭单。"第 7 条进一步规定:"原始凭证分为自制与外来两种。自制之原始凭证由企业于会计事项发生时填制之;外来原始凭证由企业于会计事项发生时取得之。"

第 18 条规定:"原始凭证及原始凭证汇总表的文字及数字发生错误时,应将错误之文字及数字画线注销,但须使原有字迹仍可辨别,另于画线上做更正之记录。对于一切错误的更正均应在凭证或汇总表上加具说明,由原签字之负责人在说明下签字证明。"

第 19 条规定,企业成本计算可分别采用分类法、分步法和分批法。

第 22 条说明了企业应该采取的具体复式记账方法:"记账凭单内所填列的应借、应贷会计科目,应按会计事项之性质定之。一个应借科目可与一个应贷科目相对照,也可与几个应贷科目相对照。反之,一个应贷科目可与一个应借科目相对照,也可与几个应借科目相对照。但几个应借科目不可与几个应贷科目相对照。"这条规定一方面明确了企业应采用借贷记账法,另一方面明确了在一笔业务处理中不可多借多贷,以使账目的对应关系更为清楚。

第 26 条规定,当会计凭证发生错误时,应采用红字冲销法:"记账凭单的应借、应贷科目及金额发生错误在尚未记入总分类账时,应依本办法第 18 条规定之手续更正之,在已记入总分类账时,应先以红墨水填制一与错误的记账凭单完全相同之记账凭单,记入总分类账,以消除之,然后再填制一正确的记账凭单,记入总分类账。"

第三章"会计簿籍"主要规定了会计簿籍的内容、记账依据、形式、错误更正方法、结账要求等。其中,第 28 条规定了会计簿籍的种类:"国营企业之会计簿籍包括如下各种：一、总分类账；二、明细分类账；三、记账凭单登记簿；四、补助登记簿。"其规定没有涉及现在企业经常使用的序时账，但要求企业设置一本很特殊的"记账凭单登记簿"。"所有记账凭证，包括代替记账凭证的原始凭证和原始凭证汇总表，在记入总分类账后，均应按照编号顺序再记入记账凭单登记簿，以保证总分类账记录的正确性和完全性。"（第 39 条）"记账凭单登记簿的各项内容如下：一、月份和登记簿的页数；二、记账凭单的日期；三、记账凭单的编号；四、金额。"（第 40 条）

该章还规定："总分类账内一切记录概应以记账凭单为根据。"（第 29 条）"明细分类账内的一切记录应以原始凭证或原始凭证汇总表为根据。"（第 35 条）还在几项条款中分散地规定了会计簿籍的形式分为订本式、活页式、卡片式 3 种，规定所有账簿应采用与原始凭证相同的错误更正法。（第 33 条，第 45 条）

《国营企业统一登记会计簿籍填制会计凭证办法》中的要求符合现代会计的规范做法，纠正了当时会计凭证、会计账簿使用的混乱局面，提高了企业会计报表数据的可靠性。该办法对会计凭证、会计账簿的各项规定，基本与当前所采用的办法相一致。也就是说，我国企业目前所遵循的会计凭证、会计账簿使用方法，在 20 世纪 50 年代初即已大体定型。

4.《国营企业年度清查财产暂行办法》(1952 年)

《国营企业年度清查财产暂行办法》由财政部于 1952 年 12 月 5 日公布，是第二次全国企业财务管理及会计会议的讨论文件之一。该暂行办法规定，为了保证决算报告的客观性，国营企业编制年度决算报告时必须对所有财产予以全面彻底清查。该暂行办法具体、详细地说明了清查各种财产的程序、方法、参加人员、清查结果的处理等，是新中国第一部关于常规性财产清查的规章，其中很多方法为企业所长期采用，如财产清查前必须保证财产已登记入账，银行存款调节报告表应包括的内容（银行存款调节报告表的内容应主要包括：银行对账单结余额、已列入账目但未列入银行对账单的借项贷项、已列入银行对账单但未列入账目的借项贷项、账面结余额、银行对账单与账目间的差额、银行对账结余额是否由银行另行证明），等等。该暂行办法的颁布，保证了会计数据的可靠性，保护了企业财产的安全。

5.《国营工业企业材料会计处理办法》(1952 年)：第一部统一的材料会计制度

《国营工业企业材料会计处理办法》（以下简称《处理办法》）由财政部发布于 1952 年 12 月 30 日，含"总则""材料的购入""材料的保管""材料的领发""材料的检查"（即期末的材料账实核对）"附则"6 章，共 74 条。

《处理办法》的第一章"总则"，首先申明了发布《处理办法》的目的，是"为健全与统一国营企业材料的会计处理，发挥会计对材料的购入、保管和领发的监督作用，并加强计算产品材料成本的正确性"①;接下来提出了材料会计的基本任务、成本计算的程序和成本项目、材料成本的内容、材料计划成本的制定权限等。第3条提出的材料会计基本任务是:"一、加强材料的管理,杜绝短缺、损失等情事的发生;二、监督材料的合理使用;三、正确反映材料的实存数量;四、监督储备定额材料,以加速企业流动资金的周转;五、及时发现未经利用及应予变价处理的呆滞材料,以动员企业的内部资源;六、加强计划成本的准确性。"第8条将材料成本内容规定为:"材料的实际成本,应包括买价、调拨价或估计市价及进入仓库前所发生的一切运输、装卸、捐税、保险、验收、储存等费用。"该章还规定了材料计划成本的制定权限:"材料的计划成本,应由政务院财政经济委员会规定之;其未规定者,主管企业部门、主管企业机构或基层企业依次补充规定之。"②

《处理办法》的第二章至第五章,分别对购入、保管、领用、检查环节的材料管理与材料会计处理做出了规定。这些规定详细、具体,几乎囊括了各项业务:各种材料账、卡的设置和主要内容;材料入库单、领料单、限额领料单、材料盘点报告单等单据的设置和应包括的主要内容;材料购入环节会计部门、供应部门、仓库的管理职责;材料保管环节会计部门、仓库的管理职责;材料领用环节会计部门、材料使用单位、仓库的管理职责;材料检查环节会计部门和仓库的管理职责;材料购入、保管、领用、检查环节应编写的会计分录和期末领用材料计划成本调整计算公式③;等等。

《处理办法》是新中国第一部统一的材料管理制度,其内容丰富、完整,很多规定体现了当时先进的管理思想和方法,有些甚至一直沿用至今。例如,该办法中提出的材料会计基本任务内容全面,将材料核算与管理相结合,大大超出了材料会计核算的范围;提出的各环节管理职责具体、细致,且在一定程度上体现了内部牵制的思想;各项会计处理能够完整地反映材料的状况,基本可满足企业管理的需要。同时,《处理办法》也体现出当时模仿苏联材料核算经验和适应计划经济管理的做法,如规定日常核算采用材料定额法、材料定额由主管部门制定、材料管理为计划成本服务等。

6.《国营工业企业统一成本核算规程》(1953年)

《国营工业企业统一成本核算规程》同样经过两次全国企业财务管理及会计会议讨论,由财政部于1953年1月17日正式公布。新中国国有经济形成之初,各企业的

---

① 《国营工业企业材料会计处理办法》第1条。该部引文及内容,见江苏省人民政府财政厅1952年翻印的中央人民政府3个文件资料(非公开发行)。
② 《国营工业企业材料会计处理办法》第9条。
③ 领用材料计划成本调整数=(材料价格差异的月初余额+材料价格差异的本月增加额)÷(月初存料的计划成本+本月收入材料的计划成本)×领用材料的计划成本。见《国营工业企业统一成本核算规程》第47条。

成本核算方法杂乱,数据既不准确也不统一,经济核算难以推行,给经济管理造成了阻碍。制定和公布这个制度的目的,是"为建立与健全国营企业的成本计算方法,发挥成本计算对于经济核算的促进作用,并加强国营工业企业成本计算的统一性"①。

该规程共8章,分别为第一章"总则"、第二章"成本明细分类账和成本计算单"、第三章"材料成本"、第四章"人工成本"、第五章"折旧及其他生产费用"、第六章"成本的分配与结算"、第七章"商业成本"、第八章"附则"。

第一章"总则"包括15条,主要规定了企业成本计算的目的、生产费用的内容、成本计算的程序、成本项目的内容、成本报表的组成等。其中本章第3条为企业成本计算的目的:"国营工业企业成本计算的目的,规定如下:一、监督成本计划的执行;二、反映成本计划的过程与成果;三、揭示成本降低的原因;四、提供考核各车间、部门工作的尺度;五、保证国家财产的完整。"这些成本计算的目的可归纳为三点:一是完成成本计划;二是考核业绩;三是保护财产。其中重点是成本计划的执行与完成,这是当时成本管理突出强调的。

本章第4条规定了企业生产费用的内容:"国营企业的生产费用项目,规定如下:一、原料及主要材料;二、辅助材料;三、外购燃料;四、外购动力;五、工资;六、附加工资;七、固定资产折旧;八、其他支出。"这些项目内容是按照生产费用的开支分类的,与后来按照经济性质对生产费用进行分类的做法基本相同。

本章第6条统一了企业的成本项目:"各基本生产车间和各产品工厂成本的成本项目,统一规定如下:一、原料及主要材料;二、辅助材料;三、工艺过程用燃料;四、工艺过程用动力;五、生产工人工资;六、生产工人附加工资;七、新产品试制费;八、废品损失;九、停工损失;十、车间经费;十一、企业管理费。"这里的成本项目与后来的有关规定(如1986年12月23日财政部公布的《国营工业企业成本核算办法》)基本相同,但规定得比较细致、具体。

该制度将产品成本分为工厂成本和商业成本两个层次。本章第7条解释了商业成本与工厂成本的区别:"各种产品的商业成本,除包括工厂成本的成本项目外,还包括销售费用项目。"这与后来将产品成本分为生产成本、销售成本(销售成本包括部分生产成本和销售费用)的做法类似,只不过叫法不同。

本章第9条要求企业设置成本明细账,以汇集各种成本数据:"各基本生产车间的总成本,为配合计划的要求和便于考核工作成绩,应通过如下各种成本明细分类账汇集之:一、基本生产明细分类账;二、车间经费明细分类账;三、废品损失明细分类账;

---

① 《国营工业企业统一成本核算规程》第1条。该部分引文及内容,见江苏省人民政府财政厅1952年2月翻印的中央人民政府3个文件资料(非公开发行)。

四、停工损失明细分类账。"

本章第12条明确了企业成本须以实际成本表达,而计划成本则是为了进行成本分析之用,不得代替实际成本:"国营工业企业所汇集、结算、分配、计算的各种成本,均应为实际成本。为加强成本比较与分析的作用,对于主要产品的主要成本项目,得另行计算计划价格成本,所接受的计划价格成本,在总分类账内应不为任何反映。"

本章第13条则规定了企业应该设置的成本报表:"国营工业企业在每月终了计算产品工厂成本后,应即根据所填列的各种成本计算单、各有关账户记录的分析、成本计划和销售产品的数量与所发生的销售费用,编制如下各种成本报表:一、生产费用表;二、成本计算表(依产品分类);三、成本计算表(依成本项目分类);四、主要商品产品单位成本分析表。"依据市场经济的惯例,成本是企业的商业秘密,不对外公开;但按照当时的制度规定,企业成本数据要以报表的方式上报有关管理部门。企业向有关部门报告成本的做法,在计划经济的时代是常见的,其理由在于:企业由国家投资和直接管理,应当向代表国家的有关部门报告成本计划的完成情况。

第二章"成本明细分类账和成本计算单"详细规定了企业基本生产明细分类账、车间费用明细分类账、废品损失明细分类账、停工损失明细分类账的内容,基本生产车间、辅助生产车间成本计算单的种类,各种成本计算单应含有的内容,基本生产车间和辅助生产车间成本结转、废品损失和停工损失结转、企业管理费分配的会计分录。本章还特别规定,企业需分别按照计划成本和实际成本计算产品成本,但在有关账簿中只列记实际成本:"为加强成本比较和分析的作用,对于主要产品的成本项目,得另行计算计划价格成本,所计算的计划价格成本,在总分类账内应不为任何反映。"

第三章"材料成本"规定了材料成本的内容、材料领退的单据种类及应列示的内容、领退材料和废料交库的会计分录、领退材料的手续等。本章第35条对材料成本内容的规定是:"材料成本的内容应包括买价、调拨价或根据市价及进入仓库前所发生的运输、装卸、捐税、保险、验收、储存等费用。"这里关于材料成本内容的规定与1951年发布的《国营企业资产清理及估价暂行办法》中对流动资产价值内容的规定基本一致,且为后期所沿用。

第四章"人工成本"对人工成本的内容做出了解释,规定了人工成本月报表的内容和编制要求、人工成本的内容、发生人工成本和发放工资的会计分录等。本章第51条对人工成本所包含的内容有着这样的解释:"国营工业企业为进行生产,在其基本生产车间、辅助生产车间和管理部门内,所支付的与职工的基本工资、辅助工资和附加工资,均为人工成本。基本工资指对于实际参加生产工作的职工支付的工资,包括计时工资、计件工资、质量奖金、无事故奖金、节约奖金等。辅助工资指对于未实际参加生产工作的职工支付的工资和各种津贴，如加班津贴、技术津贴、地区津贴等。附加工资指依照规定为职工所提存的劳保基金、医药卫生补助金、文教补助金、工会经费补助金等。"该规程没有从概念上明确人工成本的范围，而是罗列应列入人工成本的项目。对企业人工成本和工资作如此规定，为后期会计制度、成本核算所效仿，此后50余年内企业人工成本的内容基本以此为蓝本（2006年企业会计准则对计入产品成本的职工薪酬的内容做出了与以往不同的规定）。

第五章"折旧及其他生产费用"解释了"折旧及其他生产费用"的概念和内容："国营工业企业为进行生产，在其基本生产车间、辅助生产车间和管理部门内，所支付的固定资产折旧（包括基本折旧和大修理折旧）、外购动力、保险等生产费用，统称为折旧及其他生产费用。折旧及其他生产费用主要应包括如下各项：一、固定资产折旧及摊销数；二、低值易耗品摊销数；三、外购动力；四、租赁费、保险费及税金；五、修理费；六、运输费；七、检验、研究试验及设计费；八、邮电、印刷、文具用品及水电费；九、财务及其他生产费用。"按照这样的规定，财务费用作为"折旧及其他生产费用"中的一项，包括在产品的成本之中。该章的其他条款，分别规定了企业编制固定资产折旧表、低值易耗品摊销数明细表、待摊费用摊销明细表、预提费用明细表的要求及这些报表的内容，规定了企业计提固定资产折旧、低值易耗品摊销、待摊费用摊销、支付租赁费等各项生产费用和计提预提费用的会计分录等。

第六章"成本的分配与结算"主要规定了企业成本分配的方法、标准、程序和成本计算表的内容。本章第77条对成本分配的程序做出了这样的规定："国营企业在每月终了办理成本的分配与结算时，首先应结算各种成本明细账账户的记录，以求得各生产车间和管理部门所直接发生的各项成本与总成本。然后应依次分配各辅助生产车间的成本、各基本生产车间的车间经费、各个管理部门的企业管理费、各个基本生产车间的废品损失和停工损失。最后应计算各种产成品、副产品、代制代修成品、自制半成品以及在产品的各项成本、总成本与单位成本。"这样的成本分配程序，体现了现代工业成本核算的常规做法，长期以来为企业所沿用。

本章第78条提出了辅助成本的分配原则与方法："各辅助生产车间的成本应按一定秩序——予以分配。此项一定秩序由主管企业机构根据'为他人服务愈多，受他人服务愈少，愈早分配'的原则，统一规定之。""各辅助生产车间的成本，亦得使用'一次交互分配法'分配之。"

该章还规定了企业管理费、废品损失、停工损失的分配对象，车间经费和企业管理费的分配标准。"各管理部门的企业管理费，应分配于如下的各个对象：一、各基本生产车间的生产;二、各辅助生产车间的生产;三、各基本生产车间的废品损失;四、各基本生产车间的停工损失。"(本章第 81 条)"各基本生产车间的废品损失和停工损失,均应分别分配于各基本生产车间的生产。"(本章第 82 条)"各种生产车间和管理部门的成本,应依照不同的标准分配之。一般的分配标准,规定如下:一、职工的人数;二、人工成本的总计;三、占用房屋的面积或体积;四、电表、水表等计量设备的记录;五、工人的工作时数或机器的工作时数;六、服务的时数、吨/千米数或其他计量数;七、约定的结算价格。"(本章第 83 条)如何选择上述分配标准,则应根据"确能计算劳务的多寡"的原则来判断。

本章第 87 条则规定了产品成本计算表的内容:"产品成本计算表的内容,主要应包括如下各项:一、产品的类别或批别和所属的月份;二、各项成本的名称和金额;三、各项成本对于各种产品的分配数;四、各种产品的总成本和总产量;五、各种产品总成本的分配;六、应借的各总分类账会计科目与金额;七、负责人的签字。"

第七章"商业成本"是第一章第 7 条的延伸,明确了商业成本的含义和基本原则:"计算所产各种产品的商业成本,即系计算其应承担的销售费用。其基本原则规定如下:一、每月所销售的各种产成品、副产品和代制代修品,应负担在该月内所发生的一切销售费用;二、月终时尚未销售的各种产成品、副产品和代制代修品所应负担的销售费用,应按已销售者的负担率推算之。"(本章第 90 条)这些规定,表明该规程要求企业采用完全成本法计算产品成本,即将管理费用、财务费用和销售费用全部计入产品成本,不区分计入产品成本的费用和期间费用。这种做法一直延续了 40 年,直到 1992 年颁布企业会计准则,企业产品成本的计算才改用制造成本法。

本章第 91 条规定了销售费用的内容:"各种产成品、副产品和代制代修品所应负担的销售费用,应包括如下各项:一、应由企业负担的销售运费;二、存放厂外仓库所支付的保险费及装卸费;三、支付销售机构的加成费;四、支付销售价格的保管费;五、其他。在企业内支付有关销售的一切行政费用,均为企业管理费,不包括在销售费用之内。"

本章第 96 条对销售费用分配标准所做出的规定是:"分配共同费用和分配销售费用总额所应依照的各种标准,应由主管企业机构根据实际需要统一规定之。一般的分配标准如下:一、商品产品工厂成本的总计;二、商品产品工厂成本的工资数;三、商品产品工厂成本的原料及主要材料数;四、商品产品的售价。"

本章的其他条款分别规定了销售费用的计算程序和分配程序、销售费用明细分类账的内容等。

按照本规程的以上各项规定,企业成本计算的程序应该是:发生生产费用;按车间或部门汇集成本；依次分配辅助生产车间成本、基本生产车间经费、管理部门的企业管理费、废品损失、停工损失，形成工厂成本；分配销售费用，形成商业成本（产品成本）。

第八章"附则"说明了该规程在执行中的一些其他事项。其中第98条规定了该规程的适用范围："地方国营工业企业、公私合营工业企业及合作社的工业企业的成本计算，得适用本规程之规定。"

《国营工业企业统一成本核算规程》是新中国成立后第一部统一的企业成本核算制度，与后来的同类制度相比，其内容规定得最为细致、严密、具体，甚至有些繁杂，这在当时企业成本核算混乱、落后的情况下是必要的，对于规范当时的成本核算程序与方法，提高成本数据的质量起到了重要的作用，并为后来的成本核算制度提供了基础性范本。

国民经济恢复时期的企业会计是新中国企业会计的开端，开创了中国企业会计的新局面。这一时期公布的一系列企业会计制度的实施，使中国的企业会计水平上升到了一个前所未有的阶段。在旧中国，南京国民政府曾于20世纪三四十年代依据西方企业会计的模式颁布了铁路运输业、邮政业、电政业、公路运输业、水路运输业、航空运输业、银行业、专卖业、粮食业、贸易业、重工业、制造业、电气业、自来水业等公有营业单位的会计制度，但只适用于数量很少的政府所属企业，实施面窄，且缺乏对其他企业的带动，广大民营中小企业的会计长期处于落后的局面。国民经济恢复时期的企业会计制度由深通西方现代企业会计的国内会计专家和苏联专家联合审定，符合当时先进的企业会计标准[①]，制度内容较全面（包括会计核算制度、成本管理制度、材料管理制度、折旧制度、簿记与凭证制度、清产核资及资产估价制度等多种制度规定），且实施范围比南京国民政府的公有营业单位会计制度大得多，涵盖了国有企业、私营企业，大型企业、中小企业，实现了对全国企业会计制度的改造，全面提升了企业的会计水平。

新中国的企业会计制度从建立之初就体现了依从国家的经济制度，为国家经济建设服务的原则。新中国建立之初实行新民主主义，1950年公布的第一批企业会计制度的制定尽管听取了苏联专家的意见，却是依照新民主主义经济思想设计的，计划经济的色彩并不突出。1951年9月政务院财政经济委员会确定将企业财务计划列入国民经济计划后，1952年公布的国营工业企业统一会计科目表和统一会计报表才发生变化，着重表现国家与国营企业之间的资金调拨关系，企业会计制度与国家经济制度的关系表现得十分明显。

---

① 1951年、1952年的企业会计制度参照了西方会计标准制定的做法，曾被批评为"还没有跳出资产阶级会计理论及实务的圈子""在我国会计界中尚存在着一定程度的资产阶级会计理论残余的影响"。见《工业会计》，1953年第1期，第5页；1954年第8期，第5页。

由于新中国刚刚从旧中国脱胎而出,因而新中国成立之初的企业会计制度自然会参考旧中国的会计制度,受原有公有营业单位会计制度的影响。以1939年南京国民政府颁布的"公有营业及事业会计制度规定"为例,该规定在"暂行公有营业会计制度之一致规定"中,要求各行业、各企业的会计制度应该包括总说明(会计法对公有营业会计的规定、会计制度的意义及其目的、会计制度的实施范围、会计制度的要点、注意事项)、会计报告(对会计报告的说明、各种会计报告的格式举例)、会计科目(对会计科目的说明、各行业的会计科目)、簿记组织系统(即会计核算程序)、成本会计事务处理通则(成本的概念、成本的种类与内容等)。① 将两套会计制度相互对照可以看到,新中国第一批企业会计制度的内容及结构与原有公有营业单位会计制度多有相近之处,前者显然受到后者的影响,与后者存在着一定的继承关系。

国民经济恢复时期的企业会计与旧中国会计的差异也是明显的。20世纪50年代有人曾对新旧中国会计的不同做过这样的归纳:"会计是在一定经济社会基础上建立的,以记录并反映资金周转过程,监督生产管理,核算生产成果的一种技术。像一般生产技术一样,会计是随着社会一般生产力的发展而向前发展的;同时,它也受到社会生产关系的制约,就是当社会生产关系限制了社会生产力的发展的时候,会计的发展是受着同样的限制。……由于社会生产力和生产关系的不同,新中国会计具有许多旧中国会计所没有的特点。一般来说,新中国会计的高度统一、科学处理、严格核算和深刻分析这几个特点最为显著。"② 上述对新中国会计特点的归纳不完全准确,但也不无道理。其中的"高度统一"指的是新中国实行程度一样、对象不同的统一会计制度;"科学处理"和"严格核算"指的是新中国统一采用了现代企业会计制度;"深刻分析"则指的是新中国的会计核算为经济计划的执行服务,分析经济计划的执行情况、成本高低情况等。这些的确是新中国成立之后会计的一些新变化。

第2节 计划经济体制形成初期的企业会计制度:1954—1957年

新中国成立之初,国家实行新民主主义经济纲领,奉行新民主主义经济管理思想,在加强集中统一管理的同时对不同经济成分实行不同的管理办法:对国营经济实行直接计划管理,对其他经济成分实行间接计划管理。对不同的领域和产品,计划管理的

---

① 南京国民政府颁布的公有营业及事业会计制度,可见中国会计学会、中国第二历史档案馆合编的《中国会计史资料选编》,江苏古籍出版社,1988年版。

② 罗益文:《新会计的发展方向》,《大众会计》,1952年第7期,第7页。

要求也不同:对关系国计民生的领域和产品采取直接计划管理,下达指令性指标;对各种小商品则采取间接计划管理,实行市场调节。经过数年的努力,中国的国民经济得到了较大程度的恢复,国家的经济、社会状况比起新中国成立之初已有了很大的变化。"1952年,全国工农业总产值达到810亿元,按可比价格计算,比1949年增长77.6%,平均每年增长20%左右……平均来看,1952年我国工业生产超过旧中国历史最高水平23%。农业产值比1949年增长48.4%,粮食、棉花等主要农产品的产量和生猪、大牲畜的年底头数都超过了新中国成立前最高年产量。"①在国民经济获得发展的同时,中国的社会经济结构也发生了显著的变化。"在全国工业(不包括手工业)总产值中,国营工业产值平均每年递增57%,所占比重1952年达到52.8%。在全国社会商品批发总额中,国营商业所占比重1952年达到60.5%,控制了很大部分社会商品的流通过程。这时,国营经济虽未在整个国民经济中占主体地位,但已成为我国发展生产、繁荣经济的主要经济基础。"②

国民经济的发展和国有经济在国民经济中所占地位的上升,为指令性计划为主、指导性计划为辅的计划经济体制提供了基础,集中统一的经济管理体制开始逐步建立。1954年9月20日第一届全国人民代表大会第一次会议通过的《中华人民共和国宪法》序言中指出:"我国人民已在过去几年内胜利地进行了改革土地制度、抗美援朝、镇压反革命分子、恢复国民经济建设等大规模的斗争,这就为有计划地集中经济建设、逐步过渡到社会主义社会准备了条件。"该宪法的总纲则规定:"国家用经济计划指导国民经济的发展和改造,使生产力不断提高,以改进人民的物质生活和文化生活,巩固国家的独立和安全。"③刘少奇在第一届全国人民代表大会第一次会议上所作的《关于中华人民共和国宪法草案的报告》中宣布:"从1953年起,我国已经按照社会主义的目标进入有计划的经济建设时期。"④有学者对当时从新民主主义转向社会主义的原因进行分析,认为:"过渡时期总路线的实现和社会主义建设总路线的提出,标志着中华人民共和国将由新民主主义转向社会主义……新民主主义转向社会主义之所以能够在短短的几年内顺利实施,主要原因是:①仿效苏联'老大哥'的道路,建设以高度集中

---

① 中共中央党史研究室:《中国共产党历史·第二卷(1949—1978年)·上册》,第177~178页,中共党史出版社,2011年版。

② 中共中央党史研究室:《中国共产党历史·第二卷(1949—1978年)·上册》,第178页,中共党史出版社,2011年版。(该书第113页称:"在新中国建立之初,私人资本主义在全国经济中占有很重要的地位。据国家统计局资料,1949年,资本主义工业产值占全国工业总产值的63%。1950年,私营商业在社会商品批发总额中占76.1%,在零售总额中占85%。")

③ 《中华人民共和国宪法》(1954年)第15条。

④ 《刘少奇选集》(下卷),第144页,人民出版社,1985年版。

的行政协调为特征的计划经济体制,废除市场制度。苏联'老大哥'的这种'国家所有制＋计划经济'的经济模式被认为是所有社会主义国家应该仿效的目标,新中国成立后,'苏联专家'以斯大林的政治经济学对中国经济学教育进行了全部改造,成为唯一通行的经济学理论。按照这种理论,建立集权的计划经济体制被认为是理所当然的事情。②朝鲜战争爆发后,面对西方资本主义国家,加强国防力量被提到日程的首位。为此,中国共产党选择了集中动员和配置资源的制度安排,以便把有限的资源运用到以军事工业为核心的重工业领域中去。③经历了100年殖民地、半殖民地的屈辱时期,中国领导人和中国人民普遍怀有赶超西方发达国家的强烈愿望,认为仿效苏联榜样,依靠已经取得的国家权力,充分动员和集中使用人力、物力、财力,发挥广大人民群众的创造力,就能够在很短的时间内实现中国的现代化梦想。④中国长期以来是一个小农经济占统治地位的农业国家,'行政权力支配社会'形成了牢固的历史传统。新中国成立以后,毛泽东依靠自己在长期革命斗争中形成的崇高威望,建立了在自己领导下的全能政府。这是中国能够在短短几年内完成社会主义改造和实行计划经济制度的政治基础。"①计划经济体制必然影响新中国刚刚建立起来的企业会计制度,使企业会计制度更多地仿效苏联的做法,更多地体现计划经济的要求。

新中国的会计制度从一开始即受到苏联的影响,只不过早期并非完全照搬苏联的做法,"有学一点,搬一点,用一点的情况"②。对新中国会计与苏联会计模式的关系,当时财政部负责制定会计制度的会计制度司司长安绍芸曾表示:"现在的统一会计制度(作者注:指1954年前的会计制度),虽然基本上还能适应计划经济的需要,但是在很多方面是不够完善的,它们不够完善,是有历史根源的。它基本上是在1951年和1952年制定的。那时,无论在学习苏联先进经验方面,在结合中国具体实践方面,还是在配合计划管理和财务管理方面,都不够深入,不能达到成为定型的水平。"③而导致如此的原因之一是西方会计对部分会计制度制定者的深远影响:"国营企业的会计制度,经过会计工作同志们的努力,苏联专家的帮助,更重要的是经过了思想改造,三年以来,正在逐渐排除英美资本主义国家输入的腐朽会计理论及实务而逐渐靠近苏联。但是,截至现在为止,还没有完全跳出资产阶级会计理论及实务的圈子。这是不可否认的事实。"④"四年多来,我们在会计核算工作上学习苏联先进经验是有一定的成绩的,但是

---

① 吴敬琏:《当代中国经济改革》,第38页,上海远东出版社,2004年版。
② 杨时展:《1949—1992年中国会计制度的演进》,第31页,中国财政经济出版社,1998年版。
③ 杨时展:《1949—1992年中国会计制度的演进》,第33页,中国财政经济出版社,1998年版。
④ 王裕译:《工业会计》,1953年第1期,第5页。

也存在着不少问题,其中主要的是在我国会计界中尚存在着一定程度的资产阶级会计理论残余的影响和我们的学习迄今为止还是十分不够的。"①"……1951年和1952年所初步制定的统一会计制度,基本上是以苏联先进经验为蓝本,只不过当时因限于客观条件,钻研得不够深入,又过多地保留了我国旧社会固有的会计基础。"②

为了更好地适应计划经济的需要,中国在1954年之后加大了学习苏联的力度,最具代表性的是1956年前后颁布的《国营工业企业基本业务标准账户计划》《国营工业企业基本业务统一会计报表格式和说明》《国营工业企业凭单日记账核算形式标准账簿格式和使用说明》。这三个会计制度从会计科目(账户计划)、会计报表到核算形式(凭单日记账核算形式),基本是苏联会计的复制品,"现行的标准账户计划,是在学习苏联先进经验并结合我国实际情况的基础上制定的。无论在账户编号、分类和名称方面,还是在内容和编写形式方面都有了较大的改进"③。

一、《国营工业企业基本业务标准账户计划》(1955年):工业企业会计科目的统一规定

《国营工业企业基本业务标准账户计划》(以下简称《账户计划》)提出了对国营工业企业的统一会计科目规定,由财政部于1955年11月14日颁布,规定从1956年1月1日起执行。所谓《账户计划》,就是账户设置及使用的规定。苏联的会计使用这一名称,为了全面学习苏联,我国也采用了同样的叫法,将会计制度中的账户设置及使用称为账户计划。

《账户计划》包括"前言""账户名称表""账户说明""账户主要对应关系表""附录"5个部分。《账户计划》在"前言"中,规定该账户计划除了适用于各工业主管部门所属的国营企业外,还适用于交通、贸易、农林、银行、建筑安装等系统的国营企业;规定此前颁发的《国营工业企业统一成本核算规程》《国营工业企业材料会计处理办法》等文件如有与《账户计划》不一致之处,以《账户计划》的规定为准。

《账户计划》在"账户名称表"部分,规定了30类85个一级账户和若干个二级账户,还规定了10个资产负债表外账户。表1-9为该账户计划的账户名称表。④

---

① 黄寿宸:《为在会计核算工作中进一步深入学习苏联先进经验而努力》,《工业会计》,1954年第8期,第5页。
② 安绍芸:《为标准账户计划所做的说明》,《工业会计》,1955年第12期。
③ 安绍芸、张新周:《介绍〈国营工业企业基本业务标准账户计划1957年补充规定〉的内容》,《工业会计》,1957年第1期,第1页。
④ 本表格式见杨时展:《1949—1992年中国会计制度的演进》,第36~44页,中国财政经济出版社,1998年版。

表1-9　　　　　　　　　　账　户　名　称　表

顺序号	一级账户号数	一级账户名称	二级账户号数	二级账户名称
		第一类　固定资产		
1	001	固定资产		
2	004	固定资产折旧		
3	008	固定资产清理		
		第二类　固定资产大修理		
4	011	固定资产修理		
		第三类　材料		
5	020	材料采购		
6	021	原料及主要材料		
7	022	辅助材料		
8	023	燃料		
9	024	包装物		
10	025	委托加工材料		
11	026	低值及易耗品	.0	一般工具
			.1	专用工具
			.2	替换设备
			.3	管理用具
			.4	工作服及工作鞋
			.9	其他
12	028	低值及易耗品摊销	.0	一般工具
			.1	专用工具
			.2	替换设备
			.3	管理用具
			.4	工作服及工作鞋
			.9	其他
13	029	修理用零件		
14	030	废料		
15	031	大修理用设备及材料		
16	035	材料实际成本与计划成本的差异*		
17	036	在途材料*		

（续表）

顺序号	一级账户号数	一级账户名称	二级账户号数	二级账户名称
		第四类　工资		
18	040	工资		
		第五类　生产费用		
19	045	基本生产		
20	046	自制半成品		
21	047	辅助生产		
22	048	非工业性专业经营		
23	049	固定资产经常修理※		
24	051	车间经费		
25	052	企业管理费		
26	053	生产中的废品损失		
27	054	停工损失		
28	057	待摊费用	.0	技术组织措施费
			.1	新种类产品试制费
			.2	生产发明、技术改进及合理化建议资金及研究试验费
			.3	采矿准备费
			.4	租入固定资产大修理支出
			.9	其他
		第六类　产品出产		
29	059	产品出产※		
		第七类　产成品		
30	060	产成品		
31	061	产成品实际成本与计划成本的差异※		
32	062	外购商品		
		第八类　销售税金及非生产支出		
33	064	销售税金及非生产支出		
		第九类　发出商品		
34	065	发出商品	.0	未办理托收手续
			.1	按期办理托收手续
			.2	逾期办理托收手续

（续表）

顺序号	一级账户号数	一级账户名称	二级账户号数	二级账户名称
			.3	购买人逾期未付
			.4	购买人拒绝承付
		第十类　销售		
35	067	销售	.0	自制产品
			.1	工业性作业
			.2	非工业性作业
			.3	包装物
			.4	外购商品
			.5	材料
			.6	农业畜牧产品
		第十一类　货币资金		
36	070	库存现金		
37	071	人民银行结算户存款		
38	072	人民银行大修理户存款		
39	074	其他货币资金	.0	信用证
			.1	特种账户存款
			.2	限额支票
			.9	其他
		第十二类　结算		
40	080	与供应人的结算	.0	账单已经承付
			.1	账单逾期未付
			.2	账单尚未提出
			.3	计划结算
			.9	其他
41	083	与购买人的结算	.0	计划结算
			.9	其他
42	087	按订单完工程度预付的货款		
43	088	按订单完工程度预收的货款		
44	091	与大修理承包人的结算		
45	093	与预算的结算	.0	税金
			.1	利润

续表

顺序号	一级账户号数	一级账户名称	二级账户号数	二级账户名称
			.9	其他
46	094	工资附加费的结算		
47	096	备用金		
48	097	与职工的结算		
49	099	暂存款		
50	100	应收物资毁损及短缺的赔偿款		
51	101	与其他债务人及债权人的结算		
		第十三类　上下级间的结算		
52	103	企业与所属企业间关于资金转拨的结算		
53	104	部、局、企业间关于缴拨及应偿款项的结算	.0	解缴流动资金
			.1	补充流动资金
			.2	解缴上年利润
			.3	解缴本年利润
			.4	弥补上年亏损
			.5	弥补本年亏损
			.6	临时补充周转资金
			.7	应缴款项
		第十四类　与内部单位的结算		
54	105	与建设单位的结算		
55	106	与其他内部单位的结算		
		第十五类　提出资产		
56	108	企业奖励基金提成	.0	预提
			.1	补提
57	109	缴预算利润	.0	上年度
			.1	本年度
58	110	其他提出资产	.0	缴预算流动资金
			.1	存出长期保证金
			.2	冻结外汇及其他资产

（续表）

顺序号	一级账户号数	一级账户名称	二级账户号数	二级账户名称
			.3	其他投资
		第十六类　材料价格的调整		
59	120	按政府规定调整材料调拨价格的差异		
		第十七类　待核销的物资毁损及超定额短缺		
60	121	待核销的物资毁损及超定额短缺		
		第十八类　基金		
61	125	法定基金		
62	126	折旧基金		
63	130	特种基金	.0	企业奖励基金
			.1	医药卫生补助金
			.2	福利补助金
		第十九类　准备		
64	137	预提费用	.0	休假工资
			.1	固定资产经常性修理费
			.2	租入固定资产大修理支出
			.9	其他
		第二十类　预拨资金		
65	148	补充流动资金的预拨资金		
66	149	弥补亏损的预拨资金	.0	上年度
			.1	本年度
		第二十一类　银行短期借款		
67	166	人民银行短期借款	.0	原料及主要材料借款
			.1	辅助材料借款
			.2	燃料借款
			.3	在产品及自制半成品借款
			.4	产成品借款
			.5	其他定额资产借款
			.6	托收承付结算借款

(续表)

顺序号	一级账户号数	一级账户名称	二级账户号数	二级账户名称
			.7	信用证结算借款
			.8	特种结算借款
			.9	限额支票结算借款
			.10	特种借款
			.11	大修理借款
			.12	逾期未还借款
		第二十二类　长期负债		
68	172	长期负债	.0	其他资金来源
			.1	存入长期保证金
		第二十三类　专业费拨款		
69	176	专业费拨款		
		第二十四类　固定资产大修理的资金来源		
70	181	大修理折旧基金		
		第二十五类　预收收益		
71	189	预收收益		
		第二十六类　财务成果		
72	190	损益		
		第二十七类　专用拨款支出		
73	191	专用拨款支出		
74	192	建设银行专用拨款户存款		
75	193	专用拨款用设备及材料		
76	194	与专用拨款供应人的结算		
77	196	与专用拨款承包人的结算		
		第二十八类　专用拨款		
78	198	专用拨款	.0	预算拨入
			.1	其他来源
		第二十九类　基本建设支出		
79	201	已完基本建设工程及购置	.0	国家计划内
			.1	国家计划外
80	203	未完基本建设工程及购置	.0	国家计划内

(续表)

顺序号	一级账户号数	一级账户名称	二级账户号数	二级账户名称
81	206	建设银行存款	.1	国家计划外
			.0	往来户
			.1	自筹基本建设资金户
82	207	基本建设用设备及材料		
83	208	与基本建设供应人的结算	.0	账单已经承付
			.1	账单逾期未付
			.2	账单尚未提出
			.9	其他
84	209	与基本建设承包人的结算	.0	分期预付工程款
			.1	预付材料及未完施工款
			.2	预付结构物及零件款
			.3	应付工程款
		第三十类　基本建设拨款		
85	215	基本建设拨款	.0	预算拨入
			.1	特种基金拨入
			.2	其他来源

资产负债表外账户
1. 租入固定资产
2. 受托加工材料
3. 代管商品材料
4. 代管政府物资
5. 未发交认购人的公债券
6. 未完基本建设工程的勘查设计费
7. 基本建设拨款限额
8. 要求债务人支付的罚金
9. 债权人要求支付的罚金
10. 已转作坏账损失的账款

附注：凡注有※符号的账户，采用凭单日记账核算形式的企业不得使用。

《账户计划》对会计科目的规定与此前会计科目的规定不同，表现在如下几方面：

（1）会计科目（账户）的数量不同。《账户计划》规定企业的会计科目为85个一级科目(此外另设 10 个表外账户)、若干二级科目,比以前会计制度所规定的会计科目少很多,如 1950 年《中央纺织工业部所属企业及经济机构统一会计制度》中的会计科目为 212 个,1952 年国营工业企业统一会计科目超过 120 个,1954 年国营工业企业统一会计科目为 172 个。会计科目是会计核算的对象。一般地说,会计科目的减少意味着核算内容的简化。虽然《账户计划》对各种业务的会计科目设置有增有减,但会计科目总量的减少,还是简化了会计核算的工作量。

(2) 会计科目(账户)的分类不同。《账户计划》按照经济内容和科目的用途与结构,将企业的会计科目分为 30 类,与此前的会计制度不同,如 1950 年《中央纺织工业部所属企业及经济机构统一会计制度》中将会计科目分为 4 类(主要按照会计要素分类),1952 年和 1954 年的国营工业企业统一会计科目中将会计科目分为 25 类。同时,《账户计划》对会计科目的类别划分与以前的会计制度也有所不同,如:取消了 1952 年国营企业统一会计制度中的提出资产、销售客户清算、供应客户清算、基本建设负债、生产计划成果等科目类别,增加了材料价格的调整、待核销的物资毁损及超定额短缺、银行短期借款、长期负债、固定资产大修理的资金来源等科目类别;取消了待摊费用类别的科目,将其并入生产费用类科目;将生产类别改为生产费用类,并调整其科目内容;等等。按照国际通行的做法,会计科目分为资产类、负债类、所有者权益类、收入类、费用类 5 类,前 3 类为资产负债表科目,后 2 类为损益表科目。这样的分类是为了明确会计科目所提供数据的作用,厘清科目与报表之间的关系,使会计报表的数据来源更为直接。新中国成立之初最早一批统一企业会计制度(如 1950 年《中央纺织工业部所属企业及经济机构统一会计制度》)中对会计科目的分类,亦有如此含义。《账户计划》和 1952 年、1954 年企业统一会计制度对会计科目的分类则是仿效苏联的做法(《账户计划》的会计科目分类及其排列顺序与苏联 1955 年施行的标准账户计划基本相同)[①],而苏联的做法或许并非如此简单,而是有着更多的考虑。

(3) 会计科目的名称不同。其中,有的会计科目是新增加的,如"固定资产经常修理"科目;有的会计科目因为核算内容的改变而改变名称,如将此前会计制度中的"缴国库利润"和"应付税金"并为"与预算的结算","固定资产折旧准备"改为"固定资产折旧",将"材料价格差异"改为"材料实际成本与计划成本的差异",将"零星配件"改为"修理用零件",等等。名称表现着会计科目的核算内容,该账户计划中会计科目名称的变动,有的的确是由于核算内容的变化而引起的,但也有的仅仅是为了与苏联的科目名称保持一致。

---

① 郭永清:《新中国企业会计核算制度变迁研究》,第 57 页,东北财经大学出版社,2003 年版。

(4) 会计科目的编号不同。此前各国营企业统一会计制度均规定会计科目的编号为四位数,《账户计划》则规定会计科目采用三位数编号,如"固定资产"科目编号为001,"原料及主要材料"科目的编号为021,"基本生产"科目的编号为045等。从四位数编号改为三位数编号,用意在于:其一,位数少,便于记忆;其二,与苏联的做法一致,便于学习苏联的先进经验,苏联的会计科目编号即为三位数。实际上,会计科目编号无论采用四位数还是采用三位数,与会计核算并无关系,将四位数改为三位数只不过表达了仿效苏联会计方式的态度。

《账户计划》中会计科目与此前制度规定的种种不同,并不是实质性的,没有引起《账户计划》与此前制度的本质变化,不同会计科目都是在对国有经济集中管理的思想支配下形成的,属于同样一个会计模式,反映的是同样的经济现实,区别在于《账户计划》比以前更多地采用了苏联的做法而已。

《账户计划》的"账户说明"部分,对每一个账户的核算内容和核算办法做出了简要的叙述;"账户主要对应关系表"部分,则按业务事项的类别说明了各账户间的主要对应关系。

《账户计划》颁布之后,曾在不长的时间内多次修订。修订的原则是"基本不动,个别修改"[①],即每次修订的变动不大。而制定和修改的导向则是:为了适应对国营企业计划管理的需要,"对于账户计划的重大变革必须与计划和财务管理的要求密切结合起来,很好地考虑,再加修订"。会计制度这样的制定和修改导向,再一次表现了当时企业会计核算为计划经济服务的特性。

二、《国营工业企业基本业务统一会计报表格式和说明》(1955年):规范国营工业企业报表格式的制度

《国营工业企业基本业务统一会计报表格式和说明》由财政部于1955年12月14日颁发,自1956年1月1日起施行。该统一会计报表包括14种,比1952年国营工业企业统一会计报表所规定的22种报表少了8种。会计报表中有一类是表达企业财务状况的,有一类是表达生产费用及成本的,还有一类是表达销售及损益情况的。其中最重要的资产负债表格式[②]如表1-10所示。

[①] 安绍芸、张新周:《介绍〈国营工业企业基本业务标准账户计划1957年补充规定〉的内容》,《工业会计》,1957年第1期,第1页。

[②] 本表格式见杨时展:《1949—1992年中国会计制度的演进》,第49~63页,中国财政经济出版社,1998年版。

表 1-10　　　　　　　　　　　资　产　负　债　表

表式：会工 01

部 _____
局 _____
企业 _____　　　　　　　_____年___月___日　　单位：人民币 _____

资　产	行次	年初数	期末数	负　债	行次	年初数	期末数
甲	乙	1	2	甲	乙	1	2
甲、固定及周转外资产				甲、自有及视同自有资金的来源			
Ⅰ．固定资产(001)				Ⅰ．法定基金(125 或 103)	104		
1．在用固定资产	1			Ⅱ．固定资产折旧(004)	105		
2．未使用固定资产	2			Ⅲ．预算拨款			
3．不需用固定资产	3			1．预算拨入流动资金(148)	106	×	
				2．预算拨入弥补亏损：			
Ⅰ组合计	4			(1) 上年度(149.01)	107		
Ⅱ．提出资产				(2) 本年度(149.02)	108	×	
1．缴预算利润：				Ⅳ．上下级间的缴拨款项：			
(1) 上年度(109.0)	5			1．上级拨入流动资金(104.1)	109	×	
(2) 本年度(109.1)	6	×		2．上级拨入弥补亏损：			
2．企业奖励基金提成：				(1) 上年度(104.4)	110		
(1) 预提数(108.0)	7			(2) 本年度(104.5)	111		
(2) 补提数(108.1)	8			3．所属上缴利润：			
3．缴预算流动资金(110.0)	9	×		(1) 上年度(104.2)	112		
4．其他提出资产(110.1，110.2)	10			(2) 本年度(104.3)	113	×	
Ⅱ组合计	11			Ⅳ组合计	114		
Ⅲ．拨付所属单位资金：				Ⅴ．其他资金来源(172.0)	115		
1．固定资产(103)	12			Ⅵ．利润(190)			
2．流动资金(103，110.3)	13			1．上年度	116		
Ⅳ．上下级间的缴拨款项：				2．本年度	117	×	
1．缴上级利润：							
(1) 上年度(104.2)	14			Ⅰ～Ⅵ组合计	118		
(2) 本年度(104.3)	15	×		Ⅶ．定额负债：	定额（千元）		
					年初	期末	
2．缴上级流动资金(104.0)	16	×					
3．拨付所属弥补亏损：				1．应付职工工资(097)	119		
(1) 上年度(104.4)	17			2．应付工资附加费(094)	120		
(2) 上年度(105.5)	18	×		3．应付费用(080.3，080.9)	121		
Ⅳ组合计	19			4．应付税金(093.0)	122		
Ⅴ．亏损(190)				5．存入长期保证金(172.1)	123		
1．上年度	20			6．预提费用(137)	124		
				7．其他定额负债(088，189)	125		
2．本年度	21	×		Ⅶ组合计	126		
甲类合计	22			甲类合计	127		
				乙、定额资产银行借款			

(续表)

资产	行次	年初数	期末数		负债	行次	年初数	期末数
甲	乙	1	2		甲	乙	1	2
自有及视同自有流动资金的实有额	23				1. 原料及主要材料借款(166.0)	128		
乙、定额资产		定额(千元)			2. 辅助材料借款(166.1)	129		
		年初	期末		3. 燃料借款(166.2)	130		
1. 原料及主要材料(021，025，035，036，020，065.0)	24				4. 在产品及自制半成品借款(166.3)	131		
2. 辅助材料(022，025，035，036，020，065.0)	25				5. 产成品借款(166.4)	132		
3. 燃料(023，035，036，020，065.0)	26				6. 其他定额资产借款(166.5)	133		
4. 包装物(024，035，036，020，065.0)	27							
5. 修理用零件(029，035，036，020，065.0)	28							
6. 废料(030，065.0)	29	×	×					
7. 低值及易耗品(026，028，035，036，020，065.0):								
（1）一般工具	30							
（2）专用工具	31							
（3）替换设备	32							
（4）管理用具	33							
（5）工作服及工作鞋	34							
（6）其他	35							
7项合计	36							
1～7项合计	37							
	38							
8. ＿＿＿＿＿	39							
9. 工业在产品及自制半成品(045，046，047)								
10. 非工业在产品(048)	40	×	×					
11. 待摊费用(057，137，093.0)	41							
12. 产成品(060，061，065.0，064，093.0)	42							
其中:未办理托收手续的发出商品	43	×	×					
13. 外购商品(062，065.0，064，036，020)	44							
14. ＿＿＿＿＿	45							
	46							
乙类合计					乙类合计			

(续表)

资产	行次	年初数	期末数	负债	行次	年初数	期末数
甲	乙	1	2	甲	乙	1	2
丙、货币资金、结算及其他资产				丙、其他银行借款、结算及其他负债			
Ⅰ．货币资金：	47			Ⅰ．其他银行借款			
1. 库存现金(07)	48			1. 托收承付结算借款(166.6)	135		
2. 人民银行结算户存款(071)	49			2. 信用证、特种账户及限额支票结算借款(166.7，166.8，166.9)	136		
3. 信用证、特种账户存款及限额支票(074.0，074.1，074.2)				3. 特种借款(166.10)	137		
4. 其他货币资金(074.9)	50			4. ＿＿＿＿＿＿	138		
				5. 逾期未还借款(166.12)	139		
Ⅰ组合计	51			Ⅰ组合计	140		
Ⅱ．发出商品：				Ⅱ．应收及预收款：			
1. 按期办理托收手续的发出商品(065.1，061，064，093.0)	52			1. 应付供应人账款			
2. 逾期办理托收手续的发出商品(065.2，061，064，093.0)	53			(1) 账单已经承付(080.0)	141		
3. 购买人逾期未付的发出商品(065.3，061，064，093.0)	54			(2) 账单逾期未付(080.1)	142		
4. 购买人拒绝承付的发出商品(065.4，061，064，093.0)	55			(3) 账单尚未提出(080.2)	143		
Ⅱ组合计	56			(4) 其他(080.3，080.9)	144		
Ⅲ．应收及预付款：				2. 预收购买人账款(083)	145		
1. 应收购买人账款(083)	57			3. 应缴预算利润及其他款(093.1，093.9)	146		
2. 预付供应人账款(080.3，080.9，087)	58			4. 上级拨入临时补充周转资金(140.6)	147		
4. 备用金(096)	60			5. 应付建筑单位款(105)	148		
5. ＿＿＿＿＿＿	61			6. 应付其他内部单位款(106)	149		
6. 多缴预算利润及其他款(093.1，093.9)	62			7. 其他应付款(101，099，104.7，008)	150		
7. 拨付临时补充周转资金(104.6)	63			Ⅱ组合计	151		
8. 应收建筑单位款(105)	64			Ⅲ．特种基金			
9. 应收其他内部单位款(106)	65			1. 企业奖励基金(130.0)	152		
10. 其他应收款(101，094，104.7，008)	66			2. 其他特种基金(130.1，130.2)	153		
Ⅲ组合计	67			Ⅳ．专业费拨款(176)	154		
Ⅳ．待核销的物资毁损及超定额短缺(121)	68			Ⅴ．应缴基本折旧基金(126)	155		
Ⅴ．＿＿＿＿＿＿	69			Ⅵ．大修理资金来源：			
Ⅵ．＿＿＿＿＿＿	70			1. 大修理折旧基金(181)	156		
Ⅶ．解缴基本折旧基金(126)				2. 大修理银行借款(166.11)	157		
1. 缴预算基本折旧基金	71			3. 应付承包人大修理工程款(091)	158		

(续表)

资　产	行次	年初数	期末数	负　债	行次	年初数	期末数
甲	乙	1	2	甲	乙	1	2
2. 缴上级基本折旧基金	72			Ⅵ组合计	159		
Ⅷ. 大修理资产：				Ⅶ. 专用拨款资金来源			
1. 未完大修理工程(011)	73			1. 专用拨款(198)	160		
2. 待冲已完大修理工程(011)	74			2. 应付供应人账款(194)	161		
3. 大修理用设备及材料(031，035，036，020)	75			3. 应付承包人专用拨款工程款(196)	162		
4. 人民银行大修理户存款(072)	76			Ⅶ组合计	163		
5. 预付承包人大修理工程款(091)	77						
Ⅷ组合计	78						
Ⅸ. 专用拨款资产：							
1. 专用拨款支出(191)	79						
2. 专用拨款用设备及材料(193，035，036，020)	80						
3. 建设银行专用拨款户存款(192)	81						
4. 预付供应人账款(194)	82						
5. 预付承包人专用拨款工程款(196)	83						
Ⅸ组合计	84						
丙类合计	85			丙类合计	164		
丁、基本建设资产				丁、基本建设资金来源			
1. 已完基本建设工程及购置：				1. 基本建设拨款：			
(1) 国家计划内(201.0)	86			(1) 预算拨入(215.0)	165		
(2) 国家计划外(201.1)	87			(2) 特种基金拨入(215.1)	166		
2. 增加固定资产价值的费用(201.0)	88			(3) 其他来源(215.2)	167		
3. 拨付其他机构的基本建设拨款(201.0，201.1)	89			2. 应付供应人账款：			
4. 已经核销的废止基本建设工程(201.0，201.1)	90			(1) 账单已经承付(208.0)	168		
5. ＿＿＿＿＿＿＿＿	91			(2) 账单逾期未付(208.1)	169		
6. 未完基本建设工程及购置：				(3) 账单尚未提出(208.2)	170		
(1) 国家计划内(203.0)	92			(4) 其他(208.9)	171		
(2) 国家计划外(203.1)	93			3. 应付承包人基本建设工程款(209.3)	172		
7. 临时及永久停止的基本建设工程(203.0，230.1)	94			4. ＿＿＿＿＿＿	173		
8. 基本建设用设备(207，036，020)	95			5. 其他应付款(101)	174		
9. 基本建设用材料(207，035，036，020)	96						
10. 建设银行存款(206)	97						

(续表)

资 产	行次	年初数	期末数	负 债	行次	年初数	期末数
甲	乙	1	2	甲	乙	1	2
11. 分期预付承包人工程款(209.0)	98						
12. 预付承包人材料及未完施工款(209.1)	99						
13. 预付承包人结构物及零件款(209.2)	100						
14. 其他应收款(101,208.9)	101						
丁类合计	102			丁类合计	175		
资产总计	103			负债总计	176		
				7. 列入乙类资产1～7项内的在途材料(包括卖家及运杂费)			
表 外 项 目				(1) 原料及主要材料	198		
1. 租入固定资产	177			(2) 辅助材料	199		
2. 受托加工材料	178			(3) 燃料	200		
3. 代管商品材料	179			(4) 修理用零件	201		
4. 代管政府物资	180			(5) 其他	202		
5. 未发交认购人的公债券	181			8. 列入乙类资产第43行发出商品内的产成品实际工厂成本	203		
6. 未完基本建设工程的勘察设计费	182			9. 列入丙类资产第Ⅱ组各项发出商品内的产成品实际工厂成本	204		
7. 尚未利用的基本建设拨款限额	183	×		10. 产成品实际成本与计划成本的差异			
8. 要求债务人支付的罚金	184			(实际成本小于计划成本时,以红字填列)(061):			
9. 债权人要求支付的罚金	185			(1) 库存产成品和未办理托收手续的发出商品	205		
10. 已转作坏账损失的账款	186			其中:未办理托收手续的发出商品	206		
补 充 资 料				(2) 已办理托收手续的发出商品	207		
					208		
1. 补缴预算上年度利润	187	×		11. 列入丙类资产第58行"预付供应人账款"项目内的预付收购农产品、对私人加工订货、国外进口物资的定金、按订单完工程度预付的货款和其他由国家批准的预付账款			
2. 由预算退回的多缴上年度利润	188	×		12. 大修理 折旧基金提成(年初起)累计数			
3. 转作缴预算本年度利润的多缴上年度利润	189	×		13. 存入人民银行的大修理折旧基金(年初起)累计数	209	×	
4. 列入其他提出资产项目内的:	189			14. 应缴未缴的固定资产变价收入	210		
(1) 存出长期保证金	191						

(续表)

资　产	行次	年初数	期末数	负　债	行次	年初数	期末数
甲	乙	1	2	甲	乙	1	2
（2）冻结外汇及其他资产	192				211	×	
5. 低值及易耗品摊销（028）							
6. 列入乙类资产 1～7 项内的材料实际成本与计划成本的差异（实际成本小于计划成本时，以红字填列）（035）：							
（1）原料及主要材料	193						
（2）辅助材料	194						
（3）燃料	195						
（4）修理用零件	196						
（5）其他	197						

首长_____　　　　　　会计主管人员_____

该资产负债表与1952年国营工业企业统一会计制度中的资产负债表相比较，有这样一些特点。

第一，两张资产负债表的表达方式、总体内容与项目排列基本相同，如：报表的左方均为"资产"，右方均为"负债"，左方总额等于右方总额；报表左、右方项目均区分为若干类，左方的各类资产与右方的相同类负债相互对应；均单独表现定额资产和定额负债，等等。

第二，该资产负债表与1952年资产负债表的项目分类有所不同：1952年资产负债表上的左右方项目各分为甲、乙、丙、丁、戊5类，而该资产负债表上的左右方项目各分为甲、乙、丙、丁4类；由于项目分类的变化，该资产负债表各项目的类别归属不同于1952年资产负债表，如"大修理的资金来源"在1952年资产负债表上属于戊类，在该资产负债表上则划归丙类，这样的改变是为了与苏联的做法保持一致。

第三，该资产负债表通过各项目资金之间的内在联系，表达国营企业与国家财政之间的资金拨付关系，如：报表右方的"甲、自有及视同自有资金的来源"合计，包括法定基金、固定资产折旧（可视为一种特殊的法定基金）、预算拨款、上下级间的缴拨款项、其他资金来源①、利润、定额负债，减去报表左方的"甲、固定及周转外资产"合计，所得之差额为报表左方的"自有及视同自有流动资金的实有数"（第23行次）。这种数

---

① 这里的"其他资金来源"实际上是长期负债，其数据来自"长期负债"账户的明细账户（账户编号172.0）。

字关系所要表达的是企业的自有资金减去固定资产,等于企业自有流动资金;而企业的全部资金则是由国家财政或国家银行按照计划提供的。

第四,该资产负债表的数据来自有关会计账户的期末余额,且报表每个项目均注明了其数据应来自哪个编号的账户,如甲类资产"固定资产"项目的数据来自编号001的账户,"提出资产——缴预算利润——上年度"项目的数据来自编号109.0的账户,"提出资产——缴预算利润——本年度"项目的数据来自编号109.1的账户,"提出资产——企业奖励基金提成——预提数"项目的数据来自编号108.0的账户,"提出资产——企业奖励基金提成——补提数"项目的数据来自编号108.1的账户;甲类来源"法定基金"项目的数据来自编号125或103的账户,"固定资产折旧"项目的数据来自编号004的账户;等等。明确地注明报表项目与账户关系的数据对应关系,无疑会方便报表的编制,提高报表编制的效率。

第五,尽管该资产负债表上已注明了各项目的数据来源,但填列起来也有繁杂之处,这是因为某些账户的借方、贷方发生额或借方、贷方余额需填入报表的不同项目,如"折旧基金"账户(账户编号126)的借方发生额填列于丙类资产的"解缴基本折旧基金"项目,贷方发生额则填列于丙类来源的"应缴基本折旧基金"项目;"与购买人的结算"账户(账户编号083)的期末借方余额填列于丙类资产的"应收及预付项目——应收购买人账款"项目,期末贷方余额填列于丙类来源的"应付及预收款——预收购买人账款"项目。应该说,这种一个报表项目的数据要由某个账户的数据拆分开来填列,或一个报表项目的数据要由几个账户数据合并起来填列的情况是国际上所通行的,但该资产负债表上一些项目数据的取得比较复杂,要由较多的账户拆分或合并,如"乙、定额资产"所属的各项目分别由四五个账户数据合并而成,丙类资产中的若干项目也要由三四个账户合并而成,这使得报表的编制复杂化,加大了会计业务的工作量,也超出了当时很多会计工作者的能力与水平。

三、《国营工业企业凭单日记账核算形式标准账簿格式和使用说明》(1956年):学习苏联的会计核算

凭单日记账核算形式是苏联1949年开始施行的一种会计核算形式,在新中国建立后的早期一些企业曾自行采用,此后由财政部作为会计制度在企业中推广。财政部先是在1955年12月8日颁发了《国营工业企业凭单日记账核算形式标准账簿格式和使用说明草案》,随后于1956年12月24日颁发了《国营工业企业凭单日记账核算形式标准账簿格式和使用说明第二次草案》(以下简称《第二次草案》)。

凭单日记账是将日记账和记账凭证结合在一起的一种特殊账簿,一方面是会计事

项的分类和序时日记账,另一方面又是登记总账的根据,具有记账凭证的作用。凭单日记账按照总分类账户贷方记录所反映的会计事项设置。采用凭单日记账核算形式,将发生的业务先记入凭单日记账,月终再转入总分类账户,所以凭单日记账实际上是总分类账的一部分,是总分类账贷方发生额的分析记录。当时,凭单日记账被认为具有很多优点,如:"账簿的组织严密、结构完整、分工明确,可以使会计工作有条不紊,有节奏地顺序进行……可以促使会计人员正确应用所规定的各个账户……可以使编制会计凭证和登记总分类账的工作大为减少……有助于监督、检查和分析企业经济活动等工作的进行……既便于综合记录与明细记录的核对,又便于获得编制报表所需要的资料,不但提早了报表的报送时间,而且提高了报表的内容质量……可以系统地处理会计核算的档案工作,并便利于凭证检查工作的进行。"[①]财政部《关于颁发〈国营工业企业凭单日记账核算形式、标准账簿格式和使用说明〉的通知》则称:"凭单日记账是苏联先进的会计核算形式,根据我国某些企业单位的试行情况,初步证明了这一核算形式对于简化会计核算手续,确能起到一定的作用。"[②]

《第二次草案》是对在此之前数月出台的《国营工业企业凭单日记账核算形式标准账簿格式和使用说明草案》的改进。第二次草案的内容包括 5 部分:Ⅰ.总说明;Ⅱ.账簿格式名称表;Ⅲ.账簿格式;Ⅳ.账簿格式说明;Ⅴ.附录:账户名称表。《第二次草案》的第Ⅰ部分对凭单日记账核算形式的基本要点作了概括的说明;第Ⅱ、第Ⅲ、第Ⅳ部分规定了采用凭单日记账核算形式所应用的 54 种标准账簿格式的名称、格式、使用方法以及凭证和账簿的保管方法;第Ⅳ部分规定了凭单日记账核算形式中应用的账户名称表。《第二次草案》规定的 54 种标准账簿格式分为三类:凭单日记账 28 种、补助记录 25 种、总分类账 1 种,其中凭单日记账、补助记录又根据不同的特征各分为数小类,如:凭单日记账按所包括的贷方账户的户数分为单户式、多户式;按照贷方记录是否单独过入总账分为独立式、联合式等。《第二次草案》中所使用的账户是《国营工业企业基本业务标准账户计划》和 1957 年补充规定中 85 个账户中的 80 个,不使用"材料采购""材料实际成本与计划成本的差异""在途材料""产品产出""产成品实际成本与计划成本的差异"5 个账户。

凭单日记账核算形式是多种会计核算形式中的一种,尽管财政部颁布了关于使用凭单日记账核算形式的通知,但由于其方法复杂,只在部分大型企业采用,未得到全面

[①] 莫启欧、张韵秀:《对〈国营工业企业凭单日记账核算形式的标准账簿格式和使用说明(第二次草案)〉的几点体会》,《工业会计》,1957 年第 2 期,第 8 页。
[②] 财政部:《关于颁发〈国营工业企业凭单日记账核算形式、标准账簿格式和使用说明〉的通知》,见《重要法规和制度》,转引自杨纪琬:《中国现代会计手册》,第 210 页,中国财政经济出版社,1988 年版。

推广。

四、《国营工业企业材料会计核算办法》(1957年)的修改

除了上述3项会计制度外,该时期还颁发了若干与这些制度相关的、影响较大的其他企业会计制度,其中主要有《国营工业企业材料会计核算办法》《地方国营工业企业基本业务简单会计制度》《中央级公私合营工业企业基本业务标准账户计划及会计报表格式说明》《地方级公私合营工业企业报送会计报表的暂行规定》等。

材料是企业资金管理和产品成本构成的重要内容。1952年10月第二次全国企业财务管理及会计会议曾讨论企业的材料会计核算问题,并于1952年12月30日由财政部颁发了《国营工业企业材料会计处理办法》。随着企业经济活动的发展和生产规模的扩大,该材料会计处理办法显露出一些问题,需要改进。《工业会计》杂志1957年的一篇文章就此评论道:"这个办法在应用上也就逐渐暴露出若干缺点,如对于核算手续不够简化、及时,材料收、发业务的监督不够经常、完整……尤其在苏联的'材料业务的核算——会计法'(即材料核算余额法)介绍到我国后,许多企业试行了这一先进额度核算方法,也积累了些经验和取得了一定的成绩。"①

1957年4月,财政部颁发了修改后的《国营工业企业材料会计核算办法》(以下简称《材料核算办法》)。该办法分为7章(第一章"总则"、第二章"材料的收入"、第三章"材料的发出"、第四章"仓库中材料的核算与监督"、第五章"会计部门中材料的核算与监督"、第六章"生产中材料使用情况的核算和监督"、第七章"附则"),共67条,并附有格式17种。

在第一章"总则"中,说明了本办法的制订目的、适用范围、材料所包括的内容、材料核算的任务、材料的实际成本与计划成本、仓库和会计部门处理材料会计核算的原则、仓库工作的各项准则等。其中特别提出仓库和会计部门在处理材料会计核算时应执行"材料核算余额法"。指出"各仓库应对所收入、发出、保管的各种材料的数量进行核算。会计部门应对各仓库所收入、发出、保管的各种材料的金额,按照仓库类别和材料类别进行核算……会计部门应对各仓库的核算工作进行经常的指导和检查,以保证仓库按数量核算的资料与会计部门按金额核算的资料相一致。"(第10条)这样的规定,有助于加强对仓库材料管理的要求,使仓库的业务核算与会计部门的会计核算结合起来,改善企业的材料管理。

在《材料核算办法》第四章"仓库中材料的核算与监督"、第五章"会计部门中材料

---

① 袁际唐、石人瑾:《〈国营工业企业材料会计核算办法〉的介绍》,《工业会计》,1957年第5期,第1页。

的核算与监督"中,则分别细致地规定了执行"材料核算余额法",仓库和会计部门各自的核算程序和内容。该核算办法其他各章的内容与1952年的《国营工业企业材料会计核算办法》相比较亦有所改动,但差别不大,如第二章"材料的收入"、第三章"材料的发出"分别新增加了材料收入和发出凭证的使用规定,第六章"生产中材料使用情况的核算和监督"新增加了若干材料使用的核算和监督新规定,等等。

五、适用于小型企业的简单会计制度:《地方国营工业企业基本业务简单会计制度》(1957年)

大型企业和小型企业存在规模、业务范围、管理人员专业水平等诸多方面的不同,很难要求小型企业与大型企业执行同样的会计制度。1954年1月《国营工业企业简易会计科目及会计报表格式》《国营工业企业基本业务标准账户计划》和《国营工业企业基本业务统一会计报表格式和说明》颁布后,财政部曾于1956年派员赴上海、江苏、河南、河北等地调查地方企业执行会计制度的情况,各地普遍要求财政部另行拟订统一、简易的会计制度,以适应小规模地方企业的需要。为此,财政部于1957年9月颁发了《地方国营工业企业基本业务简易会计制度》(以下简称《简易会计制度》),并要求自1958年1月1日起执行①。当时的小型企业普遍带有"生产规模小、类型多、分布面广、生产与劳动组织不太健全、应有的制度未全建立、已有的制度不够健全、经营管理较差、会计人员少、业务文化水平较低、会计工作未步入正轨"的特点。"针对这些特点,本制度(指《简易会计制度》)体现了下列3点基本精神:①完备;②简化;③灵活。"②

《简易会计制度》的内容包括"总则""账户计划""会计报表""会计账簿与会计凭证""会计事务处理程序""附则"6部分,并有2个附录:(甲)账户主要对应关系表、(乙)地方国营工业企业与国营工业企业基本业务账户对照表。

在《简易会计制度》的最初草稿中,曾规定该制度适用于拥有三五十名工人的规模较小的地方国营工业企业,但后来改变了这一规定。《简易会计制度》"总则"部分规定:"本制度原则上适用于县(市)所属规模较小的地方国营工业企业,省(市)、直辖市(包括专署代管的企业)所属规模较小的工业企业,亦可适用本制度。但若在规模较小的企业中有些企业会计基础比较好,在经营管理上也比较上轨道、确实具有按生产车间或生产阶段、产品的种类或产品批别进行成本计算的条件者,可以实行国营工业企

---

① 关于该制度的有关内容,分别参见《工业会计》,1957年第2至第5期的介绍。
② 胡士杰:《〈地方国营工业企业基本业务简易会计制度〉的介绍》,《工业会计》,1957年第5期,第2页。

业基本业务标准账户计划及会计报表格式和说明,不必执行本制度。"①

《简易会计制度》在"账户计划"部分,规定小企业的会计核算应设置48个账户、4个资产负债表外账户。与标准账户计划相比,《简易会计制度》中的个别账户名称略有改动,账户数量则减少了38个,其中由于改变核算方法而简化了20个,由于合并核算内容而简化了13个,由于不需用而简化了5个。为了简化起见,《简易会计制度》规定小企业的产品成本只计算产成品(包括基本生产与辅助生产)的总成本(自制半成品作为在产品处理),且产品的日常核算除采用计划成本外还可以用估计成本列账。对于材料的核算,《简易会计制度》规定"凡购入后直接投入生产使用的材料可径出费用账,不必进入材料账。有些企业如果购入的材料较多,使用时间较长,在收到后,部分直接投入生产,部分进入仓库,可以先全部入材料账,至于直接投入生产的部分,则作为向仓库领用处理。"②《简易会计制度》与标准账户计划不同的会计处理规定还有:低值易耗品在购入和自制完成的当月,原则上无论使用与否均可采用五五摊销法先摊销其价值的50%;企业一般不提取大修理折旧,于实际发生修理支出时直接列支费用或通过"待摊费用"账户处理,而那些固定资产大修理支出较大的企业,使用中的个别固定资产则可按月提取大修理折旧基金,等等。

《简易会计制度》规定小企业需编制的会计报表数量比基本业务统一会计报表少了很多:月报只有财务主要指标表一种;季报包括资产负债表、商品产品成本表(分别按产品别、成本项目别编制)、损益表;年报包括资产负债表、商品产品成本表(分别按产品别、成本项目别编制)、损益表、流动资金周转率计算表、法定基金增减表、企业奖励基金提成计算表。各会计报表的内容也有不同程度的简化,如:资产负债表项目大幅度减少或合并,项目的行次数量由基本业务统一会计报表的211行(资产负债表左右方行次合计)减至108行;资产负债表报表的编制方法大多直接由账过表,因而取消了对报表项目的说明;简化了资产负债表上"自有及视同自有流动资金的实报数"的计算公式;财务主要指标表的项目减少到16个,等等。

《简易会计制度》所规定企业的会计簿籍包括总分类账、明细分类账、日记账、补助登记簿4种,企业的会计凭证包括原始凭证、原始凭证汇总表2种。《简易会计制度》对会计账簿的格式、登记方法、根据及会计凭证的内容做出了一般性规定,其特别之处在于:要求小企业将会计记账凭单改为普通日记账,在专设日记账上不能记录的事项均集中在普通日记账上登记。

1957年的《地方国营工业企业基本业务简易会计制度》因为简单、易操作,受到了

---

① 胡士杰:《〈地方国营工业企业基本业务简易会计制度〉的介绍》,《工业会计》,1957年第5期,第2页。
② 胡士杰:《〈地方国营工业企业基本业务简易会计制度〉的介绍》,《工业会计》,1957年第5期,第4页。

一些小企业的欢迎。《工业会计》杂志曾在 1957 年第 5 期刊登了对山西 8 个"产品种类较多且带有代表性"[①]的小型企业试用这一制度的总结,认为"这个简易会计制度基本上是可行的……这个制度中的各项规定合乎简化的原则。以目前各厂的管理水平、会计人员的业务水平来看,这样简化是必要的"[②]。

六、对公私合营工业企业的会计规定(1956 年、1957 年)

新中国建立后,对民族资本工商业采取利用、限制、改造的方针,用赎买的方式一步一步地将这部分资本主义企业改造为国家资本主义经济。1953—1954 年上半年,国家通过加工订货、统购包销、批购、经销或代销等形式对资本主义工商企业进行社会主义改造。1954 年 9 月 6 日,政务院公布《公私合营企业暂行规定条例》,提出了对资本主义企业实行公私合营的方针、原则及公私合营企业的性质、公私关系、劳资关系、经营管理、盈余分配等,随后一大批私营企业很快转变成为公私合营企业。从 1955 年年底到 1956 年年初,对资本主义工商业实行全行业公私合营,对资本主义工商业者在经济上实行定股、定息,政治上做出人事安排。这里的"定股"即对私有企业实行公私合营的资产和负债进行清理股价,核定私股股额;"定息"即在公私合营期间,无论盈亏,对由国家核定的私股股额,按期发给固定息率(一般为年息 5％)的股息。有关数据显示,到 1956 年年底全国私营工业户数的 99％、私营商业户数的 82％、私营饮食业户数的 86％实现了所有制改造,私营轮船、汽车运输业实现了全行业的公私合营[③]。尽管公私合营企业已由国家控制,但在资本、利润分配等方面仍与国营企业存在差别,需要单独制定反映公私合营企业特殊需要的会计制度。《中央级公私合营工业企业基本业务标准账户计划及会计报表格式说明》《地方级公私合营企业会计核算制度》即是适用于公私合营企业的两项主要会计制度,分别发布于 1956 年 12 月 24 日和 1957 年 12 月 26 日。

由于公私合营企业与国营企业的主要区别在于资本、利润分配方面,所以《中央级公私合营工业企业基本业务标准账户计划及会计报表格式说明》与《国营工业企业基本业务标准账户计划》《国营工业企业基本业务统一会计报表格式和说明》相比较,《地方级公私合营企业会计核算制度》与《地方国营工业企业基本业务简单会计制度》相比较,差别集中于与此相关的会计科目设置、会计处理和报表反映上,如:《中央级公私合

[①②] 山西试点组:《对地方国营工业简易会计制度草案进行试点与了解后的体会》,《工业会计》,1957 年第 5 期第 7 页。

[③] 有关数据见萧国亮、隋副民:《中华人民共和国经济史(1949—2010 年)》,第 90 页,北京大学出版社,2011 年版。

营工业企业基本业务标准账户计划及会计报表格式说明》和《地方级公私合营企业会计核算制度》均设置了反映私股股东定息结算的"利润提成""与交通银行关于利润的结算"(当时规定公私合营企业的私股股东定息由交通银行办理转账结算)"定息前的交通银行存款""股份基金""股份基金调整"等科目;均需编制和报送"股份基金调整增减表"(年度报表)①。此外,对地方公私合营企业还依据会计基础的好坏提出了不同的会计核算要求:会计、统计基础较好,能逐月计算成本的企业(甲类企业),编制和报送月份报表2种、季度报表4种、年度报表8种;会计、统计基础较差,可以计算损益但不能计算成本的企业(乙类企业),编制和报送月份报表1种、季度报表2种、年度报表4种②。这样的规定,一方面说明了当时中国企业的会计水平参差不齐,存在相当数量会计基础很差的小型公私合营企业;另一方面也表现出当时会计主管部门对不同企业的会计工作区分对待,采取不同要求的实事求是的作风。

  计划经济体制形成初期的企业会计制度的突出特点,是加大了对苏联会计经验的学习和引进,以改造中国的企业会计制度。一些西方会计学家将苏联的会计特点归纳为"实行计划经济制度,企业完全由政府控制。会计制度具有高度的统一性和一致性";"这种会计是在以生产资料公有制的计划经济体系基础上形成的。……其会计报表的目标主要是为实行国家集中计划管理提供会计信息。"③苏联援华会计专家马卡洛夫也认为,与西方资本主义国家的会计相比,苏联会计的特点主要是为国家计划经济服务,反映和监督经济计划的执行情况;会计组织(凭证、账簿、报表格式等)、会计核算形式、会计制度等均由国家统一且详细地规定。④苏联会计的这些特点与中国正在推行的计划经济相契合,是中国当时经济建设所需要的,更与中国当时追求共产主义理想、在国际关系上一边倒地倾向苏联的政治立场相一致,因此引进苏联会计并非偶然,而是具有历史必然性。此后,随着中苏政治关系的疏远、破裂,中国逐渐放弃了对苏联会计的模仿,但苏联计划经济体制下的会计方式对中国企业会计的影响却没有完全消失,一直到改革开放前夕。在对待苏联会计的态度上,经济体制和政治的影响十分明显,是经济体制和政治等外部环境影响会计的一个典型例证。

  客观地说,引进苏联会计对中国计划经济的实施有着促进作用,同时也促进了中国计划经济体制下的会计模式建设。但是,苏联会计繁琐主义、形式主义的一面,招致

---

  ① 项怀诚:《新中国会计50年》,第136页,中国财政经济出版社,1999年版。
  ② 《重要法规和制度》,转引自杨纪琬:《中国现代会计手册》,第215页,中国财政经济出版社,1988年版。
  ③ 美国会计学家米勒1968年对各国会计制度的分析、美国会计学会1976年对各国会计制度的分析。参见陈今池、沈小凤:《国家会计与通货膨胀会计》,第19页、第22页,中信出版社,1992年版。
  ④ 参见《社会主义会计的实务——苏联专家马卡洛夫教授1951年4月6日在中央财政部的讲话》,《新会计》,1951年第6期。

了广泛的批评,并在接下来的简化会计运动中引起了反弹。

引进苏联会计,主要是因为要推行计划经济。引进国外会计,自然会遇到如何处理原有会计和外来会计之间关系的问题——是全盘引进,还是一定程度地保持传统特色或对引进会计加以中国化改造。中国从清代末年开始引进西方会计起,一直没有停止过关于如何对待外来会计,如何处理外来会计与传统会计关系的争论。新中国引进苏联会计后,新中国会计并没有完全被苏联会计所左右,新中国仍在自主制定会计制度,如颁布了《国营工业企业基本业务统一会计报表格式和说明》《国营工业企业材料会计核算办法》《地方国营工业企业基本业务简单会计制度》等诸多会计制度。此外,苏联会计由于自身存在繁琐主义的缺陷,在实施中也受到一些企业的抵制,实施范围和实施时间有限。应该说,这一时期对待苏联会计的做法是有一定理智的。

新中国计划经济体制形成初期对苏联会计的引进直至疏远,不过是长期以来接受外来会计的一个片段。如何对待原有会计和外来会计的关系,是一个贯穿于中国近代会计发展的整个过程,并将继续在中国会计发展中存在的重大问题,值得引起更多的关注与讨论。

第3节　国民经济冒进时期的企业会计制度:1958—1960年

一、企业会计的简化与放权制度

随着中国共产党"从新民主主义向社会主义过渡时期总路线"(即:实现国家社会主义工业化,实现对农业、手工业、资本主义工商业的社会主义改造)的顺利贯彻,中国的社会经济形态发生了巨大变化。至1956年年底,全国约有1.17亿农户和500余万手工业者的个体经济转变为集体经济,7万余户私营工业企业转变为公私合营企业,近200万个私营商店转变为公私合营商店、合作商店或直接转变为国营商店。1956年与1952年相比,国民经济总收入中国营经济所占的比重由19.1%上升到7.3%,合作经济所占的比重由1.5%上升到54.4%,公私合营经济所占的比重由0.7%上升到7.3%,资本主义经济所占的比重由6.9%下降到0.1%以下,个体经济所占的比重由71.8%下降到7.1%;社会主义经济在国民经济中所占的比重由21.3%上升到54.5%。① 刘少奇在中国共产党第八次全国代表大会的政治报告中宣布:"改变生产资料私有制为社会主义公有制这个极其复杂和困难的历史任务,现在在我国已经基本

---

① 有关数据见赵凌云:《中国共产党经济工作史(1921—2011年)》,第252页,中国财政经济出版社,2011年版。

完成了。"这次大会通过的《关于政治报告的决议》则宣布:"几千年来的阶级剥削制度的历史已经基本结束,社会主义的社会制度在我国已经基本建立起来了。"[①]与此同时,在全国人民的共同努力下,第一个五年计划顺利完成,一批关系国家长久发展的重大基本建设项目建成完工或基本完工,国家经济建设取得了瞩目的成就。资料显示,我国"一五"期间(1953—1957年)社会总产值平均年增长11.3%;工农业总产值平均年增长10.9%;国民收入平均年增长8.9%[②]。这样的发展速度,在同期世界各国,特别是在发展中国家中,是相当快的[③]。美国著名学者费正清曾对此评论道:"从经济增长的数字看,'一五'计划相当成功。国民收入年平均增长8.9%(按不变价格计算),农业产出和手工业产出每年分别以3.8%和18.7%的速度递增。由于人口年增长率为2.4%,而人均产出增长率为6.5%,这就意味着每隔11年国民收入就可翻一番。与20世纪前半叶中国经济增长的格局相比——当时产出增长率仅和人口增长率相当(两者年增长率均为1%左右)——第一个五年计划具有决定性的加速作用。就是同50年代大多数新独立的、人均年增长率为2.5%的发展中国家相比,中国的经验也是成功的。例如印度,也是大陆型的农业经济国,最初的经济状况和中国相似,但它在50年代的人均产出增长率还不到2%。"[④]出于加快社会主义建设速度,尽快地将中国建设成强大的社会主义国家的愿望,1958年5月中共八大二次会议提出"鼓足干劲,力争上游,多快好省地建设社会主义"的总路线,全国上下情绪激昂,建设社会主义的热情愈加高涨。在这样的形势下,一些人产生了骄傲和急于求成的情绪,忽视了中国经济建设的艰巨性、复杂性和长期性,认为采用民主革命中行之有效的"群众运动"开展经济建设,就能够取得更大的胜利。

经济的良好发展,不但使一些人滋生了不切实际的情绪,还催生了计划管理体制和政治上的极端倾向。第一个五年计划后期,单一公有制和行政计划管理体制形成,为接下来的经济建设方式提供了制度基础;1956年"整风"运动(原本旨在正确处理人民内部矛盾,反对官僚主义、宗派主义和主观主义)引发的1957年"反右"运动,则导致了以政治眼光看待经济问题的错误认识和不正常的政治气氛,使经济建设的方针和政策染上了政治色彩。

1956年苏联共产党"二十大"后,非斯大林化运动充分揭露了苏联工业化模式的

[①] 中共中央党校党史研究室:《中共党史参考资料(八)》,第327页、第353页,人民出版社,1980年版。
[②] 武力:《中华人民共和国经济史》(增订版,上卷),第296页,中国时代经济出版社,2010年版。
[③] 根据王积业、王建的统计数据,整从体看,发展中国家的国内生产总值在1950—1960年的年平均增长为4.8%,1960—1970年为5.7%。见王积业、王建:《我国二元结构矛盾与工业化战略选择》,第168页,中国计划出版社,1996年版。
[④] 费正清:《剑桥中华人民共和国史》,第164~165页,上海人民出版社,1990年版。

弊病，中国消除了对苏联经济建设模式的迷信，开始考虑如何根据国情走自己的道路。毛泽东在中共中央政治局扩大会议上发表题为《论十大关系》的讲话(1956年4月25日)，明确指出："特别值得注意的是，最近苏联方面暴露了他们在建设社会主义过程中的一些缺点和错误，他们走过的弯路，你们还想走？过去我们就是鉴于他们的经验教训，少走了一些弯路，现在当然更要引以为戒。"① 为了汲取前一段时期经济建设中的教训，制止由于中央政府集权过多而招致的地方在经济建设方面缺乏灵活性和主动性的弊端，毛泽东在《论十大关系》中还指出："我们不能像苏联那样，把什么都集中到中央，把地方卡得死死的，一点机动权也没有。"② 随后，国务院于1957年底公布了《关于改进工业管理体制的规定(草案)》《关于改进商业管理体制的规定(草案)》《关于改进财政管理体制的规定(草案)》3个文件，并决定于1957年开始执行。上述文件的总体精神和设想是将若干管理权力下放给地方和企业，调整中央与地方、国家与企业的关系，以调动它们的积极性和主动性，因地制宜地完成中央的统一计划。但是，在接下来的"反右"和"大跃进"运动中，上述设想被曲解，片面地推行，结果事与愿违，给经济运行造成了混乱。

在这样的经济建设和政治运动背景下，企业会计制度发生了一次以"简化、放权"为目的、为期不长的变化。1958年《工业会计》杂志发表题为《发动群众打破一切不合理的会计规章制度》的社论，认为："发动群众，烧掉一切不合理的规章制度，已经在全国范围内成为一个波澜壮阔的群众运动。在会计工作战线上的情况也是如此。近一个月来，从主管部门到基层企业，从会计人员到经济工作人员，从领导干部到工人群众，在党的反对保守，反对浪费，大胆破陈规的号召下，对现行的各种会计规章制度进行了彻底的检查和鉴定，贴出了无数的大字报，提出了各式各样的意见……几年来，财政部和其他有关部门制定颁发了不少会计规章制度，这些规章制度对会计工作的统一和提高，起到了一定的指导作用。但是，也不能否认，其中也存在着严重的缺点和错误。在目前会计工作大跃进的情况下，就必须以革命的精神，对这些不合理的规章制度加以合理的改革，应当废止的坚决废止；应该修改的及时修改；应当建立的逐步建立起来。"社论总结了当时对会计制度的意见："第一是对账户计划、会计报表等的内容、程序和方法规定得过细过死，不够灵活，一方面使会计制度不能适应不同的情况，满足不同的要求，另一方面也约束了群众的积极性和创造性，阻碍了工作的开展。第二是对会计指标、核算程序等规定得过多过繁，不够简化，不但浪费了大量的人力、物力和财力，而且也是造成核算工作和编制工作长期不及时和不正确的主要原因。第三是对

---

①② 1976年12月26日《人民日报》。

会计名词和报表结构等规定得过于深奥,过于专业,不够通俗易懂,使核算资料不易为领导和群众所理解和掌握,因而不能充分发挥它应有的作用。第四是某些会计规章制度的内容不够完善,不够全面,跟不上形势发展的要求,从而不能满足工作上的需要,使会计工作不能很好地同管理工作密切结合起来。"①同时,还以"火烧不合理的会计规章制度""大字报选刊"等通栏标题,发表了中央各主管部门会计司局干部和企业人员批评会计制度的文章。② 为了响应从上到下一致提出的"改革不合理规章制度"要求,经过一段时间的讨论和酝酿,财政部于1958年6月28日发出《关于改革企业会计制度办法的通知》,规定除了必须由国家统一制定的规章制度外,各中央主管部门汇总的企业报表格式、各地基层企业的会计报表格式改由各主管部门、各地方自行拟订,经财政部备案同意后即可执行;会计科目、会计核算形式和其他具体会计核算办法,也改由各主管企业部门或基层企业自行拟订;财政部根据实际需要制定示范性的会计核算制度和办法,供各部门、各地方参考。按照上述原则,财政部保留了国营企业决算报告编送办法,废止了《关于送审会计制度的几项规定(草案)》《国营工业企业统一成本计算规程》《国营建筑包工企业统一简易会计科目及会计报表格式》《国营建筑包工企业施工单位会计处理办法》《国营企业基本建设投资及建筑安装工程成本的核算通则(草案)》《国营农场基本业务标准账户计划及会计报表格式》6个制度;并将《国营工业企业基本业务标准账户计划》《国营工业企业材料会计处理办法》《国营企业统一登记会计簿籍填制会计凭证办法》《国营企业年度清查财产暂行办法》《国营工业企业凭单日记账核算形式的标准账户格式和使用说明(第二次草案)》《地方国营工业企业基本业务简易会计制度》《地方级公私合营工业企业基本业务简易会计制度》《国营企业建筑单位及国营建筑安装企业基本业务标准账户计划》《国营供销机构基本业务标准账户计划》《1958年度国营企业建筑单位及国营建筑安装企业基本业务标准会计报表格式和说明(基层企业适应部分)》《1958年度国营供销机构基本药物标准会计报表格式和说明(基层机构适应部分)》《1958年度国营工业企业基本药物标准定期(月、季)会计报表格式和说明》12个制度交由各主管部门、各地方自行决定是否继续使用、修改或废止。

  与财政部下放会计制度制定权随之而行的,是会计工作的简化。以会计报表为例,根据上述简化会计工作的原则,财政部经与中央各综合部门、各主管企业部门和若干基层单位讨论后,于1958年8月9日公布了1958年度中央主管部门的工业企业、基本建设企业、供销企业的会计报表格式与使用说明,对企业会计报表做出了大幅度

---

① 《工业会计》,1958年第3期,第1页。
② 《工业会计》,1958年第3期,第1~8页。

精简,每个类企业各保留一种会计报表。其中的工业会计报表格式如表 1-11 所示①。

表 1-11　　　　　　　　＿＿＿＿＿部工业年度会计报表

＿＿＿＿＿年度　　　　　　　　　　　　　　　　　　　　　　　单位:人民币千元

项　目	行次	年初数	年末数
一、资产			
固定资产:			
固定资产原值	1		
其中:工业生产用固定资产原值	2		
固定资产折旧	3		
流动资金:			
材料及低值易耗品	4		
在产品、自制半成品及待摊费用	5		
产成品及外购商品	6		
流动资产合计			
货币资金	8		
发出商品	9		
二、资金来源			
国家基金	10		
银行借款	11		
企业基金	12		
三、成本			
生产费用:		本年发生额	
原材料及辅助材料	13		
燃料及动力	14		
工资	15		
工资附加费	16		
折旧	17		
其他支出	18		
生产费用合计	19		

---

① 《工业会计》1958 年第 8 期。

(续表)

项目	行次	年初数	年末数
成本及成本降低：			
商品产品实际总成本	20		
可比产品实际总成本	21		
可比产品按照上年实际成本计算的总成本	22		
可比产品成本实际降低率	23	%	
可比产品成本计划降低率	24	%	
按现行价格计算的工业总产值	25		
主要产品：		产量	单位成本(元)
1.	26		
2.	27		
3.	28		
4.	29		
5.	30		
		本年计划数	本年实际数
四、利润			
商品销售收入	32	×	
商品销售成本	33	×	
商品销售利润	34	×	
利润总额	35		
年初欠(多)缴金库利润	36		
企业利润留成	37		
私股定息	38		
缴中央金库利润	39		
缴地方金库利润	40		
年末欠(多)缴金库利润	41	×	
其中：欠(多)缴中央金库利润	42	×	
五、基本折旧基金			
基本折旧基金提成			
年初欠(多)缴金库基本折旧基金	43		
缴中央金库基本折旧基金	44	×	

(续表)

项　　目	行次	年初数	年末数
缴地方金库基本折旧基金	45	×	
年末欠(多)缴金库基本折旧基金	46		
其中：欠(多)缴中央金库基本折旧基金	47		
基本折旧基金	48	×	
六、基本建设			
已交付动用的固定资产	49	×	
未完基建投资	50		
基建设备	51		
基建材料	52	×	
基建预算拨款	53		
基建其他拨款	54		
本年已完基建工作量	55	×	
本年工程实际成本	56	×	
本年工程预算成本	57	×	
七、其他			
自有流动资金实有额	58		
流动资金计划占用额	59	×	
流动资金年平均余额	60	×	
本年流动资金实际周转天数	61	×	
本年流动资金计划周转天数	62	×	
本年大修理基金提成	63	×	
本年企业基金使用数的分析：			
用于生产	64	×	
用于大修理	65	×	
用于职工生活福利	66	×	

《工业会计》杂志 1958 年第 9 期，就此次会计简化发表题为《会计报表的重大改革》①的社论，称："财政部于本年 8 月 9 日颁发了 1958 年度中央主管部门工业、基本建设和供销会计报表的格式和说明，并规定自本年三季度起开始执行。这是企业会计

---

① 《工业会计》，1958 年第 9 期，第 1～2 页。

制度的一项重大改革……财政部在制定会计报表过程中所采取的原则和方针是：政治挂帅，发动群众，先虚后实，虚实并重，以虚带实，先破后立，领导与群众相结合，统一与灵活相结合……从3套会计报表的格式和内容看，贯彻了彻底放权、大力简化和力求通俗的精神，具体表现在以下几个方面：第一，根据权力下放和统一性、灵活性必须兼顾的原则，财政部只规定中央各部应向国家综合部门报送的汇总会计报表格式，至于各部所属主管局和基层企业的会计报表格式，在不影响汇总报表的要求的前提下，由各部自行规定……第二，实行一张表和主要指标的形式，破除过去报表必须成套，指标必须完整，数字必须前后连贯的陈旧观念。除了综合平衡工作所必需的指标外，其余不需要的，可要可不要的指标，一概加以删除……更重要的是打破了报表数字必须机械平衡的旧框框，为彻底精简会计报表创造了有利的条件。在指标方面，工业报表精简了94%，基建和供销报表各精简了95%……第三，为了加速季度报表和月份报表指标的报送，新制度规定各部可以根据具体情况，允许所属企业对部分指标以估计数字上报，即以估计数字进行汇编……第四，在新的会计报表中，一切名词术语，已经尽量做到简单明了，通俗易懂。过去那些冗长难懂的'行话'，如'提出资产''定额负债''其他机构拨入的拨款及其他拨款来源'等，都已废弃不用。只有和群众有了共同语言，才能使会计报表充分为领导同志和群众所掌握和利用。"

社论还说："在进行会计报表改革工作的初期，不是没有思想障碍的，例如，有些会计干部，在基层企业的会计报表由各部自行规定、财政部不再进行审核的问题上，在会计报表数字不需要机械平衡、某些指标数字可以不根据账册而用估计方法产生的问题上，都是顾虑重重，怀疑这样做'有没有理论根据'，'是不是破坏了会计核算的基本概念'，'是否会影响社会主义会计核算的统一性'。在经过几次务虚会议，用大鸣大放大争大辩的方式，进行反复辩论，充分揭发批判了教条主义、经验主义和资产阶级会计观点，以及产生这些错误思想的根源，并进一步明确了会计工作应当为政治服务、为生产服务、为群众服务的观点以后，才统一了认识，消除了思想障碍。"

社论在论及这次会计报表的改革效果时，满怀信心地指出："由于会计报表是会计核算工作的一个重要组成部分，会计核算制度在很大程度上受会计报表制度的影响，因此，会计报表的重大改革，就为企业在会计科目、记账方法、成本核算等方面的改革工作创造了有利的条件。"然而，事实证明，1958年的过度简化会计是错误的，其不仅违背了会计的基本原理，削弱了会计信息的作用，更造成了企业会计工作延续多年的混乱。

与中央企业相同，地方企业的会计报表同时被大幅度简化。《工业会计》杂志在介绍财政部颁布的《1958年度地方企业年度汇总会计报表格式和说明》和《1958年度地方企业季度汇总会计报表格式和说明》时说："今后财政部只规定各省、直辖市、自治区财政厅、局应向国家统计局报送的地方企业汇总会计报表格式,至于地方主管企业部门、基层企业和下级财政机关应该编制的企业会计报表格式,由地方有关部门根据需要和当地实际情况,在不影响报送中央报表的前提下自行设计制定,财政部不再作统一规定。财政部这次规定的省、市财政厅、局汇编用的报表格式的内容同原有格式比较,在指标方面作了很大的精简,平均精简了73%。"①

会计制度过度的简化、放权使新中国初步建立起来的会计工作陷入混乱。亲身经历过当时情景的原财政部会计司司长杨纪琬、副司长余秉坚对此回忆道:"一时间,在会计制度方面形成了一种层层下放,越简化越好的局面……这一切,使我国会计工作遭到严重挫折。首先,是破坏了会计工作的正常秩序,造成账目混乱、家底不清、心中无数。加上浮夸风的影响,许多单位出现收支不实、财产不实、资金不实、盈亏不实、债权债务不清等混乱状况,有的单位甚至'放下账本,丢掉算盘',出现了所谓'门框账''脑袋账''无账会计'等,有的连本单位的银行存款究竟有多少,都心中无数,无账可查……其次,是会计监督大大削弱,损伤浪费惊人。由于会计机构的撤销、合并,会计人员下放,在职会计人员又经常抽去'服务中心',有的单位甚至无人记账,无人编报表。许多单位只讲服务,花钱大敞口,只讲大干,不问效益,会计监督名存实亡,损失浪费无人过问……"②

二、企业会计制度的纠偏

(一)《关于国营企业会计核算工作的若干规定》(1959年)和《关于国营工业企业生产费用要素、产品成本项目和成本核算的几项规定》(1959年):对企业会计制度过度简化的纠偏

会计工作的混乱状况在较短的时间内即被察觉并得以纠正。在财政部1959年7月15日和17日邀请中央各工业部及商业、粮食、外贸、铁路、邮电、水产、建筑各部召开的座谈会上,很多人对会计制度过分简化提出了批评:"在改革规章制度以后,也出现了一些问题,如制度下放过多,放而不管,形成自流;制度手续过于简化;中央与地方制度不协调;会计与统计口径不一致;忽视制度的作用,对规章制度不严格执行;财务机构合并精简过多等。"③时任财政部会计司副司长的张新周则坦言:"在去年规章制度改革过程中,由于我们对制度改革以后可能发生的问题估计不足,而改革以后我们一系列的具体工作没有及时跟上,因此表现对会计规章制度破得多了一些,立得少了

---

① 《工业会计》,1958年第10期,第4页。但该杂志在同期第5页的另一篇报道中,则称精简了76%。
② 杨纪琬、余秉坚:《新中国会计工作的回顾》,转引自杨纪琬:《中国现代会计手册》,第8页,中国财政经济出版社,1988年版。
③ 《企业会计》,1959年第8期,第7页。

一些,有些不应该破的也破了;放得多了一些,统得少了一些,有的应当统的没有统起来;对某些规章制度简化也有些过分,加上某些单位忽视规章制度的作用,有些制度虽未明文废止,但也形成有规不循的状况,因此使目前企业会计核算工作出现了一些混乱现象。例如,企业的会计凭证不完整,办理会计手续时对会计凭证不加审核,或者没有取得或填制会计凭证;账簿设置不够健全,账簿的记载也很混乱,不能及时反映企业资金活动的情况,个别企业甚至不设账簿;会计报表质量很差,资金平衡表总数不相平衡甚至有的企业会计报表和账簿的数字都不相符合;会计核算组织不够健全,甚至无人管理会计工作;企业生产费用和成本项目的内容、费用分配及成本计算的方法上,出现了过粗过简和互不一致的现象,有所谓跨期成本、估计成本等,使成本指标缺乏可靠性和可比性。"[1]张新周同时表示:"为了解决上述存在的问题,提高会计工作质量,必须根据中央关于建立和健全企业财务会计制度、加强经济核算的精神,大力整顿和建立一些必要的会计制度。"[2]张新周在另一篇题为"整顿和健全企业会计制度"的文章中则提出了必需正确认识的几个问题:"首先,是必须正确认识企业会计制度在国民经济工作中的巨大作用……其次,是必须正确认识集中与放权、统一与灵活的关系……最后,是必须正确认识会计制度既要简便易行,也要符合经济核算要求。"[3]

为了纠正会计制度过度简化的错误,加强必要的会计管理,1959年8月17日财政部颁发了《关于国营企业会计核算工作的若干规定》,指出:"针对目前国营企业核算会计工作中所存在的一些主要问题,做出如下规定。

1) 会计凭证问题

企业办理现金收付、往来款项结算和物资收发等业务,都必须取得或填制会计凭证。

会计凭证必须由经办人员和有关负责人签名或者盖章。

会计人员对凭证的内容是否真实、完整,应该认真审核。

2) 账簿问题

企业应该根据业务的繁简和管理的需要,设置必要的账簿,以便能及时、清晰、系统地反映企业的经济活动情况,不应当采取以凭证代替一切账簿等单纯追求简化的做法。

登记账目必须以会计和凭证为根据。记账要力求及时,应该当日登记的账目,必须当日登记。

3) 固定资产问题

企业的固定资产(包括基本建设投资及企业基金购置和建筑的以及购入的)都必

---

[1]《企业会计》,1959年第8期,第7~8页。
[2]《企业会计》,1959年第8期,第7页。
[3]《企业会计》,1959年第9期,第1~2页。

须入账,不应该有额外的固定资产。对于已经动用而价值尚未确定的固定资产应当估价入账,按照估价提取折旧。

固定资产的增加、减少和内部转移,都应当按照规定报经批准,并且通知财会部门记账。

4) 各种物资问题

企业对于材料、低值易耗品、产成品、商品等各种物资,必须建立必要的验收、领发和退库制度,并且应当指定专人负责管理。

用基本建设资金购置的材料和用生产资金购置的材料,必须严格划分清楚,分别保管,分账核算,不得互相留用。

用大修理基金或者四项费用(技术组织措施费、新种类产品试制费、劳动安全保护费、零星固定资产购置费)购置的材料,应当同生产所用材料划分清楚,分账核算。有条件分别保管的,应分别保管,如果分别保管有困难的,可以一起保管,但是在使用时必须按照用途分别记账,不得将用于大修理和四项费用的材料记入生产成本。

各种库存物资都应当做到账面数字同实际数字相符,不得以借条抵充实际库存。

5) 库存现金和银行往来问题

企业的库存现金和银行往来账目必须逐日登记,并且结出余额。库存现金的账面余额应该同实际库存数字逐日核对相符,不得以借条抵充实际库存。银行往来账户必须定期与银行核对清楚,至少每月核对一次。库存现金和银行往来必须按照基本建设资金和生产资金严格划分清楚的原则,分别保管,分期核算,不得互相挪用。

6) 支票管理和往来款项清理问题

企业应该按照银行规定对支票严格管理,不得签发空头支票。除了外埠采购专户的支票可以由指定的采购人员签发外,其余银行往来户的支票,一律不得由采购人员签发。

财会部门对于各种往来账项必须及时核对和清理,并且应该督促供应部门或者采购人员对领用的款项及时报账。

7) 财产清查问题

企业对于固定资产和材料、在产品、产成品、商品等各项财产,都应当及时清查。平时可以根据具体情况轮流清查或者重点抽查;在年度终了以前必须全面清查。

在清查过程中,如果发现物资有损坏、盘盈、盘亏以及往来款项的账目不符或者拖欠不清时,应当彻底查明原因,并且根据上级的规定分别处理。

8) 会计报表问题

企业必须按月、按季、按年编制会计报表。会计报表的起讫日期应当同日历制的月度、季度、年度的起讫日期一致,不得提前结账。

企业会计报表应当根据账簿和其他有关资料编制,不得估计填列。资金平衡表(即后来的资产负债表)的资金运用合计数字同资金来源合计数字必须相符。

会计报表和表内指标的设置,以能反映企业经济活动情况为原则,既不能过粗过笼统,又不能过细过繁杂。

各级主管企业部门和主管企业机构对所属企业和下级机构所报送的会计报表,以及各级财政部门对同级主管企业部门所报送的汇总会计报表应当充分利用,并且按照规定及时审查批复,对报表中所反映的问题,应当及时研究解决。

9) 会计交接问题

企业的会计人员和财产保管人员对保护国家财产负有重要责任。会计人员和财产保管人员离职时,都必须办理交接手续。

10) 财务会计监督问题

企业的财务会计人员应当在企业的统一领导和群众的监督之下,负责做好财务会计监督工作。对于贪污、浪费、违反财经纪律及损害国家财产等行为,应当及时向领导反映,以便妥善处理。"①

在颁布《关于国营企业会计核算工作的若干规定》的同时,财政部会计司还发表署名文章《关于国营企业会计核算工作的若干规定的说明》,再次陈述当时在会计凭证和账簿使用,固定资产和物资管理,库存现金、银行存款、支票、往来款项管理,会计报表编制,财产清查、会计交接和财务会计监督方面存在的严重问题,重申了加强管理的重要性和迫切性。②

其实,《关于国营企业会计核算工作的若干规定》中所做出的各项规定并没有特殊之处,完全是会计人员本应做好的基本工作,该规定强调必须做好这些工作,是因为当时企业会计相当混乱,已达不可容忍的程度,当时公开发表的有关文章、记载和亲历人员的回忆也真实地反映了这一情况。

为了健全国营工业企业的成本管理,加强成本计划和成本核算工作,促进经济核算和增产节约运动的开展,国家计划委员会、财政部还于1959年8月31日联合颁发了《关于国营工业企业生产费用要素、产品成本项目和成本核算的几项规定》,指出:"1958年在规章制度方面破多立少,表现在生产费用要素和产品成本项目问题上划分过粗,项目的内容也比较混乱,成本管理制度不够健全,对企业加强经济核算工作十分不利",要求企业执行新规定,加强管理。③ 该规定重申了生产费用要素及其内容、成

---

① 《企业会计》,1959年第9期,第5~7页。
② 《企业会计》,1959年第9期,第7页、第8页。
③ 杨纪琬、余秉坚:《新中国会计工作的回顾》,转引自杨纪琬:《中国现代会计手册》,第9页,中国财政经济出版社,1988年版。

本项目;要求企业按月计算成本,根据生产组织的类型和特点以及产品的种类采取适当的成本计算方法;要求企业为了正确地进行产品成本核算,设置必要的原始记录。①

(二)《国营工业企业、供销企业、建筑安装企业、建设单位示范会计报表和会计科目》(1959年):企业会计制度统一性的重申与强调

《国营工业企业、供销企业、建筑安装企业、建设单位示范会计报表和会计科目》(以下简称《示范会计报表和会计科目》)是财政部于1959年8月拟订草案,最终于11月16日颁布的。

《企业会计》在1959年第16期报道当年8月财政部初步拟订《示范会计报表和会计科目》时称:"1958年以前财政部制订的国营企业会计制度,经过整风运动,对于某些过死、过繁、过细的规定进行了彻底的改革,会计报表和会计科目有了很大的简化……但是,在取得巨大成绩的同时,也出现了一些问题。主要是在制度改革过程中注意了放权,对应该统一起来的会计制度没有及时统一起来;强调了简化,对必须保证会计工作质量注意不够……为了克服目前会计制度不统一的现象,财政部在总结1958年规章制度改革经验的基础上,拟订了国营企业、供销企业、建筑安装企业及建设单位会计报表格式和说明以及会计科目(草案)。"②这一报道充分表达了《示范会计报表与会计科目》的初衷:一方面"本着通俗易懂、简便易行的原则"③简化1955年公布的企业基本业务标准账户计划,使企业会计制度适合于企业的使用;而另一方面更重要的则是通过"统一性和灵活性相结合"的会计制度,"加强经济核算,贯彻中央关于经济工作愈做愈细致的指示精神,发挥会计核算在增产节约中的积极作用。"④

《示范会计报表和会计科目》是示范性的制度,"作为中央各经济部门和各省、市、自治区财政厅、局制订企业会计制度的范例和主要根据"。《示范会计报表和会计科目》比起此前的企业会计制度,内容上有所简化,一定程度地减少了过去企业会计制度规定的过细、过繁的弊端。例如⑤,"示范会计科目比过去的标准账户计划所规定的一级科目减少了很多。如工业企业的会计科目由88个减为44个,供销企业由77个减为36个,建筑安装企业由80个减为40个,建设单位由77个减为46个。会计科目的

---

① 《中华人民共和国会计大事记》,转引自杨纪琬:《中国现代会计手册》,第48页,中国财政经济出版社,1988年版。

② 《财政部会计报表和会计科目草案》,《企业会计》,1959年第16期,第8页。

③ 《财政部国营工业企业、供销企业、建筑安装企业、建设单位示范会计报表和会计科目(草案)》,《企业会计》,1959年第23期,第24页。

④ 《中华人民共和国会计大事记》,转引自杨纪琬:《中国现代会计手册》,第48页,中国财政经济出版社,1988年版。

⑤ 以下引文见财政部会计制度司:《关于国营工业企业、供销企业、建筑安装企业、建设单位示范会计报表和会计科目(草案)的介绍》,《企业会计》,1959年第24期,第6页。

减少,主要是:1.取消了一些不必要的过渡性科目,如'固定资产清理''工资'等;2.合并了一些不必要单独设置的科目,如'在途材料''暂存款'和工业企业的'自制半成品''生产中的废品损失''停工损失'等;3.取消了由于计划或管理办法改变而不再使用的科目,如工业、供销和建筑安装企业的'银行预收款户存款'科目等"。"示范会计科目虽然比标准账户计划中所规定的科目大大减少了,但为了满足工作上的需要,在减少科目的同时又增加了一些必要的科目,如工业企业的'企业基金工程支出'科目,建设单位的'自营工程点交'科目等。""示范会计科目的分类,与标准账户计划分类相比,不但简化了、紧凑了,而且与会计报表的结构也更为吻合了。例如,'利润或亏损''利润提成''解缴利润或弥补亏损'三个科目,都归纳在财务成果类,以便于'资金平衡表'上有关项目的反映方法取得一致。"

《示范会计报表和会计科目》[①]中的会计科目设置表,如表1-12所示。

表1-12　　　　　　　　会计科目设置表

科目编号	工业企业一级科目名称	供销企业一级科目名称	建筑安装企业一级科目名称	企业建设单位一级科目名称
	第一类 固定资产	第一类 固定资产	第一类 固定资产	第一类 固定资产
01	固定资产	固定资产	固定资产	固定资产
02	固定资产折旧	固定资产折旧	固定资产折旧	固定资产折旧
	第二类 材料	第二类 材料	第二类 材料	第二类 材料
08				库存设备
10	原材料		主要材料	主要材料
11	辅助材料	材料及包装物	其他材料	其他材料
12	燃料			
13	修理用备件			
15			周转使用材料	周转使用材料
16			周转使用材料摊销	周转使用材料摊销
17	低值易耗品	低值易耗品	低值易耗品	低值易耗品
18	低值易耗品摊销		低值易耗品摊销	低值易耗品摊销
19	特准储备物资			
21			委托加工材料	委托加工材料

---

① 财政部:《国营工业企业、供销企业、建筑安装企业、建设单位示范会计报表和会计科目(草案)》,《企业会计》,1959年第23期,第24~26页。

(续表)

科目编号	工业企业一级科目名称	供销企业一级科目名称	建筑安装企业一级科目名称	企业建设单位一级科目名称
	第三类 生产费用	第三类 生产费用及流通费用	第三类 生产费用及分配费用	第三类 生产费用及分配费用
26	基本生产		建筑安装工程生产	建筑安装工程生产
28	辅助生产	加工及其他生产	辅助及其他生产	辅助及其他生产
29			施工机械使用费	施工机械使用费
30		商品流通费		
31	非工业性事业经营			
32	车间经费		行政管理费	行政管理费
33	企业管理费		其他间接费	行政管理费
36			小型临时设施	小型临时设施
37			小型临时设施摊销	小型临时设施摊销
38	待摊及预提费用	待摊及预提费用	待摊及预提费用	待摊及预提费用
39	企业基金工程支出			
	第四类 产成品及销售	第四类 商品及销售	第四类 销售	第四类 销售
41		商品采购		
42	产成品	库存商品		
43		托管商品		
44		加工中商品		
45		特批储备商品		
46		商品进销差价		
47				
48	销售费			
49	发出商品	发出商品		
50	销售	商品销售	工程点交	自营工程点交
51		其他销售	材料销售及劳务供应	器材销售及劳务供应
				第五类 基本建设工作
52				未完成国家预算内基本建设工作

(续表)

科目编号	工业企业一级科目名称	供销企业一级科目名称	建筑安装企业一级科目名称	企业建设单位一级科目名称
53				未完成国家预算外基本建设工作
54				已完成国家预算内基本建设工作
55				已完成国家预算外基本建设工作
56				应核销的基本建设支出
	第五类　货币资金	第五类　货币资金	第五类　货币资金	第六类　货币资金
58	库存资金	库存资金	库存资金	库存资金
59	银行存款	银行存款	银行存款	银行存款
60	企业基金存款	企业基金存款		
61	其他货币资金	其他货币资金	其他货币资金	其他货币资金
	第六类　结算	第六类　结算	第六类　结算	第七类　结算
62		委托银行收款		
63	购买单位往来	购买单位往来	发包单位往来	
64			分包单位往来	承包单位往来
65	供应单位往来	供应单位往来	供应单位往来	供应单位往来
66				
68	应付税金			
69	应付工资	应付工资	应付工资	应付工资
70	应付工资附加费	应付工资附加费	应付工资附加费	应付工资附加费
71	备用金	备用金	备用金	备用金
72	建设单位往来		建设单位往来	建设单位往来
73	内部往来	内部往来	内部往来	内部往来
74	企业基金暂存款	企业基金暂存款		
77	其他往来	其他往来	其他往来	其他往来
78	第七类　其他资产 国外投资及冻结资金			
	第八类　基金	第七类　基金	第七类　基金	第八类　基金

(续表)

科目编号	工业企业一级科目名称	供销企业一级科目名称	建筑安装企业一级科目名称	企业建设单位一级科目名称
81	国家基金	国家基金	国家基金（所属单位用"上级拨入基金"）	国家基金（所属单位用"上级拨入基金"）
82	拨付所属资金		拨付所属资金	拨付所属资金
83	折旧基金	折旧基金	折旧基金	折旧基金
85	企业基金	企业基金	企业基金	企业基金
87	长期负债			
88			第八类 拨款	第九类 基本建设拨款 基本建设预算拨款
89				基本建设其他拨款
90			拨入专用款项	
91	第九类 银行借款 银行借款	第八类 银行借款 银行借款	第九类 银行借款 银行借款	第十类 银行借款 银行借款
	第十类 财务成果	第九类 财务成果	第十类 财务成果	第十一类 财务成果
95	利润或亏损	利润	利润或亏损	利润或亏损
96	利润提成	利润提成	利润提成	利润提成
97	解缴利润或弥补亏损	解缴利润	解缴利润或弥补亏损	解缴利润

就会计科目所表达的会计复杂程度而言，《示范会计报表和会计科目》所要求的会计核算，确比此前的标准账户计划等企业会计制度有所简化。这种简化是对此前过于繁琐、僵化的会计核算制度的纠正，既有必要也满足了当时会计人员的需要。但《示范会计报表和会计科目》仍然是为了适应国营企业统一计划管理下的需要，与此前的企业会计制度只有繁简之差，没有根本性不同。而在此后的发展过程中，会计核算的繁与简构成了企业会计制度长期以来的争论焦点和变化主题。由于《示范会计报表和会计科目》要求全国国有企业实行统一的会计核算标准，所以它的公布与执行一定程度地制止了当时企业会计的混乱，在规范会计核算方面起到了一定作用。然而，会计核算的混乱及给人们思想上带来的混乱并非一两项制度即可完全消除，纠正企业会计偏差，规范企业会计的工作一直延续了数年。

为了健全国营企业的会计工作,国家计划委员会、财政部还在1959年9月29日颁发了《关于1960年国营企业若干费用划分的规定》。《关于1960年国营企业若干费用划分的规定》是根据国家关于加强企业成本核算的精神,为了做好1960年国营企业基本建设、成本和财务计划而发布的。多年来,财政部等部门几乎每年都发布指导企业编制各种报表、计划的规定,这些规定主要提出当年编制各种报表、计划的新规定和对以前相关规定的调整。《关于1960年国营企业若干费用划分的规定》既属于这类规定,又明显地带有纠正当时会计工作混乱状况、规范会计核算的作用。该规定中规定了固定资产与低值易耗品的划分标准;规定了在基本建设中使用自产材料和设备应按国家规定的调拨价格作价;开工生产准备费均应列入生产成本;基本建设窝工费应当在利润留成资金内开支。另外,该规定对大修理基金的提存和使用,包工企业迁移费、生产发明、技术改造、合理化建议奖金和研究实验费、勘探设计费、行政事业单位费和各种文教经费也做出了统一规定。①

上述各项会计制度的发布,对于纠正当时会计工做出现的各种问题是完全必要的,也发挥了一定的积极作用。但是由于当时存在的各种错误认识妨碍了纠正经济工作"左"倾错误的进程,使得这些制度未能很好地贯彻实施,没有从根本上扭转会计工作的混乱局面。

国民经济冒进时期会计的过度简化冲击了正常工作,留下了历史的教训。这一时期在"打破常规,发动群众"的思想指导下,大家凭借"大跃进"的政治热情,未经讨论,未认真分辨会计制度与方法的优劣,也没有思考改进会计的目标与策略,便将会计规则视为"束缚群众的不合理的规章制度"轻率地予以简化,表现出对会计认识的浮浅和行动的盲目。事实证明,会计和其他任何管理活动一样,尽管需要不断改进和完善,但应经过客观、严肃地论证和缜密地安排,否则容易走向反面,而冲动情绪刺激下的运动式"改革"更要不得。

庆幸的是,这一时期会计工作混乱局面的持续时间不长,有关部门察觉到会计过度简化带来的危害,及时制止了非理智行为的蔓延。

第4节 国民经济调整与发展时期的企业会计制度:1961—1965年

1961—1965年是中国国民经济的调整与发展时期。所谓调整,主要包括对供给与需求关系的调整和对生产关系的调整。其中对生产关系的调整,即对"大跃进"时期

---

① 杨纪琬、余秉坚:《中华人民共和国会计大事记》,转引自杨纪琬:《中国现代会计手册》,第48页,中国财政经济出版社,1988年版。

形成的不利于经济发展的经济体制进行调整。"1958—1960年的3年'大跃进',使得我国经济遭遇极大困难,国民经济处于严重的全局失衡状态,生活消费品的短缺已经达到发生普遍饥馑的程度。1959年庐山会议以后的继续'跃进',到1960年年中,已经破绽百出,难以为继了。尽管当时在政治高压下,人们尚不敢否定'大跃进',也不可能从根本上认识到经济建设指导思想上的'左'的错误,但是严峻的经济形势迫使党和政府不得不提出国民经济的调整问题。"①1961年1月14日至18日,中共中央在北京召开八届九中全会,根据当时经济工作中出现的严重失调,决定从1961年起,在两三年内实行"调整、巩固、充实、提高"的方针,即:调整国民经济各部门间失衡的比例关系,巩固生产建设已取得的成果,充实新兴产业和短缺产品的项目,提高产品质量和经济效益。贯彻"调整、巩固、充实、提高"的方针,恢复和发展国民经济,需要强调全国一盘棋,实现集中统一,克服此前过分分散、无序的状态。1961年1月中共中央做出《关于调整管理体制的若干暂行规定》,同月转发财政部《关于改进财政体制、加强财政管理的报告》,强调集中统一,以克服经济困难,明确要求集中财权,改进企业财务管理体制,恢复和健全企业成本、资金管理制度,加强经济核算。②

1961年9月16日,在中共中央庐山工作会议上通过的《国营工业企业工作条例(草案)》(简称"工业七十条")③下发各地、各部门讨论并试行。"工业七十条"总结了新中国成立以来,特别是1958年"大跃进"以来在企业管理工作中的经验教训,根据当时的实际情况提出了我国社会主义工业企业管理工作的一些指导原则,是我国第一部工业企业管理试行条例,对于贯彻国民经济"调整、巩固、充实、提高"的方针起到了重要作用。"工业七十条"对企业经济核算和财务管理提出的要求是:加强经济核算和财务管理;实行经济核算,遵守国家财政制度;编制成本计划,加强定额管理,不断降低成本;成本计划要交群众讨论;降低成本指标要落实到车间、工段、小组,有的要落实到个人;要根据已经达到的水平,制订平均先进的技术经济定额,加强对原料、材料、燃料、动力、运输力的管理,建立和健全领料、退料制度和物资保管制度,改进仓库工作,切实防止物资的损耗变质;加强资金管理,严格按照主管部门核定的流动资金定额,节约使用资金,加速资金周转;企业财务机构要单独设置,车间要设置财务机构或专职财务人员;有条件的企业要设置总会计师,在厂长的领导下负责计算和审查企业一切技术措

---

① 武力:《中华人民共和国经济史》(增定版,上卷),第375页,中国时代经济出版社,2010年版。
② 参见武力:《中华人民共和国经济史》(增定版,上卷),第401~403页,中国时代经济出版社,2010年版。
③ "工业七十条"的主要内容包括:加强企业的计划管理;建立健全各种责任制;实行职工代表大会制,加强对企业的民主管理和监督;严格执行企业的技术管理、规章制度;加强企业的经济核算和财务管理;规定职工工资和奖惩制度等。

施和生产经营的经济效果,设计和审查企业的财务、会计事项,监督企业执行财务制度和财经纪律。①

一、《关于加强国营企业成本管理工作的联合通知》(1961年):企业成本管理的纠偏

在上述方针政策的指引下,为了健全企业成本管理制度,加强经济核算,改变和纠正企业仍然存在的账目不实、家底不清、责任不明的情况,国家计划委员会、财政部于1961年2月发出了《关于加强国营企业成本管理工作的联合通知》(以下简称《通知》)。《通知》指出:"由于国营企业推行了'两参一改三结合'②的管理制度,开展了群众性的经济核算,成本管理工作有了显著改进,生产成本和商品流通费用每年都有较大幅度的降低。但还存在一些问题,如原材料管理制度不加强,账物不符。盘亏很大等,必须迅速纠正。"③为此,《通知》要求各企业和企业主管部门做好以下几项工作:"(1)加强成本计划管理,要认真编制成本计划,逐级汇总上报。(2)加强原材料管理工作,做好原材料的综合利用和节约代用,建立和健全收发、保管和领退材料制度。(3)加强劳动定额的管理,企业必须大力精简非生产人员,充实生产第一线,同时要做好工资基金管理工作。(4)缩减公用经费开支,并削减一切可以削减的管理费用。(5)加强经济核算,严格遵守财经纪律。"④

二、《国营企业会计核算工作规程(草案)》(1961年):加强企业会计核算的规定

1961年11月17日,国务院财贸办公室转发财政部拟订的《国营企业会计核算工作规程(草案)》,要求各地、各部门试行。针对一段时间内会计工作中存在的问题,国务院在转发该规程的通知中指出⑤:"会计是经济活动的一种科学记载和反映,在社会

---

① 《国营工业企业工作条例》第五章"经济核算和财务管理",1961年9月16日。
② 指毛泽东1960年3月在转发中共鞍山市委《关于工业战线上的技术革新和技术革命运动开展情况的报告》的批示中提出的我国企业管理的一项制度,"两参"即干部参加生产劳动,工人参加企业管理;"一改"即改革企业中不合理的规章制度;"三结合"即在技术改革中实行企业领导干部、技术人员、工人三结合的原则。
③ 杨纪琬、余秉坚:《中华人民共和国会计大事记》,转引自杨纪琬:《中国现代会计手册》,第50页,中国财政经济出版社,1988年版。
④ 杨纪琬、余秉坚:《重要法规和制度》,转引自杨纪琬:《中国现代会计手册》,第50页,中国财政经济出版社,1988年版。
⑤ 以下内容中的引文和《国营企业会计核算工作规程(草案)》条文,见杨纪琬、余秉坚:《重要法规和制度》,转引自杨纪琬:《中国现代会计手册》,第220~224页,中国财政经济出版社,1988年版。

主义企业里,必须建立一套健全的会计核算制度,认真地记账、算账、报账、查账,保护和监督国家财产不受损失,是加强经济核算,加强经营管理的一个重要方面。过去在一些企业中曾经发生的账目不清、家底不实、责任不明的情况和'以表代账''无账会计'等错误做法,必须彻底加以改变和纠正。对会计人员的工作要尽可能予以稳定,少做调动,更不能随便抽调去做别的工作,以免无人记账,财产混乱……会计人员必须坚决按照国家规定的制度办事,对于一切乱拿乱用国家资金和物资的,会计人员有权加以拒绝;对于违反财经纪律的行为,会计人员有权越级上告。会计报表数字一定要真实可靠,对会计数字弄虚作假的,必须坚决进行斗争。企业领导人员应当很好地运用财务会计这一工具,经常教育全体职工遵守国家财政制度,爱护国家财产,同贪污、浪费、盗窃国家财产等一切违反国家财政制度的行为做斗争。"

《国营企业会计核算工作规程(草案)》是一部涉及企业会计多项工作的综合性制度,包括对企业会计的总要求、对各项核算工作的要求、对会计人员的要求等。该规程共分为6章:第1章"总则"、第2章"财产和资金的会计核算"、第3章"成本和利润的会计核算"、第4章"会计凭证、账簿和报表"、第5章"会计制度的制订和执行"、第6章"会计人员的职责"。

第1章"总则"是对企业会计的总体要求。其中第1条明确了企业会计核算的定义和作用:"国营企业的会计核算,是以货币形式反映和监督企业经济活动和经营成果的一种科学方法,是领导和管理国民经济不可缺少的一个重要工具。切实地做好会计核算工作,对于改善企业的经营管理,厉行增产节约和正确安排国家计划,具有极其重要的作用。"这一规定提出了会计核算是一种反映和监督企业经济活动和经营成果的方法,领导和管理国民经济的重要工具,其职能是对经济活动和经营成果的反映和监督,其作用在于"改善企业的经营管理,厉行增产节约和正确安排国家计划。"第2条提出了企业会计的任务:"国营企业会计核算工作的基本任务是:正确、全面、及时地记录、反映企业各项财产和资金的增减变动情况、成本和费用的开支和升降情况、利润的形成和分配情况;严格监督财产、资金的妥善管理和合理使用;认真检查和分析企业财务、成本计划的执行情况,并为编制国家计划提供确实可靠的会计资料。"第3条规定了企业会计机构和人员的设置:"企业和各级管理机关必须单独设置财务会计机构,不得与其他机构合并;必须配备必要的会计人员,不要任意调动,以保证会计核算工作的正常进行……企业的职能部门、车间、仓库和其他管钱、管物的内部单位,必须根据工作需要设置专职的核算人员,或指定专人负责核算工作……企业应当在厂长(经理)的领导下,设置总会计师,全面地领导、组织和监督企业的财务会计工作。规模较小的企业,应该有专人行使总会计师的职权。"第4条确定了企业会计的基本工作内容:"企业必须通过会计核算工作,加强经营管理上的责任制,在供应、生产、销售等各个环节上,对各种财产物资的收发和保管、资金的管理和使用、款项的收支和结算、收益的取得和分配、费用的开支和报销等各种经济活动,都必须按照规定的会计手续办事,严格划清企业内部各单位间的经济责任,坚决消灭由于会计手续不清、经济责任不明致使经营管理混乱,财产、资金遭受损失和浪费的现象。"

第2章"财产和资金的会计核算"具体规定了企业会计在财产和资金核算方面的要求,包括对固定资产及其折旧、大修理、清理、调拨核算的要求;对各类存货、设备等物质核算的要求;对收支款项核算的要求、对银行支票的管理要求;对销售活动和往来款项核算的要求;对财产清查的要求,等等。如对固定资产及其折旧、大修理、清理、调拨会计核算的规范性要求为:"企业新增加的固定资产,都必须在拨入、调入或者开始使用时,及时入账。建设单位对于已经完工的固定资产,在交付使用时,必须及时编制清册,逐项注明数量和价值,与使用单位办理验收、交接手续,由使用单位及时入账……固定资产的基本折旧和大修理,必须根据固定资产的原价和核定的折旧率按月计算,不得任意估计。固定资产的清理、报废、调出、变卖、转移,都必须按照规定报经批准,办好会计手续,及时入账。固定资产的账目必须和实际情况完全相符。"(第9条)

对各类存货、设备等物质会计核算的规范性要求为:"企业的材料、低值易耗品、半成品、商品、设备等物资的收入、发出,都必须检验质量,并根据物资的不同性质,分别采取点数、过磅、量尺、折算等方法,正确计量数量,根据实收、实发的数量、品种和规格填制会计凭证,登记入账。"(第10条)

第3章"成本和利润的会计核算"是对成本和利润核算的要求,包括成本和利润核算的任务、遵守国家规定的成本控制范围和开支标准的要求、按期计算产品和工程实际成本的要求、制定各种费用定额的要求、建立健全成本核算各种原始记录的要求、按期计算各类收入的要求,等等。对成本和利润核算的任务,该规程第16条规定:"国营企业必须通过会计核算工作,正确地计算成本、费用和利润;监督和检查成本、利润计划和费用预算的执行情况;分析成本升降和盈亏的原因,以便及时采取措施,发动群众,不断挖掘潜力,降低成本,节约费用,增加积累。"第17条规定企业要遵守国家规定的成本控制范围和开支标准:"企业必须根据国家关于成本开支范围和费用划分的规定,正确地计算成本……对于违反国家规定和不符合开支标准的支出,财务会计部门事前有权拒绝付款,事后有权拒绝报销,并及时报告厂长(经理)和总会计师处理,不得计入成本。"第18条规定企业要按期计算产品和工程的实际成本,不得以计划成本或估计成本代替:"企业必须严格按照会计制度的规定,按月、按季、按年正确计算各种产品的实际成本……必须根据有关的凭证和记录如实计算成本,严禁用估计出来的成本、计划成本、预算成本等代替实际成本……必须严格划分成本、费用的发生期限,应该由本期成本负担的一切支出,必须全部计入本期成本,不得少计、漏计;不应该由本期成本负担的一切支出,也不得任意计入本期成本。"对各类收入的计算,第24条规定:"企业必须正确地计算各项销售收入、工程收入和业务收入,不许估计、虚报。已经发生的收入不得延期入账,尚未实现的收入不得提前计算……各项营业外支出,必须严格按照财务会计制度规定的范围列账。非经财政机关批准,不得任意增设项目,非法扣减利润……企业和各级企业管理机关解交金库的利润和其他预算交款,必须按季与监交机关核对清楚,编制交款清单,随同季度会计报表逐级上报。"

第4章"会计凭证、账簿和报表"明确了会计凭证、账簿使用和会计报表编制的规定,包括对各种业务活动必须取得和填制会计凭证的要求、账簿设置与登记的要求、会计报表编制和分析的要求、会计检查的要求、会计凭证和账簿、报表的保管要求,等等。如第26条规定:"企业办理现金收支、款项结算、财产收发等经济业务,都必须取得或填制会计凭证……会计凭证的内容必须完备、数字必须真实、编制必须及时,必须有经办人员和负责人的签章。严禁伪造凭证、任意涂改凭证……会计凭证必须按照规定程序,及时送交财务会计部门进行严格的审查。没有经过审查的会计凭证,不得作为记账的根据。"

该规程规定企业需按照统一的会计科目进行核算,不得增减会计科目,不得变更核算内容。第28条要求:"企业必须严格按照国家统一规定的会计科目,进行会计核算。不得任意增加、减少或者合并会计科目,也不得任意改变会计科目的名称、编号和核算内容……企业必须正确地使用会计科目。在凭证填制、设置账户、登记账簿时,对每一项经济业务应该使用的科目,每一个科目应该反映的经济内容,都必须依照统一规定,严格执行,不得乱用会计科目,乱设账户。"第29条规定了报表编制的要求:"企业和各级企业管理机关,都必须按照会计制度的规定,按月、按季、按年编制会计报表,报送有关部门。建设单位必须在单位工程和全部工程竣工时,编制竣工决算,报送有关部门……会计报表的数字必须真实,内容必须完整,说明必须扼要清楚,编报必须及时。必须根据核对无误的账簿记录,编制会计报表,做到账表相符。不得为了赶制报表而提前结账……企业的会计报表必须由企业领导和总会计师审查、签字或盖章。各级企业管理机关汇总的企业会计报表也必须由机关首长和财务部门的负责人审查、签字或盖章。审查时如发现报表的内容不实、数字错误,必须查明更正,然后上报……各级企业管理机关对报来的会计报表,必须认真审核,及时汇编,不得只汇不审。对审核中发现的问题,必须及时通知原报单位查明更正,根据更正以后的会计报表进行汇编……年度会计报表必须逐级批复。编报单位对于上级管理机关的批复,应该认真执行。"第30条规定了对会计报表的分析和检查要求:"企业和各级企业管理机关必须经常对会计报表进行分析,检查财务、成本计划的执行情况,查明完成或不能完成计划的原因;发现经济活动中存在的问题,发动群众,总结管理上的经验,提出措施,改进工作。"第 31 条是对查账的规定:"企业应该建立查账制度,指派专人定期查账;上级管理机关应该对企业的账目,进行定期的或不定期的检查;财政机关和银行对企业的账目,也应该进行不定期的检查。查账中发现的问题,要及时向企业的领导、上级管理机关和有关部门反映,严肃处理。"

该规程还对企业的会计凭证、账簿、会计报表保管做出了规定。第 32 条称:"企业的会计凭证、账簿和会计报表,是重要的经济档案和历史资料,必须妥善保管,便于事后查考,不得丢失和任意销毁……一切账簿和年度会计报表应该长期保存。会计凭证和月份、季度会计报表至少保存五年。期满以后是否销毁,应该报请企业管理机关决定。"

第 5 章"会计制度的制订和执行"是与企业执行会计制度有关的要求,主要明确了会计制度的制订权限。第 34 条规定,"企业会计制度的制订和审定权限,根据'统一领导、分级管理'的原则,规定如下:财政部统一制订全国性的企业会计制度。中央主管企业部门根据财政部统一规定的要求,制订本部门适用的企业会计制度,报财政部审查同意后颁发执行。省、直辖市、自治区财政厅、局根据财政部统一规定的要求,制订本地区适用的企业会计制度颁发实施,并报财政部备案。省、直辖市、自治区主管厅、局应该按照财务管理体制,根据财政厅、局或中央部门的有关规定,制订本部门适用的企业会计制度,送财政厅、局或中央主管企业部门审查同意后颁发执行,并报财政部备案。省、直辖市、自治区以下各级财政机关、企业管理机关和基层企业可以根据国家和上级规定的会计制度,结合实际情况,制订具体实施办法,报上级批准后实施。"

第 6 章"会计人员的职责"主要对会计人员权限、职责、调离时的工作交接等提出了规范性要求。其中第 38 条规定:"会计人员必须奉公守法,以身作则,严格执行财务会计制度,遵守财经纪律。对于一切不合制度的开支,事前有权拒绝支付,事后有权拒绝报销。会计人员必须在党的领导下,依靠群众,同一切铺张浪费、违法乱纪、弄虚作假、贪污盗窃和破坏公共财产的行为进行斗争,并及时提请领导迅速处理。"第 40 条则规定:"会计人员在调动工作或因故长期离职时,必须同接办人员认真办理好交接手续,并由主管人员派人监交。没有办清交接手续,不得离职。短期离职时,应该有专人代理,必须把工作向代理人交代清楚,以免造成工作脱节,责任不清,账目混乱……企业在结束或者合并时,必须保留必要的会计人员,负责办理清理期间的会计工作。只有在各项财产物资、债权债务处理完毕,全部账项向接收单位交代清楚以后,会计人员才能离开企业。"

《国营企业会计核算工作规程(草案)》并非会计业务处理的具体规范,而是一部对企业会计多方面工作的综合性要求,其目的在于纠正当时会计工作仍然存在的各种各样混乱状况。从《国营企业会计核算工作规程(草案)》中,可以看到:首先,会计秩序一旦遭到破坏,混乱局面往往会持续很长时间,恢复起来很不容易。发端于1958年的会计制度放权简化,造成了当时会计工作的混乱,尽管在较短时期内国家便察觉了这一情况并采取了多项治理措施,但偏差的纠正却花费了很长时间,到了1961年混乱的情况依然严重地存在,以至于中央政府不得不再次向全国发布上述要求企业遵守会计规范的规定。所以,必须倍加珍惜和维护来之不易的良好会计秩序和工作局面。其次,随着经济建设的深入,人们越来越认识到会计在社会经济活动中的重要作用,越来越重视会计工作,这在《国营企业会计核算工作规程(草案)》中体现得很明显。据目前掌握的史料,《国营企业会计核算工作规程(草案)》是新中国成立以来首次以国务院(前政务院)的名义发布或转发的会计规范(1950年政务院财政经济委员会《关于草拟统一会计制度的训令》是对统一制定会计制度的要求),以政府最高机关的规格发布会计制度,表明了政府对会计工作的重视,也代表了当时社会对会计的重视。再次,从该规程的种种表述中,反映出了当时对会计有了比以前更为清晰的认识。例如,该规程提出了企业会计的职能、作用和三项基本任务,即反映企业的财务状况和财务成果、监督财产与资金的使用、分析企业计划的执行情况并为国家经济计划提供资料。但其中没有提及同时期世界范围内正在蓬勃兴起的管理会计,更不可能从经济决策和契约关系的角度认识会计的目的。《国营企业会计核算工作规程(草案)》所表现出来的对会计的认识,显然受制于当时的政治形势、经济体制和企业制度,尽管与当时世界范围内处于不断发展中的会计潮流有着明显的不同,但却也达到了会计认识的一个新高度。

三、《国营工业企业会计科目和使用说明》(1961年)与《国营工业企业会计报表格式和编制说明》(1962年):企业会计核算的新规范

1961年12月11日,财政部颁发了《国营工业企业会计科目和使用说明》(以下简称《会计科目和使用说明》);紧接着,财政部又于1962年1月4日颁发了《国营工业企业会计报表格式和编制说明》。这两个相隔不长时间内颁发的会计制度,与前不久颁布的《国营工业企业、供销企业、建筑安装企业、建设单位示范会计报表和会计科目(草案)》(以下简称《示范会计报表和会计科目》)均表现了国家对国营企业经济活动的统一管理和企业对国家计划的执行,内容大体相同,但也略有差异。

《会计科目和使用说明》中规定的会计科目如表1-13所示[①]。

[①] 杨时展:《1949—1992年中国会计制度的演进》,第105页,中国财政经济出版社,1998年版。

表 1-13　　　　　　　　　　　　　　会 计 科 目 表

一级科目编号	一级科目名称	一级科目编号	一级科目名称	一级科目编号	一级科目名称
	第一类　固定资产	34	废品损失	73	内部往来
01	固定资产	35	停工损失	74	专用基金外部往来
02	固定资产折旧	38	待摊费用	75	专用基金内部往来
	第二类　材料	39	预提费用	76	存入保证金
07	材料采购	40	专用基金工程支出	77	其他往来
10	原料及主要材料		第四类　产成品及销售产成品		第七类　待处理财产盈亏
11	辅助材料	42	产品成本差异	79	待处理财产盈亏
12	燃料	43	外购商品		第八类　基金
13	修理用备件	44	销售费	81	国家基金
14	包装物	48	发出商品	82	拨付所属资金
17	低值易耗品	49	销售	83	折旧基金
18	低值易耗品摊销	50	第五类　货币资金库存现金	84	固定资产变价收入
20	专用基金储备物资	58	银行结算户存款	85	企业基金
21	委托加工处理	59	专用基金银行存款	86	大修理基金
22	在途材料	60	其他货币资金		第九类　拨款
24	材料成本差异	61	第六类　结算	90	专用拨款
	第三类　生产费用		购买单位往来		第十类　银行借款
26	基本生产	63	供应单位往来	91	银行借款
27	自制半成品	65	应付税金		第十一类　财务成果
28	辅助生产	68	应付工资	95	利润或亏损
31	非工业性事业经营	69	应付工资附加费	96	利润提成
32	车间经费	70	备用金	97	解缴利润或弥补亏损
33	企业管理费	71			

　　《会计科目和使用说明》与财政部 1959 年公布的《国营工业企业、供销企业、建筑安装企业、建设单位示范会计报表和会计科目（草案）》相比较，差别主要在于会计科目数量及其分类的变化。《会计科目和使用说明》规定的会计科目为 58 个，《示范会计报表和会计科目》规定的会计科目为 44 个，前者增加了一些科目，如材料采购、委托加工材料、在途材料、材料成本差异、产品成本差异、停工损失，但也减少了国外投资及冻结资产、长期负债等几个科目；《会计科目和使用说明》的会计科目分为 11 类，《示范会计报表和会计科目》的会计科目分为 10 类，前者比后者增加了待处理财产盈亏、拨款两

个科目类别,减少了其他资产科目类别。两个会计制度会计科目的变化,反映了前后时期会计核算内容的变化。如《会计科目和使用说明》增设材料采购科目,表明要求分别反映材料实际采购价格与计划采购价格;增设在途材料科目,表明要求分别反映已入库材料和未入库材料的情况;增设材料成本差异科目和产品成本差异科目,表明要求单独反映材料、产品实际成本与计划成本的差异;取消国外投资及冻结资产科目,表明企业不再从事国外投资这类业务,这与当时严格限制国有企业国外业务的时代特征相吻合。《示范会计报表和会计科目》中曾一度设置的长期负债科目,在《会计科目和使用说明》中再次被取消,其原因应该是由于企业的各类债务由国家统一安排,不需要对负债按照不同期限分别反映。从会计科目的设置来看,总体来说,《会计科目和使用说明》显示出对企业会计核算内容的要求相对更为严格、细致,表达了国家进一步恢复企业会计工作秩序,提高企业会计工作质量的意图。

1962年《国营工业企业会计报表格式和编制说明》(以下简称《报表格式》)所规定的工业企业资金平衡表格式如表1-14所示①。

表1-14 资金平衡表 表式:会工第1表

___年___月___日 单位:元

资金运用	行次	年初数	期末数	资金来源	行次	年初数	期末数
一、固定资产:				一、国家基金:			
固定资产原值	1			1. 固定资金	58		
减:固定资产折旧	2			2. 流动资金	59		
固定资产净值	3			合 计	60		
二、_____	4			抵充流动资金的定额负债	61		
三、定额流动资产:				(定额:_____千元)			
1. 原料及主要材料	5	定额数(千元)		二、_____	62		
2. 辅助材料	6			三、定额流动资产		计划数(千元)	
3. 燃料	7			银行借款:			
4. 包装物	8			1. 定额借款	63		
5. 修理用备件	9			2. 超定额借款	64		

① 见杨时展:《1949—1992年中国会计制度的演进》,第106~111页,中国财政经济出版社,1998年版。

(续表)

资　金　运　用		行次	年初数	期末数	资　金　来　源		行次	年初数	期末数
6. 低值易耗品		10			合　计		65		
1～6项小计		11			四、其他银行借款：				
其中:在途材料	×	12			1. 结算借款		66		
7. 工业在产品及自制半成品		13			2. 特种借款		67		
8. 待摊费用		14			合　计		68		
7～8项小计		15			五、基本折旧基金：				
9. 产成品		16			本年提取的基本折旧基金		69		
10. 外购商品		17			加：年初欠交基本折旧基金		70		
9～10项小计		18			（多交数以一号表示）				
11._____		19			减：已交预算基本折旧基金		71		
12._____		20			已交上级交办预算基金		72		
					期末欠交基本折旧基金（多交数以一号表示）		73		
合　计		21			六、固定资产变价收入：				
四、货币资金：					本年发生的固定资产变价收入（清理费用大于变价收入时以一号表示）		74		
1. 库存现金		22							
2. 银行结算户存款		23			加：年初欠交固定资产变价收入		75		
3. 其他货币资金		24			（清理费用大于变价收入时以一号表示）				
合　计		25			减:已交预算固定资产变价收入		76		
五、发出商品：									
1. 已办理托收手续的发出商品		26			已交上级固定资产变价收入		77		
2. 购买单位拒绝承付的发出商品		27			期末欠交固定资产变价收入（清理费用大于变价收入数以一号表示）		78		
合　计		28							

(续表)

资金运用	行次	年初数	期末数	资金来源	行次	年初数	期末数
六、清算资产：				七、利润：			
1. 应收购买单位款	29			本年实现利润（亏损以一号表示）	79		
2. 预付供应单位款	30			加：年初欠交利润（或多弥补亏损）（多交利润和未弥补亏损数以一号表示）	80		
3. 备用金	31						
4. 应收内部单位款	32			减：已提企业奖励基金	81		
其中：应收基本建设单位款	33			私股定额股利	82		
5. 其他应收款	34			已交预算利润	83		
6. _____	35			已交上级利润	84		
合　计	36			加：预算拨入弥补亏损	85		
	37			上级拨入弥补亏损	86		
七、待处理财产盘亏和毁损：				期末欠交利润（或多弥补亏损）	87		
1. 固定资产	38			(多交利润和未弥补亏损数以一号表示)			
2. 流动资产	39			八、清算负债：			
				1. 应付供应单位款	88		
合　计	40			2. 预收购买单位款	89		
八、专用基金资产：				3. 应付工资及工资附加费	90		
1. 大修理银行存款	41			4. 应付税金	91		
2. 四项费用银行存款	42			5. 存入保证金	92		
3. 企业基金银行存款	43			6. 应付内部单位款	93		
1～3项小计	44			其中：应付基本建设部门款	94		
4. 大修理储备物资	45						
5. 四项费用储备物资	46			7. 其他应付款	95		
4～5项小计	47			8. _____	96		

(续表)

资　金　运　用	行次	年初数	期末数	资　金　来　源	行次	年初数	期末数
6. 大修理未完工程	48			合　计	97		
7. 四项费用未完工程	49			九、待处理财产盘盈：			
6~7项小计	50			1. 固定资产	98		
8. 应收外部单位款	51			2. 流动资产	99		
9. 应收内部单位款	52			合　计	100		
其中：垫付农副业生产资金	53			十、专用基金：			
8~9项小计	54			1. 大修理基金	101		
10. _____	55			2. 四项费用拨款	102		
合　计	56			3. 企业基金	103		
				1~3项小计	104		
				4. 应付外部单位款	105		
				5. 应付内部单位款	106		
				4~5项小计	107		
				6. _____	108		
				合　计	109		
总　计	57			总　计	110		

补充资料：四项费用拨款本年累计拨入数_____元。

1959年的《国营工业企业、供销企业、建筑安装企业、建设单位示范会计报表和会计科目》中，已将"资产负债表"改名为"资金平衡表"，本次颁布的会计报表继续了这一报表名称，并在此后沿用了很长时间，直至1985年才在《中外合资经营工业企业会计科目和会计报表》中将"资金平衡表"恢复为"资产负债表"。

与1955年《国营工业企业基本业务统一会计报表格式和说明》所规定的资产负债表相比，本次规定的资金平衡表有一些变化。

首先，报表项目的数量比以前有较大精减，从211项减少到112项，这是受到1958年、1959年简化会计核算的影响，对一度过分繁杂的会计核算修正的结果，是必要的。

其次，报表项目的类别、数量、各类之间的对应关系发生了变化。1955年的工业企业资产负债表左方、右方的项目各分为甲、乙、丙、丁4类。左方甲类为"固定及周转外资产",包括固定资产、提出资产、拨付所属单位资金、上下级间的缴拨款项、亏损5小类,共13项;左方乙类为"定额资产",不分小类,共12项;左方丙类为"货币资金、结算及其他各资产",包括货币资金、发出商品、应收及预付款、待核销的物资毁损及超定额短缺、解缴基本折旧基金、大修理资产、专用拨款资产,共29项;左方丁类为"基本建设资产",不分小类,共13项。右方甲类为"自有及视同自有资金的来源",包括法定基金、固定资产折旧、预算拨款、上下级间的缴拨款项、其他资金来源、利润、定额负债7小类,共16项;右方乙类为"定额资产银行借款",不分小类,共6项;右方丙类为"其他银行借款、结算及其他负债",包括其他用户借款、应付及预收款、特种基金、专业费拨款、应缴基本折旧基金、大修理资金来源、专用拨款资金来源7小类,共21项;右方丁类为"基本建设资金来源",不分小类,共4项。报表项目左右两方总共114项。报表左方甲、乙、丙、丁4类分别与右方甲、乙、丙、丁4类一一对应,这表明不同资产具有其相应的资金来源,体现了当时全面学习苏联,对国有企业资金实行计划管理,并要求通过会计报表反映这一管理情况的情形。而本次颁布的资金平衡表左方分为固定资产、定额流动资产、货币资金、发出商品、清算资产、专用基金资产7类,每类均不再分小类,其中固定资产类包括3项、定额流动资产类包括10项、货币资金类包括3项、发出商品类包括2项、清算资产类(即各种应收、预付款项)包括5项、专用基金资产类包括9项;右方分为国家基金、定额流动资产借款、其他银行借款、基本折旧基金、固定资产变价收入、利润、清算负债、待处理财产盘盈、专用基金9类,每类亦不分小类,其中国家基金类包括2项、定额流动资产银行借款类包括2项、其他用户借款类包括2项、基本折旧基金类包括5项、固定资产变价收入类包括4类、利润类包括9项、清算负债类(即各种应付、预收款项)包括7项、待处理财产盘盈类包括2项、专用基金类包括5项。报表左右两方的项目总共70项,比1955年资产负债表的项目少44项。该报表左、右方类别的数量不相同,除左方的"定额流动资产"类与右方的"定额流动资产银行借款"类外,其他各类之间不存在明显的对应关系。这是因为这次公布的资金平衡表一定程度上放弃了1955年全部学习苏联、一味追求报表项目间平衡的做法。

四、《国营企业材料核算办法(草案)》(1962年):企业材料核算规定的再修订

《国营企业材料核算办法》(以下简称《办法》)由财政部于1962年11月颁布,其适用范围是"中央和地方主管企业部门所属独立核算的国营工业企业(包括公私合营工业企业)、建筑安装企业和建设单位。交通运输企业、商业企业、农业企业、林业企业以

及其他国营企业也应当参照执行。"颁布这一《办法》的目的是"为了加强国营企业的材料会计核算,如实反映材料的增减变动情况,监督材料的合理供应和节约使用,加速材料资金的周转,保护国家财产,贯彻经济核算"。[1]

该《办法》共分为6章34条。第1章"总则"中提出了材料核算的目的、材料的内容、材料核算的基本任务、材料核算的责任制、材料核算资料的转移交接;第2章"材料的采购和收发"和第3章"仓库的材料管理和核算",分别规定了材料采购、收发、库存保管环节的管理与核算要点;第4章"财务会计部门对材料的核算和监督"规定了外购、自制、委托加工等各种材料的实际成本构成,材料核算应设置的账簿、凭证,材料的核算流程,材料成本差异的处理,材料盘查及其结果的处理,材料发出的计价等核算规则;第5章"在用低值易耗品、在用周转使用材料、包装物和在安装设备的管理和核算"中规定了对低值易耗品、周转使用材料、包装物的核算规则;第6章"附则"主要对材料核算办法的执行力、实施时间等做出了规定。

1962年颁布的这项《办法》是继1952年《国营工业企业材料会计处理办法》、1957年《国营工业企业材料会计核算办法》之后,由财政部颁布的第三个材料核算制度。与前两个材料会计处理(核算)办法相比,该《办法》的变化主要体现在如下几方面。

(1) 不再要求企业采用"材料核算余额法"。1957年的《国营工业企业材料会计核算办法》强调企业应当实行苏联的"材料核算余额法",当时这既是加强材料管理与核算工作的需要,也是会计工作全面学习苏联的一部分。到了1962年,我国已停止了对苏联会计核算的全面照搬,因而1962年新颁布的材料核算办法不再提及"材料核算余额法"。与此同时,《办法》仍要求企业实行材料核算的计划成本法。在《办法》第4章第17条中规定:"为了简化材料的日常核算工作,便利材料采购业务的考核和材料耗用成本的分析以及材料总账同材料明细账的相互核对,企业应当采用计划成本填制材料的收发凭证,进行材料的总分类核算和明细核算。"[2]以制度的方式推行材料核算的计划成本法,自然是出于改进材料核算质量的考虑,表现了制度制定者改善材料核算的愿望,这种通过制度规定硬性推行某种核算方式,则是中国会计管理很长一段时间内的惯行做法。

(2) 单独提出低值易耗品、包装物和在安装设备(指建设单位)的核算要求。低值易耗品、包装物是材料的一部分,但具有与一般材料不同的核算要求。将低值易耗品

---

[1] 杨纪琬、余秉坚:《重要法规和制度》,转引自杨纪琬:《中国现代会计手册》,第225页,中国财政经济出版社,1988年版。

[2] 杨纪琬、余秉坚:《重要法规和制度》,转引自杨纪琬:《中国现代会计手册》,第228页,中国财政经济出版社,1988年版。

和包装物单独列为一章详细提出对这类特殊材料的核算规则,这说明对材料核算的要求比以往更高,更为细致。

(3)突出对材料的全面管理。该《办法》用大量篇幅规定了采购、库存、使用等各个环节的材料管理要求,扩大了会计的工作视野,其中一些管理要求体现了内部控制的思想。以第2章"材料的采购和收发"为例,该章详细规定了材料采购与收发环节的管理要点,包括:材料的采购应当根据生产任务、储备定额、消耗定额和库存情况,先期制订采购计划;应事前与供应单位签订采购合同;材料采购、入库和出库应执行必需的程序和手续,应以各种必备的单据为凭;应实行材料领用的审查制度;对材料的采购、入库和出库须实行全过程的会计核算;采购人员、仓库管理人员、会计人员各负其责,并在履职中相互牵制、监督,等等。这些规定有助于强化当时的材料管理与核算工作,也与后来的存货内部控制要求相接近,展现了20世纪60年代中国会计管理中合理、先进的一面。

1952—1962年的10年间,财政部先后制定了三项针对材料核算的制度,足以表现会计制度制定部门对材料核算的重视。究其原因,一是因为材料是企业资产中的重要部分,占流动资产相当大的比重;二是因为这部分资产容易浪费、毁坏、被盗,而其管理中的漏洞又较多,因而不得不多次出台与材料核算相关的会计制度。

五、《企业会计工作改革纲要(试行草案)》(1965年)和《工业企业会计科目和会计报表格式(草案)》(1965年):简化企业会计工作的改革

任何事物总是在各种矛盾的冲突与协调中发展。历史进入"国民经济调整与发展时期"后,一方面需要大力整顿会计秩序,加强会计管理;另一方面会计核算繁琐,需要简化的老问题依然存在,这在1961年《国营工业企业会计科目和使用说明》和1962年《国营工业企业会计报表格式和编制说明》中已有充分表现。事实上,"国民经济冒进时期"企业正常会计秩序遭到冲击,其诱因之一就是过于繁琐和形式主义所造成的群众对会计制度的抵触,没有此前过分的繁琐和形式主义,"国民经济冒进时期"的企业会计或许会是另一种局面。进入"国民经济调整与发展时期"后,受到冲击的企业会计秩序得到了一定程度的恢复,但会计制度繁琐和形式主义的问题并没有得到妥善解决,仍然影响着企业的会计工作。当时担任财政部会计司负责人的杨纪琬、余秉坚在回忆那段时期的情况时说:"经济的发展对会计工作提出了更高的要求。会计工作特别是指导会计工作进行的会计制度有必要全面总结新中国成立以来的经验,根据形势发展的需要,进行必要的改革。企业的管理人员和财会人员也纷纷提出这方面的要求和建议。1964年年初,中央有些负责同志适时地提出了这一课题。李先念同志当时曾明确指示:"会计制度、会计报

表要集中力量改革一次,不能拖,越拖越被动。原则上既要改革又不能乱,办法是集思广益。"①1964年10月财政部召开中央经济各部委财会司(局)长座谈会,讨论改革企业会计制度的目标和计划,拟订了改革方案。在同年11月召开的全国财政厅(局)长会议上,讨论了财政部提出的改革方案。1965年1月19日《会计》杂志发表社论"发扬革命精神,改革会计制度",归纳了当时各界对会计制度的意见,指出在1958年"大跃进"时即已提出的会计制度存在的两个主要问题:"第一,会计账目、会计报表结构复杂,晦涩难懂,不切实际,领导人不能用来指导生产,工人群众不能据以参加管理。第二,记账、算账、报账工作非常繁重,占用了很多人力和时间,捆住了会计人员的手脚,使他们无法参加劳动、学习,脱离实际,脱离群众。"②

在上述多项准备工作的基础上,财政部草拟了《企业会计工作改革纲要(试行草稿)》(以下简称《改革纲要》),并于1965年4月召开了改革企业会计工作座谈会,对《改革纲要》进行了研究。"会议在分析会计改革的必要性时,指出当时会计工作的主要问题:一是会计制度有许多是繁琐复杂、不切实际的,造成了许多重复劳动和无效劳动,例如,有的厂以车间为中心,计算完全成本,搞费用分摊、成本还原;二是账簿报表难用难懂,脱离群众,例如,一度推行的凭单日记账;三是核算方法上有不少形式主义,例如,企业不分大中小、不同行业的特点,会计核算的制度都是一套办法、一个要求;四是一些会计人员存在单纯业务观点,埋头写算,不关心政治,不研究政策,不关心生产。"③

1965年7月2日国务院财贸办公室原则上同意了经这次会议讨论修改的《改革纲要》,由财政部发各地、各部门试行。④

首先,《改革纲要》提出了对会计工作的基本认识:"社会主义的会计工作,是党和国家管理经济的一项重要工具。它通过核算、反映和监督,为阶级斗争、生产斗争、科学实验三大革命运动服务,为多快好省地建设社会主义服务。"这一认识实际上表达了当时官方做出的会计定义和职能:会计是管理经济的工具,其职能为核算、反映和监督。

其次,《改革纲要》列举了当时会计工作中存在的问题:"……在当前会计工作中,还存在不少严重的缺点,主要是:

"(1)许多会计制度繁琐复杂,不切实际。账表、凭证繁多,手续复杂,造成了许多重复劳动。但是,该算的账没有完全算清楚,该堵的漏洞没有完全堵住。

---

①③ 杨纪琬、余秉坚:《新中国会计工作的回顾》,转引自杨纪琬:《中国现代会计手册》,第11页,中国财政经济出版社,1988年版。

② 社论:《发扬革命精神,改革会计制度》,《会计》1965年第1期。

④ 以下引用的《企业会计工作改革纲要(试行草稿)》原文及有关内容,见杨纪琬、余秉坚:《重要法规和制度》,转引自杨纪琬:《中国现代会计手册》,第238~240页,中国财政经济出版社,1988年版。

(2) 不少账簿报表,结构深奥,内容庞杂,除少数专业人员外,许多人看不懂、用不来,领导很难据以指导生产,群众很难据以参加管理。

(3) 核算方法上有形式主义,不分企业大小,不分行业性质,往往是一套核算方法。有些核算工作,只讲会计核算,不讲经济效果。

(4) 有些会计人员存在着不问政治的单纯业务观点。有些人整天埋头记账、算账,不要研究政策,不关心生产。有些人安于现状,墨守成规,缺乏革命精神。有些人对违反社会主义利益的行为,不敢坚决斗争。"

针对上述问题,《改革纲要》制定了 12 项改革措施,分别是:

"(一) 以毛泽东思想为指针,实现会计工作革命化……力争在二三年内,逐步搞出一套符合我国实际情况的会计制度和工作方法。

(二) 改革要有领导有计划地进行……对现行的各项会计制度,要具体分析,不切实际的要彻底改革,不完善的要充实提高,行之有效的要坚持发展……必须坚持记账、算账、对账、报账,反对'无账会计'。

(三) 分行业、分企业大小设计会计制度。

(四) 改革成本核算方法。(1)生产企业的产品成本,应当集中在厂部核算,车间除了核算直接发生的各项生产费用以外,一般不计算产品的全部成本。公司或厂矿的管理费用,直接计入产品成本,不要层层下转。(2)在企业内部,应该根据岗位责任制的要求,核算各个岗位直接发生的材料消耗、工时消耗和费用支出,加强定额管理和预算管理。(3)企业的成本项目和费用项目,由各主管部根据计划管理的要求,结合行业特点,分别规定。工业企业的成本项目,一般可减并为材料、工资、费用三项。连续生产的企业和联合企业,不必把最后计算出来的产品成本,再一道一道地倒算出各个生产环节的材料、工资和费用。具体办法由各主管部门规定。(4)简化费用分摊方法。能统一分摊的,不要分开分摊;能一次分摊的,不要分次分摊;能由厂部直接计入成本的,不要在企业内部来回转账。(5)基本建设工程,在施工过程中,由施工单位直接发生的生产费用。在单位工程完工后,由公司一次计算全部工程成本。

(五) 简化各项资金核算办法。企业的各项资金,应当专款专用。但对来源不同、用途相同的各项资金,可以按用途合并核算,不再机械地按贷款来源分别核算。

(六) 改革记账方法。根据不同情况采取不同的记账方法。现行的'借贷记账法'要逐步改革,使之通俗易懂,便于使用。群众在实践中创造出来的各种记账方法,如'增减记账法''收付记账法'等,要积极进行试点,定期总结,逐步提高。无论实行哪一种记账方法,都要保证把账记清楚,不错不乱,便于查账。

(七) 进一步精减凭证、账簿、科目、报表。(1)凭证是记账的依据。改革凭证,必须做到责任清楚、审查严格、手续简便、便于保管。凭证的种类、张数、内容和审核、签章手续,都要尽量精简,由企业根据实际需要审查确定。(2)企业必须有账。账目既要记得清楚明了,正确及时,便于利用和检查,又要力求简化,避免重叠和繁琐。企业一般只设总账、明细账、出纳账三种账簿。企业的材料、商品、固定资产明细账,由会计部门或经管物资的单位负责记全记好,不要几个部门重复设置几套账。(3)企业要按照上级规定和实际需要设置会计科目。合并性质大体相同的会计科目。取消不必要的过渡性的会计科目。会计科目名称,要简明易懂。(4)会计报表的结构,要力求简明适用,能直接反映情况,说明问题。企业的会计报表,要有总表,有分表。总表,反映一个时期内企业财务活动的总概貌。分表,按事设置,分别反映各项资金、成本利润等情况。报表的内容,只能包括经常需要的、反映财务活动主要情况的基本数字。

(八)不许乱发报表,不许层层加码。全国性的会计报表由财政部统一规定,中央各部和省、市、自治区财政厅、局可以结合本部门、本地区的具体情况,做必要的简化、补充,报财政部审查。财政部没有规定的各种专业性会计报表,由中央主管部门规定,报财政部审查。各级综合部门、部以下的管理机关,省、市、自治区以下的财政机关和主管部门,非经财政部、中央主管部或省、市、自治区财政厅、局的批准,不能制发会计报表。未经批准的会计报表,企业有权拒绝填报。企业内部的会计报表,未经企业领导批准,不能制发。

(九)实行财务民主……企业要定期向职工代表大会报告财务状况,向班组工人公布定额和计划的执行情况……企业还要定期公布同职工有关的奖金、生活福利等账目,接受群众的监督。

(十)正确地进行会计监督。

(十一)改进工作作风。

(十二)整顿会计队伍,健全财务会计机构……企业必须单独设置会计机构,不能同其他机构合并。小企业也必须设置专职的财会人员。"

《改革纲要》的主要目的是简化被认为繁琐和形式主义的会计制度,但同时也重申了企业必须做好会计工作,不得马虎,体现了"这次会计制度改革必须有领导、有步骤、有计划地进行;必须贯彻先立后破的原则,不能削弱会计工作;必须通过调查研究;必须依靠群众,走群众路线"[①]的精神。

根据《改革纲要》的改革精神,财政部于1965年8月11日印发了《工业企业会计科目和会计报表格式(草案)》《工业企业简易会计制度(草案)》,规定自1966年1月1

[①] 时任财政部副部长曾志的会议发言,见项怀诚:《新中国会计50年》,第158页,中国财政经济出版社,1999年版。

日起执行。本次颁发的会计制度,突出特点是简化,一是体现在会计科目的数量和报表的数量上,二是体现在报表的内容上。

以《工业企业会计科目和会计报表格式(草案)》为例。该制度规定的会计科目仅为 26 个,分别为:固定资产、折旧、材料、特种积压物资、生产费用、待摊和预提费用、产品、发出商品、现金、银行存款、备用金、销货往来、购货往来、其他往来、应付工资、折旧基金、银行借款、国家资金、销售、利润、利润分配、专用基金存款、专用基金物资、专用基金工程支出、专用基金往来、专用基金,比 1961 年《国营工业企业会计科目和使用说明》所规定的 58 个会计科目大幅度减少;会计报表仅为 6 种,分别是:财务成本主要指标表、利润表、销售商品成本表、流动资金表、固定资产表、专用基金表,大大少于 1962 年《国营工业企业会计报表格式和编制说明》所规定的 15 种报表(小型企业则只要求编制财务成本主要指标表专用基金)。

会计报表的内容也尽量简化。各种报表中,财务成本主要指标表的格式如表 1-15 所示。①

表 1-15　　　　　　　　　　财务成本主要指标表

(乙式一部汇编用)

会工第 1 表　　　　　　　　　　年　　月　　　　　　　　　　单位:万元

项　　目	金额	项　　目	金额
一、利润: 　1. 本年利润总额(全年利润计划数　元) 　2. 本月利润总额 　3. 本年已缴预算利润 　4. 月末未缴利润(或多拨付亏损) 二、成本(本年累计数): 　1. 全部产品实际成本 　2. 可比产品实际成本 　3. 可比产品上年成本 　4. 可比产品实际成本降低率 　　(年度计划数　　%) 　5. 工业总产值(按不变价格计算)		三、流动资金(月末数): 　1. 材料、在产品、产品 　2. 特种积压物资 四、银行借款(月末数): 　1. 超定额借款 　2. 特种积压物资借款 　3. 小型技措借款 五、基本折旧基金: 　1. 本年提取数 　2. 本年已缴预算数 　3. 本年留用数 　4. 月末未缴数 六、本年已缴预算固定资产 　　变价收入 　　(三、六、九、十二月份填列)	

机关首长(盖章)　　　　　　　　　　　　　　　　财务会计主管人员(盖章)

　　　　　　　　　　　　　　　　　　　　　　　　报出日期　年　月　日

说明:各部汇编本表时,对年度内没有生产的关停企业,不需要汇编在内;但三、六、九、十二各月汇编时,仍应汇编在内。

---

① 见杨时展:《1949—1992 年中国会计制度的演进》,第 125 页,中国财政经济出版社,1998 年版。

就报表的内容而言,财务成本主要指标表实际上是一种指标数据汇编,而并非一般意义上的会计报表。至于其他各种报表,也简化得与一般会计报表大不相同。很熟悉那段时期会计制度的杨时展教授曾对当时的会计报表评价道:"利润表按中国的四柱式反映本期的利润总额(新收)、年初未交数(旧管)、利润分配(开除)、期末未缴(实在),十分简单。可说尽量使人能懂。四、五、六三个表合起来,大体上也就相当于一张平衡表。比如第五号固定资产表,也像平衡表一样,分左右两半,左方,用中国的四柱式,反映固定资产在本期中的增减变动和期初期末的净值。右方照一般平衡表左方的方式,反映上年末固定资产净值的两个组成部分,即:年末固定资产原价和年末固定资产的折旧。这样,比起一般平衡表来,这张表就不只反映年末固定资产的静态,更反映了固定资产在全年中的动态。一看本表,整个企业的固定资产全年动态和年末静态,尽收眼底。第四号流动资金表实际上相当于平衡表中和流动资金有关的部分,也根据总账各有关科目余额编制,分三个部分:第一部分左方反映定额流动资金(材料、在产品、产品)和其他流动资金(根据总账特别积压物资、发出商品、银行存款和现金、各项应收款、应收专用基金科目)占用的情况及其合计数。右方反映它们的三项来源:由国家拨入的、银行的各种借款,及其他流动资金的来源(如各项应付款和应付专用基金借款)。来源及占用的合计数应相等。第二部分反映流动资金的使用效率和周转情况,(年度、季度)流动资金的平均余额、本期定额流动资金的周转天数(流动资金全年平均余额/年度内每天平均销售额)及本期每百元工业总产值占用流动资金数。第三部分反映国家拨入流动资金在本年内的增减变动。这就比看平衡表说明或过去的资产负债表明了清楚多了。"①

此外,《工业企业会计科目和会计报表格式(草案)》的说明部分还对该制度的制定和使用做了一些说明,也是这一制度的重要内容,主要有:取消了科目编号;按借贷记账法的业务处理举例,但允许企业采用其他记账方法;企业主管部门有对会计凭证、账簿、记账程序统一规定的,按照规定执行,无规定的可由企业自行规定;会计报表的数字必须有根据,不许做假;企业必须按月结账,按月编制总账科目余额表,核对无误后再根据账簿记录和其他资料编制会计报表;会计报表必须及时编制,不得为了赶制报表而提前结账,等等。②

《企业会计工作改革纲要(试行草案)》和《工业企业会计科目和会计报表格式(草案)》发布后,引起了一些社会反响。《会计》杂志曾发表题为"企业会计制度的一次重大改革"的社论,对两个制度做出这样的评价:"社会主义会计工作,是为无产阶级政治

---

① 杨时展:《1949—1992年中国会计制度的演进》,第126~127页,中国财政经济出版社,1998年版。
② 杨时展:《1949—1992年中国会计制度的演进》,第127页,中国财政经济出版社,1998年版。

服务的,是有计划地发展国民经济、多快好省地建设社会主义的一个重要工具……从目前情况来看,繁琐复杂、不切实际的核算手续,只讲形式、不问效果的核算方法,是会计工作中存在的主要问题,也是这次会计制度的改革重点。特别在工作量大、重复劳动和无效率劳动较多的成本计算、材料核算、凭证账簿、报表内容等方面,新制度都做了较大的改革。例如,在成本核算方面,新制度取消了过去既要按车间,又要按产品计算成本的办法,改为集中由厂部计算各种产品的全部成本,车间只计算直接发生的生产费用,厂部的管理费用,不再分摊给车间,车间与车间相互服务的费用,一般也不再相互分摊,来回转账。这样改革以后,既简化了大量的核算手续,又保证了产品成本的正确性。"社论还对当时的一些反对意见提出了批评:"现在有些人对简化不必要的核算手续,还抱有怀疑的态度,认为这样简化,核算工作是不是太粗了,会不会削弱管理工作,不利于加强经济核算呢?这种顾虑是不必要的。首先,核算工作的粗和细,不能光从形式上看,决不能说,核算手续少了就是粗,核算工作繁了就是细,而要从实际效果上看,是否算得有用,管得合理。例如,成本核算,过去把数字转来转去,从形式上看,好像算得很细致,但是算出来的成本,往往不符合实际情况,车间不认账,领导不相信,自己说不清……再如,过去有些企业设置了几套固定资产、材料的明细账,会计部门设一套,管理部门设一套,仓库设一套,内容基本相同,重复设置,各记各的账。尽管许多人把大量时间花费在记账、对账上,而账目积压、账账不符、账物不符的情况仍然克服不了。现在新制度规定只要设置一套固定资产、材料明细账,由一个部门或几个部门一起把这一套账记全记好,既避免了重复劳动,加强了账目的及时性和正确性,又能够腾出时间,加强对财产物资的管理。总之,核算工作如果不抓住主要矛盾,该算该记的账,算不好、记不好,不该算、不该记的账搞了一大堆,必然会出现繁琐哲学;反之,如果把工作做到点子上,把力量用在刀刃上,就能够做到简而不粗,算而有用。其次,新制度不但革掉了繁琐的东西,而且加强了核算中的薄弱环节,把一些应当管、应当做的事,管好做好……简化和加强,是辩证的统一。有所简化,才能有所加强。简化是为了更好地加强管理,而不是放弃管理,削弱管理。这是这次会计制度改革所遵循的一项重要原则。"

社论在谈到新制度的另一个特点——"简明通俗"时说:"简明通俗,易学易懂,是制订社会主义会计制度的一项重要原则。新的制度,根据一年以来各方面试点工作中所取得的经验,在这方面进行了一些改革。例如,尽量使会计的名词术语、科目名称通俗化;在会计账簿中,按照各个账户所反映的经济活动的内容,分别用通俗的文字来代替'借方''贷方'等统一的记账符号;在简易会计制度中,试用了'增减记账法';取消了难学难懂的'凭单日记账';改变了会计报表的结构和内容,等等。"

社论还指出了新会计制度的灵活规定:"新制度进一步贯彻了统一与灵活相结合的原则……各部门、各地区的情况并不一样,企业的规模有大有小,生产特点、经营管理也各有不同,具体情况是千差万别的。因此,新制度在会计核算方法上,又做了若干灵活的规定。主要表现在:允许企业在不同情况、不同条件下,对成本计算、材料核算等可以采用不同的核算方法,并结合小型工业企业的特点,另规定了一套简易的会计制度。允许企业在不违反会计核算的基本要求,不改变计划财务等制度的有关规定,不影响向上级提供规定的报表资料的情况下,可以根据自己的具体情况和需要,设置科目、账簿、确定核算程序……允许各地区、各部门可以根据企业核算的基础资料,在规定的报表中增加一些必要的指标。"①

以《企业会计工作改革纲要(试行草案)》和《工业企业会计科目和会计报表格式(草案)》为代表的这次企业会计改革,抓住当时长期存在的、对实际工作有着负面影响的企业会计工作繁琐、形式主义的问题,探索适合企业使用的会计核算方式,有一定的积极意义,但所采取的措施显然有些过分,反而给会计工作带来了麻烦。最明显的是,会计科目数量简化过量(工业企业会计科目仅为 26 个),而过少的会计科目,难以全面反映企业的经济活动,对企业经济活动的记录难免粗糙;报表简化过头,报表种类和报表内容过于简单,工业企业以财务成本主要指标表为核心的报表体系所提供的数据太少,不能反映出企业经济活动的详细情况,很难依据报表所提供的会计信息开展对经济活动全面深入的分析,无法满足企业管理的需要,且与当时国际通行的会计报表体系大相径庭,与当时其他计划经济国家(如苏联和原社会主义阵营国家)的会计报表体系也存在较大差异,等等。这表现了当时的改革设计者急于求成的心态。

1965 年的《工业企业会计科目和会计报表格式(草案)》是国民经济调整与发展时期最后出台的重要企业会计制度,未曾全面推开即因"文化大革命"的冲击而中断,因此我们只能就其内容做出上述简单评价,其实际执行效果无从检验。

国民经济调整与发展时期企业会计工作的基调是加强管理和简化制度相结合。所谓"加强管理",是对以前会计工作中薄弱环节的完善,如加强成本管理、健全会计核算规程等;而"简化制度"则是对前一时期会计简化的沿续。在新中国成立至改革开放前的近 30 年中,曾多次开展对会计的简化(国民经济冒进时期、国民经济调整与发展时期以及接下来的国民经济挫折时期都曾发生),其原因有两方面。一方面,当时的会计制度确实存在某些繁琐和形式主义之处,在一定程度地受到苏联会计繁琐、复杂化的影响;强调执行资金计划,过多地要求保持资金划拨渠道和固定用途间的一致,使会

---

① 社论:《企业会计制度的一次重大改革》,《会计》(月刊)1966 年第 1 期。

计数据追求形式上的平衡,等等。这些繁琐和形式主义的做法削弱了会计的效率,也理所当然地招致了会计人员的不满,有必要简化。另一方面,受当时政治思潮的影响,大家认为企业管理应该采用政治鼓动和群众运动的方式进行,以能否"发动群众""群众能否看得懂、用得上"为标准评判会计制度的优劣。然而,会计本身具有专业性和技术性,一味强调会计应简单易懂,很可能破坏会计应有的严密性与系统性。需要指出的是,改革开放前的几次"会计简化"与会计信息可理解性(清晰性)的质量要求不一样,后者要求企业提供的会计信息清晰明了,便于投资者等财务报告使用人理解和使用,前者则是降低必要的标准。历史证明,对待会计理论、实务不能走极端,偏执的认识一定会导致负面的结果。

第5节 国民经济挫折时期的企业会计制度:1966—1977年

新中国在经历了一系列政治运动之后,爆发了史无前例的"文化大革命"。这场历经十年的所谓"文化大革命","使党、国家和人民遭到新中国成立以来最严重的挫折和损失"①,是新中国国民经济遭受挫折的10年。通常,将1965年11月《文汇报》发表评价文章《评新编历史剧'海瑞罢官'》视作"文化大革命"的导火索,将1966年5月16日中共中央政治局扩大会议发布《中国共产党中央委员会通知》(即"5·16通知")作为"文化大革命"全面展开的标志,而将1976年10月18日中共中央发布《关于王洪文、张春桥、江青、姚文元反党集团事件的通知》作为"文化大革命"结束的标志。

这一期间尽管在各界正义人士的奋力抵制和抗争下,国家建设取得了一些进展,如基本完成了"三五"计划和"四五"计划②,取得了一批重大科研成果(氢弹试验成功、人造卫星发射回收成功、籼型杂交水稻的育成和推广等),但"这一切绝不是'文化大革命'的成果,如果没有'文化大革命',我们的事业会取得大得多的成就。""实践证明,'文化大革命'不是也不可能是任何意义上的革命或社会进步",而是"一场由领导者错误发动,被反革命集团利用,给党、国家和各族人民带来严重灾难的内乱。"③"文化大革命"是新中国成立以来国家和人民遭受的最严重的一场浩劫,造成的政治、思想、文

---

① 中共中央:《中国共产党中央委员会关于建国以来党的若干历史问题的决议》。
② "三五"计划本可以提前完成,但拖至第5年;"四五"计划的原定指标较高,后被大大压缩。见武力:《中华人民共和国经济史》(增订版,上卷),第604页,中国时代出版社,2010年版。
③ 中共中央:《中国共产党中央委员会关于建国以来党的若干历史问题的决议》。

化、经济损失无法估量。这一期间,在政治方面,国家原有的政治生活被破坏,社会持续动荡,无数人的生命、财产受到野蛮侵害;在思想方面,是非标准混淆,人们思想混乱,社会风气和道德水准下降,各种错误的思想行为泛滥;在文化方面,文化事业遭受空前打击,人才培养10年空白,科学技术水平同世界先进国家的差距进一步拉大,滞碍了中华民族科学文化素质的提高和国家现代化事业的发展;在经济方面,政治动乱冲击和破坏了生产建设,经济发展速度缓慢,经济效益大幅度下滑。

一、两类不同要求的企业会计制度

"文化大革命"的基本理论是所谓"无产阶级专政下继续革命",因此经济工作的指导思想就是"抓阶级斗争,扫除经济大革命的障碍①;提高人的思想革命化,以此促进生产"。② 在这样的基本理论和指导思想下,经济工作以巩固"无产阶级专政"为目的,主要采取以政治运动推动经济建设的方式,通过发动群众批判"资产阶级思想",与杜撰的"阶级敌人"做斗争,通过砸烂"压制革命的修正主义规章制度"来带动生产的发展。动荡的政治环境和完全违背规律的工作方针导致了经济秩序的混乱,也使新中国的会计事业、会计制度建设遭受到新中国建立以来的第二次大破坏,原本建立起来的会计秩序被打乱,会计核算质量、会计工作水平显著倒退。

"文化大革命"开始后的一段时间里,在"革命造反""批判修正主义路线"的政治煽动下,全国一度陷入混乱,正常的会计工作难以为继。亲历了那场动乱的一些会计工作者这样描述当时的情况:"当时鼓吹所谓'只算政治账,不算经济账',批判所谓'繁琐哲学',造成极坏影响。把财会工作加强核算、讲究经济效益的同志斥为'不突出政治'的算账派,财会人员被说成是搞'管卡压'的代表人物,财会工作处于被取消的状况。生产经营上许多反映经济效益和经营管理状况的必要账表、科目、资料、数字都被当作繁琐而砍掉了,裁减财会机构,下放财会人员,撤销财政院校等,财会工作元气大伤。"③"'文化大革命'对会计工作的破坏是空前的。先是刮起了一股经济主义的歪风,并在一些地方出现破坏国家财产,毁坏企业、机关、学校的设备和物资的问题。继

---

① 毛泽东自20世纪50年代开始考虑摆脱苏联模式、适合中国特点的社会主义的道路,其思想构图集中体现在1958年推行的以"一大二公"为特点的人民公社和1966年提出的以"共产主义大学校"为特点的"五七指示"中。这一理想社会的特点大体有:把全国办成共产主义大学校,逐步缩小三大差别;限制和基本消灭商品货币关系,追求封闭的产品经济模式;限制按劳分配,推行平均主义。见武力:《中华人民共和国经济史》(增订版,上卷),第518页,中国时代出版社,2010年版;萧国亮、隋福民:《中华人民共和国经济史(1949—2010年)》,第159页,北京大学出版社,2011年版。

② 武力:《中华人民共和国经济史》(增订本 上册),第519页,中国时代出版社,2010年版。

③ 钟礼华:《回顾和展望财经工作》,《会计研究》1984年第4期。

而，在 1967 年 6 月，《解放日报》发表题为《发展社会主义还是资本主义？——评〈工业七十条〉》的文章，把《国营工业企业工作条例（草案）》诬蔑为瓦解社会主义经济，复辟资本主义的黑纲领。从此，林彪、'四人帮'一伙掀起了一股又一股破坏社会主义经济和经济管理工作的恶浪。他们把社会主义管理经济的规章制度斥之为资产阶级的'关、卡、压'；诬蔑企业讲究盈利是资本主义的'利润挂帅'；散布'三年不算账，钱也跑不到国外去'；在'改革一切不合理的规章制度'的口号下，散布'制度无用'，等等。他们煽动夺权，挑动派性斗争，大搞无政府主义，许多单位的财务会计工作失去管理和控制，甚至出现一个单位两个财务会计机构的怪现象。在'斗、批、改'中，财政部的会计制度管理机构被撤销，各级主管部门的财务会计管理机构被撤并，企业、事业单位财会人员大批下放劳动，财务工作处于十分混乱和半瘫痪的状况。绝大部分财经院校和中专学校停办、撤销，会计专业人员后继无人。"①尽管这种混乱局面的持续时间并不太长，1969 年中国共产党第九次全国代表大会召开前后，全国性混乱的局面得到一些控制，并在一段时间内国家经济有过好转（如 1969—1972 年、1975 年的经济好转，1972—1973 年、1975 的两次经济整顿），但总体讲，各项工作仍笼罩在极"左"的错误思想方针之下，包括会计在内的经济和管理处于无序的状态。在这期间里，财政部等有关部门曾多次出台规范企业会计行为的制度或规定，力所能及地维护原有的会计秩序，减轻社会动荡对会计工作的冲击，但因为政治局势不稳定，这些制度或规定的执行力微弱，作用十分有限。

这一期间颁布的会计制度或相关规定大体分为两类：一是要求企业加强管理和经济核算的各种规定；二是新颁布的简化会计核算制度。

（一）要求企业加强管理和经济核算的各种规定

要求企业加强管理和经济核算的各种规定，形式上包括各种会议通知和制度文件，有的面对国家整体情况，具有全国普遍适用性，有的直接与会计工作有关。具有全国普遍适用性的会议和通知，如：中共中央 1967 年 1 月 11 日发出的《关于反对经济主义的通知》；中共中央、国务院、中央军委同年 3 月 16 日发布的《关于保护国家财产，节约闹革命的通知》；中共中央 6 月 22 日发出的《关于进一步抓革命、促生产，增加收入，节约支出的通知》；中共中央 1968 年 2 月 18 日发出的《关于进一步实行节约闹革命，坚决节约开支的紧急通知》等。直接与企业会计工作相关的会议及会议要求则主要有②：

---

① 杨纪琬、余秉坚：《新中国会计工作的回顾》，转引自杨纪琬：《中国现代会计手册》，第 13 页，中国财政经济出版社，1988 年版。

② 本部分涉及的资料，见杨纪琬、余秉坚：《中华人民共和国会计大事记》，转引自杨纪琬：《中国现代会计手册》，第 66 页，中国财政经济出版社，1988 年版。

1969年11月召开的全国企业财务改革座谈会,提出了对企业财务制度几个问题的意见。①关于会计科目、报表、账簿:会计科目的内容由财政部统一解释并做出示范性规定,使用多少会计科目则由各地决定;会计报表由财政部统一规定,各地可做适当补充;账簿、记账方法由各地自行决定。②关于成本核算:各企业必须对产品成本进行核算,不能以估计成本或计划成本代替实际成本;成本范围由国家统一规定,不应擅自扩大成本范围;成本计算期按月为宜,有的企业按季结算,应予总结经验,成本内容要分清料、工、费几项基本项目;成本计算方法由企业自行采用。③关于生活福利费开支标准:取消医药费、福利费和职工奖金等提存方法,所发生的费用直接计入成本,但应按开支范围和开支标准掌握,不应超支。④关于会计凭证、账簿和报表的保管期:中央所属企业、事业单位的会计凭证保管5~10年,会计账簿保管10年,月份和季度会计报表保管3~5年,年度决算报表永久保存,各地方可参照执行。

1970年3月召开的全国计划会议财政座谈会提出,工业企业的生产成本比1966年高7%,潜力很大;生产建设领域积压的物资和资金很多,清仓挖潜动员出来五六十亿元是可能的;因此企业要加强管理,还要改革不合理的规章制度。1970年10月在辽宁召开的全国企业经济核算现场会提出5条任务:①坚持用毛泽东思想统一经济核算,树立为革命核算的思想;②依靠群众搞好经济核算;③改革不合理的规章制度;④严格遵守财经纪律;⑤搞好企业经济核算关键在于领导。会议指出,有些企业放松经营管理,不讲经济核算,损失浪费严重;有的企业收支无计划,工时无记载,消耗无定额;有的企业大手大脚,挥霍国家资财;有的企业经营混乱,长期亏损。

1971年12月16日至1972年2月20日在北京召开的全国计划会议,分析了当时存在的在建工程过多和工业企业积累水平低的问题,认为工业企业积累少,主要是部分企业亏损严重、很多产品成本升高等原因造成的,这反映出企业在经营管理上存在大量问题;财政部则强调今后必须按照国家计划办事,按照基本建设程序办事,狠抓扭转企业亏损,加强企业财务管理,严格执行国家财经纪律。

1972年10月至11月国家计划委员会、财政部、农林部在北京召开加强经济核算、扭转企业亏损会议,中心议题是解决当时发生的"三个一百亿"问题,即与历史较好水平相比,工业利税少交了一百亿元,工业流动资金多占用了一百亿元,基本建设尾巴拖长了一百亿元。会议批判了一部分人散布的"政治可以冲击其他""嘴巴就是计划""三年不算账,钱也跑不到国外去"等言论,提出"政治挂帅要挂到业务上,挂到生产上,政治工作要结合经济工作一道去做"的意见。

1973年2月26日在全国计划工作会议上,讨论了国家计划委员会起草的会议文件《关于坚持统一计划,加强经济管理的规定》,其中指出:要加强资金管理,严禁拖欠、挪用税款和利润,不准用银行贷款和企业流动资金搞基本建设;加强纪律性,对于违反纪律的行为,要给予批评教育,违法乱纪的,要按照党纪国法给予处分和制裁;加强党对经济工作的一元化领导,加强各级纪检领导机构,政治挂帅要挂要业务上,经济工作要越做越细。

（二）新颁布的简化会计核算制度

在要求企业加强管理、加强经济核算的同时也颁发了一些新的会计制度,主要有[①]:1968年9月27日发布的《关于改革财政报表的通知》、同年10月31日发布的《关于改革年度财政报表的通知》、同年11月7日财政部发布《关于改革中央级财务会计报表的通知》、1973年5月15日财政部发布《国营企业若干费用开支办法》和《关于加强国营工业企业成本管理的若干规定》、1973年12月22日财政部发布《国营企业会计工作规划(试行草案)》。这些会计制度与以前的会计制度相比较,一方面继续保留计划经济体制下会计核算的基本特征,要求会计信息满足计划管理的需要;另一方面强调简化会计工作。例如,1968年9月27日发出的《关于改革财政报表的通知》,取消了9种会计报表(包括旬报、月报、季报、半年报);同年10月31日发布的《关于改革年度财政报表的通知》,将地方财政年度决算报表、企业财务年度报表、基建财务年度报表和税收年度报表由原来的23种减为7种,且对保留的7种报表也做了很大的简化,填报的数字由原来的3 800多个减少到700多个,减少幅度超过80%。又如,1968年11月7日财政部发布的《关于改革中央级财务会计报表的通知》,决定将简化行政事业经费、企业财务和基建财务报表:行政事业经费报表中,原有的3种季度报表全部取消,原有的8种年度报表减少为2种,只保留年度行政事业经费支出决算表和年度行政事业经费银行支出汇总表;企业财务报表中,保留原有的中央国有企业主要经济、财务指标汇总月报表,原有的5种季度报表全部取消,原有的6种年度报表减少为1种,只保留中央国营工业、供销企业年度汇总会计报表;基建财务报表中,原有的基本建设会计季报总表改为基本建设财务月报表,原有的6种年度报表减少为2种,只保留基本建设会计年报总表和年度应核销基本建设支出表。还有,1970年10月财政部发布的《国营企业会计科目试行草案(讨论稿)》,也将会计科目的设置大大简化,只规定了17个会计科目;1973年12月22日与《国营企业会计工作规划(试行草案)》同时附发的《国营工业企业会计科目》和《国营工业企业会计报表》所规定的会计科目数量和报表项目,同样体现了简化的精神。会计工作的大规模简化,使会计信息失去

---

① 本部分涉及的资料,参见杨纪琬、余秉坚:《中华人民共和国会计大事记》,转引自杨纪琬:《中国现代会计手册》,第65页,中国财政经济出版社,1988年版。

了应有的价值,"这些报表的取消和简化,失去了大量必需的财政、财务信息",①给经济和管理带来了损失。

上述会计制度使新中国成立以来的会计简化达到了第二个高峰。继"大跃进"之后再次大力简化会计制度,出于两个原因:其一,"文化大革命"的基本理论是"无产阶级专政下继续革命",号召与"党内资产阶级路线"做斗争,砸烂"压制革命的修正主义规章制度","文化大革命"前制订的企业会计制度是批判的对象,被指责为"不合理的规章制度""资产阶级的关、卡、压",需要批判、改造。也就是说,简化企业会计的主要原因,是强大的政治因素。其二,这一期间对会计制度的简化,与国民经济冒进时期、国民经济调整与发展时期简化会计的思想紧密相连,是前两个期间简化会计工作的继续。简化企业会计工作的呼声不是一天形成的。在此之前的几个时期内,即已认为企业会计工作繁琐、形式主义,基层领导和群众不易掌握,提出了很多简化企业会计的意见,并采取了一些简化企业会计的措施。应该说,因为缺乏经验和简单地学习苏联的做法,企业会计当时的确存在过于繁琐之处,引起了人们的抵触,对会计制度的适当简化是必要的。但是,简化过程中缺乏对企业会计的科学思考和平等讨论,企业会计应当是怎样的、哪些内容与要求应该简化、哪些内容与要求应该保留等基本问题并不清楚,这导致了简化工作简单、过度,简化后的会计资料无法满足管理的需要。然而,当时人们并没有认识到这种草率的"简化运动"的危害,"简化运动"没有得到应有的校正,而是继续发展,以致在"文化大革命"中再度出现。会计工作的过度简化不但没有实现美好愿望,反使会计工作质量下降,给经济管理带来了损失。

二、《国营企业会计工作规划(试行草案)》(1973年):具有代表性的企业会计制度

《国营企业会计工作规划(试行草案)》(以下简称《规划》)由财政部于1973年12月22日发布(同时附发《国营工业企业会计科目》《国营工业企业会计报表》《国营工业企业成本核算办法》),这是国民经济挫折时期颁布的内容全面、具有代表性的企业会计制度。

《规划》分为"会计工作的任务""会计科目""会计凭证""会计账簿""会计报表""会计档案""会计核算""清查财产""财务监督""加强对会计工作的领导"共10部分。②

---

① 杨纪琬、余秉坚:《中华人民共和国会计大事记》,转引自杨纪琬:《中国现代会计手册》,第65页,中国财政经济出版社,1988年版。

② 以下关于《国营企业会计工作规划(试行草案)》的内容和条款,见杨纪琬、余秉坚:《重要法规和制度》,转引自杨纪琬:《中国现代会计手册》,第253~255页,中国财政经济出版社,1988年版。

在引言和第一部分"会计工作的任务"中,《规划》对会计的定义和任务做出了这样的说明:"会计是企业经营管理必不可少的一个重要工具。""企业会计工作的基本任务是:遵循党的路线、方针和政策,执行国家计划和财政制度,促使企业多快好省地发展生产。要在这个前提下,正确地记录、核算与反映企业的财产变化、资金变化、生产消耗和经营成果,促进企业加强经济核算,增加社会主义积累;考核与分析企业财务成本计划的执行情况,找差距,挖潜力,提措施,促进增产节约运动的深入开展;依靠职工群众,实行财务监督,保护国家财产,合理使用资金,维护财经纪律,同铺张浪费、贪污盗窃等损害国家利益的行为作斗争。"尽管上述阐述中没有明确提到会计的职能,但已经表露出对会计职能的初步归纳,即反映、监督、考核与分析;而发挥会计职能最终是为了"执行国家计划和财政制度",发展生产,维护国家利益。

"会计科目"和"会计凭证"部分,重申了会计科目的设置权限,强调了原始凭证对业务审查、记账的重要性和记账凭证需填写的内容。在"会计账簿"部分,除了说明历次制度一再要求的账簿登记要点、程序外,还特别推荐使用增减记账法:"记账方法目前有'增减记账法''收付记账法''借贷记账法'等。'增减记账法'易学易懂,各地区、各部门可以推行。但也可以采用其他记账法。"在"会计报表"部分,引人注目地提出了编制报表的要求:"会计报表必须做到数字真实,计算准确,内容完整,报送及时。上报时须经企业领导人员和会计主管人员审核签章。"这些报表编制的要求,对于提高会计报表的质量无疑具有积极的意义,并一直被沿用了很长时间。在"会计档案"部分,规定了各种会计档案的保管时间:"年度会计报表永久保存;各种账簿和会计凭证至少保存十年,其中涉及外事、对私改造等重要账簿、凭证应长期保存;月份、季度会计报表保存三至五年。"《规划》中"会计核算"部分的内容相对较多,原则性地规定了固定资产、国家固定资金和流动资金、材料物资等存货、职工工资、销售收入、各种结算款项和银行存款、提取的各项专用基金的核算要求;还提出了产品成本核算应该分清的界限:"要按照成本开支范围,核算产品成本,不得把不属于成本范围的开支记入产品成本;要分清本期成本与下期成本的界限,不得任意摊提费用;要分清在产品成本与产成品成本的界限,不得任意压低或提高在产品的成本;要分清可比产品成本和不可比产品成本的界限,不得将应列入可比产品的成本,转入不可比产品成本;要分清盈利产品成本和亏损产品成本的界限,不得将应列入亏损产品的成本,摊入盈利产品的成本。"产品成本核算中必须分清这些界限,才能保证产品成本核算的合理性和客观性,对这些界限的归纳,长期以来为我国企业产品成本核算所奉行。"清查财产"部分规定了财产清查的范围:"清查的范围,包括房屋建筑物、机器设备、运输工具等各项固定资产,原料、材料、在产品、半成品、产成品等各种流动资产,各项结算款项,各种专用基金的物资和未完工程等。""财务监督"部分列出了当时需要重点监督的问题:"对于挪用流动资金搞基本建设和其他财政性开支,乱挤成本,乱列营业外支出,私招职工,擅自提高工资福利待遇,扣留和挪用应交利润和税款,私分商品物资,用公款公物请客送礼,搞铺张浪费,弄虚作假,虚报冒领国家资金以及向企业摊派资金、物资等违反财经纪律的行为,应加以劝阻、制止,并报告企业领导和上级主管部门处理。""加强对会计工作的领导"部分比较特殊,是以往会计制度中所没有的,该部分除了再次要求企业应设置专门的会计机构、配置专职会计人员,会计人员调动或离职时需办理移交手续外,还提出要指定领导干部专人负责会计工作:"企业要加强对会计工作的领导,并在领导中指定一位同志主管会计工作,及时研究解决会计工作中的问题。"

在颁发《规划》的同时,附发了《国营工业企业会计科目》《国营工业企业会计报表》和《国营工业企业成本核算办法》。

《国营工业企业会计科目》中规定了28个会计科目,比1965年《工业企业会计科目和会计报表格式(草案)》中的26个会计科目略有增加,并允许企业根据需要经有关部门批准后增加、分拆、合并会计科目。

《国营工业企业会计报表》规定使用的会计报表比过去亦有变化。其一,报表种类的变化:恢复了1965年会计制度中取消了的"资金平衡表",增加了"商品产品成本表"和"主要产品单位成本表"。其二,报表项目的变化:新恢复的资产负债表计有40个项目,比1959年资产负债表的111个项目大为减少,并省略了各项目的年初数、定额流动资金定额数、定额流动资金借款计划数;专用基金表增加了大修理基金项目及一些明细项目;所有报表的指标总数为1 576个,比1965年的987个有较大幅度增加。

《国营工业企业成本核算办法》分为"产品成本核算对象""产品成本项目""生产费用的归集与分配""产品成本计算方法""成本计划的考核和分析"等部分。在"产品成本核算对象"部分,规定了可以把各品种的产品、各批别的产品、产品生产的各步骤、合并后的同类产品作为产品成本核算对象。"产品成本项目"部分中统一规定的基本成本项目有原材料、燃料和动力、工资及附加费、废品损失、车间经费、企业管理费6项,并允许企业根据情况增减调整。"生产费用的归集与分配"部分指出,直接计入某种产品的材料、工资、费用,直接计入某种产品的成本,不能直接计入产品成本的费用,应采用一定的标准分配于相关的产品;废品损失应根据不同情况分别处理;综合费用,包括一般消耗材料、管理人员和辅助工人工资及附加费、其他应列入产品成本的生产费用,应先根据发生的车间、部门和费用项目,分别在"车间经费""企业管理费"项目汇集,再按照一定的分配方法分配于相关的产品成本;辅助车间的生产费用也要按一定的分配方法转由受益产品、车间和部门负担;企业在停工期间发生的各项费用,除按规定可转为营业外支出的,其余部分应分别计入各有关成本项目。"产品成本计算方法"部分提出,应该根据产品的生产特点、生产组织类型和产品的繁简确定成本计算方法;规定可以采用简单法、分步法、分批法、分类法、定额比例法计算在产品和产成品的成本;还对联产品的产成品成本和一般在产品的成本计算方法做出了规定。

《规划》及《国营工业企业会计科目》《国营工业企业会计报表》和《国营工业企业成本核算办法》并无多少实质性创新,但集中体现了当时对会计工作的两大要求——加强经济核算和简化会计工作。该《规划》的大部分内容是要求企业做好会计核算的最基本工作,如按照要求填制会计凭证,登记会计账簿,编制会计报表,保管会计档案,真实完整地核算各种资金、收支,按时进行财产清查等。这些基本工作是基础性的,本来应该无条件地做好,但在《规划》中却一再重申,反映出当时企业会计工作相当混乱,不得不反复加以强调的局面。

与其他所有管理工作一样,新中国的企业会计在国民经济挫折时期遭受到前所未有的破坏,尽管这一时期颁布的各种会计制度对遭受的破坏做出了一些补救,但由于国家处于动荡之中,各项工作松散,企业管理混乱无序,制度的执行和落实情况不理想,补救作用有限。新中国的企业会计在国民经济挫折时期的遭遇警示人们:会计作用的发挥和自身发展需要时局的安定,社会的动乱必然阻碍甚至摧毁会计;会计工作一旦遭受冲击,必然引起管理的混乱,进而导致经济社会秩序的紊乱;会计工作是在对历史的继承和改进中推进的,对历史经验的全盘否定,"彻底砸烂",只会导致会计工作的瘫痪;会计工作不能靠"革命运动"式的狂热,而要靠科学、扎实的态度去推进。

本 章 小 结

新中国成立以后,1949年至1953年是新中国国民经济恢复的时期,也是新中国企业会计制度的初创期,这一阶段的企业会计制度建设以建立统一会计制度为核心。我国颁布了新中国第一批分行业的统一企业会计制度;1954年至1957年的计划经济形成初期,企业会计制度建设适应计划经济的要求,加大了学习苏联的力度,较大规模地搬用苏联会计的做法;1958年至1960年的国民经济冒进时期,对企业会计制度实行简化,随后又对过度简化做出纠正;1961年至1965年的国民经济调整与发展时期,也是对企业会计制度的调整期,这一阶段整顿了前一阶段被破坏了的会计秩序,尝试建立相对规范且强调简化的会计制度;1966年至1977年的国民经济挫折时期,也是对企业会计制度的破坏期,企业会计制度遭受到比以往更为严重的冲击和破坏。

对于新中国改革开放前的企业会计制度,可以做出如下几点总结与评价。

第一,结束了旧中国企业会计制度落后、散乱的局面。新中国成立前,中国的企业会计落后,占企业总量绝大多数的中小企业采用落后的旧式簿记,只有政府机关、少数官僚资本主义企业和外国在华企业采用近代会计;没有全国统一的会计原则和会计制度,公营单位会计制度只在隶属于政府的少数企业实行,大多数企业的会计自行其是,全国会计杂乱无章。新中国成立后,依据现代会计方法制定了各类统一的企业会计制度并在全国推行,在较短的时间内扭转了会计制度落后、散乱的局面,使中国的企业会计走上了现代企业会计的道路。与旧中国相比,新中国的企业会计发生了巨大的变化,这一变化具有划时代的意义。正因为如此,有人将该时期会计的变化列为中国近代史上的一次"重大会计改革"[①]。新中国成立后颁布的一系列企业会计制度提高了中国企业会计的水平,这对建立正常的会计秩序,规范企业管理,提高企业经营效益,恢复与发展国民经济,均起到了积极的作用。

第二,企业会计制度适应计划经济体制的需要,为计划经济体制服务。新中国成立后不久,由于思想意识、国内外经济和政治形势等多重原因,经济建设转向计划经济体制。在计划经济体制下,经济决策权集中在政府手中,政府对宏观和微观经济活动采取直接指令性行政管理,对社会资源实行计划配置,是经济运行中的核心主体,而企业只是政府生产计划的执行者。按照计划经济体制的要求,企业会计的任务主要是反映企业完成国家计划的情况,反映国家与企业之间的分配关系,因此从会计科目的设置、账务处理的基本方法到会计报表的项目设置和格式等,均重点考虑如何为编制上级下达的计划提供数据,为考核计划的完成情况服务。例如,要求在资金平衡表中反映"原材料""燃料""低值易耗品"等流动资金项目的"定额数",是为了满足上级对企业流动资金实行定额管理和对定额内流动资金拨款或定额贷款的需要;在"固定资产"项目中分别反映固定资产的原值、折旧额、净值,是为了满足上级和财政部门核定企业折旧基金上缴计划的需要;资金平衡表中的流动资产、固定资产、专项资产分别与流动资金、固定资金、专项资金相对应,则是为了服从上级对三项资金分别管理的要求;等等。与此同时,排斥各种反映企业市场主体地位、涉及市场交换的信息数据,如企业价值的表达,投资者、债权人、管理者的投资管理需要等。

第三,企业会计制度由政府统一制定,并由政府监督企业执行。政府的权威性使企业会计制度的制定和推行顺畅无阻;但一旦政府部门决策失误,造成的不良影响也较大。例如,国民经济冒进时期对会计制度的过度简化、国民经济挫折时期以革命的名义对会计正常秩序的冲击,就是这样的例子。政府在制定会计制度的过程中,理论

[①] 杨纪琬:《当代中国的会计改革》,转引自杨纪琬:《社会主义市场经济与会计制度改革》,第59~62页,中国财政经济出版社,1994年版。

上实行"统一领导,分级管理"的原则,但在实际执行中往往统得过多、过死,企业自我管理会计的权限过少、过小。

第四,企业会计制度分部门和所有制制定。就会计制度的制定部门而言,有的制度由财政部制定和管理,有的制度由财政部和行业主管部门联合制定和管理,还有的制度由企业主管部门制定,报财政部批准或备案;就所有制而言,国有企业、集体企业的会计制度分别制定,各不同相同。这些分部门、分所有制的会计制度,造成了不同部门、不同所有制企业之间的会计政策、会计方法和会计报表各有差异,形成了不尽相同的会计信息,给国家的宏观经济调控和企业的微观管理都带来了困难。

第五,会计制度采用示范式的形式。这一时期企业会计制度的主要内容一般包括使用说明、会计科目表、会计报表格式、会计分录举例、会计报表填列方法等。在会计科目表部分,列示企业应该设置哪些会计科目;在会计报表格式部分,列示企业应该编制哪些会计报表以及会计报表的格式;在会计分录举例部分,列示对各种常见的经济业务如何进行会计处理(编制会计分录)。这样的会计制度是示范式的,即向企业会计人员详细讲授如何对经济业务做出符合制度规定的处理,会计人员只需套用制度的示范,对号入座地对经济业务做出处理即可。示范式会计制度的形成有三个原因。其一,企业(主要是国有企业)的经济活动由政府安排,资金按照计划来源取得,且须按照计划用途使用,为了保证国家计划的完成,国家通过财务制度对企业的资金使用做出了严格的限定,会计人员对经济业务的处理只能按照财务制度的规定办理,如流动资金如何取得和安排;固定资产以何种方式计提折旧,折旧比率如何确定,折旧资金如何使用;企业利润如何分配;企业贷款如何使用;等等。由于财务制度明确了企业资金的用途,会计制度只能采用示范的方式固化企业经济业务的处理。其二,企业经济活动由国家按计划安排,企业的业务范围固定,业务形式相对单一,常规的示范式会计制度基本能够满足企业的经常性需要;企业如果遇到不常见的业务,则须向上级或财政部门请示如何进行会计处理,不需要也不允许自行解决。其三,适合当时会计人员使用。旧中国会计落后,会计人员专业素质偏低,新中国成立后这一状况有所改善,但短期内未发生根本性的好转,会计人员只能按照上级部属和遵照制度规定办事,不善于根据会计指导原则通过职业判断自行处理会计业务,示范式的会计制度易于被会计人员接受,具有必要性。

第六,会计制度的制定较多地受政治取向和思想意识的影响,屡屡为政治风向所左右。如在计划经济体制形成初期学习苏联会计的做法、在国民经济冒进时期会计制度的过度简化、在国民经济挫折时期会计工作受到的冲击,无不受当时政治风向的驱动。

第七,企业会计制度调整幅度较小。从新中国建立到改革开放前近30年的时间里,企业会计制度一直处在调整之中,但历次调整主要围绕如何学习苏联经验、如何处理会计规则繁琐与简化的关系进行。由于企业会计制度的每次调整均是在计划经济体制框架下做出局部修改,从来没有突破计划经济体制对会计的约束,始终体现计划经济体制对会计核算的要求,所以自1954年起直至改革开放前,尽管企业会计制度各年均有所变化,但总体格局相对稳定,没有根本性的变化。

第八,会计制度与国际会计惯例存在很大差异,完全没有考虑会计信息国际交流的需要。改革开放前的新中国对外资本流通很少,没有与境外进行会计信息交往的需要,且因为意识形态的原因,排斥以西方国家为主导的国际会计惯例,隔绝了与外界的会计交流,造成了会计制度与国际会计惯例较大的差异。

第 2 章

改革开放前的预算会计制度

我国的预算会计在新中国成立后的1950年即告诞生,至今已有半个多世纪的历史。在我国实行以计划经济为主的年代,预算会计的概念被表述为:"是各级财政部门和行政事业单位核算、反映和监督国家预算执行的会计。它以货币为主要计量单位,对各级总预算和单位预算执行及其结果进行核算和监督,是预算管理的重要组成部分。"[①]1998年预算会计改革中财政部发布的《预算会计核算制度改革要点》则提出:"预算会计是以预算管理为中心的宏观管理信息系统和管理手段,是核算、反映和监督中央与地方各级政府预算以及行政事业单位收支预算执行情况的会计,是我国两大会计体系之一。"[②]也有人指出,预算会计为预算管理服务,预算管理体系决定预算会计体系,因此预算会计体系分为:财政总预算会计、事业单位会计、行政单位会计,以及参与预算执行的国库会计、收入征解会计(包括税务会计、农业税征解会计、关税会计)和基本建设拨款会计等。[③]

第 1 节 国民经济恢复时期的预算会计制度:
1949—1952 年

1949—1952年为新中国成立之初的国民经济恢复时期,这一时期经济工作的基本任务是恢复国民经济、争取财政经济状况的根本好转。

1950年3月3日,中央人民政府发布《全国统一财政经济工作的决定》,要求:①统一全国收支,即统一全国的财政收入,将财政收入的主要部分集中到中央。支出也由中央统一编制和安排,地方、军队和企事业单位不得随意扩大开支。②统一物资

[①] 董孟婉、张复英:《预算会计》,第4页,中国财政经济出版社,1989年版。
[②] 财政部预算司、全国预算会计研究会:《新预算会计制度释疑》,第1页,浙江人民出版社,1999年版。
[③] 全国预算会计研究会预算会计课题组:《新预算会计制度知识问答》,第4页,浙江人民出版社,1997年版。

调度,即全国物资由中央统一调度、合理使用。③统一现金管理,即一切军政机关、学校、团体和国营企业的现金,除留若干近期使用外,一律存入国家银行。

政务院在做出《关于统一国家财政经济工作的决定》的同一天颁布了《中央金库条例》,明确规定:"各级金库均由中国人民银行代理,金库主任由各级人民银行行长兼任。尚未设置人民银行之地区,得独立设立金库。"新中国成立伊始,中央人民政府做出建立国家金库的决定是必要的。"通过金库回笼的现金数额,异常庞大。现金收支不但实现了平衡,而且出现了入差现象,市场货币流通量缩小将近三成,终于制止了通货膨胀,停止了物价的上涨,开始了物价的稳定,甚至下落,扭转了十余年战时通货膨胀、经济建设无基础、人民生活不安定的局面。"①国家金库的建立对于随后预算会计制度的建立也发挥了促进作用。

1950年3月24日,中央人民政府政务院做出《关于统一管理1950年度财政收支的决定》,这是新中国成立后第一个关于国家预算管理体制的法规。其中关于预算管理体制方面的内容主要有:①国家预算管理权和制度规定权集中在中央。一切收支项目、收支办法、收支范围和收支标准,都由中央统一制定。②财力集中在中央。预算收支由中央统一掌握和分配。收入除地方税收收入和其他零星收入抵充地方预算支出外,其他各项收入均属中央预算收入,一律逐级解缴中央金库;各级地方政府的支出均由中央统一审核,逐级拨付;地方组织的预算收入同预算支出不发生直接关系,年终结余也要全部上缴中央。③建立统一预决算、审计会计制度。一切预算收支,除地方附加外,全部纳入统一的国家预算。

中国的预算会计制度就是在这样的背景下诞生的。

一、《中央金库条例施行细则(草案)》(1950年):新中国第一部统一会计制度

1949年12月12日,中央人民政府财政部设立了主管会计制度的专门机构——会计制度处,负责有关会计制度的拟订、审查工作。会计处在较短的时间内出台了一系列统一的相关会计制度,这些会计制度主要围绕统一国家财政收支这项中心任务而建立。

政务院发布《中央金库条例》后,又于1950年3月25日制定颁发了《中央金库条例施行细则(草案)》(以下简称《金库细则》),在其中首次对金库会计制度做出了原则性规定。《金库细则》共有"总则""收解款项手续""支拨款项手续""会计科目""账簿"

---

① 南汉宸:《在中国人民银行成立二周年纪念会上的报告》,《新华月报》,1951年第3期。

"报告制度""往来款项处理""附则"8 章,其中有关会计的规定占 4 章。《金库细则》在"总则"中要求金库设独立会计,金库账务与银行账务分开;要求对未设银行地区的支库所经收的库款送上级库或指定库,或由邻近的银行免费汇解;还规定了各级金库会计核算的原则要求,即"各级库代上级库收付之款项……记各级库往来等账;总、区、分库另设中央财政收入记录簿及中央财政支出记录簿,按税别及预算科目分户登记,以便统计岁入岁出。"①《金库细则》提出会计核算以人民币为记账本位,以元为单位;规定了金库收支的会计科目设置和使用,其中会计科目共设有 12 个总账科目,分为收入类、支出类和资产负债类,其中收入类有中央财政收入、待整理款、暂收款 3 项;支出类有中央财政支出、已付预拨款项、暂付款 3 项;资产负债类有总区库往来、总分库往来、区分库往来、分支库往来、银行往来、现金 6 项。该细则规定账簿分为主要账簿、补助账簿、各项备查簿、科目合计表 4 种;还特别强调会计资料要及时报告。② 这是针对当时历史条件首次对金库会计制度做出的规定。金库会计制度的建立,不仅促进和推动了金库会计工作正常秩序的建立,也保证了国家能及时了解和掌握财政收入和支出的情况和进度,对落实国家统一财政收支的各项措施起了重要促进作用,并为进一步建立预算会计体系打下了基础。

二、《各级税务机关暂行会计制度》(1950 年):税务会计制度的雏形

1950 年 4 月 12 日,财政部税务总局在北京召开全国税务会计会议,分"税收会计制度""税务费会计制度""票证制度""会计检查""会计处理规则"5 个部分,对会计科目和税目、账簿组织、报告制度等作了具体规定。

这个制度是为了掌握全国各级税务机关的税收实况,促使税收及时入库,保证财政开支而制定的,也对整顿税收工作起了重要作用,适用于全国各级税务机关。它为掌握全国的税收入库情况创造了条件,是新中国税务会计制度的雏形。

三、《关于 1950 年财政管理及会计事务处理采用收付实现制的几项具体规定》(1950 年)和《关于 1950 年财政会计几个具体问题的规定》(1950 年):新中国早期的预算会计业务规定

1950 年 9 月 1 日,财政部发布了《关于 1950 年财政管理及会计事务处理采用收付实现制的几项具体规定》,其中规定:"为便于编制决算及精确考核本年度预算实际执行情况,1950 年度财政管理及会计事务处理决算采用收付实现制。"该规定要求"自

---

① 史绍绂:《国家金库知识》,第 35 页,中国财政经济出版社,1984 年版。
② 史绍绂:《国家金库知识》,第 36 页,中国财政经济出版社,1984 年版。

1月1日至12月31日止,所发生的一切财务收付事项,均应分性质记入本年度各科目内,收入以基层库于12月31日前入库者为限,支出以各级基层支出机关于12月31日前实际支出者为限"。同时财政部还规定:上年农业税秋征,如已列入本年农业税收入科目者,为求账目处理一致,应悉数转入"上年结余"科目内处理;截至12月31日,各项经费使用机关均应向财政部门办理结算,其结余或交回或结转下年;各级金库、粮库、食物库于12月31日止,应将结存各机关之粮款及食物一律停止支付等;截至12月31日,应将一切应收未收数字编入下年度预算内继续催收,应付而必须支付者应分别科目编入下年度预算内执行。该规定中以每年的12月31日作为财务收付事项的截止日期,为预算会计年度的划分提供了前期准备;规定采用收付实现制,统一了预算会计的会计基础。

1950年9月18日,财政部通知施行《关于1950年财政会计几个具体问题的规定》。其主要内容有如下几个方面:

(1) 明确了会计年度。会计年度采用历年制(自公历1月1日起,至12月31日止),并于年度开始,每3个月为1个季度(公历1月到3月为第一季度,依此类推,每3个月为1个季度)。

(2) 确定了记账本位币和记账单位。规定如下"各区财政会计,统以'核定之预算本位粮'为记账本位币,一切收支均须折预算本位粮与原款原粮同时入账……""其记账单位,款以人民币'元'为单位……他种货币均按比价折合人民币注账(东北、内蒙古、新疆则依该区货币计算,但对中央报表仍按人民币编造)。""预算本位粮以'市斤'为单位。"

(3) 将会计科目分为5类:有岁入、岁出、资产、负债和资产负债共同类等。

这些制度和规定,形成了预算会计的最初统一,使初期的会计工作有了规范可以依据,基本满足全国性的预决算编报要求。但这种统一,是一种过渡性的统一,是有限的统一,有些基础性问题依然维持了现状。

四、《各级人民政府暂行总预算会计制度》(1950年)和《各级人民政府暂行单位预算会计制度》(1950年):预算会计制度的建立

1950年10月,财政部召开第一次全国预算会计金库制度会议。会议讨论了若干重要的规章制度,并根据中央人民政府政务院公布的《预算决算暂行条例》和《中央金库条例》提出了建立我国预算会计体系的设想,同年12月12日正式颁发了适用于各级财政机关的《各级人民政府暂行总预算会计制度》和适用于各级行政事业单位的《各级人民政府暂行单位预算会计制度》,于1951年1月1日正式实施。它与当时我国高度集中、统收统支的计划经济模式相适应,同时也是第一次系统地、完整地确立了我国

预算会计的基本框架体系。

这两项会计制度的颁布与实施标志着预算会计制度的诞生,确立了我国预算会计的最初体系框架,实现了我国预算会计工作和会计核算方法的统一,在我国预算会计发展史上具有奠基性意义:

(1) 确定了预算会计的名称及核算范围,名称为预算会计,由财政总预算会计和单位预算会计两部分组成;明确规定了对预算收支进行统一核算。

(2) 确定了预算会计的组织体系,按预算级次和各级预算的隶属关系,形成按地域、按行政管辖单位进行预算会计管理的体系。

(3) 统一了预算会计核算方法,包括:规定采用现金会计基础,即以收付实现制为基础;确认五大会计要素;规定以现金收付记账法为主,借贷记账法为辅;建立了全国统一、自下而上的汇总编制的预算会计报表体系。

(一)《各级人民政府暂行总预算会计制度》

该制度分为 8 章 76 条,第一章"总则"(第 1~12 条)、第二章"会计科目"(第 13~21 条)、第三章"会计凭证及账簿"(第 22~27 条)、第四章"会计报表"(第 28~35 条)、第五章"会计事务处理程序"(第 36~54 条)、第六章"决算"(第 55~61 条)、第七章"会计交代"(第 62~69 条)、第八章"附则"(第 70~76 条)。具体内容如下。

(1) 该制度第 3 条确定了预算会计的名称:"各级人民政府关于财政收支、调拨及资产负债增、减之一切会计事项,称总预算会计,由其财政部门专设机构办理之。"

(2) 该制度规定总预算会计分为:"大行政区或自治区总会计,省(市)总会计二级。在专员公署财政科内,不设总会计,但得视工作需要,由省委托代理总会计之汇编及审核工作。"

(3) 该制度第 6 条规定了总预算会计的具体事务:"关于收支预算执行之记录、稽核及结报工作;关于资产负债增减之记录及清理工作;关于办理财政收支、调度及支付书之签发工作;关于办理上缴岁入之登记汇总工作;关于办理代领、转发款项之记录及结算工作;关于所属机关收支计算、决算之审核汇编工作;关于所属总会计和所属单位会计业务处理及制度实施之监督与指导工作。"

(4) 该制度第一章中还规定:总预算会计采用收付实现制;会计年度为公历 1 月 1 日至 12 月 31 日;记账方法为现金收付记账法;记账本位币为人民币(内蒙古、东北、新疆得依当地币制记账,但编送中央之会计报表,仍应按法定比价折合人民币)。

(5) 该制度将会计科目分为 5 类,分别是:岁入、岁出、资产、负债和资产负债共同类。

第 14 条规定:"岁入类科目,根据批准之岁入总预算所列各'款'之名称设置之。

凡已经确定岁入科目之收入,记入各该科目之收方,退还之数,记入付方,其收方余额,表示各'款'岁入之净额。"

第15条规定:"岁出类科目,根据批准之岁出总预算所列各'款'之名称设置之。凡已经确定岁出科目之支出,记入各该科目之付方,收回之数,记入收方,其付方余额,表示各'款'岁出之净额。"

应设置的资产类科目有:金库存款、库存粮食、库存实物、预付经费、企业资金等。"企业资金"科目用于核算拨付给各企业的资金款项,凡拨付的款项,除记入岁出类科目外,同时应记入"企业资金"这个资产类科目。

应设置的负债类科目有:暂收款项、应付运输支票、应付公债、折旧积存、本年结余等。"折旧积存"针对凡经济企业缴存之折旧基金,除记入岁入类科目外,同时应记入"折旧积存"负债类科目。

应设置之资产负债共同类科目有:上级往来、所属往来、其他往来、资产负债差额、下年度往来、上年度往来等。

(6) 该规定的会计凭证分为原始凭证和记账凭证。原始凭证包括各项收入之解款(粮、实)书,各种金库库据,各种收入退还之申请书及退还书据等共计16种。记账凭证有收入传票和支出传票两种。会计账簿分为传票汇总表(或日记账)、总分类账、各种明细分类账等。

(7) 对会计报表的规定。报表分为日报、月报、季报、年报4种。第29条规定"本制度会计报表之编制基础,分为'报到'及'划期'两种。报到基础之报表,系依一定日期账簿上记载之数字编列。划期基础之报表系依一定任务之执行结果数字编报。"其中:

日报类会计报表,以"报到"为基础,反映本级总会计每日财政收支及库存之情况数字,仅包括根据传票汇总表或日记账编制的"库存日报表"一种会计报表。

月报类会计报表,以"报到"为基础,反映本级总会计每月财政收支及库存之情况数字,包括总分类帐科目余额表、各种岁入岁出分月累计情况表等五种会计报表。

季报类会计报表,分为"本级"和"汇总"两类。属于本级报表的共两种,系以"划期"为基础,反映本级总会计每季财政收支之"计算"数字;属于汇总报表的共四种,又分为"情况"及"计算"两类:前者以"报到"为基础,反映本级及所属各总会计每季财政收支及库存之"情况"数字,后者以"划期"为基础,反映本级及所属各总会计每季财政收支之"计算"数字。

年报类会计报表,也分为"本级"及"汇总"两类,均以"划期"为基础。本级类反映本级总会计年度财政收支之"决算"数字;汇总类反映本级及所属各总会计年度财政收支之"决算"数字。本级年度报表包括年度岁入岁出决算表、各种年度岁入岁出决算明细表、年度税收留用及收支比较决算表、资产负债表、预付经费明细表、企业资金明细表、折旧积存明细表、往来款项明细表、暂收款项明细账共 9 个相关表格；汇总年度报表包括年度岁入岁出决算汇总表、各种年度岁入岁出决算明细汇总表、年度岁入岁出决算分地汇总表、资产负债汇总表、折旧积存明细汇总表等 7 个相关表格。

各类会计报表之报送期限：日报类于次日上午制成，送本机关首长核对；月报类于月终后 10 日内送出，有特殊困难经上级总会计批准，可酌量展延，但最迟需于月终后 15 日内送出；季报类于季度终了后 75 日内送出，有特殊困难经上级总会计批准，可酌量顺延，但最迟需于季度终了后 90 日内送出；年报类的本级决算报表于年度终了后 100 日内送出，汇总的年度决算报表大行政区总会计于年度终了后 140 日送出，中央总会计于年度终了后 180 日内送出。

（8）关于会计事务处理的程序。规定为"库存款项及粮食之拨付，概以财政部门签发之支付命令为根据，无支付命令者，不得拨付。""实物之拨付，须透过款项支付命令；另附实物明细单，列明实物品名、数量、价格等。由具领机关向指定部门提用。"还有许多具体规定如："收入传票和支出传票应先分别顺序编号。""每日工作终了，根据传票汇总表或日记账编制库存日报表。""各种会计报表及重要凭证，须由财政部门首长及会计主管人员共同署名盖章"，等等。

（9）关于决算的规定。"各级总会计之决算，于年度终了后办理之。"规定"大行政区以上各级总会计，除办理本级决算外，并须办理本级及所属各级总会计之汇总决算。"年度决算包括 3 项内容：一是编制年度类会计报表；二是编制各种统计性质的报表；三是编写决算报告的分析说明。

（10）关于会计交代。要求"各级会计人员在解除、变更或调动职务时，必须办理交代。但短期给假或因公外出者，不在此限"。还规定了在办理会计交代时的程序。

（11）附则。规定了制度的实施时间，会计凭证、账簿、报表之格式，各总会计可自行补充，等等。

这是我国第一部总预算会计制度。新中国成立初期我国仍处于供给型财政时期，当时的财政分配形式既有货币形式也有实物形式，财政机关既掌管现金库又掌管粮食、物资等实物库，而财政支出采用实报实销原则。与此相适应的总预算会计制度中规定，收入数字基础包括缴入粮库、实物库的折价后的预算收入，支出数字基础以"实际开支者为限"，未支出的实物、粮食即作为年终单位结余处理。结合《关于 1950 年财政管理及会计事务处理采用收付实现制的几项具体规定》和《关于 1950 年财政会计几个具体问题的规定》，总预算会计制度对包括预算级次、核算基础、会计年度、记账方法、会计科目、会计报表等做出明确规定,形成了完整的总预算会计核算体系框架。在此后的发展过程中,总预算会计制度的框架一直没变,只是按照每一时期的财政体制和会计发展需要而进行小幅度调整。

(二)《各级人民政府暂行单位预算会计制度》

该制度分为8章77条。第一章"总则"(第1~11条)、第二章"会计科目"(第12~20条)、第三章"会计凭证及账簿"(第21~28条)、第四章"会计报表"(第29~37条)、第五章"会计事务处理程序"(第38~50条)、第六章"计算决算"(第51~61条)、第七章"会计交代"(第62~70条)、第八章"附则"(第71~77条)。

第一章"总则"主要规定了制度的制定依据,适用单位,核算对象,会计单位级次划分,主要会计事务列举,采用收付实现制、复式簿记原理和现金收付记账法,以人民币为记账本位币,会计年度采用公历制,等等。

第二章"会计科目"规定了会计科目,分为收入、支出、资产、负债、资产负债共同类。

收入类科目有预算内收入和预算外收入两类。

支出类科目也分为预算内支出和预算外支出两类。

资产类科目设置的有:行政费存款、事业费存款、代领所属经费存款、其他存款、库存现金、库存粮食、库存票券、收入缴库、转拨所属经费、暂付款项、土地房产、家具设备、图书仪器,共计13个。对于土地房产、家具设备、图书仪器3项以负债类"固定资产基金"科目为平衡科目。资产变卖或报废时,记入各科目之收方;其付方余额,表示各该资产之净额。

负债类科目设置有:拨入行政费、拨入事业费、拨入所属经费、应付工资、应付助学金、暂收款项、固定资产基金、本年经费结余、预算外收支结余,共计9个。

资产负债共同类科目设置有:上级往来、所属往来、其他往来,共计3个。

同时规定,会计科目之名称,不论在编制传票、登记账簿或编制会计报表时,均不得随意更改。预算内收支的明细科目,可按单位预算所列"项""目"设置。预算外收支的明细科目由各单位根据会计事项的性质或单位名称设置。资产类、负债类明细科目也按业务性质或单位名称设置。

第三章"会计凭证及账簿"中,将凭证分为原始凭证和记账凭证。原始凭证有经批准之预算书;经批准之计算书、决算书;各种经费之支付通知书或预借通知书;各项经费之借据及领据;仓库存支之各种书据;应缴金库款之库据;暂收暂付之临时数据;各种定额费用单据;购置建筑之各种契约及合同;所属机关会计报表;其他足以证明会计事项发生经过之文件。

记账凭证主要是收入传票、支出传票、转账传票。收入传票为记录使现金（包括库存现金及各种金库存款）增加的各种会计事项所用之传票；支出传票为记录使现金减少的各种会计事项所用之传票。每一会计事项只用一张传票过入现金收入簿或现金支出簿之应付科目和应收科目，故称复式传票。转账传票为记录与现金增减无关之会计事项所用之传票。因为没有规定现金转账传票，则部分现金收支部分转账收支的会计事项，必须分开处理，或分成两个步骤处理。

该制度规定会计账簿分为序时账、分类账、补助登记簿3种。

第四章"会计报表"中第29条规定："本制度之会计报表分为日报、月报及年报3类，均以'划期'为编制基础，依一定期限，一定任务之执行结果数字编制。"日报类会计报表只规定库存现金日报表一种，根据现金收入簿及现金支出簿编制。月报类会计报表分为本级及汇总两类，属于本级者包括4种会计报表；属于汇总者包括3种会计报表，预算外收入、预算外支出计算不必汇总。所谓汇总即指将本级报表与所属机关上报的各报表合并编制，为此必须明确本《制度》第四条关于单位会计的级次。年报分本级和汇总两类。本级年报有4种，即各种年度岁入决算表、各种年度岁出决算表、年度预算外收支决算表、资产负债表。汇总年报也有4种：各种年度岁入决算汇总表、各种年度岁出决算汇总表、年度预算外收支决算汇总表、资产负债汇总表。

关于各类会计报表之报送，只规定了本级报表的送出期限，汇总报表的送出期限则由各级总会计自行规定。

第五章"会计事务处理程序"规定会计处理中应执行的手续、程序、做法，列举了若干办理会计事务的通则和秩序，是会计人员办事的守则。如第38条规定："各机关根据批准之预算及预借通知书填制借据向财政部门领取各种经费后，必须依照现金管理办法，存入金库各专户存款项下，并按现金收支计划支取"；第41条规定："每一记账凭证所记载之会计事项，应以一个为原则，必要时得合并若干性质相同之会计事项，制作一记账凭证"，等等。

第六章"计算决算"规定了单位会计的月报和年报的计算编制依据和数字来源，以及编报份数、编报时间。还有预算内、外收支科目年终结转手续等。

需要说明的是，"计算"为月报类会计报表之编制，"决算"为年报类会计报表之编制，实际上大部分已在会计报表一章有了规定，这一章只不过用另一方式重述，要点在阐明办理决算时和办理决算后如何结束旧账、转入新账的手续。

第七章"会计交代"规定了办理会计工作交接时的手续和程序。如第62条规定："各级会计人员在解除、变更或调动职务时，必须办理交代。但短期给假或因公外出者，不在此限。"第66条规定："移交人员应在原经管之账簿及重要登记簿所记最末一笔账之后,接管人员在其所记最后一笔账之前,加盖私章,并注明年月日。"

关于工作交接的会计交代应该在《会计法》或会计条例内作统一规定,不必在会计制度内个别设置专章,不过当时还没有这方面正式的法规,故在本《制度》中做此规定。

第八章"附则"一方面规定了"本制度未尽事宜,以预算决算暂行条例为准,条例如有修正,与本制度发生抵触时应以条例为准";另一方面规定了需要改订或另订规则的可能事项以及制度批准权限和生效时间。

1951年实施的单位预算会计制度是经过反复讨论确定的,连同财政部发布的总预算会计制度在内,实现了我国预算会计的统一,初步建立起我国预算会计体系框架。从此,各级财政部门总会计之间、各级总会计与所属单位会计之间开始建立了联系,明确了会计工作的领导关系,统一了会计思想。

1951年7月,政务院公布了《预算决算暂行条例》,这是我国第一部全国统一的、全面的、有权威的预算管理法规,它规定了国家预算的组成体系、编制程序、期限、要求及审核,预算执行规范,决算的编制及审定等,成为之后改进和调整预算会计制度的依据。

新中国的国民经济恢复时期是预算会计的初建期,这一时期新中国初步建立了预算会计制度体系的框架。新中国自旧中国脱胎而出,新中国的预算会计制度不能不受南京国民政府颁布的政府会计制度和公有事业单位会计制度(如南京国民政府主计处1946年11月颁布的《中央总会计制度》、1946年12月颁布的《中央统制会计制度》、1948年修订的《普通公务单位会计制度之一规定》等)的影响,继承了其中的一些做法,同时也学习借鉴了苏联政府会计和事业单位会计的制度制定经验。这一时期颁布的《各级人民政府暂行总预算会计制度》(1950年12月)和《各级人民政府暂行单位预算会计制度》(1950年12月)所规定的核算范围、核算程序、会计基础、科目类别、记账方法、凭证、账簿、报表等,初步奠定了我国今后几十年预算会计的基础。

第2节 计划经济体制形成初期的预算会计制度:1953—1957年

计划经济体制形成初期是我国国家机关、事业单位会计工作秩序稳定发展的时期,也是会计核算工作逐步规范的重要阶段。这一期间,财政部对预算会计制度进行了多次的修订和补充。

一、总预算会计制度的变化

这一时期,我国各级财政机关、各级主管部门都十分重视会计工作,各级财政机关每年对各类会计决算报告进行的审查批复,大大促进和加强了对财务会计工作的领导,提高了会计工作质量。这一期间的主要调整变化如下所述。

(一) 会计制度的适用范围变化

1950年的总预算会计制度,分为大行政区或自治区总预算会计和省(市)总预算会计两部分,1954年将其调整分为中央、省和县(市)三部分。考虑到中央及各省的会计处理在繁简程度和报表要求上与县(市)有别,因此规定中央总预算会计及省(市)总预算会计依《各级人民政府暂行总预算会计制度》中中央及省(市)部分办理;各县(市)总会计依《各级人民政府暂行总预算会计制度》中县(市)部分办理。另外,对于地(市)总会计如何进行会计处理,制度规定:相当于省级的自治区人民政府及设有总会计的行署级、专区级民族自治区人民政府,关于执行总预算的一切会计事务,均比照省总会计依照本制度办理。

(二) 会计要素的变化

1953年开始的"一五"计划,使我国进入大规模的经济建设时期,原来财政管实物、管粮食的情况逐渐被只管理资金所取代。于是会计要素的规定发生变化,资产和负债只作为会计平衡等式的内容,不再作为会计要素的构成部分。1953年将会计要素调整为金库存款、预算支出、预算收入、往来款项、预算执行结果等。1956年会计要素修订为货币资金、预算支出、贷出款项、预算收入、借入款项、预算执行结果共6个。

(三) 总预算支出的列报标准变化

1950年,总预算会计制度规定的总预算支出数确定为"支出以在12月31日以前基层机关实际开支者为限",这里所说的"实际开支"仅指单位预算机关的事业行政经费支出。但从1951年起,我国总预算支出的列支报销标准已按照会计报销标准划分为3类,即:单位预算机关的事业行政经费支出、专业银行经办的基建拨(贷)款支出、财政机关直接经办的支出。对于基建支出,1952年制度规定:"通过交通银行的基本建设支出,以交通银行经办行支付者为限。"[①]即以银行支出数作为列报依据。对于财政机关直接经办的支出,一直规定"以拨列支",受款单位不再单独向财政机关报账结算。对于单位预算机关的事业行政经费支出,1951年规定采用"实际支出数"为列报依据的做法一直沿用到1956年,之后采用了"银行支出数"。

采用"银行支出数"列报地方预算支出,经历了以下具体过程:新中国建立初期,借鉴苏联的计划经济管理模式是发展经济的主要做法,所以这也成为我国预算会计核算体系需要学习的内容。1952年10月召开的第三次全国预算会计金库会议,决定为避

---

① 国家安排的基建支出拨(贷)款,1954年前由交通银行办理,之后由建设银行办理。

免资金分散,从加强对事业和行政部门的预算管理、财务管理与财政监督的角度出发,将采用银行执行预算出纳业务中的地方存款出纳业务部分,在东北、内蒙古自治区及上海市先行试点。1954年,财政部开始酝酿在全国实施"银行执行预算出纳业务",并于1955年开办总预算会计培训班,拟在1956年推广至全国。1955年财政部《地方财政机关总预算会计制度》规定,地方各级总预算会计对于拨付的机关经费要以各机关银行支出数列为地方预算支出,还制定了《关于中央级单位预算机关1956年在实行银行执行国家预算出纳业务前后执行单位预算会计制度方法说明的函》,对执行这一办法的有关问题做出了说明。

由于用款单位多、较分散、银行负担重等原因,这种方法最终未能在全国如期推广。但作为一次有益的尝试,在建立和完善我国预算会计管理过程中,为我们积累了实际的经验和教训。在银行执行出纳业务的试点基础上,我国总预算支出的会计数字基础后来一直沿用"银行支出数"长达40多年。

(四)关于会计报表编制基础的变化

1951年制度规定,会计报表的编报基础分为"报到"和"划期"两种。"报到"的含义是指上级汇总报表的单位,到了报表规定报送期限,收到多少汇总多少,以保证报表的及时性;"划期"的含义是指对所属单位的报表必须收齐后才能汇总上报,以保证报表的完整性。

1952年制度规定,月报类报表以"报到"为主;季报主要用于分析,以"划期"为主。另就地域而言,市属单位就近报表以"划期"为主;省属单位分散,报表以"报到"为主。

1954年依然规定,"划期""报到"为报表编制基础,并对"划期"和"报到"做了进一步的解释,即报到基础报表,系依一定记账截止日期账簿所记账之数字编制,不受实际收付期限之限制;划期基础报表,系依实际收付的季度及年度数字编制,不受记账期间的限制。

1956年制度规定,预算收入报表仍为"划期"和"报到"两种,预算支出报表,都以银行支出的累计数编制。

(五)对中央经费拨款实行限额拨款办法

采用"银行支出数"列报总预算支出,是在实行银行执行预算出纳业务的前提下的具体方法,目的是加强管理和监督,避免资金分散。后来经过改进,形成了适合我国的"经费限额拨款管理办法",它有别于"划拨资金"的拨款方式。"划拨资金"是一种将财政库款逐级拨付到用款单位的开户行账号的做法,需要占用一定的资金数额。在这种做法下,财政部门按月或按季一次拨付(资金数量较大),用款单位分次逐步使用(每次使用数量小、使用时间长），在财政资金不宽裕的情况下，这一方面造成用款单位资金占压，另一方面使得财政部门资金紧缺。为了解决这一矛盾，借鉴银行执行预算出纳业务的做法，财政部于 1957 年推出"关于改进中央级经费拨款手续的办法"，即经费限额拨款。简单地说，"限额拨款"是财政部门给用款单位一个用款的额度，月末或季末由金库与银行之间办理结算。这种做法的好处是既可以避免财政资金的分散占压，又可以简化拨款手续；既保证了中央财政资金权限的高度集中，又可满足单位用款的资金需要；既有利于财政资金的调度，又有利于及时反映预算支出执行情况，还方便了总预算会计进行年终清理结算。

（六）金库不再单设会计

1957 年 12 月 10 日，财政部颁发《第四次修订中央金库条例施行细则的通知》，规定金库不设独立会计，金库的账务作为银行账务的一部分。

二、单位预算会计制度的变化

（一）单位预算会计制度适用范围的变化

1951 年的制度规定，单位预算会计制度适用的范围是"各级人民政府直属机关及直属机关之所属机关"①，所规定的机关不够具体、明确，内涵笼统。1954 年的制度将单位预算会计制度适用范围明确为："各级人民政府所属行政机关、事业机关、企业主管机关和团体，关于执行单位预算或附属单位预算的收支会计事务，除税收会计和实行经济核算的基建会计外，称单位预算会计，应由各机关统一会计机构依照本制度办理。"

（二）推行"报销单位办法"

财政部在 1954 年 9 月召开全国预算会计制度会议，讨论如何更好地发挥预算会计报表应有的信息反馈作用，解决全国汇总的会计报表不够及时的问题，特别是县市基层小单位层次多、十分分散，报表的汇总非常不及时等问题。经过会议讨论决定，一方面改进会计报表的内容和报送方法，另一方面对众多且十分分散的县级基层小单位推行"报销单位办法"。当年 11 月，财政部发出了《关于 1955 年在全国各县推行报销单位办法的指示》。

从财政角度讲，报销单位并非一级独立单位会计，而是上级单位会计的一个组成部分，只需设一本简单的资金登记簿，反映单位的现金收付和库存。报销单位收到款项后，在标准内自行掌握支用，月末向上级单位会计办理报销，同时领回下月经费。对

---

① 《预算决算暂行条例》第 7 条，1951 年 7 月 21 日。

于确实不能在单位会计报送报表期限内报账的报销单位,也可以采用"以拨款作支出"的方式处理,不需要单独编制预算、决算和会计报表。这种方式的使用,简化了单位预算会计的体系级次;理顺了报表体系,调整了报表的报送方法,加快了信息的反馈进度;也让许多小单位从不必要的会计事务中解脱出来。

(三) 推出单位预算会计简易处理办法

为了简化会计实务,加快会计报表进度,1954 年制度规定:凡经费不大,会计事务简单的机关,经批准后可应用单式记账法,依照中央人民政府财政部规定的《各级人民政府单位预算会计简易处理办法》处理其会计事务。

(四) 试行银行执行预算出纳业务

单位预算机关原使用"银行执行预算出纳业务"进行预算管理和会计核算,具体方法是:第一,各单位预算机关(以下简称"预算单位")在国家银行开立经费支出账户,财政机关根据核定的预算,采用"限额拨款"方式按季下达、划入预算单位账户备用;第二,预算单位在规定额度内从开户行的单位账户提款办事,接受银行监督;第三,月终,国家银行系统汇总所有经费支出账户中的"银行支出数",逐级汇总为单位的支出月报,最终形成同级财政预算收支执行情况月报表;同时,国家银行与同级财政办理拨款结算。

1955 年,财政部重新制定的《各级国家机关单位预算会计制度》规定:"各机关支用预算资金,必须按照预算科目分别银行支出数和实际支出数记账并编入会计报表。"同时,对"银行支出数"和"实际支出数"做出了说明:"银行支出数"是各机关按照单位预算规定用途,由开设在中国人民银行的中央预算核准经费户和地方预算存款户,以及由开设在中国人民建设银行的基本建设核准经费户中支出的预算资金数额,包括转账支付和提取现金;"实际支出数"是各机关根据合法的原始凭证办理的实际支出数额,包括已列入支出科目的应付未付账款和应付未付工资、助学金、给养费等。采用这种做法既可以集中使用国家财政资金,又可以及时提供预算执行的月报信息,还有利于财政和银行的预算单位支出的双重监督。

(五) 规范预算单位的银行账户管理

1954 年 10 月,财政部制定《关于中央级各单位预算机关在银行存款开户的几项规定》,对中央单位在银行存款开户的种类、开户的审批手续、账户监督等做出了比较系统的规定。规定中要求中央级预算单位按资金来源与性质,分别在中国人民银行总行及其分支机构开立"单位预算存款户"和"其他存款户"。这一做法加强了对预算资金的掌控,也有助于对非预算资金的检查。1955 年,财政部印发了《关于全面实行各单位预算机关在银行存款开户办法的通知》,在全国范围内实施这一预算单位的银行账户管理办法。规范银行账户管理是加强和集中控制会计管理工作的一项重要内容,为完善统一的预算会计管理提供了有力的保证。

(六) 细化会计核算内容

1954年11月8日,财政部发出《各级国家机关1955年使用各级人民政府单位预算会计制度的补充规定》。其要点是:(1)为了划清预算存款和非预算存款,把"银行存款"科目分为"经费存款"和"其他存款"两个科目;(2)在资产负债表内增设"特种资金收入""特种资金支出"和"内部资金调拨"科目;(3)增设业务收入和财产清查的会计报表。

(七) 单位预算会计制度的变化

1955年12月9日,财政部颁发《各级国家机关单位预算会计制度》,规定其自1956年1月1日起施行。与原有制度相比,该制度的内容变动主要有以下几个方面:

(1) 记账方法变化:由原来的现金收付记账法改为借贷记账法。

(2) 会计科目变化:资产方分为固定资产、材料、货币资金、往来和支出5类。负债方分为基金、拨款和往来3类。

(3) 会计凭证的变化:会计凭证包括原始凭证和记账凭单,记账凭单是登记序时账和总账的根据。

(4) 会计账簿的变化:账簿有序时账、总账、现金出纳账、核拨经费明细账、支出明细账、库存材料明细账、固定资产明细账等。总账以采用多栏式总账为原则。

(5) 会计报表的变化:会计报表基本定型,月报为"预算收支执行情况表";季报分为"资产负债表""预算支出计算表""定员定额情况表";年报分为"最终资产负债表""收入支出总决算表"以及附表。

(八) 单位预算会计制度的再变化

1956年11月23日,财政部颁发《各级国家机关单位预算会计制度补充规定》,修改并补充了各级国家机关执行单位预算会计的主要任务,并对会计凭证、账簿、货币资金、支出、往来、材料、固定资产、基金、拨款、收入、会计报表等有关内容作了个别修改和补充。

计划经济体制形成初期是预算会计工作按计划经济要求建立其运行模式并稳定发展的时期,以建立和完善各项统一预算会计核算制度为整个会计工作的核心,配合、适应了实行计划经济对国民经济进行宏观控制的要求,而且使各地区、各部门、各单位在组织检查会计核算工作时有了统一的标准和规范。随着我国经济建设事业的发展,预算会计制度经过多次修订和补充,在合理组织会计核算,提高核算质量,保证核算资料的正确完整等方面取得了较大进展,但预算会计的基本体系没有变化,修订和补充体现在会计核算的具体环节上。

第3节　国民经济冒进时期的预算会计制度：1958—1960年

1958年5月，中共八大二次会议提出了"鼓足干劲,力争上游,多快好省地建设社会主义"的总路线,这反映了广大人民群众迫切要求改变我国经济文化落后状况的强烈愿望。一些人受"左"倾错误的影响,夸大了主观意志和主观努力的作用,忽视了客观经济规律,没有经过认真的调查研究和试点,急于求成,在总路线提出后轻率地发动了"大跃进"和"人民公社"运动,使得以"高指标、瞎指挥、浮夸风"和"共产风"为主要标志的状况滋生蔓延,给国家经济造成重大损失,预算会计工作也遭受重大挫折。

同月,财政部召开财政厅局长会议,提出了应根据"放权、简化、通俗"的原则,大力改革会计制度。财政厅局长会议后,财政部下发了《关于制订预算会计制度权限下放意见的通知》。该通知规定:"各级地方单位预算属于地方总预算管理范围,因此,地方单位预算会计制度,应由地方财政机关根据本省、区、市的预算管理方法自行制订。""乡镇预算会计制度及预算外资金收支的会计制度都由地方财政机关根据实际情况自行拟订。"权限下放的直接后果是:会计核算的执行标准不统一,预算会计的管理要求不统一,制定权限与管理权限相脱节。在很多地方,会计工作无法可依、无章可循,会计工作名存实亡。

1958年7月,财政部下发了《简化1958年地方预算总会计报表的通知》,规定取消总会计季报,大大简化月报;会计档案的销毁批准程序、保管期限也被简化,正常的会计工作秩序被破坏。"放权、简化"使会计工作在指导思想、方法和程序等方面都发生了严重偏差,直接导致管理失控,会计的基础工作被严重削弱,出现了账目混乱,收支不实的状况。

为了纠正当时会计工作中出现的各种问题,1959年12月,财政部颁布了修订的《地方财政机关总预算会计制度》和《单位预算机关会计制度》。然而,经济管理中的"左"倾错误尚未纠正,又错误地开始了"反右"运动,这导致会计工作中的一系列纠正措施没有得到贯彻落实。

国民经济冒进时期是预算会计受到冲击的时期。这一时期对预算会计的冲击表现为对预算会计制度制定权限的无原则下放和会计制度的过度简化。事实证明,会计制度的制定权限需要集中,不能各地方、各行业各自为政,否则一定会削弱会计制度的统一性,带来恶劣的后果。事实还证明,会计制度作为对经济活动的反映,反映的内容必须完整、全面,既要防止因核算繁琐而带来的信息超载,也要防止过度简化而不能满足管理的要求。特别需要指出的是,会计是具有一定专业技术性的管理活动,不可能每个人都"看得懂,用得上";盲目追求会计的"群众化",是导致会计过度简化的原因之一,这会降低会计信息的质量。这样的历史教训应该汲取。

第4节 国民经济调整与发展时期的预算会计制度:1961—1965年

1961年1月,中共八届九中全会确定对国民经济实行"调整、巩固、充实、提高"的方针,做出《关于调整管理体制的若干管理规定》。财政部门据此做出《关于改进财政体制、加强财政管理的报告》,提出要加强预算管理、企业财务管理、基本建设财务管理等方面的措施和意见,随后陆续发布了有关整顿、恢复财务会计工作正常秩序的一些管理办法和制度措施。从1962年开始,各地区迅速健全财务会计机构、补充业务人员。1963年1月,国务院正式公布试行《会计人员职权试行条例》,3月,人民日报发表题为《做好会计工作,促进增产节约》的社论,5月,工人日报开辟"财务会计工作问题讨论会"专栏,对会计人员如何坚持制度,如何在生产中发挥作用展开讨论。各种宣传、教育学习活动的开展,使广大会计人员按照财经纪律办事的意识有所恢复并重新建立起来,会计工作的秩序有所好转。

1965年8月,财政部召开全国预算会计工作会议,研究预算会计制度的改革。会议对于如何实现预算会计改革的问题,提出几点看法:一是政治应该统率业务工作;二是预算会计工作是为生产建设和人民生活服务的工作;三是工作要依靠群众,制度要向群众宣传;四是要反对繁琐哲学,改革预算会计制度,简化工作。会议讨论了财政部起草的《预算会计工作改革要点》《行政事业单位会计制度》《行政事业单位简易会计制度》《报销单位财务收支处理办法》。会后颁发了《预算会计工作改革要点》《行政事业单位会计制度》《行政事业单位简易会计制度》《报销单位财务收支处理办法》等一系列规定和文件,还发布了《关于修改补充地方财政机关总预算会计制度部分规定的通知》。

一、《预算会计工作改革要点》(1965年):预算会计改革的纲领性文件

根据会计工作中普遍存在的问题,如记账方法不够通俗易懂,以及预算会计工作中特有的情况,《预算会计工作改革要点》明确了几个预算会计改革的重点:在指导思想上,要依靠党的领导,为党的中心工作服务;基本原则是从实际出发,通俗易懂,科学实用;对预算会计工作既要加强管理又要灵活变通;改革记账方法,由于借贷记账法不够通俗易懂,改为采用资金收付记账法。

二、《行政事业单位会计制度》(1965年)：单位预算会计制度的改革

1965年9月18日,财政部颁布《行政事业单位会计制度》(以下简称《制度》),规定该制度于1966年1月1日起施行。《制度》共分为8章,第一章"基本任务"、第二章"工作方法和工作作风"、第三章"会计组织机构和人员"、第四章"账务核算组织和方法"、第五章"预算资金的核算与管理"、第六章"财产物资的核算与管理"、第七章"会计报表"、第八章"会计交接"。各章的主要内容如下。

第一章"基本任务"分为5条,主要规定:①应按照预算规定,保证收入的及时足额,保证支出的及时合理,支持事业发展和机关工作任务的完成,提高资金使用效益;②根据党的方针政策和规章制度,正确进行会计监督;③严格执行会计制度,做好算账、记账、对账、报账等工作;④熟悉本单位业务情况,抓好资金使用效果,促进增产节约,当好领导的参谋助手;⑤根据有关规定,结合具体情况,制定本系统、本单位有关财会工作的具体制度办法。

第二章"工作方法和工作作风"分为6条,强调要注意工作方法,不断改进工作作风,包括"各级会计单位,要经常向领导请示汇报工作,如实反映情况,积极提出建议,使领导心中有数,便于指导工作""会计人员必须面向生产,面向群众,把路子走宽,把工作做活"等。在会计制度中规定工作方法和工作作风,这在以往的制度中从未有过,在此后的制度中也再未出现。

第三章"会计组织机构和人员",对于组织机构,规定"行政事业单位的会计机构,应当和事业规模以及负担的会计工作任务相适应""各单位的会计组织,根据国家建制和经费领报关系,分为'主管会计单位''二级会计单位''基层会计单位'三级,分级管理,层层负责"。对于会计人员,规定"各单位的会计人员,应当根据精兵简政的原则,合理定员,必须经常有固定的人员办会计",并且对会计人员的政治水平和业务技能提出了要求。

第四章"账务核算组织和方法"中确定以国家预算年度为预算会计的年度;规定记账方法采用以资金活动为主体的"收付记账法";规定会计科目分为3大类18个科目,会计等式为:"资金来源类"减"资金运用类"等于"资金结存类",各会计科目名称、核算内容如表2-1所示。本章还规定会计账簿包括8种,分别是:总账、拨出经费明细账、往来款项明细账、经费支出明细账、预算外收入明细账、经费存款(限额)明细账、现金出纳账、固定资产明细账;同时也提出了一些账簿使用要求,如现金出纳账必须用订本账,总账、银钱账和支出明细账必须按月结账等。本章还规定会计凭证包括原始单据和记账凭单两种。

表 2-1　　　　　　　　　　　会计科目及其核算内容

会计科目名称	核算内容
一、资金来源类	本类科目永远是收方余额
固定资产基金	本科目是固定资产的对应科目。固定资产增加记收方,减少记付方
拨入经费	本科目核算国家预算供给的经费。不论"划拨资金"或是"限额拨款"都使用这个科目。由财政或上级单位领来预算经费和其他经费时记收方;缴回财政或上级单位时记付方
应缴预算收入	本科目核算应缴、已缴、未缴国家预算的收入,应缴数记收方,已缴数记付方,余额表示应缴未缴数。本科目年终无余额
预算外收入	本科目核算国家规定留归本单位的预算外收入,收入记收方,冲退收入记付方
经费暂存	本科目核算执行预算过程中发生的预算内暂存款、应付款。发生记收方,结算减少记付方。年终时,原则上本科目无余额
其他暂存	本科目核算执行预算过程中发生的预算外暂存款、应付款。发生记收方,结算减少记付方。年终时,原则上本科目无余额
二、资金运用类	本类科目永远是付方余额
经费支出	本科目核算列为"实际支出数"报销的经费支出。支出报销记付方,冲减支出记收方。年终本科目付方余额转入"拨入经费"科目冲销
预算外支出	本科目核算由预算外收入开支报销的预算外支出。支出报销记付方,冲减支出记收方。年终本科目付方余额转入"预算外收入"科目冲销
拨出经费	本科目核算拨给所属会计单位的经费,不论"划拨资金"或是"限额拨款"都使用这个科目。拨付记付方,下级缴回记收方。年终时,根据所属单位年度决算,将全年经费支出数,记入本科目收方,冲销全年拨款数
经费暂付	本科目核算执行预算过程中发生的预算内预付款、应收款。预付所属报销单位经费也使用本科目,发生记付方,结算减少记收方。年终时,原则上本科目无余额
其他暂付	本科目核算执行预算过程中发生的预算外预付款、应收款。发生记付方,结算减少记收方。年终时,原则上本科目无余额
三、资金结存类	本类科目永远是收方余额。"资金来源类"合计减"资金运用类"合计必须等于本类合计
库存现金	本科目核算预算内外的现金收付。收入现金记收方,付出现金记付方

(续表)

会计科目名称	核 算 内 容
经费存款	本科目核算实行"划拨资金"办法的单位的预算内银行存款。存入银行记收方,由银行提取记付方
经费限额	本科目核算实行"限额拨款"办法的单位的预算内经费限额。上级拨来限额记收方,支用限额记付方
其他存款	本科目核算预算外资金和应缴预算收入的银行存款,包括预算外收支,预算外暂收、暂付,应缴预算收入等科目在银行的存款。存入银行记收方,由银行提取记付方
经费材料	本科目核算预算内资金的材料。材料入库记收方,材料出库记付方
其他材料	本科目核算预算外资金的材料。材料入库记收方,材料出库记付方
固定资产	本科目核算固定资产的增减变动情况。固定资产增加记收方,减少记付方。本科目余额和"固定资产基金"科目余额永远相等

第五章"预算资金的核算与管理"。由于预算资金是行政事业单位进行业务活动的财力保证,所以,规定将预算资金分为"领拨经费""存款和现金""经费支出""往来款项""应缴预算收入和预算外支出"等部分进行核实,规定了各自的管理原则和核算手续。关于领拨经费,规定:经费领拨要按计划,分月依进度进行;各种预算资金,应当按照财政体制和预算级次逐级领拨;领拨经费的方式有划拨资金和限额拨款。关于存款和现金,规定按资金性质分别核定;各单位要严格支票管理;基层用款单位应在核定的预算内支领款项;现金应专人管理,手续应严密,保证安全。关于经费支出,规定不得办理无预算、无计划、超预算、超标准和不符合规定的支出;各单位的实际支出必须按规定办;对经费支出的收回,应记入收回当月的账内,冲减本年度经费支出。关于往来款项,规定及时清理往来款项;应按预算内外分别核算,不能混淆。关于应缴预算收入和预算外支出,规定各单位的应缴预算收入应逐级按月上缴到主管部门,在年终必须全部缴清、决算应无余额;预算外收支要单独核算、单独管理;预算外资金报销的支出不得列入预算内报销。

第六章"财产物资的核算与管理",规定行政事业单位的财产物资包括固定资产、材料、低值易耗品等;要求对财产物资加强领导、配备专人、严格管理;还分别就固定资产和材料的定义、分类、计价要求、成本计算以及管理要求等作了规定。

第七章"会计报表"明确了报表的概念和编制意义;规定了报表编制的依据和程序;规定行政事业单位报表分为月报和年度决算两种,月报反映单位截至报告月份的资金活动和预算支出执行情况。要求每月终了编报资金活动情况表和经费支出明细表。

第八章"会计交接",规定各单位会计人员因调动或其他原因离职时,必须办理交接手续,提出了会计交接的8项规定。

接下来的1966—1976年,我国掀起了一场"文化大革命"运动,预算会计在这场运动中受到了前所未有的冲击,会计机构被再次撤销合并,会计人员被再度精简下放,预算会计工作陷入了比国民经济冒进时期更大的混乱。

本 章 小 结

1949—1953年国民经济恢复时期,是新中国预算会计的初创期,这一时期我国初步形成了主要由总预算会计制度、行政单位预算会计制度、国库会计制度等组成的新中国预算会计制度体系。这一期间颁布了新中国第一部统一会计制度——《中央金库条例施行细则(草案)》(1950年)、第一部税务会计制度的雏形——《各级税务机关暂行会计制度》(1950年)、第一部总预算会计制度和单位预算会计制度——《各级人民政府暂行总预算会计制度》(1950年)和《各级人民政府暂行单位预算会计制度》(1950年)。1954—1957年计划经济体制形成初期,对前一时期形成的若干预算会计制度进行了调整,对总预算会计制度、单位预算会计制度做出了数次修订和补充。在1958—1960年的国民经济冒进时期,为配合当时的经济冒进政策,预算会计被大幅度简化,各机关单位会计工作被严重削弱。但此后采取了以《预算会计工作改革要点》的颁布为代表的整顿措施,治理了前一时期混乱的会计秩序,一定程度地改善了预算会计核算管理混乱、会计基础工作薄弱的局面,并决定实行以"算要有用,管要合理"为原则的预算会计制度简化改革,将会计记账方法由借贷记账法改为收付记账法。1966—1976年国民经济挫折时期,预算会计制度再次受到冲击,会计秩序陷入更大的混乱。

在改革开放前的计划经济体制下,实行"统收统支"的财税管理体制和预算管理模式,预算会计服务于供给型预算管理模式,反映、核算、监督中央和地方各级政府预算及行政、事业单位收支预算执行情况,是政府预算管理的重要基础和组成部分。新中国的预算会计体系在改革开放前经历过数次改革,但在当时的经济体制下,这些改革没有、也不可能改变国民经济恢复时期建立起来的预算会计基本框架,改革的主题是如何处理会计核算的强化和简化之间的关系,改革内容集中于对会计科目设置、报表种类与项目等的反复调整,预算会计体系没有发生重大改变。

第 3 章

改革开放前的会计组织制度

第 1 节　会计人员制度

一、国民经济调整与发展时期的会计人员制度

新中国成立后,我国重视会计工作,也重视会计人员管理工作。早在 1951 年 11 月 1 日召开的全国企业财务管理及会计会议上,即讨论了《会计主管人员职务、权利、责任暂行条例草案》。

我国经济建设进入国民经济调整与发展时期之后,针对前一段时间因财务会计制度受到"大跃进"冲击所出现的随意挪用流动资金搞基本建设、乱挤乱摊生产成本、随意低估生产成本等问题,中共八届六中全会提出了"提倡切实的计算""经济工作要愈做愈细"的要求。为了与经济工作的整改同步,财政部和中央有关部门采取措施,对各单位的会计工作进行了整改。1959 年 8 月,财政部发布了《关于国营企业会计核算工作的若干规定》,为会计整顿提供了标准和依据。在此基础之上,财政部又开始颁发示范性的企业会计制度,拉开了企业会计制度整顿工作的序幕。

1961 年 1 月,中共八届九中全会正式批准对国民经济实行"调整、巩固、充实、提高"的八字方针。为贯彻落实八字方针,在经济管理体制上进行了调整和改革,将"大跃进"中下放的大部分经济管理权限予以收回,并进一步强化了以高度集中为特征的计划经济体制。1961 年 2 月,财政部与原国家计划委员会联合发布了《关于加强国营企业成本管理工作的联合通知》,同年 6 月至 9 月,中共中央先后出台了《关于改进商业工作的若干规定(试行草案)》(即"商业四十条")和《国营工业企业工作条例(草案)》(即"工业七十条")等经济运行的基本法规,与此同时,财政部在清理整顿的基础上,开始重新规范因"大跃进"而受到冲击的企业会计制度体系。至此,中国会计进入了一个

整顿时期。

这一时期为加强经济核算和会计管理,一些大中型企业学习苏联经验,开始试行总会计师制度。在1961年9月颁布的《国营工业企业工作条例(草案)》(即"工业七十条")中,明确提出国营工业企业应设置总工程师和总会计师,以建立和完善生产、技术、财务等责任制度;1961年11月,在国务院印发的《国营企业会计核算工作规程(草案)》中,要求企业在厂长(经理)的领导下设置总会计师,全面组织和监督企业的财务会计工作。

为明确会计人员的职责和权限,使会计人员做好会计工作,充分发挥会计工作在社会主义建设事业中的积极作用,1962年11月24日,国务院全体会议第122次会议通过了《会计人员职权试行条例》,并于1963年1月3日,由财政部颁布了《会计人员职责条例》。

(一)《会计人员职权试行条例》(1962年):第一部专门关于会计人员职责和权限的行政法规

《会计人员职权试行条例》共5章29条。第一章"总则"、第二章"会计人员的职责"、第三章"会计人员的权限"、第四章"会计人员的任免和奖惩"、第五章"附则"。该条例强调一切国营企业、事业、机关、团体、银行、部队、学校,都必须根据工作的需要,设置财务会计机构或者专职的会计人员,进行会计工作;会计人员包括经管账务、收付款项的会计员、记账员、出纳员、核算员、稽核员和会计主管人员。该条例提出的会计人员职权主要有以下方面。[①]

1. 会计人员的职责

该条例规定会计人员应严格执行会计制度,保证数字真实可靠,如实反映经济活动情况,并通过此项工作,加强经济核算,保护国家财产,严守国家计划,执行国家制度,维护国家财政和信贷纪律,同一切违法乱纪的行为作斗争。

第一,会计人员必须按照有关规定,切实做好记账、算账、对账和报账的工作。即:一要建立和健全与会计业务有关的原始记录和原始凭证制度,保证会计资料的完整和正确可靠;二要认真审核各种会计凭证,检查凭证的内容是否合理合法,防止凭证错乱不全;三要按照国家的规定,设置会计账簿,使用统一的会计科目,不得以单据或者表格代替账簿;四要根据会计凭证记账,当日账当日清,保证账证相符,不错不漏;五要按时算清账目,正确地计算收入、支出、成本、费用和财务成果;六要经常核对账目,核实债权债务,保证账账相符;七要按月、按季、按年结算账目,编制会计报表,保证账表相

---

① 中华人民共和国财政部:《会计人员职权试行条例》,1963年1月3日。

符,数字真实,内容完整,报送及时。

第二,会计人员必须严格执行国家批准的计划和预算。具体内容包括:①应当上缴的各项财政收入,必须按照国家规定的缴款制度,及时、足额地上缴,不得迟交、少交,严禁坐支、留用,应当下拨的各项资金,必须及时地审核拨交所属单位,不得扣留、挪用;②根据批准的计划和预算,按照规定的开支范围和开支标准,支付各项资金,监督资金的节约使用;③遵守大修理基金、企业奖励基金、工资附加费等专用资金的提成制度,不准自行提高提成比例,专用资金必须专款专用。

第三,会计人员必须执行国家规定的信贷、结算、现金管理等各项制度。具体内容包括:①按照银行信贷制度的规定,正确地使用银行借款。对于已经到期的借款,必须及时偿还,不得拖欠。②按照银行结算制度和现金管理制度的规定,办理银行结算业务和现金收支业务。对于应当由银行转账的收支必须通过银行结算;对于超过限额的库存现金,必须及时存入银行;对于银行支票必须严格管理,不得签发空白支票和空头支票。③严格执行结算纪律,及时清理债权债务。对于应收的款项,必须及时催收;对于应付的款项,必须及时清偿;对于暂收、暂付的款项,必须督促有关部门或人员及时报销结清;对于应由其他单位负责赔偿的款项,必须及时提出赔偿要求。

第四,会计人员必须通过会计工作保护国家财产。具体内容为:一要监督有关人员,对各项财产物资正确地进行计量、检验、收发、领退、调拨和报废,确保国家财产不受损失;二要参与财产物资的定期清查,核实库存,保证账实相符。

第五,会计人员应当根据会计记录、会计报表和其他有关资料,按时检查、分析和如实上报本单位的经济活动和财务收支情况。会计人员应向本单位领导人、上级财务会计部门、财政、银行等部门,如实反映下列情况和问题:①计划、预算和各项定额的执行情况,以及完成或者未完成的原因;②财产、商品、物资的盘盈盘亏、呆滞积压、损坏丢失、霉烂变质的情况和原因;③资金的使用是否合理,有无乱拉乱用的现象,以及节约和浪费资金的情况和原因;④生产成本和商品流通费用是否节约,有无超支,以及节约和超支的情况和原因;⑤利润是否完成了计划,以及盈亏的情况和原因;⑥人员编制和工资基金是否超过了国家规定的指标,以及超过或者低于规定指标的情况和原因;⑦坚持或者违反财政制度、财政纪律的具体事例。

第六,会计人员必须按规定向查账人员提供会计资料。即会计人员负责向本单位领导人,上级机关和财政、银行、税务等部门派来的查账人员,提供各项所需要的会计资料,并且据实答复各项问题,不得借故拒绝,更不得谎报。

第七,会计人员应当会同有关部门,组织群众性的经济核算工作,并建立和健全各级经济活动分析制度,促进增产节约措施的实现。

第八，会计人员调动工作或者因故长期离职时必须做好的工作。即必须编制移交清册，将经管的凭证、账目、款项、会计档案和未了事项，向接办人交代清楚；在交接手续没有办清以前，不得离职。会计人员因故短期离职的时候，应当报请本单位领导人指定专人代理，并把自己经办的工作，向代理人交代清楚。国家决定结束或者合并的单位，会计主管人员和有关的会计人员，必须负责办理清理期间的会计工作。在各项财产物资、债权债务、上缴下拨事项清理完毕，全部账目向接收单位交代清楚以后，会计主管人员和有关的会计人员才能离开。

2. 会计人员的权限

该条例强调了国家对会计人员赋予必要的权限，以利于他们履行自己的职责。在会计人员按照国家的规定行使权限的时候，任何人不得借故拒绝。各部门各单位的领导人，必须加强对会计工作的领导，保障会计人员履行职责，正确地行使国家赋予的权限，做好会计工作。会计人员也必须及时向领导人汇报工作情况，经常解释有关会计工作的规章制度。领导人违反制度规定，会计人员没有向领导反映的，由会计人员负责；会计人员及时反映了情况，领导人没有采取措施纠正的，由领导人负责。各级财务会计部门，对所属单位的会计工作负指导责任。各级财务会计部门必须经常指导所属单位的会计业务，帮助它们解决工作中的问题。该条例规定的会计人员的权限有如下几个方面：

第一，会计人员有权要求本单位的有关部门和人员，正确地执行国家批准的计划、预算和各项财务会计制度，并按照会计手续办事，有关的部门和人员不得借故拒绝。

第二，会计主管人员和有关的会计人员，有权参与本单位各项有关的计划、预算、定额的制订。各单位对外报送的会计报表，非经本单位领导人和会计主管人员签署，不能生效。

第三，会计人员有权监督财产物资的调拨。各种财产物资，非经会计主管人员或者会计主管人员指定的会计人员签证，不得运出本单位；财产物资的保管人员调动工作、办理交接的时候，应当有会计主管人员或其指定的会计人员参与监交。

第四，会计人员有权要求本单位的有关部门和人员，提供下列情况和资料：①各项有关计划、预算、定额的执行情况和资料；②财产物资变动的情况和资料；③各项资金使用的情况和资料；④各项成本费用开支的情况和资料；⑤各项经济合同的执行情况和资料；⑥同财务会计有关的其他资料。

第五，会计主管人员，或者经会计主管人员指定的会计人员，有权检查本单位各有关部门的凭证和账目。各部门和有关人员应当如实提供情况，不得借故拒绝。会计人员对于检查中发现的问题，应当查明原因，及时向本单位领导或者上级机关反映，加以处理。

第六，会计人员对下列事项有权拒绝付款、拒绝报销或者拒绝执行：①不按计划、预算的规定，盲目采购商品、材料、物资，或者质量、品种、规格不符、数量不足的；②非法出售商品、材料、物资，赊销商品，以物易物，擅自提价或者降价出售商品的；③不按国家规定，任意出借、变卖、报废、处理财产物资，或者未经批准，任意报销财产物资毁损和盘亏的；④将流动资金用于基本建设、"四项费用"和福利开支，以及其他违反专款专用原则的；⑤不按国家关于成本开支范围和费用划分的规定，乱挤生产成本或者乱挤商品流通费用的；⑥违反制度的规定，任意预付款项、借支款项和垫付款项的；⑦超过工资基金计划，或者任意提高工资等级、工资标准、企业奖励基金和工资附加费标准的；⑧进行计划外基本建设的；⑨各项开支或者费用超过计划、预算或者超过规定标准的；⑩铺张浪费、请客送礼的；⑪未经批准、手续不全、凭证不实以及其他不合制度规定的。

第七，会计人员对于拒绝付款、拒绝报销或者拒绝执行的事项，应当及时向本单位领导人报告。如果本单位领导人有不同意见的，会计人员应当一面按照本单位领导人的决定执行，一面向上级机关和财政部门反映；属于明显违反国家规定、弄虚作假、营私舞弊、欺骗上级等违法乱纪行为，会计人员必须坚决拒绝执行，并向上级机关报告。会计人员对于违反法令制度规定的事项，不拒绝付款、不拒绝报销或者不拒绝执行，又不向领导人和上级机关、财政部门反映的，应当负连带责任。

第八，上级机关和财政部门对于会计人员提出的有关违反国家规定和违法乱纪行为的报告，应当认真地、及时地进行调查处理，并将处理的结果通知会计人员和有关人员。任何人不得对会计人员向上级和有关部门反映情况的行为进行刁难、阻碍或者打击报复。

3. 会计人员的任免和奖惩

该条例对会计人员的任免和奖惩，有着如下规定：

第一，会计人员必须力求稳定，不得随意调动。一般会计人员的任免，必须征得上级机关财务会计部门的同意。各单位的会计主管人员，一律由上级机关直接任免。对于会计人员，应当根据本人的工作能力，确定技术职称和等级。会计人员的技术职称和等级，另行规定。

第二，会计人员必须加强政治观点、生产观点和群众观点的学习，努力学习国家的政策、法令、制度，积极钻研本行业务，不断提高政治思想水平和业务水平。

第三，会计人员必须切实遵守国家的保密制度，并妥善保管会计档案，不得丢失或者损坏。

第四,对于会计人员的工作,应当建立必要的奖惩制度。凡是工作积极负责,奉公守法,厉行节约,保护国家财产,如实反映情况,完成任务有显著成绩的,应当给予表扬或者奖励。凡是工作不负责任,执行制度不力,或者滥用职权,致使工作遭受损失的,应该分别情况,给予批评或者处分;会计人员隐瞒真相,弄虚作假,谎报数字,篡改账目,分散资金,贪污盗窃,营私舞弊的,应当分别情况,给予行政纪律处分或者依法惩处。对于情节严重,使国家财产遭受重大损失的,应予严惩。

1963年颁布的《会计人员职责条例》是对《会计人员职权试行条例》的改进,在一些规定上有所变化,但基本内容与《会计人员职权试行条例》是一致的。

《会计人员职权试行条例》和《会计人员职责条例》分别是我国第一部专门规定会计人员职责和权限的行政法规和部门规章,是在我国国民经济调整与发展期(1961—1965年)颁布的,适应了当时国民经济调整的需要。这一时期会计工作的重点是加强管理,强调经济核算,执行财经纪律,纠正国民经济冒进时期(1958—1960年)会计过度"简化、放权"的情况,会计制度被大幅度削减,会计工作无章可循,会计工作陷入混乱的局面。在这样的形势下,加强对会计人员的管理,明确提出对会计人员的要求,是必要的,起到了"拨乱反正"的作用。

《会计人员职权试行条例》,对会计人员的职责、权限以及会计人员的任免和奖惩做出了具体规定,使会计人员具有了较明确的工作职责、权限。鉴于此前缺乏对会计人员职责、权限和行为规范明确、详尽的要求,《会计人员职权试行条例》的颁布受到了社会的肯定,被认为是加强会计工作的一项重大措施,也是我国会计工作的一项重大制度建设。认真贯彻执行这个条例,进一步加强会计工作,调动会计人员积极性,充实会计队伍,对于管好社会主义经济,促进社会主义建设事业的发展,有着重要的作用。[1]但是《会计人员职权试行条例》受当时经济、社会环境的影响,也明显地带有一些缺陷。例如,将会计人员的职责限定得较窄,只限于记账、算账、报账,执行国家批准的计划和预算,遵守国家规定的信贷、结算、现金管理制度,保护国家财产,没有涉及会计在单位管理中参与决策、控制经济活动、考核经营绩效等作用。造成这一情况的原因是当时实行计划经济体制,企业是国家计划的执行单位,会计人员的主要任务是执行上级下达的计划,企业对会计人员参与决策、控制经济活动、考核经营绩效等作用的要求不高。再如,条例多处强调会计人员对国家利益的责任,要求会计人员在完成所在单位交付的工作的同时捍卫国家利益,规定如果会计人员对违反法令制度的事项没有向上级机关报告,要"与违法人员负连带责任"。这种对会计人员承担"双重责任"的要

---

[1] 参见社论《加强会计工作的重大措施》,《财政》,1960年第2期。

求,将会计人员置于尴尬的境地,事实上很难执行,理论上也有偏颇。还有,由于不存在人才市场,不可能通过招聘等方式从社会上选拔会计人员,会计人员基本由单位内部产生,所以条例只提出了会计人员的职责,却没有设定会计人员完成这些职责所需要具备的能力,导致了会计入门门槛低,胜任能力和业务素质普遍较差,难以胜任职责,这也是当时很多企业会计工作水平不高的重要原因。

发布两个条例,体现了新中国会计工作"抓事业、抓人员"的一贯工作思路。新中国成立以来,秉承中国共产党战争时期的思想工作优势,在经济工作中重视人的因素,努力通过改变人的思想认识和提高人的业务素质,达到做好经济工作的目的,两个条例即是对会计人员"提出要求、树立标准",是新中国会计工作抓"队伍建设"的体现。以颁布政府部门规章的方式对会计人员提出要求,是新中国会计工作区别于西方国家的一个重要特点,在中国的现实环境下对于维护会计秩序,提高会计工作质量,保证经济活动的正常进行,起到了积极的作用,也是新中国会计能够在薄弱的基础上取得重大进步的成功经验之一。

(二)《关于国营工业、交通企业设置总会计师的几项规定(草案)》(1963年):新中国的第一个关于总会计师的行政法规

《会计人员职权试行条例》没有对企业设置总会计师的问题进行规定,为了进一步加强会计工作,严格会计监督,1963年10月18日,国务院颁发、批转了《关于国营工业、交通企业设置总会计师的几项规定(草案)》,规定国营工业、交通企业都应设置总会计师,并对总会计师的地位、任职条件、任免办法及总会计师的职责和权限等问题作了具体规定。该规定(草案)的主要内容包括以下几点。[①]

1. 各工业、交通企业应设置作为厂长助手的总会计师

为了建立、健全企业的经济责任制,加强企业的经济核算,严格实行财务、会计监督,贯彻勤俭建国、勤俭办企业的方针,所有国营工业、交通企业(包括建筑安装企业和联合企业所属厂矿)的厂长(或者经理,下同)都应当亲自领导企业的经济核算和财务会计工作,并根据本规定设置总会计师,作为厂长加强领导这一工作的助手。没有条件设置总会计师的企业和小型企业,可以先设置副总会计师或者指定专人行使总会计师的职权。

2. 总会计师的任职条件

总会计师应当挑选高于处(科)长水平的有实际工作能力的专业干部担任,一般应当具备的条件是:政治立场坚定,作风正派,能坚持原则,有组织领导能力,具有本单位

[①] 见国务院颁发、批转的《关于国营工业、交通企业设置总会计师的几项规定(草案)》,1963年10月18日。

生产经营管理方面的基本知识,对于经济核算、财务管理和会计核算具有较高的业务水平。担任总会计师的人员,一般不要兼任其他行政领导职务,特别是不要兼任供销副厂长的职务。总会计师由企业的上一级主管机关直接任免。各省、自治区、直辖市经济委员会和财政厅、局以及各级企业主管部门,应当积极采取措施,有计划地培养这方面的专业人才,为全面推行总会计师制度创造条件。

3. 总会计师的基本任务

总会计师是厂长在经济工作方面的助手。总会计师的基本任务是:在厂长领导下建立、健全企业内部的经济责任制度;组织和推动企业内部经济核算工作,负责组织计算与审查企业的生产经营活动和技术措施的经济效果,促使企业合理地使用人力、物力、财力;监督企业认真执行国家的财经政策、法令和财务、会计制度,遵守财政纪律,维护国家财产的完整,促使企业改善经营管理,厉行增产节约,降低成本,增加盈利。

4. 总会计师的职责

总会计师在厂长领导下,应履行的职责是:一是组织、推动企业有关部门实行经济核算,加强财务管理和会计监督,协同有关部门建立、健全企业经济核算和财务、会计制度(包括财产管理、资金管理、成本管理、定额管理、会计核算、经济活动分析等方面的制度),并监督其贯彻执行。协助厂长建立、健全企业各部门、各级的经济责任制,使企业的各项经济核算和财务会计工作都有明确分工和专人负责。二是协助有关副厂长和总工程师组织有关部门计算和审查向上级提供的产品方案、生产规模方案以及产品设计、技术措施,安排生产和基本建设任务的经济效果,并对这些方案、措施的经济效果实现情况进行检查。三是组织有关部门提出企业财务成本计划、产品的定价和调价方案,参与审查企业的生产技术财务计划、增产节约指标,以保证各项计划、措施的相互协调、相互衔接。四是监督本企业认真贯彻国家的有关财务、会计工作方面的政策、法令和财务、会计、信贷、结算等制度,严格执行国家批准的财务、成本计划,促使计划的圆满实现。五是监督企业流动资金、工资基金、大修理基金、企业基金以及各项专用拨款的合理使用,保证各项资金的专款专用。根据保证生产和节约资金的原则,组织、监督全厂资金的收支平衡工作,促使企业不断地挖掘资金潜力,加速资金周转,提高资金的使用效果。六是监督企业合理使用财产、物资,严格执行财产、物资的验收、领退、调拨制度和保管制度,组织定期和不定期的财产清查,对于财产、物资的超储积压、盘盈盘亏、损失浪费,应当查明原因,提出改进措施。七是监督企业严格执行关于成本开支范围和费用划分的规定,正确计算成本、利润,保证成本、利润数字真实可靠。督促有关部门采取各项有效措施,在生产、供应和销售等各个环节上力求节约材料、工资和费用,不断降低成本,增加盈利。八是监督有关部门认真按照会计手续和会计制度的规定,做好记账、算账、报账工作,如实地反映企业的经济活动和财务收支情况。九是负责组织、推动群众性的经济核算工作,充分发动群众参与有关的经济指标和技术经济定额的制订、修改、考核和评比,促使增产节约措施的实现。十是具体组织全厂的经济活动分析工作,健全厂部、车间、小组的经济活动分析制度,协助厂长定期召开经济活动分析会议,协同有关副厂长组织有关部门对各项计划、措施的执行情况进行全面的或者分项的综合研究和分析比较,找差距、挖潜力,不断地提高企业的经营管理水平。

5. 总会计师的权限

一是企业内部各职能科室、各车间在经济核算和财务会计工作上,必须服从总会计师的统一组织和业务领导。企业有关经济核算、财务管理和会计核算等方面的一般业务性制度、办法,应当由总会计师审查批准。带有重要原则问题的制度、办法,应当由总会计师审查后,提交厂长或者厂务会议决定。二是企业上报的财务成本计划、银行贷款计划、产品定价和调价方案、会计报表,都应当由总会计师签署或者会签。对外签订的重要经济合同,应当抄送总会计师一份备案。三是对于企业各有关部门提出的不符合经济核算原则和国家制度规定的各种计划、方案、措施、合同,总会计师有权向有关部门提出意见。对于任何人违反财经政策、法令制度,不执行国家计划、预算,不遵守财经纪律,弄虚作假、营私舞弊、欺骗上级等违法乱纪行为,总会计师有权进行检查并加以制止,制止无效时,除及时向厂长报告外,并有权越级上报。四是企业财务会计人员的任免,必须先征求总会计师的意见。财务会计主管人员或者财产物资主管人员调动工作办理交接时,应当由总会计师或者由总会计师指定人员监交。五是对于切实遵守经济核算原则,认真执行计划、预算和财务会计制度,取得显著成绩的单位和人员,以及对于不讲求经济核算,有意违反财经纪律和财务会计制度,不执行计划、预算,因而使工作遭受损失的单位和人员,总会计师有权提出意见,报厂长或者厂务会议决定后,分别给予应有的奖励或者处分。六是总会计师应当定期向厂长或者厂务会议汇报工作,并坚决执行厂长的指示和厂务会议的决议。经常关心企业的全面工作,注意经济核算、财务管理同生产技术管理各项工作之间的配合,对与生产技术、物资供应、劳动奖励等有关的问题,要随时征求有关副厂长和总工程师的意见。七是企业违反国家的财经政策、法令制度,不遵守财政纪律,总会计师如果不提出意见加以制止,也不向厂长和上级机关反映的,应当负连带责任。企业的财务会计工作混乱,违反经济核算原则,不讲究经济效果,财产、物资发生损失浪费,总会计师如果不提出意见和采取措施加以纠正的,应当对这种情况负责。八是总会计师必须勤勤恳恳、任劳任怨地忠实履行自己的职责,加强政治观点、生产观点和群众观点的学习,深入调查研究,一切从实际出发，认真贯彻执行群众路线，为促进生产发展和全面完成国家计划而努力。九是国务院各主管部门以及各省、自治区、直辖市经济委员会和财政厅、局，应当根据该规定的原则，订出本部门、本地区工业、交通企业设置总会计师的具体步骤和办法，并报国家经济委员会和财政部备案。①

在企业中设置总会计师，本是苏联的做法，新中国关于设置总会计师的制度是移植苏联的经验。财政部《关于国营工业、交通企业设置总会计师的几项规定（草案）》，是新中国第一个关于总会计师制度的法规，标志着我国总会计师制度初步建立。按照该规定，总会计师是企业厂长或经理的助手，其地位高于一般职能部门的负责人。由于总会计师的地位相对较高，有更多机会参与企业的重大决策，颁布《关于国营工业、交通企业设置总会计师的几项规定（草案）》，要求在企业中设置总会计师，有利于发挥和保障会计在企业中的作用，也表现出政府部门对会计工作的重视。但是，该规定是在计划经济体制下制定的，与我国当时高度集中的计划经济体制相适应，难免带有一些计划管理的烙印：一是职责权限专一，总会计师的职责主要是协助厂长（经理）组织和监督企业的财务会计工作，反映出当时会计工作的范围及人们对会计工作的认识狭隘，即会计工作基本限于记账算账，会计没有更多地参与企业的管理，会计在企业管理中的作用未能充分发挥。二是总会计师由企业上级主管机关直接任免，带有浓烈的行政色彩。这种做法既表现了政策制定者对总会计师工作的重视，有利于总会计师不受所在单位的干扰，相对独立地开展工作；但也表现出企业缺乏高级别工作人员的任免权，重要人事安排听从上级管理机构布置，不具有经营自主权的现实。此外，该规定的适用范围也较窄，主要适用于国营工业、交通企业，不要求其他行业设置总会计师。这是因为该制度为我国首次尝试的会计人员管理制度，可行性与效果尚不得而知，不宜全面铺开，含有先在一定范围内试行的用意；而国营工业、交通企业一直属于管理相对规范的行业，选择这样的行业作为实行会计人员管理的试点，也在情理之中。

（三）《企业会计工作改革纲要（试行草案）》（1965 年）：会计组织改进的纲领性文件

在全国的会计秩序逐渐恢复，会计制度日趋完备的情况下，对企业会计人员的工作要求逐渐提高，而此时出现了企业会计人员与此不相适应的情况，亟须简化和改革会计制度。针对会计制度繁琐复杂，会计核算不切实际，核算方法形式主义，片面强调会计手续、不问经济效果等问题，1965 年 7 月 2 日，财政部出台了《企业会计工作改革

---

① 《中华人民共和国法规汇编》(1962 年 1 月至 1963 年 12 月)。

纲要(试行草案)》,提出了 12 个方面的改革措施,明确了会计改革的方向、应当遵循的原则和改革的某些具体内容和要求。在这个改革纲要中,针对当时一些会计人员存在单纯业务观点,埋头写、算,不关心政治,不研究政策,不关心生产现状的问题,对会计人员的管理改革提出了以下两个方面的要求:第一,"改进工作作风。会计人员除做好记账等工作外,必须经常深入生产,深入实际,进行调查研究,当好领导的参谋,积极参加劳动和政治学习"。第二,"整改会计队伍,健全财务会计机构,要充实会计队伍,企业必须单独设置财务会计机构,会计机构不能同其他机构合并,小企业也必须设置专业的财会人员,企业不能任意裁减会计人员,也不能任意抽调会计人员去做其他工作"①。

该纲要在总结和汲取"大跃进"后整改经验和教训的基础上,对会计人员管理提出了具体要求,对于加强对会计工作的领导,改进会计工作的效果,有着积极的作用,符合当时会计工作的发展需要。但由于该纲要是计划经济、政治导向的产物,突出强调了会计人员要"政治挂帅",为政治服务,服从政治的要求,这必然限制了会计人员正常的业务讨论与探索,并不恰当地将会计工作与政治联系在一起,使会计成为政治的从属,阻碍了会计人员管理体制的正常发展。就在该纲要实施不久,又开始了对中国经济社会带来巨大灾难的"文化大革命",从而导致对会计人员管理的改革也被迫中断。

二、国民经济挫折时期的会计人员制度:1966—1977 年

1966 年开始的"文化大革命",使许多单位的财务会计机构和会计人员被精简、下放,一些单位的会计工作失去控制,处于十分混乱的状态②,会计人员管理工作遭受了空前严重的破坏。直到 1973 年 12 月 22 日财政部颁布《国营企业会计工作规则(试行草案)》(以下简称《规则》)后,会计工作才开始出现一时的转机。

《规则》根据当时会计管理工作出现的实际情况和突出问题,明确提出加强对会计工作的领导,要求:"企业的领导中应指定一人主管会计工作;要必备必要的会计人员,以保证会计工作的正常进行;要培训会计人员,不断提高会计人员的水平;企业的会计人员要认真读马列的书,读毛主席的书,树立为革命做好会计工作的思想。"③《规则》的这一规定为在"文化大革命"这一特殊环境中加强对企业财务会计人员的管理提供了政策保障和支持,在一定程度上修补了受"文化大革命"冲击而支离破碎的企业会计

---

① 杨时展:《1949—1992 年中国会计制度的演进》,第 122~123 页,中国财政经济出版社,1998 年版。
② 项怀诚:《新中国会计五十年》,第 161 页,中国财政经济出版社,1999 年版。
③ 杨时展:《1949—1992 年中国会计制度的演进》,第 139 页,中国财政经济出版社,1998 年版。

制度。但由于《规则》是在当时政治运动的特定背景下产生的,所以其带有浓重的政治色彩,存在许多片面、不完善甚至荒谬之处。

第2节 会计档案管理制度

"会计档案是指会计凭证、会计账簿和财务报告等会计核算专业材料,是记录和反映单位经济业务的重要史料和证据。"①会计档案的管理包括会计档案的使用与保管,关系到会计资料的生成与保存,是会计工作重要的内容。改革开放前的会计档案管理制度,主要体现在1952年财政部发布的《国营企业统一会计簿籍、填制会计凭证办法》,1956年财政部和国家档案局联合发布的《预算会计账簿凭证报表保管销毁暂行办法》,1958年财政部和国家档案局联合发布的《关于修改预算会计档案销毁批准程序和保管期限的通知》,1961年国务院发布的《国营企业会计核算工作规程(草案)》,1962年财政部颁布的《国营企业会计凭证、账簿的格式和使用办法(草案)》,1962年财政部和国家档案局联合发布的《关于修订预算会计账簿、凭证、报表保管期限的通知》,1973年财政部颁布的《国营企业会计工作规则(试行草案)》等。

一、《国营企业统一会计簿籍、填制会计凭证办法》(1952年):新中国最早的会计档案管理制度

《国营企业统一会计簿籍、填制会计凭证办法》由财政部于1952年12月1日公布,是新中国最早的关于会计档案管理的制度文件。该文件规定,国营企业会计簿籍的登记、会计凭证的填制,均须采用复式簿记原理和有关的统一会计科目;会计簿籍的登记,须以合法之记账凭单、合法之原始凭证或合法之原始凭证汇总表为根据,合法的记账凭单须根据合法的原始凭证或合法的原始凭证汇总表填制;会计簿籍的登记、凭单的填制,均须使用墨水、化学铅笔和打字机,其文字及数字均不得涂抹、乱擦或挖补;填制的会计簿籍、会计凭证,均应由企业会计主管人员或其指定人员负责保管,会计簿籍按其重要性保存5~10年,会计凭证按其重要性保存1~10年,销毁时均应报经主管企业部门同意②。

《国营企业统一会计簿籍、填制会计凭证办法》的上述规定,体现出当时会计档案管理的一些特点:第一,由于新中国成立之初企业会计账簿、会计凭证的使用混乱且不

---

① 《会计档案管理办法》第5条,1998年8月21日。
② 杨纪琬、余秉坚:《中华人民共和国会计大事记》,转引自杨纪琬:《中国现代会计手册》,第35页,中国财政经济出版社,1988年版。

统一,所以强调会计账簿、会计凭证的合法性,该办法一再要求使用合法的会计账簿、会计凭证,这使得企业会计核算能够建立在合法、规范的信息载体之上,保证了会计核算资料的可靠性;第二,由于新中国成立之初企业会计核算方法落后、混乱,该办法特别地指出记账必须采用复式记账法,从制度要求的角度否定了单式记账的使用,有力地推动了复式记账法的推广;第三,由于当时国营企业实行统一会计制度,所以该办法要求企业按照统一会计科目记账,以保证统一会计制度的执行;第四,为了保证会计资料的可靠,该办法规定会计账簿、会计凭证使用不易涂改的记录工具,如使用墨水、化学铅笔等,而不能使用容易涂改的工具;第五,该办法规定不得以涂抹、乱擦、挖补等方法改写会计记录,这实际上是要求对会计记录的修改须保留原有的记录,以保证会计记录可追查;第六,该办法要求由企业会计主管人员或其指定人员负责保管会计记录,显现了会计记录作为历史资料的重要,也表现出要求会计负责人对各项会计工作统一负责的精神。

二、其他会计档案管理制度(1956—1973年)

1956年11月21日,由财政部和国家档案局联合颁布的《预算会计账簿凭证报表保管销毁暂行办法》,是针对会计档案保管的专门文件,对各种预算会计档案的保管办法和期限,以及保管期满后的销毁手续、程序、批准权限等做出了规定。出台这样一个制度,是为了保证会计档案的有效保管,保证有效地通过会计档案考查单位经济活动和明确有关人员经济责任。而由财政部联合国家档案局发布这一制度,表现出政府部门采取将会计档案作为官方历史资料的一贯做法。

1956年颁布的《预算会计账簿凭证报表保管销毁暂行办法》曾于1958年做出过修改。1958年8月2日,财政部、国家档案局联合发布《关于修改预算会计档案销毁批准程序和保管期限的通知》,下放了1956年《预算会计账簿凭证报表保管销毁暂行办法》中关于非永久性档案保管期、销毁档案的报批机关和程序等的权限,简化了手续[①],其目的是扩大各级机关对预算会计档案的处理权限。

国务院于1961年11月17日颁布的《国营企业会计核算工作规程(草案)》中也涉及会计档案的管理。该规程第32条规定:"企业的会计凭证、账簿和会计报表是重要的经济档案和历史资料,必须妥善保管,便于事后查考。不得丢失和任意销毁。"

在国民经济冒进时期(1958—1960年),经济建设的盲目跃进和政治思想上不切实际的"左"倾冒进,破坏了良好的经济发展,冲击了各单位的会计工作,使会计秩序陷

---

① 杨纪琬、余秉坚:《中华人民共和国会计大事记》,转引自杨纪琬:《中国现代会计手册》,第45页,中国财政经济出版社,1988年版。

入混乱。为了恢复正常的会计秩序,1962年1月4日,财政部发布《国营企业会计凭证、账簿的格式和使用办法(草案)》,要求做好会计基础工作,包括按照此前颁布的规定填写会计凭证,登记会计账簿。

在对会计档案的使用过程中,有些部门反映会计档案的保管期短,一些会计档案被过早地销毁,不利于通过会计档案查考相关事项。针对这种情况,财政部和国家档案局于1962年5月8日颁布《关于修订预算会计账簿、凭证、报表保管期限的通知》,称:"1956年,国家曾颁布过《预算会计账簿凭证报表保管销毁暂行办法》,执行以来,有些单位反映,原办法规定的某些账簿、凭证、报表的保管期限较短,对日常有关会计、统计和业务核算资料的搜集、整理以及某些特殊事项的查考带来困难。此外,有的地方对历年预算会计档案的保管较混乱。为了便于查阅,财政部、国家档案局特规定了各类预算会计账簿、凭证、报表保管的具体期限,并规定了它们销毁的批准程序和手续。"[①]

财政部于1973年12月22日颁布的《国营企业会计工作规则(试行草案)》再次规定了会计档案的管理。该工作规则第6条规定:"会计凭证、账簿和报表,都要建立档案,妥善保管。年度会计报表永久保存,各种账簿和会计凭证至少保存10年,其中涉及外事、对私改造等重要账簿、凭证,应当长期保存;月份、季度会计报表保存3~5年。保存期满需要销毁时,须经企业领导审查,报经企业主管部门批准。"

从以上文件对会计档案管理的相关规定中可以看到,自新中国建立之初,会计管理部门已经认识到会计凭证、账簿和会计报表是必须长期存查的重要会计档案,认识到了会计档案对经济管理的作用。但由于当时的会计档案保管制度及其他相关制度不十分健全,人们对会计档案的认识程度较低,这些规定在执行中力度不大,会计凭证、账簿和会计报表散失现象比较严重。另外,当时体制变动较大,很多企事业单位反复撤销、合并,人员调动频繁,也是导致会计档案管理不得力,会计档案保管不全的原因。

本 章 小 结

新中国的会计组织制度分为会计人员制度和会计档案制度两部分。

会计人员管理是新中国会计工作的一项重要内容。我国1962年颁布了新中国第一部关于会计人员职责权限的行政法规——《会计人员职权暂行条例》。这部条例对会计人员做出了职责、权限、任免和奖惩等规定,提出了根据会计人员的工作能力确定

---

① 杨纪琬、余秉坚:《中华人民共和国会计大事记》,转引自杨纪琬:《中国现代会计手册》第54页,中国财政经济出版社,1988年版。

技术职称和等级的规定,是我国会计工作的一项重大制度建设。这部条例要求会计人员遵守和执行国家财经纪律,并赋予会计人员监督其他人员遵守国家财经纪律的权限,规定若会计人员对违反财经纪律的行为不制止、不向有关部门反映的,要负担连带责任,即要求会计人员具有"双重身份",一方面作为企业管理者参与本单位的经营管理,另一方面代表国家监督本单位的经济活动。不久后,我国公布了新中国第一部关于总会计师制度的行政法规——国务院颁发的《关于国营工业、交通企业设置总会计师的几项规定(草案)》(1963年),开始试行总会计师制度。按照这部法规,总会计师是厂长在经济工作方面的助手。这部法规还提出了总会计师的基本任务、职责、权限,表现出对会计工作的重视和会计人员重要性的肯定。国民经济调整与发展时期,为了重整会计工作在国民经济冒进时期受到的冲击,财政部颁布了《企业会计工作改革纲要(试行草案)》,提出了健全会计机构、充实会计队伍的要求;同时,也要求会计人员"政治挂帅",深入生产第一线,开展调查研究,当好领导的参谋。在国民经济挫折时期,会计机构被简化,会计人员被下放,会计工作受到前所未有的破坏。1973年财政部发布的《国营企业会计工作规则(暂行条例)》使会计工作的改善得到一时的转机。该规则要求企业的领导中要有一人主管会计工作,还要配备必要的会计人员,对于缓解会计人员工作中的困难局面起到了积极的作用。

改革开放前的会计人员制度明确了对会计工作的基本要求,提出了会计人员应达到的标准,在一定程度上树立了会计人员的工作权威,奠定了新中国会计人员管理的基本体制和方法,对于推进会计工作起到了积极的作用,表现出政府对会计工作的重视。新中国成立后,大规模的经济建设对会计工作的要求比以往更高,而做好会计工作需要有大批能够胜任要求的会计人员,因而必须明确会计工作对会计人员有着怎样的要求,会计人员在工作中应尽到哪些职责,需要完成哪些任务,拥有哪些权力等。对这些问题清晰地做出规定,可以在工作中对会计人员提出要求,有利于对会计人员的管理,加快会计人员队伍的建设,进而推动会计工作的展开。这种从对人员的要求入手,抓队伍建设,力求从根本上提升工作水平的做法,一方面表现出政府对会计工作的重视和将会计工作做得更好的愿望;另一方面也反映出会计工作在各单位受重视程度不够,会计人员地位较低而急需改进的状况。

但是这些会计人员制度也显露出一些不足:

其一,对会计人员的工作要求偏窄,主要集中于做好核算和监督财产安全,较少涉及对预测、决策、考核等管理工作的要求,表现出尚未全面认识到会计的作用;

其二,反复强调会计人员"政治挂帅",并不适当地规定会计人员承担"双重身份",表现了对会计人员的不正当要求。

改革开放前的重要会计档案制度,主要是 1952 年颁布的《国营企业统一会计簿籍、填制会计凭证办法》和 1956 年颁布的《预算会计账簿凭证报表保管销毁暂行办法》。《国营企业统一会计簿籍、填制会计凭证办法》是新中国最早的关于会计档案管理的制度文件,它规范了国营企业的会计账簿、会计凭证的格式和使用,保证了会计记录资料的合理使用,表现出对会计档案的重视。《预算会计账簿凭证报表保管销毁暂行办法》是新中国最早的关于会计档案保管期限、销毁程序与要求的制度,对于保证会计档案的长期保存和历史作用的发挥具有重要意义。此后,我国又陆续出台了一些相关制度,为做好会计档案工作做出了修改和补充措施。

下 篇

新中国改革开放后的会计制度

第 4 章

改革开放后的企业会计制度

第 1 节　向市场经济转轨时期的企业会计制度：1978—1991 年

1978—1991 年是我国经济向市场经济转轨的时期。这一时期的特点是结束了"文化大革命"，停止了持续多年的政治动荡，重点发展国民经济，并逐步结束计划经济体制，开始向市场经济体制转变。在"文化大革命"刚刚结束的两年里，新旧冲突激烈，旧理论仍束缚人们思想，经济建设领域仍采用阶级斗争、"大跃进"的方式推进生产。1978 年"实践是检验真理的唯一标准"的大讨论，冲击了思想禁锢，为思想领域的解放和实践探索活动打开了大门。1978 年 12 月召开的中共十一届三中全会是"建国以来我党历史上具有深远意义的伟大转折"，会议"果断地停止使用'以阶级斗争为纲'这个不适于社会主义社会的口号，做出了把工作重点转移到社会主义现代化建设上来的战略决策"[①]，完成了政治路线上的拨乱反正，并开始纠正经济工作中长期存在的"左"的错误，是中国经济改革开放、走向新的振兴的起点。

经济体制改革最初始于农村。1977—1978 年，安徽、四川部分地区农民恢复并创造了包产到组、包产到户等多种形式的生产责任制。1980 年 9 月，中共中央发出"关于进一步加强和完善农业生产责任制的几个问题"的文件，肯定了农业生产责任制的做法，家庭联产承包责任制开始在全国推广。农村经济体制改革的开展，推进了城市经济体制改革，经济体制改革逐渐由农村向城市推进。城市经济体制改革的重点是企业改革，这是因为我国经济体制改革的目标是建设社会主义市场经济，而企业是市场经济的主体。城市改革从扩大企业自主权入手，措施先后有扩大企业自主权、经济责

[①]《中国共产党中央委员会关于建国以来党的若干历史问题的决议》。

任制、利改税、承包经营责任制、租赁经营责任制等。

(1) 扩大企业自主权。1978年10月,最先在四川宁江机床厂等6个企业实行扩大企业自主权试点,1979年5月在北京、天津、上海等城市选择首都钢铁公司等7个大型企业试点,在利润分配、生产计划、产品销售等方面给予试点企业部分自主权。1979年7月,国务院下达以扩大国有企业经营自主权为核心的5个文件,要求将扩大企业自主权的试点企业扩大到全国。扩大企业经营自主权的改革包括扩大企业权限和明确企业利益两个方面。在扩大企业权限方面,主要是企业在完成国家计划的基础上,可根据市场情况安排补充生产计划,按国家规定的价格自行销售补充生产计划生产的产品;按照国家用工计划择优录用职工;按定员定额要求,决定自己的机构设置,任免中层及中层以下干部;提高固定资产折旧率和企业留成比例,可以将基本折旧、大修理费用和利润留成中的生产发展基金等结合起来用于挖潜、革新、改造;有权申请出口自己的产品,并按规定取得外汇分成,进口技术设备。在明确企业利益方面,实行企业基金制和利润留成,将职工的物质利益与企业的经营情况挂钩,形成推动企业发展的动力。其中,企业基金制是指企业完成国家年度计划后,按职工工资总额的一定比例提取企业基金,用于集体福利事业、发放职工奖金等;利润留成则是企业超额完成国家利润计划后,超额部分按一定比例留给企业,留用的利润用于生产发展、职工福利与奖金。

(2) 经济责任制。1980年,国家出现严重的财政赤字。为了增加财政收入,1981年年初,各地从落实财政任务入手,纷纷对所属企业实行"包干加奖励"的办法。同年4月,全国城市公共交通工作会议提出建立和实行经济责任制的要求,推行全国工业企业以盈亏包干为主要形式的经济责任制。从1981年10月底起,国务院连续批转了国家经济贸易委员会、国务院体制改革办公室"关于实行工业企业生产经营责任制若干问题意见"等文件,明确了工业企业工业生产经济责任制的原则、内容和形式。实行企业经济责任制,国家与企业的分配方式主要有三种:利润留成和利润包干;盈亏包干;以税代利、自负盈亏。改革要求企业内部也要实行经济责任制,把每个岗位的责任、考核标准、经济效果与职工的收入挂钩,实行全面经济核算。

(3) 利改税。在实行企业经济责任制的同时,为了更好地发挥税收在经济活动中的调节作用,从1980年开始在全国400个企业推行"以税代利"的试点。1983年4月国务院转发财政部《关于全国利改税工作会议报告》和《关于国营企业利改税试行办法》,决定从1983年开始全面推行第一步利改税,即税利并存的制度。按照财政部《关于国营企业利改税试行办法》的规定,第一步利改税的主要做法是:国营企业保留原来的工商税,把相当于基数利润的部分改为所得税,凡是有盈利的国营大中型企业,实现的利润均按55％的税率缴纳所得税。企业缴纳所得税后的利润，一部分上缴国家，另一部分按照国家核定的留利水平留给企业。上缴国家的部分，按企业不同情况分别采取递增包干、固定比例上缴、缴纳调节税、定额包干（小型国有企业）的方式。从1984年起，我国改行第二步利改税，主要做法包括：将工商税分解为产品税、增值税、盐税和营业税4个税种，分别适用于不同的企业；对采掘业开征资源税，以调节由于自然资源和开发条件不同而形成的级差收入，促进企业合理利用国家资源；对企业征收所得税，其中国有大中型企业按55％的税率征收，小型国有企业按照新的八级超额累进税率征收；对国有大中型企业征收调节税；小型国有企业按照新的八级超额累进税率征收所得税后的利润，一般可以留给企业使用，而对留利过多的企业则要收取一定数额的承包费。

（4）承包经营责任制。1986年12月，国务院发布《关于深化企业改革增强企业活力的若干决定》，提出在大中型企业中推行多种形式的经营承包责任制。从1987年开始，全国掀起了企业承包的热潮。承包制的基本特征是包死基数、确保上缴、超收多留、欠收自补，形式包括"双保一挂"；上缴利税递增包干；上缴利润基数包干、超收分成；减亏（或补贴）包干等。到1987年年底，全国11 402家国有大中型企业中，实行经营承包责任制的达8 843家，占总数的77.6％。1988年2月，国务院发布《全民所有制工业企业承包经营责任制暂行条例》，对前一段时间的承包经营责任制做出了进一步的规定，其中包括要对实行承包经营责任制的企业试行资金分账制，将国家资金和企业资金分别列账；要合理核定留利中的生产发展基金、福利基金和奖励基金的比例；要实行厂长负责制，建立、健全内部经济责任制和分配制度等。至1990年，大多数实行承包经营责任制企业的第一轮承包合同到期，根据"八五"计划的规定，"八五"期间（1991—1995年）还要"继续坚持和完善企业承包经营责任制"[①]，于是开展了第二轮承包合同的签订。到1991年年初，95％的企业签订了新一轮承包合同[②]。在签订第二轮承包合同时，针对第一轮承包中存在的问题，进一步完善了承包经营责任制的做法，主要是：提出了包括企业的经济效益指标、发展后劲指标在内的综合配套的承包指标；调整了承包基数和上缴比例；加强了企业的盈亏机制和企业经营者的竞争机制。

（5）租赁经营责任制。在普遍推行承包经营责任制之前，一些国有小企业已经试行了租赁经营责任制。租赁经营责任制与承包经营责任制相比，企业所有权与经营权的分离程度更大，因而实行租赁经营责任制的企业自主权更大，被认为更适合在国有

[①]《中国经济年鉴》(1991年)，第1～67页，经济管理出版社，1992年版。
[②]《中国经济年鉴》(1992年)，第47页，经济管理出版社，1993年版。

小企业中推行(国家当时对大中型国有企业的控制比较严格,认为不宜赋予太多的自主权)。1987年年底,在88 000个国有小型企业中,实行租赁经营、承包经营和转让的达40 000个,占总数的45.5%①。实行租赁经营责任制,出租方要在评估资产的基础上,依照行业和本企业的资金利润率确定标底,实行租赁招标,还须与承租方签订租赁合同,规定出租方和承租方的权利、义务。租赁经营企业实现的利润依法纳税后,按规定的比例分为4部分:承租方的收入、企业生产发展基金、职工福利基金、职工奖励基金。

在扩大企业自主权,实行各种各样经济责任制的同时,我国还采取了改革财政体制,扩大地方财权;发展多种经济形式,鼓励集体经济、个体经济发展;实行对外开放,利用外资;兴办经济特区;对外投资,在境外创办企业等多种改革措施。

向市场经济转轨时期的企业改革是在计划经济体制内围绕对企业的扩权让利、企业所有权和经营权一定程度分离的基础上进行的,尚未触及企业产权的变动,所以这一时期的企业会计也就突出了两个中心:一是恢复在"文化大革命"中被破坏了的正常工作秩序,加强会计管理;二是为适应企业改革的需要,在不触动原有会计框架体系的基础上,更改某些环节的会计核算。

在"文化大革命"刚刚结束的几年里,企业会计工作的状况是:"整顿会计工作虽然取得了很大成绩,但同形势发展的要求还很不适应。目前存在的主要问题是:第一,不少单位不重视会计工作,不支持会计工作,不善于用会计来管理经济工作……第二,有些单位会计工作很不健全,账目混乱,数字不实,家底不清,损失浪费的情况还相当严重……第三,不少单位财会机构不健全,人员不足,后继乏人。"②根据这些情况,当时会计工作的紧迫任务是:"整顿会计的基础工作和会计工作秩序,提高会计管理水平和会计人员的业务水平,做到如实记录、反映会计数字,反对弄虚作假;并在这个基础上,把会计工作的重点逐步放到对经济活动和经济效果的分析、预测、监督等方面来,使会计工作渗透到生产经营的各个环节中去,以便揭露矛盾,挖掘潜力,促进经济发展。"③于是,当时会计工作的中心任务就是"健全会计制度,加强会计立法。"④1980年,财政部在全国会计工作会议上提出,"健全会计制度,加强会计立法"的主要工作方针是:"对于过去行之有效、又基本符合当前情况,能够满足业务需要的会计制度,可以先恢复使用,然后在实践中逐步改进完善。对于那些过于简化、不适合经济管理要求的,要

---

① 《中国经济体制改革十年》,第797页,经济管理出版社,1988年版。
②③④ 项怀诚:《新中国会计三十年》,第171页,中国财政经济出版社,1999年版。

尽快补充修订①。对于新形势下出现的新问题……需要在深入调查研究的基础上,先拟订草案试行……"②

一、企业会计制度的初步修改

(一) 1980 年的《国营工业企业会计制度——会计科目和会计报表》:"文化大革命"后第一次修改的企业会计制度

恢复、补充"过去行之有效、又基本符合当前情况,能够满足业务需要的会计制度"的工作,是从修订工业企业会计制度开始的。1980 年 9 月,财政部公布了一套新的《国营工业企业会计制度——会计科目和会计报表》。选择工业企业会计制度作为会计制度恢复与重建的突破口,是因为工业企业会计制度涉及面大、影响大、会计业务相对复杂、具有普遍性,将这一行业的会计制度恢复与重建后,便于带动企业会计制度的全面修订。事实上,以工业企业会计作为会计工作全面推动的突破口,是中国企业会计改革多年来的一贯做法。

当时的财政部会计制度司曾在一篇介绍这次会计制度的文章中这样解释修订的原因:"原来的《国营工业企业会计科目》和《国营工业企业会计报表》制度是 1973 年制订的,执行以来对于恢复和整顿工业企业的会计工作起到了很大的作用。但在制订当时,国营工业企业的会计工作遭到'四人帮'的大破坏。很多财会机构被裁并,财会人员被下放,财会队伍削弱到难以维持日常事务的地步;财产清查盘点,物资计量验质,消耗定额,原始记录等进行会计核算所必需的基础工作,被搞得七零八落;'要算政治账,不算经济账''合理就是合法'等谬论还在到处泛滥。在这样的历史条件下,对会计核算提出过高的要求是不现实的,因此,原来制订的会计制度较简较粗。"

"自粉碎'四人帮'以来,随着全党工作着重点的转移,国民经济进行了调整,财务制度进行了改革,对会计工作的要求越来越高。为了适应经济形势发展的需要,几年来财政部对会计制度相应地作了一些修改和补充。例如,为了适应企业实行企业基金和利润留成制度,颁发了《国营工业企业'企业基金计算表'格式和编制说明》和《国营工业企业实行利润留成制度会计处理办法》两项会计制度,对会计科目和会计报表也都作了补充。但是,这些修改和补充都属于枝枝节节,缺乏系统,对于会计制度中应当增加哪些内容,保留哪些仍然可行的办法,哪些规定可以允许企业灵活运用,等等,都

---

① "文化大革命"中和"文化大革命"前的一段时期内,会计制度曾被认为是"修正主义繁琐哲学"的产物,是"资产阶级对人民群众的管、卡、压",因而遭到不合理的"简化"。

② 财政部:1980 年《全国会计工作会议纪要》,1981 年 2 月。

未做通盘考虑,因此还不能适应当前经济发展、财务制度改革、加强企业管理和国民经济综合平衡的需要。同时,由于十年浩劫,在现职财会人员中,有一半以上没有受过会计专业训练,再加上原制度的说明过于简略,不利于它们的正确理解和执行。因此,各方面都要求对会计制度进行全面的修改,特别是要求对会计科目和会计报表部分作较大的修改和补充。"①

比起1973年的工业企业会计制度及此前的企业会计制度来,新会计制度较注重制度的完整性和全面性,"这套会计科目和会计报表改变了片面强调简化,不讲科学体系的偏向"。② 与1973年工业企业会计制度相比,新制度修订的主要内容如下所述。

1. 会计科目的调整

根据强化企业会计核算的要求,新制度将过去规定的28个会计科目增加到50个会计科目。这些新增的会计科目大体可以分为两部分。一部分是为了适应企业改革后对会计数据反映的需要而增设的科目,如:为了适应国家对企业实行拨付自有流动资金有偿占用的办法,加强国拨资金管理的需要,将原"国家基金"科目分解为"固定基金"和"流动基金"2个科目,并增加了"应交资金占用费"科目,以便反映流动资金占用费的缴纳;为了满足扩大企业自主权后强化专用基金核算和管理的需要③,增设了"专用拨款""专用借款"科目,并增设了"专项应收款""专项应付款"科目,以便详细反映各项基金的形成与使用情况;为了反映扩大企业自主权后企业专用基金、专项借款范围扩大、项目增多的新情况,加强对专用基金的管理和核算,将原来在"专用基金"科目中核算的专用拨款和原来在"银行借款"科目中核算的各种专用基金银行借款划了出来,增设了"专用拨款"和"专用借款"科目;为了贯彻国务院关于"企业对多余、闲置的固定资产,有权出租或有偿转让,所得收入,用于设备的更新、改革"④的规定,在固定资产的分类中增加了租出固定资产和封存固定资产两类。另一部分是为了细化会计核算而增设的科目,如:为了适应企业加强材料供应业务管理和提高材料核算质量,增设了"材料采购"和"材料成本差异"2个科目;为了适应加强物资管理和能源管理的需要,将原来的"材料"科目分设为"原材料""燃料""包装物""低值易耗品"4个科目;为了加强成本核算工作,将原来的"生产费用"科目分设为"基本生产""自制半成品""辅助生

---

① 财政部会计制度司:《加强会计制度建设,提高会计工作水平——国营工业企业会计科目和会计报表简介》,《财务与会计》,1980年第12期,第12~16页。
② 杨纪琬、余秉坚:《新中国会计工作的回顾》,转引自杨纪琬:《中国现代会计手册》,第16页,中国财政经济出版社,1988年版。
③ 按照关于企业利润留成的有关规定,留归企业的利润形成生产发展基金、集体福利基金和职工奖励基金。
④ 国务院国发〔1980〕226号批转国家经济贸易委员会《关于扩大企业自主权试点工作情况和今后意见的报告》。

产""车间经费""企业管理费"5个科目;为了加强对外地采购专户存款、信用证存款等款项的管理,增设了"其他货币资金"科目,等等。

1980年《国营工业企业会计制度——会计科目和会计报表》规定的会计科目如表4-1所示。

表 4-1　　　　　　　　　1980年工业企业会计科目名称和编号①

资金占用科目			资金来源科目		
顺序号	编号	名　称	顺序号	编号	名　称
1	101	固定资产	31	401	固定基金
2	102	待核销基建支出	32	402	折旧
3	111	材料采购	33	403	流动基金
4	112	原材料	34	411	基建基金
5	121	燃料	35	421	流动资金借款
6	123	包装物	36	431	应付购货款
7	124	低值易耗品	37	432	应付工资
8	129	材料成本差异	38	439	其他应付款
9	131	委托加工材料	39	441	预提费用
10	135	超储积压物资	40	451	应交税金
11	141	基本生产	41	452	应交折旧基金
12	142	自制半成品	42	453	应交资金占用费
13	143	辅助生产	43	491	待处理财产盘盈
14	144	车间经费	44	501	专用基金
15	145	企业管理费	45	521	专用拨款
16	151	待摊费用	46	531	专用借款
17	161	产成品	47	541	应付引进设备款
18	166	发出商品	48	551	专项应付款
19	171	现金	49	601	销售
20	172	银行存款	50	611	利润
21	179	其他货币资金			
22	181	应收销货款			
23	189	其他应收款			

① 杨时展:《1949—1992年中国会计制度的演进》,第147页,中国财政经济出版社,1998年版。

(续表)

资金占用科目			资金来源科目		
顺序号	编号	名　称	顺序号	编号	名　称
24	191	待处理财产损失			
25	201	专项存款			
26	202	专项物资			
27	203	专项工程支出			
28	211	专项应收款			
29	311	利润分配			
30	321	应补定额补贴			

2. 会计报表的调整

原工业企业会计制度中,会计月份报表为2种,季度报表为4种,年度报表为8种,新制度中规定的会计月份报表为"资金平衡表""利润表""商品产品成本表"3种;季度报表比过去增设了"主要产品单位成本表""专用基金及专用拨款表";年度报表则比过去增设了"产品销售利润明细表""生产费用表""基建借款及专项借款表""企业基金计算表"或"利润留成计算表"。其中,"商品产品成本表"原为季度报表,现改为月份报表,其目的是为了按月检查商品产品成本计划的执行情况和成本降低任务的完成情况;季度报表"专用基金及专用拨款表"由原来的年度报表"专用基金表"变化而来,这是因为随着企业自主权的扩大,企业专用基金的种类和数量增加,专用基金的增减变动及使用对国民经济综合平衡的影响增大,有必要及时掌握各种专用基金的增减变动情况,加强对专用基金的管理;年度报表中增设"企业基金计算表"或"利润留成计算表",则是为了反映和管理企业实行利润留成政策后留用的利润。

新制度中的"资金平衡表"将企业的资金分为固定资产、流动资产、专项资产,分别对应着固定资金、流动资金、专项资金3类资金来源,形成了所谓企业资金的"三段平衡"。资金平衡表表达的企业资金三段式,反映了当时企业资金专款专用,不得调节使用的规定,这种规定是因为国家对国有企业的资金拨付是按照行政拨款专款专用、不得挪用的原则而形成的,表现了当时企业与国家投资者之间的资金关系。

修订的工业企业会计制度还在记账方法(不做统一规定)、固定资产占用费、固定资产折旧(除了采用综合折旧率,还可采用个别折旧率和分类折旧率计算折旧)、低值易耗品核算(除了采取"一次摊销法"核算,还可采取"五五摊销法"或"定率减值法"核算)等方面做出了新的规定或说明。

1980年修订工业企业会计制度,"首先,要适应基层企业提高核算质量和加强经济管理的需要，适应财务管理体制的变化，满足国家综合平衡的需要。其次，既要保持制度的统一性和强制性，又要考虑到企业的不同情况，在一定范围内授予必要的灵活性。第三，保留过去行之有效的做法，保持制度的连续性和稳定性。第四，会计科目的使用说明和会计报表的编制说明，要比较详细具体，易于理解和执行。"[1]分析修订工业企业会计制度的这些考虑，可以从中得出这样一些结论：

第一，修订会计制度的目的有三个：一是适应基层企业提高核算质量和加强经济管理的需要；二是适应财务管理体制的变化；三是满足国家综合平衡的需要。提出第一个目的，是因为当时的企业会计核算质量实在太差，令人担忧，必须下力气整顿、提高。第二个目的实际上讲的是要适应企业改革带来的新问题，如实行企业利润留成政策带来的留归企业利润的管理问题；随着企业自主权的扩大，企业专用基金的种类和数量快速增加而带来的问题；推行企业流动资金有偿占用政策而带来的问题，等等。第三个目的最重要，即企业会计要为国家的宏观管理服务。要求企业会计核算数据为既是投资人又是管理者的政府服务，这与当时实行计划经济，国家对企业采用行政管理方式相吻合。

第二，为了保证会计工作的稳定与连续，会计制度制定机构采取了新制度与原制度相互衔接、前后连贯的做法，而如果不这样安排，必然带来管理上的混乱。保持制度的渐进式变化和前后衔接，是长期以来用巨大损失换来的经验，也是我国企业会计改革及其他改革采用渐进方式的基本考虑之一。

第三，企业会计人员较低的业务水平，使他们习惯于简单地按照会计制度规定好了的规矩办事，缺乏职业判断力和应对新情况的能力，因此会计制度只得"详细具体地撰写会计科目的使用说明和会计报表的编制说明"，这样才能使会计人员理解并得以执行。如此素质的会计人员，不可避免会一定程度地妨碍企业会计改革的开展，因此会计制度的变化需要把握好节奏，既不能慢，也不宜急于求成。

(二) 1985 年和 1989 年的《国营工业企业会计制度》：企业会计制度的再修订

随着企业经济责任制、利改税、企业承包经营责任制、租赁经营责任制等改革措施的出台，企业需要处理一些以前不曾遇到的新问题，如新增加的税种、各种承包费、实行包干企业的上缴利润或应上缴利润的弥补等。为了适应改革带来的变化，规范企业处理改革带来的会计问题，财政部分别在 1985 年、1989 年对 1980 年的《国营工业企业会计制度——会计科目和会计报表》进行过两次修订。这两次修订也是为了适应经

---

[1] 财政部会计制度司：《加强会计制度建设，通过会计工作水平——国营工业企业会计科目和会计报表简介》，《财务与会计》，1980 年第 12 期，第 12～16 页。

济体制改革和企业管理方式改革的需要,在原有会计模式的框架下对会计科目和会计报表进行局部调整。

1. 会计科目的调整

1985 年和 1989 年《国营工业企业会计制度——会计科目和会计报表》的会计科目和编号如表 4-2 所示。[①]

表 4-2　　　　　　　　1985 年和 1989 年的工业企业会计科目

1985 年科目			1989 年科目		
顺序号	编号	科目名称	顺序号	编号	科目名称
1	101	固定资产	1	101	固定资产
2	102	待核销基建支出	2	102	待核销基建支出
			3	104	无形资产
3	104	长期投资	4	105	长期投资
4	111	材料采购	5	111	材料采购
5	112	原材料	6	112	原材料
6	121	燃料	7	121	燃料
7	123	包装物	8	123	包装物
8	124	低值易耗品	9	124	低值易耗品
			10	125	调进外汇价差
9	129	材料成本差异	11	129	材料成本差异
10	131	委托加工材料	12	131	委托加工材料
11	135	超储积压物资	13	135	超储积压物资
12	141	基本生产	14	141	基本生产
13	142	自制半成品	15	142	自制半成品
14	143	辅助生产	16	143	辅助生产
15	144	车间经费	17	144	车间经费
16	145	企业管理费	18	145	企业管理费
17	151	待摊费用	19	151	待摊费用
18	152	待摊税金	20	152	待摊税金
19	159	清理维护费	21	159	清理维护费
20	161	产成品	22	161	产成品
21	166	发出商品	23	166	发出商品
22	167	分期收款发出商品	24	167	分期收款发出商品

---

① 中华人民共和国财政部:《国营工业企业会计制度——会计科目和会计报表》,1985 年 1 月 5 日;《国营工业企业会计制度——会计科目和会计报表》,1989 年 4 月 21 日。

(续表)

1985 年科目			1989 年科目		
顺序号	编号	科目名称	顺序号	编号	科目名称
23	171	现金	25	171	现金
24	172	银行存款	26	172	银行存款
25	179	其他货币资金	27	179	其他货币资金
			28	181	应收票据
26	181	应收销货款	29	182	应收销货款
27	186	应弥补亏损	30	186	应弥补亏损
28	189	其他应收款	31	189	其他应收款
29	191	待处理财产损失	32	191	待处理财产损失
30	201	专项存款	33	201	专项存款
31	202	专项物资	34	202	专项物资
32	203	专项工程支出	35	203	专项工程支出
33	204	国库券	36	204	有价证券
34	211	专项应收款	37	211	专项应收款
35	311	利润分配	38	311	利润分配
36	401	固定基金	39	401	固定基金
37	402	折旧	40	402	折旧
38	403	流动基金	41	403	流动基金
39	405	其他单位投入资金	42	405	其他单位投入资金
40	411	基建借款	43	411	基建借款
			44	413	投资借款
41	531	专用借款	45	414	专用借款
			46	415	应付债券
42	541	应付引进设备款	47	416	应付引进设备款
43	421	流动资金借款	48	421	流动资金借款
44	430	已收分期收款发出商品销货款	49	430	已收分期收款销货款
45	441	预提费用	50	431	预提费用
46	461	待扣税金	51	432	待扣税金
			52	441	应付票据
47	431	应付购货款	53	442	应付购货款
48	432	应付工资	54	443	应付工资

(续表)

1985年科目			1989年科目		
顺序号	编号	科目名称	顺序号	编号	科目名称
49	439	其他应付款	55	449	其他应付款
50	451	应交税金	56	451	应交税金
51	452	应交折旧基金			
52	453	应交资金占用费	57	452	应交利润
53	455	应交利润	58	459	其他应交款
54	491	待处理财产盘盈	59	491	待处理财产盘盈
55	501	专用基金	60	501	专用基金
			61	502	工资基金
56	521	专用拨款	62	521	专用拨款
57	550	应交能源交通建设基金			
			63	550	专项应交款
58	551	专项应付款	64	551	专项应付款
			65	552	未分配承租收入
59	601	销售	66	601	销售
60	611	利润	67	611	利润

将1985年的会计科目与1980年的会计科目相比较,1985年的会计科目总数为60个,比1980年的50个多出10个。具体变化为:增设了"长期投资""待摊税金""清理维护费""分期收款发出商品""应弥补亏损""国库券""其他单位投入资金""已收分期收款发出商品销货款""应交利润""待扣税金""应交能源交通建设基金"11个科目,取消了"应补定额补贴"1个科目。增设新科目主要是为了应对随着企业经营自主权的扩大或税制改革出现的新业务,如:因为扩大企业自主经营权后允许企业之间相互投资而增设了"长期投资"和"其他单位投入资金"科目;因为允许企业购买国家发行的国库券而增设了"国库券"科目;对长期经营不善的企业开始实行关闭、停产等措施后,为了反映这些企业关停期间发生的职工基本工资、副食品价格补贴、福利医疗费、职工学习和培训费等费用而增设了"清理维护费"科目;部分企业实行利改税的政策后,为了反映未执行这一政策的企业向国家上缴的利润,增设了"应交利润"科目;实行增值税后,为了反映交纳增值税的企业由于当月销售收入额或应交税金小于按规定应予扣抵的数额而少扣的税金,增设了"待扣税金"科目;征收能源交通建设基金后,为反映企业交纳该种税金的情况增设了"应交能源交通建设基金"科目,等等。

1989年的会计科目比1985年的会计科目又有一些变化:科目总数由1985年的60个增加到67个。具体变化为:增设了"无形资产""调进外汇差额""应收票据""投资借款""应付债券""应付票据""工资基金""专项应交款""未分配承租收入"科目(其中"投资借款""工资基金""未分配承租收入"科目已在1989年企业会计制度公布前的历次单行补充规定中设置);取消了"应交折旧基金""应交资金占用费""应交能源交通建设基金"科目。会计科目的增减变化,同样主要是由于经济体制、财税制度、企业制度的改革引起的,如:随着专利法、商标法等经济法规的建立和技术市场的发展,企业用于无形资产的支出越来越多,为了反映企业无形资产的取得成本和摊销价值,增设了"无形资产"科目;外贸体制改革后,企业可以在允许的范围内进口原材料、自营出口产品,为反映企业购买调剂外汇所产生的汇率价差,增设了"调进外汇差额"科目;为了适应自1989年起银行开始实行的银行汇票、商业汇票、银行本票等银行结算方式,增设了"应收票据""应付票据"科目;从1985年起部分大中型企业实行工资总额与经济效益挂钩浮动(具体分为总挂总提、总挂分提、分挂分提3种形式)的工资改革办法,为反映这些企业各种来源形成的工资、奖励及其使用情况,增设了"工资基金"科目;1987年国务院发布《企业债券管理暂行条例》,允许企业利用闲置资金购买债券,也可以发行债券筹集资金,为了反映企业债券发行、还本付息等情况,增设了"应付债券"科目;为了反映实行租赁经营责任制的国有小型企业承租收入的分配使用情况,增设了"未分配承租收入"科目;由于不再实行折旧基金上缴的办法,取消了"应交折旧基金"科目;为了简化核算,将"应交资金占用费"科目的内容并入了"应交利润"科目内核算,将"应交能源交通建设基金"科目改为"专项应交款";为了扩大核算内容,将"国库券"科目改为"有价证券"科目,等等。

2. 会计报表的调整

1985年《国营工业企业会计制度——会计科目和会计报表》和1989年《国营工业企业会计制度——会计科目和会计报表》中规定的会计报表种类如表4-3所示[①]。

表4-3　　　　　　　　1985年和1989年的工业企业会计报表

1985年的工业企业会计报表			1989年的工业企业会计报表		
编号	会计报表名称	编报期	编号	会计报表名称	编报期
会工01表	资金平衡表	月报	会工01表	资金平衡表	月报
会工01-1表	应上交及应弥补款项情况表	月报	会工01-1表	应上交及应弥补款项情况表	月报

[①] 中华人民共和国财政部:《国营工业企业会计制度——会计科目和会计报表》,1985年1月5日;《国营工业企业会计制度——会计科目和会计报表》,1989年4月21日。

(续表)

1985 年的工业企业会计报表			1989 年的工业企业会计报表		
编号	会计报表名称	编报期	编号	会计报表名称	编报期
			会工 01-2 表	固定资产和流动资金增减表	年表
会工 02 表	利润表	月报	会工 02 表	利润表	月报
会工 03 表	产品销售利润明细表	年报	会工 03 表	产品销售利润明细表	年报
会工 10 表	应交调节税(或应交利润、应弥补亏损)及企业留利计算表	年报			
会工 11 表	商品产品成本表	月服	会工 11 表	商品产品成本表	月报
会工 12 表	主要产品单位成本表	季报	会工 12 表	主要产品单位成本表	季报
会工 13 表	生产费用表	月报	会工 13 表	生产费用表	月报
会工 14 表	车间经费及企业管理费明细表	季报	会工 14 表	车间经费及企业管理费明细表	季报
会工 21 表	专用基金及专用拨款表	季报	会工 21 表	专用基金及专用拨款表	季报
会工 22 表	基建借款及专项借款表	年报	会工 22 表	基建借款及专项借款表	年报
会工 31 表	关停企业国家基金增减表	月报	会工 31 表	关停企业国家基金增减表	月报
会工 32 表	关停企业清理维护费明细表	月报	会工 32 表	关停企业清理维护费明细表	月报

1989 年的会计报表与 1985 年的会计报表相比,增设了"固定资产和流动资金增减表",取消了"应交调节税(或应交利润、应弥补亏损)及企业留利计算表"。

会计报表的这些调整,主要是出于技术性的考虑:增设"固定资产和流动资金增减表",是因为取消了原"资产负债表"中的补充资料(二),以"固定资产和流动资金增减表"取代其所反映的内容;取消"应交调节税(或应交利润、应弥补亏损)及企业留利计算表",是考虑到企业交纳税金时会依照税务机关的要求填制各种表单,不必再统一填报纳税的会计报表。

除了报表种类的变化外,1989 年《国营工业企业会计制度》中会计报表的另一个明显变化,是改变了以往资金平衡表各项目的排列顺序,放弃了报表项目"三段式"的做法。以 1989 年资金平衡表与 1985 年资金平衡表做比较,可以说明这个问题。

1985 年《国营工业企业会计制度》中规定的资金平衡表如表 4-4 所示①。

---

① 中华人民共和国财政部:《国营工业企业会计制度——会计科目和会计报表》,1985 年 1 月 5 日。

表 4-4　　　　　　　　　　资　金　平　衡　表　　　　　　　会工01表

编制单位：　　　　　　　　　　　　年　　月　　日　　　　　　　　　　单位：元

资金占用	行次	年初数	期末数	资金来源	行次	年初数	期末数
固定资产：				固定资金：			
固定资产原值(101)	1			国家固定基金(401.1)	51		
减：折旧(402)	2			企业固定基金(401.2)	52		
固定资产净值	3			待转固定基金(401.3)	53		
待核销基建支出(102)	4			基建借款(固定资金部分)	54		
待处理固定资产损失	5			(411.1，411.3)			
(191.1，491.1)				其他单位投入的固定资金	57		
向其他单位投资的固定资金　　　(104.1)	6			(405.1)			
合　　计	10						
流动资产：				合　　计	60		
定额流动资产合计	11			流动资金：			
储备资金小计	12			国家流动基金(403.1)	61		
(1)原材料(112，129.1)	13			企业流动基金(403.2)	62		
(2)燃料(121，129.2)	14			基建借款(流动资金部分)	64		
(3)包装物(123，129.3)	15			(411.2)			
(4)低值易耗品(124，129.4)	16			其他单位投入的流动资金	66		
(5)委托加工材料(131)	17			(405.2)			
(6)在途材料(111)	18			流动资金借款(421)	68		
生产资金小计	19			其中：(1)生产周转借款	69		
(1)在产品及自制半成品(141，142，143)	20			(421.1)			
(2)待摊费用及待摊税金(151，441，144，145，152)	21			(2)临时借款(421.2)	70		
				(3)进口原材料短期外汇借款(421.3)	71		
成品资金小计	22			(4)引进技术借款(421.4)	72		
(1)产成品(161)	23			(5)结算借款(421.5)	73		
(2)	24			(6)新产品试制借款(421.6)	74		
超储积压物资(135)	25			已收分期收款发出商品销货款　　(430)			
待处理流动资产损失	26				76		

195

(续表)

资金占用	行次	年初数	期末数	资金来源	行次	年初数	期末数
（191.2，491.2）				应付及预收货款(181,431)	77		
其他流动资金合计	31			其他应付款(439,432)	80		
发出商品(166)	33			预提费用(441,144,145)	81		
分期收款发出商品(167)	34			未交税金(451)	82		
货币资金(171,172,179)	35			未交折旧基金(452)	83		
其中:银行结算户存款（172）	36			未交资金占用费(453)	84		
应收及预付货款(181,431)	37			未交利润(455)	85		
未弥补亏损(186)	39			未留利润(1～11月份填列)　(611,311)	87		
向其他单位投资的流动资金　（104.2）	40			待扣税金(461)	88		
其他应收款(189,432)	41			合　计	89		
合　计	42			专项资金：			
专项资产：				专用基金(501)	90		
专项存款(201)	43			专用拨款(521)	91		
专项物资(202)	44			专用借款(531)	92		
专项工程支出(203)	45			应付引进设备款(541)	93		
应收及暂付款(211)	46			未交能源交通建设基金(550)	94		
向其他单位投资的专用基金　（104.3）	47			应付及暂收款(551)	95		
国库券(204)	48			其他单位投入的专用基金(405.3)	96		
合　计	49			合　计	98		
资金占用总计	50			资金来源总计	99		

补充资料(一)按月填报：
1. 受托加工来料＿＿＿＿元； 2. 应收分期收款发出商品销货款＿＿＿＿元。
补充资料(二)十二月份填报：

项　　目	金额	项　　目	金额	项　　目	金额
1. 定额流动资金全年平均余额		本年增加数合计		其中:房屋、建筑物、机器、设备	

(续表)

项目	金额	项目	金额	项目	金额
2. 每百元工业总产值（按不变价格计算）占用的流动资金		(1) 基建拨款购建		(2) 非生产用固定资产	
3. 每百元销售收入占用的流动资金（按商品产品销售收入计算）		(2) 基建借款购建		其中：房屋、建筑物	
		(3) 专用拨款购建			
4. 流动资金周转天数		(4) 专用基金购建		(3) 租出固定资产	
		(5) 专用借款购建			
5. 国家流动基金本年拨入数		(6) 补偿贸易引进		(4) 未使用固定资产	
		(7) 无偿调入			
6. 专用基金转入的流动基金		(8) 其他单位投资转入		(5) 不需用固定资产	
7. 材料调拨价格调高而增加的流动基金		(9) 盘盈		(6) 封存固定资产	
		本年减少数合计			
8. 国家流动资金本年上交数		(1) 无偿调出		(7) 土地	
		(2) 有偿调出		14. 计提折旧的固定资产全年平均总值（不包括按产量提取更新改造资金的固定资产）	
9. 材料调拨价格调低而减少的流动基金		(3) 报废清理			
		(4) 向其他单位投资转出			
10. 固定资产原价年平均余额		(5) 盘亏毁损		其中：机器、设备	
		13. 各类固定资产原价年末数：			
11. 固定资产净值全年平均余额				15. 按产量提取更新改造资金的固定资产全年平均总值	
				16. 计提大修理基金的固定资产全年平均总值	
12. 固定资产原价本年增减数：		(1) 生产用固定资产			
				17. 本年提取的折旧基金累计数	

1989年《国营工业企业会计制度》中规定的资金平衡表如表4-5所示[①]。

表4-5　　　　　　　　　　　　资 金 平 衡 表　　　　　　　　会工01表

编制单位：　　　　　　　　　　____年___月___日　　　　　　　　单位：元

资金占用	行次	年初数	期末数	资金来源	行次	年初数	期末数
固定资产：				固定及流动基金：			
固定资产原价	1			国家固定基金	51		
减：折旧	2			企业固定基金	52		
固定资产净值	3			待转固定基金	53		
待核销基建支出	4			国家流动基金	55		
待处理固定资产损失	5			企业流动基金	56		
无形资产	11			其他单位投入流动资金	59		
长期投资	15						
合　计	20			合　计	60		
流动资产：				借入资金：			
定额流动资产小计	21			基建借款	61		
储备资金	22			投资借款	62		
生产资金	24			专用借款	63		
成品资金	26			应付债券	64		
超储积压物资	27			应付引进设备款	65		
待处理流动资产损失	28			流动资金借款	67		
其他流动资产小计	30			合　计	70		
发出商品	31			结算资金：			
货币资金	33			已收分期付款发出商品销货款	71		
其中：银行结算户存款	34						
应收票据	35			预提费用	73		
应收及预付货款	36			待扣税金	75		
未弥补损失	37			应付票据	76		
其他应收款	39			应付及预收货款	77		
				其他应付款	79		
				未交税金	80		
合　计	40			未交利润	81		
				其他未交款	85		

---

　① 中华人民共和国财政部：《国营工业企业会计制度——会计科目和会计报表》，1989年4月21日。

(续表)

资金占用	行次	年初数	期末数	资金来源	行次	年初数	期末数
专项资产：				未留利润(1～11月份填列)	89		
专项存款	41						
专项物资	42			合　计	90		
专项工程支出	43			专项资金：			
有价证券	44			专用基金	91		
应收及暂付款	45			工资基金	92		
				专用拨款	93		
				专项未交款	97		
				应付及暂收款	98		
合　计	49			合　计	99		
资金占用总计	50			资金来源总计	100		

补充资料：1. 受托加工来料_____元； 2. 应收分期收款销货款_____元；
3. 商业承兑汇票贴现_____元； 4. 包括在固定资产原值中的融资租入的机器设备_____元。

在1985年的资金平衡表上，明显地表现了报表三类资金占用与来源之间的对应关系，这被称为资金平衡表的"三段式"：固定资产与固定资金的合计数相等，流动资产与流动资金的合计数相等，专项资产与专项资金的合计数相等。"三段式"的存在，是贯彻专款专用的原则的结果，即在计划经济体制下，企业上级部门按照既定计划向企业拨付分别用于固定资产、流动资产、专项资产的款项（或银行向企业贷出款项），企业必须按照计划的用途使用资金，否则计划安排将被破坏。严格执行计划，资金平衡表上自然表现出各类资金占用与资金来源之间的对应关系。经济体制、财税体制改革措施陆续出台后，逐渐打破了向企业单一按计划调拨资金的做法，企业资金来源多元化，资金平衡表不复存在"三段式"。当时负责制定企业会计制度的财政部会计司相关人员在谈到这一变化时，解释道："随着经济体制改革的发展，多元经济形式的出现，企业资金来源渠道向多元化发展，使得资金很难再维持三段各自平衡，具体表现在：

（1）出现了无形资产核算内容。无形资产一般价值较大，受益期较长，所以称为无形固定资产。但用于购置无形资产的资金来源又与固定资产不同。企业可以用流动资金购买无形资产，无需用更新改造基金等专项基金购买无形资产，购买后，也无需将流动资金转为固定资金。这样，无形资产如放在固定资产类项目中，固定资产和固定基金就不能保持平衡，如放在流动资产部分中，又与无形资产属性不符。因此，无形资产在资金占用方单列一项，与资金来源方不形成明显的对应关系。

（2）向其他单位投出资金和吸收其他单位投资。按规定，企业与其他单位联合经营,可以用固定资产、流动资金、专用基金、投资借款等向其他单位投资,而用这些资产投资或接受其他单位投资,很难绝对地区分'固定'或'流动',特别是用银行借款投资,更难以划分,因为联营企业收到对方企业用借款投资时,可以购买固定资产,也可以购买原材料,参加生产周转等。对于投出资金的企业来说,无法确定投出的这项资金到底形成固定资产,还是流动资产。

(3) 在实际工作中,流动资金和专项资金之间互相垫付款项的情况普遍存在。按规定,企业应及时办理清算手续,如果在月末结账时仍有尚未结清的垫支款项,就会使资金平衡表中流动资金占用数与来源数、专项资金的占用数和来源数不相等,其差额表示相互垫支的款项。由此可见,这两项资金的占用数与其来源各自平衡的格局已经被打破。

鉴于以上各种原因,经过综合考虑,新修订的制度将'资金平衡表'基本部分的排列顺序做了调整,'资金平衡表'资金占用方的排列分为'固定资产''无形资产''长期投资''流动资产''专项资产';资金来源方分为'固定及流动基金''借入资金''结算资金''专项资金'。"修订后的资金平衡表,不再是三段平衡,而是总额平衡。"①

除了会计科目和会计报表的调整外,1985年公布的工业企业会计制度还对一些会计处理方法做出了修正,如为简化核算,将原在"应交能源交通建设基金""应交教育费附加"科目核算的内容并入"其他应付款"科目核算;为了反映与自有固定资产具有相近属性的融资租入固定资产的取得、处置,在"固定资产"科目下单设"融资租入固定资产"明细科目,等等。

在向市场经济转轨时期,经济体制的改革使得企业会计制度的改动开始超越"繁琐—简化—再繁琐—再简化"的主题,逐渐向市场化的方向转变。

二、企业首次制定的成本管理的法规:《国营企业成本管理条例》(1984年)

《国营企业成本管理条例》(以下简称《条例》)是国务院于1984年3月5日正式发布的。这是新中国成立以来发布的第五个全国性成本管理法规(此前财政部曾于1953年、1959年、1961年、1973年分别发布过关于成本管理、成本核算的制度,一些地方政府曾于20世纪50年代初发布过关于成本计算的规则)。发布《条例》的目的,是"为了加强成本管理,降低成本耗费,提高经济效益,增加社会财富,保障企业合法的经济权益,促进社会主义现代化建设"。②《条例》共分为六章46条:第一章"总则"、第二

---

① 财政部会计事务管理司二处:《〈国营工业企业会计制度〉修订内容解说》。
② 国务院:《国营企业成本管理条例》第一章第1条。

章"成本开支范围"、第三章"成本核算"、第四章"成本管理责任制"、第五章"监督与制裁"、第六章"附则"。

第一章"总则"中除了上面提到的发布该《条例》的目的外，还在第3条指出了成本管理的基本任务："成本管理的基本任务，是通过预测、计划、控制、核算、分析和考核，反映企业生产经营成果，挖掘降低成本的潜力，努力降低成本。"第5条明确了企业实行成本管理责任制的责任人："企业实行成本管理责任制。厂长（包括经理、矿长、场长和其他企业领导人，下同）对本企业生产经营的经济效果负完全责任。总会计师或行使总会计师职权的副厂长，协助厂长领导本企业的成本管理，正确执行成本计划，准确核算成本，并对企业的经济效果负责。总工程师协助厂长在生产技术方面采取有效的降低成本措施，并对其经济效果负责。大中型企业要在财务会计部门内设置专门机构负责成本管理工作；小型企业必须指定专业人员管理成本。"

第二章"成本开支范围"列举了工业企业、交通运输企业、施工企业、农业企业、商业企业、外贸企业和供销企业可以列入成本的费用。其中工业企业可列入成本的费用包括：生产经营过程中实际消耗的各种原材料、辅助材料、备品备件、外购半成品、燃料、动力、包装物、低值易耗品的原价和运输、装卸、整理等费用；固定资产的折旧费、按产量提取的更新改造资金、租赁费和修理费；进行科学研究、技术开发的不构成固定资产的费用，购置样品样机和一般测试仪器的费用；按国家规定列入成本的职工工资、福利费、吨煤奖、特定原材料节约奖、技术改进和合理化建议奖；按规定比例计算提取的工会经费和按规定列入成本的职工教育经费；产品包修、包退、包换的费用，废品的修复费用或报废损失，停工期间支付的工资、职工福利费、设备维护费和管理费，削价损失和经同级财政机关批准核销的坏账损失；财产和运输保险费、契约、合同公证费和鉴定费、咨询费、专有技术使用费以及应列入成本的排污费；流动资金贷款利息；销售商品发生的运输费、包装费、广告费和销售机构的管理费；办公费、差旅费、会议费、劳动保护用品费、冬季取暖费、消防费、检验费、仓库经费、商标注册费、展览费等管理费；经财政部审查批准列入成本的其他费用。这一章同时明确了不能计入成本的费用：应在基本建设资金、各种专用基金和专项费用中开支的费用；应在企业留用利润中开支的奖金；超出国家规定开支标准部分的各项费用支出；基本建设借款和专用借款的利息，以及流动资金借款的罚息；应在企业留用利润中开支的各项赔偿金、违约金、滞纳金和罚款；与本企业生产经营活动无关的其他费用。与此前的类似制度相比，《条例》的成本开支范围发生了若干变化，如一些原来在高度计划经济体制下不可能出现的费用项目，如广告费、商标注册费、咨询费被列入了成本开支范围，这反映出经济体制改革和企业经营方式改变对成本管理工作的影响，说明企业成本管理必须适应经济管理体制改革的新情况,促进经济体制改革的顺利进行。同时,《条例》还表明当时仍在执行长期以来一贯的完全成本法,即不区分产品成本和期间费用,将生产经营过程中发生的属于管理费用(如办公费、差旅费、会议费、咨询费等)、财务费用(如流动资金贷款利息)、销售费用(如销售商品发生的运输费、包装费、广告费和销售机构的管理费等)的开支均计入产品成本。

第三章"成本核算"规定了进行成本核算应该遵循的其他一些基本方法,如:执行权责发生制;不得以计划成本、估计成本、定额成本代替实际成本;待摊费用、预提费用等跨期费用应按受益期摊计成本;低值易耗品一般采用"五五摊销法";一般以月为成本计算期;成本核算应划清本期成本与下期成本、在产品成本与产成品成本、可比产品成本与不可比产品成本的界限。

第四章"成本管理责任制"提出了企业实行成本管理责任制的基本做法,包括:事前编制成本、费用计划并按计划执行;制订产量、工时、消耗和费用等各种定额,建立物资收发盘点制度;各种开发性活动,如新产品设计,采用新工艺、新材料,改变产品结构等,事前应进行技术、经济论证;财务会计部门及各职能部门的成本管理责任,等等。这些内容超越了传统的成本核算,涉及成本管理,表现出新中国会计制度范围扩大化的倾向。

第五章"监督与制裁"主要明确了对企业成本管理实施监督的部门,其中包括企业主管部门、审计机关、税务机关;企业违反该条例,应受到制裁的行为和对企业的制裁措施。

该《条例》由国务院公布,是历次成本管理、成本核算制度中权威最高的,这一方面表现了国家最高行政机关对企业成本管理的重视,也反映出企业成本管理中存在长期未得到解决的严重问题。该《条例》除了再次重申成本的开支范围、成本核算基本做法外,特别提出要实行成本管理责任制和对成本管理的监督与制裁,使得成本管理的措施更为严厉。

三、1985年《中华人民共和国会计法》:新中国第一部会计法律

"文化大革命"结束之后的企业会计面临的最大问题是会计工作混乱、不被重视,不少单位缺乏起码的会计法制观念,财务纪律松懈,会计数字不清,账簿不全,甚至违法乱纪,枉收枉支,贪污舞弊,损公肥私;忠于职守的会计人员往往受到阻挠、刁难、排挤乃至打击报复;一些会计人员则屈服于压力,放弃职守,有的甚至与不法分子串通舞弊,知法犯法。改革扩大了企业的财权,增加了企业的活力,有些企业却借改革之机大搞违法违纪活动,把搞活经济与加强管理对立起来,"甩开会计搞改革"[①],既搅乱了财

---

① 1985年1月21日《人民日报》评论员文章。

经纪律，又破坏了改革开放，给国家和社会带来了损失。面对这样的局面，在采取重建会计制度、规范成本管理规则等整顿措施的同时，人们认识到还需要通过立法的方式更强更有力地保证会计工作的顺利开展。

1985年1月21日，第六届全国人民代表大会常务委员会第九次会议通过了《中华人民共和国会计法》(以下简称《会计法》)，由国家主席李先念于当日签发中华人民共和国主席令予以公布，并规定自1985年5月1日起开始执行。制定《会计法》的初衷是治理当时会计秩序混乱的状况和遏制愈演愈烈的会计舞弊。早在1980年全国会计工作会议和中国会计学会年会上，即讨论了财政部起草的《会计法》讨论稿，以后又多次在全国范围内征求意见。实际上，会计舞弊问题在20世纪80年代初期就已经开始严重起来，到了80年代中期更为泛滥，通过会计立法惩治会计造假的呼声日益高涨，促使国家立法机关较顺利地通过了《会计法》。《会计法》的颁布为打击破坏会计正常秩序和会计造假的行为提供了法律依据，有利于遏制会计造假行为，并使新中国的会计工作有了法律的保证与约束，是新中国成立以来会计制度建设中的一件大事。

《会计法》共为六章31条。第一章"总则"第1条开宗明义地明确了制定《会计法》的目的："为了加强会计工作，保障会计人员依法行使职权，发挥会计工作在维护国家财政制度和财务制度、保护社会主义公共财产、加强经济管理、提高经济效益中的作用。"按照总则的规定，《会计法》的适用范围是"国营企业事业单位、国家机关、社会团体、军队"[①]。总则中还规定了会计工作的管理机构和会计制度的制定权限："国务院财政部门管理全国的会计工作。地方各级人民政府的财政部门管理本地区的会计工作。"[②]"国家统一的会计制度，由国务院财政部门根据本法制订。各省、自治区、直辖市人民政府的财政部门，国务院业务主管部门，中国人民解放军总后勤部，在同本法和国家统一的会计制度不相抵触的前提下，可以制订本地区、本部门和军队的会计制度或者补充规定，报国务院财政部门批准或者备案。"[③]这样，新中国会计管理机构和会计制度的制定的权限，就以法律的形式确定了下来。总则的第4条提出了对会计人员的保护："各地方、各部门、各单位的行政领导人领导会计机构、会计人员和其他人员执行本法，保障会计人员的职权不受侵犯。任何人不得对会计人员打击报复。"这是新中国第一次以法律的形式宣告会计人员的职权不可侵犯，会计人员的正当工作和人身权益受法律保护。

第二章"会计核算"规定了应当办理会计手续的事项、会计年度、会计记账本位币和对会计凭证、账簿、报表、科目设置和使用的要求。

---

① 1985年《会计法》第一章第2条。
② 1985年《会计法》第一章第5条。
③ 1985年《会计法》第一章第6条。

第三章"会计监督"规定了对各单位实施会计监督的责任人(各单位的会计机构、会计人员;审计机关、财政机关、会计师事务所)、监督的对象(原始凭证、账簿记录、实物与款项、收支)、监督责任人的职权(会计人员对不真实、不合法的原始凭证和违反国家规定的收支不予办理;单位领导人坚持办理的,会计人员可以办理,同时须向上级主管单位和审计机关报告)。

第四章"会计机构和会计人员"中,规定了各单位应设置会计机构,会计人员的配备并要求实行不相容职务分离;规定会计机构和会计人员的职责包括会计核算、会计监督、拟订办事规则,参与拟订经济计划、业务计划,考核、分析、预算、财务计划的执行情况;规定了会计人员的任免程序、调动时的业务交接。

第五章"法律责任"提出了会计人员、单位行政领导人对违反该法所应受到的行政或刑事处分。

1985年的《会计法》是新中国会计立法的首次尝试,既参考了民国时期几次颁布会计法的做法,也借鉴了其他国家的经验,更结合了新中国成立以来会计工作的经历,着眼于解决当时会计工作突出的问题,以期通过立法保证会计工作质量、加强会计监督、明确相关人员责任。由于这一部《会计法》制定于改革开放后刚刚向市场经济转轨的时期,必然会受到当时环境和思想认识的限制,难免存在一些不足之处,且其执行效果也不尽如人意,但其在新中国历史上开创性地以法律的形式树立了会计工作的权威和规范,意义是空前的。

四、《中外合资经营企业会计制度》与《中外合资经营工业企业会计科目和会计报表》(1985年):企业会计改革的开端

向市场经济转轨时期,经济建设开始实行对外开放、利用外资的政策,中外合资经营企业、中外合作经营企业、外商独资企业(统称"三资企业")数量与规模不断增加,形成了国民经济中不可忽视的力量。据统计,从1980年到1985年,在"三资企业"中的外商注册资本额和实际投资额,均保持在1 000万美元到2 000万美元之间。①

"三资企业"的性质和经营方式与国有企业有着很大的差异。以中外合资经营企业(以下简称"合营企业")为例,其主要特点有:

第一,合营企业由中外双方出资组建,中方出资者是社会主义性质的国有企业、集体企业或其他经济组织,外方出资者是资本主义性质的公司、合伙组织或个人,因此合营企业具有国家资本主义的经济性质。

---

① 刘小玄:《奠定中国市场经济的微观基础——企业革命30年》,第303~304页,格致出版社、上海人民出版社,2008年版。

第二,合营企业是具有法人资格的独立经济实体,合资各方所负的责任以各自认缴的出资额为限,所以就组织形式而言,合营企业是按出资比例确定股权份额和权利的有限责任公司。

第三,享有独立经营权。合营企业作为独立的市场主体,享有独立的经营权,在人、财、物、产、供、销各方面不受国家计划管理的约束,享有较多的自主权。

第四,合营各方共同参与经营管理,分担经营管理责任。合营企业根据各方签订的合资协议、合同、章程建立决策和管理机构,共同管理或授权某方管理企业,并分别承担相应的责任。

第五,合营各方分别承担风险,分享利益。合营企业在生产经营中遇到的各种经营风险、财务风险,由投资各方按照出资比例共同分担;企业经营期间获得的利润,由出资各方按照出资比例分享;企业清算时,企业的财产由出资各方按照出资比例分配。

当时尽管已经开始对国有企业实行改革,但改革仍在计划经济体制框架下进行,国有企业仍然保留着原有的特点:管理体制上国家对企业实行"统一领导,分级管理",计划管理上国家制订指令性计划决定企业各项经济活动,投资管理上国家对企业基本建设的投资权高度集中,财务管理上国家对企业实行"统收统支"和"大锅饭"的财务收支管理制度,产品流通上国家对企业的产品和原材料实行"统购包销"和统一定价管理,劳动工资上国家对企业用工和分配实行统一标准。由于管理体制和经营体制与国营企业截然不同,合营企业自然有着与国营企业不同的会计要求,需要会计做到:界定和维护投资各方的产权,准确表现企业的经营过程与结果,报告企业管理层的经营管理责任;还需要会计采用与国际惯例接近的会计核算方法与会计报告方式,以使外方投资者能够更容易地看懂会计信息,并依据会计信息做出决策。

(一) 中外合资经营企业会计制度(1985年)

为了满足"三资企业"的会计需要,财政部先后制定了《中外合资经营企业会计制度》和《外商投资企业会计制度》,其中制定时间早、对当时和日后深化会计改革发挥作用最大的是1985年3月4日正式公布的《中外合资经营企业会计制度》(以下简称《合营企业会计制度》)。

《合营企业会计制度》的制定经过了一段较长的时间,1979年11月草拟的《关于中外合资经营工业企业财务会计问题的若干规定》是该制度的预演;1983年3月1日在这一规定的基础上出台了《中外合资经营企业会计制度(试行草案)》;至1985年3月4日,才正式公布《合营企业会计制度》。

《合营企业会计制度》设有17章88条。

第一章"总则"主要说明了《合营企业会计制度》的适应范围、管理权限。

第二章"会计机构和会计人员"主要规定了合营企业会计机构的设置和会计人员的配备。

第三章"会计核算的一般原则"除规定了合营企业的会计期间、记账方法（借贷记账法）、文字使用、记账本位币外，还提出了客观性、权责发生制、收益与费用配比、历史成本、划分资本性支出和收益性支出、一致性等会计原则。这是新中国成立以来第一次借鉴国际通行做法，在会计制度中明确规定企业会计核算的原则。

第四章到第十一章分别规定了资本、货币资金及往来款项、存货、长期投资及长期负债、固定资产、无形资产及其他资产、成本和费用、销售和利润等会计核算对象的确认、计量要求。

第四章"投入资本的核算"规定了合营各方以现金、建筑物、机器设备、材料物资等实物，专有技术、专利权、商标权、版权、其他特许权等无形资产及场地使用权作投资时，投入资金的计价方法，并规定"合营各方缴付的出资额，应由中华人民共和国政府批准的注册会计师验证，出具验资报告后，由合营企业据以发给出资证明书。"[①]

第五章"货币资金及往来款项的核算"规定合营企业应按不同货币分别记账（第23条）；将外币存款、外币借款、外币往来款项等折合为人民币时或不同货币之间兑换时，应采用确定的汇率（国家外汇管理局公布的外汇牌价），应确认因汇率不同而发生的汇兑损益；但汇率变动时有关外币各账户的账面余额不作调整（第25条）。本章还规定对应收账款的坏账按照实际法处理，不得预提坏账准备（第24条）。

第六章"存货的核算"明确了合营企业的存货按照实际成本计价，并具体说明了外购原材料、包装物、低值易耗品，自制原材料、包装物、低值易耗品、半成品、产成品、商品，委托加工完成的原材料、包装物、低值易耗品、半成品、产成品的成本构成（第28条）；明确了发出的存货可分别采用先进先出法、移动平均法、加权平均法、分批实际法计价（第30条）；规定应披露存货期末跌价损失，其做法是当期末存货市价低于账面价值时，在年度会计报告中分别反映这些存货的账面实际成本、可变现净值和可能发生的损失（第33条）。

第七章"长期投资及长期负债的核算"规定了对外长期投资应按实际成本计价："合营企业向其他单位投出的资金，应按投出时支付或确定的金额记账，在资产负债表上以'长期投资'项目单独反映。"但不单独表现投资产生的损益，并不将其列为利润："长期投资所发生的收益和损失，应作为企业的营业外收入或营业外支出入账。"[②]其可能的原因一是囿于长期的计划经济思维，习惯于从狭小的范围理解利润；二是当时

[①] 1985年《中外合资经营企业会计制度》第四章第21条。
[②] 1985年《中外合资经营企业会计制度》第七章第35条。

企业对外投资的规模较小，其收益不足以引起重视。该章另一引人注目之处，是体现了借款费用资本化的做法："长期借款的利息支出，在基建期间应计入工程成本，作为固定资产原价的一部分；工程完工交付使用以后，可直接计入当期费用。"[①]

第八章"固定资产的核算"限定了企业以各种方式取得固定资产的计价，规定一般采用直线法计提固定资产折旧，同时规定经税务机关审核批准后可以加速折旧（但未明确可以采用的加速折旧方法）。

第九章"无形资产及其他资产的核算"中列示了无形资产的主要内容，包括：专有技术、专利权、商标权、版权、场地使用权、其他特许权和开办费；规定无形资产应按使用期分月摊销，无使用期的可按十年摊销，但摊销期限最长不得超过企业合营期。其中，将开办费列作无形资产的规定引起了异议。

第十章"成本和费用的核算"中规定工业企业的成本核算采用制造成本法："工业企业的生产成本项目，一般应分为直接材料、直接工资和制造费用……工业企业的销售费用和管理费用应单独核算，不计入产品生产成本之内。"[②]同时，还规定了工业企业的成本核算方法："工业企业的成本核算，可在品种法、分步法、分批法、分类法、定额法或标准成本法等计算方法中，选择一种或几种并用。"[③]

第十一章"销售和利润的核算"中规定的收入确认时点与以往的规定近似："合营企业商品、产品和劳务的销售，应在商品、产品已经发出，劳务已经提供，并已将发票、账单和运输机构的提货单等全部货运单据提交买方或通过银行办妥托运手续后，作为销售实现。在交款提货的情况下，如货款已经收到，发票账单和提货单已经交给买方，不论商品、产品是否发出，都应作为销售实现。"[④]本章中对工业企业利润总额的内容规定为："工业企业的利润总额包括产品销售利润、其他业务利润和营业外收支。"[⑤]这与当时国营企业的做法不同。同时本章还规定："合营企业的利润总额减去应缴纳的所得税，再扣除合营企业按规定应提的储备基金、职工奖励及福利基金、企业发展基金后的差额，即为合营企业可供分配的利润。"[⑥]而三项基金的用途则分别是："储备基金可以在企业发生亏损时，用于垫补亏损。职工奖励及福利基金只能用于支付职工奖金和职工集体福利。企业发展基金可以用于购买固定资产、增加流动资金，扩大企业的生产

---

① 1985年《中外合资经营企业会计制度》第七章第36条。
② 1985年《中外合资经营企业会计制度》第十章第48条。
③ 1985年《中外合资经营企业会计制度》第十章第50条。
④ 1985年《中外合资经营企业会计制度》第十一章第52条。
⑤ 1985年《中外合资经营企业会计制度》第十一章第56条。
⑥ 1985年《中外合资经营企业会计制度》第十一章第57条。

经营。"①

第十二章"会计科目和会计报表"部分,将会计科目分为若干类别:"合营企业的会计科目按照经营管理的需要,一般分为资产、负债、资本和损益四大类,也可以将损益类科目分为收益类科目和费用类科目。工业企业还可以增加成本类科目。"②对会计科目的这种分类,其实就是将会计核算对象按照会计要素进行的归类。会计科目和会计要素都是会计核算的对象,会计要素是会计核算对象的类别,会计科目是根据会计要素对会计核算对象的进一步具体化;如果对会计科目划分类别,这一类别的本质必然就是会计要素(如果不考虑会计科目的结构与使用等技术问题的话)。《合营企业会计制度》虽然没有直接采用会计要素术语,但以会计要素对会计核算对象进行分类,实际上已经触及和运用了会计要素,这为日后进一步的会计改革,正式使用会计要素概念,迈出了先行的一步。本章中对合营企业会计报表的编制要求,与当时的国营企业有着较大的不同:"合营企业的会计报表,包括:(1)资产负债表;(2)利润表;(3)财务状况变动表;(4)有关附表。"③其中,资产负债表代替了国营企业的资金平衡表(资产负债表上以"资产=负债及资本"表达资金的平衡关系);财务状况变动表是国营企业不用编制的;利润表的结构与国营企业有所区别;各种各样的附表用于详细说明资产负债表和利润表;不再编制国营企业的成本费用类报表和表现关停企业情况的报表。本章要求企业编制的财务状况说明书(年度报送)是合营企业独有的,其主要内容有:企业的生产、经营情况;利润的实现和分配情况;资金的增减和周转情况;外汇的收支和平衡情况;工商统一税、所得税、场地使用费、技术转让费的缴纳和支付情况;各项财产物资的盘盈、盘亏和毁损、报废情况。

第十三章"会计凭证和会计账簿"规范了合营企业应设置的会计凭证、会计账簿及其使用规则,特别提到了采用电子计算机记账的合营企业应保管好书面和电子记录。

第十四章"查账"中规定要由中国注册会计师对合营企业的报表和账目进行审查。

第十五章"会计档案"主要规定了合营企业会计凭证、会计账簿、会计报表等会计档案的保管年限。

第十六章"解散与清算"第一次在企业会计制度中规定了合营企业解散时需办理的清算事宜,其中特别提到:"合营企业解散、清算的会计报表,应经中华人民共和国政

---

① 1985年《中外合资经营企业会计制度》第十一章第57条。
② 1985年《中外合资经营企业会计制度》第十二章第61条。
③ 1985年《中外合资经营企业会计制度》第十二章第62条。

府批准的注册会计师进行审查,并出具证明方为有效。"[1]

第十七章"附则"主要申明了该制度的制定、修订及解释权限和实施时间。

《合营企业会计制度》与以往的企业会计制度截然不同。就形式和内容而言,以往的企业会计制度内容包括会计科目和会计报表两部分,有的还附设会计事项分录举例。会计科目部分说明会计科目的设置和使用,即各会计科目借、贷方的登记内容;会计报表部分说明会计报表的种类,列示会计报表的格式,说明会计报表各项目的填列方法;会计事项分录举例部分则说明对各项业务如何编制会计分录。传统企业会计制度这样的形式与内容安排,目的是为企业提供详尽、具体的会计处理办法,以便企业会计人员能够直接依照制度的规定处理会计业务。《合营企业会计制度》一反以往企业会计制度的传统形式和内容,分别先后说明了企业会计核算的基本要求(包括会计机构设置和会计人员职责、会计核算一般原则),各主要会计对象的概念与内容、确认、计量和报表列示,企业解散与清算的核算,以及有关会计凭证、会计报表的规则,其目的是为企业会计核算提出基础性要求,做出原理性说明,以为企业的会计核算提供标准和指导(为了使合营企业会计人员能够顺利地开展核算工作,根据本制度的原则另外制定有与传统企业会计制度相同的详细说明会计科目和会计报表使用方法的制度)。其中对会计对象概念与内容、确认、计量和报表列示部分,相当于简易的会计准则。就核算模式而言,《合营企业会计制度》在会计原则、会计要素、会计等式、制造成本法、加速折旧、借款费用资本化、收入确认原则、利润构成、会计报表设置、企业解散与清算、注册会计师验证等诸多方面第一次采取了国际通行的做法,突破了多年来计划经济体制的会计框架,"是新中国成立以后第一部参照国际会计惯例制定的全新的会计核算制度"[2]。这部会计制度尽管当时只适用于合营企业,但引起的社会反响很大,并为以后更深入的企业会计改革迈出了先行的一步,做出了有益的探索,提供了理论与实务上的经验,是新中国企业会计开始采用国际会计惯例的标志,具有划时代性的历史意义。

(二)中外合资经营工业企业会计科目和会计报表(1985年)

为了配合《合营企业会计制度》的执行,财政部于1985年4月24日正式公布了《中外合资经营工业企业会计科目和会计报表》,详细说明了中外合资经营工业企业会计科目和会计报表的设置和使用。

按照《中外合资经营工业企业会计科目和会计报表》的规定,中外合资经营工业企业会计科目、会计报表的种类、资产负债表、财务状况表分别如表4-6至表4-9所示。

---

[1] 1985年《中外合资经营企业会计制度》第十六章第83条。
[2] 杨纪琬《当代中国的会计改革》,转引自中国管理科学研究院财政经济研究所:《社会主义市场经济与会计制度改革》,第71页,中国财政经济出版社,1994年版。

表 4-6 会计科目名称和编号

科目编号	科目名称	科目编号	科目名称
	1. 资产类	2101	短期银行借款
	11~14. 流动资产	2111	应付票据
1101	现金	2121	应付账款
1111	银行存款	2131	应付工资
1121	应收票据	2141	应交税金
1131	应收账款	2151	应付股利
1141	预交所得税	2161	预收货款
1151	预付货款	2171	其他应收款
1161	内部往来	2181	预提费用
1171	其他应收款	2191	职工奖励及福利基金
1201	待摊费用		22. 长期负债
1301	材料采购	2201	长期银行借款
1401	原材料	2211	其他长期借款
1411	包装物		3. 资本类
1421	低值易耗品	3101	实收资本
1431	材料成本差异	3111	公司拨入资金
1441	委托加工材料	3201	储备基金
1451	自制半成品	3211	企业发展基金
1461	产成品	3301	本年利润
	15. 长期投资	3311	未分配利润
1501	长期投资		4. 成本类
1511	拨付所属资金	4101	生产成本
	16. 固定资产	4201	制造费用
1601	固定资产		5. 损益类
1611	累计折旧		51~52. 营业损益
	17. 在建工程	5101	产品销售收入
1701	在建工程	5111	产品销售税金
	18. 无形资产及其他资产	5121	产品销售成本
1801	场地使用权	5131	销售费用
1811	专有技术及专利权	5141	管理费用
1821	其他无形资产	5201	其他业务利润
1831	开办费		55~56. 营业外收支
	2. 负债类	5501	营业外收入
	21. 流动负债	5601	营业外支出

表 4-7　　　　　　　　　　　会计报表种类

报表编号	报表名称	报表种类
会合工 01 表	资产负债表	月报、季报、年报
会合工 02 表	利润表	月报、季报、年报
会合工 03 表	财务状况变动表	年报
	资产负债表附表	
会合工 01 表附表 1	存货表	年报
会合工 01 表附表 2	固定资产及折旧表	年报
会合工 01 表附表 3	在建工程表	年报
会合工 01 表附表 4	无形资产及其他资产表	年报
会合工 01 表附表 5	外币资金情况表	季报、年报
	利润表附表	
会合工 02 表附表 1	利润分配表	年报
会合工 02 表附表 2	产品生产成本及销售成本表	年报
会合工 02 表附表 3	主要产品生产成本、销售收入及销售成本表	季报、年报　年报
会合工 01 表附表 4	销售费用明细表	年报
会合工 01 表附表 5	制造费用明细表	年报
会合工 01 表附表 6	管理费用明细表	年报
会合工 01 表附表 7	营业外收支明细表	年报

表 4-8　　　　　　　　　　　＿＿＿＿＿＿（企业名称）
　　　　　　　　　　　　　　　资　产　负　债　表

会合 01 表

＿＿＿＿＿年＿＿月＿＿日　　　　　　　　　　　　　　单位：人民币

资产	行次	年初数	期末数	负债及资本	行次	年初数	期末数
流动资产：				流动负债：			
现金				短期银行借款			
银行存款				应付票据			
应收票据				应收账款			
应收账款				预收货款			

(续表)

资　　产	行次	年初数	期末数	负债及资本	行次	年初数	期末数
预交所得税				应付工资			
预付货款				应付股利			
其他应收款				其他应付款			
待摊费用				预提费用			
存货				职工奖励及福利费			
流动资产合计				流动负债合计			
长期投资：				长期负债：			
长期投资				长期银行借款			
				其他长期借款			
固定资产：				负债总计			
固定资产原值				资本：			
减：累计折旧				资本总额			
固定资产净值				（货币名称及金额____）			
				实收资本			
在建工程：				（外币金额期末数____）			
在建工程				其中:中方投资			
				（外币金额期末数____）			
无形资产及其他资产：				外方投资			
场地使用权				（外币金额期末数____）			
专有技术及专利权				储备基金			
其他无形资产				企业发展基金			
开办费				未分配利润			
无形资产及其他资产合计				资本合计			
资产总计				负债及资本总计			

附注：
1. 受托加工材料_____元；2. 受托代销商品_____元；3. 代管商品物资_____元；4. 由企业负责的应收票据贴现_____元；5. 租入固定资产_____元；6. 可用外汇额度_____元；7. 本年支付的进口关税和工商统一税_____元。

表 4-9

_____（企业名称）
财务状况表

会合 01 表
_____ 年 ___ 月 ___ 日　　　　　　单位：人民币

流动资金来源和运用	行次	金额	流动资金各项目的变动	行次	金额
一、流动资金来源			一、流动资金本年增加数		
1. 本年利润			1. 现金		
加：不减少流动资产的费用和损失：			2. 银行存款		
（1）固定资产折旧			3. 应收票据		
（2）无形资产及其他资产摊销			4. 应收账款		
（3）固定资产盘亏（减盘盈）			5. 预交所得税		
（4）处理固定资产损失（减收益）			6. 预付货款		
小计			7. 其他应收款		
2. 其他来源			8. 待摊费用		
（1）固定资产清理收入（减清理费用）			9. 存货		
（2）增加长期借款			流动资金增加净额		
（3）收回长期投资					
（4）增加储备基金和企业发展基金					
（5）增加资本					
小计					
流动资金来源合计					
二、流动资金运用			二、流动负债本年增加数		
1. 利润分配			1. 短期银行借款		
（1）所得税			2. 应付票据		
（2）职工奖励基金及福利基金			3. 应付账款		
（3）储备基金			4. 预收货款		
（4）企业发展基金			5. 应付工资		
（5）股利			6. 应交税金		
小计			7. 应付股利		
2. 其他运用			8. 其他应付款		

(续表)

流动资金来源和运用	行次	金额	流动资金各项目的变动	行次	金额
（1）购建固定资产			9. 预提费用		
（2）投资转入固定资产			10. 职工奖励基金及福利基金		
（3）增加无形资产及其他资产					
（4）偿还长期借款					
（5）增加长期投资					
小计					
流动资金运用合计			流动负债增加净额		
流动资金增加净额			流动资金增加净额		

从《中外合资经营工业企业会计科目和会计报表》规定的上述会计科目、会计报表中，可以具体地看到《中外合资经营企业会计制度》不同于当时国营企业会计制度的特点。

五、《国营企业固定资产折旧试行条例》（1985年）：固定资产折旧管理的规范

新中国成立以来，我国长期实行按固定资产平均年损耗程度确定折旧率，折旧率由各行业主管部门自定以及采用综合折旧方法的政策，导致出现了国民经济各部门的折旧率偏低，不能反映不同固定资产损耗程度等问题。最严重的是偏低的折旧率使企业的固定资产难以及时更新，阻碍了企业的技术进步，使其在竞争中处于不利的地位。改革开放以来，有关部门逐步调整了折旧政策，先后准许中外合资企业和外国独资企业实行加速折旧，并开始分期分批地提高了部分地区和部门国营企业的折旧率。为了进一步促进企业技术进步和规范企业的固定资产折旧行为，1985年4月26日，国务院颁发了《国营企业固定资产折旧试行条例》（以下简称《折旧条例》）。

国务院在颁布《折旧条例》的通知中，解释了颁布这一条例的原因，并对提高折旧率的做法做出了安排："目前，我国国营企业固定资产折旧率偏低，从企业设备陈旧落后的现状看，需要对设备更新速度加快一些，适当提高折旧率。但是，提高固定资产折旧率，必须从我国的实际情况出发，考虑我国财政的承受能力，有重点地、分期分批地实施。除一九八三年和一九八四年已经批准提高折旧率的部分重点企业和上海、天津市的工业企业外，一九八五年可再选择少数大型骨干企业和部分沿海开放城市的轻纺出口企业，适当调整折旧率，提高折旧额按五亿元掌握。从一九八六年到一九九〇年的五年内，头两年分批调整其他国营工交企业的折旧率，后三年再分批调整非工交企业的折旧率。每年调整折旧率的数额和行业，由财政部商同国家经委另行下达。未经

财政部批准,不得擅自提高固定资产折旧率。"通知还强调:"各地区、各部门都要加强对折旧基金的管理和监督。所有国营企业都要严格执行折旧条例,切实加强折旧基金的管理,确保这项资金真正用于设备更新和技术改造,不准用于新建、扩建工程和其他属于基建性质的开支。企业主管部门和财政、审计、税务机关及开户银行,都要按照各自职责,对企业折旧基金的提取、使用情况加强监督检查,管好用好这项资金,促进技术进步和经济发展。"[1]

《折旧条例》含7章36条。

第一章"总则"中申明了公布本条例的目的是"为了加强国营企业固定资产管理,提高使用效率,正确计提折旧,合理使用折旧基金,促进设备更新和技术改造,提高经济效益"[2];明确了通过提取折旧补充固定资产磨损和损耗的方式:"其补充方式,实行按固定资产原值和规定的折旧率提取折旧基金,或者按产量和规定的标准提取更新改造基金"[3];规定了本条例的适用范围是"所有实行独立核算的国营企业"[4]。

第二章"提取折旧的范围"的重点,在于重申了国营企业提取固定资产折旧的范围:"(一)房屋和建筑物;(二)在用的机器设备、仪器仪表、运输车辆;(三)季节性停用和大修理停用的设备;(四)农业企业的经济林木。"[5]同时规定:"下列固定资产,不得提取折旧:(一)土地;(二)通过局部轮番大修实现整体更新的固定资产;(三)未使用和不需用的设备。"[6]这些规定中的一些内容,在以后的类似规定中重新做出了修改。

第三章"计算、提取折旧的依据和方法"说明了计算折旧的依据为固定资产的原值,并列明了从不同渠道取得的固定资产原值的方法;规定"计算、提取折旧的方法,采用平均年限法(即直线法,下同)和工作量法"[7],列示了采用工作量法的设备;同时还要求"折旧应当按月提取,并计入当月成本"[8]。

第四章"折旧率和单位折旧额"规定了折旧的办法、折旧年限、折旧率的确定:"固定资产折旧实行分类计算、提取的办法。各类固定资产的折旧年限,根据各类固定资产实物磨损和自然损耗的价值大小确定。对于技术发展较快的设备和大型精密仪器等,可适当考虑无形损耗的因素。"[9]"固定资产的折旧率和单位折旧额,分别按下列办

---

[1] 国务院:《关于发布〈国营企业固定资产折旧试行条例〉的通知》。
[2] 1985年《国营企业固定资产折旧试行条例》第一章第1条。
[3] 1985年《国营企业固定资产折旧试行条例》第一章第2条。
[4] 1985年《国营企业固定资产折旧试行条例》第一章第3条。
[5] 1985年《国营企业固定资产折旧试行条例》第二章第5条。
[6] 1985年《国营企业固定资产折旧试行条例》第二章第6条。
[7] 1985年《国营企业固定资产折旧试行条例》第三章第12条。
[8] 1985年《国营企业固定资产折旧试行条例》第三章第15条。
[9] 1985年《国营企业固定资产折旧试行条例》第四章第16条。

法确定:(一)平均年限法的年折旧率,根据固定资产原值减去净残值后的余额和折旧年限确定。固定资产的净残值为残值减去清理费用后的余额。(二)专业设备的工作量(行驶里程、工作小时、工作台班)折旧额,按照设备的原值减去净残值后的余额和规定的总工作量(总行驶里程、总工作小时、总工作台班)确定。"①"各类固定资产的净残值比例,在原价3%至5%的范围内,由企业主管部门确定,报同级财政部门备案。"②

第五章"折旧基金的使用"、第六章"折旧基金的管理和监督"和第七章"附则",分别规定了企业折旧基金的使用范围、管理原则和监督责任及本条例的执行力。

《折旧条例》是以国务院名义发布的又一个规范性文件,该条例的权威性很高,足见中央政府对固定资产折旧管理的重视,也反映了固定资产折旧对国民经济的影响之大。

六、《国营工业企业成本核算办法》(1986年):成本核算的再规范

《国营工业企业成本核算办法》(以下简称《成本核算办法》)由财政部颁布于1986年,其目的是为了纠正当时成本核算粗糙、混乱的现象,"为了加强工业企业的成本核算工作"。《成本核算办法》分为"成本核算的任务和要求""成本核算对象和成本项目""生产费用的归集和分配""在产品成本和产成品成本""产品的销售成本""成本核算的组织"六部分,每部分各设若干条款。这是对企业成本核算做出的又一规范。

在"成本核算的任务和要求"部分,《成本核算办法》提出:"企业成本核算的基本任务是:执行国家有关成本开支范围、费用开支标准和企业成本计划,核算生产经营过程中所发生的各项费用,计算产品的生产成本和销售成本,提供成本报告和有关资料,促进企业改善经营管理,降低成本,提高经济效益。"③《成本核算办法》要求必须计算产品的实际成本,不得以估计成本或计划成本代替实际成本;必须按照权责发生制的原则计算成本;必须划清本期成本与下期成本的界限、在产品成本与产成品成本的界限以及可比产品成本与不可比产品成本的界限。

在"成本核算对象和成本项目"部分,《成本核算办法》提出可以分别采用品种法、分批法、分步法等方法核算产品成本;并规定"企业计算产品生产成本,一般应当设置原材料、燃料和动力、工资及福利费、车间经费、企业管理费五个成本项目""小型企业可以只设'材料''工资'和'费用'三个成本项目。电力和采掘采伐企业的成本项目,可以按生产费用性质分类设置"。④

---

① 1985年《国营企业固定资产折旧试行条例》第四章第17条。
② 1985年《国营企业固定资产折旧试行条例》第四章第18条。
③ 1986年《国营工业企业成本核算办法》之"一、成本核算的任务和要求"。
④ 《国营工业企业成本核算办法》之"二、成本核算对象和成本项目"。

在"生产费用的汇集和分配"部分，《成本核算办法》分别规定了外购和自制材料、委托加工材料、动力费用、计入成本的工资、计入成本的固定资产折旧费和修理费、低值易耗品、待摊费用和预提费用、辅助生产费用、车间经费和企业管理费等费用的成本内容，及其计入产品成本的归集和分配方法。

在"在产品成本和产成品成本"部分，《成本核算办法》规定可以采用约当产量法、定额法、定额比例法、按定额确定在产品成本、不计算在产品成本等方法确定在产品和产成品的成本；规定了联产品、副产品的成本计算方法。

在"产品的销售成本"部分，《成本核算办法》规定"产品的销售成本，包括销售产品的生产成本、销售费用，以及按照规定计入产品销售成本的其他费用。"①同时，《成本核算办法》还规定了销售费用的主要内容。

在"成本核算的组织"部分，《成本核算办法》规定："大中型企业一般都要实行厂部和车间两级成本核算。小型企业以及内部经济责任制不要求单独考核车间成本的企业，可以实行厂部一级成本核算。"②

在向市场经济转轨时期，与改革开放前相比，企业会计制度开始发生截然不同的变化，适应市场经济需要的特征逐渐显现。这一时期最具历史意义的改革举措是颁布《中外合资经营企业会计制度》，它标志着新中国企业会计开始扬弃计划经济下的会计方式，向市场经济环境下的国际通行会计惯例靠近。会计总是伴随着政治、经济的发展而发展，新中国的会计改革是在经济体制改革的推动下进行的，是对经济体制改革的响应与配合。由于企业组织形式和经营方式对企业会计有着最直接的影响，因此对外开放，兴办中外合资经营企业便成为企业会计改革最初的突破口，它直接催生了《中外合资经营企业会计制度》的出台，动摇了新中国几十年来计划经济体制下企业会计制度的一统局面，并引发了接下来的一系列企业会计改革。

向市场经济转轨时期制定的《中华人民共和国会计法》，标志着新中国的会计开始走上法制化的道路，尝试以法律的形式明确会计的地位、作用，保证会计工作的稳定性和顺利开展，这是新中国会计改革的新思路。这一时期由国务院颁布的《国营企业成本管理条例》《固定资产折旧条例》也具特殊意义。新中国历来重视企业的成本管理和资产管理，曾多次发布过成本管理、固定资产管理、材料管理方面的规范，从1953年开始财政部陆续发布过四次成本管理、成本核算规范，而市场经济转规时期的《国营企业成本管理条例》《固定资产折旧条例》则由国务院发布，表现出对企业成本管理和财产管理工作的重视，也显现了新中国企业会计制度不局限于核算，而是涵盖核算、管理，

---

① 《国营工业企业成本核算办法》之"五、产品的销售成本"。
② 《国营工业企业成本核算办法》之"六、成本核算的组织"。

带有制度多样性的特点。

这一时期,企业会计制度开始了向市场经济体制下的企业会计制度的过渡,是新中国企业会计制度向市场经济体制下会计制度转轨的起步阶段。

第2节 市场经济建立时期的企业会计制度:1992—2001年

市场经济建立时期指的是1992—2001年这一段时间。将这一段时间称为市场经济建立时期,是因为这一段时间的改革突破了计划经济体制的框架,走上了一条全新的、以建立市场经济和现代企业制度为目标的道路。

随着承包经营责任制的全面推广,其固有的缺陷逐渐暴露。对此,一些人认为应该从传统企业制度本身寻找原因,即从产权制度入手,重新构建企业制度。1991年理论界对产权制度的讨论达到新的高潮,人们认识到,产权制度是维系和稳定商品经济社会条件下经济秩序的有效手段,也是企业改革必须面对和解决的问题,"两权分离"仅局限于所有权和经营权的关系,仍没有建立企业独立经济法人制度。

1992年7月,国务院颁布了《全民所有制工业企业转换经营机制条例》,依据《全民所有制工业企业法》明确了企业转换经营机制的目标,即企业应当适应市场的要求,成为依法自主经营、自负盈亏、自我发展、自我约束的商品生产和经营单位,成为独立享有民事权利和承担民事义务的企业法人。但这一条例主要解决的是怎样实施企业经营管理方式的变革,并没有触及传统企业制度本身,长期困扰国有企业的政企不分、产权不清、自我约束和自我积累机制不健全等问题仍然没有得到根本解决。各地在落实企业自主权、转换经营机制的实践中越来越深切地感到,国有企业产权不清是经营机制转换的一大障碍。

实行股份制是清晰企业产权的一条可行的路子。早在20世纪80年代中期,我国部分地区和企业就开始了通过股份制改造清晰企业产权,创建新型企业制度的尝试。1984年7月,我国第一个股份公司——北京天桥百货股份有限公司成立,并向社会公开发行股票。1984年11月,由上海电声总厂发起成立的上海飞乐音响公司试行股份制,先后向本厂职工和社会公开发行股票。1985年10月,新中国第一家代理和转让股票的证券公司——深圳特区证券公司成立。1986年12月,国务院在《关于深化企业改革增强企业活力的若干规定》中提出:"各地可以选择有条件的全民所有制大中型企业,进行股份制试点。"此后,股份制经济在我国得到了较快的发展。1987年10月,中共十三大工作报告对股份制试点做出了肯定:"改革中出现的股份制形式,包括国家控股和部门、地区、企业间参股以及个人入股,是社会主义企业财产的一种组织形式,可以继续试点。"1987年和1988年,股份制进入了慎重推进阶段,各地的试点逐步向着规范化发展。1992年邓小平南方谈话发表后,股份制试点再次掀起高潮。当年5月,国家经济体制改革委员会、国家计划委员会、财政部、中国人民银行、国务院生产办印发《股份制企业试点办法》,对试点的目的、原则、企业的组织形式、组建和审批等做出了规定,确定企业股权设置分为国家股、法人股、个人股、外资股四种形式。随后,政府有关部门先后颁发了一系列配套政策,主要有:国家经济体制改革委员会《股份有限公司规范意见》和《有限责任公司规范意见》;财政部、国家经济体制改革委员会《股份制试点企业会计制度》《股份制试点企业财务管理若干问题的暂行规定》;等等。1992年10月,中国共产党第十四次全国代表大会召开,会议明确提出中国经济体制改革的目标是建立社会主义市场经济体制,为国有企业制度创新打下了理论与政治基础。同时,十四大报告对股份制试点继续持肯定态度:"股份制有利于政企分开、转换企业经营机制和积聚社会资金,要积极试点,总结经验,抓紧制订和落实有关法规,使之有秩序地健康发展。"1993年11月,中共十四届三中全会更加明晰地提出要转换国有企业经营机制,建立适应市场经济要求,产权明晰、权责分明、政企分开、管理科学的现代企业制度。至此,国有企业改革的现代企业制度目标建立了起来。为了适应建立现代企业制度的需要,规范公司的组织行为,中华人民共和国第八届全国人民代表大会常务委员会第五次会议于1993年12月29日通过并颁布了《中华人民共和国公司法》,为建立现代企业制度的试点,规范已经建立的公司的组织和行为,规范政府对公司的管理提供了法律依据。1999年9月,中共十五届四中全会通过的《中共中央关于国有企业改革和发展若干重大问题的决定》,突破了传统的公有制理论,明确提出要大力发展股份制,强调"在社会主义市场经济条件下,国有经济在国民经济中的主导作用主要体现在控制力上。国有经济的作用既要通过国有独资企业来实现,更要大力发展股份制,探索通过国有控股和参股来实现,""国有资本通过股份制可以吸引和组织更多的社会资本,放大国有资本的功能,提高国有资本的控制力、影响力和带动力。国有大中型企业尤其是优势企业,宜于实行股份制的,要通过规范上市、中外合资和企业互相参股等形式,改为股份制企业,发展混合所有制经济,重要的企业由国家控股"。还指出:要从战略上调整国有经济布局,建立和完善现代企业制度,加强和改善企业管理,提高国有经济的控制力,使国有经济在关系国民经济命脉的重要行业和关键领域占支配地位。

1992—2001年的市场经济建立时期,经济体制改革以国有企业改革为中心,以建立现代企业制度为企业改革的目标,改革的主要成果是使国有企业有了市场经济体制所要求的组织形式。与此同时,还进行了所有制关系的调整,形成了一系列与市场经济体制相适应的制度和布局,包括:形成了多种所有制并存的社会经济制度;以推行股份制为主,探索公有制的多种实现形式;进行财政、税收、金融、外贸、外汇、计划、投资、价格、流通等多领域的改革;重新确立国有经济的战略定位,进行国有经济的结构调整等。

围绕和服务于市场经济建立期间建立现代企业制度的改革主线,这一期间的企业会计发生了比新中国成立以来任何一次变革都要深刻、广泛的改革,重大制度改革主要有:1992年5月颁布的《股份制试点企业会计制度》、1992年6月颁布的《外商投资企业会计制度》、1992年11月颁布的《企业会计准则》和行业会计制度、1993年和1999年两次修订《会计法》、从1997年5月开始至2005年陆续颁布的16项具体会计准则、1998年颁布的《股份有限公司会计制度》、2000年颁布的《企业财务报告条例》、2000年12月颁布的《企业会计制度》等。

一、《股份制试点企业会计制度》(1992年):现代企业制与会计改革

20世纪80年代中后期推行股份制试点后,实行股份制试点的企业越来越多。股份制企业是典型的现代企业组织形式,与计划经济体制下的国有企业有着很大的不同,两者的主要差别在于:①股份制企业按出资方式(如全部资本是否划分为等额股份、资本能否抽回等)、债务责任(如出资人承担有限债务责任还是无限债务责任)等划分,而不是按照所有制划分;②股份制企业的产权是一种商品,具有开放性,可以在不同的投资人之间买卖流通,企业的资本能够不断地重新组合;③股份制企业是独立的法人,对企业的资产拥有法人所有权,对所拥有的资产独立支配,自主经营,自负盈亏;④股东只拥有自己投入企业的那部分资产的所有权,且所有股东只能作为一个整体,观念地、抽象地、间接地支配企业的资产。股份制企业这些特点,必然使其会计核算与当时的国有企业会计核算不同,需要有适合股份制试点企业的会计制度。

《股份制试点企业会计制度》(以下简称《试点企业会计制度》)是为股份制企业制定的会计制度,由财政部和国家经济体制改革委员会于1992年5月23日联合颁布,共分十五章85条(为了指导企业对这一制度的执行,另制定有《股份制试点企业会计制度——会计科目和会计报表》)。

《试点企业会计制度》的第一章"总则"部分主要说明了该制度的制定目的、适用范围和补充权限。

第二章"会计核算一般原则"规定了会计期间、记账本位币、记账方法(借贷记账法),提出了客观性、目的性、一致性、相关性、一贯性、及时性、明晰性、配比性、权责发生制、实际成本、划分收益性支出和资本性支出、重要性12项会计原则。特别是其中的目的性原则,后来演变成单独的企业会计的目标。该章第11条将企业会计目的表述为:"会计信息必须满足国家宏观经济管理的需要,满足有关各方了解企业财务状况和经营成果的需要,满足企业加强内部经营管理的需要。"

第三章"流动资产"说明了流动资产的定义和内容:"企业的流动资产是指可以在一年内或长于一年的一个营业周期内变现或运用的资产,一般包括现金、银行存款、短期投资、应收及预付款、存货等。"①该章对外币业务的规定是:"外币金额折合为人民币记账时,可按业务发生时的国家外汇牌价(原则上采用中间价,下同)作为折合率,也可以按业务发生当月月初的国家外汇牌价作为折合率。月份终了,企业应将外币账户的外币余额按照月末国家外汇牌价折合为人民币,作为外汇账户的期末人民币余额。调整后的各外币账户人民币余额与原账面余额的差额,作为汇兑损益,列作当期财务费用。"这一规定比《合营企业会计制度》的相关规定更为合理、简便。该章第一次使用了短期投资的概念。对短期投资的核算规定是:"短期投资包括能够随时变现并准备随时变现的股票和债券,应当按照取得时的实际成本登记入账,有市价的并在资产负债表有关项目内注明期末时市价。企业取得的股票,实际支付的款项中包括已宣告发放但未支取的股利,应作为应收款记账,不包括在短期投资实际成本内。本期宣告股票应分得股利、债券利息收入,以及转让股票、债券所取得的收入与账面成本的差额,列入当期损益。"②对短期投资的这些核算规定与国际通行惯例很接近。该章允许企业采用备抵法核算应收账款的坏账:"企业按照规定以应收账款余额的规定比例提取坏账准备的,其提取的坏账准备,计入当期损益。发生的坏账损失,应冲销坏账准备。已经确认的坏账,以后如果收回,应冲销坏账损失。期末坏账准备与应收账款账面余额的比例,高于或低于规定的提取比例,应予调整,冲回多提或补提少提的坏账准备。"③该章在谈到存货的计价时,允许企业采用先进先出法、加权平均法、移动平均法、后进先出法或分批实际法等方法确定发出存货的实际成本,但没有像《合营企业会计制度》那样允许对期末存货采用成本与市价(可变现净值)孰低法。对领用的低值易耗品和周转用包装物,规定可以采用"一次摊销法""五五摊销法"或"分期摊销法"。

第四章"长期投资"对长期投资做出了较以前的会计制度(如1989年《国营工业企业会计制度》《合营企业会计制度》)更为准确的定义:"企业的长期投资,包括向其他企业投出的期限在一年以上的资金以及购入的在一年内不能变现或不准备变现的股票和债券。"④该章第28条则对长期投资做出了区别投资成本与应收股利或利息、采用权益法核算、披露市价等规定:"向其他单位投出的资金,应按投出时支付或确定的金

---

① 《股份制试点企业会计制度》第三章第20条。
② 《股份制试点企业会计制度》第三章第22条。
③ 《股份制试点企业会计制度》第三章第23条。财政部和国家经济体制改革委员会于1992年6月6日颁发的《股份制试点企业财务管理若干问题的规定》第36条要求:"企业可以根据实际需要,逐年按年末应收账款余额3‰~5‰提取坏账准备,计入管理费用。"
④ 《股份制试点企业会计制度》第四章第27条。

额记账。股票投资,应当按照实际支付的款项记账。实际支付的款项中含有已宣告发放股利的,应将这部分股利金额列作应收账款;实际支付的款项扣除应收股利后的差额,列作长期投资。企业对其他单位的投资如占该企业资金总额半数以上的,长期投资应按权益法记账,并按本制度第七十三条的规定,编制合并会计报表……债券投资,按照实际支付的款项记账。实际支付的款项中含有应计利息的,应将这部分利息金额单独记账。溢价或折价购入的债券,其实际支付的款项(扣除应计利息)与债券面值之间的差额,应当在债券存续期间内摊销。资产负债表反映库存股票和债券时,有市价的,应在有关项目内注明期末时市价。"对于长期投资的收益或损失,该章第29条规定应作为投资收益:"长期投资分得的利润、股利、利息,作为投资收益,计入利润总额;收回长期投资大于或小于长期投资的账面价值的差额,作为投资损益。长期投资采用权益法记账的,接受投资单位股东权益的增加(或减少)均应作为投资收益(或损失)处理。"这也是以前的会计制度所没有的。

第五章"固定资产"对固定资产的定义、各种渠道取得的固定资产的计价、提取折旧的时间、固定资产的处置与盘点等的规定,与此前的会计制度基本一致。由于已经公布了《折旧条例》,故该章中没有过多地说明固定资产折旧的核算,只是提到"企业应按国家规定计提固定资产折旧"[①]。

第六章"无形资产及其他资产"中,对无形资产和其他资产的内容分别规定为:"无形资产包括专利权、商标权、专有技术、土地使用权、商誉等。"[②]"其他资产包括开办费及长期待摊费用。开办费是指企业在筹办期间发生的费用,包括筹办人员的工资、差旅费、职工培训费等。长期待摊费用是指摊销期限在一年以上的除开办费以外的其他费用。"[③]可见,该制度已经不再像《合营企业会计制度》那样将开办费列为无形资产了。该制度对无形资产摊销的处理规定比《合营企业会计制度》更为合理:"各种无形资产应在受益于企业时,按照规定的无形资产有效期限分期平均摊销。没有规定期限的,按照预计的受益期限平均摊销;预计受益期限无法确定的,按照不少于十年的期限平均摊销。"[④]对于开办费的摊销期限,该制度规定不得少于5年(第6章第41条)。

第七章"流动负债和长期负债"与1989年《国营工业企业会计制度——会计科目和会计报表》相比,增设了融资租入固定资产项目。这是因为此时企业可以通过融资

[①]《股份制试点企业会计制度》第五章第32条。财政部和国家经济体制改革委员会于1992年6月6日颁发的《股份制试点企业财务管理若干问题的规定》第20条要求:"企业由于特殊原因需要加速折旧的,在加速30%范围内,由企业提出申请,报主管财税机关批准。"

[②]《股份制试点企业会计制度》第六章第37条。

[③]《股份制试点企业会计制度》第六章第40条。

[④]《股份制试点企业会计制度》第六章第39条。

租赁的方式取得固定资产,已经有了这类业务。

　　第八章"股东权益"是根据股份制企业的产权特点新增设的内容,是以往的企业会计制度所不曾有过的。该章第 47 条对股东权益解释为:"股东权益是指股东对企业净资产的权利,企业的净资产(即企业的全部资产减全部负债后的净额)属股东权益,包括股本、公积金(包括盈余公积金和资本公积金)、集体福利基金、未分配利润等。"这是新中国成立以来首次在会计制度中提出股东权益的概念,首次对股东权益的内容做出概括。该章接下来规定了如何对股票、股本、公积金进行核算。对股本的核算规定是:"股份有限公司的股本,应在核定的资本总额及核定的股份总额范围内发行股票取得。企业发行股票应于收到现金及其他资产时,登记入账,并按股票种类及股东单位或姓名设置明细账,进行明细核算。核定的资本总额、股数、每股面值以及已认股本等,应在备查簿中详细记录……企业发行的股票,应按其面值登记股本账户,超过面值发行取得的收入,其超过面值部分,应记入公积金账户。委托其他单位发行股票支付的手续费或佣金、股票印刷成本等,溢价发行的,从溢价中抵销;无溢价的,作为长期待摊费用,在企业经营期内分期摊销。"(第 48 条)"有限公司的股本,应按股东实际缴入的出资额入账,并按各股东进行明细核算。"(第 49 条)"企业股本除下列情况外,不得随意变动。符合增资条件,并经有关部门批准增资的,在实际取得股东的出资时,登记入账,并按第四十八、第四十九条的规定,进行会计处理。企业按法定程序报经批准减少注册资本的,在实际发还股款或注销资本时,登记入账。采用收购本企业股票方式减资的,在实际购入本企业股票时,登记入账。企业应将因减资而销除股份、发还股款或注销每股部分金额以及因减资需要更换新股票的变动情况,在股本账户的明细账及有关备查簿中详细记录。股东按规定转让其出资的,企业应于有关的转让手续办理完毕时,将出让方的出资额,在股本账户有关明细账户及各备查记录中转为受让方。"(第 50 条)该章中对公积金的规定是:"企业的公积金应单独核算,公积金分为盈余公积金和资本公积金,其中,盈余公积金分为法定盈余公积金和任意盈余公积金,应分别设置明细账户进行核算。企业应按照规定,从缴纳所得税后的利润中提取盈余公积金,自利润分配账户转入公积金账户。接受现金或者实物捐赠,应在收到现金或实物时,作为资本公积金入账。企业超过股票面额发行所得的溢价额,应作为资本公积金,按照第四十八条的规定进行会计处理。"①"企业盈余公积金可以用于弥补亏损。符合规定条件的企业,也可以用盈余公积金分派股利。公积金可以转增资本。用于弥补亏损的盈余公积金,应自公积金账户转入利润分配账户;用于转增资本的公积金,应自公积金账户转入

---

① 《股份制试点企业会计制度》第八章第 51 条。

股本账户;用于分派股利的盈余公积金,应自公积金账户通过利润分配账户后,再转入应付股利账户。"①对股东权益的上述规定,均为新中国成立以来的第一次,这初步满足了当时股份制企业会计核算的需要。

第九章"成本和费用"规定股份制企业的成本计算采用制造成本法,各项期间费用应直接计入当期损益,并列举了销售费用、管理费用、财务费用3项期间费用的主要内容:"企业销售费用、管理费用、财务费用,以及商业企业的进货费用,应直接计入营业损益;其他费用应按成本核算对象计入成本。"②"企业的生产经营成本,销售费用、管理费用、财务费用和商业企业的进货费用,应分别进行核算……销售费用、管理费用、财务费用和商业企业的进货费用,在利润表中应分别列项反映。商业企业的上述四项费用,也可以合并核算,在报表上合并为流通费用项目予以反映。"③

第十章"营业收入"主要规定了收入的种类和确认条件。该章第59条称:"营业收入是指企业在销售商品和提供劳务等经营业务中实现的收入,包括主营业务收入和其他业务收入。"第60条则对收入的确认做出了限定:"销售商品的收入应于商品已经发出、商品的所有权已自卖方转移给买方,收到货款或取得收取货款的证据时,确认营业收入实现。长期合同工程(包括劳务),应按完成合同法或完工百分比法确认营业收入的实现。利息收入,应根据尚未收回的本金和适用的利率,按计息时间计算确定营业收入的实现。"这些规定与当时依据的惯例比较接近。该章的第62条强调了收入与费用的配比:"企业本月实现的营业收入,应全部记入本月账内,并相应计算结转本月营业收入有关的营业成本、税金、费用。但这些成本、税金、费用应单独核算,在会计报表上单独反映,不得抵减营业收入。"

第十一章"利润及利润分配"规定了企业利润的构成、利润分配的顺序、以前年度会计事项的处理等。该章第63条规定:"企业利润是指企业在一定时期生产经营的财务成果,包括营业利润、投资收益和营业外收支净额。营业利润是指营业收入减去营业成本和营业费用(包括销售费用、管理费用、财务费用,商业企业还包括进货费用),再减去营业收入应负担的税金后的数额。投资收益是指企业对外投资取得的利润、股利、利息等,扣除发生的投资损失后的数额。营业外收支净额是指与企业生产经营无直接关系的各项收入减去各项支出后的数额。营业外收入包括固定资产盘盈、处理固定资产收益、罚款净收入、确实无法支付而按规定程序经批准后转作营业外收入的应付款等。营业外支出包括固定资产盘亏、处理固定资产损失、非常损失、职工劳动保险

---

① 《股份制试点企业会计制度》第八章第52条。
② 《股份制试点企业会计制度》第九章第54条。
③ 《股份制试点企业会计制度》第九章第58条。

费支出等。营业外收入和营业外支出应当分别核算,并在利润表中分列项目反映。"第66条规定了税后利润分配的顺序:"按照规定,企业所得税后利润应按下列顺序分配:弥补以前年度亏损(指超过用所得税前的利润抵补亏损的期限后,仍未补足的亏损)。提取法定盈余公积金①……提取公益金。企业提取的公益金,用于集体福利。在会计上应单独核算,在会计报表中单独列项反映②。企业实现的利润,在计算应交所得税、弥补以前年度亏损、提取法定盈余公积金、公益金后的余额,加上以前年度未分配利润,为可供股东分配的利润,应按国家有关规定进行分配。分配顺序如下:支付优先股股利;经股东会决议,提取任意盈余公积金;支付普通股股利。"第67条是未分配利润的核算规则:"可供股东分配的利润在扣除分配给股东的利润和提取任意盈余公积金后的余额,为未分配利润,可留待以后年度进行分配。企业如发生亏损,可以按规定由以后年度利润进行弥补。企业未分配的利润(或未弥补的亏损)应在资产负债表中单列项目反映,作为股东权益的加项或减项。"该章中对以前年度会计事项的规定为:"企业年终结账后发现的以前年度会计事项的处理错误,包括会计政策重要改变和会计处理重要错误,应在当年有关账户中作相应调整。如果涉及以前年度损益的,应在利润分配账户核算,不作为本年损益处理。"该章还将所得税与提取的公积金、分配的股利均视为利润的分配,要求单独在利润分配表中反映:"企业应交所得税、提取的法定盈余公积金、公益金、分配的优先股股利、提取的任意盈余公积金、分配的普通股股利以及年初未分配利润(或未弥补亏损)、上年利润调整数、期末未分配利润(或未弥补亏损)等,均应在利润分配表中分别列项予以反映。"

第十二章"会计科目和会计报告"主要规定了股份制企业的会计报表种类、合并报表的抵销项目和财务状况说明书的内容。对于股份制企业的会计报表种类,该章规定:"企业向外报送的会计报表包括:1.资产负债表;2.利润表;3.财务状况变动表;4.有关附表。"(第71条)与国营企业会计制度不同的是,该制度将原来要求企业编制的资金平衡表改为资产负债表,增设了财务状况变动表。这些变化的根本原因是股份制企业与传统国营企业的产权关系不同,需要通过资产负债表这一国际通用的报表形式更清晰地表现企业的产权关系,需要通过财务状况变动表详细地向股东传递企业资

---

① 财政部和国家经济体制改革委员会于1992年6月6日颁发的《股份制试点企业财务管理若干问题的规定》第52条要求,法定盈余公积金应按当年税后利润的10%提取;当法定盈余公积金已达注册资本的50%时可不再提取(该规定第47条);盈余公积金可用于弥补亏损、转增资本和分配股利,但法定盈余公积金转增资本后的余额不得少于注册资本的25%(该规定第49条);盈余公积金弥补亏损后可按不超过股票面值6%的比率分配股利,分配股利后的法定盈余公积金不得少于注册资本的25%。

② 按照《对公益金用途的解释和会计科目使用说明》的规定,所谓公益金,即第八章"股东权益"中提到的集体福利基金。

金变化的情况。与此同时,该章中还根据股份制下多元化的企业产权关系,要求企业会计报表公开披露:"有限责任公司的会计报表应分送给各投资单位。股份有限公司的会计报表还应在股东会议召开二十日之前备置于公司办公处所,供股东查阅。向社会公开发行股票的公司,应按财政部有关规定公告有关报表文件。"(第72条)股份制企业产权的开放性和经营的自主性催生了企业间的合并。为了反映企业合并后的状况,需要编制会计合并会计报表。《试点企业会计制度》第一次要求合并后的企业编制合并会计报表,并提出了合并报表项目抵销的规定:"企业对其他企业的投资如占该企业资金总额半数以上的,应编制合并会计报表。企业的合并会计报表应随同企业会计报表一并报送。如果其中某些接受投资企业经营内容独特,单独反映会计报表更为有用的,也可以不予合并,但应将其会计报表附于合并会计报表之后。合并会计报表应在抵销了有关项目之后编制,一般应当抵销下列项目:投资企业的投资和被投资企业相应的资本;投资企业从被投资企业取得的投资收益和被投资企业向投资企业支付的股利;投资企业与被投资企业相互持有的债券,即一方为债权,一方为债务的,应将这类债券持有数与发行数相互抵销。持有债券企业的利息收入,也应与发行债券企业的利息费用相抵销;投资企业与被投资企业间的应收票据和应付票据,应收账款和应付账款,以及应收股利和应付股利等应收、应付款项;投资企业与被投资企业间的购货、销货业务,应消除由此产生的营业收入、营业成本以及存货项目中包含的利润。如果投资企业未拥有被投资企业的全部股权,则合并报表要反映出少数股权。"[1]根据股份制企业的特点,《试点企业会计制度》对财务情况说明书做出了与《合营企业会计制度》不同的要求:"企业报送年度会计报表应附送财务状况说明书,主要说明:1.企业的生产经营情况;2.盈亏情况及利润分配情况;3.资金周转情况;4.股本结构及其变动情况;5.主要税费的缴纳情况;6.会计核算和会计报告方法的变更;7.资产承诺事项和年度结账后至报表报出前发生的重要事项;8.其他财务会计方面需要说明的问题。财务情况说明书,要求全面详细,有情况、有分析、有建议。"(第74条)

  第十三章"查账"规定了股份制企业的会计报表要由经中国政府批准的注册会计师查验和出具查账报告;还规定有限责任公司各投资方可以自行聘请注册会计师对企业的账目进行检查,外国投资者可以聘请中国或外国的注册会计师(其工作的会计公司在中国设有常驻代表机构)对企业查账。

  第十四章"终止与清算"规定了股份制企业解散时需办理的清算事宜,主要包括对

---

[1]《股份制试点企业会计制度》第十二章第73条。

企业财产、债权债务的清查和处理;确定清算费用的内容和清算损益的计算;有限责任公司和股份有限公司对清算后剩余财产的分配顺序等。

第十五章"附则"规定了本制度的解释权限和实施时间。

《试点企业会计制度》以其改革之深、使用范围之广,在新中国会计制度发展中占有重要的地位。参与该会计制度制定的中国会计学会前副会长杨纪琬对该会计制度评价道:"1992年5月,财政部和国家体改委联合颁发了《股份制试点企业会计制度》,这是新中国成立以来第一个与国际会计惯例大体一致,不分行业,适用于国内企业而又摆脱旧模式的会计制度,它的出台是我国会计制度做根本性变革的一个有益尝试,为今后的会计改革提供了宝贵的经验。"[①]

《股份制试点企业会计制度——会计科目和会计报表》中规定的会计科目如表4-10所示。

表4-10　　　　　　　　会计科目名称和编号

序号	编号	会计科目	序号	编号	会计科目
		一、资产类	18	163	固定资产清理
1	101	现金	19	165	在建工程
2	102	银行存款	20	171	无形资产
3	103	其他货币资金	21	172	开办费
4	111	应收票据	22	173	长期待摊费用
5	112	应收账款	23	181	待处理财产损溢
6	113	坏账准备			二、负债类
7	114	其他应收款	24	201	短期借款
8	121	在途物资	25	202	应付票据
9	122	库存材料	26	203	应付账款
10	123	低值易耗品	27	211	应付工资
11	124	库存商品	28	212	职工福利基金
12	125	委托加工物资	29	214	应付股利
13	141	待摊费用	30	221	应付税金
14	151	短期投资	31	222	其他应交款
15	152	长期投资	32	223	其他应付款
16	161	固定资产	33	231	预提费用
17	162	累计折旧	34	232	待扣税金

[①] 杨纪琬:《当代中国的会计改革》,转引自中国管理科学研究院财政经济研究所:《社会主义市场经济与会计制度改革》,第63页,中国财政经济出版社,1994年版。

(续表)

序号	编号	会 计 科 目	序号	编号	会 计 科 目
35	251	长期借款			五、损益类
36	252	应付债券	45	501	营业收入
37	253	长期应付款	46	511	投资收益
		三、股东权益类	47	521	营业外收入
		股本	48	601	营业成本
38	301	公积金	49	611	营业税金
39	311	集体福利基金	50	621	销售费用
40	312	利润	51	631	管理费用
41	321	利润分配	52	641	财务费用
42	322	四、成本类	53	651	进货费用
43	401	生产费用	54	671	营业外支出
44	405	工程施工			

附注：
企业可以根据实际需要，对上列会计科目作如下补充。
(1) 有出租、出借包装物的企业，可以设置"137 包装物"科目。
(2) 有调进外汇的企业，可以设置"131 调进外汇价差"科目；有调出外汇的企业，可以设置"233 调出外汇价差收入"科目。
(3) 采取分期收款销售的企业，可以设置"132 分期收款发出商品"科目；同时设置"234 已收分期销货款"科目。
(4) 企业可以根据需要设置"140 内部往来"科目。
(5) 城市开发企业可以设置"134 经营房"科目；"135 调转房"科目。
(6) 施工企业可以设置"136 周转材料"科目；"166 临时设施"科目。
(7) 文教企业可以设置"133 分期发出商品"科目；"142 待结算发行支出"科目；"605 发行业务支出"科目；"606 放映(演出)支出"科目；"241 待结算发行收入"科目；"505 发行业务收入"科目；"506 放映(演出)收入"等科目。
(8) 外贸企业可以设置"507 出口退税收入"科目；"652 出口风险支出"科目；"653 供货出口奖励支出"科目。
(9) 金融企业原则上应以本制度规定的会计科目进行会计核算，同时可以根据金融企业的特点设置专用会计科目进行会计核算。
企业设置上述会计科目，以不影响会计核算要求、会计报表指标汇总，以及对外公布的统一报表的要求为前提。

《股份制试点企业会计制度——会计科目和会计报表》中规定的资产负债表和财务状况变动表，与《合营企业会计制度》中的资产负债表和财务状况变动表差别不大，只是个别项目变为本制度所新采用的项目。

《试点企业会计制度》与当时国营企业会计制度相比较，在会计原则、股东权益核算、制造成本法、应收账款坏账备抵法、加速折旧、收入确认、利润构成和利润分配、报表体系、合并报表等方面存在差异。对这些差异的形成有着多种理解，其中一种理论认为：股份制企业是典型的现代企业组织形式，它与传统国有企业的根本差异在于产权关系不同，产权关系的不同是导致《试点企业会计制度》与国有企业会计制度不同的根本原因。《试点企业会计制度》满足了股份制企业的核算需要,代表了新中国企业会计改革的方向,"是我国第一部涉及国内企业而又全面借鉴国际会计惯例的会计制度,它的颁布为今后的会计改革积累了宝贵的经验"①。

二、《外商投资企业会计制度》(1992年):会计改革的先行

1985年颁布的《合营企业会计制度》经过数年的实践逐渐显露出不足,而《折旧条例》《试点企业会计制度》等会计改革措施的先后出台,更加剧了《合营企业会计制度》与形势发展和境外投资企业需要的不适,因此有必要制定新的面向境外投资企业的会计制度。为了适应境外投资企业的会计核算需要,改善对境外投资企业的管理,财政部于1992年6月24日颁发了《外商投资企业会计制度》(以下简称《外商会计制度》)。这是继《合营企业会计制度》之后第二个适用于境外投资企业的会计制度,其"适用于在中华人民共和国境内设立的外商投资企业,包括中外合资经营企业、中外合作经营企业和外资企业"。②

《外商会计制度》设16章,分别为:第一章"总则"、第二章"会计核算原则"、第三章"记账与账簿"、第四章"流动资产"、第五章"长期投资"、第六章"固定资产和在建工程"、第七章"无形资产和其他资产"、第八章"流动负债、长期负债及其他负债"、第九章"投资人权益"、第十章"成本和费用"、第十一章"收入、利润及利润分配"、第十二章"外币业务"、第十三章"清算业务"、第十四章"会计科目和会计报告"、第十五章"会计档案"、第十六章"附则",共计82条。此外,为了配合《外商会计制度》的执行,财政部于1992年5月25日发布了《外商投资工业企业会计科目和会计报表》,详细说明了会计科目的使用和会计报表的编制。

《外商会计制度》的颁布时间距《合营企业会计制度》(1985年)相差较远,故与后者有着较大的差异;与同年颁布的《试点企业会计制度》(1992年5月)很接近,但在若干环节上有所不同。

在会计核算原则上,《外商会计制度》与《合营企业会计制度》一样,提出了客观性、权责发生制、配比性、实际成本、划分资本性支出与收益性支出、一致性6项会计原则③,少于《试点企业会计制度》提出的12项。

《合营企业会计制度》不允许企业采用应收账款坏账的备抵法,《外商会计制度》

---

① 杨纪琬:《当代中国的会计改革》,转引自中国管理科学研究院财政经济研究所:《社会主义市场经济与会计制度改革》,第87页,中国财政经济出版社,1994年版。
② 《外商投资企业会计制度》第一章第2条。
③ 《外商投资企业会计制度》第二章第6~11条。

则规定企业应当根据应收账款、应收票据等应收款项或者放款的年末余额,按照不超过3‰的比例计提坏账准备,其计提坏账准备的范围比《试点企业会计制度》的规定(只对应收账款计提坏账准备)大,计提比例比《试点企业会计制度》的规定(3‰~5‰)高。

在存货的核算上,《外商会计制度》继续允许企业对年末存货采用成本与可变现净值孰低法,但规定得比《合营企业会计制度》更详细、明确:"年度终了,企业的商品、产成品或者可以对外销售的自制半成品,如有因残次、陈旧、冷背等原因而造成的其可变现净值低于账面实际成本的,经主管财政部门或国务院有关主管部门批准,可以将损失计入本年销售成本,并同时作为存货变现损失准备单独核算,在资产负债表中作为存货的减项反映。已计提变现损失准备的存货销售时,其变现损失准备应当冲减其销售成本。可变现净值按照有关存货的预计变现收入减去必要的加工或者整修费用确定。"①

《外商会计制度》第一次采用了递延损益的概念。在"长期投资"一章中,该制度规定:"用于投资的实物或者无形资产的作价与账面价值之间的差额,应当作为递延投资损益,在投资期内逐年转入营业外支出或者营业外收入。递延投资损益的期末净额应当在资产负债表其他资产或者其他负债类下单列项目反映。"②而此前的会计制度没有明确对外投资的实物如何计价(现实工作中往往以实物的账面价值计价),也就绕过了对实物实际价格与其账面价值差额的处理。在"无形资产和其他资产"一章中,重申将递延资产归属于"其他资产"并明确了其摊销期限:"外商投资企业的其他资产,包括开办费、筹建期间汇兑损失、递延投资损失以及需要分期摊销的其他递延支出,应当分别核算,并在资产负债表中分别列项反映……递延投资损失,按照投出资产的实际作价与账面价值之间的差额入账;其他递延支出,按照实际发生的有关支出入账。"③"递延投资损失,按照投资期限或者不少于10年的期限分期平均摊销;其他递延支出,按照预计的受益期或者不少于10年的期限平均摊销。"④

该制度在对外投资核算方法的界限上,与《试点企业会计制度》亦不相同:"向其他单位投资和股票投资的核算,一般采用成本法。企业的投资占被投资单位资本总额或股本总额25%以上,且企业对被投资企业的经营管理有重大影响力的,也可以采用权

---

① 《外商投资企业会计制度》第四章第25条。
② 《外商投资企业会计制度》第五章第26条。
③ 《外商投资企业会计制度》第七章第38条。
④ 《外商投资企业会计制度》第七章第39条。

益法。"①而《试点企业会计制度》规定对外投资占对方资本总额50%时,采用权益法核算。《合营企业会计制度》则没有涉及长期投资的核算方法。

与《合营企业会计制度》一样,《外商会计制度》允许企业固定资产折旧采用加速折旧法,不同的是限定了可采用的具体加速折旧方法:"企业加速计算折旧,一般应只限于采用双倍余额递减法或年数总额法。"②

该制度在收入的确认上,除了重申《试点企业会计制度》《合营企业会计制度》的规定外,还说明了其他几种销售方式的收入确认:"采取产品分成方式的中外合作经营企业,以投资人分得产品为营业收入实现。采取分期收款销售方式的企业,也可以按照合同约定的收款日期确定营业收入的实现。有长期合同的企业,可以按照完工程度或者实际完成的工作量确定营业收入的实现。"(第54条)

该制度对企业利润构成、利润分配、以前年度损益调整的规定与《试点企业会计制度》也不一样。该制度第十一章第55条规定:"外商投资企业的利润总额,包括营业利润和营业外收支净额。营业利润为主营业务利润减去营业成本后的毛利,再减去销售费用、管理费用和财务费用(商业企业还应当减去进货费用),加上其他业务利润的净额。其他业务利润为其他业务收入减去其他业务支出的净额。营业外收支净额为营业外收入减去营业外支出的净额。营业外收入包括投资收益、投资作价收益、固定资产盘盈、处理固定资产收益、罚款收入和以前年度收益等;营业外支出包括投资损失、投资作价损失、固定资产盘亏、处理固定资产损失、罚款支出、捐赠支出、非常损失和以前年度损失等。营业外收入和营业外支出应当分别核算,并在利润表中分别列项反映。"即沿用《合营企业会计制度》的做法,继续将投资损益划归为营业外收支的一部分。

该制度对企业利润分配的规定为:"外商投资企业应当依照有关法律、法规的规定,从所得税后利润中提取储备基金、职工奖励基金和企业发展基金(外资企业可以不提企业发展基金)。储备基金除经批准用于弥补亏损和增加资本外,企业发展基金除经批准用于资金资本外,其账面余额不得减少。职工奖励及福利基金应当用于企业职工的非经常性奖励或者各项集体福利,其中形成的房屋、设施等资产,不得作为企业的财产。提取储备基金、职工奖励及福利基金和企业发展基金后的利润,为可供分配给投资人的利润。"③这些规定也基本保持了与《合营企业会计制度》的一致。

对以前年度损益的处理,该制度与《合营企业会计制度》一样,规定分别计入营业外收支或调整未分配利润,而不是像《试点企业会计制度》规定的那样记入利润分配账

---

① 《外商投资企业会计制度》第五章第27条。
② 《外商投资企业会计制度》第六章第31条。
③ 《外商投资企业会计制度》第十一章第57条。

户(在利润分配表中以"上年利润调整"单项列示):"年终结账以后发现的应调整本年度会计事项,应当在下年度有关账户中进行调整,并在报表中作相应反映。涉及以前年度损益计算的,应当分别情况计入营业外收入或者营业外支出,或者调整未分配利润和应交税金账户。"①

《外商会计制度》仍然要求企业编制资产负债表、利润表、财务状况变动表和财务状况说明书,其中与《试点企业会计制度》《合营企业会计制度》差别较大的是对财务状况说明书的内容要求有变化。该制度第十四章第71条称:"财务状况说明书的内容包括:1.投资总额、投资构成以及投资进度;2.资本变动情况;3.生产经营情况;4.盈亏情况及利润分配情况;5.资金变动及周转情况;6.外汇平衡情况;7.主要税费的缴纳情况;8.财产额度盈亏损废情况;9.会计核算方法的变更;10.其他有必要说明的情况。"

由于外币业务繁多的缘故,《外商会计制度》单独设置一章规定外币业务的核算,其中包括外币折合记账本位币的方法、筹建期间汇兑损益的摊销、外币买卖的会计核算等。该制度规定的外币业务会计核算,比《合营企业会计制度》丰富,与《试点企业会计制度》基本相同,而对筹建期间汇兑损益摊销、外币买卖业务的规定,则是以前企业会计制度所没有的。

《外商会计制度》和《试点企业会计制度》是改革开放以来改革力度较大的企业会计制度改革。"改革15年中(指1978年实行改革开放至1993年),我国会计制度大大小小做了许多修改,但真正意义上的改革却是《外商企业会计制度》和《股份制试点企业会计制度》的发布,它们完全跳出了旧框框的羁绊,以全新的面貌出现,从而成为我国历史上第三次会计改革②的先行官,具有划时代的意义。"③

三、《企业会计准则》(1992年):新中国首次发布的企业会计准则

财政部于1992年11月30日颁布的《企业会计准则》(以下简称为《1992年会计准则》),是新中国发布的第一个企业会计准则,是市场经济建立期内最具历史性意义的企业会计改革,它"将全国不同行业、不同所有制、不同经营模式的千千万万企业的

---

① 《外商投资企业会计制度》第十一章第58条。财政部于1992年5月25日发布的《外商投资工业企业会计科目和会计报表》规定,对以前年度的未分配利润进行调整的,其调整的金额应在利润分配表"年初未分配利润调整数"项目中反映。

② 这里所说的中国近代史上的三次会计改革,分别指1840—1949年的第一次会计改革,1949—1978年的第二次会计改革,1978—1993年的第三次会计改革。

③ 杨纪琬:《当代中国的会计改革》,转引自中国管理科学研究院财政经济研究所:《社会主义市场经济与会计制度改革》,第63页,中国财政经济出版社,1994年版。

会计制度统一起来，共同遵循一个会计准则，这是中国会计改革历史上的一次大统一。《企业会计准则》的颁布，迈出了会计改革最关键的一步。"[1]"制订和实施《企业会计准则》，是建国以来我国会计制度的一次根本性改革，也是当前会计改革进程中所采取的一项重大措施，其深远影响可与建国初期建立分部门、分行业、分所有制一统到底的会计制度相比拟。"[2]"如果说，1985年颁布和实施《中华人民共和国会计法》因旨在将全民所有制内各企业、各单位的会计工作任务和会计人员职责用法律的形式固定下来而载入新中国的会计史册，那么这次《准则》（注：指《企业会计准则》）的颁布与实施，又成为中国会计发展史上的一个新的里程碑。它结束了中国没有自己的会计准则的历史，并为今后推动社会主义市场经济的发展而制订一系列应用准则和会计制度开辟了道路。"[3]

中国实行改革开放的经济政策以来，社会上逐渐形成了全民、集体、私营等多种所有制共同竞争，多种经营全面发展，承包、联营、合资、合营、租赁、股份制等多种经营形式并存的局面。随着改革的深入，出现了大量前所未有的新情况、新问题，对会计工作提出了新的任务和要求，会计改革对我国经济体制改革的作用更为重大，成了改革开放和发展商品经济、市场经济的一项不可或缺的重要内容。尽管在此之前曾经进行过多项会计改革，如几次修订企业会计制度、实行新的成本管理办法和固定资产折旧政策，但"随着企业经营规模的不断扩大，企业经济联系日益复杂，企业资金来源的多渠道，利益分配的多元化，使传统的会计管理体制和会计核算模式，与深化企业改革和社会主义市场经济的运行极不适应，日益暴露出它的弊端和局限性"[4]，如"统一领导、分级管理"的会计管理体制统得过死，企业不能根据变化了的情况和层出不穷的新问题自主地进行会计核算和灵活的反映，这在一定程度上影响了企业加强经营管理的积极性和责任心，也影响了国家宏观调控所需会计信息的真实性；分行业制定的会计制度使会计政策、会计方法、会计报告体系在部门、行业、所有制之间不统一、不可比，同样的会计核算内容产生了不同的会计信息，既给国家宏观调控和企业微观管理带来困难，也不适应跨地区、跨部门、跨行业、跨所有制的联营企业、企业集团、合资企业、合作企业、股份制企业等新型企业的会计核算需要；所依据的会计原理，所采用的会计政策、会计方法、会计报告与国际惯例有相当大的区别，影响了会计的对外交流和对外经

---

[1] 杨纪琬：《当代中国的会计改革》，转引自中国管理科学研究院财政经济研究所：《社会主义市场经济与会计制度改革》，第63页，中国财政经济出版社，1994年版。
[2] 阎达五：《中国会计改革的第三次革命》，《财务与会计》，1993年第3期。
[3] 葛家澍：《我国〈企业会计准则〉的基本特点》，《会计研究》，1993年第1期。
[4] 财政部编写组：《企业会计制度讲座》，第2~3页，湖南科学技术出版社，1993年版。

济合作。因此，进行更为系统、全面，与以往在旧框架下局部修修改改截然不同的大规模会计改革势在必行。

新中国会计准则的出台经历了长时间的理论、组织准备①。20世纪70年代后期，会计理论界陆续有人向国内介绍以美国会计准则为代表的西方的会计准则（代表人物有葛家澍、娄尔行、杨纪琬等）。1980年，中国会计学会年会酝酿了在我国制定会计准则的理论与实务问题。1987年，中国会计学会成立"会计理论与会计准则研究组"，1989年1月，在上海举办了"会计准则专题讨论会"，为会计改革做出了理论上的准备。1988年10月，当时的财政部会计事务管理司（后改为会计司）设立了会计准则课题组，成为我国专门负责会计准则研究与建设的官方机构，并于1989年3月印发了《关于拟订我国会计准则的初步设想（讨论稿）》和《关于拟订我国会计准则需要研究的几个主要问题（征求意见稿）》，向社会有关各界征求意见。1990年9月，财政部印发了《中华人民共和国会计准则（草案）提纲（讨论稿）》提交全国会计工作会议讨论。1991年11月，在上述"提纲"的基础上，财政部印发《企业会计准则第1号——基本会计准则（草案）》，再次向各部门、各地征求意见。1992年2月，财政部在深圳举办"会计准则国际研讨会"，邀请国际会计准则委员会主席、秘书长及美国、新加坡、中国香港的专家与我国专家、学者和会计主管部门负责人，就该草案和我国会计准则建设的有关问题进行讨论。1992年，邓小平南方谈话发表之后，财政部加快了制定我国会计准则的步伐，集中力量进行会计准则草稿的修改与完善。与此同时，财政部在北京召开了国务院有关部、委、局、总公司及在京部分大型企业代表参加的"会计准则座谈会"，研究会计准则发布后的实施问题。1992年5月，财政部印发《企业会计准则第1号——基本会计准则》（送审稿）。1992年7月，《人民日报》在头版头条刊登了题为"我国会计制度将做重大改革——采用国际通行的会计核算准则及办法"的文章，向社会宣告中国会计准则即将问世。1992年11月，财政部正式发布了我国的第一部《企业会计准则》（以下简称《1992年会计准则》），并以此为标志带动我国企业会计改革进入了一个新阶段。

（一）《1992年会计准则》的主要内容

《1992年会计准则》共10章66条，分别就会计核算的一般要求和会计核算的主要方面做出了原则性规定，这实际上是一部基本会计准则，而并非针对经济业务的会

---

① 会计准则为现代西方会计体系中一种会计规范的形式。近代西方会计在中国的传播有着百年的历史。新中国成立前，部分官僚资本企业执行以美国为代表的近现西方会计体系，大学会计教学以讲授现代西方会计体系为主。新中国成立后，出于政治原因一度对西方会计全面封杀；但因教学和研究的需要，仍有人在小范围内介绍现代西方会计（如赵锡禹、潘序伦）。

计处理及其程序的具体规定。

《1992年会计准则》的第一章"总则"中,首先说明了制定该准则的目的是"为了适应我国社会主义市场经济发展的需要,统一会计核算标准,保证会计信息质量"[1];其次明确了该准则的适用范围是"设在中华人民共和国境内的所有企业"[2],并要求"制订企业会计准则应当遵循本准则"[3];再次还提出了会计主体、持续经营、会计分期、货币计量四项会计核算的基本前提(亦称会计假设)。

第二章"一般原则"提出了客观性、目标性[4]、可比性、一贯性、及时性、明晰性、权责发生制、配比、谨慎性、历史成本、划分资本性支出和收益性支出、重要性十二条会计核算原则。这些原则中的绝大多数曾在《合营企业会计制度》《试点企业会计制度》和《外商会计制度》中采用,只有谨慎性原则在该会计准则中第一次提出。

第三章至第六章为要素准则,分别规定了资产、负债、所有者权益、收入、费用、利润六项会计要素的定义、内容、确认、计量及报告。

第三章"资产"将资产定义为:"企业拥有或者控制的能以货币计量的经济资源,包括各种财产、债权和其他权利。"[5]这是第一次从经济资源的角度定义资产。该章还定义了各种资产,提出了各种资产的组成、计价和报告的原则,如"资产分为流动资产、长期资产、固定资产、无形资产、递延资产和其他资产。"[6]"流动资产是指可以在一年或者超过一年的一个营业周期内变现或者耗用的资产,包括现金及各种存款、短期投资、应收及预付款项、存货等。"[7]"短期投资是指各种能够随时变现、持有时间不超过一年的有价证券以及不超过一年的其他投资。有价证券应按取得时的实际成本记账。当期的有价证券收益,以及有价证券转让所取得的收入与账面成本的差额,计入当期损益。短期投资应当以账面余额在会计报表中列示。"[8]"存货是指企业在生产经营过程中为销售或者耗用而储存的各种资产,包括商品、产成品、半成品、在产品以及各类材料、燃料、包装物、低值易耗品……各种存货发出时,企业可以根据实际情况,选择使用

---

[1] 1992年《企业会计准则》第一章第1条。
[2] 1992年《企业会计准则》第一章第2条。
[3] 1992年《企业会计准则》第一章第3条。
[4] 所谓相关,是指自然界或人类社会中,变量之间具有相随变动的关系。会计信息的相关性指的是会计信息应当与财务报告使用者对会计信息的使用,即做出经济决策相关联,能够影响使用者的决策。一般认为会计信息的相关性应当具有反馈和预测作用。1992年《企业会计准则》第11条规定:"会计信息应当符合国家宏观经济管理的要求,满足有关各方了解企业财务状况和经营成果的需要,满足企业加强内部经营管理的需要。"有人将该条规定称为会计的相关性原则,但实际上这条原则与相关性原则的本意并不一样,更多的是在说明会计的目标。
[5] 1992年《企业会计准则》第三章第22条。
[6] 1992年《企业会计准则》第三章第23条。
[7] 1992年《企业会计准则》第三章第24条。
[8] 1992年《企业会计准则》第三章第26条。

先进先出法、加权平均法、移动平均法、个别计价法、后进先出法等方法确定其实际成本……各种存货在会计报表中应当以实际成本列示。"①"固定资产是指使用年限在一年以上,单位价值在规定标准以上,并在使用过程中保持原来物质形态的资产,包括房屋及建筑物、机器设备、运输设备、工具器具等。固定资产应当按取得时的实际成本记账……接受捐赠的固定资产应按照同类固定资产的市场价格或者有关凭据确定固定资产价值。接受捐赠固定资产时发生的各项费用,应当计入固定资产价值。融资租入的固定资产应当比照自有固定资产核算,并在会计报表附注中说明。固定资产折旧应当根据固定资产原值、预计净残值、预计使用年限或预计工作量,采用年限平均法或者工作量(或产量)法计算,如符合有关规定,也可采用加速折旧法。固定资产的原值、累计折旧和净值,应当在会计报表中分别列示。"②

第四章"负债"将负债定义为:"企业所承担的能以货币计量、需以资产或劳务偿付的债务。"③该章还定义了各种负债,提出了各种负债的组成、计价和报告的原则,如"负债分为流动负债和长期负债。"④"流动负债是指将在一年或者超过一年的一个营业周期内偿还的债务,包括短期借款、应付票据、应付账款、预收货款、应付工资、应交税金、应付利润、其他应付款、预提费用等。"⑤"长期负债是指偿还期在一年或者超过一年的一个营业周期以上的债务,包括长期借款、应付债券、长期应付款……发行债券时,应当按照债券的面值记账。债券溢价或折价发行时,实收价款与面值的差额应当单独核算,在债券到期前分期冲减或者增加各期的利息支出。"

第五章"所有者权益"、第六章"收入"、第七章"费用"、第八章"利润"的内容安排均与第三、第四章相同。

第九章"财务报告"规定了企业财务报告的类别,各种财务报告的定义、列示的内容,以及对财务报表的原则性编制要求等。

第57条对企业会计报告类别的规定是:"财务报告是反映企业财务状况和经营成果的书面文件,包括资产负债表、损益表、财务状况变动表(或者现金流量表)、附表及会计报表附注和财务状况说明书。"

接下来的条款分别对各财务报告做出了定义,并对披露的内容和方式提出了要求:"资产负债表是反映企业在某一特定日期财务状况的报表。资产负债表的项目,应

---

① 1992年《企业会计准则》第三章第28条。
② 1992年《企业会计准则》第三章第30条。
③ 1992年《企业会计准则》第四章第34条。
④ 1992年《企业会计准则》第四章第35条。
⑤ 1992年《企业会计准则》第四章第36条。

当按资产、负债和所有者权益的类别,分项列示。"①

"损益表是反映企业在一定期间的经营成果及其分配情况的报表。损益表的项目,应当按照利润的构成和利润分配各项目分项列示。利润分配部分各个项目也可以另行编制利润分配表。"②

"财务状况变动表是综合反映一定会计期间内营运资金来源和运用及其增减变动情况的报表。财务状况变动表的项目分为营运资金来源和营运资金运用。营运资金来源和营运资金运用的差额为营运资金增加(或减少)净额。营运资金来源分为利润来源和其他来源,并分项列示。营运资金运用分为利润分配和其他用途,并分项列示。企业也可以编制现金流量表,反映企业财务状况的变动情况。现金流量表是反映在一定会计期间现金收入和支出情况的会计报表。"③

"会计报表附注是帮助理解会计报表的内容而对报表的有关项目等所做的解释,其内容主要包括:所采用的主要会计处理方法;会计处理方法的变更情况、变更原因以及对财务状况和经营成果的影响;非经营性项目的说明;会计报表中有关重要项目的详细资料;其他有助于理解和分析报表需要说明的事项。"④对会计报表的原则性编制要求则是:"会计报表应当根据登记完整、核对无误的账簿记录和其他有关资料编制,做到数字真实、计算准确、内容完整、报送及时。"⑤

该章第63条是对合并报表的规定:"企业对外投资如占被投资企业资本总额半数以上,或者实质上拥有被投资企业控制权的,应当编制合并会计报表。特殊行业的企业不宜合并的,可不予合并,但应当将其会计报表一并报送。"

以上规定中,第一次提出现金流量表的概念,第一次将"实质上拥有被投资企业控制权"作为编制合并报表的条件。

第十章"附件"分别规定了该准则的解释权和施行时间(1993年7月1日)。

(二)《1992年会计准则》对传统企业会计制度的突破

《1992年会计准则》与传统企业会计制度相比有着重大的变化,主要表现在这样一些方面。

1. 集中规定了会计核算的基础性说明和一般原则

以往的企业会计制度大多仅规定会计科目的设置与使用、会计报表项目的数据来

---

① 1992年《企业会计准则》第九章第58条。
② 1992年《企业会计准则》第九章第59条。
③ 1992年《企业会计准则》第九章第60条。
④ 1992年《企业会计准则》第九章第64条。
⑤ 1992年《企业会计准则》第九章第62条。

源,相当于会计科目和会计报表的使用说明,其目的是要求会计人员按照统一规定使用会计科目,编写会计分类,编制会计报表,但没有指导会计核算工作的基础性说明和一般性原则规定,使得具体核算方法的设计和选择缺乏依据,会计信息缺乏要求。尽管《合营企业会计制度》《试点企业会计制度》《外商会计制度》曾提出过一些会计核算的基础性说明和一般原则,但不够完整、不够系统,且这些会计制度的执行范围较小,不适用于大多数企业。《1992年会计准则》规定了企业会计核算的4项基本前提、12项一般原则(含会计目标),为具体会计核算提供了思想认识上的指导,为提高所有企业会计核算的科学性、合理性提供了平台。

2. 采用国际通行的会计平衡公式

会计平衡公式表示会计要素间的基本关系,决定了会计核算方法和财务报告的形式。传统的企业会计制度受高度集中的财务管理体制的约束,企业产权关系单一(国营企业为国家直接投资和经营的企业,集体所有制企业的产权实际上也由国家控制),各类资金要么由国家财政拨付,要么由国家银行提供,严格区分所有者和债权人的界限没有太大意义,这决定了所用的会计平衡公式长期为"资金占用=资金来源"。经济体制改革之后,企业逐步成为独立经营、自负盈亏的经济主体,筹措和使用资金具有自主权,不同投资者在企业有着不同的权益,这导致了必须对不同产权分别核算,以保护各产权人的权益,其中最基本的是区别债权人和所有者的权益界限,为此只能改用国际通用的"资产=负债+所有者权益"的平衡公式。这一改变还有利于为企业外部的信息使用人提供更为适用的会计信息,满足各方了解企业产权结构和偿债能力的需要。1985年的《合营企业会计制度》开始采用"资产=负债+所有者权益"的平衡公式,《1992年会计准则》秉承这一做法,将其推广到全国所有企业。

3. 采用国际通行的会计核算方法

1) 实行制造成本法

传统会计的产品成本计算采用完全成本法,即产品成本中除了含有生产产品所消耗的各种直接费用外,还包括当期发生的销售费用、管理费用、财务费用。但在产成品、在产品之间分配这三项费用,不可避免地会受到人为因素的影响,故往往存在通过产品成本的分配调节各期利润的情况;同时,将计入在产品的这三项费用推迟到以后期间补偿,也有悖于通常意义的配比原则(期间费用与产品之间不存在明显的因果关系,只能区分出其归属于哪个期间)。《1992年会计准则》要求按照制造成本法计算产品成本,各项期间费用直接冲减当期收入,则避免了完全成本法存在的上述问题。

2) 采用备抵法核算应收账款的坏账

传统会计不进行应收账款坏账的核算,这是因为计划经济下的各个企业不是独立的市场主体,它们之间的债权债务不过是国家资金在不同企业间的调拨,这造成了企业没有资本保全的任务,也不面对市场风险,且不承担拖欠别人款项的压力(银行贷款统一由国家担保,企业并不承担实际责任,没有真正的还款压力),因而不存在信用危机,因此核算坏账的意义不大。实行经济体制改革之后,企业独立市场主体的身份越来越清晰,它们之间的债权债务及其坏账需要予以充分表现,按照稳健性原则核算坏账成为必要。不过,《1992年会计准则》只允许企业按照应收账款百分比法这一种方法计提坏账准备,并要求以规定的比例提取坏账准备。

3) 固定资产核算采用加速折旧法

传统会计制度规定,固定资产只能采用直线法提取折旧。随着市场竞争的激烈,企业需要更快地更新设备,而直线折旧法下的固定资产资金补偿缓慢,所以有必要采用加速折旧法。此外,加速折旧法对固定资产的损耗估计更为充分,也更符合谨慎性会计原则。《1992年会计准则》有条件地允许部分企业采用加速折旧法,突破了传统会计制度的禁锢。

4. 采用国际通行的财务报表体系

传统会计制度下企业对外提交的报表主要包括三类:资金平衡表、利润表、成本报表,用于报送给各个政府部门(如企业上级主管部门、财政部门、工商管理部门、税务部门)。市场经济体制下企业的对外报表要提交投资人、债权人、政府及各方利益相关人士阅读,这就要考虑报表阅读人的需要。会计准则和行业会计制度借鉴国际通行做法,要求企业对外报送资产负债表、损益表、财务状况变动表,不再对外报送带有较多商业秘密的成本报表,与国际通行财务报表体系的做法基本一致。《1992年会计准则》财务报表体系方面的规定,与《合营企业会计制度》《试点企业会计制度》等相同。

5. 基本统一了各行业的会计处理方法和程序

以往不同行业、不同所有制企业执行不同的企业制度,而《1992年会计准则》由财政部统一颁布,在所有企业中实行,用于指导各类企业会计制度的制定,使各类企业的会计信息较为一致和可比,提高了会计信息在国民经济管理、市场导向中的有用性。

6. 实行资本保全的核算要求

经过前一段时期的改革,企业已经开始从政府的生产单位向独立经营、自负盈亏的市场主体转型,这客观上要求按照资本保全的原则计算利润,依据资本保全的原则保护投资者的利益。《1992年会计准则》体现了资本保全的要求,主要表现在:第一,对资产盘盈、盘亏、报废、毁损发生的净损益,库存材料物资因国家统一调整价格发生的价差、固定资产计提折旧等,不再像以往规定的那样直接冲减或增加所有者投入的资本金,而是计入当期损益,从而维护了企业资本金的完整性。第二,对投资者投入企业的资本单独列账核算,与资本筹集过程中发生的资本溢价或超面值缴入资本相区分(计入资本公积)。资本保全要求的确立和贯彻,实现了在会计核算中明确产权关系和对投资者、债权人利益的保护,保证了资本的完整性与永久性,也促使企业投资者承担起相应的责任和风险。

《1992年会计准则》(连同同时期公布的行业会计制度)实施以后,企业投资人、债权人的权益信息得到了更为清晰的表达,利润计算更为准确,财务状况的反映更为充分,会计信息的管理效用更为显见,会计起到了对企业改革的支撑和服务作用,赢得了社会的认同,也赢得了经济学家和管理学家的肯定。例如,原国家统计局局长、经济学家李承瑞在《关于经济发展和体制改革的若干问题》一文中,对《1992年会计准则》设专题进行分析,认为"新制度可以真实地反映企业实际的负债状况,便于确定合理的企业负债率,选择合理的负债结构,降低筹资成本,避免债务危机,正确地界定企业的破产界限"。他还认为:"新财务会计制度的一个重要特点是体现了'资本保全原则',资产损失要纳入当期成本。"并指出:"新制度适合于各类企业,为国内各类企业的平等竞争创造了一个重要条件。"[1]经济学家刘小玄在《奠定中国市场经济的微观基础:企业革命三十年》一书中,认为《1992年会计准则》实现了与国际惯例的接轨,为实行利税分流等改革措施提供了前期准备工作:"1993年7月实施的新会计准则,进行了企业财务和会计制度的改革,进而与国际惯例接轨,形成统一的企业财务核算体系。因此,新会计准则为统一市场下的企业绩效比较提供了可靠的基础参照系,这是实现税利改革的基本前提条件。没有统一标准的按市场规范设计的财务指标和财务账户,仍像过去计划经济时期那样的工资、利息、利润和税收混合一体的一笔糊涂账,企业无法实现规范的税利分流。因此,新会计制度是实行税利分流改革的前期基础准备工作。"[2]

(三)《1992年会计准则》与企业会计改革的整体设计

早在20世纪80年代中后期,负责全国会计工作的财政部会计司便草拟了《关于深化会计改革的几点意见(讨论稿)》,经多年讨论,几番修改,于1991年以财政部的名义发布了《会计改革纲要》。该纲要中明确提出了我国会计制度改革的总体目标是:

---

[1] 李承瑞:《关于经济发展和体制改革的若干问题》,转引自中国管理科学研究院财政经济研究所:《社会主义市场经济与会计制度改革》,第54~56页,中国财政经济出版社,1994年版。

[2] 刘小玄:《奠定中国市场经济的微观基础:企业革命三十年》,第77页,格致出版社、上海人民出版社,2008年版。

"建立适应社会主义市场经济需要的新会计管理、核算模式。其基本内容包括:适应发展社会主义市场经济的要求,逐步建立起以提高经济效益为目标,以强化内部管理为中心,有利于转换企业经营机制,同国际会计准则接轨的新的会计核算体系;适应国家职能和管理方式的转变,逐步实现会计法制体系的完善、规范、科学、配套,以有利于加强宏观调控和发挥地方、部门和企业积极性、创造性的会计管理体制。"

《会计改革纲要》明确了会计核算制度改革的主要任务:"以《会计法》为依据,按照市场经济对会计核算的要求,制定符合我国国情、同国际会计接轨的会计准则作为制定会计核算制度、组织会计核算的具有约束力的基本规范。同时,改革会计报表体系,本着统一、规范、必须、精简的原则,在改革行业会计制度的基础上,拟订格式统一、指标科学、口径一致、内容稳定的行业会计报表体系,以满足国家宏观管理和企业微观管理的需要。"[①]

《1992年会计准则》是执行《会计改革纲要》的步骤之一,是企业会计改革整体设计的成果。这也可以从改革设计者对这次改革提出的原则中得到验证。在由财政部会计司组织编写的《企业会计制度讲座》中,对这次企业会计改革的原则有着这样的阐述:"……我国这次会计制度改革必须在总结我国传统会计经验的基础上,学习借鉴国际会计惯例,建立适应社会主义市场经济需要的、同国际会计准则接轨的新的会计核算体系……

1. 我国的会计制度改革必须与社会主义市场经济体制相适应。党的十四大确定了我国的经济体制是社会主义市场经济。在新经济运行机制中,国家行政职能将做重大改变,由过去的主要以计划为主,以行政手段对企业的干预调控,变为主要以经济和法律的手段进行宏观调控、指导经济的运行,会计工作也必须适应新的经济体制,所提供的经济信息不仅要符合国家宏观管理的需要,还要满足企业管理的需要,也要满足投资者、债权人和其他有关方面的需要。我们所进行的会计制度改革的根本目的就是要统一规范会计行为,保证会计信息真实可靠,相互可比,易于理解,便于利用。

2. 会计制度改革必须与改革开放中出现的所有制成分的多元化,经营范围的扩大,经营方式的多样化相适应。改革开放十多年来,我国企业一改过去单一所有制成分、单一的经营内容、单一的经营方式,出现了以公有制为主,国营、私营、合资、股份制等多种经济成分并存;以一业为主,工、农、商、贸、服多种产业经营并存;以承包为主,租赁、联营、合资、股份经营多种经营形式并存的局面。会计改革就是要改变传统的会计管理体制和会计核算方法,适应企业的变化,能够在会计政策、会计方法上解决企业改革中不断出现的新情况和新问题,解决投资多元化、利益分配多样性的需要,保护国

---

① 财政部《企业会计制度讲座》编写组:《企业会计制度讲座》,第8~9页,湖南科学技术出版社,1993年版。

有资产的完整与增值,保证投资者和债权人的利益。

3. 会计改革必须适应对外开放的大趋势,满足我国对外交往和吸引外资的需要。十几年来,我国经济已经形成对外开放,积极参与国际经济大循环的新格局。国民经济向国际化、一体化的方向发展的趋势越来越明显。特别是我国在关贸总协定缔约国的地位恢复以后,中国经济必然要走向国际大市场,参与国际分工和国际竞争。这就要求我们的会计制度适应这种新形势,还会计'国际商业语言'的本来面目,使我国的会计也逐步走向国际化,同国际会计准则接轨。这样,才能使我国的经济发展所需资金有更广泛的来源,才能使我国企业的产品在国际市场竞争中处于不败地位。"①

会计改革的整体部署和按部就班开展的好处之一,是各项改革措施能够首尾相顾,具有连贯性,能够相互衔接。从以上的分析中可以看到:从"文化大革命"结束后恢复《国营工业企业会计制度》,到 20 世纪 80 年代中期制定《合营企业会计制度》,90 年代制定《试点企业会计制度》,进而制定《1992 年会计准则》,企业会计改革的脉络是清晰的,各项改革之间的连贯性和衔接性较强。改革的进程是:先在所有企业中恢复被破坏了的会计秩序,再解决"三资企业"的会计核算需要,然后将改革延伸到股份制试点企业,最后扩大到一般企业。从改革的关系上看,"三资企业"会计制度为股份制试点企业制度提供了经验和参考,股份制试点企业制度为实施会计准则提供了经验和参考,每一步改革都有参照与借鉴,并且改革范围逐步扩大,从而减少了改革的风险和难度。例如,会计要素、会计等式、会计核算原则最初出现在《合营企业会计制度》中,但很简单;在《试点企业会计制度》中,会计要素、会计等式的运用和会计核算原则的解释比较成熟;到了制定《1992 年会计准则》时,对会计要素、会计等式、会计核算原则的认识比以前更深刻了一步。会计报表体系的改革、资本保全要求和谨慎原则的运用,也体现了同样的特征。这一做法的实践效果是企业会计改革措施的出台尽管频繁,却不杂乱,没有搅扰企业的会计核算工作,没有制造新的混乱。从一定程度上讲,会计改革最大的危险不是改革速度的快慢,而是改革可能导致的会计秩序混乱;会计改革最可怕的是"破旧不立新",打破了原制度,新制度却没有建立起来,从而造成企业会计无章可循,无矩可守,使经济和管理工作蒙受损失。这样的教训在我国会计发展史上曾经发生过,如 20 世纪 60 年代"简化会计核算"的改革和"文化大革命"中发生的"砸烂资产阶级管卡压"。所幸的是改革开放以来我国企业会计改革较好地处理了继承与创新的关系,为企业改革提供了平稳的会计配套支持。从历史事实看,我国的企业会计改革并非自始至终按照设计好的方案进行,也曾有过改革的实际进程与事前设想不一致

---

① 财政部《企业会计制度讲座》编写组:《企业会计制度讲座》,第 7~8 页,湖南科学技术出版社,1993 年版。

的情况,也不是每项改革都取得了预期的成效;但总体来讲,改革的进展一直处于设计者的掌控之中,从而避免了过多的混乱。

四、以《工业企业会计制度》为代表的行业会计制度(1992—1993年)

《1992年会计准则》是一项基本准则,仅就企业会计核算的一般要求和会计核算的主要方面做出原则性规定,开展对会计事项的具体处理则需要另外制定详细、可操作的规范。公布《1992年会计准则》的时候,规范经济业务的会计处理及程序的具体会计准则未及制定,为了保证企业会计准则的落实,保证会计信息的可比性和利用会计信息进行国民经济宏观管理,并考虑到企业长期以来一直按照统一的会计制度进行核算,习惯于根据详细规定好的制度办事,财政部于1992年12月至1993年3月先后公布了农业企业,旅游、饮食服务企业,商品流通企业,工业企业,房地产开发企业,施工企业,运输(交通)企业,对外经济合作企业,保险企业,运输(铁路)企业,金融企业,邮电通信企业,运输(民航)企业共13个行业会计制度。行业会计制度是依据《1992年会计准则》,结合各个行业的会计核算特点制定的,为会计准则在各个行业的落实提供了细致的规定。其中,《工业企业会计制度》在各行业的会计制度中最具代表性。

《工业企业会计制度》发布于1992年12月31日,分为"总说明""会计科目""会计报表""主要会计事项分录举例"四部分(其他行业会计制度的体例亦基本如此)。因为《1992年会计准则》已对会计核算的前提条件,会计核算的一般原则,会计要素的概念、确认、计量、报告,会计报告的原则要求做出了统一的规定,所以《工业企业会计制度》不再重复这些内容,只是按照会计准则的规定对会计科目的使用和会计报表的编制做出了具体、详细的说明。

《工业企业会计制度》第一部分"总说明"主要对该制度的制定目标("贯彻执行《企业会计准则》,规范工业企业的会计核算"[1])、适用范围("设在中华人民共和国境内的所有工业企业"[2])、管理权限、会计科目的设置和使用说明、会计报表的设置和报送要求、实施日期等作出规定。第二部分和第三部分详细规定了工业企业会计业务的核算方法和报表披露要求。

(一)会计业务核算的变化

第二部分"会计科目"列示了设置的会计科目名称和编号,以及各个会计科目的使用说明。该制度的会计科目表见表4-11。

---

[1] 《工业企业会计制度》"一、总说明",第1条。
[2] 《工业企业会计制度》"一、总说明",第2条。

表 4-11　　　　　　　　　　会 计 科 目 表

顺序号	编号	会计科目名称	顺序号	编号	会计科目名称
		一、资产类	32	209	其他应付款
1	101	现金	33	211	应付工资
2	102	银行存款	34	214	应付福利费
3	109	其他货币资金	35	221	应交税金
4	111	短期投资	36	223	应付利润
5	112	应收票据	37	229	其他应交款
6	113	应收账款	38	231	预提费用
7	114	坏账准备	39	233	待扣税金
8	115	预付账款	40	241	长期借款
9	119	其他应收款	41	251	应付债券
10	121	材料采购	42	261	长期应付款
11	123	原材料			三、所有者权益类
12	128	包装物	43	301	实收资本
13	129	低值易耗品	44	311	资本公积
14	131	材料成本差异	45	313	盈余公积
15	133	委托加工材料	46	321	本年利润
16	135	自制半成品	47	322	利润分配
17	137	产成品			四、成本类
18	138	分期收款发出商品	48	401	生产成本
19	139	待摊费用	49	405	制造费用
20	151	长期投资			五、损益类
21	161	固定资产	50	501	产品销售收入
22	165	累计折旧	51	502	产品销售成本
23	166	固定资产清理	52	503	产品销售费用
24	169	在建工程	53	504	产品销售税金及附加
25	171	无形资产	54	511	其他业务收入
26	181	递延资产	55	512	其他业务支出
27	191	待处理财产损溢	56	521	管理费用
		二、负债类	57	522	财务费用
28	201	短期投资	58	531	投资收益
29	202	应付票据	59	541	营业外收入
30	203	应付账款	60	542	营业外支出
31	204	预收账款			

该制度规定的各会计科目的使用与 1989 年《国营工业企业会计制度》的会计事项处理相比较,发生了种种变化,主要有以下几个方面。

(1) 在银行存款的核算内容上,由于不再保持资金的三段平衡关系,所以只设置"银行存款"一个会计科目,不再按照生产资金存款和专项资金存款分设"银行存款"和"专项存款";另外,在"银行存款"下分设人民币和各种外币明细账,核算不同货币存款业务。

(2) 在应收账款的坏账处理上,规定可以分别采用直接冲销法或备抵法,采用备抵法时按照应收账款余额百分比法估计坏账损失,根据财政部 1992 年 12 月 30 日公布的《工业企业财务制度》的规定,提取坏账准备的比例为 3‰~5‰(各行业财务制度规定的坏账提取比例为:农业企业、施工企业、房地产开发企业 1‰,对外经济合作企业 2‰,其他企业 3‰~5‰)。此外,由于不再遵循资金三段平衡关系后的企业资金打通使用,故而取消了"专项应收款"科目。

(3) 在短期投资部分,不再限定只能用专项资金购买有价证券和将投资损益转作专用基金的做法,而是将有价证券投资视为企业整体资金运用的一部分,投资损益计入经营成果。但规定短期投资有价证券期末仍按成本计价。

(4) 在存货部分规定发出存货可采用先进先出法、加权平均法、移动平均法、个别计价法、后进先出法等以历史成本为基础的计价方法,不能采用成本与市价孰低法。该制度还规定领用的低值易耗品可以根据需要分别采用"一次摊销法""五五摊销法"或"分期摊销法"。

(5) 在债券投资部分,该制度规定企业溢价或折价购入的债券,溢价或折价应采用直线摊销法在债券存续期间内分期摊销。该制度还改变了国营企业原来不单独核算债券投资利息,待收到利息时直接转入专用基金的做法,规定按照权责发生制的原则分期核算债券投资利息,并将其单独列为投资收益,期末计入企业利润。

(6) 在固定资产部分,由于企业的各种资金来源不再划分为固定资金、流动资金和专用资金,因而在建工程完工交付使用时只反映资金占用形态的变化(由"在建工程"转变为"固定资产"),不再反映资金来源的变化(由"专用基金"转变为"固定基金——企业固定基金");因为企业的资本不可随意调整,故盘盈的固定资产增加营业外收入,不再增加固定基金,同时提取固定资产折旧也不再调减"固定基金"和调增"专用基金";允许企业经批准后采用双倍余额递减法和年数总和法加速提取固定资产折旧;不再提取大修理基金,发生的大修理费用按承担期计入各期的成本费用。

(7) 在负债和所有者权益部分,此前的工业企业会计制度没有负债和所有者权益的概念,而统一称为资金来源;在银行借款的核算上不论借款期限的长短,按借入资金的用途进行分类,如属于流动资金借款的,无论借款期限长于或短于一年,一律在"流动资金借款"科目中核算;基建借款、专用借款、投资借款由于用途不同,则分别设科目单独核算。这种处理方法与计划经济下国家对企业资金的统一管理相吻合,但不适应市场经济的要求。《工业企业会计制度》改变了这种做法,按偿还期短于或长于一年的标准区分短期借款和长期借款,各分设置科目单独核算,不再按借款的用途区别核算基建借款、专用借款和投资借款;在资产负债表上独立反映负债和所有者权益,并对短期负债和长期负债分别列示,以表现企业即期或远期需要偿还的债务。该制度第一次承认或有负债,但规定对或有负债一般不单独设置会计科目核算,而是在资产负债表中用括号、附注说明(补充资料)等方式予以披露。该制度在长期负债部分的变化,体现在采用负债费用资本化的核算方法确认并摊销应付债券的溢折价。该制度提出了负债费用资本化的处理原则(在负债费用对企业具有重要意义,且须经过较长时间准备才能达到预定使用用途的资产上发生的支出的情况下,才将负债费用列作资本支出)、确认条件、负债费用资本化的金额、比率和限度。该制度对应付债券区别平价、溢价、折价发行三种情况核算,规定溢价和折价在债券发行期内的摊销可以采用直线法或实际利率法。《工业企业会计制度》在所有者权益部分与原《国营工业企业会计制度》的不同之处较明显:其一,将投资者在企业中的权益划分为实收资本(股本)、资本公积、盈余公积、未分配利润四部分,分别单独设置会计科目核算,而不再将投资者投入企业的资金划分为固定资金、流动资金和专项资金,并不随资金占用形态的变化而变化;其二,区分不同组织形式的企业(独资企业、有限责任公司、股份有限公司),对投入资本作不同的处理。

(8) 在成本核算部分,《工业企业会计制度》放弃了实行多年的产品成本核算的完全成本法,改用制造成本法;单独设置"财务费用""产品销售费用"科目,连同原有的"管理费用"科目一起,反映企业发生的不计入产品成本的期间费用。

(9) 在收入和成本费用部分,为了单独反映企业收入和各成本费用的信息,《工业企业会计制度》设置"产品销售收入""产品销售成本""产品销售费用""产品销售税金及附加""其他业务收入""其他业务支出"科目,将销售过程中发生的各种收入、费用、结转的成本单独核算,改变了过去将这些收入与成本费用合在一个会计科目(销售科目)核算的方法。同样,营业外收入、营业外支出也从"利润"科目分离出来,各自单设科目进行核算。

(10) 在利润分配部分,根据《工业企业财务制度》和有关税收制度的规定,《工业企业会计制度》对利润分配的核算做出了比以前较大的改动:一是因为即将取消国有企业的税前还贷(付费),已经停止了向投资单位的税前利润分配,故取消了原有的税前利润分配明细科目;二是由于统一了企业税后利润分配的去向与程序,故简化了相应的会计核算方法;三是因为允许存在未分配完的利润,故建立了"未分配利润"的概念,并将其列为所有者权益的一部分。

(11) 在汇兑损益部分,由于财政部 1992 年 11 月 30 日颁布的《企业财务通则》规定,期末根据国家外汇牌价将外币折合为记账本位币金额时与账面记账本位币金额的差额作为汇兑损益,计入当期损益,故《工业企业会计制度》在汇兑损益方面的差异主要表现在:其一,将汇兑损益通过"财务费用"科目转计入当期损益;其二,对汇兑损益的确认在期末进行,平时不再计算汇兑损益。

(二) 会计报告的变化

《工业企业会计制度》第三部分"会计报表"规定的会计报表种类为 5 类,如表 4-12 所示。

表 4-12　　　　　　　　会计报表种类

编　号	会计报表名称	编报期
会工 01 表	资产负债表	月报
会工 02 表	损益表	月报
会工 03 表	财务状况变动表	月报
会工 02 表附表 1	利润分配表	年报
会工 02 表附表 2	主营业务收支明细表	年报

该会计制度规定的会计报表种类与 1989 年《国营工业企业会计制度》的差别是明显的:以资产负债表代替了资金平衡表,以损益表(附表为利润分配表)替换利润表,增设了财务状况变动表,取消了各种成本费用(如商品产品成本表、主要产品单位成本表、生产费用表等)类、专项基金及专项借款表类报表(如固定资产和流动基金增减变动表、专用基金及专用拨款表、基建借款及专项借款表等)。会计报表种类的这些更改,是为了适应市场经济发展的需要,依据《1992 年会计准则》的精神而做出的。

《工业企业会计制度》中的资产负债表格式如表 4-13 所示。

表 4-13　　　　　　　　资　产　负　债　表

　　　　　年　　月　　日　　　　　　　　　　　　会工 01 表

编制单位:　　　　　　　　　　　　　　　　　　　　　　单位:元

资　产	行次	年初数	期末数	负债及所有者权益	行次	年初数	期末数
流动资产:				流动负债:			
货币资金	1			短期借款	46		
短期投资	2			应付票据	47		

(续表)

资　产	行次	年初数	期末数	负债及所有者权益	行次	年初数	期末数
应收票据	3			应收账款	48		
应收账款	4			预收账款	49		
减:坏账准备	5			其他应付款	50		
应收账款净额	6			应付工资	51		
预收账款	7			应付福利费	52		
其他应收款	8			未交税金	53		
存货	9			未付利润	54		
待摊费用	10			其他未交款	55		
待处理流动资产净损失	11			预提费用	56		
一年内到期的长期债券投资	12			待扣税金	57		
其他流动资产	13			一年内到期的长期负债	58		
流动资产合计	20			其他流动负债	59		
长期投资:				流动负债合计	65		
长期投资	21						
固定资产:				长期负债:			
固定资产原价	24			长期借款	66		
减:累计折旧	25			应付债券	67		
固定资产净值	26			其他长期负债	75		
固定资产清理	27			长期负债合计	76		
在建工程	28						
待处理固定资产净损失	29			所有者权益:			
固定资产合计	35			实收资本	78		
无形及递延资产:				资本公积	79		
无形资产	36			盈余公积	80		
递延资产	37			未分配利润	81		
无形及递延资产合计	40			所有者权益合计	85		
其他资产:							
其他长期投资	41						
资产总计	45			负债及所有者权益总计	90		

补充资料:1. 已贴现的商业承兑汇票＿＿＿＿＿＿＿元;
　　　　 2. 融资租入固定资产原价＿＿＿＿＿＿＿元。

该会计制度采用的资产负债表与原会计制度中使用的资金平衡表,目的都是为了反映企业的财务状况,但两者的报表平衡原理和项目排列不同。

资金平衡表的平衡原理是"资金占用＝资金来源"。依照这样的平衡原理编制的资金平衡表混淆了资金来源中负债和所有者权益的不同属性,但强调各类资金来源与其不可更改的资金占用形式之间的对应关系。尽管以往的企业会计制度几经修改,不再固守资金来源与资金占用的三段平衡关系,但报表的基本平衡原理和各类资金来源与其资金占用的对应关系没有改变。资产负债表的平衡原理则是"资产＝负债＋所有者权益"。依照这样的平衡原理编制的资产负债表,着重说明企业拥有哪些资源,以及债权人和净资产所有者各自对这些资源的权利。

在报表项目的排列顺序上有两种处理方式:其一为"流动列前",即将报表左右两方的项目均按照流动性强弱,在报表上按从上到下的顺序排列,以突出表现企业的债务偿还能力;其二为"固定列前",即与第一种处理方式相反,以突出反映企业的经营规模。两种处理方式是出于不同的考虑,难以绝对地判断优劣。1989年《国营工业企业会计制度》中的资金平衡表采用第二种项目排列方式,《工业企业会计制度》规定资产负债表则采用第一种项目排列方式。

除了平衡原理和项目排列顺序外,由于会计业务核算和科目使用的变化,资产负债表上各项目所表达的内容与资金平衡表也不一样。

《工业企业会计制度》的损益表和利润分配表分别用来反映企业利润的构成和分配情况,两张报表的格式分别如表4-14和表4-15所示。

表 4-14　　　　　　　　　　损　益　表　　　　　　　　　　会工02表

编制单位：　　　　　　　　　＿＿＿年＿＿月　　　　　　　　　　单位:元

项　目	行次	本月数	本年累计
一、产品销售收入			
减:产品销售成本	2		
产品销售费用	3		
产品销售税金及附加	4		
二、产品销售利润	7		
加:其他业务利润	9		
减:管理费用	10		
财务费用	11		

(续表)

项　　目	行次	本月数	本年累计
三、营业利润	14		
加：投资收益	15		
营业外收入	16		
减：营业外支出	17		
四、利润总额	20		

表 4-15　　　　　　　　　　　利　润　分　配　表

会工 02 表附表 1

编制单位：　　　　　　　　　　　　年　　月　　　　　　　　　　　　单位：元

项　　目	行次	本年实际	上年实际
一、利润总额	1		
减：应交所得税	2		
二、税后利润	3		
减：应交特种基金	4		
加：年初未分配利润	6		
上年利润调整数	7		
减：上年所得税调整数	8		
三、可供分配的利润	12		
加：盈余公积补亏	13		
减：提取盈余公积	15		
应付利润	16		
四、未分配利润	20		

　　由于《1992 年会计准则》对企业利润构成与分配有着较大的改革,依据会计准则制定的工业企业损益表和利润分配表的内容及其反映的信息与《国营工业企业会计制度》的利润表也有着明显的区别。

　　财务状况变动表是《工业企业会计制度》新增加的会计报表。该报表的设计充分吸收了此前其他企业会计制度(如《试点企业会计制度》《外商会计制度》)中财务状况变动表的经验并结合了非股份制、内资工业企业的特点,报表格式除少数项目(如利润分配的若干项目)外,与其他企业会计制度中的财务状况变动表基本一致。其格式如

表 4-16 所示。

表 4-16　　　　　　　　　　财务状况变动表

　　　　　　　　　　　　　　　　　　　　　年度　　　　　　　　　　　　　会工 03 表

编制单位：　　　　　　　　　　　　　　　　　　　　　　　　　　　　　单位：元

流动资金来源和运用	行次	金额	流动资金各项目的变动	行次	金额
一、流动资金来源：			一、流动资金本年增加数：		
1. 本年利润			1. 货币资金		
加：不减少流动资金的费用和损失			2. 短期投资		
			3. 应收票据		
（1）固定资产折旧			4. 应收账款净额		
（2）无形资产、递延资产摊销			5. 预收账款		
（3）固定资产盘盈（减损失）			6. 其他应收款		
（4）清理固定资产损失（减收益）			7. 存货		
（5）其他不减少流动资金的费用和损失			8. 待摊费用		
			9. 一年内到期的长期债券投资		
小　计			10. 待处理流动资产净损失		
2. 其他来源			11. 其他流动资产		
（1）固定资产清理收入（减清理费用）					
（2）增加长期负债					
（3）收回长期投资					
（4）对外投资转出固定资产					
（5）对外投资转出无形资产					
（6）资本净增加额（减少资本以"－"号表示）			流动资产增加净额		
小　计					
流动资金来源合计					
二、流动资金运用：			二、流动负债本年增加数：		
1. 利润分配			1. 短期借款		
（1）应交所得税					
（2）提取盈余公积（用盈余公积补亏用"－"号表示）			2. 应付票据		

(续表)

流动资金来源和运用	行次	金额	流动资金各项目的变动	行次	金额
（3）应付利润			3. 应付账款		
（4）应交特种基金			4. 预收账款		
（5）调减上年利润（调增上年利润用"－"号表示）			5. 其他应收款		
小　计			6. 应付工资		
2. 其他运用			7. 应付福利费		
（1）固定资产和在建工程净增加额			8. 未交税金		
			9. 未付利润		
（2）增加无形资产、递延资产及其他资产			10. 其他未交款		
			11. 预提费用		
（3）偿还长期负债			12. 待扣税金		
（4）增加长期投资			13. 一年内到期的长期负债		
小　计			14. 其他流动负债		
流动资金运用合计			流动负债净增加额		
流动资金净增加额			流动资金净增加额		

五、1992年《会计法》：新中国会计法的第一次修订

1985年颁布的新中国第一部《会计法》，在1992年进行了一次修订。这次修订是根据发展社会主义市场经济的需要而做出的，修改的内容体现了市场经济对会计工作和会计人员的需要。这次修订对1985年《会计法》做出了16处修改，其中重要的有如下一些。

关于会计法的制定目标。原《会计法》第1条提出会计法的制定目标是："为了加强会计工作，保障会计人员依法行使职权，发挥会计工作在维护国家财政制度和财务制度、保护社会主义公共财产、加强经济管理、提高经济效益中的作用。"本次修改为："为了规范和加强会计工作，保障会计人员依法行使职权，发挥会计工作在维护社会主义市场经济秩序、加强经济管理、提高经济效益中的作用。"[①]除了重申会计提高经济效益、加强经济管理的作用外，新《会计法》提出会计第一位的作用在于"维护社会主义市场经济秩序"，从而将会计与社会主义市场经济联系了起来，从法律上赋予了会计在

---

① 1992年《会计法》第一章第1条。

第4章 改革开放后的企业会计制度

社会主义市场经济中的作用。

关于会计法的实施范围。原《会计法》第2条规定，《会计法》的实施范围为"国营企业事业单位、国家机关、社会团体、军队。"新《会计法》根据经济体制改革中涌现出大量个体工商户的事实，重新规定《会计法》的实施范围为"国家机关、社会团体、企业、事业单位、个体工商户和其他组织。"①即将个体工商户和其他组织列入《会计法》的实施范围之内，扩大了《会计法》的适用范围。

关于单位领导人执行《会计法》的责任。单位领导人是《会计法》的执行人之一，原《会计法》第4条第1款规定单位领导人执行《会计法》的责任为："各地方、各部门、各单位的行政领导人领导会计机构、会计人员和其他人员执行本法，保障会计人员的职权不受侵犯。"新《会计法》在原规定的基础上，增加了单位领导人对会计资料负有的责任："单位领导人领导会计机构、会计人员和其他人员执行本法，保证会计资料合法、真实、准确、完整，保障会计人员的职权不受侵犯。"②

关于会计人员职权的限定。《会计法》规定了会计人员有权拒绝办理不合规的事项。原《会计法》对会计人员这方面的规定是："会计机构、会计人员对违反国家统一的财政制度、财务制度规定的收支，不予办理。"新《会计法》将此修改为："会计机构、会计人员对违法的收支，不予办理。"③将会计人员拒绝办理的事项由"违反国家统一的财政制度、财务制度规定的收支"改为"违法的收支"，突出了社会主义市场经济下依法行事，依法开展经济活动的精神，也适应了个体工商户等非国有单位和个人执行该法的需要。该条第2款原为："会计机构、会计人员认为是违反国家统一的财政制度、财务制度规定的收支，单位行政领导人坚持办理的，会计机构、会计人员可以执行，同时必须向上级主管单位行政领导人提出书面报告，请求处理，并报审计机关。上级主管机关行政领导人在接到会计机构、会计人员的报告之日起一个月内，必须做出决定。会计人员不向上级主管机关提出报告的，也负有责任。"新《会计法》将该款修改为："会计机构、会计人员认为是违法的收支，应当制止和纠正；制止和纠正无效的，应当向单位领导人提出书面意见，要求处理。单位领导人应当自接到书面意见之日起十日内做出书面决定，并对决定承担责任。"④这样改动之后，一方面更突出强调单位领导人对违法收支的责任，而不是将责任主要推给会计人员；另一方面使单位领导人承担责任的时间界限明晰可辨。

---

① 1992年《会计法》第一章第2条。
② 1992年《会计法》第一章第4条。
③ 1992年《会计法》第三章第19条。
④ 1992年《会计法》第三章第19条。

鉴于会计服务业的发展和普及,新《会计法》提出了企业可以委托会计服务机关代理记账的规定:"各单位根据会计业务的需要设置会计机构,或者在有关机构中设置会计人员并指定会计主管人员。不具备条件的,可以委托经批准设立的会计咨询、服务机构进行代理记账。"①

新《会计法》对相关人员违反《会计法》应承担法律责任的行为的规定,比以前更为清晰、明确。原《会计法》第 26 条对此的规定是:"单位行政领导人、会计人员和其他人员伪造、变造、故意毁灭会计凭证、会计账簿的,给予行政处分;情节严重的,依法追究刑事责任。"新《会计法》将此进一步明确为:"单位领导人、会计人员和其他人员伪造、变造、故意毁灭会计凭证、会计账簿、会计报表和其他会计资料的,或者利用虚假的会计凭证、会计账簿、会计报表和其他会计资料偷税或者损害国家利益、社会公众利益的,由财政、审计、税务机关或者其他有关主管部门依据法律、行政法规规定的职责负责处理,追究责任;构成犯罪的,依法追究刑事责任。"②除了损害国家利益外,新《会计法》第一次将会计造假、损害社会公众利益列为违法行为,发生这些情况将承担相应的法律、行政法规责任。

六、经济体制改革中新型业务的会计制度

在建立社会主义市场经济体制的过程中,我国先后实施了财政、税收、金融、投资、外汇、计划、价格、流通等多领域的改革,企业独立经营的市场主体地位日益显见,经营方式逐渐多元化,经营规模不断扩大,出现了很多新业务。这些新业务中,有的在原有企业会计制度中不曾涉及,有的在原有企业会计制度中规定得不够详尽、合理,需要新的规则予以规范。由于新业务陆续出现且发展较快,来不及制定系统性的会计制度,制定单项具体会计准则的条件和经验又不完备,为了保证社会经济的正常运行和企业业务的开展,财政部先后制定了多项针对各种新业务的专门性会计规定。

(一) 关于税务的会计规定

按照建立社会主义市场经济体制的要求,根据统一税法、公平税负、建立适应市场经济发展要求的税制框架的目标,1994 年前后我国进行了一次全面、结构性的工商税制改革,主要内容是建立以增值税为主体、消费税和营业税为补充的新流转税制,统一内资企业所得税,改革个人所得税,撤并和开征一些地方税种。1993 年 12 月国务院发布了增值税、消费税、营业税、企业所得税、资源税的暂行条例,1993 年 12 月至 1994

---

① 1992 年《会计法》第四章第 21 条。
② 1992 年《会计法》第五章第 26 条。

年 2 月财政部先后发布了以上 5 个税种的实施细则。为配合财政税收制度改革,规范企业税制改革的会计核算,财政部于 1993 年年底至 1995 年陆续制定了数项税务会计核算的规定,主要有:《关于增值税会计处理的规定》(1993 年 12 月)和《关于增值税会计处理的补充通知》(1993 年 12 月)、《有关营业税会计处理的规定》(1993 年 12 月)、《有关消费税会计处理的规定》(1993 年 12 月)、《企业所得税会计处理的暂行规定》(1994 年 6 月)、《有关资源税会计处理的规定》(1995 年 2 月)、《关于企业缴纳土地增值税会计处理规定的通知》(1995 年 3 月)、《关于对增值税会计处理有关问题补充规定的通知》(1995 年 7 月)等。这些规定或通知主要说明了核算各种税收应当设置的会计科目及其使用、各种情况下的会计处理(如《有关消费税会计处理的规定》中,说明了一般情况下计税和纳税的会计处理,以生产的应税消费品作为投资按规定应缴纳消费税的会计处理,需要缴纳消费税的委托加工应税消费品的会计处理,需要缴纳消费税的进口消费品的会计处理等),其中《企业所得税会计处理的暂行规定》规定:企业的所得税会计核算可分别采用"应付税款法"或"纳税影响会计法";采用"纳税影响会计法"的,又可以分别采用"递延法"或"债务法"。

(二) 关于外币业务的会计规定

"为促进社会主义市场经济体制的建立,进一步扩大对外开放,推动我国国民经济持续、快速、健康的发展"[①],国务院于 1993 年 10 月 1 日发布了《关于进一步巩固外汇管理体制的通知》,规定自 1994 年 1 月 1 日起实行外汇汇率并轨。为了适应这一改革的需要,财政部于 1994 年 2 月发布《关于外汇管理体制改革后企业外币业务会计处理的规定》,1994 年 7 月再次发布《关于外汇管理体制改革后有关会计处理的补充规定》,就企业外币业务的会计核算定出了规则。两个规定主要说明了企业核算外币业务应当设置的会计科目(如"外汇价差"科目、"待转销汇兑损益"科目、"汇兑损益"科目等)及其使用;外币业务的处理原则(发生外币业务时,应当将有关外币金额折合为记账本位币金额记账;因向银行结售或购入外汇而产生的银行买入、卖出价与市场汇价之间的差额,作为财务费用处理;期末外币账户的期末余额,应按照期末市场汇价折合为记账本位币金额,按照期末市场汇价折合的记账本位币金额与原账面记账单位币金额之间的差额作为汇兑损益,记入"财务费用"等科目);企业面临特殊情况(如企业原调剂买入外币按实际调剂价单独记账、企业尚未使用的外汇等)的会计处理。

(三) 关于合并报表的会计规定

经营自主权扩大之后,企业对外投资,企业间联合经营的情况越来越多,出现了多

---

① 国务院:《关于进一步改革外汇管理体制的通知》,1993 年 10 月 1 日。

个企业联合组成的企业集团。20世纪80年代中期以后,企业集团的发展较为稳定。进入90年代,随着深圳、上海证券交易所相继开放,一些企业通过上市股票交易或相互投资持股,使企业集团的发展进一步加快。企业集团的发展带动了对合并报表的需要,投资者需要通过合并报表了解企业集团的整体情况,以便能够做出准确的决策;同时,境内外上市公司监管机构也要求上市公司披露合并报表。为了适应这些需要,财政部于1995年2月印发了《合并会计报表暂行规定》,就合并报表的编制提出了要求。该规定分为14条,涉及合并会计报表的主体、范围、内容、要求、抵销项目、合并报表附注、合并报表公司等多方面的问题。

该规定首先明确:"凡设立于我国境内,拥有一个或一个以上子公司的母公司,应当编制合并会计报表,以综合反映母公司和子公司所形成的企业集团的经营成果、财务状况及其变动情况。"①要求"母公司在编制合并会计报表时,应当将其所控制的境内外所有子公司纳入合并会计报表的合并范围"②,提出应纳入合并会计报表合并范围的企业包括"拥有其过半数以上(不包括半数)权益性资本的被投资企业"和"其他被母公司所控制的被投资企业"两类,并列明了构成这两类企业的形式(如直接拥有其过半数以上权益性资本的被投资企业、间接拥有其过半数以上权益性资本的被投资企业等等)。

该规定指出,合并会计报表包括合并资产负债表、合并损益表、合并财务状况变动表、合并利润分配表;要求编制合并会计报表应统一母公司与子公司的会计报表决算日和会计期间、统一母公司和子公司所采用的会计政策、母公司须对子公司的权益性资本投资采用权益法进行核算;分别提出了合并资产负债表、合并损益表、合并利润分配表的主要抵销项目,合并财务状况变动表少数股东本期损益、少数股东增加对子公司投资等项目的填制要求;规定了合并会计报表附注的7项内容。该规定显示出其合并会计报表的编制方法综合采用了合并会计报表的母公司理论和实体理论。

在1992年公布的《股份制试点企业会计制度》和《外商投资企业会计制度》中,曾有过合并会计报表的相关规定,但相对简单;1992年公布的《企业会计准则》基于其基本准则的性质,只是原则性地要求企业在具备一定状况时应当编制合并会计报表;3年之后公布的《关于合并报表的会计规定》对合并会计报表的规定,明显比前3个会计制度详尽得多,所提出的要求也更符合国际通行的做法。合并会计报表的制度变化,从一个侧面反映了改革开放后新中国企业会计在较短的时间内走向成熟,逐渐与国际惯例趋同的过程。

---

① 《合并会计报表暂行规定》第1条。
② 《合并会计报表暂行规定》第2条。

(四) 关于企业破产的会计规定

市场经济的竞争机制打破了计划经济下企业的"铁饭碗",部分企业由于经营不善难以为继,企业破产清算逐渐成为社会主义市场经济下常有的事件。1986年12月,第六届全国人民代表大会第十八次会议通过了《中华人民共和国破产法(试行)》,该法自1988年开始执行。此后,最高人民检察院1991年发布了《关于贯彻〈中华人民共和国破产法(试行)〉若干问题的意见》,对破产法执行过程中的具体法律问题做出了规定;第七届全国人民代表大会第四次会议通过的《中华人民共和国民事诉讼法》中,规定了企业破产的债务偿还程序;国务院1994年10月发布《关于在若干城市试行国有企业破产有关问题的通知》,对破产企业的职工安置、财产处理、银行贷款损失的处理等问题做出了规定。这些法律、行政法规的出台,使包括国有企业在内的企业破产行为有了更多的依据。"为了适应建立现代企业制度的需要,规范企业破产的会计处理"①,财政部于1997年7月31日印发了《国有企业试行破产有关会计处理问题暂行规定》。

该规定分为"破产企业的会计处理""清算组的会计处理"两部分。在"破产企业的会计处理"部分,规定企业宣告破产并成立清算组后,应接受清算组的指导,协助清算组对企业的各种资产清理造册,对各项资产损失、债权债务进行核定查实;应于法院宣告破产日,按照办理年度决算的要求结清账目,编制宣告破产日的资产负债表、自年初起至破产日的损益表,以及科目余额表,向清算组移交会计档案。在"清算组的会计处理"部分,规定了办理破产企业的会计核算应设置的会计科目,结转期初余额、处理破产财产、破产费用、清偿债务、结转清算损益等事项的会计处理,清算会计报表编制,会计档案移交等活动的办法。

《国有企业试行破产有关会计处理问题暂行规定》是新中国第一个关于企业破产的会计规定,对于规范企业破产的会计处理,完善企业会计核算体系具有历史性意义。

(五) 关于企业兼并的会计规定

在激烈的市场竞争中,企业为了不被淘汰和不断发展,往往通过兼并的方式扩大规模、增强实力,提高市场占有率,抵御经营风险。我国从20世纪80年代初期开始试行企业兼并,随着社会主义市场经济和国有企业现代企业制度的建立,特别是中国共产党第十五次全国代表大会提出加快国有企业改革,"以资本为纽带,通过市场形成具有较强竞争力的跨地区、跨行业、跨所有制和跨国经营的大企业集团"②以后,企业兼

---

① 《国有企业试行破产有关会计处理问题暂行规定》。
② 《中国共产党第十五次全国代表大会报告》,1997年9月12日。

并的步伐逐渐提速,规模逐渐扩大。"为了促进企业结构调整,规范企业兼并的会计处理"①,财政部于1997年8月7日颁布了《企业兼并有关会计处理问题暂行规定》。该规定共分为6部分,第一部分"被兼并企业的账务处理",分别就被兼并企业的财产清查、资产评估、结束旧账事项如何编制会计分录做出了规定。第二部分"兼并方企业的账务处理",分别就被兼并企业丧失法人资格、被兼并企业仍保留法人资格、兼并企业享受优惠政策三种情况的有关事项如何编制会计分录做出了规定。第三部分"会计报表"部分规定了被兼并企业在清理财产时、清理财产工作完毕时、评估结束后、产权转让后,及保留法人资格并持续经营的企业应该编制的会计报表;兼并方企业在被兼并企业丧失法人资格、保留法人资格两种情况下应该编制的会计报表。第四部分"会计档案的移交"规定了丧失法人资格的被兼并企业如何办理会计档案的移交。第五部分"会计制度"规定了被兼并企业在丧失法人资格或保留法人资格的情况下应该执行的会计制度。第六部分"适应范围"明确了该制度的适用范围。

《企业兼并有关会计处理问题暂行规定》是新中国第一个关于企业兼并的会计规定,对于规范当时的企业兼并会计处理发挥了作用,也为此后企业兼并会计规则的完善奠定了基础,提供了经验。

(六) 关于期货的会计规定

新中国的期货市场开创于20世纪90年代初。1990年10月12日,中国郑州粮食批发市场作为第一个期货市场正式开业,1990年12月30日,在深圳建立了深圳有色金属交易所。随后相应的商品交易所相继成立,多品种的期货市场逐渐形成。期货市场对于企业规避风险,促进市场经济发展有着特殊的作用。基于"规范企业商品期货交易的会计核算,维护商品期货市场的秩序,促进商品期货市场的健康发展"②的目的,财政部于1997年12月24日印发了《企业商品期货业务会计处理暂行规定》。因为当时国内开设的期货主要是商品期货,企业从事的期货业务主要是商品期货业务,所以《企业商品期货业务会计处理暂行规定》仅限于对企业商品期货业务的会计处理业务。

《企业商品期货业务会计处理暂行规定》规定了企业开展商品期货业务应设置的会计科目("期货保证金""期货损益""应收席位费"等),期货投资和交纳席位占用费、缴存期货保证金、对冲平仓、实物交割、支付交易手续费和年会费等期货业务的账务处理,期货业务在资产负债表、损益表、财务状况变动表中的披露等,是新中国第一个关

---

① 《企业兼并有关会计处理问题暂行规定》。
② 《企业商品期货业务会计处理暂行规定》。

于期货的会计核算规则。

七、20世纪90年代至21世纪初的企业具体会计准则

1992年公布的《企业会计准则》是一部基本会计准则,旨在对企业会计做出原则性规定,开展会计业务的核算尚需要有具体会计准则的规范。财政部自1992年后即开始草拟具体会计准则,到1996年为止先后发布了30个具体会计准则的征求意见稿,其中属于一般会计核算类的11个,分别是:应收款项、应付款项、存货、投资、固定资产、无形资产、递延资产、所有者权益、收入、职工福利、所得税;属于特殊会计核算类的11个:建筑合同、研究与开发、银行基本业务、借款费用资本化、外币业务、捐赠及政府赠予、清算、租赁业务、期货交易、企业合并、非货币性交易;属于信息披露类的有8个:资产负债表、利润表、现金流量表、合并财务报表、会计政策与估计变更、资产负债表日后事项、或有事项及承诺、关联方交易及其交易的披露。

1996年1月,财政部发出《关于深化企业会计核算制度改革、实施会计准则的意见》(以下简称《实施意见》),正式就企业会计准则的制定和实施提出了行动设想。《实施意见》认为:"近年来,我国的会计工作本着服务于经济建设和改革开放的宗旨,注意更新观念、转变职能、完善体制、变革方法,取得了巨大成绩,特别是通过改革企业会计核算制度,及时制定并实施了《企业会计准则》和行业会计核算制度,初步实现了会计核算模式的转换和与国际会计惯例相协调,有效地保证和促进了经济建设和改革开放。随着建立社会主义市场经济目标的确立和措施的落实,对会计核算的管理模式和会计信息质量提出了新的、更高的要求,为此,应当进一步深化企业会计核算制度改革,加快制定并逐步实施以基本准则和具体准则为主要内容的企业会计准则体系,不断提高会计核算水平和会计信息质量,为规范社会主义市场经济秩序,促进企业强化经营管理、提高经济效益业务服务。"《实施意见》提出,实施会计准则的指导思想是:"会计准则应当保证真实、客观、公允地反映企业的财务状况、经营成果以及财务状况变动,满足国家进行宏观调控的需要,满足投资者、债权人以及社会公众对企业进行监督并做出各类经济决策的需要,兼顾企业加强内部管理的需要。"实施会计准则,特别需要处理好四个关系和坚持"先立后破"的原则:"实施会计准则应当处理好与经济改革和发展的关系,注意与经济改革和发展的进程相协调,并有一定的预见性;应当处理好中国国情与国际会计惯例的关系,在充分考虑中国国情的前提下,尽量注意借鉴其他国家被实践证明符合市场经济发展一般规律的会计理论、方法和惯例,尽量与国际会计惯例相协调;应当处理好会计准则与财政、税收、金融、投资、外汇、物价等相关部门的关系,做好相互协调;应当处理好会计改革内部各方面的关系,与会计人员素质、

会计基础工作、会计监督手段、会计管理体制等相协调;坚持先立后破的原则,在实施会计准则过程中保持会计工作秩序的稳定。"《实施意见》重申了企业会计准则的性质和组成体系:"会计准则作为企业组织会计核算工作的规范,是国家统一会计制度的重要组成部分。会计准则体系包括基本准则、具体准则两个层次。基本准则主要就会计核算的基本前提、一般原则、会计要素以及会计报告的要求做出原则性规定;具体准则是以基本准则为依据,就企业会计核算业务、会计报告要求做出具体规定。"《实施意见》做出了对具体会计准则制定和实施的计划安排:"具体准则将按计划在1996年年初制订完成……为了与企业改革的进程相适应,保证会计工作的正常秩序,对具体准则的实施拟采取分批分步的办法,即根据企业机制转换情况、自我约束能力以及对会计信息的需求情况,先在条件成熟的企业施行;其他企业仍执行行业会计核算制度;随着市场经济的发展以及企业经营机制的转换,逐步扩大具体准则的施行范围……从1997年1月1日起,对具备条件的企业,经审批开始施行具体准则。"为了保证具体会计准则的执行,实施意见还提出了若干项配套措施,其中包括编写具体会计准则的操作指南:"由于具体会计准则对有关会计政策规定得比较原则,企业在选择会计政策时有一定的灵活性,为了保证正常的会计核算工作秩序,使会计人员能够掌握会计准则的操作方法,应当对企业实施具体会计准则进行系统指导,为此,应当编写与具体会计准则相配套的操作指南,作为具体会计准则的组成部分。"①

  但是,拟订好的30项具体会计准则讨论意见稿并没有全部实施,直至2001年颁布全国统一的新企业会计制度,正式发布的具体会计准则只有十几项,会计准则实施意见的计划安排未能实现。影响实施意见实现的因素,既有环境与条件方面的,也有思想与认识方面的,还有计划安排本身的问题。当时制定企业会计准则的负责人曾就此讲道:"1992年以后,我国着手草拟制订具体会计准则。我们用申请到的世行贷款,请来外国咨询专家,并组织国内的咨询专家作顾问,财政部成立了会计准则组。通过大家共同努力,1996年完成了30项具体会计准则征求意见稿,并印发各地征求意见。按照原来的设想,本计划于1997年1月1日执行这些准则,但是实践证明这些想法是不现实的。因为当时没有人认为这些准则有实施的必要。我们曾请了一些大型企业的总会计师开研讨会,讨论这些准则,他们认为,谈会计准则是讲时髦,现实中没有什么必要性。同时,在财政部门内部不少人认为,'两则'都超前了,更谈不上制定具体会计准则。会计是一门社会科学,它要紧紧围绕社会经济中存在的问题来解决。会计标准不起导航作用,事情没有发生就告诉你如何做,会计起不到这个作用。会计规则应

---

① 财政部:《关于深化企业会计核算制度改革、实施会计准则的意见》。

该是'救火队',出了问题,着火了,要熄火灭火,这时候才找会计,需要会计来规范。随着市场经济迅猛发展,'着火'不可避免。如1997年5月,一家上市公司停牌,这是我国第一例涉及上市公司的纠纷①,股民反应很大。经我们查证,这家公司所有作假的地方,如假收入、假投资,都是在其关联方做的。这时,我们感到需要会计'救火'了。于是,'关联方准则'很快被批准实施。这使我们认识到,我们要转变思维方式,不要再一味讲求理想化、科学化、系统化,讲究准则出台后如何漂亮,那是不现实的。过去我们说西方会计准则不成体系,不像我们国家会计科目、报表、说明整齐漂亮,一套一套的。国际会计准则也是东一锤子西一榔头,让人摸不着头脑。现在看来,这是有规律的,是经济活动的需要所决定的。"②但是从另一个方面讲,这种等待出现了舞弊、失误,造成了损失后再去解决的会计准则制定方式,其缺点也是明显的,"这种'救火式'的会计准则制订方式是存在弊端的。发现哪里失火了,才去救火,显得很被动。随着资本市场迅速发展,新的经济现象层出不穷,被动地跟在后面跑,不是一个好的准则制订方法。这样制订会计准则,在逻辑体系上也容易出现缺陷"③。

20世纪90年代正式发布的企业具体会计准则是新中国最早发布的一批企业具体会计准则,按照发布的时间顺序分别为:关联方关系及其交易的披露,现金流量表,资产负债表日后事项,债务重组,收入,投资,建造合同,会计政策、会计估计变更和会计差错更正,非货币性交易,或有事项,无形资产,借款费用,租赁,中期财务报告,存货,固定资产16项具体准则。

(一)"关联方关系及其交易的披露"会计准则

"关联方关系及其交易的披露"会计准则发布于1997年5月22日,1997年1月1日起在上市公司执行。该准则明确了判断关联方的标准("在企业财务和经营决策中一方有能力直接或间接控制、共同控制另一方或对另一方施加重大影响"及"两方或多方同受一方控制"④),指出了母子公司之间、同一母公司下各子公司之间等关联方关系存在的主要形式(特别指明国家控制的企业之间不因彼此同受国家控制而构成关联方),列举了购买或销售商品、提供或接受劳务、代理、提供资金、担保和抵押等11种关联方交易的类型;规定了应在会计报表附注中披露的关联方关系和关联方交易的事项。

---

① 指1997年发生的海南民源现代农业发展股份有限公司(简称"琼民源")利用关联方关系虚构利润、虚增资本公积的证券欺诈案件。
② 冯淑萍:《适应市场经济要求,制订会计准则,完善会计制度——财政部会计司司长冯淑萍同志在"新准则""新制度"培训班开幕式上的讲话》,转引自财政部全国会计人员继续教育教材编审委员会:《企业会计准则及股份有限公司会计制度讲解(1988)》,第17~18页,中国财政经济出版社,1999年版。
③ 冯淑萍、乔彦军:《现代企业制度与现代企业会计》,第71页,经济管理出版社,1999年版。
④ 1997年"关联方关系及其交易的披露"会计准则第4条。

(二)"现金流量表"会计准则

"现金流量表"会计准则发布于1998年3月20日,自1998年1月1日起开始在所有企业中执行。"本准则规范现金流量表的编制方法及其应提供的信息"①,而"编制现金流量表的目的,是为会计报表使用者提供企业一定期间内现金和现金等价物流入流出的信息,以便报表使用者了解和评价企业获取现金和现金等价物的能力,并据以预测企业未来现金流量。"②该准则界定了现金、现金等价物、现金流量的定义,将企业的现金流量分为经营活动现金流量、投资活动现金流量、筹资活动现金流量三类,并说明了特殊项目现金流量的分类和特殊行业的现金流量归类;列示了各类现金流量常见的现金流入、流出项目;说明了现金流量表的编制,要求"企业应采用直接法报告经营活动的现金流量,即通过现金收入和支出的主要类别费用来自企业经营活动的现金流量"③,同时要求"企业应在报表附注中披露将净利润调节为经营活动现金流量的信息"④。该准则附录还列示了现金流量表的参考格式。

该准则在2001年1月18日曾被修改。修改后准则的主要变化包括:对经营活动现金流量、投资活动现金流量、筹资活动现金流量的项目有所调整;将金融保险业现金流量的某些特殊项目归入了经营活动现金流量;在"不涉及现金支出的投资和筹资活动"部分,要求披露债务转为资本、一年内到期的可转换公司债券、融资租入固定资产等事项;在"将净利润调节为经营活动的现金流量"部分中,原来的"计提的坏账准备或转销的坏账"项目扩大为"资产减值准备"项目,增设了"长期待摊费用摊销""预提费用"等项目。

(三)"资产负债表日后事项"会计准则

"资产负债表日后事项"会计准则于1998年5月12日发布,1998年1月1日起开始在上市公司执行。该准则将资产负债表日后事项定义为:"自年度资产负债表日至财务报告批准报出日之间发生的需要调整或说明的事项。"⑤它还将资产负债表日后事项分为调整事项和非调整事项两类。所谓调整事项,指的是"资产负债表日后获得新的或进一步的证据,有助于对资产负债表日存在状况的有关金额做出重新估计",需"据此对资产负债表日所反映的收入、费用、资产、负债以及所有者权益进行调整"⑥,并列举了调整事项的例子,还特别指出:"资产负债表日后董事会制订的利润分配方案

---

① 1998年"现金流量表"会计准则第1条。
② 1998年"现金流量表"会计准则第2条。
③ 1998年"现金流量表"会计准则第24条。
④ 1998年"现金流量表"会计准则第25条。
⑤ 1998年"资产负债表日后事项"会计准则第3条。
⑥ 1998年"资产负债表日后事项"会计准则第4条。

中与财务报告所属期间有关的利润分配(其中分配方案中的股票股利应当作为非调整事项),也应当作为调整事项。"所谓非调整事项,指的是"资产负债表日后才发生的事项",其"不影响资产负债表日存在的状况,但如果不加以说明,将会影响财务报告使用者做出正确估计和决策";规定"对这类事项应当作为非调整事项,在会计报表附注中予以披露"[1],并列举了非调整事项的例子,要求:"非调整事项,应说明其内容、估计其对财务状况、经营成果的影响;如无法估计,应说明其原因。"[2]

(四)"债务重组"会计准则

"债务重组"会计准则发布于1998年6月12日,1999年1月1日起所有企业开始执行,其主要解决的问题是"如何确认和计量债务重组形成的损益"[3]。该准则规定债务重组的方式分为4种,即:以资产清偿债务、债务转为资本、修改不包括前两种方式在内的债务条件、以上3种方式的组合。在该准则的"债务人的会计处理"部分,分别规定了债务人以现金清偿债务,以非现金资产清偿债务,债务转为资本(再分为债务人为股份有限公司、其他企业两种情况),以修改其他债务条件进行债务重组(单独提出修改后的债务条款中涉及或有支出的情况),以现金、非现金资产、债务转为资本等方式的组合清偿债务,以现金、非现金资产、债务转为资本等方式清偿某债务的一部分,共6种债务清偿具体办法的会计处理,其中用于清偿债务的非现金资产、股权以公允价值计价,其与重组债务账面价值之间的差额作为债务重组收益计入当期损益,以修改其他债务条件进行债务重组时原债务与重组债务之间的差额也作为债务重组收益计入当期损益。在该准则的"债权人的会计处理"部分,分别规定了债权人以现金清偿债务(再分为已对债权计提损失准备、未对债权计提损失准备两种情况),以非现金资产清偿债务,债务转为资本,以修改其他债务条件进行债务重组(单独提出修改后的债务条款中涉及或有收益的情况),以现金、非现金资产、债务转为资本等方式的组合清偿债务,以现金、非现金资产、债务转为资本等方式清偿某债务的一部分,共6种债务清偿具体办法的会计处理,其中受让的非现金资产和股权以公允价值计价,其与重组债权账面价值之间的差额作为债务重组损失计入当期损益,以修改其他债务条件进行债务重组时原债权与重组债权之间的差额也作为债务重组损失计入当期损益。该准则还分别规定了债务人、债权人应披露的债务重组信息。

该准则发布之前,《股份有限公司会计制度》曾对债务重组业务核算做出过相应规定。该准则与《股份有限公司会计制度》对债务重组业务核算规定的主要区别:一是取

---

[1] 1998年"资产负债表日后事项"会计准则第5条。
[2] 1998年"资产负债表日后事项"会计准则第7条。
[3] 1998年"债务重组"会计准则第2条。

消了一些业务的核算规定,如"以修改其他债务条件进行债务重组时,债务人将来应付金额大于或等于重组债务的账面价值"的核算;"以修改其他债务条件进行债务重组时,债权人将来应收金额小于或等于重组债务的账面余额"的核算。二是增加了一些业务的核算规定,如对债务重组时发生的或有支出、或有收益的核算。

该准则在2001年1月18日曾被修订。修订后准则的主要变化:一是不再将债务重组产生的收益或形成的损失计入当期损益,而是转入资本公积;二是大大降低了公允价值的使用范围,只在债权人以非现金资产清算债务涉及多项非现金资产时、以债务转为资本清算债务涉及多项股权时、以混合重组方式进行债务重组时,受让的非现金资产和股权采用公允价值计价。

(五)"收入"会计准则

"收入"会计准则发布于1998年6月20日,1999年1月1日起在上市公司中执行。该准则适用于企业销售商品、提供劳务、他人使用本企业资产的交易中形成的收入的会计核算和相关信息的披露。"收入"准则规定了对销售商品、提供劳务、他人使用本企业资产收入的确认条件。商品销售收入的确认条件是:"商品销售的收入,应在下列条件均能满足时予以确认:①企业已将商品所有权上的主要风险和报酬转移给购货方;②企业既没有保留通常与所有权相联系的继续管理权,也没有对已售出商品实施控制;③与交易相关的经济利益能够流入企业;④相关的收入和成本能够可靠地计量。"①劳务收入的确认条件是"在同一会计年度内开始并完成的劳务,应在完成劳务时确认收入。"②"如劳务的开始和完成分属不同的会计年度,在提供劳务交易的结果能够可靠估计的情况下,企业应在资产负债表日按完工百分比法确认相关的劳务收入。"③"在提供劳务交易的结果不能可靠估计的情况下,企业应在资产负债表日按已经发生并预计能够补偿的劳务成本金额确认收入,并按相应金额结转成本;如预计已经发生的劳务成本不能得到补偿,则不能确认收入,但应将已经发生的成本确认为当期费用。"④"他人使用本企业资产而发生的收入包括利息收入和使用费收入。"⑤,该收入的确认条件是:"(1)与交易相关的经济利益能够流入企业;(2)收入的金额能够可靠地计量。"⑥该准则同时规定了销售商品、提供劳务、他人使用本企业资产收入金额的确定方法、现金折扣和销售折扣的处理方式;规定了收入应予披露的事项。

---

① 1998年"收入"会计准则第5条。
② 1998年"收入"会计准则第8条。
③ 1998年"收入"会计准则第9条。
④ 1998年"收入"会计准则第12条。
⑤ 1998年"收入"会计准则第14条。
⑥ 1998年"收入"会计准则第15条。

该准则与行业会计制度有关收入核算的主要区别:一是定义了收入的概念,揭示了收入的本质;二是在收入确认条件上更注重交易的实质而不是形式。

(六)"投资"会计准则

"投资"会计准则发布于1998年6月24日,1999年1月1日起在上市公司执行。"本准则规范投资的会计核算和相关信息的披露",而"投资会计核算主要解决的问题是投资的计价,以及投资损益的确认。投资计价包括调整成本的确定和投资账面价值的调整"①。该准则将投资分为短期投资和长期投资,其中长期投资依据对被投资单位产生的影响分为控制、共同影响、重大影响、无控制4种类型。对投资成本的规定主要是:投资成本为取得投资时实际支付的全部价款,但价款中包含的已宣告未领取的现金股利或自发行日至取得日止的利息,应作为应收项目单独核算;长期债券投资应单独核算投资溢价或折价;以放弃非现金资产取得的长期股权投资的成本,以所放弃的非现金资产或所取得的股权投资的公允价值确定,公允价值超过所放弃资产账面价值的差额作为资本公积的准备项目,反之则确认为当期损失;长期股权投资采用权益法时,投资企业的投资成本与应享有被投资单位所有者权益份额之间的差额作为股权投资差额,按一定期限平均摊销并计入损益。对投资账面价值调整的规定主要是:收到短期投资的现金股利或利息,冲减投资的账面价值;短期投资期末以成本与市价孰低法计价,并将市价低于账面价值的金额确认为当期投资损失,投资价值恢复后再将原确认的投资损失转回;债券投资的溢折价在确认利息收入时,采用直线法或实际利率法摊销;债券投资的利息收入调整溢折价摊销额后的金额,确认为当期投资收益;投资企业对被投资单位无控制、无共同控制且无重大影响的,长期股权投资采用成本法核算;对被投资单位具有控制、共同控制或重大影响的,长期股权投资采用权益法核算;投资企业长期股权投资的核算从成本法改为权益法,应自实际取得对被投资单位控制、共同控制或具有重大影响时,按股权投资的账面价值作为投资成本,投资成本与享有被投资单位所有者权益份额的差额,作为股权投资差额处理并在一定期限内平均摊销;投资企业不再具有控制、共同控制或重大影响时应中止采用权益法,并以投资的账面价值作为投资成本,其后被投资单位宣告分派股利时,属于已计入投资账面价值的部分作为投资成本的收回,冲减投资成本。对长期投资减值的规定为:长期投资可收回金额低于投资的账面价值时,其差额应先冲抵该项投资的资本公积,不足冲抵的部分确认为当期损失。对投资划转的规定有:短期投资划转为长期投资,按成本与市价孰低结转;长期投资划转为短期投资,按投资成本与账面价值孰低结转。对于投资

---

① 1998年"投资"会计准则第1条。

的处置,准则规定处置投资时,投资的账面价值与实际取得收入的差额确认为当期投资损益,且与该项投资相关的资本公积准备亦应转入投资损益。准则还规定了在财务报告中应予披露的与投资有关的事项。

该准则与行业会计制度中有关投资的规定相比有较大的差别,主要有:短期投资的期末计价采用成本与市价孰低法;说明了长期投资的类型;允许对债券投资的溢折价采用实际利率法进行摊销;长期股权投资的核算可采用权益法;采用了公允价值计量;等等。

"投资"准则在2001年1月18日曾被修改,修改后的准则在股份有限公司中执行,主要变化是:引入了"初始投资成本"的概念,即将原准则中对股权投资计价的"实际投资成本"改为"初始投资成本",从而划分了股权投资的最初成本与按占被投资单位净资产份额确定的投资成本的不同;投资成本的确定不再使用公允价值;增加了以债务重组取得投资的会计处理;取消了以非现金资产投资的会计处理,将这种投资视为非货币性交易。

(七)"建造合同"会计准则

"建造合同"会计准则于1998年6月25日发布,1999年1月1日起在上市公司执行,适用于承包方建造工程合同的会计核算和相关信息的披露。"由于建造合同的开工日期与完工日期通常分属于不同的会计年度,因此,本准则主要需要规范的问题是将合同收入和合同成本分配计入实施工程的各个会计年度",而"在一个会计年度内完成的建造合同,应在完成时确认合同收入和合同费用"。[①] 该准则主要明确了合同收入和合同成本包括的内容及其确认时点;固定造价合同、成本加成合同的确认条件;合同变更而增加的收入、索赔款和奖励款的确认条件;确定了合同完工进度的方法;规定了应披露的建造合同事项。

该准则与行业会计制度中的《施工企业会计制度》的主要区别如下:其一,在对收入的确认时点与金额上,《施工企业会计制度》对合同收入的确认是根据国家规定的工程价款的结算办法所确定的结算方式,在办理工程价款结算时按照结算的工程价款金额确认合同收入;准则遵循权责发生制的原理,要求如果建造合同的结果能够可靠地估计,应根据完工百分比在资产负债表日确认合同收入和费用,而采用完工百分比法下的合同收入是按照完工进度确认的,有可能与实际结算的工程价款有差别。其二,在办理价款结算时的会计处理上,《施工企业会计制度》不单独核算工程款结算和收入确认;准则将工程款结算和收入确认分开处理,开出工程价款结算账单时贷记"工程结

---

① 1998年"建造合同"会计准则第2条。

算"科目;在资产负债表日确认收入和费用时,确认的收入贷记"主营业务收入"科目,确认的费用借记"主营业务成本"科目,确认的毛利借记"生产成本——毛利"科目或"工程施工——毛利"科目;在资产负债表中,以"工程结算"科目的金额抵销"生产成本"科目或"工程施工"科目的金额,前者大于后者的余额列为一项流动负债,后者大于前者的余额列为一项流动资产。这样处理,使未完工程能够一直保留在"生产成本"或"工程施工"科目上,可以提供开工以来累计发生的工程成本;还由于工程结算单独处理,提供了开工以来累计开出结算账单办理的结算金额及收到的工程款,从而比《施工企业会计制度》提供的会计信息更为充分、有用。其三,体现了谨慎性原则,准则新增加了合同损失准备的处理,即在合同预计总成本大于合同总收入,预计合同会发生亏损时计提合同损失准备,从而能够更真实地表现企业的财务状况,避免虚盈实亏。

(八)"会计政策、会计估计变更和会计差错更正"会计准则

"会计政策、会计估计变更和会计差错更正"会计准则发布于1998年6月25日,1999年1月1日起在上市公司执行,"本准则的目的是当发生会计政策、会计估计变更和会计差错时,在最大限度地保证会计信息可比的基础上,提高会计信息的有用性,便于财务报告使用者更恰当地理解企业的财务状况、经营成果和现金流量等会计信息"[①]。该准则在"会计政策变更"部分,主要提出了会计政策变更必须符合的条件,即要么依照"法律或会计准则等行政法规、规章的要求",要么"这种变更能够提供有关企业财务状况、经营成果和现金流量等更可靠、更相关的会计信息"[②],其中前一条件下发生的会计政策变更需按国家发布的相关会计处理规定执行;后一条件下发生和前一条件下发生但没有相关会计处理规定的会计政策变更,采用追溯法进行处理,并应以会计政策变更的累积影响数调整期初留存收益,且会计报表其他项目的期初数也应一并调整(会计政策变更累积影响数不能合理确定的则采用未来适用法);还规定了会计政策变更应披露的事项。在"会计估计变更"部分,规定会计估计变更采用未来适用法,提出了会计估计变更应予披露的事项。在"会计差错变更"部分,主要规定有:本期发生的与本期相关的会计差错,调整本期相关项目;本期发生的与前期相关的非重大会计差错,直接计入本期损益(其他相关项目的期初数一并调整),不影响本期损益的则调整会计报表相关项目的期初数;本期发生的与前期相关的重大会计差错,以其对损益的影响数调整发生当期的期初留存收益(会计报表其他相关项目的期初数也一并调整),不影响损益的则调整会计报表相关项目的期初数;年度资产负债表日至财务报

[①] 1998年"会计政策、会计估计变更和会计差错更正"会计准则第2条。
[②] 1998年"会计政策、会计估计变更和会计差错更正"会计准则第5条。

告批准报出日之间发生的报告年度的会计差错及以前年度的非重大会计差错,按照"资产负债表日后事项"准则的规定处理。该部分还提出了会计差错变更应予披露的事项。

该准则在 2001 年 1 月 18 日曾被修订,主要是增加了第 19 条:"企业滥用会计政策、会计估计及其变更,应作为重大会计差错予以更正。"①修订后的准则适用范围同前一样。

(九)"非货币性交易"会计准则

"非货币性交易"会计准则发布于 1999 年 6 月 28 日,2000 年 1 月 1 日起在所有企业中执行。"本准则规范企业非货币性交易的会计核算和相关信息的披露"②"非货币性交易会计核算的主要问题是换入、换出非货币性资产的计价,以及相关损益的确认"③。该准则区分"同类非货币性资产交换"(包括:待售资产之间的交换;非待售资产之间的交换;同时换入或换出多项资产,或同时换入、换出多项资产)和"不同类非货币性资产交换"(指待售资产与非待售资产之间的交换)分别规定。

在"同类非货币性资产交换"部分,该准则规定应以换出资产的账面价值(支付补价的,加上补价;收到补价的,减去补价)作为换入资产的入账价值,但当换出资产的公允价值低于其账面价值时,则以公允价值作为换入资产的入账价值,换出资产公允价值(支付补价的,加上补价;收到补价的,减去补价)与其账面价值的差额确认为当期损失;如果同时换入多项资产,应按换入各项资产的公允价值与换入全部资产公允价值总额的比例,对换出资产的账面价值总额进行分配,以确定各项换入资产的入账价值;如果换出资产的公允价值总额低于其账面价值总额,则应按换入各项资产的公允价值与换入全部资产公允价值总额的比例,对换出资产的公允价值总额进行分配,以确定各项换入资产的入账价值。

在"不同类非货币性资产交换"部分,该准则规定以换入资产的公允价值作为其入账价值,换入资产的公允价值(支付补价的,减去补价;收到补价的,加上补价)与换出资产账面价值的差额计入当期损益;如果换入资产的公允价值无法确定,以换出资产公允价值(支付补价的,加上补价;收到补价的,减去补价)作为换入资产的入账价值;换出资产公允价值与其账面价值的差额计入当期损益;如果两者的公允价值都无法确定,以换出资产账面价值作为换入资产的入账价值,不确认损益。

该准则还规定了非货币性交易应予披露的事项。

---

① 2001 年"会计政策、会计估计变更和会计差错更正"会计准则第 19 条。
② 1999 年"非货币性交易"会计准则第 1 条。
③ 1999 年"非货币性交易"会计准则第 2 条。

该准则曾在2001年1月8日曾被修改。修改后准则的主要变化如下：一是不再区分"同类非货币性资产交换"与"不同类非货币性资产交换"，全部按同类非货币性资产交换的原则进行处理，只是在资产的入账价值上增加了相关税费，即以换出资产的账面价值加相关税费作为换入资产的入账价值；二是淡化了公允价值的使用，除了多项资产的交换外，均以换出资产的账面价值作为换入资产的入账价值。

（十）"或有事项"会计准则

"或有事项"会计准则发布于2000年4月27日，2000年7月1日起在所有企业中执行。该准则明确了或有事项、或有资产、或有负债等术语的定义，规定了因或有事项所产生的负债的确认条件和计量方式（其金额应是清偿该负债所需支出的最佳估计数；如果所需支出存在一个金额范围，则最佳估计数应按该范围的上、下限金额的平均数确定；如果所需支出不存在一个金额范围，则最佳估计数应按如下方法确定：或有事项涉及单个项目时，最佳估计数按最可能发生金额确定；或有事项涉及多个项目时，最佳估计数按各种可能发生额及其发生概率计算确定）。该准则还明确了"企业不应确认或有负债和或有资产"[1]；规定了企业应在会计报表附注中披露的各项或有负债及其内容，同时要求在利润表中反映扣除了补充金额后的与所确认负债有关的费用或支出，并提出"或有资产一般不应在会计报表附注中披露。但或有资产很可能会给企业带来经济利益时，则应在会计报表附注中披露其形成的原因；如果能够预计其产生的财务影响，还应作相应披露"。[2]

（十一）"无形资产"会计准则

"无形资产"会计准则，发布日期为2001年1月18日，自2001年1月1日起在股份有限公司执行。该准则将无形资产定义为"企业为生产商品、提供劳务、出租给他人，或为管理目的而持有的、没有实物形态的非货币性长期资产。"[3]它将无形资产分为可辨认无形资产和不可辨认无形资产。该准则规定"无形资产在满足以下两个条件时，企业才能加以确认：(1)该资产产生的经济利益很可能流入企业；(2)该资产的成本能够可靠地计量"[4]；并特别说明"企业自创商誉不能加以确认"[5]，且"不涉及企业合并中产生的商誉"[6]。该准则明确了购入、非货币性交易换入、投资者投入、债务重组取得、接受捐赠、自行开发并依法申请取得的无形资产入账价值的确定，同时要求"无

---

[1] 2000年"或有事项"会计准则第7条。
[2] 2000年"或有事项"会计准则第11条。
[3] 2001年"无形资产"会计准则第3条。
[4] 2001年"无形资产"会计准则第4条。
[5] 2001年"无形资产"会计准则第7条。
[6] 2001年"无形资产"会计准则第2条。

形资产在确认后发生的支出,应在发生时确认为当期费用"①;规定"无形资产的成本,应自取得当月起在预计使用年限内分期平均摊销"②,并提出了摊销年限的确定原则;要求确认无形资产账面价值超过可收回金额所造成的减值准备,提出了需要对无形资产可收回金额进行估计的几种情况和可收回金额的确定原则;说明了无形资产出售、出租所得价款与租金的处理办法;规定当无形资产预期不能为企业带来经济利益时其账面价值应予转销,并列出了无形资产预期不能为企业带来经济利益的几种情形。该准则还规定了应予披露的与无形资产有关的信息。

该准则与行业制度中有关无形资产的规定的主要区别包括:提出了无形资产的确认条件、确定了各种渠道取得无形资产的入账价值、提出了无形资产摊销年限的确定原则、确认无形资产的减值准备等等。

(十二)"借款费用"会计准则

"借款费用"会计准则发布于2001年1月18日,2001年1月1日起在所有企业中施行。该准则规定,因专门借款而发生的利息、折价或溢价的摊销和汇兑差额,在符合规定的资本化条件下,应当予以资本化,计入该项资产的成本;其他的借款利息、折价或溢价的摊销和汇兑差额,应当于发生当期确认为费用。其中,专门借款是指为购建固定资产而专门借入的款项。该准则具体规定了借款费用应予资本化的条件、资本化开始的时间、资本化金额的计算方法、资本化率的确定原则、资本化应予暂停和恢复的情况、资本化停止的情况及其判断的标准;还规定了应当披露的与借款费用有关的信息。

(十三)"租赁"会计准则

"租赁"会计准则在2001年1月18日发布,2001年1月1日起在所有企业中施行。该准则将租赁分为融资租赁和经营租赁两类,分别规范了承租人和出租人融资租赁和经营租赁的会计核算和相关信息的披露。

在"承租人的会计核算和信息披露"部分,该准则规定承租人采用融资租赁的方式租赁资产,"通常应当将租赁开始日租赁资产原账面价值与最低租赁付款额的现值两者中较低者作为租入资产的入账价值,将最低租赁付款额作为长期应付款的入账价值,并将两者的差额记录为未确认融资费用。但是如果该项租赁资产占企业资产总额的比例不大,承租人在租赁开始日可按最低租赁付款额记录租入资产和长期应付款"。③ 该准则还规定应当将租赁项目的初始直接费用确认为当期费用;应当采用实

---

① 2001年"无形资产"会计准则第14条。
② 2001年"无形资产"会计准则第15条。
③ 2001年"租赁"会计准则第8条。

际利率法、直线法、年数总和法等方法将未确认融资费用在租赁期内各个期间分摊；应将或有租金在实际发生时确认为当期费用；融资租入固定资产的折旧"应当采用与自有应折旧资产相一致的折旧政策"[①]；还规定了融资租赁应予披露的信息。承租人采用经营租赁的方式租赁资产，应将租金在租赁期内的各个期间按直线法或其他方法确认为费用；应将初始直接费用确认为当期费用；应将或有租金在实际发生时确认为当期费用；还规定了经营租赁应予披露的信息。

在"出租人的会计核算和信息披露"部分，出租人采用融资租赁的方式租赁资产，规定"应当将租赁开始日最低租赁收款额作为应收融资租赁款的入账价值，并同时记录未担保余值，将最低租赁收款额与未担保余值之和与其现值之和的差额记录为未实现融资收益"[②]；应将初始直接费用确认为当期费用；应将未实现融资收益在租赁期内各个期间进行分配；应采用实际利率法、直线法、年数总和法等计算当期应当确认的融资收入；应对应收融资租赁款减去未实现融资收益的差额部分计提坏账准备；应将因未担保余值减少而引起的租赁投资净额的减少额确认为当期损失；应将或有租金在实际发生时确认为当期收入；还规定了融资租赁应予披露的信息。出租人采用经营租赁的方式租赁资产，应将租金在租赁期内的各个期间按直线法或其他方法确认为收入；应将初始直接费用确认为当期费用；应采用类似资产通常所采用的折旧政策对租赁的固定资产计提折旧和采用合理的方法对其他经营租赁资产进行摊销；应将或有租金在实际发生时确认为当期收入。

对于售后租回交易，该准则规定：承租人和出租人除了应将其认定为融资租赁或经营租赁进行会计核算和信息披露外，还应披露售后租回合同中的特殊条款。

（十四）"中期财务报告"会计准则

"中期财务报告"会计准则发布于2001年11月2日，自2002年1月1日起执行，这是第一个详细规范中期报告编制和确认、计量的制度规则。

该准则指出，企业在确认、计量和披露各中期报告项目时应该遵循重要性原则；在判断重要性程度时，应当以中期财务数据为基础，而不应以预计的年度财务数据为基础；但中期会计计量可在更大程度上依赖于估计。该准则规定了中期报告至少应当包括资产负债表、利润表、现金流量表、会计报表附注，同时规定这些报表的格式和内容应当与上年度会计报表相一致。该准则主要奉行编制中期报告的"独立观"，要求"企业应当在中期会计报告中采用与年度会计报告相一致的会计政策。如果在上年度资

---

① 2001年"租赁"会计准则第13条。
② 2001年"租赁"会计准则第20条。

产负债表日之后发生了会计政策变更,且该变更了的会计政策将在本年度会计报告中采用,则中期会计报告应当采用该变更了的会计政策"。①

(十五)"存货"会计准则

"存货"会计准则发布于2001年11月9日,自2002年1月1日起执行。该准则规定,存货在同时满足所包含的经济利益很可能流入企业、成本能够可靠地计量两个条件时,才能予以确认;存货应以实际成本入账,而其实际成本包括采购成本、加工成本和其他成本;可以采用个别计价法、先进先出法、加权平均计价法、移动加权平均计价法、后进先出法等方法确定发出存货的成本;存货在期末应当按照成本与可变现净值孰低计量。该准则还规定了应当披露的与存货有关的信息。

(十六)"固定资产"会计准则

"固定资产"会计准则发布于2001年11月9日,自2002年1月1日起执行。该准则将固定资产定义为:"固定资产,指同时具有以下特征的有形资产:①为生产商品、提供劳务、出租或经营管理而持有的;②使用年限超过一年;③单位价值较高。"②该准则规定,固定资产应当按其成本入账,并提出了外购、自行建造、融资租入、非货币性交易中取得、投资者投入、债务重组中取得、接受捐赠、盘盈取得等方式所取得的固定资产的入账价值;规定可以选用年限平均法、工作量法、双倍余额递减法或者年数总和法等方法计提固定资产折旧;规定了企业在确定固定资产的使用寿命时,应当主要考虑的因素;规定了固定资产减值的会计处理和发生减值的种种表现;规定固定资产减值损失转回时,"转回的金额不应超过原已计提的固定资产减值准备"。③ 该准则还规定了应当披露的与固定资产有关的信息。

八、《股份有限公司会计制度》:股份制企业的会计制度

《股份有限公司会计制度》颁布于1998年1月,是继《股份制试点企业会计制度》之后又一个面向股份制企业的会计制度。

《股份制试点企业会计制度》自1992年实施之后的数年里,经济体制改革不断深化,以《公司法》为代表的现代企业经济法律框架基本建立,税收体制、外汇体制进行了重大改革,股份公司快速发展,国内企业加快境外上市,社会经济活动中出现的诸多新情况,使得《股份制试点企业会计制度》逐渐不适应形势的发展,需要对其进行系统的修改。此外,1992—1998年公布的各种各样会计制度及其补充规定,也需要集中于一

---

① 2001年"中期财务报告"会计准则第10条。
② 2001年"固定资产"会计准则第3条。
③ 2001年"固定资产"会计准则第30条。

个统一的会计制度中,以便证券监管部门和社会中介机构了解和掌握。为此,财政部自1997年3月起着手对《股份制试点企业会计制度》进行修改,1998年年初完成修改工作并公开发布。《股份有限公司会计制度》的正文分为"总则""会计科目名称编号""会计科目使用说明""会计报表格式""会计报表编制说明"5部分和5个附件。"总则"部分是对该制度的总说明,主要包括对该制度的制定目标、适用范围、内容构成、制定依据、会计科目运用规定、会计报告编制和提供的规定等;"会计科目名称编号""会计科目使用说明""会计报表格式""会计报表编制说明"部分规范了股份有限公司基本业务的会计核算以及财务报告的编制和披露;附件是对特殊行业和特殊业务的会计处理规定,分别是:营业收入确认有关会计处理规定、建筑安装业务会计处理规定、房地产开发业务会计处理规定、商品期货业务会计处理规定、主要会计事项分录举例。《股份有限公司会计制度》(以下简称"新制度")是对《股份制试点企业会计制度》(以下简称"旧制度")的改进,与后者相比有较大差异。

新旧会计制度的总体差异表现在:第一,适用范围不同。旧制度的适用面较宽,适用于股份有限公司、有限责任公司和国有独资企业;而新制度仅适用于股份有限公司。第二,统一了股份有限公司的会计政策。旧制度以及1992—1997年下发的一些补充规定中,许多会计政策是对A股、B股和H股等分别做出的规定,新制度则要求公司执行统一的会计政策。但考虑到某些特殊情况,对发行A股的国内上市公司(即除了境外上市公司以及在境内发行外资股的公司以外的其他上市公司),在执行统一会计政策时,允许对一些会计政策采取变通的办法,如提取短期投资跌价准备、提取存货跌价准备、提取长期投资减值准备等,可以由企业根据自己的实际情况决定是否采用。第三,制度的体例不同。首先,旧制度包括《股份制试点企业会计制度》和《股份制试点企业会计制度——会计科目和会计报表》两部分,《股份制试点企业会计制度》是股份制试点企业进行会计核算应遵循的一般原则和业务处理的一般性要求,相当于股份制企业会计核算的"总制度";《股份制试点企业会计制度——会计科目和会计报表》则是对《股份制试点企业会计制度》的细化,是对开展业务核算和编制报表的具体规定,由于《企业会计准则》已经施行多年,没有必要重新规定企业会计核算的一般原则,故而新制度取消了"总制度"。其次,新制度的会计科目和会计报表部分也不仅仅说明会计科目的使用和会计报表的编制,而是增加了一些会计核算的原则性要求,如在"主营业务收入"会计科目的使用说明中,提出了确认营业收入、劳务收入、提供他人使用本企业资产的使用费收入的条件;在"长期股权投资"会计科目的使用说明中,提出了采用权益法和成本法的标准。第四,新制度突出强调会计信息的合法性、真实性和公允性。新制度总则部分第6条第1款规定"公司应当按照《企业会计准则》和本制度的规定,编制和提供合法、真实和公允的财务报告",特别对股份有限公司的财务报告提出了新的要求。第五,新制度提出了会计核算与税收规定相分离的原则。新制度总则部分第7条规定:"公司按本制度规定的会计核算方法与有关税收规定相抵触的,应当按照本规定进行会计核算,按照有关税收规定计算纳税。"第六,新制度更接近国际会计惯例。新制度吸收了1992—1997年颁布的具体会计准则中与国际会计惯例接近的、比较成熟的内容,使得新制度比原制度在国际化方面更迈进了一步。例如,收入的确认,原制度按结算方式确认收入是否实现,新制度在判断收入的实现时更为关注是否具备了与资产所有权有关的风险和报酬是否转移等本质性条件。

新旧制度具体核算方法与财务报告体系方面的差异主要有:其一,关于坏账准备。旧制度规定企业只能按应收账款余额百分比法计提坏账准备,提取比例一般为3‰～5‰;新制度规定境外上市公司和境内发行外资股的公司,坏账准备的提取方法和计提比例由公司自行决定,如有变更应在会计报表附注中予以说明,其他上市公司可按此规定执行。其二,关于存货的期末计价。旧制度规定期末的存货按照历史成本反映,新制度规定境外上市公司和境内发行外资股的公司期末对存货按照成本与可变现净值孰低法计价[①]。其三,关于投资。首先,旧制度规定公司的短期投资和长期投资期末按投资成本或扣除减值准备后的价值计价;新制度改变了这一做法,规定短期投资期末按成本与市价孰低法计价,长期投资期末按扣除长期投资减值准备后的价值计价。其次,旧制度和后来的补充规定对长期股权投资采用权益法核算的条件的要求不一,新制度明确规定公司的投资占被投资单位有表决权资本20%及以上的,或虽不足20%但具有重大影响的,采用权益法;公司的投资占被投资单位有表决权资本20%及以下的,或在20%及以上但不具有重大影响的,采用成本法。再次,旧制度未涉及股权投资采用权益法时,由于投资成本与应享有被投资单位净资产份额不同而形成的股权投资差额,新制度规定股权投资差额应当按期摊销,计入损益;而摊销的期限,投资合同有规定的以合同规定为限,投资合同没有规定的,借方差额一般在不超过10年,贷方差额一般在不低于10年的期限内摊销。其四,关于收入的确认。旧制度规定应在商品已经发出、货款已经收讫或收到收取货款的凭据时确认收入,即主要是从形式上判断收入是否实现,且这一判断标准不能涵盖所有形成收入的业务;新制度注重从实质上进行判断,要求以与资产所有权有关的风险和报酬是否转移作为收入实现的条件。其五,关于债务重组。旧制度没有涉及债务重组的业务,新制度对此做出了规定,

---

[①] 1998年和1999年财政部发布的有关股份有限公司会计制度补充规定对资产计提减值准备提出了新要求,如财会〔1999〕第35号文件要求所有股份有限公司均计提应收款项坏账准备、短期投资跌价准备、存货跌价准备、长期投资减值准备。

且与"债务重组"会计准则略有不同:准则未涉及在债务重组协议中债务人未来应付金额大于重组债务账面价值的债务重组形式,新制度对此做出了规定;准则中包括在债务重组协议中的或有收益和或有支出的处理规定,新制度取消了这一规定;在债务重组的具体账务处理上,新制度比准则的规定有所简化。其六,关于以前年度损益调整的处理。旧制度将以前年度损益调整列入利润表,新制度将其改作会计报表相关项目的年末数或年初数的调整。其七,关于合并会计报表的编制范围。新制度将合营企业纳入了合并会计报表的编制范围,并要求按比例法合并。其八,关于会计报表体系。旧制度规定企业需要编制的会计报表有资产负债表、利润表、财务状况变动表、利润分配表、主营业务收支明细表;新制度以现金流量表代替了财务状况变动表,并增加了股东权益增减变动表、应交增值税明细表、分部营业利润和资产表(所谓"分部",包括公司的不同行业和不同经营地区),取消了主营业务收支明细表。此外,新旧制度的会计科目设置也有一些区别,旧制度设置了54个会计科目,而新制度的会计科目数量为76个。

鉴于《股份有限公司会计制度》集合了当时几乎所有的会计改革新规则,代表了企业会计改革的新成就,因此曾获得过较高的评价:"《股份有限公司会计制度》很多内容与企业会计准则有共同之处,而且国外要求企业做到的,《股份有限公司会计制度》基本上也要求做到,可以说这是一个比较理想的会计制度。"[①]"应该说我们的准则和《股份有限公司会计制度》与国际会计准则的基本原则是相近的,是先进的。"[②]

九、1999年《会计法》:新中国会计法的第二次修订

《会计法》的第二次修订是在1999年。《会计法》于1992年第一次修改后,经济形势发生了新变。一方面,经济体制改革不断深化,一系列财政、税收、金融改革新措施相继出台,企业股份制改造步伐加快,资本市场进一步发展,社会经济的运行愈发倚重真实、及时的会计信息;另一方面,一些干扰社会主义市场经济建设的不良倾向持续蔓延,特别是会计造假行为泛滥,利用虚假会计资料行骗、偷漏税、侵害投资人利益、损害社会公众利益的事件层出不穷,到了必须严厉整治的地步。为了适应形势的发展需要,扼制会计造假行为,第九届全国人民代表大会常务委员会第十二次会议1999年

[①] 冯淑萍:《适应市场经济要求,制订会计准则,完善会计制度——财政部会计司司长冯淑萍同志在"新准则""新制度"培训班开幕式上的讲话》,转引自财政部全国会计人员继续教育教材编审委员会:《企业会计准则及股份有限公司会计制度讲解(1988)》,第21页,中国财政经济出版社,1999年版。

[②] 刘玉廷:《认真贯彻新准则和新制度,做好会计人员继续教育工作——财政部会计司副司长刘玉廷同志在"新准则""新制度"培训班结束时的讲话》,转引自财政部全国会计人员继续教育教材编审委员会:《企业会计准则及股份有限公司会计制度讲解(1988)》,第28页,中国财政经济出版社,1999年版。

10月31日通过了第二次修订的《会计法》。1999年《会计法》分为"总则""会计核算""公司、企业会计核算的特别规定""会计监督""会计机构和会计人员""法律责任""附则"七章,内容比1992年《会计法》有了较多的改进。1999年《会计法》与1992年《会计法》的不同,主要表现在以下几方面。

(一)强调单位责任人的会计责任

1999年《会计法》非常突出的一点变化,是强调单位负责人对会计工作的责任("单位负责人,是指单位法定代表人或者法律、行政法规规定代表单位行使职权的主要负责人"①)。1999年《会计法》在第一章总则中即指出,"单位负责人对本单位的会计工作和会计资料的真实性、完整性负责"②,并在多处重申和具体化单位负责人的会计责任,如第21条规定,"单位负责人应当保证财务会计报告真实、完整";第28条规定:"单位负责人应当保证会计机构、会计人员依法履行职责,不得授意、指使、强令会计机构、会计人员违法办理会计事项。"这种将单位负责人作为会计责任"第一责任人"的法律规定是有道理和符合实际情况的。从根源上讲,会计人员本身没有主动提供虚假会计信息的动机,大量经济案件的事实说明,单位负责人是会计造假和利用虚假会计信息违法乱纪、侵害社会和公众利益的指使者和受益人,用法律的形式明确单位负责人的会计责任,才有可能制止会计造假,维护社会经济的正常秩序。

(二)清晰会计核算和会计报告的要求

1999年《会计法》对会计核算的要求更为详细,试图以清晰和具体的要求规范会计核算,保证会计信息的真实性。例如,第14条、第15条规定了会计凭证的设置、使用。第17条规定了应当做到会计凭证、会计账簿、会计报表、实务的记录相符。第18条规定会计处理方法应当前后保持一致:"各单位采用的会计处理方法,前后各期应当一致,不得随意变更;确有必要变更的,应当按照国家统一的会计制度的规定变更,并将变更的原因、情况及影响在财务会计报告中说明。"第19条规定"单位提供的担保、未决诉讼等或有事项,应当按照国家统一的会计制度的规定,在财务会计报告中予以说明"。第20条规定会计报告应当根据账簿记录和有关数据编制,符合有关法规的规定,并规定"财务会计报告由会计报表、会计报表附注和财务情况说明书组成。向不同的会计资料使用者提供的财务会计报告,其编制依据应当一致。有关法律、行政法规规定会计报表、会计报表附注和财务情况说明书须经注册会计师审计的,注册会计师及其所在的会计师事务所出具的审计报告应当随同财务会计报告一并提供"。该《会

---

① 1999年《会计法》第50条。
② 1999年《会计法》第4条。

计法》还新增加了"公司、企业会计核算的特别规定"一章(第三章),专门就企业的会计核算提出要求,其中包括以下两条规定,第 25 条:"公司、企业必须根据实际发生的经济业务事项,按照国家统一的会计制度的规定确认、计量和记录资产、负债、所有者权益、收入、费用、成本和利润。"第 26 条:"公司、企业进行会计核算不得有下列行为:1. 随意改变资产、负债、所有者权益的确认标准或者计量方法,虚列、多列、不列或者少列资产、负债、所有者权益;2. 虚列或者隐瞒收入,推迟或者提前确认收入;3. 随意改变费用、成本的确认标准或者计量方法,虚列、多列、不列或者少列费用、成本;4. 随意调整利润的计算、分配方法,编造虚假利润或者隐瞒利润;5. 违反国家统一的会计制度规定的其他行为。"

(三) 严厉治理会计造假

针对当时严重的会计造假局面,1999 年《会计法》中反复强调对会计造假的禁止。例如,第 5 条规定:"任何单位或者个人不得以任何方式授意、指使、强令会计机构、会计人员伪造、变造会计凭证、会计账簿和其他会计资料,提供虚假财务会计报告。"第 9 条规定:"任何单位不得以虚假的经济业务事项或者资料进行会计核算。"第 13 条规定:"任何单位和个人不得伪造、变造会计凭证、会计账簿及其他会计资料,不得提供虚假的财务会计报告。"第 16 条规定:"各单位发生的各项经济业务事项应当在依法设置的会计账簿上统一登记、核算,不得违反本法和国家统一的会计制度的规定私设会计账簿登记、核算。"第 31 条规定:"任何单位或者个人不得以任何方式要求或者示意注册会计师及其所在的会计师事务所出具不实或者不当的审计报告。"第 35 条规定:"各单位必须依照有关法律、行政法规的规定,接受有关监督检查部门依法实施的监督检查,如实提供会计凭证、会计账簿、财务会计报告和其他会计资料以及有关情况,不得拒绝、隐匿、谎报。"第 40 条规定:"因提供虚假财务会计报告,做假账,隐匿或者故意销毁会计凭证、会计账簿、财务会计报告,贪污、挪用公款、职务侵占等与会计职务有关的违法行为被依法追究刑事责任的人员,不得取得或者重新取得会计从业资格证书";等等。

(四) 要求建立内部会计监督

1999 年《会计法》第一次以法律的形式要求单位建立内部会计监督制度,并明确了对内部会计监督制度的工作要求,"各单位应当建立、健全本单位内部会计监督制度。单位内部会计监督制度应当符合下列要求:1. 记账人员与经济业务事项和会计事项的审批人员、经办人员、财物保管人员的职责权限应当明确,并相互分离、相互制约;2. 重大对外投资、资产处置、资金调度和其他重要经济业务事项的决策和执行的相互监督、相互制约程序应当明确;3. 财产清查的范围、期限和组织程序应当明确;

4. 对会计资料定期进行内部审计的办法和程序应当明确"(第 27 条)。

(五) 明确财政部门的监督职权与内容

为了加强对各单位会计工作的监督和对会计师事务所的监管,1999 年《会计法》明确了财政部门的监督职权,细化了监督内容。第 31 条规定:"财政部门有权对会计师事务所出具审计报告的程序和内容进行监督。"第 32 条规定了财政部门对单位会计工作的监督内容:"财政部门对各单位的下列情况实施监督:1. 是否依法设置会计账簿;2. 会计凭证、会计账簿、财务会计报告和其他会计资料是否真实、完整;3. 会计核算是否符合本法和国家统一的会计制度的规定;4. 从事会计工作的人员是否具备从业资格。"

(六) 细化法律责任

以往的《会计法》对相关人员违反法规应承担的法律责任的规定较笼统,本次修改的《会计法》对相关人员违反法规应承担的法律责任则较为细化,使得有关法规的执行更具操作性。这集中表现在第六章"法律责任"的条款中。在该章的第 42~49 条中,具体地说明了违反《会计法》的行为及其具体处罚、单位负责人的会计法律责任、会计人员的会计法律责任、财政部门及有关行政部门的工作人员的会计法律责任、会计造假的法律责任等。第 42 条规定:"违反本法规定,有下列行为之一的,由县级以上人民政府财政部门责令限期改正,可以对单位并处 3 000 元以上 5 万元以下的罚款;对其直接负责的主管人员和其他直接责任人员,可以处 2 000 元以上 2 万元以下的罚款;属于国家工作人员的,还应当由其所在单位或者有关单位依法给予行政处分:1. 不依法设置会计账簿的;2. 私设会计账簿的;3. 未按照规定填制、取得原始凭证或者填制、取得的原始凭证不符合规定的;4. 以未经审核的会计凭证为依据登记会计账簿或者登记会计账簿不符合规定的;5. 随意变更会计处理方法的;6. 向不同的会计资料使用者提供的财务会计报告编制依据不一致的;7. 未按照规定使用会计记录文字或者记账本位币的;8. 未按照规定保管会计资料,致使会计资料毁损、灭失的;9. 未按照规定建立并实施单位内部会计监督制度或者拒绝依法实施的监督或者不如实提供有关会计资料及有关情况的;10. 任用会计人员不符合本法规定的。有前款所列行为之一,构成犯罪的,依法追究刑事责任。"第 43 条规定:"伪造、变造会计凭证、会计账簿,编制虚假财务会计报告,构成犯罪的,依法追究刑事责任。有前款行为,尚不构成犯罪的,由县级以上人民政府财政部门予以通报,可以对单位并处 5 000 元以上 10 万元以下的罚款;对其直接负责的主管人员和其他直接责任人员,可以处 3 000 元以上 5 万元以下的罚款;属于国家工作人员的,还应当由其所在单位或者有关单位依法给予撤职直至开除的行政处分;对其中的会计人员,并由县级以上人民政府财政部门吊销会计从业资格证书。"第44条规定:"隐匿或者故意销毁依法应当保存的会计凭证、会计账簿、财务会计报告,构成犯罪的,依法追究刑事责任。有前款行为,尚不构成犯罪的,由县级以上人民政府财政部门予以通报,可以对单位并处5 000元以上10万元以下的罚款;对其直接负责的主管人员和其他直接责任人员,可以处3 000元以上5万元以下的罚款;属于国家工作人员的,还应当由其所在单位或者有关单位依法给予撤职直至开除的行政处分;对其中的会计人员,并由县级以上人民政府财政部门吊销会计从业资格证书。"第45条规定:"授意、指使、强令会计机构、会计人员及其他人员伪造、变造会计凭证、会计账簿,编制虚假财务会计报告或者隐匿、故意销毁依法应当保存的会计凭证、会计账簿、财务会计报告,构成犯罪的,依法追究刑事责任;尚不构成犯罪的,可以处5 000元以上5万元以下的罚款;属于国家工作人员的,还应当由其所在单位或者有关单位依法给予降级、撤职、开除的行政处分。"第46条规定:"单位负责人对依法履行职责、抵制违反本法规定行为的会计人员以降级、撤职、调离工作岗位、解聘或者开除等方式实行打击报复,构成犯罪的,依法追究刑事责任;尚不构成犯罪的,由其所在单位或者有关单位依法给予行政处分。对受打击报复的会计人员,应当恢复其名誉和原有职务、级别。"。

十、《企业财务会计报告条例》(2000年):规范会计报告的专项法规

《企业财务会计报告条例》(以下简称《报告条例》)是新中国第一个适用于所有企业(包括公司)的关于会计报告的法规性文件,2000年6月21日以第287号国务院总理令的形式颁布,自2001年1月1日起开始执行。颁布这一条例的目的是为了抑制屡禁不止的会计造假,正如《报告条例》第1条所称,它的制定是"为了规范企业财务会计报告,保证财务会计报告的真实、完整"。《报告条例》分设"总则""财务会计报告的构成""财务会计报告的编制""财务会计报告的对外提供""法律责任""附则"6章,其中第一章"总则"、第五章"法律责任"、第六章"附则"可归类为对财务会计报告的行为规范;第二章"财务会计报告的构成"、第三章"财务会计报告的编制"、第四章"财务会计报告的对外提供"可归类为对财务会计报告的专业技术规范。

《报告条例》在对企业财务报告的行为规范方面,重申了1999年《会计法》中规定了的会计报表责任人和对会计造假的禁止,规定了财务报告造假和不按规则编制的处罚。第3条规定:"企业负责人对本企业财务会计报告的真实性、完整性负责。"第5条规定:"注册会计师、会计师事务所审计企业财务会计报告,应当依照有关法律、行政法规以及注册会计师执业规则的规定进行,并对所出具的审计报告负责。"第3条还规定:"企业不得编制和对外提供虚假的或者隐瞒重要事实的财务会计报告。"第4条规

定："任何组织或者个人不得授意、指使、强令企业编制和对外提供虚假的或者隐瞒重要事实的财务会计报告。"第17条规定："任何组织或者个人不得授意、指使、强令企业违反本条例和国家统一的会计制度规定，改变财务会计报告的编制基础、编制依据、编制原则和方法。"《报告条例》还引人注目地提出"国有企业、国有控股的或者占主导地位的企业，应当至少每年一次向本企业的职工代表大会公布财务会计报告"，并要求重点说明"1. 反映与职工利益密切相关的信息，包括：管理费用的构成情况，企业管理人员工资、福利和职工工资、福利费用的发放、使用和结余情况，公益金的提取及使用情况，利润分配的情况以及其他与职工利益相关的信息；2. 内部审计发现的问题及纠正情况；3. 注册会计师审计的情况；4. 国家审计机关发现的问题及纠正情况；5. 重大的投资、融资和资产处置决策及其原因的说明；6. 需要说明的其他重要事项"（第35条）。《报告条例》在第五章"法律责任"中，对"编制、对外提供虚假的或者隐瞒重要事实的财务会计报告"，"授意、指使、强令会计机构、会计人员及其他人员编制、对外提供虚假的或者隐瞒重要事实的财务会计报告，或者隐匿、故意销毁依法应当保存的财务会计报告"，以及随意改变会计要素的确认和计量标准，随意改变财务会计报告的编制基础、编制依据、编制原则和方法，提前或者延迟结账日结账，在编制年度财务会计报告前，未按照本条例规定全面清查资产、核实债务，拒绝财政部门和其他有关部门对财务会计报告依法进行的监督检查，或者不如实提供有关情况等行为规定了具体处罚标准。

《报告条例》在对财务会计报告的专业技术规范方面，一是重申了企业会计报告的主要种类，会计报表、报表附注和财务状况说明书的主要内容，会计报告的编制期，会计报告的编制要求，年度会计报告编制前的准备（如财产清查、核实债务、账目核对、账目调整、账目结算），会计报告的质量要求（真实、完整、及时、一致）等，在1999年《会计法》、1992年《企业会计准则》和其他相关制度中提出的要求。二是重新定义了会计要素。该条例的第9条中对资产等6项会计要素的定义分别是："资产，是指过去的交易、事项形成并由企业拥有或者控制的资源，该资源预期会给企业带来经济利益。""负债，是指过去的交易、事项形成的现时义务，履行该义务预期会导致经济利益流出企业。""所有者权益，是指所有者在企业资产中享有的经济利益，其金额为资产减去负债后的余额。""收入，是指企业在销售商品、提供劳务及让渡资产使用权等日常活动中所形成的经济利益的总流入。""费用，是指企业为销售商品、提供劳务等日常活动所发生的经济利益的流出。""利润，是指企业在一定会计期间的经营成果。"这些定义基于经济利益的变动来表达会计要素，与1992年《企业会计准则》中对会计要素的定义有差别，更接近国际会计准则的提法。定义会计要素的这一思路一直沿用至2006年企业基本会计准则中。

十一、《企业会计制度》(2001年):十年企业会计改革的集大成

除了股份有限公司和外商投资企业外,1992年公布的《企业会计准则》和行业会计制度在绝大多数企业中施行到20世纪末。这几年里,经济形势的发展有了新的变化,使得《企业会计准则》和行业会计制度显现出诸多不适:出于提高资本收益率和分散行业风险的需要,我国越来越多的企业实施跨地区、跨行业的多元化经营战略,网络公司、软件公司等新兴经济体逐步兴起,分行业的会计制度无法满足企业多元化经营的需要,也不能满足新兴企业的需要;社会主义市场经济,特别是非国有经济和资本市场迅猛发展,初步形成了以国有经济为主导、多种经济成分并存的格局①,以区分所有制性质和行业类别为设计思想、突出国有企业会计核算、强调政府信息需求的行业会计制度造成同一个行业不同所有制性质的企业之间会计信息缺乏可比性,也给具有多种经济成分的企业集团编制合并会计报表增加了难度;由于会计准则未抓住资产的本质,未采用国际普遍接受的谨慎性、实质重于形式等原则,造成企业资产反映不实、收入虚列,并且给会计造假留出了空间;1999年《会计法》、国家经济贸易委员会《国有大中型企业建立现代企业制度和加强管理基本规范(试行)》(2000年9月28日国务院办公厅转发)《中共中央关于国有企业改革和发展若干重大问题的决定》(1999年9月22日中国共产党第十五届中央委员会第四次会议通过)等法规和政策文件一再强调要建立统一的会计制度,要求企业提供真实、完整的会计信息,国务院发布的《企业财务会计报告条例》对会计要素作了重新定义,会计准则和行业会计制度与这些法规和政策的要求不相符合;我国成为国际会计师联合会、国际会计准则委员会成员和加入世界贸易组织进程的提速,要求加快会计标准的国际协调,而此前公布的企业会计准则和行业会计制度与会计国际惯例尚有较大差异。"为贯彻落实党的十五届四中全会精神和《会计法》《报告条例》的规定,适应社会主义市场经济要求,在继续制订会计准则的同时"②,财政部于2000年12月29日正式颁布了《企业会计制度》。

按照财政部的设想,颁布《企业会计制度》只是会计制度改革的一部分。"改革的初步思路:(1)打破行业、所有制和组织形式的界限,建立企业统一的会计核算制度,适用于大、中型企业;(2)兼顾小规模企业不对外直接筹资的特点,制订小规模企业会计核算制度;(3)考虑到金融性企业经营的特殊性,制订金融性企业会计核算制度。"③该会计制度公布后,"除不对外筹集资金、经营规模较小的企业,以及金融保险企业以外,

---

①③ 统计资料显示,1999年我国民营企业创造的产值已占到国民经济总产值的48%,1995—1999年国有企业1 300万下岗职工中的近1 200万人在民营企业中就业,民营企业已成为国民经济中的重要力量。
② 财政部:《关于对企业会计核算制度改革征求意见的函》,2000年7月31日。

在中华人民共和国境内设立的企业(含公司,下同),执行本制度"[①];"本制度于2001年1月1日起暂在股份有限公司范围内执行"[②]。之所以做出这样的安排,是因为执行好该制度需要有较多的职业判断,考虑到当时大多数企业受旧财务管理体制弊端的制约和尚未建立完善的法人治理结构,尚未实行内部控制的实际情况,首先在股份有限公司实施较为稳妥,同时选择部分国有企业试行,鼓励非国有企业先行实施,待时机成熟后再推广应用至所有企业。

《企业会计制度》分为"会计核算一般规定""会计科目使用说明""会计报表和会计报表附注"3部分。"会计核算一般规定"部分是对会计核算的总体原则以及会计报表项目的确认、计量的规定;"会计科目使用说明"部分介绍了会计科目的名称及其具体的会计核算方法;"会计报表和会计报表附注"部分则规定了企业的会计报表种类、格式、内容及编制方法。该会计制度以1992年颁布《企业会计准则》和行业会计制度以来陆续出台的各种会计改革措施(如具体会计准则、《股份有限公司会计制度》《企业财务报告条例》和各单项会计处理规定等)为基础,集近十年来企业会计改革成果之大成,并参考了国际通行的一些做法,比以往会计制度(含会计准则、条例、规定等)有着较大的不同。该会计制度与以往会计制度的不同主要表现在以下几方面。

(一) 重新定义会计要素

《企业会计制度》依据《企业财务会计报告条例》的口径,从经济利益变动的角度定义各项会计要素,揭示了会计要素的本质,与1992年《企业会计准则》对会计要素的定义不一样。该制度第12条、第66条、第79条、第99条、第84条、第99条、第106条对各会计要素的定义分别是:"资产,是指过去的交易、事项形成并由企业拥有或者控制的资源,该资源预期会给企业带来经济利益。""负债,是指过去的交易、事项形成的现时义务,履行该义务预期会导致经济利益流出企业。""所有者权益,是指所有者在企业资产中享有的经济利益,其金额为资产减去负债后的余额。""收入,是指企业在销售商品、提供劳务及让渡资产使用权等日常活动中所形成的经济利益的总流入,包括主营业务收入和其他业务收入。收入不包括为第三方或者客户代收的款项。""费用,是指企业为销售商品、提供劳务等日常活动所发生的经济利益的流出;成本,是指企业为生产产品、提供劳务而发生的各种耗费"。"利润,是指企业在一定会计期间的经营成果,包括营业利润、利润总额和净利润。"而《1992年会计准则》中对会计要素的定义没有触及会计要素的本质。

---

① 2001年《企业会计制度》第2条。
② 财政部:《关于印发〈企业会计制度〉的通知》,2000年12月29日。

(二) 修改会计原则

《1992年会计准则》提出了客观性、目标性、可比性、一贯性、及时性、明晰性、权责发生制、配比、谨慎性、历史成本、划分资本性支出和收益性支出、重要性12条会计核算原则,《企业会计制度》在此基础上增加了实质重于形式原则,修改了目标性原则。该制度第11条中提到:"企业应当按照交易或事项的经济实质进行会计核算,而不应当仅仅按照它们的法律形式作为会计核算的依据。"实质重于形式原则的采用,为确立收入确认条件,将融资租入固定资产列为自有资产并计提折旧等核算办法的采用提供了依据。《1992年会计准则》中原来的目标原则是:"会计信息应当符合国家宏观经济管理的要求,满足各有关各方了解企业财务状况和经营成果的需要,满足企业加强内部经营管理的需要。"《企业会计制度》在第11条中将其改为:"企业提供的会计信息应当能够反映企业的财务状况、经营成果和现金流量,以满足会计信息使用者的需要。"目标性原则的新表述不再像过去那样将会计信息不同使用者的需求做先后顺序的排列,不再区分各类信息使用者孰轻孰重,只是声明会计信息应当满足信息使用者的需要,反映出新中国企业会计制度逐渐摆脱片面强调为政府服务、为计划经济管理服务的变化。

(三) 注重贯彻稳健型原则

按照对资产的基本功能是"给企业带来经济利益"的认识,《企业会计制度》注重贯彻稳健型原则,采取多种措施,力图反映资产的真实质量。这些措施主要如下所述。

1. 全面计提资产减值准备

《企业会计制度》在第16条、第18条、第20条、第24条、第42条、第49条、第53条、第54条、第65条中分别规定应对短期投资、委托贷款(视同短期投资)、应收款项(包括应收账款、应收票据、其他应收款、预付账款)、存货、长期投资、固定资产、无形资产、在建工程等资产计提减值准备,并在第二章"资产"中专设第五节"资产减值",具体规定计提各项资产减值的办法。该制度规定的计提减值准备的资产范围比《1992年会计准则》大得多(只规定对应收账"可以计提坏账准备金"[1]),比《股份有限公司会计制度》中规定的范围(对应收账款、存货、短期投资、长期投资4项资产计提减值准备)[2]也大很多。对资产全面计提减值准备的规定,使得对资产价值的反映比以往更为真实。

与此同时,为了防止企业利用计提资产减值准备之机弄虚作假,该制度在第51条

---

[1] 1992年《企业会计准则》第27条。
[2]《关于印发〈股份有限公司会计制度有关会计处理问题的补充规定〉的通知》,财会〔1999〕第35号文件;《关于印发〈股份有限公司会计制度有关会计处理问题补充规定问题的解答〉的通知》,财会字〔1999〕第49号。

中补充规定:"企业应当合理地计提各项资产减值准备,但不得计提秘密准备。如有确凿证据表明企业不恰当地运用了谨慎性原则计提秘密准备的,应当作为重大会计差错予以更正,并在会计报表附注中说明事项的性质、调整金额,以及对企业财务状况、经营成果的影响。"

2. 及时处理虚拟资产

对已经不能产生经济利益的各种虚拟资产,如待摊费用、待处理财产损溢等,《企业会计制度》要求在规定的期限内做出处理,不能作为资产反映。该制度第19条规定:"待摊费用应按其受益期限在1年内分期平均摊销,计入成本、费用。如果某项待摊费用已经不能使企业受益,应当将其摊余价值一次全部转入当期成本、费用,不得再留待以后期间摊销。"第50条规定:"如果长期待摊的费用项目不能使以后会计期间受益的,应当将尚未摊销的该项目的摊余价值全部转入当期损益。"

3. 放开折旧政策和坏账准备计提比例的限定

长期以来,企业的固定资产折旧政策不是企业根据自身生产经营的特点、固定资产的价值损耗程度等确定的,而是由有关制度统一规定。《1992年会计准则》规定:"固定资产折旧应当根据固定资产原值、预计净残值、预计使用年限或预计工作量,采用年限平均法或工作量(或产量)法计算。如符合有关规定,也可以采用加速折旧法。"①1992年11月30日由财政部颁发的《企业财务通则》规定:"固定资产的分类折旧年限、折旧办法以及计提折旧的范围由财政部确定。企业按照国家规定选择具体的折旧方法和确定加速折旧幅度。"②大一统的固定资产折旧政策难以表现企业固定资产的真正损耗,难以反映固定资产的真实价值,在技术更新不断加快的时代,更不便表现无形损耗带来的固定资产价值损失。《企业会计制度》推翻了这一做法,规定:"企业应当根据固定资产的性质和消耗方式,合理地确定固定资产的预计使用年限和预计净残值,并根据科技发展、环境及其他因素,选择合理的固定资产折旧方法,按照管理权限,经股东大会或董事会,或经理(厂长)会议或类似机构批准,作为计提折旧的依据……固定资产折旧方法可以采用年限平均法、工作量法、年数总和法、双倍余额递减法等。"③

过去,应收账款坏账准备的计提比例以往也由相关制度统一规定,如《工业企业财

---

① 1992年《企业会计准则》第30条。
② 1992年《企业财务通则》第18条。由财政部颁发的各行业财务制度,则具体规定了各类固定资产的折旧年限,如1992年12月30日颁发的《工业企业财务制度》的附件中即详细规定了工业企业通用设备、专用设备,房屋、建筑物三大类共22小类固定资产的分类折旧年限。
③ 2001年《企业会计制度》第36条。

务制度》中规定:"企业可以于年度终了,按照年末应收账款账面余额的3‰~5‰计提坏账准备金,计入管理费用。"[1]按照统一且过低的比例计提坏账准备,既不能满足企业的实际需要,也不能反映应收账款的真实价值。《企业会计制度》对此也做出了修订。该制度第53条规定:"在确定坏账准备的计提比例时,企业应当根据以往的经验、债务单位的实际财务状况和现金流量等相关信息予以合理估计。"

(四)增加和修改部分业务的会计处理规定

《企业会计制度》对一段时间以来发展较快、对企业影响较大,而以往会计制度没有涉及的业务做出了规定,对部分业务原规定存在的漏洞进行了修改。主要有如下几方面。

对债务重组、非货币性交易、投资的核算规定。这三类业务有的在《1992年会计准则》和行业会计制度没有涉及(如债务重组和非货币性交易),有的在《1992年会计准则》《股份有限公司会计制度》以及相关会计准则中的规定各不一样(如投资、债务重组、非货币交易),《企业会计制度》一律按照完成了修订、即将发布的"债务重组"会计准则、"非货币性交易"会计准则和"投资"会计准则(三个修订后的会计准则同在2001年1月18日发布)的口径重新规范了对它们的核算。

对所得税会计的核算规定。1994年发布的《企业所得税会计处理的暂行规定》初步规定了所得税会计的处理,《企业会计制度》则对所得税会计的处理做出了更为详细的要求,规范了应付税款法下时间性差异、永久性差异的类型,纳税影响会计法下递延法和债务法的所得税费用内容及其计算,等等。

对土地使用权的核算规定。土地使用权作为无形资产的一项,其会计处理环节比无形资产其他项目相对复杂,但一直缺乏规范。《企业会计制度》对此提出了较明确的要求,规定:"企业购入或以支付土地出让金方式取得的土地使用权,在尚未开发或建造自用项目前,作为无形资产核算,并按本制度规定的期限分期摊销。房地产开发企业开发商品房时,应将土地使用权的账面余额全部转入开发成本;企业因利用土地建造自用某项目时,将土地使用权的账面余额全部转入在建工程成本。"[2]

该会计制度对现金、银行存款、存出投资款、委托贷款、企业筹建期间所发生的除购建固定资产以外的其他费用等业务的核算规定,也比以往有一些变化。

(五)修改会计报表体系和会计报表附注、财务情况说明书的内容

《1992年会计准则》中规定的会计报表"包括资产负债表、损益表、财务状况变动

---

[1]《工业企业财务制度》第19条。
[2] 2001年《企业会计制度》第47条。

表(或者现金流量表)、附表及会计报表附注和财务情况说明书"①;《股份有限公司会计制度》中规定的会计报表为:资产负债表、利润表、现金流量表、股东权益增减变动表、应交增值税明细表、利润分配表、分部营业利润和资产表。《企业会计制度》规定的会计报表体系比前两个制度有所改变的,分别是:资产负债表、利润表、现金流量表、资产减值准备明细表、利润分配表、股东权益增减变动表、分部报表、其他有关附表。

《企业会计制度》规定的会计报表附注和财务情况说明书也与《1992年会计准则》《股份有限公司会计制度》有异。《1992年会计准则》要求会计报表附注主要包括:所采用的会计处理方法,会计处理方法的变更、变更原因以及对财务状况和经营成果的影响,非经常性情况的说明,会计报表中有关重要项目的详细资料,其他有助于理解和分析报表需要说明的事项。《股份有限公司会计制度》要求会计报表附注主要包括:不符合基本会计假设的说明;会计政策的说明,包括合并政策、外币折算(包括汇兑损益的处理)、资产计价政策、租赁、收入的确认、折旧和摊销、坏账损失的处理、所得税会计处理方法等;会计政策和会计估计变更的说明;关联方关系及其交易的披露(关联方关系及其交易,按《企业会计准则——关联方关系及其交易的披露》规定的原则和方法披露);或有和承诺事项的说明;资产负债表日后事项的说明;资产负债表上应收、应付、存货、固定资产、在建工程、借款、应交税金、递延税款等重要项目的说明;盈亏情况及利润分配情况;资金周转情况;其他重大事项的说明。2001年《企业会计制度》则规定:"会计报表附注至少应当包括下列内容:1. 不符合会计核算基本前提的说明;2. 重要会计政策和会计估计的说明;3. 重要会计政策和会计估计变更的说明;4. 或有事项和资产负债表日后事项的说明;5. 关联方关系及其交易的披露;6. 重要资产转让及其出售的说明;7. 企业合并、分立的说明;8. 会计报表中重要项目的明细资料;9. 有助于理解和分析会计报表需要说明的其他事项。"②

按照《企业财务通则》对财务情况说明书的要求,"财务情况说明书,主要说明企业的生产经营状况、利润实现和分配情况、各项资产物资变动情况;对本期或者下期财务状况发生重大影响的事项;资产负债表日后至报出财务报告前发生的对企业财务状况变动有重大影响的事项;以及需要说明的其他事项"。③《企业会计制度》则规定:"财务情况说明书至少应当对下列情况做出说明:1. 企业生产经营的基本情况;2. 利润实现和分配情况;3. 资金增减和周转情况;4. 对企业财务状况、经营成果和现金流量有

---

① 1992年《企业会计准则》第57条。
② 2001年《企业会计制度》第155条。
③ 1992年《企业财务通则》第42条。

重大影响的其他事项。"①

市场经济建立时期是新中国企业会计制度改革最为活跃的时期,这一时期的会计制度改革冲破了计划经济体制下旧会计模式的框架,出台的改革措施、新制度最多。这一时期是新中国企业会计制度改革的突破期,也是企业会计制度改革的关键时期。该时期具有改革标志性的会计制度是《股份制试点企业会计制度》和1992年的《企业会计准则》。《股份制试点企业会计制度》是将国际通行会计做法运用于内资企业的第一部会计制度,标志着内资企业会计开始向国际会计惯例靠拢,有着与《中外经营企业会计制度》不一样的意义。1992年的《企业会计准则》不仅仅是新中国第一部会计准则,其重大意义还在于将国际通行会计做法推向境内所有企业,开始了全国性的企业会计转型。

市场经济建立时期企业会计改革的显著特点是提出了"与国际会计惯例接轨"的口号。尽管"与国际会计惯例接轨"的提法不够恰当,但明确了改革的方向是向市场经济下的国际会计通行做法靠拢,使企业会计改革有了清晰的思路。在向市场经济转轨时期,企业会计改革的方向、路线尚不十分清晰,出台的会计制度以修补前一时期遭到破坏的会计秩序为主。进入市场经济建立时期后,国家经济体制改革走上了建设市场经济和现代企业制的道路,企业会计改革的方向随之明朗,各种以国际惯例为参照的改革措施相继颁布,企业会计制度建设摆脱了计划经济体制下旧会计模式的框架,转入了新的轨道。

从市场经济转轨时期到市场经济建立时期,新中国企业会计制度的改革从中外合资经营企业开始,接下来将中外合资经营企业会计制度改革取得的经验运用到股份制企业,然后再扩展到一般企业,采取的是从外到内、试点先行、逐渐展开的策略。这一策略是现实的。首先,由于经济体制改革的进度限制,当时并未完全实现市场经济,不具备即刻将符合国际惯例的会计方式推广到所有企业的政治和经济环境,只能跟随经济体制改革的步伐逐步地推进会计改革。其次,中国的政治、经济、文化环境与西方国家存在差异,会计改革不能简单照搬西方国家的做法,在摸索适合中国国情、符合国际惯例的会计发展道路的过程中,对某些比较复杂、一时拿不准的事情先在小范围内试行,待取得经验后再行推广,是一种理智、稳妥的方式,类似于新产品的生产需要经过实验、开发后,才能大规模投产。再次,从新中国成立到改革开放初,中国实行了近30年的计划经济体制,从政府部门工作人员到企业负责人、会计人员均习惯且熟悉计划经济体制下的企业会计模式,而对市场经济体制下的会计模式很陌生,短期内全面推行会计模式的转轨,极易造成政府相关部门和企业的不适甚至抵触,造成改革的失败。

---

① 2001年《企业会计制度》第156条。

第3节 转变经济增长方式时期的企业会计制度：2002—2018年

转变经济增长方式时期指的是2002—2014年这一段时间。2002年11月召开的中国共产党第十六次全国代表大会提出了经济建设和经济体制改革的新目标。2003年10月，中共十六届三中全会通过了《中共中央关于完善社会主义市场经济体制若干问题的决定》，提出了科学发展观，要求"坚持以人为本，树立全面、协调、可持续的发展观"，强调完善社会主义市场经济体制的主要任务是：完善公有制为主体、多种所有制经济共同发展的基本经济制度，建立有利于逐步改变城乡二元经济结构的体制，形成促进区域经济协调发展的机制，建立统一开放、竞争有序的现代市场体系，完善宏观调控体系、行政管理体制和经济法律制度，健全就业、收入分配和社会保障制度，建立促进经济社会可持续发展的机制；还提出要坚持公有制的主体地位，发挥国有经济的主导作用，积极推行公有制的多种有效实现形式，加快调整国有经济布局和结构。根据中共中央这样的战略部署，2002年以后国有企业改革呈现了新的特点，即：延续建设现代企业制度的改革思路，以产权制度的完善为主线，从微观层面和宏观层面将国有企业改革进一步推向深入。具体来说，企业层面的改革重点是完善公司制、股份制，建立现代产权制度；治理层面的改革重点是建立完善的公司治理结构；宏观层面的改革是建立一套新的国有资产管理体制。

2007年10月召开的中国共产党第十七次全国代表大会则提出要坚持改革开放的方向，继续全面建设"小康社会"，发展中国特色社会主义，贯彻落实科学发展观，建设生态文明，构建社会主义和谐社会，转变政府职能和加强经济法制建设，注重民生建设，促进国民经济又好又快发展，从而进一步凸显了发展观念和经济增长方式的转变。在经济和企业改革方面要"深化国有企业公司制股份制改革，健全现代企业制度，优化国有经济布局和结构，增强国有经济活力、控制力、影响力。深化垄断行业改革，引入竞争机制，加强政府监管和社会监督。加快建设国有资本经营预算制度。完善各类国有资产管理体制和制度……以现代产权制度为基础，发展混合所有制经济"。"坚持对外开放的基本国策，把'引进来'和'走出去'更好地结合起来，扩大开放领域，优化开放结构，提高开放质量，完善内外联动、互利共赢、安全高效的开放型经济体系，形成经济全球化条件下参与国际经济合作和竞争新优势"。[①]

---

① 2001年《中国共产党第十七次全国代表大会报告》。

在党的十六大、十七大精神的指引下,我国国民经济取得了一系列新发展,社会经济状况有了一系列新变化。

据世界银行提供的数据,我国国民生产总值2001年约1.325万亿美元,居世界第6位;2005年约2.257万亿美元,超过法国,居世界第5位;2006年约2.713万亿美元,超过英国,居世界第4位;2007年约3.494万亿美元,超过德国,居世界第3位;2010年约5.931万亿美元,超过日本,居世界第2位。自2010年后,我国的国民生产总值一直位居世界第2位,各年的数据分别为:2011年约7.322万亿美元、2012年约8.229万亿美元、2013年约9.469万亿美元,2014年首次超过10万亿美元,约达到10.424万亿美元。①

2001年,中国加入世界贸易组织,中国经济开始全面融入经济全球化,中国与世界经济的联系更加紧密。我国在2009年出口总额跃居世界第一位和进口额升至世界第二位的基础上,2010年进出口总额再创历史新高,达到29.728万亿元,增长34.7%。与此同时,出口商品结构进一步优化,一方面保持了轻工等传统行业比较优势,另一方面明显地提高了家电、信息等产业产品的国际竞争力,2010年我国机电产品和高新技术产品的出口份额分别占出口总额的59.2%和31.2%②。我国利用外资的规模也在不断提升,2001—2009年实际利用外商直接投资5 943亿美元,年均为669亿美元;2010年外商在我国的直接投资突破1 000亿美元,达1 057亿美元,是"十五"时期末的1.5倍③。这一时期,在"走出去"战略的指导下,我国的对外投资合作取得新成就,为促进国民经济发展发挥了积极作用。2006年我国对外投资为211.6亿美元,2009年增至565.3亿美元,年均增速38.8%;截至2009年年底,对外直接投资额存量达2 457.5亿美元,位于全球第15位、发展中国家(地区)第3位,1.3万家境外企业的海外资产总额累计1.1万亿美元,已成为全球重要的资本输出国④。

加入世界贸易组织以来,我国认真履行承诺,按照其要求在自2001年12月至2006年11月,5年的过渡期内完成了关税下降、非关税贸易壁垒逐步取消、实现贸易制度改革和市场经济建设等4项任务;至2010年,中国加入世界贸易组织的所有承诺全部完成,成为全球最开放的市场之一。就服务贸易领域而言,在世界贸易组织划分的160多个部门中,已经开放了包括银行、保险、电信、分销、会计、教育在内的100多

---

① 铁血社区网:http://bbs.tiexue.net/bbs33-0-1.html,2015年1月3日。
② 国家统计局:《"十一五"经济社会发展成就系列报告之一》,《上海证券报》,2011年3月1日。
③ 国家统计局:《"十一五"经济社会发展成就系列报告之一》,《上海证券报》,2011年3月1日。
④ 赵凌云:《中国共产党经济工作史(1921—2011年)》,第537页,中国财政经济出版社,2011年版。

个部门,为外国服务者提供了大范围的市场准入机会①。

这一时期,按照党中央、国务院大力发展资本市场的决策部署,我国着力加强了资本市场的基础性制度建设,开展了股权分置改革、提高上市公司质量、证券公司综合治理、完善资本市场法制等一系列改革,使我国资本市场实现了新的发展,在市场规模、体系结构、国际影响力等方面取得了突破,成为全球发展最快的市场之一。2004年之前我国资本市场总市值排在新兴市场第4位,到2010年11月底沪深股市总市值升至26.43万亿元,已位居世界第3位;2009年我国商品期货市场成交量则占到全球的43%②,居世界第1位。随着规模的扩大和体系的完善,我国资本市场服务国民经济全局的能力得以提升,为推动经济体制改革、优化资源配置、促进经济发展和社会进步发挥了越来越重要的作用。

2012年11月8日至14日,中国共产党召开第十八次全国人民代表大会。会议强调要正确认识和把握"科学发展观",以科学发展引领经济建设,提出了"解放思想、实事求是、与时俱进、求真务实,是科学发展观最鲜明的精神实质";"在当代中国,坚持发展是硬道理的本质要求就是坚持科学发展。以科学发展为主题,以加快转变经济发展方式为主线,是关系我国发展全局的战略抉择";"使经济发展更多依靠内需特别是消费需求拉动,更多依靠现代服务业和战略性新兴产业带动,更多依靠科技进步、劳动者素质提高、管理创新驱动"③等要求,重申了继续坚持改革开放的大政方针,强调要解放思想、与时俱进,指出在经济建设上要转变经济增长方式,要实施创新驱动发展战略,包括现代服务业和管理创新的驱动。

一年之后召开的中共十八届三中全会(2013年11月9日至12日)在新中国的改革开放史上具有重要的意义,有力地推动了改革开放的前进。会议通过的《中共中央关于全面深化改革若干重大问题的决定》提出了一系列新的改革指导思想和政策措施,指出"全面深化改革的总目标是完善和发展中国特色社会主义制度,推进国家治理体系和治理能力现代化";"紧紧围绕使市场在资源配置中起决定性作用深化经济体制改革,坚持和完善基本经济制度,加快完善现代市场体系、宏观调控体系、开放型经济体系,加快转变经济发展方式,加快建设创新型国家,推动经济更有效率、更加公平、更可持续发展"。全会指出,经济体制改革是全面深化改革的重点,核心问题是处理好政府和市场的关系,使市场在资源配置中起决定性作用和更好发挥政府作用。市场决定资源配置是市场经济的一般规律,健全社会主义市场经济体制必须遵循这条规律,着

---

① 赵凌云:《中国共产党经济工作史(1921—2011年)》,第530页,中国财政经济出版社,2011年版。
② 赵凌云:《中国共产党经济工作史(1921—2011年)》,第527页,中国财政经济出版社,2011年版。
③ 胡锦涛:《中国共产党第十八次全国代表大会报告》,2012年11月8日。

力解决市场体系不完善、政府干预过多和监管不到位问题。全会提出,建设统一开放、竞争有序的市场体系,是使市场在资源配置中起决定性作用的基础;政府要加强发展战略、规划、政策、标准等制定和实施,加强市场活动监管,加强各类公共服务提供。

全会还提出了改进预算管理制度。实施全面规范、公开透明的预算制度,建立权责发生制的政府综合财务报告制度的目标。[①]

2017年10月18日召开的中国共产党第十九次全国代表大会,在新中国历史上是又一个重要的会议。会议开创性地提出"中国特色社会主义进入了新时代,这是我国发展新的历史方位";"我国社会主要矛盾已经转化为人民日益增长的美好生活需要和不平衡不充分的发展之间的矛盾";"我国社会主要矛盾的变化是关系全局的历史性变化,对党和国家工作提出了许多新要求"。会议指出,"我国经济已由高速增长阶段转向高质量发展阶段,正处在转变发展方式、优化经济结构、转换增长动力的攻关期,建设现代化经济体系是跨越关口的迫切要求和我国发展的战略目标"。会议特别强调"只有社会主义才能救中国,只有改革开放才能发展中国、发展社会主义、发展马克思主义";要"不断推进国家治理体系和治理能力现代化,坚决破除一切不合时宜的思想观念和体制机制弊端,突破利益固化的藩篱,吸收人类文明有益成果,构建系统完备、科学规范、运行有效的制度体系";"开放带来进步,封闭必然落后。中国开放的大门不会关闭,只会越开越大";要"大幅度放宽市场准入,扩大服务业对外开放……,形成面向全球的贸易、投融资、生产、服务网络,加快培育国际经济合作和竞争新优势"。[②]

2017年12月18日至20日的中央经济工作会议,再次强调了新时代中国特色社会主义的基本特征:"中国特色社会主义进入了新时代,我国经济发展也进入了新时代,基本特征就是我国经济已由高速增长阶段转向高质量发展阶段。推动高质量发展,是保持经济持续健康发展的必然要求,是适应我国社会主要矛盾变化和全面建成小康社会、全面建设社会主义现代化国家的必然要求,是遵循经济规律发展的必然要求。"

在科学发展观的理论指导和国民经济快速发展的形势下,财政部于2011年9月9日发布《会计改革与发展"十二五"规划纲要》,提出要坚持以科学发展为主题,以加快转变经济发展方式为主线,以改革创新为动力,以实现会计工作全面、协调、可持续发展为落脚点,着重抓好企业会计审计准则体系、事业单位会计准则和制度、政府会计

[①] 见《中共中央关于全面深化改革若干重大问题的决定》,2013年11月12日中国共产党第十八届中央委员会第三次全体会议通过。

[②] 习近平:"中国共产党第十九次全国代表大会报告"(2017年10月18日)。

标准体系、内部控制规范体系、会计信息化标准建设等标准建设。2016年10月8日公布的《会计改革与发展"十三五"规划纲要》则绘制了"十三五"期间会计事业发展的蓝图,提出了改进会计工作的诸项任务。

转变经济增长方式时期是新中国会计制度取得重大进展的时期。这一期间的重要企业会计制度,主要包括如下几项。

一、国际趋同的企业会计准则体系

在经济飞速发展并日益融入世界经济一体化的形势下,2006年我国出台了一套全新的《企业会计准则》(以下简称《2006年准则》)。我国在实行了一系列的会计改革之后,之所以又要推行新会计准则,"从根本上讲,是因为经济全球化进入了一个新的发展时期,我国市场经济又进入了一个新的发展阶段。会计准则必须顺时应势,创新趋同"。[①] 当时,国内经济市场化程度达到了新水平(据测算,2003年我国经济的市场化指数为73.8%,超过了60%的市场经济临界水平,属快速发展的市场经济国家),出现了金融工具、企业年金制等诸多需要解决的会计新问题,需要有相应的办法予以规范,社会公众利益也需要通过更加公开、公正的会计信息予以保护。国际上,随着我国经济与世界经济交往的增加,与其他国家的经济摩擦同时增多,采用国际通行的会计规则,提高我国会计信息的透明度和可理解性,已经成为优化我国国际经贸合作环境,维护国家利益和谋求长远发展的迫在眉睫的大事(据新华社报道,在与欧盟谈判我国的市场经济地位时,对方提出我国在四个方面不符合市场经济的要求,其中包括我国当时的会计标准与国际会计准则存在较大差异这一问题)。

在这样的形势下,旧企业会计制度暴露出诸多不适应环境发展需要的缺点,需要制定新的企业会计准则。按照《2006年准则》制定机构的官方解释,制定新的企业会计准则是因为有着如下需要:"一是适应经济发展进程的需要。……经济的市场化迫切需要有一套公认、一致、科学的会计标准来规范企业会计行为,确保生成公开透明、高质量的会计信息,促进企业投融资活动和可持续发展。二是完善市场经济体制的需要。……如果会计标准不统一、不协调,企业提供的会计信息也就不可靠、不可比,会计师事务所出具的审计报告也无法对企业会计信息质量提供合理保证。……建立高质量的企业会计准则体系,有利于确保会计信息的真实、可比、有用;有利于降低交易成本;有利于促进资本有效流动,推进产业升级,避免无效投资和资源浪费;有利于深化企业改革、金融改革和资本市场的健康发展,也是完善社会主义市场经济体制的必

[①] 王军:《关于中国企业会计准则体系建设与实施的若干问题》,转引自财政部会计司编写组:《企业会计准则讲解(2010)》,第2页,人民出版社,2010年版。

然要求。三是维护社会公众利益的需要。……按照国际会计惯例设计的会计确认、计量和报告标准,不仅使会计准则本身更加科学,更符合国际规范,而且有利于进一步强化对信息供给者的硬性约束,有利于有效维护投资者的知情权,有利于保护社会公众做出理性决策,从而为维护自身合法利益提供更好的制度保证。四是加强政府对市场监管的需要。……建立高质量的企业会计准则体系,可以为政府监管部门和有关经济管理部门提供更加科学有效的评判准绳和衡量标准,同时还有利于提高整个经济管理工作的质量和效率,不断规范市场经济秩序,提升政府驾驭市场经济的能力,更好地发挥政府维护社会公平与效率的职能作用。五是提高我国对外开放水平的需要。……随着我国经济与世界经济相互联系、相互依存和相互影响程度的日益加深,迫切需要我们从深化经贸合作、维护国家利益和谋求长远发展的大局出发,在认真总结我国会计改革实践经验的基础上,大胆借鉴国际通行规则,不断完善会计准则,为深入实施'请进来'和'走出去'战略,扩大互利合作、实现共同发展提供帮助趋同、可比互通的统一信息平台,进一步优化我国的通知环境,全面提高对外开放水平。六是推进我国会计国际化的需要。我国经济在国际舞台中正扮演着越来越重要的角色,会计作为反映和监督经济活动、服务经济发展的重要基础,也应该走上国际舞台,发挥其应有的作用。这是一项具有战略意义的系统工程,……我们有必要从促进与国际趋同的会计准则制定入手,……提高我国会计的国际话语权,推动我国会计的规范化和国际化水平。"[①]

与此前制定的企业会计制度相比,《2006年准则》突出的特点是肯定了国际财务报告准则(前称国际会计准则)即高质量会计信息的标准,明确实行与国际财务报告准则的趋同。这种趋同是实质性的,即除了在同一控制下的企业合并、关联方认定、资产减值损失转回等少述问题上存在差异外,企业按照中国会计准则编制的财务报表与按照国际财务报告准则编制的财务报表大致相同。《2006年准则》与国际财务报告准则的实质性趋同和顺利实施,得到了国际会计准则理事会和其他相关国际组织的认可,2005年11月8日中国会计准则委员会与国际会计准则理事会签署了联合声明,确认中国会计准则与国际财务报告准则实现了趋同;2008年5月,国际会计准则理事会派专家对中国上市公司执行企业会计准则情况进行了实地考察,进一步确认了中国企业会计准则体系平稳有效实施的结论;2009年10月,世界银行就中国会计准则国际趋同和有效实施情况发布评估报告,明确指出:"中国改进会计准则和实务质量的战略成为良好典范,并可供其他国家仿效。"鉴于中国会计准则与国际财务报告准则实现了趋

[①] 王军:《关于中国企业会计准则体系建设与实施的若干问题》,转引自财政部会计司编写组《企业会计准则讲解(2010)》,第2—3页,人民出版社,2010年版。

同,中国内地于2007年12月6日与中国香港财务报告准则制定机构签署了两地会计准则等效的联合声明,确认内地企业会计准则与香港财务报告准则具有同等效力;欧盟委员会在对中国会计准则国际趋同和有效实施情况评估后,于2008年12月12日就第三国会计准则等效问题发布规则,确认中国企业会计准则与欧盟所采用的国际财务报告准则等效,决定自2009年起至2011年年底的过渡期内,允许中国企业进入欧盟资本市场时直接采用按中国企业会计准则编制的财务报告。

《2006年准则》的颁布与实施,标志着中国企业会计正式走上了与国际财务报告准则趋同的道路,这是转变经济增长方式时期新中国企业会计发展最明显的特点。

《2006年准则》是一套完整的准则体系,包括四部分内容:1项基本准则、38项具体准则、准则应用指南、准则解释。其中,基本准则是企业会计准则体系的概念基础,是具体准则制定的依据,在整个准则体系中起统驭的作用;具体准则规范企业发生的具体交易或事项的确认、计量和报告,分为一般业务准则、特殊业务准则、报告类准则三类;准则应用指南是对具体准则相关条款的细化和重点、难点内容提供的操作性规定,还包括会计科目、主要业务的处理方法等;准则解释主要针对企业会计准则实施中遇到的问题做出解释。这四部分内容既相互独立,又相互联系,构成统一的整体。

比起以前的会计准则,《2006年准则》的内容框架比较完善,接近国际会计准则的形式。而内容与形式的完整,从一个侧面表现出我国会计准则的成熟。

(一) 基本准则

《企业会计准则——基本准则》(以下简称《基本准则》)公布于2006年2月15日,自2007年1月1日起开始执行。《基本准则》是整个企业会计准则体系的概念基础,内容包括财务报告的目标、会计基本假设(会计核算的基本前提)、会计基础、会计信息质量要求(会计核算的原则)、会计要素的分类及其确认和计量原则、财务报告的内容和原则等。基本准则的内容在以往的会计制度、会计准则中大多已经包括,但对这些内容的若干规定比以往会计制度、会计准则有所变化,主要表现在如下5个方面。

1. 财务报告目标的变化

《基本准则》对财务报告目标(即企业会计目标)做出了这样的阐述:"财务会计报告的目标是向财务报告使用者提供与企业财务状况、经营成果和现金流量等有关的会计信息,反映企业管理层受托责任履行情况,有助于财务会计报告使用者做出经济决策。"①对财务报告目标的这一表达,与《1992年会计准则》、2001年《企业会计制度》等

---

① 2006年《企业会计准则——基本准则》第4条。

此前的表述有很大的不同。首先,《基本准则》明确提出财务报告目标是两个,即"反映企业管理层受托责任履行情况"和"有助于财务会计报告使用者做出经济决策",并将"反映企业管理层受托责任履行情况"放在财务报告目标的第一位,这就将长期以来争论不休的"受托责任观"和"决策有用观"相融合,"财务报告的决策有用观与其受托责任观是统一的"①。其次,新的财务报告目标要求向所有财务会计报告使用者②平等地提供会计信息,而不再对财务会计报告使用者排序,特别是不再将国家或政府作为第一服务对象:国家作为国有企业的投资者,其会计利益与其他投资者是一样的;国家作为社会管理者,其会计利益与其他社会利益相关者是一样的。这意味着在市场经济环境下,会计的服务对象是整个经济社会而不只是政府,会计制度要为社会经济活动提供合理、准确、公平的会计规则,一切会计行为都应当有助于提供合理、准确、公平的会计信息。这就从出发点上扭转了过去会计首先为政府服务,首先满足政府要求的理念,其意义与产生的影响重大而深远。

《基本准则》对会计目标的这一表述与国际财务报告准则基本相同。

2. 会计信息质量要求(会计核算原则)的变化

与国际通行的做法相一致,《基本准则》将原来的会计原则改成为"会计信息质量要求",并提出了客观性、相关性、明晰性、可比性、一致性、实质重于形式、重要性、谨慎性、及时性9条质量要求。与以往的会计原则不同的是:其一,《基本准则》不再将权责发生制作为会计信息的质量要求,而是当作会计核算中带有基本性、层次较高、统驭性较强的"会计基础",在该准则的总则中加以说明。其二,不再将历史成本作为会计信息的质量要求,而是在该准则新增设的第九章"会计计量"中作为计量属性之一予以规定。其三,不再将划分收益性支出和资本性支出作为会计信息的质量要求,而是当作会计要素的确认与计量标准,在各项会计要素的确认与计量中规定。其四,会计信息质量要求中取消了原制度或准则中一再提到的"配比原则"。

3. 会计要素定义与确认条件的变化

《基本准则》按照《企业会计报告条例》(2000年)的口径定义资产、负债、所有者权益、收入、费用、利润6项会计要素,并提出了资产、负债、收入、费用的确认条件。该准则第一次正式引入了利得和损失两个概念,在讲解所有者权益和利润时,分别规定了计入所有者权益和计入当期损益的利得和损失:"所有者权益的来源包括所有者投入的资本、直接计入所有者权益的利得和损失、留存收益等。直接计入所有者权益的利得和损失,是指不应计入当期损益、会导致所有者权益发生增减变动的、与所有者投入

---

① 财政部会计司编写组:《企业会计准则讲解(2010)》,第3页,人民出版社,2010年版。
② 2006年《基本准则》提及的财务报告使用者主要包括投资者、债权人、政府及其有关部门和社会公众等。

资本或者向所有者分配利润无关的利得或者损失。利得是指由企业非日常活动所形成的、会导致所有者权益增加的、与所有者投入资本无关的经济利益的流入。损失是指由企业非日常活动所发生的、会导致所有者权益减少的、与向所有者分配利润无关的经济利益的流出。"①"直接计入当期利润的利得和损失,是指应当计入当期损益、会导致所有者权益发生增减变动的、与所有者投入资本或者向所有者分配利润无关的利得或者损失。"②

4. 会计要素计量的变化

《基本准则》增设了"会计计量"一章(第九章),就会计计量的有关问题单独做出了规定。该章规定企业可以采用历史成本、重置成本、可变现净值、现值、公允价值5种计量属性进行会计计量,但同时规定:"企业在对会计要素进行计量时,一般应当采用历史成本,采用重置成本、可变现净值、现值、公允价值计量的,应当保证所确定的会计要素金额能够取得并可靠计量。"③《2006年准则》重新启用公允价值,是此次准则修改中的一大亮点。然而考虑到当时中国市场和企业发展的状况,在相关具体准则中,主要在金融工具、投资性房地产、非同一控制下的企业合并、债务重组和非货币性交易等方面有限制地采用公允价值。

5. 财务会计报告体系的变化

《基本准则》提出的财务会计报告体系与《1992年会计准则》、2001年《企业会计制度》不同,不再要求编制财务状况变动表和财务状况说明书。该准则第44条规定:"财务会计报告包括会计报表及其附注和其他应当在财务会计报告中披露的相关信息和资料。会计报表至少应当包括资产负债表、利润表、现金流量表等报表。"该准则同时规定:"小企业编制的会计报表可以不包括现金流量表。"

(二) 具体会计准则

《2006年准则》的具体会计准则共38项,于2006年2月15日公布,2007年7月1日起执行,公布时间和执行时间与《基本准则》相同。

1. 《企业会计准则第1号——存货》

"存货"会计准则共22条,分为"总则""确认""计量""披露"4章。该准则在2001年发布的《企业会计准则——存货》的基础上修改制定。与原"存货"准则相比,该准则的变化主要有以下几方面:

(1) 规定符合资本化条件的存货发生的借款费用可以计入存货成本。

---

① 2006年《企业会计准则——基本准则》第27条。
② 2006年《企业会计准则——基本准则》第38条。
③ 2006年《企业会计准则——基本准则》第43条。

(2) 发出存货的成本确定方法,只可使用先进先出法、一次加权平均法、移动加权平均法、个别计价法,不得再采用后进先出法。

(3) 商品流通企业在采购商品的过程中发生的运输费、装卸费、保险费等费用,应该计入存货的采购成本。

2.《企业会计准则第2号——长期股权投资》

"长期股权投资"会计准则共17条,分为"总则""初始计量""后续计量""披露"四章。该准则在2001年《企业会计准则——投资》的基础上修改而成,与2001年的投资会计准则比较,该准则的变化主要有以下几方面。

(1) 改变了准则的规范范围。2001年"投资"准则规定了各种类型投资的会计处理,而该准则仅规定了对子公司、联营公司、合营公司的投资,以及对被投资单位不具有共同控制或重大影响、且在活跃市场中没有报价、公允价值不能可靠计量的长期股权投资,其他投资则不在该准则的规定范围内。

(2) 对子公司长期股权投资的核算方法,由使用权益法改为使用成本法。

(3) 权益法会计处理方法的改变。其一,确定初始投资成本时,要求比较初始投资成本与投资时应享有的被投资企业可辨认净资产公允价值的份额(而2001年"投资"准则要求比较初始投资成本与投资时应享有的被投资企业账面净资产的份额),其中属于商誉的部分不调整初始投资成本;对于初始投资成本小于应享有的被投资企业可辨认净资产公允价值份额的差额,计入当期损益。其二,在确认投资损益时,要求应以取得投资时被投资企业各项可辨认资产的公允价值为基础,对被投资企业的净利润调整后,确认应享有的被投资单位的净利润或应承担的净亏损;应先抵销按持股比较计算的投资企业与联营企业、联营企业之间发生的内部交易损益中归属于投资企业的部分后,再确认投资损益。

3.《企业会计准则第3号——投资性房地产》

投资性房地产指的是"为赚取租金或资本增值,或者两者兼有而持有的房地产"。① "投资性房地产"会计准则共19条,分为"总则""确认和初始计量""后续计量""转换""处置""披露"6章。该准则是在2001年《企业会计制度》有关规定的基础上制定的。该准则与《企业会计制度》有关房地产规定的不同之处主要有以下几方面:

(1) 在以往的会计制度中,对房地产的性质不做区分,不要求单独核算投资性房地产,相关资产作为固定资产或无形资产核算;该准则将投资性房地产与自用的房地产或作为存货的房地产相区别,作为一类单独的资产进行核算,从而分类反映企业房

---

① 财政部会计司编写组:《企业会计准则讲解(2010)》,第54页,人民出版社,2010年版。

地产和盈利的构成情况。

(2) 适度引入公允价值。以往制度对固定资产和无形资产一般采用历史成本计量,该准则允许在满足特定条件(存在活跃的房地产交易市场、能够取得同类或类似房地产的市场价格及其他相关信息)时对投资性房地产采用公允价值模式进行后续计量。

4.《企业会计准则第4号——固定资产》

"固定资产"会计准则分为"总则""确认""初始计量""后续计量""处置""披露"六章,共25条。该准则以2001年发布的《企业会计准则——固定资产》为基础修改而成。与原固定资产准则相比,该准则的变化主要有以下几方面。

(1) 对购买固定资产的价款超过正常信用条件延期支付的,要求以现值为基础确定固定资产的成本:"购买固定资产的价款超过正常信用条件延期支付,实质上具有融资性质的,固定资产的成本以购买价款的现值为基础确定。实际支付的价款与购买价款之间的差额,除按照《企业会计准则第7号——借款费用》应予资本化的以外,应当在信用期间内计入当期损益。"①

(2) 要求确定固定资产成本时考虑弃置费用。该准则第13条规定:"确定固定资产成本时,应当考虑预计弃置费用因素。"这是因为某些特殊行业的固定资产,如油气设备、核电站设备等,处置时往往会承担高额的环境保护和生态恢复费用,因此需在确定其初始成本时即考虑弃置费用的因素。

(3) 对持有待售固定资产的新规定。该准则第22条规定"企业持有待售的固定资产,应当对其预计净残值进行调整",以使该项固定资产的预计净残值能够反映其公允价值减去处置费用后的金额。

5.《企业会计准则第5号——生物资产》

按照"生物资产"会计准则的解释,"生物资产是指与农业生产相关的(即活的)动物和植物。生物资产与企业的存货、固定资产等一般资产不同,其具特殊的自然增值属性,因此导致其在会计确认、计量和相关信息披露等方面的特殊性"。②"生物资产"会计准则共28条,分为"总则""确认和初始计量""后续计量""收获与处置""披露"5章。该准则是以财政部2004年4月发布的《农业企业会计核算办法——生物资产和农产品》(以下简称原规定)为基础修改而成的。与原规定相比较,该准则的主要变化有以下几方面:

(1) 增加了公益性生物资产的类别。原规定将生物资产分为消耗性生物资产、生

---

① 2006年《企业会计准则第4号——固定资产》第8条。
② 财政部会计司编写组:《企业会计准则讲解(2010)》,第84页,人民出版社,2010年版。

产性生物资产两类,该准则在此基础上增加了公益性生物资产("公益性生物资产,是指以防护、环境保护为主要目的的生物资产,包括防风固沙林、水土保持林和水源涵养林等"①),使生物资产的类别从2类改变为3类。

(2) 部分生物资产的后续支出予以资本化。该准则第15条规定:"因择伐、间伐或抚育更新性质采伐而补植林木类生物资产发生的后续支出,应当计入林木类生物资产的成本。"这改变了原制度中对消耗性林木资产发生的管护费用计入当期营业费用的做法。

(3) 对生物资产的减值准备做出了重新规定。原制度规定消耗性生物资产减值准备计提后不得转回。该准则第21条则规定:"消耗性生物资产减值的影响因素已经消失的,减记金额应当恢复,并在原已计提的跌价准备金额内转回,转回的金额计入当期损益。生产性生物资产减值准备一经计提,不得转回。公益性生物资产不计提减值准备。"

(4) 增加了天然起源生物资产成本的规定。原制度没有涉及天然起源生物资产的成本计量。该准则第13条增加了相关规定:"天然起源生物资产的成本,应当按照名义金额确定。"

6. 《企业会计准则第6号——无形资产》

"无形资产"会计准则分为"总则""确认""初始计量""后续计量""处置和报废""披露"六章,共24条。该准则是在财政部2001年发布的《企业会计准则——无形资产》的基础上修改而成的。与原无形资产准则相比,该准则的主要变化体现在以下方面:

(1) 允许部分开发费用资本化。原"无形资产"准则规定无形资产的研究开发费用全部计入当期损益。该准则将无形资产的研究开发支出分为研究阶段支出和开发阶段支出,其中研究阶段的支出计入当期损益;开发阶段的支出,满足特定条件的,予以资本化,确认为无形资产。

(2) 不同类型的无形资产采用不同的价值摊销方式。原"无形资产"准则规定,无形资产的价值一律按一定期限分期摊销计入损益。该准则按照使用寿命的不同,将无形资产区分为使用寿命有限的无形资产和使用寿命不确定的无形资产两类,其中使用寿命有限的无形资产,其应摊销金额应在使用寿命内系统、合理摊销;而"使用寿命不确定的无形资产不应摊销"②,但应在每个会计期间对这类无形资产的使用寿命进行复核。

(3) 改变部分无形资产摊销金额的处理。原"无形资产"准则规定无形资产的摊

---

① 2006年《企业会计准则第5号——生物资产》第3条。
② 2006年《企业会计准则第6号——无形资产》第19条。

销额一律计入当期损益。而该准则规定:"无形资产的摊销金额一般应当计入当期损益,其他会计准则另有规定的除外①。"这里的额外处理指的是如果某项无形资产专门用于生产某特定产品,其摊销额应计入该产品的成本。

7.《企业会计准则第 7 号——非货币性资产交换》

"非货币性资产交换"会计准则共 10 条,分设"总则""确认和计量""披露"3 章。该准则是在财政部 2001 年发表的《企业会计准则——非货币性交易》的基础上修改而成的。与原非货币性交易准则相比,该准则的变化主要有以下几方面:

(1)允许具有商业实质的非货币性支出交换采用公允价值计量。原准则规定,换入资产的成本应以换出资产的账面价值为基础确定。该准则第 3 条规定,非货币性资产交换如果具有商业实质,且换入、换出资产的公允价值能够可靠地计量,则应以公允价值和应支付的相关税费作为换入资产的成本。第 4 条则规定非货币性资产交换具有商业实质,指的是应满足下列条件之一:换入资产的未来现金流量在风险、时间和金额方面与换出资产显著不同;换入资产与换出资产的预计未来现金流量现值不同,且其差额与换入资产和换出资产的公允价值相比是重大的。

(2)简化了非货币性支出交换的会计处理。该准则规定,以公允价值计量换入资产的,无论支付或收到补价,换入资产公允价值与换出资产账面价值之间的差额均计入当期损益;以换出资产账面价值计量换入资产的,无论支付或收到补价,均不确认损益。这样的规定,简化了原准则相应的会计处理。

8.《企业会计准则第 8 号——资产减值》

"资产减值"会计准则适用于长期股权投资、固定资产、无形资产、商誉、采用成本模式进行后续计量的投资性房地产、生产性生物资产等非流动资产的减值,共 30 条,分为"总则""可能发生减值资产的认定""资产可收回金额的计量""资产减值损失的确定""资产组的认定及减值处理""商誉减值的处理""披露"7 章。该准则综合了 2001 年财政部发布的《企业会计制度》《企业会计准则——无形资产》、2002 年发布的《企业会计准则——固定资产》等制度或准则(以下统称原制度)中有关资产减值的规定并加以修改而成。相比原来的有关制度,该准则的变化主要表现为以下几个方面:

(1)改进了资产可收回金额的估计方法。原制度规定资产可收回金额按照资产的销售净值与未来现金流量现值的较高者确定,但对如何确定销售净价、未来现金流量现值等资产可收回金额,却未提供具体的指南和方法,而现实中不少固定资产、无形

---

① 2006 年《企业会计准则第 6 号——无形资产》第 17 条。

资产的销售价格很难确定。新准则规定,"可收回金额应当根据资产的公允价值减去处置费用后的净值与预计未来现金流量的现值两者之间较高者确定"[①],并在该准则和《企业会计准则——应用指南》中对如何确定资产的公允价值及预计处置费用、如何预计未来现金流量提供了较详细的规定和操作指导。

(2) 允许以资产组为基础确定资产的可收回金额。该准则第18条规定:"有迹象表明一项资产可能发生减值的,企业应当以单项资产为基础估计其可收回金额。企业难以对单项资产的可收回金额进行估计的,应当以该资产所属的资产组为基础确定资产组的可收回金额。"同时,该准则和《企业会计准则——应用指南》中对如何确定资产组的减值准备做出了较具体的规定和操作指导。

(3) 规定了总部资产和商誉的减值处理。该准则第一次提出,企业的总部资产和商誉应结合相关的资产组或资产组组合进行减值测试。该准则第20条指出:"有迹象表明某项总部资产可能发生减值准备的,企业应当计算该总部资产所属的资产组或者资产组组合的可收回金额,然后与相应的账面价值相比较,据以判断是否需要确认减值准备。"第23条指出:"商誉应当结合与其相关的资产组或者资产组组合进行减值测试。"

(4) 修改了资产减值测试的频率。原制度规定企业应定期或至少每年年度终了时对各项资产进行减值测试。该准则规定,除商誉和使用寿命不确定的无形资产外,只在资产存在可能发生减值迹象的情况下,才需对资产进行减值测试。

(5) 禁止资产减值转回。如果前期已确认的资产减值损失在以后会计期间恢复,原制度允许在不超过减值损失金额的范围内,转回减值损失,计入当期损益。该准则规定"资产减值损失一经确定,在以后会计期间不得转回"[②],即纳入该准则适用范围内的长期股权投资、固定资产、无形资产、商誉、采用成本模式进行后续计量的投资性房地产、生产性生物资产等非流动资产发生减值损失后,即使以后期间价值回升,其减少的价值也不得转回。

9.《企业会计准则第9号——职工薪酬》

"职工薪酬"会计准则含"总则""确认和计量""披露"3章,共8条。与2001年《企业会计制度》中和职工薪酬相关的规定相比,该准则显著的变化是界定了企业人工成本的概念与范围。尽管职工薪酬是企业长期以来的核算内容之一,但过去的会计制度从未提出职工薪酬的概念和范围,对企业人工成本的核算也不够完整。新准则基于人工成本的实质提出,"职工薪酬,是指企业为获得职工提供的服务而给予各种形式的报

---

① 2006年《企业会计准则第8号——资产减值》第6条。
② 2006年《企业会计准则第8号——资产减值》第17条。

酬以及其他相关支出",并明确规定所有支付给职工的报酬和支出,包括职工工资、奖金和补贴,职工福利费,医疗保险等各种社会保险费,住房公积金,工会经费和职工教育经费,非货币性福利,因解除与职工的劳动关系而提供的补偿及其他与获得职工提供的服务相关的支出,均属于职工薪酬的范围。与此相应,该准则还规定了向职工支付非货币性福利(如各种社会保险和住房公积金等)、辞退福利(如因劳动合同到期之前解除劳动关系而给予职工的补偿等)的会计处理办法。

10.《企业会计准则第10号——企业年金基金》

企业年金基金指的是根据依法制订的企业年金计划筹集的资金及其投资运营收益形成的企业补充养老保险基金。"企业年金"会计准则规定:"企业年金基金应当作为独立的会计主体进行确认、计量和列报。"[1]该准则是新中国第一个关于企业年金基金的会计规范,包括"总则""确认和计量""列报"3章,共20条。

该准则在第二章"确认和计量"中规定,"企业年金基金应当分别对资产、负债、收入、费用和净资产进行确认和计量"[2],并规定了资产、负债、收入、费用、净资产的内容和确认、计量标准。

该准则在第三章"列报"中规定,"企业年金基金的财务报表包括资产负债表、净资产变动表和附注",规定了资产负债表中资产类项目、负债类项目、净资产项目至少应当列示的信息,净资产变动表和附注应当列示的信息。该准则还在附录中列示了企业年金基金的资产负债表和净资产变动表的格式。

11.《企业会计准则第11号——股份支付》

"股份支付,是指企业为获取职工和其他方提供服务而授予权益工具或者承担以权益工具为基础确定的负债的交易。"[3]以往的企业会计制度中,没有股份支付交易的相关规定,"股份支付"会计准则首次规范了股份支付的概念、确认、计量和披露,并明确了股份支付构成企业人工成本的一部分。"股份支付"会计准则分设"总则""以权益结算的股份支付""以现金结算的股份支付""披露"4章,共15条。

在第一章"总则"中,该准则分别明确了以权益结算的股份支付和以现金结算的股份支付的概念:"股份支付分为以权益结算的股份支付和以现金结算的股份支付。以权益结算的股份支付,是指企业为获取服务以股份或其他权益工具作为对价进行结算的交易。以现金结算的股份支付,是指企业为获取服务承担以股份或其他权益工具为

---

[1] 2006年《企业会计准则第10号——企业年金基金》第3条。
[2] 2006年《企业会计准则第10号——企业年金基金》第4条。
[3] 2006年《企业会计准则第11号——股份支付》第2条。

基础计算确定的交付现金或其他资产义务的交易。"①

该准则第二章"以权益结算的股份支付"中规定,以权益结算的股份支付应以公允价值计量(权益工具公允价值无法可靠计量的,则以其内在价值计量),计入相应期间的资产成本或费用,同时增加资本公积。第三章"以现金结算的股份支付"中规定,以现金结算的股份支付应按照企业承担的负债的公允价值计入相应期间的资产成本或费用,同时增加负债;并应在结算前的每个资产负债表日和结算日对负债的公允价值重新计量,其变动计入损益。

12.《企业会计准则第12号——债务重组》

"债务重组"会计准则分设"总则""债权人的会计处理""债务人的会计处理""披露"4章,共15条。该准则是对财政部2001年修订的《企业会计准则——债务重组》(以下简称原准则)进行再修订而成的。与原准则相比,新准则主要在如下方面有所改变:

(1) 修订了债务重组的概念及范围。原准则所指的债务重组包括债权人做出让步的债务重组和未做出让步的债务重组。新准则所说的债务重组,仅指债务人处于财务困难,债权人做出让步的债务重组。新准则第2条指出:"债务重组,是指在债务人发生财务困难的情况下,债权人按照其与债务人达成的协议或者法院的裁定做出让步的事项。"

(2) 采用公允价值计量。原准则主要使用账面价值计量受让的非现金资产或股权。新准则规定债务人和债权人对非现金资产清偿债务的各种业务,均采用公允价值计量转让或受让的资产和股权、重组后的债务或债权。

(3) 修改了债务重组损益的确认方法。原准则规定债务人因债务重组而获得的利益计入资本公积。新准则规定债务重组损益应分别计入营业外收入或营业外支出。

13.《企业会计准则第13号——或有事项》

"或有事项"会计准则分为"总则""确认和计量""披露"3章,共有15条。该准则是对财政部2001年发布的《企业会计准则——或有事项》(以下简称原准则)进行修订而形成的。新旧会计准则相比较,主要变化为如下两点:

(1) 扩大了准则的适用范围。新准则的适用范围比原准则有所扩大,将满足条件的亏损合同、重组,均纳入该准则的适用范围。

(2) 以现值计量预计负债。原准则在计量预计负债时,不考虑货币时间价值。新准则要求在一定情况下,以未来现金流出的现值计量预计负债。新准则第6条称:"企

---

① 2006年《企业会计准则第11号——股份支付》第2条。

业在确定最佳估计数时,应当综合考虑与或有事项有关的风险、不确定性和货币时间价值。货币时间价值影响最大的,应当通过对相关未来现金流出进行折现后确定最佳估计数。"

14.《企业会计准则第 14 号——收入》

"收入"会计准则是以财政部 1998 年公布的《企业会计准则——收入》(以下简称原准则)为基础修订完成的,分为"总则""商品销售收入""提供劳务收入""让渡资产所有权收入""披露"5 章,共计 19 条。该准则比原准则的主要变化为以下两点:

(1) 修改了分期收款发出商品收入的确认和计量。原准则规定分期收款发出商品,按照合同或协议约定的收款日期分期确认收入并结转成本。新准则第 5 条将分期收款发出商品的确认修改为:"合同或协议价款的收取采用递延方式,实质上具有融资性质的,应当按照应收的合同或协议价款的公允价值确定销售商品收入金额。应收的合同或协议价款与其公允价值之间的差额,应当在合同或协议期间内采用实际利率法进行摊销,计入当期损益。"

(2) 修改了利息收入的计量方法。原准则规定利息收入按照他人使用本企业现金的时间和适用利率(合同利率)计算确定。新准则将利息收入的确定改为:"利息收入金额,按照他人使用本企业货币资金的时间和实际利率计算确定。"①

15.《企业会计准则第 15 号——建造合同》

"建造合同"会计准则分为"总则""合同的分立与合并""合同收入""合同成本""合同收入与合同费用的确认""披露"6 章,共 28 条。该准则以财政部 1998 年颁布的《企业会计准则——建造合同》为基础修订而成,新准则与原准则没有实质性差别。

16.《企业会计准则第 16 号——政府补助》

"政府补助"会计准则是对财政部 2001 年发布的《企业会计制度》及其他相关会计制度(以下简称原制度)进行修订之后形成的,分设"总则""确认和计量""披露"3 章,共 10 条。该准则与原制度的差别,主要表现在以下两点:

(1) 明确了政府补助的概念和分类。原制度中没有政府补助的概念,将政府对企业的各种退款、拨款、补贴、补助等,笼统地作为"补贴收入"。新准则明确了政府补助的概念,并对其做出了分类:"政府补助,是指企业从政府无偿取得货币性资产或非货币性资产,但不包括政府作为其他所有者投入的资本。"②"政府补助分为与资产相关的政府补助和与收益相关的政府补助。与资产相关的政府补助,指的是企业取得的、用于购建或以其他方式形成长期资产的政府补助。与收益相关的政府补助,指的是除

---

① 2006 年《企业会计准则第 14 号——收入》第 18 条。
② 2006 年《企业会计准则第 16 号——政府补助》第 2 条。

与资产相关的政府补助之外的政府补助。"①

（2）统一了政府补助的会计处理。原制度对不同形式的政府补助分别采用资本法、总额收益法和净额收益法处理。新准则规定，对政府补助一律全额计入当期损益（"营业外收入"②）或递延收益，实际上是采用了收益法中的总额法。

17.《企业会计准则第17号——借款费用》

"借款费用"会计准则在对财政部2001年颁布的《企业会计准则——借款费用》（以下简称原准则）进行修订后形成，共15条，分为"总则""确认和计量""披露"3章。新准则与原准则的区别，主要为以下三点。

（1）修改了借款费用允许资本化的资产范围。原准则规定借款费用符合资本化条件的资产只有固定资产。新准则扩大了借款费用资本化的资产范围："符合资本化条件的资产，是指需要经过相当长时间的建造或者生产活动才能达到预定使用或者可销售状态的固定资产、投资性房地产和存货等资产。"

（2）修改了借款费用允许资本化的借款范围。原准则规定，只有专门借款所发生的借款费用才可以资本化。新准则规定，允许借款费用资本化的借款既包括专门借款，也包括为购建或生产符合资本化条件的资产而占用的一般借款。

（3）修改了借款费用资本化金额的计算方法。原准则只允许专门借款所发生的利息费用中与购建固定资产支出挂钩的部分资本化。新准则修改了这一做法，规定：专门借款的利息费用，扣除尚未动用的借款金额存入银行取得的利息收入或进行暂时性投资获取的投资收益后，允许全部资本化；为购建或生产符合资本化条件的资产而占用的一般借款的利息费用，允许与购建固定资产支出挂钩的部分资本化。

18.《企业会计准则第18号——所得税》

"所得税"会计准则是在财政部2001年发布的《企业会计制度》等规定（以下简称原制度）的基础上修订完成的。该准则设"总则""计税基础""暂时性差异""确认""计量""列报"6章，共25条。该准则与原制度最显著的不同，集中表现在：原制度规定对所得税的核算可以采用应付税款法或以利润表为基础的纳税影响会计法，该准则规定对所得税的核算应采用资产负债表债务法。这一不同，引起了原制度与该准则在暂时性差异涵盖的范围、递延所得税资产的确认、对前期确认的递延所得的调整等诸方面的处理方法不同。

19.《企业会计准则第19号——外币折算》

"外币折算"会计准则是在财政部2001年发布的《企业会计制度》及其他相关会计

---

① 2006年《企业会计准则第16号——政府补助》第3条。
② 《企业会计准则——应用指南2006》附录二、主要账务处理。

制度(以下简称原制度)的基础上修改完成的。该准则分设"总则""记账本位币的确定""外币交易的会计处理""外币报表的折算""披露"5章,共16条。该准则与原制度比较,主要变化如下。

(1) 明确了记账本位币的定义及其选择因素。原制度没有对记账本位币做出定义,也没有明确选择记账本位币需要考虑的因素。该准则提出了记账本位币的定义,"记账本位币,是指企业经营所处的主要经济环境中的货币"[①],并提出了企业选定记账本位币时应当考虑的因素。

(2) 改变了外币投入资本的折算方法。原制度规定外币投入资本应根据情况分别按照合同约定汇率、收到外币资本第一次投入当日的即期汇率折算。该准则规定,所有外币交易的外币金额在折算为记账本位币金额时,均按照交易当日的即期汇率折算。

(3) 允许使用公允价值计量非货币性资产。原制度规定在资产负债表日,所有非货币性项目均不得改变其原记账本位币的金额。该准则允许在资产负债表日对以公允价值计量的外币非货币性资产,如交易性金融资产(股票、基金等),以该外币按照公允价值确定当日的即期汇率折算为记账本位币,折算后的记账本位币与原记账本位币之间的差额作为公允价值变动损益,计入当期损益。可供出售金融资产的公允价值变动,属于货币性项目的,计入当期损益;属于非货币性项目的,计入资本公积。

(4) 增加了对处置境外经营的处理规定。原制度没有针对处置境外经营的规定。该准则第14条规定:"企业在处置境外经营时,应当将资产负债表中所有者权益项目下列示的、与该境外经营相关的外币财务报表折算差额,自所有者权益项目转入处置当期损益;部分处置境外经营的,应当按照处置的比例计算处置部分的外币财务报表折算差额,转入处置期损益。"

(5) 增加了恶性通货膨胀经济中境外经营财务报表的折算规定。原制度没有针对恶性通货膨胀经济中境外经营财务报表的折算规定。该准则第13条规定:"企业处于恶性通货膨胀经济中的境外经营的财务报表,应当按照下列规定进行折算:对资产负债表项目运用一般物价指数予以重述,对利润表项目运用一般物价变动指数予以重述,再按照最近资产负债表日的即期汇率进行折算。在境外经营不再处于恶性通货膨胀经济中时,应当停止重述,按照停止之日的价格水平重述的财务报表进行折算。"

20.《企业会计准则第20号——企业合并》

"企业合并"会计准则分为"总则""同一控制下的合并""非同一控制下的合并""披露"4章,共19条。该准则公布之前,没有关于企业合并交易的单独规定,企业在处理

---

① 2006年《企业会计准则第19号——外币折算》第4条。

该类业务时,基本按照1997年财政部颁布的《企业兼并有关会计处理问题暂行规定》(以下简称原规定)办理。新准则与原规定的不同之处,主要表现为以下两点。

(1) 新增了对企业合并类型的区分。新准则将企业合并分为同一控制下的合并和非同一控制下的合并,而原规定中没有对合并类型的区分。新准则第5条规定:"参与合并的企业在合并前后均受同一方或相同的多方最终控制且该控制并非暂时的,为同一控制下的合并。"第10条规定:"参与合并的各方在合并前后不受同一方或相同的多方最终控制的,为非同一控制下的合并。"

(2) 新增了对非同一控制下合并的会计处理的规定。原规定中因为没有对合并类型的区分,故无针对非同一控制下合并会计处理的规定。新准则对非同一控制下的合并提出了特殊要求:合并成本为合并中支付的有关对价的公允价值;企业合并成本高于合并中取得被购买方可辨认净资产公允价值份额的差额,应确认为商誉;合并成本小于合并中取得被购买方可辨认净资产公允价值份额的差额,计入当期损益;对通过多次交易分步实现的合并做出了规范。

此外,财政部在2010年编写出版的《企业会计准则讲解(2010)》中,还对购买少数股权及反向购买的会计处理做出了说明①。

21.《企业会计准则第21号——租赁》

"租赁"会计准则是以财政部2001年发布的《企业会计准则——租赁》(以下简称旧准则)为基础修改而成的,分设"总则""租赁的分类""融资租赁中承租人的会计处理""融资租赁中出租人的会计处理""经营租赁中承租人的会计处理""经营租赁中出租人的会计处理""售后租回交易""列报"8章,共39条。新旧准则的差异主要有以下几点:

(1) 对承租人融资租赁资产入账价值的确认,采用了公允价值。旧准则规定,融资租赁方式下承租人应以租赁资产原账面价值与最低租赁付款额中较低者为租入资产的入账价值。新准则对此改为,承租人应以租赁资产公允价值与最低租赁付款额中较低者为租入资产的入账价值。

(2) 修改了融资租赁初始直接费用的处理。旧制度规定融资租赁双方发生的初始直接费用均确认为当期损益。新准则规定,融资租赁下承租人发生的初始直接费用计入租入资产的价值,出租人发生的初始直接费用则计入应收租赁额。

(3) 改变了租赁内含报酬率的定义。旧制度规定,租赁内含报酬率指租赁开始日,使最低租赁收款额与未担保余额的现值之和等于租赁资产原账面价值的折现率。

---

① 财政部会计司编写组:《企业会计准则(2010)》,第336~338页,人民出版社,2010年版。

新准则将内含报酬率改为:"租赁内含报酬率,是指租赁开始日,使最低租赁收款额的现值与未担保余值的现值之和等于租赁资产公允价值与出租人的初始直接费用之和的折现率。"①

(4) 对未确认融资费用的分摊和未实现融资收入的分配,均采用实际利率法。旧准则规定,承租人对未确认融资费用的分摊,可以采用实际利率法或者直线法、年数总和法等;出租人对当期未确认的融资收入的分配,既可采用实际利率法,也可在与实际利率法计算结果无重大差异的情况下采用直线法、年数总和法等。新准则规定,承租人对未确认当期融资费用的分摊和出租人对未确认当期融资收入的分配,均应采用实际利率法。

(5) 修改了售后租回的会计处理。旧准则要求售后租回认定为经营租赁的,售价与资产账面价值之间的差额应予递延。新准则对此的规定与原准则有所不同:"售后租回交易认定为经营租赁的,售价与资产账面价值之间的差额应当予以递延,并在租赁期内按照与确认租金费用一致的方法进行分摊,作为租金费用的调整。但是,有确凿证据表明售后租回交易是按照公允价值达成的,售价与资产账面价值之间的差额应当计入当期损益。"②

22.《企业会计准则第 22 号——金融工具确认和计量》

发表"金融工具确认和计量"会计准则(以下简称新准则)之前,企业处理相关业务,执行财政部 2001 年颁布的《金融企业会计制度》(以下简称原制度),新准则是以原制度为基础修改完成的。新准则共设 8 章 58 条,各章分别为:第一章"总则"、第二章"金融资产和金融负债的分类"、第三章"嵌入衍生工具"、第四章"金融工具确认"、第五章"金融工具计量"、第六章"金融资产减值"、第七章"公允价值确定"、第八章"金融资产、金融负债和权益工具定义"。新准则与原制度之间的差异主要包括以下五点:

(1) 对金融资产和金融负债重新分类。原制度按照存在形式,将金融资产分为货币资金、短期投资、应收账款、应收票据、应收股利、应收利息、其他应付款、长期股权投资、长期债券投资等;将金融负债分为短期借款、应付票据、应付账款、应付股利、其他应付款、长期借款、应付债券、长期应付款等。新准则按照计量方式、回收金额的确定性和期限,对金融资产分为四类:以公允价值计量且变动计入当期损益的金融资产(包括交易性金融资产和指定为以公允价值计量且其变动计入当期损益的金融资产)、持有至到期投资、贷款和应收款项、可供出售金融资产(长期股权投资由股权投资会计准则另行规范);对金融负债分为两类:以公允价值计量且变动计入当期损益的金融负债

---

① 2006 年《企业会计准则第 21 号——租赁》第 13 条。
② 2006 年《企业会计准则第 21 号——租赁》第 32 条。

（包括交易性金融负债和指定为以公允价值计量且其变动计入当期损益的金融负债）、其他金融负债。

（2）引入公允价值计量。原制度对短期投资采用成本与市价孰低法计量。新准则规定对交易性金融资产、金融负债、可供出售金融资产采用公允价值计量；对持有至到期投资、贷款和应收账款采用实际利率法，按摊余成本计量。

（3）衍生工具改为表内披露。原制度对衍生工具仅要求做表外披露。新准则规定衍生工具应以公允价值在表内披露。

（4）改用未来现金流量折现法计提金融资产的减值准备。原制度要求以适当比例计提金融资产的减值准备，新准则改变了计提减值准备的方法。新准则规定："企业应当在资产负债表日对以公允价值计量且其变动计入当期损益的金融资产以外的金融资产的账面价值进行检查，有客观证据表明该金融资产发生减值的，应当计提减值准备。"[1]"以摊余成本计量的金融资产发生减值时，应当将该金融资产的账面价值减记至未来现金流量（不包括尚未发生的未来信用损失）现值，减记的金额确认为资产减值损失，计入当期损益。"[2]

（5）规范了嵌入衍生工具的会计处理。原制度没有对嵌入衍生工具会计处理的规范。新准则单独设置一章，规范了嵌入衍生工具的会计处理。

23.《企业会计准则第23号——金融资产转移》

"金融资产转移会计准则"公布之前，有关金融资产转移的业务按照财政部2003年印发的《关于企业与银行等金融机构之间从事应收债权融资等有关业务会计处理的暂行规定》、2005年印发的《信贷资产证券化试点会计处理规定》（以下简称原制度）执行。该准则以原制度为基础修改完成，共24条，分为"总则""金融资产转移的确认""金融资产转移的计量"3章，其与原制度的不同之处主要是以下几点：

（1）界定了的金融资产转移的概念及其不同情形。原制度没有界定金融资产转移的概念及其不同情形。该准则对此做出了规定。该准则第2条称："金融资产转移，是指企业（转出方）将金融资产让与或交付给该金融资产发行方以外的另一方（转入方）。"该准则的第4条则对金融资产转移的两种情形做出了清晰的说明。

（2）较全面地规范了金融资产转移的会计处理。原制度的涉及面较小，仅规范了应收债权和信贷资产转移的会计处理。该准则规范了所有金融资产转移的会计处理。

（3）规定了金融资产终止确认的条件。原制度没有提出金融资产终止确认的条件。该准则对不同情形下金融资产终止确认的条件做出了规定。

---

[1] 2006年《企业会计准则第22号——金融工具的确认和计量》第40条。
[2] 2006年《企业会计准则第22号——金融工具的确认和计量》第42条。

24.《企业会计准则第 24 号——套期保值》

"套期保值"会计准则是对财政部 2001 年发布的《金融企业会计制度》(以下简称原制度)进行修改后完成的。该准则共设 32 条,分为"总则""套期工具和被套期项目""套期确认和计量"3 章。与原制度相比较,该准则的变动主要有以下两点:

(1) 提出了套期保值的概念和分类。该准则指出:"套期保值(以下简称套期),是指企业为规避外汇风险、利率风险、商品价格风险、股票价格风险、信用风险等,指定一项或一项以上套期工具,使套期工具的公允价值或现金流量变动,预期抵销被套期项目全部或部分公允价值或现金流量变动。"①该准则还将套期分为公允价值套期、现金流量套期和境外经营净投资套期 3 类,并对 3 类套期做出了解释。②

(2) 提出了套期会计方法的应用条件和各类套期会计处理。原制度没有涉及应用套期会计的条件,在套期的会计处理上也只对商品期货保值业务作了简单的规定。而该准则提出了套期会计方法的应用条件,并规定了各类套期的会计处理方法。该准则第 17 条规定:"公允价值套期、现金流量套期或境外经营净投资套期同时满足下列条件,才能运用本准则规定的套期会计方法进行处理:(一)在套期开始时,企业对套期关系(即套期工具和被套期项目之间的关系)有正式指定,并准备了套期关系、风险管理目标和套期策略的正式书面文件。该文件至少载明了套期工具、被套期项目、被套期风险的性质以及套期有效性评价方法等内容。套期必须与具体可辨认并被指定的风险有关,且最终影响企业的损益。(二)该套期预期高度有效,且符合企业最初为该套期关系所确定的风险管理策略。(三)对预期交易的现金流量套期,预期交易应当很可能发生,且必须使企业面临最终将影响损益的现金流量变动风险。(四)套期有效性能够可靠地计量。(五)企业应当持续地对套期有效性进行评价,并确保该套期在套期关系被指定的会计期间内高度有效。"该准则第 21 条、第 27 条和第 32 条分别规定了公允价值套期、现金流量套期和境外经营净投资套期的会计处理方法。

25.《企业会计准则第 25 号——原保险合同》

"原保险合同"会计准则在财政部 2001 年颁布的《金融企业会计制度》(以下简称原制度)的基础上修改形成。该准则分为"总则""原保险合同的确定""原保险合同收入""原保险合同准备金""原保险合同成本""列报"6 章,共 24 条。该准则与原制度的差异,主要表现在以下五点:

(1) 提出了保险合同、原保险合同的定义,对原保险合同与再保险合同做出了区分(另外订有第 25 号会计准则"再保险合同")。原制度按照险种,将保险业务分为财

---

① 2006 年《企业会计准则第 24 号——套期保值》第 2 条。
② 2006 年《企业会计准则第 24 号——套期保值》第 3 条。

产保险公司业务、人寿保险公司业务、再保险业务,不涉及从保险合同角度对保险业务的规定。而该准则从保险合同角度对保险业务做出规范,定义了保险合同,区分了保险合同的类别。该准则第2条提出了保险合同、保险合同的类别和原保险合同的定义:"保险合同,是指保险人与投保人约定保险权利义务关系,并承担源于被保险人保险风险的协议。保险合同分为原保险合同和再保险合同。原保险合同,是指保险人向投保人收取保费,对约定的可能发生的事故因其发生所造成的财产损失承担赔偿保险金责任,或者当被保险人死亡、伤残、疾病或者达到约定的年龄、期限时承担给付保险金的保险合同。"

(2)对兼有保险风险和其他风险的合同,区分不同情况规定了相应的处理方式。原制度不要求拆分兼有保险风险和其他风险的合同。而准则对此做出了更改。该准则第5条规定:"保险人与被保险人签订的合同,使保险人既承担保险风险又承担其他风险的,应当分别下列情况进行处理:(一)保险风险部分和其他风险部分能够区分,并且能够单独计量的,可以将保险风险部分和其他风险部分进行拆分。保险风险部分,确定为原保险合同;其他风险部分,不确定为原保险合同。(二)保险风险部分和其他风险部分不能区分,或者虽能区分但不能够单独计量的,应当将整个合同确定为原保险合同。"

(3)规定了原保险合同准备金的类别。原制度规定,财产保险准备金包括未决赔偿准备金、未到期责任准备金、长期责任准备金;人身保险合同准备金包括未决赔偿准备金、寿险责任准备金、长期健康责任准备金。该准则对准备金类别做出了修改:非寿险原保险合同准备金包括未到期责任准备金、未决赔偿准备金;寿险原保险合同准备金包括寿险责任准备金、长期借款责任准备金。

(4)增加了对原保险合同准备金进行充足性测试的规定。该准则第14条规定:"保险人至少应当于每年年度终了,对未决赔偿准备金、寿险责任准备金、长期借款责任准备金进行充足性测试。保险人按照保险精算重新计算确定的相关准备金金额超过充足性测试日已提取的相关准备金余额的,应当按照其差额补提相关准备金;保险人按照保险精算重新计算确定的相关准备金金额小于充足性测试日已提取的相关准备金余额的,不调整相关准备金。"

(5)修改了对代位追偿款的处理。原制度规定在收到代位追偿款时确认追偿收入。该准则增设了确认代位追偿款的条件,并规定了相应的处理办法:"保险人承担赔付保险金责任应收取的代位追偿款,同时满足下列条件的,应当确认为应收代位追偿款,并冲减当期赔付成本:(一)与该代位追偿款有关的经济利益很可能流入;(二)该代位追偿款的金额能够可靠地计量。收到应收代位追偿款时,保险人应当按照收到的金额与相关应收代位追偿款账面价值的差额,调整当期赔付成本。"①

26.《企业会计准则第26号——再保险合同》

"再保险合同"会计准则是在对财政部2001年发布的《金融企业会计制度》等制度(以下简称原制度)进行修改完善后形成的。该准则共24条,分设为"总则""分出业务的会计处理""分入业务的会计处理""列报"4章。该准则与原制度比较,主要改动之处有以下三点。

(1)明确了再保险合同的概念,并要求不得将再保险合同事项与原保险合同事项相互抵销。该准则第2条提出:"再保险合同,是指一个保险人(再保险分出人)分出一定的保费给另一个保险人(再保险接受人),再保险接受人对再保险分出人由原保险合同所引起的赔付成本及其他相关费用进行补偿的保险合同。"第5条进一步规定:"再保险分出人不应当将再保险合同形成的资产与有关原保险合同形成的负债相互抵销。再保险分出人不应当将再保险合同形成的收入或费用与有关原保险合同形成的费用或收入相互抵销。"

(2)改变了再保险分入、分出业务的会计处理。原制度规定,再保险分出人在发出分保业务账单时确认分出保险费和各项摊回款项。该准则则要求,再保险分出人应当在确认原保险合同保费收入的当期确认分出保费和摊回分保费用,在确认原保险合同赔付成本的当期确认摊回赔付成本;再保险接受人应当在满足准则规定的确认条件时确认分保费收入,并在确认分保费收入的当期确认分保费用。该准则还单独规定了非比例再保险合同分出保费及摊回赔付款业务的会计处理。

(3)增加了再保险分入业务准备金和分保保证金利息的处理规定。原制度没有关于再保险分入业务准备金和分保保证金利息的处理规定。该准则第19条对此规定为:"再保险接受人提取分保未到期责任准备金、分保未决赔偿准备金、分保寿险责任准备金、分保长期健康险责任准备金,以及进行相关分保准备金充足性测试,比照《企业会计准则第25号——原保险合同》的相关规定处理。"该准则还规定再保险分出人、接受人应按期计算存入、存出分保保证金利息,计入当期损益②。

27.《企业会计准则第27号——石油天然气开采》

"石油天然气开采"会计准则共有25条,分为"总则""矿区权益的会计处理""油气勘探的会计处理""油气开发的会计处理""油气生产的会计处理""披露"6章。该准则未公布前,没有单独的石油天然气开采会计规定,石油天然气企业执行财政部2001年公布的《企业会计制度》(以下简称与原制度)。该准则与原制度有如下区别之处:

---

① 2006年《企业会计准则第25号——原保险合同》第21条。
② 2006年《企业会计准则第26号——在保险合同》第12条、第21条。

(1)增加了企业弃置义务的处理。原制度未涉及企业对矿区弃置义务的处理。该准则对此做出了规定。该准则第23条规定:"企业承担的矿区弃置义务,满足《企业会计准则第13号——或有事项》中预计负债确认条件的,应当将该义务确认为预计负债,并相应增加矿井及相关设施的账面价值。"

(2)统一了对矿区权益的处理。原制度将采矿权作为企业的无形资产处理。该准则规定:"矿区权益,是指企业取得的在矿区内勘探、开发和生产油气的权利。矿区权益分为探明矿区权益和未探明矿区权益。"①该准则还规定:探矿权使用费、采矿权使用费、土地或海域使用权支出、中介费以及可直接归属于矿区权益的其他申请取得支出,均为矿区权益(企业的油气资产);为取得这些资产所发生的成本,需在发生时予以资产化。②

28.《企业会计准则第28号——会计政策、会计估计变更和差错更正》

"会计政策、会计估计变更和差错更正"企业会计准则(以下简称新准则)分设"总则""会计政策""会计估计变更""前期差错更正""披露"5章,共17条。该准则是在对财政部1998年公布、2001年修订的《企业会计准则——企业会计政策、会计估计变更和差错更正》(以下简称原准则)修改之后形成的。与原准则相比较,该准则的主要变化包括以下两个方面:

(1)增加了追溯调整和追溯重述不切实可行情况下的处理规定。原准则未涉及追溯调整和追溯重述不切实可行情况下的处理。新准则对此规定了不同的处理办法:对于会计政策变更,"确定会计政策对列报前期影响数不切实可行的,应当从可追溯调整的最早期间期初开始应用变更后的会计政策。在当期期初确定会计政策变更对以前各期累计影响数不切实可行的,应当采用未来适用法处理"③。对于前期差错,"确定前期差错影响数不切实可行的,可以从可追溯重述的最早期间开始调整留存收益的期初余额,财务报表其他相关项目的期初余额也应当一并调整,也可以采用未来适用法"④。

(2)改变了差错的定义和会计处理。原准则将差错分为会计差错和重大会计差错,并分别规定了它们的定义:"会计差错,是指在会计核算时,由于计量、确认、记录等方面出现的错误。"⑤"重大会计差错,是指企业发现的使公布的会计报表不再具有可

---

① 2006年《企业会计准则第27号——石油天然气开采》第4条。
② 2006年《企业会计准则第27号——石油天然气开采》第5条。
③ 2006年《企业会计准则第28号——会计政策、会计估计变更和差错更正》第7条。
④ 2006年《企业会计准则第28号——会计政策、会计估计变更和差错更正》第13条。
⑤ 2001年《企业会计准则——会计政策、会计估计变更和会计差错更正》第3条。

靠性的会计差错。"①新准则将差错改称为前期差错,并定义为:"前期差错,是指由于没有运用或错误运用下列两种信息,而对前期财务报表造成省略或错报。(一)编报前期错误报表时预期能够取得并加以考虑的可靠信息。(二)前期财务报表批准报出时能够取得的可靠信息。前期差错经常包括计算错误、应用会计政策错误、疏忽或曲解事实以及舞弊产生的影响以及存货、固定资产盘盈等。"②新准则还提出了对重要的前期差错的处理办法:"企业应当采用追溯重述法更正重要的前期差错,但确定前期差错累计影响数不切实可行的除外。"③"企业应当在重要的前期差错发现当期的财务报表中,调整前期比较数据。"④在财政部组织编写的《企业会计准则讲解(2010)》中,则对重要的和不重要的前期差错做出了这样的说明:"重要的前期差错,是指足以影响财务报表使用者对企业财务状况、经营成果和现金流量做出正确判断的前期差错。不重要的前期差错,是指不足以影响财务报表使用者对企业财务状况、经营成果和现金流量做出正确判断的前期差错。"⑤

29. 企业会计准则第 29 号——资产负债表日后事项

资产负债表日后事项会计准则(以下简称该准则)以财政部 1998 年发布、2003 年修订的《企业会计准则——资产负债表日后事项》(以下简称原准则)为基础,再修改而成。该准则分为"总则""资产负债表日后调整事项""资产负债表日后非调整事项""披露"4 章,共 9 条。该准则与原准则的差别,主要有以下几点:

(1) 扩大了资产负债表日后非调整事项的范围。原准则规定,资产负债表日后非调整事项是"资产负债表日以后才发生或存在的事项,不影响资产负债表日存在状况,但如不加以说明,将会影响错误报告使用者做出正确估计和决策"的事项⑥;而该准则把所有"表明资产负债表日后才发生或存在的事项"都作为非调整事项,"资产负债表日后非调整事项,是指表明资产负债表日后发生的情况的事项"⑦。

(2) 修改了对资产负债表日后利润分配的处理方法。原准则将这类事项分别作为调整事项和非调整事项:"资产负债表日后董事会制订的利润分配方案中与财务报告所属期间的利润分配(其中分配方案中的股票股利应当作为非调整事项),也应当作

---

① 2001 年《企业会计准则——会计政策、会计估计变更和会计差错更正》第 3 条。
② 《企业会计准则第 28 号——会计政策、会计估计变更和差错更正》第 11 条。
③ 《企业会计准则第 28 号——会计政策、会计估计变更和差错更正》第 12 条。
④ 《企业会计准则第 28 号——会计政策、会计估计变更和差错更正》第 14 条。
⑤ 财政部会计司编写组:《企业会计准则讲解(2010)》,第 485 页,人民出版社,2010 年版。
⑥ 2003 年《企业会计准则——资产负债表日后事项》第 6 条。
⑦ 2006 年《企业会计准则第 29 号——资产负债表日后事项》第 2 条。

为调整事项。"①该准则将资产负债表日后利润分配改为非调整事项:"资产负债表日后,企业利润分配方案中拟分配的以及经审议批准宣告发放的股利或利润,不确认为资产负债表日的负债,但应当在附注中单独披露。"②

30. 企业会计准则第30号——财务报表列报

财务报表列报会计准则分为"总则""基本要求""资产负债表""利润表""所有者权益变动表""附注"6章,共35条。该准则是对财政部2001年公布的《企业会计制度》等有关规定(以下简称原制度)进行归纳、修改后形成的。与原制度相比较,该准则的主要变化有以下几点。

(1) 分别规定了各类企业的财务报表内容与格式。该准则公布前,不同行业(如工商企业、金融行业等)的财务报表内容、格式,分别由行业会计制度规定。该准则统一规定了各类企业财务报表的编报要求,统一对一般企业、商业银行、保险公司、证券公司的现金流量表内容、格式及附注披露的财务报表内容、格式及附注披露做出了规定。该准则的应用指南则进一步规定,政策性银行、信托投资公司、租赁公司、财务公司、典当公司执行商业银行的财务报表格式和附注规定;担保公司执行保险公司的财务报表格式和附注规定;资产管理公司、基金公司、期货公司执行证券公司的财务报表格式和附注规定。

(2) 改变了企业财务报表的种类。原制度规定,"企业的财务报告由会计报表、会计报表附注和财务情况说明书组成(不要求编制和提供财务情况说明书的企业除外)"③;"企业向外提供的会计报表包括:(一)资产负债表;(二)利润表;(三)现金流量表;(四)资产减值准备明细表;(五)利润分配表;(六)股东权益增减变动表;(七)分部报表;(八)其他有关附表"④。该准则规定:"财务报表是对企业财务状况、经营成果和现金流量的结构性表述。财务报表至少应当包括下列组成部分:(一)资产负债表;(二)利润表;(三)现金流量表;(四)所有者权益变动表;(五)附注。"⑤

(3) 改变了利润表中营业利润的组成。原制度规定,利润表中的营业利润为:

营业利润＝主营业务收入－主营业务成本－主营业务税金及附加＋
其他业务利润－营业费用－管理费用－财务费用⑥

---

① 2003年《企业会计准则——资产负债表日后事项》第5条。
② 《企业会计准则第29号——资产负债表日后事项》第8条。
③ 财政部2001年《企业会计制度》第153条。
④ 财政部2001年《企业会计制度》第154条。
⑤ 《企业会计准则第30号——财务报表列报》第2条。
⑥ 财政部2001年《企业会计制度——会计科目与会计报表》,"四、会计报表格式"。

该准则将公允价值变动收益和投资收益等列为营业利润的形成内容,利润表中营业利润的组成改为:

营业利润＝营业收入－营业成本－营业税金及附加－销售费用－
　　　　　管理费用－财务费用－资产减值损失＋公允价值变动收益
　　（－公允价值变动损失）＋投资收益(－投资损失)①

31. 企业会计准则第31号——现金流量表

现金流量表会计准则(以下简称新准则)是在财政部1998年公布并经2001年修订的《企业会计准则——现金流量表》(以下简称原准则)的基础上修订而成的,共19条,分为"总则""基本要求""经营活动现金流量""投资活动现金流量""筹资活动现金流量""披露"6章。新准则与原准则相比,主要变化如下。

(1) 分别规定了不同行业的现金流量表内容与格式。新准则公布前不同行业(如银行、保险公司、证券公司等)的现金流量表,分别由不同行业的会计制度规定,新准则统一了各行业财务报表的编报要求,统一对一般企业、商业银行、保险公司、证券公司的现金流量表内容、格式及附注披露做出了规定。新准则的应用指南中进一步规定,政策性银行、信托投资公司、租赁公司、财务公司、典当公司执行商业银行现金流量表格式;担保公司执行保险公司现金流量表格式;资产管理公司、基金公司、期货公司执行证券公司现金流量表格式。

(2) 增加了列报内容和项目。新准则的应用指南要求在一般企业现金流量表"投资活动产生的现金流量"部分,增加"处置子公司及其他营业单位收到的现金流量"项目和"取得子公司及其他营业单位支付的现金流量"项目;要求在现金流量表附注——补充资料中增加"公允价值变动损失(或收益)""递延所得税资产减少(或增加)""递延所得税负债增加(或减少)"项目;在现金流量表附注中增加"当期取得或处置子公司及其他营业单位的有关信息",增加对现金和现金等价物的披露。②

32. 企业会计准则第32号——中期财务报告

中期报告会计准则与财政部2001年颁布的《企业会计准则——中期报告》基本相同,没有实质性变化。

33. 企业会计准则第33号——合并财务报表

合并财务报表会计准则共31条,分为"总则""合并范围""合并程序"(含合并资产负债表、合并利润表、合并现金流量表、合并所有者权益变动表4节)"披露"4章。该

---

① 财政部《企业会计准则第30号——财务报表列报》应用指南。
② 财政部《企业会计准则第31号——现金流量表》应用指南。

准则是在财政部 2001 年公布的《企业会计制度》及有关合并报表的相关规定(以下简称原制度)的基础上进行修改而完成的。该准则与原制度的不同,主要有以下四点。

(1) 改变了合并范围。原制度规定,小规模的子公司、经营业务性质特殊的子公司、受所在国外汇管制及其他管制致使资金调度受到限制的子公司等不纳入合并报表的合并范围;对合营企业,应采用比例合并法进行合并。该准则规定,"合并财务报表的合并范围应当以控制为基础予以确定"①。该准则的应用指南进一步规定:"母公司应当将其控制的所有子公司,无论是小规模的子公司还是经营业务性质特殊的子公司,均应纳入合并财务报表的范围……原采用比例合并法的合营企业,应当改用权益法核算……母公司控制的特殊目的的主体也应该纳入合并财务报表的范围。"②在财政部组织编写的该会计准则讲解中则指出:"母公司应当将其全部子公司纳入合并财务报表的范围。即,只要是由母公司控制的子公司,不论子公司的规模大小、子公司向母公司转移资金能力是否受到严格限制,也不论子公司的业务性质与母公司或企业集团内其他子公司是否有显著差别,都应当纳入合并财务报表的合并范围。"③并指出,已宣告被清算整顿的原子公司、已宣告破产的原子公司、不能控制的其他被投资单位,不应当纳入母公司合并财务报表的合并范围。④

(2) 取消了合并价差项目。原制度规定,母公司对子公司投资额与子公司所有者权益中母公司所享有的份额之间的差额作为合并价差,在合并资产负债表长期投资项目中单独列示;母公司长期投资中内部债券投资与其应付债券之间的差额,也作为合并价差处理。该准则取消了合并价差的项目,规定:"在购买日,母公司对子公司的长期股权投资与母公司在子公司所有者权益中所享有的份额的差额,应当在商誉项目列示……母公司与子公司、子公司相互之间的债券投资与应付债券相互抵销,产生的差额应当计入投资收益项目。"⑤

(3) 改变了少数股东权益和少数股东损益在报表中的列示位置。原制度规定,少数股东权益作为单独的一类,列示在合并资产负债表中负债类项目和所有者权益类项目之间;少数股东损益列示在合并利润表中的净利润项目之前。该准则要求:"子公司所有者权益中不属于母公司的份额,应当作为少数股东权益,在合并资产

---

① 《企业会计准则第 33 号——合并财务报表》第 6 条。
② 《企业会计准则第 33 号——合并财务报表》应用指南中"一、以控制为基础确定合并财务报表的合并范围"。
③ 财政部会计司编写组:《企业会计准则讲解(2010)》,第 558 页,人民出版社,2010 年版。
④ 财政部会计司编写组:《企业会计准则讲解(2010)》,第 558 页,人民出版社,2010 年版。
⑤ 《企业会计准则第 33 号——合并财务报表》第 15 条。

负债表中所有者权益项目下以'少数股东权益'项目列示。"①"子公司当期净损益中属于少数股东权益的份额,应当在合并利润表中净利润项目下以'少数股东损益'项目列示。"②

(4) 规定子公司少数股东亏损可以由母公司承担。原制度规定,对子公司发生的亏损,投资企业应当按持股比例计算应承担的份额,并冲减长期股权投资的账面价值,一般以长期股权投资减记至零为限;其未确认的被投资单位的亏损额,列示于合并资产负债表中"未分配利润"项目内的"未确认的投资损失"项目,并同时在合并利润表中予以反映。该准则将此修改为:"子公司少数股东分担的当期亏损超过了少数股东在该子公司期初所有者权益中所享有的份额,其余额应当分别下列情况进行处理:(一)公司章程或协议规定少数股东有义务承担,并且少数股东有能力予以弥补的,该余额应当冲减少数股东权益;(二)公司章程或协议未规定少数股东有义务承担的,该项余额应当冲减母公司的所有者权益。该子公司以后期间实现的利润,在弥补了由母公司所有者权益所承担的属于少数股东的损失之前,应当全部归属于母公司的所有者权益。"③

34. 企业会计准则第34号——每股收益

每股收益会计准则分设"总则""基本每股收益""稀释每股收益""列报"4章,共15条。关于每股收益会计的规定,此前散见于各有关制度(以下简称原制度),该准则与原制度的不同主要有以下几个方面。

(1) 增加了计算稀释每股收益的要求。原制度不要求计算稀释每股收益,该准则增加了这一要求。该准则第7条规定:"企业存在稀释性潜在普通股的,应当分别调整属于普通股股东的当期净利润和发行在外普通股的加权平均数,并据以计算稀释每股收益。"《企业会计准则第34号——每股收益》应用指南中则进一步说明:"潜在普通股主要包括:可转换公司债、认股权证和股份期权等。"

(2) 增加了股数变动后重新计算每股收益的要求。原制度没有股数发生变动后需重新计算每股收益的要求,该准则对此做出了新规定。该准则第11条规定:"发行在外普通股或潜在普通股的数量因派发股票股利、公积金转增资本、拆股而增加或因并股而减少,但不影响所有者权益金额的,应当按照调整后的股数重新计算各列报期间的每股收益。上述变化发生于资产负债表日至财务报告批准报出日之间的,应当以调整后的股数重新计算各列报期间的每股收益。"

---

① 《企业会计准则第33号——合并财务报表》第16条。
② 《企业会计准则第33号——合并财务报表》第20条。
③ 《企业会计准则第33号——合并财务报表》第21条。

(3) 将每股收益改为表内列示。原制度要求每股收益在表外披露即可,该准则规定:"企业应当在利润表中单独列示基本每股收益和稀释每股收益。"①并规定应当在附注中披露基本每股收益和稀释每股收益分子、分母的计算过程等信息。②

35. 企业会计准则第 35 号——分部报告

分部报告会计准则共有 21 条,分为"总则""报告分部的确定""分部信息的披露"3 章。该准则以财政部 2001 年公布的《企业会计制度》中有关分部报告的内容及其他相关规定(以下简称原制度)为基础经修改而成。与原制度相比,该准则的变化主要包括以下几个方面。

(1) 取消了编制分部报告的豁免条款。原制度规定,如果某一分部的对外销售总额超过企业全部营业收入总额的 90%,不需编制分部报告,该准则取消了这一规定。

(2) 改变了确定报告分部的标准。原制度和该准则均提出了确定报告分部的 3 条标准,但两者对第 2 条标准的规定不同。原制度的标准是:分部营业利润占所有盈利分部营业利润合计的 10%或以上;或分部营业亏损占所有亏损分部营业亏损合计的 10%或以上。该准则的第 2 条标准则改为:"该分部的分部利润(亏损)的绝对额,占所有盈利分部利润合计额或者所有亏损分部亏损合计额的绝对额两者中较大者的 10%或者以上。"③

36. 企业会计准则第 36 号——关联方披露

关联方披露会计准则(以下简称新准则)是对财政部 1997 年发布的《企业会计准则——关联方关系及其交易的披露》(以下简称旧准则)进行修改而形成的。该准则分为"总则""关联方""关联方交易""披露"4 章,共 12 条。新准则与旧准则的不同之处主要在于以下几点。

(1) 取消了母公司财务报表不披露关联方信息的规定。旧准则不要求"在与合并报表一同提供的母公司会计报表中披露关联方交易"④;新准则取消了这一豁免,要求所有个别报表均应披露关联方关系及其交易的信息,规定:"企业财务报表中应当披露所有关联方关系及其交易的相关信息。"⑤

(2) 扩大了关联方的范围。新准则对关联方范围的界定,比旧准则有所扩大,将

---

① 《企业会计准则第 34 号——每股收益》第 13 条。
② 《企业会计准则第 34 号——合并财务报表》第 15 条。
③ 《企业会计准则第 35 号——分部报告》第 8 条。
④ 2001 年《企业会计准则——关联方关系及其交易的披露》引言。
⑤ 《企业会计准则第 36 号——关联方披露》第 2 条。

对企业实施共同控制或重大影响的投资方,企业的母公司的关键管理人员及与其关系密切的具体成员,企业主要投资人、关键管理人员或与其关系密切的家庭成员控制、共同控制或实施重大影响的其他企业,增列为关联方。

(3) 加大了信息披露的要求。新准则加大了对关联方信息披露的要求,增加规定:企业无论是否发生关联方交易,均应在附注中披露母公司和子公司的名称,若母公司不是子公司的最终控制方,应当披露最终控制方名称;母公司和最终控制方均不对外提供财务报表的,应当披露母公司之上与其最接近的对外提供财务报表的母公司名称;企业与关联方发生关联交易的,应当在附注中披露未结算项目的金额、条款和条件,以及有关提供或取得担保的信息、未结算应收项目的坏账准备金额。

37. 企业会计准则第 37 号——金融工具列报

金融工具列报会计准则以财政部 2001 年公布的《金融企业会计制度》及其他有关规定(以下简称原制度)为基础修改而成,该准则分为"总则""金融工具列报""金融工具披露"3 章,共 45 条。该准则与原制度的区别,主要表现在以下几方面。

(1) 规范了对权益工具的定义、内容和会计处理。原制度对权益工具会计处理的规定较零散;该准则集中、系统地规范了权益工具的确认条件,规定了权益工具的会计处理办法,并在应用指南中提出了权益工具的定义和主要内容。

(2) 规定了对混合工具的分拆。企业发行包括负债和权益成分的非衍生金融工具,应当在初始确认时将负债和权益成分进行分拆,分别进行处理。①

(3) 提高了对金融工具的披露要求。该准则对金融工具披露的要求更为全面、系统,除了要求企业披露金融工具的一般信息外,还要求披露金融工具的各类风险信息、与敏感性分析有关的信息等。

38. 企业会计准则第 38 号——首次执行企业会计准则

该准则是对第一次执行 2006 年企业会计准则(包括基本会计准则、具体会计准则、会计准则应用指南)的企业,如何进行资产、负债和所有者权益重新分类、确认和计量,以及编制期初资产负债表的规范性要求。该准则要求第一次执行会计准则的企业,应对运用公允价值计量的资产和负债项目、涉及预计负债的项目等采用追溯调整法进行调整,其他项目则采用未来适用法,不应追溯调整;还规定了对首份中期财务报告和首份年度财务报表的编制要求和对附注的要求。该准则分"总则""确认和计量""列报"3 章,共 21 条。

---

① 《企业会计准则第 37 号——金融工具列报》第 14 条。

(三) 会计准则应用指南

会计准则应用指南于 2006 年 10 月 30 日发布，2007 年 1 月 1 日起执行，它是对具体会计准则的细化和重点、难点内容提供的操作性规定。

该应用指南对 38 项具体准则的重点、难点一一做出了说明；一些报告类具体准则的应用指南中还列举了报告的格式。其中，财务报表列报应用指南中列举了一般企业、商业银行、保险公司、证券公司的资产负债表、利润表、所有者权益变动表的格式与报表附注应披露的主要内容；现金流量表应用指南列举了适用于各类企业的现金流量表格式与报表附注应披露的主要内容；合并财务报表应用指南列举了适用于各类企业的合并资产负债表、合并利润表、合并现金流量表、合并所有者权益变动表的格式和合并报表附注应披露的主要内容。

该应用指南的附录分为"会计科目""主要账务处理"两部分。在"会计科目"部分，列出了涵盖各类企业交易或事项的 156 个会计科目名称，并按照传统的做法将这些会计科目分为资产类、负债类、共同类、所有者权益类、成本类、损益类 6 类；同时指出："企业在不违反会计准则中确认、计量和报告规定的前提下，可以根据本企业的实际情况自行增设、分拆、合并会计科目。企业不存在的交易或者事项，可不设置相关会计科目。"①附录中的"主要账务处理"部分，说明了各个会计科目的核算内容、明细账设置、主要账务处理和期末余额所反映的经济内容。

(四) 会计准则解释

会计准则解释是对《企业会计准则》实施中所遇到问题的解释。到 2018 年年底，财政部共发布 12 项会计准则解释，分别是企业会计准则解释第 1 号至第 12 号。这些解释以提问和解答的方式，就企业会计准则在执行中遇到的问题做出说明。如 2007 年 11 月 16 日发布的"企业会计准则解释第 1 号"回答了"企业在编制年报时，首次执行日有关资产、负债及所有者权益项目的金额是否要进一步复核？""原同时按照国内及国际财务报告准则对外提供财务报告的 B 股、H 股等上市公司，首次执行日如何调整？""中国境内企业设在境外的子公司在境外发生的有关交易或事项，境内不存在且受相关法律法规等限制或交易不常见，企业会计准则未作规范的，如何进行处理？"等 10 个问题；2009 年 6 月 11 日发布的"企业会计准则解释第 3 号"回答了"采用成本法核算的长期股权投资，投资企业取得被投资单位宣告发放的现金股利或利润，应当如何进行会计处理？""企业持有上市公司限售股权，对上市公司不具有控制、共同控制或重大影响的，应当如何进行会计处理？"等 8 个问题；2014 年 1 月 24 日发布的"企业会

---

① 《企业会计准则——应用指南，2010》附录，会计科目和主要账务处理，"一、科目"。

计准则解释第6号"回答了"企业因固定资产弃置费用确认的预计负债发生变动的,应当如何进行会计处理?""根据《企业会计准则第20号——企业合并》,在同一控制下的企业合并中,合并方在企业合并中取得的资产和负债,应当按照合并日在被合并方的账面价值计量。在被合并方是最终控制方以前年度从第三方收购来的情况下,合并方在编制财务报表时,应如何确定被合并方资产、负债的账面价值?"2个问题。

二、企业会计准则的修改与增补

2006年企业会计准则颁布之后,有过若干修改和增补。企业会计准则的修改与增补主要出于两个原因:准则本身存在问题、国际会计准则的变化。

企业会计准则于2006年颁布后,执行中暴露了若干欠缺,需要予以弥补;企业经济活动中出现的一些会计准则未予规范的新情况,也需要及时加以规范。以合并财务报表准则为例,该准则要求母公司编制合并财务报表,但部分企业表示并无编制合并财务报表的需要;而"关于执行《会计制度》和相关会计准则有关问题解答"中则规定,除了国有资产授权经营管理的企业、股票上市的企业、需要编制合并会计报表的企业外,企业是否编制合并会计报表由企业自行确定,因此一些企业据此认为不需要编制合并报表,从而迟迟不执行企业会计准则。同时,财政部陆续通过企业会计准则解释公告、《关于执行会计准则的上市公司和非上市企业做好2009年年报工作的通知》《关于不丧失控制权情况下处置部分对子公司投资会计处理的复函》等文件,对该准则的部分内容做出了修改和补充,但这些新规定散落在不同文件中,且有的文件法律层次低,未引起企业足够重视。为了推动企业会计准则的有效执行,降低企业信息编制成本,需要对合并财务报表准则做出修订。又如,金融工具会计准则的修改,是因为根据交易的实质,符合一定条件的金融负债本可以认定为权益工具,但金融工具会计准则却无此规定,这不符合一些多地上市的公司和开放式共同基金、信托等类型主体的财务报告需要;此外,该准则中有关金融资产和金融负债的抵销要求过于原则化,也不便于企业执行。再如,长期股权投资企业会计准则同样存在对长期股权投资的规定分别散见于会计准则、会计准则应用指南、会计准则解释、会计准则讲解中的情况;而合营企业会计准则的补充出台,则是因为随着我国市场经济的不断发展,合营企业日益增多,有必要根据实际情况单独制定一项会计准则以规范合营企业各参与方的会计处理方法。

企业会计准则公布后国际会计准则的变化是导致企业会计准则修订的另一个原因。以合并财务报表会计准则、金融工具会计准则、长期股权投资会计准则为例,相应的国际会计准则均在2006年后对这些准则进行了修改,为了保持与国际会计准则的持续趋同,有原则地借鉴新国际会计准则对这些会计准则做出修改是必要的。

(一) 修改的企业会计准则

至2018年,修改的企业会计准则如下。

第9号职工薪酬会计准则(2014年1月27日发布)。修订后的准则引入了离职后福利和其他长期辞退福利,充实和明确了短期薪酬和辞退福利的有关规定。新准则适用于短期薪酬、离职后福利、辞退福利和其他长期职工福利,涵盖了除以股份为基础的薪酬以外的各类职工薪酬。

第33号合并财务报表会计准则(2014年2月17日发布)。修订后的准则从原来的31条增加至54条,在企业财务报表的合并范围和合并程序方面的规定有较大变化。修改后的准则重新规定了母公司的合并范围,并规定如果母公司是投资性主体,且不存在为其投资活动提供相关服务的子公司,则不应当编制合并财务报表,该母公司应以公允价值计量其对所有子公司的投资,且公允价值变动计入当期损益。

第30号财务报表列报会计准则(2015年1月26日发布)。修订后的准则强调财务报表列报对持续经营能力、终止经营的披露以及报表项目金额的重要性原则,并引入了综合收益的概念。

第2号长期股权投资会计准则(2014年3月13日发布)。修订后的准则修改了长期股权投资的范围;规定"投资企业持有的对被投资单位不具有控制、共同控制或重大影响,并在活跃市场中没有报价、公允价值不能可靠计量的权益性投资"的长期股权投资,应按照第22号金融资产的确认和计量会计准则处理,且应按照第22号准则规定采用成本法计量。

第37号金融工具列报会计准则(2014年6月20日)。修订后的准则主要变化有:①结构与原准则有较大变化,内容比原准则有较大幅度增加,修订后的准则设有10章,分别为第一章"总则"、第二章"金融负债和权益工具的区分"、第三章"特殊金融工具的区分"、第四章"收益和库存股"、第五章"金融资产和金融负债的抵销"、第六章"金融工具对财务状况和经营成果影响的列报"(含"一般性规定""资产负债表中的列示及相关披露""利润表中的列示及相关披露""套期保值相关披露""公允价值披露"5节)、第七章"与金融工具相关的风险披露"(含"定性和定量信息""信用风险披露""流动性风险披露""市场风险披露"4节)、第八章"金融资产转移的披露"、第九章"衔接规定"、第十章"附则",共计82条;②增加了对金融负债和权益工具的定义(第8条、第9条)、金融负债与权益工具的区分方法(第10条);③规定了金融资产和金融负债的抵销,明确了抵销权的定义和抵销标准,列举了不能抵销的情况(第五章),对抵销的披露要求做了规定(第六章);④在流动性风险披露中,规定了金融负债到期期限分析的原则,要求披露流动性风险敞口汇总定量信息的确定方法(第七章第三节),在市场风险披露中要求分币种对具有重大汇率风险敞口的每一种货币进行敏感性分析(第七章第四节);⑤规定了所有未终止确认的已转移金融资产、已转移但继续涉入的金融资产的披露要求,扩充了披露信息的内容(第八章)。

基本会计准则(2014年7月23日)。修订后的基本会计准则,主要是修改了对公允价值的表述。原基本会计准则对公允价值的表述是:"在公允价值计量下,资产和负债按照在公平交易中,熟悉情况的交易双方自愿进行资产交换或者债务清偿的金额计量。"修改后的基本会计准则对公允价值的表述为:"在公允价值计量下,资产和负债按照市场参与者在计量日发生的有序交易中,出售资产所能收到或者转移负债所需支付的价格计量。"

第24号套期会计(2017年3月31日发布)。修订后的准则取代了2006年颁布的"套期保值"准则。与2006年"套期保值"准则相比,新准则拓宽了套期工具和被套期项目的范围,允许将以公允价值计量且其变动计入当期损益的非衍生金融工具指定为套期工具,允许将非金融项目的组成部分指定为被套期项目,允许将一组项目的风险总敞口和风险净敞口指定为被套期项目,允许将包括衍生工具在内的汇总风险敞口指定为被套期项目;改进套期有效性评估,取消了2006年套期保值准则中80%—125%的套期高度有效性量化指标及回顾性评估要求,代之以定性的套期有效性要求;引入了套期关系"再平衡"机制,即如果套期关系由于套期比率的原因而不再满足套期有效性要求,但指定该套期关系的风险管理目标没有改变的,企业可以进行套期关系再平衡,通过调整套期关系的套期比率,使其重新满足套期有效性要求,从而延续套期关系,不必像原2006年24号套期保值会计准则所要求的那样先终止再重新指定套期关系;引入了新的会计处理方法,规定期权时间价值的公允价值变动应当首先计入其他综合收益,后续的会计处理取决于被套期项目的性质;增加了信用风险敞口的公允价值选择权,规定符合一定条件时,企业可以在金融工具初始确认时、后续计量中或尚未确认(如贷款承诺)时,将金融工具的信用风险敞口指定为以公允价值计量,且其变动计入当期损益的金融工具。

第22号金融工具确认和计量准则、第23号金融资产转移准则、第24号套期会计准则。该三项会计准则的修订均在2017年3月31日发布,主要修订内容是:将金融资产分类由原来的"四分类"改为"三分类",即将金融资产分为以摊余成本计量的金融资产、以公允价值计量且其变动计入其他综合收益的金融资产、以公允价值计量且其变动计入当期损益的金融资产三类;将金融资产减值会计由"已发生损失法"改为"预期损失法";修订了套期会计相关规定,包括简化了嵌入衍生工具的会计处理、调整了非交易性权益工具投资的会计处理、增加了套期会计中期权时间价值的会计处理方法、增加了套期会计中信用风险敞口的公允价值选择权等,使套期会计更如实地反映企业的风险管理活动。

第37号金融工具列报准则(2017年5月2日发布)。新修订的金融工具列报准则是为了响应当年3月31日企业会计准则第22号、第23号和第24号的修订。主要修订内容包括:重新界定了本准则的使用范围;对企业财务报表相关列示项目和附注披露内容作出了相应修改,以保持与金融工具确认和计量准则的一致;重新规定了企业信用风险、预期信用损失的计量和减值损失准备等金融工具减值相关信息的列报要求;修订了套期会计的相关披露要求。

第16号政府补助准则(2017年5月10日发布)。该准则本次修订最大的变化是根据政府补助的具体性质,分别将补贴计入营业收入、其他收益、营业外收入或者冲减资产账面价值、成本费用,而此前的做法是将政府补贴最终计入营业外收入。

第14号收入准则(2017年7月5日发布)。该准则本次修订的主要内容有:将现行收入和建造合同两项准则纳入统一的收入确认模型;以控制权转移替代风险报酬转移作为收入确认时点的判断标准;对于包含多重交易安排的合同的会计处理提供了更明确的指引;对于某些特定交易或事项(如区分总额和净额确认收入、附有质量保证条款的销售、附有客户额外购买选择权的销售、向客户授予知识产权许可、售后回购、无需退还的初始费)的收入确认和计量给出了明确规定。

第21号租赁(2018年12月7日发布)。与旧准则相比,新的租赁准则主要有如下不同:完善了租赁的定义,增加了租赁识别、拆分、合并等内容;取消了承租人经营租赁和融资租赁的分类,要求对所有租赁(短期租赁和低价值资产租赁除外)确认使用权资产和租赁负债;改进承租人后续计量,增加了选择权重估和租赁变更情形下的会计处理;增加了出租人披露内容。

(二)增补的企业会计准则

至2017年,增补的会计准则如下。

第39号公允价值计量会计准则(2014年1月26日发布)。该准则共分为13章53条,从相关资产或负债、有序交易和市场、市场参与者、公允价值初始计量、估值技术、公允价值层次、非金融资产的公允价值计量、负债和企业自身权益工具的公允价值计量、市场风险或信用风险可抵销的金融资产和金融负债的公允价值计量、公允价值披露等角度对公允价值准则进行了规定。

第40号合营安排会计准则(2014年2月17日发布)。该准则分设"总则""合营安排的认定和分类""共同经营参与方的会计处理""合营企业参与方的会计处理""衔接规定""附则"6章,共23条。准则规范了合营安排的认定、分类以及各参与方在合营安排中权益等的会计处理。该准则规定合营方应当确认其与共同经营中利益份额相关的项目,并按照相关企业会计准则的规定进行会计处理:确认单独所持有的资产,以及按其份额确认共同持有的资产;确认单独所承担的负债,以及按其份额确认共同承担的负债;确认出售其享有的共同经营产出份额所产生的收入;按其份额确认共同经营因出售产出所产生的收入;确认单独发生的费用,以及按其份额确认共同经营发生的费用。

第41号在其他主体中权益的披露会计准则(2014年3月14日发布)。该准则分设"总则""重大判断和假设的披露""在子公司中权益的披露""在合营安排或联营企业中权益的披露""在未纳入合并财务报表范围的结构化主体中权益的披露""衔接规定""附则"7章,共25条。该准则提出,披露在其他主体中权益的目的是有助于其财务报表的使用者评估企业在其他主体中权益的性质及相关的风险,以及这些权益对企业财务状况、经营业绩和现金流量的影响。

第42号持有待售的非流动资产、处置组和终止经营(2017年4月28日发布)。在此前原有的企业会计准则中,有关持有待售的非流动资产、处置组和终止经营的会计处理要求分散在《企业会计准则第2号——长期股权投资》《企业会计准则第4号——固定资产》《企业会计准则第30号——财务报表列报》及相关应用指南、解释和讲解中,且缺少对持有待售类别的后续计量、持有待售资产减值准备计提等问题的统一规定,不利于实务操作。随着企业经济业务的不断发展和创新,特别是国务院提出化解过剩产能、推动"三去一降一补"工作以来,需要制定单独的会计准则,对持有待售的非流动资产和处置组及终止经营的会计处理规定进行补充细化。企业会计准则第42号——持有待售的非流动资产、处置组和终止经营由"总则""持有待售的非流动资产或处置组的分类""持有待售的非流动资产或处置组的计量""列报"和"附则"五章,共三十三条内容组成。该准则主要明确了非流动资产或处置组划分为持有待售类应当同时满足的条件;对于取得日划分为持有待售类非流动资产或处置组的初始计量和后续计量等进行了详细规范;对于终止经营的列报,要求在利润表中分别列示持续经营损益和终止经营损益,并应在附注中披露有关信息。

此外,财政部还于2014年3月17日颁布了《金融负债与权益工具的区分及相关会计处理规定》。该规定是对第22号金融工具确认和计量会计准则和第37号金融工具列报会计准则(以下简称"金融工具准则")的补充,适用于企业发行的除普通股之外的各种金融工具的会计处理,包括优先股、永续债、认股权、可转换公司债等。该规定提出了金融负债、权益工具的定义及其区分标准,提出了对复合金融工具的确认、计量办法;规定了对已发行金融工具的重分类和对购入金融工具的分类;提出了对金融工具会计处理和在财务报表中列示与披露的要求;规定了存在金融工具时每股收益的计算。

2016年12月3日发布了《增值税会计处理规定》。这一规定对取得资产或接受劳务、销售、差额征税、出口退税、交纳增值税、小微企业免征增值税等十类情况的增值税业务及与增值税有关的财务报表项目列示做出了新的规定,使对增值税的会计处理要求更为全面,提高了增值税会计处理的操作性。

2015年11月26日印发了《商品期货套期业务会计处理暂行规定》。该暂行规定是在未全面修订2006年《企业会计准则第24号——套期保值》之前,重新规范商品期货套期业务的过度性措施。与2006年《企业会计准则第24号—套期保值》相比,暂行规定的主要改进在于:一是扩大了被套期项目的范围,允许将风险敞口的某一层级(例如,库存原油中最先实现销售的100桶原油的价格风险)、某一风险成分(例如,铜线价格中的铜基准价格风险)指定为被套期项目,也允许将风险总敞口、风险净敞口指定为被套期项目;二是取消了80%—125%的套期高度有效性量化指标及回顾性评估要求,代之以定性的套期有效性要求;三是套期比率不再反映被套期项目和套期工具所含风险的平衡,但该套期关系的风险管理目标并没有改变时,企业应当通过调整套期比率来满足套期有效性要求;四是区别公允价值套期和现金流量套期两种不同的套期类型,区别存货、采购商品、销售商品的确定承诺、预期商品采购、预期商品销售等不同被套期项目,对指定套期关系、套期关系存续期间、套期关系终止、后续处理等不同环节,做出了具体的账务处理规定;五是对相关报表列示和报表附注披露做出了更为详细的规定。暂行规定印发后,仅适用于商品期货行套期业务。企业开展该类业务,在指定的时间内既可以选择执行暂行规定,也可以选择继续执行原24号企业准则。

2016年12月20日制定的《企业破产清算有关会计处理规定》(以下简称《会计处理规定》)。财政部曾于1997年发布《国有企业试行破产有关会计处理问题暂行规定》。《中华人民共和国破产法》(2006年8月27日)颁布后,为了适应破产法的要求,《会计处理规定》更新了企业破产清算的会计做法:将破产清算的会计主体确定为经法院宣告处于破产清算期间的企业;分别以破产宣告日、债权人会议确定的编报日、破产终结申请日等作为破产报表日编制清算财务报表;破产清算的会计确认和计量以非持续经营为前提,企业的资产以清算净值计量,负债以破产债务清偿价值计量;重新规定了破产清算的财务报表编制期间和种类、破产清算的会计科目及其使用。

2017年11月4日第三次修订《会计法》,与1999年第二次修订的《会计法》相比,新修订的《会计法》并无实质性变化,主要是基于此前取消了对会计人员从业资格的要求,对从事会计工作的人员和单位会计机构负责人的要求、对违规会计人员的处罚做出了新的表述。

2017年11月28日对1999年《社会保险基金会计制度》作了修订。该制度与原有的社会保险基金相关会计制度相比,主要有以下重大变化:①全面覆盖了社会保险险种,适用于企业职工基本养老保险基金、城乡居民基本养老保险基金、机关事业单位基本养老保险基金、职工基本医疗保险基金、城乡居民基本医疗保险基金(城镇居民基本医疗保险基金、新型农村合作医疗基金、合并实施的城乡居民医疗保险基金)、工伤保险基金、失业保险基金、生育保险基金等所有基金,涵盖了目前全国统一的社会保险基金;②统一了社会保险基金会计核算框架,包括各险种社会保险基金的会计科目设置、业务核算流程与方法、财务报表格式,构建了"一套科目＋一套报表"的社会保险基金会计核算统一框架,并通过少量专用科目设置、专用报表项目列示等方法兼顾了个别险种社会保险基金的特定会计核算要求;③补充完善了相关新业务的会计核算规定。

三、中国企业会计与国际财务报告准则的持续趋同

颁布《2006会计准则》后,为了保持与国际财务报告准则的长期一致,财政部于2010年4月1日公布《中国企业会计准则与国际财务报告准则持续趋同路线图》(以下简称《路线图》),这是中国企业会计领域一项带有方向性的重要文件。

《路线图》分为"中国企业会计准则已实现与国际财务报告准则趋同""应对国际金融危机,中国支持建立全球统一的高质量会计准则,积极推进中国会计准则持续国际趋同""中国企业会计准则与国际财务报告准则持续趋同的时间安排"三部分。《路线图》认为:"会计准则国际趋同是一个国家经济发展和适应经济全球化的必然选择。中国企业会计准则已于2005年实现了与国际财务报告准则的趋同。……企业会计准则体系自2007年1月1日起在所有上市公司、部分非上市金融企业和中央大型国有企业实施,并逐步扩大实施范围,目前已扩大到几乎所有大中型企业。3年实践证明,中国企业会计准则得到了平稳有效实施,对于规范企业会计行为,提升会信息质量,促进资本市场完善,发挥了十分重要的作用。"关于会计的国际合作和国际协调,《路线图》提出:"中国始终坚持会计准则趋同互动原则,主张国际财务报告准则要实现其高质量、权威性和全球公认性,必须充分考虑发展中国家尤其是新兴市场经济国家的实际情况。这样,中国才能保持其会计准则的持续国际趋同。"《路线图》还明确表达了与以国际财务报告准则为代表的国际会计惯例持续趋同的态度,并提出了下一步的安排:"中国企业会计准则将保持与国际财务报告准则的持续趋同,持续趋同的时间安排

与 IASB 的进度保持同步,争取在 2011 年年底前完成对中国企业会计准则相关项目的修订工作,同时开展必要的宣传培训,确保所有上市公司和非上市大中型企业掌握相关会计准则的变化。"

《路线图》在《2006 会计准则》颁布并实施 3 年之后公布,表达了这样几层意思:首先,会计的国际趋同是顺应世界经济发展大趋势的需要,是一个国家经济发展的必然选择;其次,中国企业会计已经实现了与国际财务报告准则的趋同,并将保持与国际财务报告准则的持续趋同;再次,承认国际财务报告准则是会计国际惯例和国际趋同的代表,国际会计准则理事会(IASB)是被普遍认可的国际会计协调机构,支持和参与国际会计准则理事会会计国际协调的相关工作,但须考虑发展中国家的实际情况。

《路线图》是中国对会计国际化和坚持以国际会计惯例作为企业会计改革重要参考的公开宣言,表达了新中国在经历了几十年企业会计改革后,对中国会计与国际会计惯例之间关系的基本态度。这一基本态度,也是转变经济增长方式时期企业会计的特征之一。

四、新形势下的产品成本核算制度

随着我国市场经济体制的发展,对产品成本核算的要求有了新的变化。成本核算需要既能计算产品实际成本,又便于成本控制和成本预测、决策;既能满足企业内部管理要求,又能满足建设资源节约型、环境友好型社会的要求和提高企业国际竞争力的要求。为此,财政部于 2013 年 8 月 16 日公布了《企业产品成本核算制度(试行)》(以下简称《2013 年成本核算制度》),同时宣布执行该制度的企业不再执行 1986 年颁布的《国营工业企业成本核算办法》。

《2013 年成本核算制度》分为"总则""产品成本核算对象""产品成本核算项目和范围""产品成本归集、分配和结转""附则"5 章,共 53 条,适用于大中型企业,包括制造业、农业、批发零售业、建筑业、房地产业、采矿业、交通运输业、信息传输业、软件及信息技术服务业、文化业以及其他行业的企业,其他未明确规定的行业可比照以上类似行业的规定执行。

该制度所称的产品,包括有形产品和无形产品,即产品"是指企业日常生产经营活动中持有以备出售的产成品、商品、提供的劳务或服务";而产品成本,则"指企业在生产产品过程中所发生的材料费用、职工薪酬等,以及不能直接计入而按一定标准分配计入的各种间接费用"[①]。该制度要求企业实行包括成本核算在内的全面成本管理:

[①]《企业产品成本核算制度(试行)》第 3 条。

"企业应当充分利用现代信息技术,编制、执行企业产品成本预算,对执行情况进行分析、考核,落实成本管理责任制,加强对产品生产事前、事中、事后的全过程控制,加强产品成本核算与管理各项基础工作。"①要求"根据所发生的有关费用能否归属于使产品达到目前场所和状态的原则,正确区分产品成本和期间费用"。② 并要求"一般应当按月编制产品成本报表,全面反映企业生产成本、成本计划执行情况、产品成本及其变动情况等"③。

《2013年成本核算制度》明确了制造业企业、农业企业、建筑企业、房地产企业、采矿企业、交通运输企业、信息传输企业、软件及信息技术服务企业、文化企业的成本核算对象,要求其他行业企业比照以上类似行业的企业确定产品成本核算对象。该制度还从管理的需要出发,引用管理会计的方法,特别提出:企业内部管理有相关要求的,可以按照现代企业多维度(产品维度、工序维度、车间班组维度、生产设备维度、客户订单维度、变动成本维度和固定成本维度等)、多层次(企业管理部门、工厂、车间和班组等成本管控层次)的管理需要,确定多元化的产品成本核算对象;应当根据生产经营特点和管理要求,按照成本的经济用途和生产要素内容相结合的原则或者成本性态等设置成本项目。同时,该制度提出了制造企业、农业企业、批发零售企业、建筑企业、房地产企业、采矿企业、交通运输企业、信息传输企业、软件及信息技术服务企业、文化企业一般应设置的成本项目,并要求其他行业企业比照以上类似行业的企业确定成本项目。

该成本核算制度规定了制造业企业直接材料费和直接人工费、外购燃料和动力费、辅助生产费用、制造费用的归集和分配方法,联产品、副产品的成本计算方法;规定可以选择原材料消耗量、约当产量法、定额比例法、原材料扣除法、完工百分比法等方法,确定完工产品和在产品的实际成本。同时,规定了农业企业、批发零售企业、建筑企业、房地产企业、采矿企业、交通运输企业、信息传输企业、软件及信息技术服务企业、文化企业成本归集、分配的基本方法;规定不得以计划成本、标准成本、定额成本等代替实际成本。

与1986年的《国营工业企业成本核算办法》相比,《2013年成本核算制度》在建立制造业和非制造业企业统一适用的产品成本核算体系、引入现代企业成本核算新方法等方面,有着较大的区别。

为了满足不同行业成本核算的需要,在《2013年成核算制度》出台后的几年里,财

---

① 《企业产品成本核算制度(试行)》第四条。
② 《企业产品成本核算制度(试行)》第五条。
③ 《企业产品成本核算制度(试行)》第七条。

政部还先后制定了《企业产品成本核算制度——钢铁行业》(2015年11月12日)、《企业产品成本核算制度——煤炭行业》(2016年9月30日)、《企业产品成本核算制度——电网经营行业》(2018年1月5日)等成本核算制度。这些行业成本核算制度根据《2013年成核算制度》的总体要求,结合各行业的特点,分别就相关行业的产品成本核算对象,核算项目范围,成本归集、分配和结转等做出了规定,对于规范这些行业的产品成本核算,促进企业加强成本管理,提高经济效益提供了制度保证。

五、制定管理会计指引体系

管理会计作为会计的一个重要领域,自20世纪20年代产生于美国之后,逐渐在世界范围内传播,中国在20世纪三四十年代曾有人撰文介绍管理会计。新中国成立后,为了提高经济效益和管理效果,企业和行政事业单位在各个时期均实行了多种多样带有中国特色的会计控制,其中一些做法与管理会计类似。例如,与责任成本管理类似的成本控制与考核;与存货管理具有类似作用的定额流动资金管理;与责任会计类似的各种经济责任制、厂内银行、班组核算、划小核算单位;与预算管理具有类似作用的"邯钢经验"(成本否决制)、"新兴经验"、预算控制;与绩效管理具有同样作用的绩效考核、决算分析与评价;等等。改革开放之后,中国引入西方管理会计,部分企业在经营管理中运用了管理会计中的成本性态分析、盈亏临界点与本量利分析、经济效益分析评价、预算管理、平衡计分卡分析等方法。同时,各主管部门在不同时期发布的大量有关会计控制、财务管理的各种规则、办法、指导意见中也体现了管理会计的思想与方法,要求和指导着企业开展会计管理。例如,1962年财政部制定的《国营企业材料核算办法(草案)》中关于编制标准材料采购计划的要求;1965年财政部印发的《企业会计工作改革纲要(试行草案)》中有关做好经济活动分析的要求;1978年9月12日国务院颁布的《会计人员职权条例》中有关会计人员应尽到"分析财务计划、预算的执行情况,挖掘增收节支的潜力,考核资金使用效果,揭露经营管理中的问题"的要求和会计人员有权"参与本单位编制计划,制定定额,签订经济合同,参与有关的生产、经营管理会议"的规定;1984年3月5日国务院发布的《国营企业成本管理条例》中关于按照计划控制和管理成本、制定和执行成本定额、对新产品和新技术进行经济论证、分析成本计划和定额执行情况等规定;1990年12月27日财政部发布的《国营商业企业成本管理办法》中关于成本考核和成本管理的规定;财政部在1991年《会计改革纲要(试行)》中提出的基层单位会计要向"管理型会计"转变的改革方向;1995年《会计改革与发展纲要》(1995年12月15日发布)中提出的运用现代管理会计理论、方法和技术,建立以责任会计为主要形式的企业会计管理体系与会计机构的目标,会计人员参与企业的筹资、投资、技术改造、签订经济合同等重大决策的调查论证和可行性研究的目标;《企业国有资本与财务管理暂行办法》(2001年4月28日发布)中对企业进行财务考核与评价的规定;《关于企业实行财务预算管理的指导意见》(2002年4月10日发布)中对企业财务预算的组织结构、财务预算的形式及其编制依据、财务预算的编制程序和方法、财务预算的执行与控制、财务预算的调整、财务预算的分析与考核的规定;国务院国资委发布的《中央企业财务预算管理暂行办法》(2007年5月25日发布)中对中央企业实行财务预算的组织工作、财务预算编制、财务预算报告、财务预算执行与监督的规定;财政部、国家经贸委、人事部、国家计委联合颁布的《国有资本金小绩评价规则》(1996年6月1日发布)和国务院国资委历年来颁布的《中央企业负责人经营业绩考核办法》中对企业开展绩效评价的规定;等等。随着形势的发展,国家对利用会计手段加强对企业、行政事业单位管理的要求越来越高,要求会计在做好传统核算工作的同时,更多地参与企业的决策、控制、评价,全面发挥会计的作用,实现会计工作的转型升级。为适应形势的发展,财政部从2014年开始陆续发布了一系列关于推进管理会计的文件,包括《关于全面推进管理会计体系建设的指导意见》(以下简称《指导意见》)和管理会计指引体系。

《指导意见》是财政部制定的首个推进管理会计的文件,发布于2014年10月27日。《指导意见》分为"全面推进管理会计体系建设的重要性和紧迫性""指导思想、基本原则和主要目标""主要任务和措施""工作要求"四部分。《指导意见》认为,"管理会计是会计的重要分支,主要服务于单位(包括企业和行政事业单位)内部管理需要,是通过利用相关信息,有机融合财务与业务活动,在单位规划、决策、控制和评价等方面发挥重要作用的管理活动"。"全面推进管理会计体系建设,是建立现代财政制度、推进国家治理体系和治理能力现代化的重要举措;是推动企业建立、完善现代企业制度,推动事业单位加强治理的重要制度安排;是激发管理活力,增强企业价值创造力,推进行政事业单位加强预算绩效管理、决算分析和评价的重要手段;是财政部门更好发挥政府作用,进一步深化会计改革,推动会计人才上水平、会计工作上层次、会计事业上台阶的重要方向"。《指导意见》布署了推进管理会计理论体系建设、指引体系建设、人才队伍建设、信息系统建设四项任务,雄心勃勃地提出"争取3—5年内,在全国培养出一批管理会计人才;力争通过5—10年左右的努力,中国特色的管理会计理论体系基本形成,管理会计指引体系基本建成,管理会计人才队伍显著加强,管理会计信息化水平显著提高、管理会计咨询服务市场显著繁荣,使我国管理会计接近或达到世界先进水平"的目标。

作为《指导意见》的落实措施,财政部先后出台了由《管理会计基本指引》(以下简称《基本指引》、《管理会计应用指引》《管理会计实例》组成的管理会计指引体系。在管理会计指引体系中,《基本指引》(2016年6月22日公布)起着统领的作用,是制定应用指引和建设案例库的基础。《基本指引》阐述了其制定依据、适用范围,管理会计目标、原则、要素等(第一章),并对管理会计的应用环境、管理会计活动、工具方法、信息与报告四项要素分别做出了说明(第二章至第五章)。在《基本指引》中,将管理会计的目标定位为"通过运用管理会计工具方法,参与单位规划、决策、控制、评价活动并为之提供有用信息,推动单位实现战略规划";提出了单位应用管理会计应遵循的四项原则,即战略导向原则、融合性原则、适应性原则、成本效益原则。

《基本指引》发布后,财政部陆续发布了管理会计应用指引。应用指引是对企业实施管理会计的具体指导。首批22项应用指引发布于2017年9月29日,包括:第100—101号战略管理相关应用指引、第200—201号预算管理相关应用指引、300—304号成本管理相关应用指引、第400—403号营运管理相关应用指引、第500—502号投融资管理相关应用指引、第600—603号绩效管理相关应用指引、第801号企业管理会计报告应用指引、第802号管理会计信息系统应用指引。各项应用指引大体包括定义、内容、应用原则、应用环境、工具、应用程序或基本做法、工具方法评价等内容。第二批和第三批管理会计应用指引分别发布于2018年8月17日和2018年12月27日。第二批管理会计应用指引包括7项,分别是第202号零基预算、第203号弹性预算、第503号情景分析、第504号约束资源优化、第604号绩效棱柱模型、第700号风险管理和第701号风险矩阵。第三批管理会计应用指引为5项,分别是第204号作业预算、第404号内部转移定价、第405号多维度盈利能力分析、第702号风险清单、第803号行政事业单位。这些应用指引的内容结构与第一批应用指引相仿,只是第803号行政事业单位因为针对非企业单位,因而内容与其他应用指引不同,除了讲述该指引的适用范围、行政事业单位应用管理会计的原则和应用环境外,分别就如何在行政事业单位实行战略管理、预算管理、成本管理、绩效管理做出了说明。

管理会计案例是对管理会计经验的总结提炼和对如何运用管理会计应用指引的示范,在管理会计指引体系中起着补充作用。财政部在制定管理会计指引体系的过程中,一直重视案库的建设,至2018年年底已形成了第一批63个入库案例、第二批40个入库案例。

《指导意见》和管理会计指引体系的制定和颁布是新中国会计制度建设向"管理型"转变的重要标志。新中国建立初期,为了配合恢复国民经济的需要,会计制度建设集中于建立规范的核算体系。在恢复和发展国民经济的同时,人们逐渐重视会计管理对提高经济效益的作用,20世纪60年代后,要求通过会计管理提高经济效益的制度开始增多,但对如何运用会计促进经济效益的提高,人们的认识并不成熟,措施比较简单,相应的会计制度相对零散。改革开放后,经济体制改革举措不断涌现,一段时间内会计制度建设的重心在于配合经济体制改革的迫切要求,较多地关注外部投资者、社会公众的会计需求,并在企业会计准则、会计信息化、内部控制规范等会计标准体系建设上取得了明显的成就,但会计在参与内部经营决策、加强管理方面的作用发挥得不够充分,这方面的制度也较少。随着市场化、国际化的深化,世界经济转入增速减缓、结构转型、竞争加剧的时期,我国原有的劳动力低成本优势逐渐削弱,大量消耗资源的发展模式难以为继,企业传统的发展优势不断缩小,只有加快发展方式转变,充分挖掘管理潜力,才能实现我国经济的持续发展。中共十八届三中全会就全面深化改革做出了总体部署,提出了为建成社会主义现代化国家、实现中华民族伟大复兴的中国梦,必须在新的历史起点上全面深化改革的要求,其中包括推动国有企业完善现代企业制度、推进国家治理体系和治理能力现代化、创新行政管理方式、提高科学管理水平等任务。推行管理会计应用,有助于全面推动企业从粗放式向集约式发展,从粗放型管理转向精细化管理,提升价值创造力;有助于提高政府管理效能,推进国家治理体系和治理能力的现代化。《指导意见》和管理会计指引体系的出台,既适应了形势发展的需要,也是新中国会计制度兼顾财务会计和管理会计,全面发展的里程碑。

新中国正式的管理会计制度建设始于21世纪前20年,除了受国内外政治经济形势的驱动外,也是会计制度建设以各时期国家经济财政工作的需要为准的表现。在计划经济时期,会计的任务是反映国家计划的完成情况,且与国际会计发展动向相割裂,不可能推广管理会计;改革开放后我国逐步实行市场经济,企业竞争日趋激烈,但被公认为有助于改善管理的管理会计却在很长一段时间内未得以大规模推广,特别是没有出台相关制度,似乎令人不解。实际上,这很大程度上是因为当时会计制度建设全力应对经济体制改革的急迫需要和维护社会经济的正常运转,无暇顾及管理会计[①]。当与市场相关的会计标准体系建设相对完善[②]后,国家做出全面深化改革的部署,推广管理会计成为会计工作的当务之急,会计主管部门也具有了足够的精力,顺理成章地迎来了大力发展管理会计的机遇。我国发展管理会计的这一过程,与建设新中国会计制度的通常做法相一致,符合政府主导会计模式下会计发展的一般规律。

尽管《指导意见》和《基本指引》是以财政部正式文件的形式下发(文件号分别为财

[①] 例如,财政部1991年制定的《会计改革纲要(试行)》即已提出向"管理型会计"转变的改革方向;1995年制定的《会计改革与发展纲要》中提出了运用现代管理会计理论、方法和技术建立企业会计管理体系的世纪目标,但均未能够落实。

[②] 财政部《会计改革与发展"十二五"规划纲要》(2011年9月9日发布)指出,在"十一五"时期,企业会计准则体系已经建成并得到了有效实施,企业内部控制规范体系构建完成,注册会计师行业发展迈上了新台阶,医院、高校等事业单位会计改革取得重要进展,会计信息化建设取得了重大突破。

会〔2014〕27号和财会〔2016〕10号),但却与会计准则、会计制度、暂行办法等会计规章制度不同,并不要求强制执行,只是指出"旨在指导单位应用管理会计,……主要是起推动作用,引导单位系统应用管理会计"。"之所以由政府制定发布包括基本指引在内的指引体系,一方面是政府主动服务市场需求的重要举措;另一方面是为了充分发挥政府优势,协调各方意见,整合各方力量,节约社会资源,便捷高效地推动管理会计应用。"①而由主管全国会计工作的政府部门出面制定这些文件,则是因为政府部门具有较高的权威性,有利于管理会计的推广。②

依照前一时期确定的改革方向,转变经济增长方式时期的企业会计制度在已取得成就的基础上取得了进一步的完善,基本建成了适应社会主义市场经济体制的企业会计制度体系,这一时期是新中国企业会计制度改革的提升期和完善期。这一时期颁布的企业会计准则(《2006会计准则》)表现出与国际会计准则的实质性趋同性,且内容全面,涉及的业务、事项较多,系统性强,标志着新中国的企业会计制度达到了新的高度,也得到了国内各界和国际社会的普遍认可。随后提出的《中国企业会计准则与国际财务报告准则持续趋同路线图》,则进一步表达了我国政府在会计领域与国际会计准则长期、持续趋同的态度。

企业会计准则的国际趋同不仅是中国的做法,也是世界潮流。欧盟早在2005年即要求其成员国的上市公司编制合并报表采用国际财务报告准则;美国证券交易委员会(SEC)也在2008年宣布接受境外发行者依据国际财务报告准则编制的财务报表,境外发行者不须再按照美国会计准则(GAAP)进行调整。SEC还主动与国际会计准则理事会开展合作,共同制定国际财务报告准则。到目前为止,已有近120个国家不同程度地采取或逐步实现与国际财务报告准则的趋同,另有一些国家表示即将采用国际财务报告准则。国际财务报告准则能够得到大批国家的承认与使用,是因为其较好地提出了解决当前世界范围内各种复杂会计问题的方法,能够在一定程度上提高会计信息的质量,代表了当代会计的先进水平;还因为其协调了各国不同的会计做法,在一定程度上提高了各国会计信息的可比性,有利于促进资本配置的公平与效率。尽管对国际财务报告准则的评价不一,但有大量研究证明,国际财务报告准则对于提高会计信息的质量具有促进作用。例如,Alva等2008年对欧洲15个国家采用国际财务报

---

① 财政部会计司:"财政部会计司有关负责人就《管理会计基本指引》答记者问",财政部网站,2016年6月24日。

② 公开发布的"财政部会计司有关负责人就《管理会计基本指引》答记者问"称:"之所以由政府制定发布包括基本指引在内的指引体系,一方面是政府主动服务市场需求的重要举措;另一方面是为了充分发挥政府优势,协调各方意见,整合各方力量,节约社会资源,便捷高效地推动管理会计应用。"

告准则的上市公司的研究表明,国际财务报告准则下报告的盈余比之前按照各国会计准则编制的报告的盈余更具有信息含量。Prathe2008年以157家采用国际财务报告准则前后的欧洲上市公司为样本进行研究,认为采用国际财务报告准则后的盈余公告的信息含量有所增加,净资产和盈余的价值相关性提高,资本成本下降。Clarkson等2008年对欧盟14国和澳大利亚的研究也表明,采用国际财务报告准则提高了盈余的信息含量。Armstrong等人2010年采用事件研究法检验了欧洲采用国际财务报告准则后的市场反应,发现国际财务报告准则的采用改进了银行的信息质量,减少了信息不对称。Daske等人2008年利用26个国家的公司大样本检验了采用国际财务报告准则后的经济后果,得到结论:平均来看,在采用国际财务报告准则后,市场的流动性增加,公司的资本成本降低,产权价值增加。[1]也有很多研究结论证明,中国企业会计准则的国际趋同取得了较好的效果,一定程度地改善了会计信息的质量。例如,薛爽(2008)、罗婷(2008)、张鸣(2009)、曲晓辉等人(2011)的研究表明,2006年采用与国际趋同的企业会计准则后,提高了我国上市公司盈余信息的价值相关性,且盈余管理程度有所下降,盈余管理行为得到抑制。[2]

同时,这一时期大家对会计中国特色与以国际会计准则为代表的国际惯例之间关系的认识也更趋理性,提出了关于中国企业会计与国际准则趋同的四个认识(趋同是进步和方向,趋同不是简单等同,趋同需要一个过程,趋同是一种互动);提出了会计中国特色和国际趋同的处理措施(国际财务报告准则中与中国的经济环境和法律规定不冲突,又能与中国经济数据情况相结合的规定,均予采纳;对通常只在发达国家经济环境和条件下有效运用的规定,适度引用;对不符合中国经济实际情况和监管环境的规定,暂不采用)[3]。

这一时期制定的《关于全面推进管理会计体系建设的指导意见》和管理会计指引体系,是我国首批管理会计规范文件,推动了管理会计在我国的发展,并改变了我国会计制度长期以来偏重对外报告制度的做法,标志着我国迈入了全面建设会计制度的新阶段。

转变经济增长方式时期会计制度改革取得成功的经验是坚持采取渐进式的策略。所谓渐进式,即不搞"一步到位",而是逐步铺开,"走一步看一步",循序渐进。以《2006会计准则》的实施为例。该准则与当时正在执行的《企业会计制度》相差较大,为了避

---

[1] 以上引用的文献回顾,转自曲晓辉等:《中国会计准则的国际趋同效果研究》,立信会计出版社,2011年版。
[2] 以上研究结论,参见曲晓辉等:《会计准则趋同研究》,立信会计出版社,2015年版。
[3] 见王军:《关于中国企业会计准则体系建设与实施的若干问题》,《企业会计准则讲解(2010)》第4页,财政部会计司编写组,人民出版社,2008年版。

免全面实施新准则引起连锁波动,我国采取了先在上市公司实行,再扩大到具备条件的大型企业,然后扩大到更大的范围的方式,从而使新旧制度实现了平稳过渡,避免了会计秩序发生大面积混乱的风险。事实证明,这种渐进式的会计制度改革策略是成功的,有必要继续实行。

本 章 小 结

改革开放以来,企业会计发展的核心是从计划经济体制下的会计模式转变为适应市场经济体制的会计模式,会计制度变化幅度大,变化速度快。改革开放初期,我国为了整顿在"文化大革命"中被破坏了的会计秩序和适应企业改革和经济发展的新情况,对原企业会计制度进行了若干局部修改。随着经济体制改革、国有企业改革和对外开放的深化,会计制度改革的步伐加快,改革力度加强,先后出台的重要会计制度主要有:新中国第一部《会计法》(1985年)、首次参照国际会计惯例制定的会计制度——《中外合资经营企业会计制度》(1985年)、代表"真正意义上的改革"的《外商投资企业会计制度》(1992年)、新中国第一部《企业会计准则》(1992年)、适用于现代企业制度的《股份有限公司会计制度》(1998年)、与国际会计准则趋同的2006年《企业会计准则》、管理会计指引体系等。这些会计制度是企业会计改革的标志,显示了企业会计改革的历程。

经过改革后的企业会计制度与改革开放前的企业会计制度有着很大的不同,主要体现在以下方面。

其一,摆脱了计划经济体制的束缚,转向为社会主义市场经济体制服务,积极适应社会主义市场经济体制下的企业管理、金融市场、对外开放等经济改革对会计的需要。改革开放前国家实行计划经济体制,企业经济活动主要由国家统一部署,企业成为国家经济计划的执行单位,不需要独立进行经济决策,企业会计的基本任务是"遵循党的路线、方针和政策,执行国家计划和财政制度,促使企业多快好省地发展生产"[①],各种会计方法的设计重点是如何为编制国家计划提供数据,为考核国家计划完成情况服务。改革开放后,我国经济体制逐步转向社会主义市场经济,企业成为独立的市场主体,独立自主地参与市场竞争,会计改革与发展的总目标是"建立与社会主义市场经济发展要求相适应的会计模式的基本框架",形成"满足国家宏观调控和市场运行需要的会计信息管理体系",企业会计要"以提高经济效益为目标,以强化经济管理为中心,有

---

① 见财政部《国营企业会计工作规划(试行草案)》(1973年12月22日),载《中国现代会计手册》,第253—255页,中国财政经济出版社,1988年版。

利于完善经营机制"①。适应市场经济发展需要的企业会计与计划经济体制下的企业会计不同,要服务于企业价值管理、经营决策、风险控制,使生成的会计信息能够满足会计信息使用者投资决策、经营管理和宏观调控的需要,这使企业会计在会计目标、会计信息质量要求、会计要素及其确认条件、会计要素计量、会计报告体系等方面发生了重大的变化。

由于采取的改革措施得当、有效,改革开放后的企业会计适应了经济体制的变化,满足了社会主义市场经济的需要。

其二,认同国际财务报告准则是市场经济条件下国际会计惯例的代表,在不伤害国家利益的前提下实现了企业会计准则与国际财务报告准则的实质性趋同,并承诺继续推进与国际会计准则的持续趋同。以国际财务报告准则为代表的国际会计惯例形成于市场经济环境下,是市场经济环境下成熟的做法,也是中国建立社会主义市场经济会计模式的参照。改革开放后,中国根据市场经济发展进程,顺时应势地推进企业会计改革,经过多年的努力,建立了与国际财务报告准则趋同的企业会计准则体系,实现了企业会计准则与国际财务报告准则的实质性趋同。中国企业会计准则与国际财务报告准则的趋同,规范了企业会计行为,提升了企业会计信息质量,促进了资本市场完善。与国际财务报告准则趋同的企业会计准则体系还有助于加强政府对会计的监管,尤其是对会计准则执行情况和会计信息质量的监督检查工作。企业会计准则体系的国际趋同顺应了各国会计准则国际趋同的大潮流,有利于国际资本的有效流动、国际贸易的健康发展和维护社会公共利益,并有利于我国参与国际会计规则制定,扩大我国在国际会计规则制定中的话语权。

其三,制定会计制度不再区分部门和所有制,而是由财政部统一制定,并允许各企业在统一会计制度的基础上根据企业特点制定适当的会计制度。新中国自成立至改革开放前,长期实行分部门、分所有制的企业会计制度。这是由新中国成立时的经济建设思想、经济形势和政府经济管理职能所造就的。在计划经济体制下,政府业务主管部门根据其经济管理职能对企业实施直接管理,拥有所属行业企业会计制度的制定权,导致形成了部门会计制度。部门会计制度围绕主管部门的财务计划制定,而各部门财务计划的不同,导致了部门会计制度之间的差异。这种分别按照部门和所有制制定的企业会计制度,使会计信息在不同部门、不同所有制企业之间缺乏可比性,也不能满足企业实行跨行业多种经营的需要。改革开放后我国逐步推行市场经济和政府职能转变,不再实行政府部门对企业的直接管理,消除了部门会计制度的根源,企业会计

---

① 见财政部 1995 年 12 月 15 日发布的《会计改革与发展纲要》。

制度改由财政部统一制定,打破了不同部门、不同所有制企业之间的会计壁垒,实现了真正意义上的全国统一的企业会计制度,增强了会计信息的可比性,提高了会计信息的质量。

其四,采取会计准则、会计制度并行的规范形式,以适应不同企业的不同需要。改革开放前的各种企业会计制度形式一致,采用示范式形式,即详细讲解如何使用会计科目、如何填制会计报表。示范式会计制度的好处在于易于掌握,会计人员参照会计制度中列出的经济业务处理方式(会计分录)即可记账;缺点在于制度中列出的业务处理(会计分录)示范不可能面面俱到,而市场经济下的企业经济活动多种多样,千变万化,以前没有遇到过的新业务层出不穷,会计制度不可能对复杂多变的经济业务逐一做出会计处理(会计分录)的示范。国际上其他一些国家的会计规范采用"原则导向"的会计准则,即在会计准则中规定对会计要素和一般会计事项进行确认、计量、报告的基本要求,由企业会计人员根据这些基本要求对具体经济业务自行做出处理。"原则导向"的会计准则适用性好,适合多样化、变化快的经济环境,但需要会计人员具有较高的职业判断能力,能够根据准则的原则规定对具体经济业务自行做出合理的处理。改革开放后我国实行市场经济,原有的示范式会计制度不再适合上市公司等从事复杂业务的企业使用,需要改变会计规范的形式,采用原则导向的会计准则。但考虑到我国现阶段企业会计人员和政府有关部门工作人员的业务素质尚且偏低,故而采取了会计准则和示范式会计制度相结合的方式,一方面将企业会计准则分为基本准则、具体准则、准则应用指南、准则解释四部分,其中基本准则和具体准则提出准则本身的基本内容,应用指南对准则条款做出操作性规定,包括会计科目的使用、主要经济业务的处理(会计分录的编制)、会计报表的填列等,在上市公司、金融企业和其他大型企业中执行;另一方面,非上市公司或经济业务相对简单的企业则继续采用示范式的会计制度,从而使我国的企业会计规范形成了会计准则、会计制度并行的局面。这种会计准则、会计制度并行的规范形式,适合我国当前的实际情况,是会计规范形式的一种创举,带有明显的中国特色。

其五,企业会计制度修改频率高,每次修改幅度大。与改革开放前企业会计制度相对稳定的情况不同,改革开放后的企业会计制度经历了一段较频繁的修改变动期,在每个历史时期均颁布了与以往有着很大差别或前所未有的会计制度。例如,在向市场经济转轨时期,公布了第一部《会计法》,制定了《中外合资经营企业会计制度》;在市场经济建立时期,颁布了《股份制试点企业会计制度》《外商投资企业会计制度》、第一部《企业会计准则》和十余项具体会计准则、《股份有限公司会计制度》和2000年的《企业会计制度》,并两次修改了《会计法》;在转变经济增长方式时期,公布了国际趋同的企业会计准则体系并做出了后续修改与增补,制定了管理会计指引体系。企业会计制度如此频繁和大幅度的变化,是改革开放前所没有发生过的,表现出新中国企业会计制度变化的速度快、力度大,甚至使企业会计人员应接不暇,难以适应。造成这种情况的原因,是经济体制改革和对外开放的步伐大,过去不曾有过的新情况、新业务不断涌现,企业会计制度必须加快改进,努力与体制改革的节奏一致,及时解决改革中出现的新问题,满足体制改革的需要。

其六,会计制度建设从侧重于鉴证类会计和报告类会计,向同时注重鉴证类会计、报告类会计和管理会计转化,实行会计的转型升级,出台了《关于全面推进管理会计体系建设的指导意见》和管理会计指引体系,推动了会计利用有关信息参与内部经营决策和加强管理作用的发挥,这是新中国会计制度建设史上具有时代性的重大改变。

第 5 章

改革开放后的预算会计制度与非营利组织会计制度

1978年,中国共产党召开的十一届三中全会提出将工作中心转移到经济建设上,这标志着我国进入了改革开放的新时代。中国的改革路径带有明显的"渐进"特征。"改革的第一步是首先在农村实行家庭联产承包责任制,在少数沿海地方试办经济特区,然后将改革推进到城市;在对国有企业进行放权让利的同时,允许非公有制经济的合法存在和成长;而宏观层面在对高度集中的计划经济进行改革的时候,首先以分权环节的财政分配为突破口,其后逐步放开产品和要素市场价格并减少指令性计划。"[①]与经济建设的中心工作相适应,政府与非营利组织会计制度也在不断渐进地改革。

长期以来,我国的政府会计标准体系以预算会计为中心。自1951年起执行的中国预算管理制度带来了预算会计制度的长期稳定。1993年中共十四届三中全会确立了我国经济体制改革总体目标和行动纲领。1995年财政部印发的《会计改革与发展纲要》中提出要"稳步推进预算会计核算制度改革,规范预算会计信息标准。从加强财政预算管理和国家宏观调控,促进预算单位改善内部管理、提高资金使用效果的要求出发,对预算会计体系中各级人民政府财政会计、行政单位会计、事业单位会计,由财政部分别制定全国统一的会计制度。为了适应不同类型事业单位的会计核算要求,要抓紧制定事业单位会计准则。"[②]财政部于1997年制定并发布了《财政总预算会计制度》《事业单位会计准则(试行)》《事业单位会计制度》,1998年又发布了《行政单位会计制度》,构建起了我国社会主义市场经济体系下的预算会计制度的基本框架。而后,根据建立公共财政的需要,先后推行了政府采购、国库集中收付和政府收支分类改革。预算会计的核算内容和方法不适应预算体制,也作了若干调整。

多年以来我国在政府会计领域实行的是以收付实现制为核算基础的预算会计标准体系,这一体系是适应财政预算管理的要求建立和逐步发展起来的,对财政资金的

---

① 贾康、赵全厚:《中国财税体制改革30年回顾与展望》,人民出版社,2008年版。
② 财政部关于印发《会计改革与发展纲要》的通知,财会字〔1995〕71号。

运行管理和宏观经济决策发挥了基础性作用。随着经济社会发展,预算会计标准体系难以适应新形势新情况的需要,主要表现为:一是不能如实反映政府"家底",不利于政府加强资产负债管理;二是不能客观反映政府运行成本,不利于科学评价政府的运营绩效;三是缺乏统一、规范的政府会计标准体系,不能提供信息准确、完整的政府财务报告。党的十八届三中全会提出了"建立权责发生制的政府综合财务报告制度"的战略部署,财政部根据这一战略部署于2015年颁布了《政府会计准则——基本准则》。基本准则规定,准则适用于各级政府、各部门、各单位。这意味着政府层面、行政单位和事业单位的财务信息将由一套准则予以规范,为建立权责发生制的政府综合财务报告制度奠定了坚实的统一的"会计系统"基础。自此,政府会计的改革真正来临,预算会计"三足鼎立"的格局将要结束,财务会计和预算会计适度分离的"双系统"局面即将开启;政府会计逐渐由传统的"管理工具"转向现代化的"治理机制"。[①]

第1节 改革开放后的总预算会计制度

在计划经济时期,我国经济体制实行"大锅饭",财政在国民经济中处于"总管"地位。"统收统支"的制度("大锅饭"的制度)使得财政掌管着全社会的大部分资源,财政既是政府配置资源的基础,也是政府管制经济的基本手段。经济体制改革改变"大锅饭"现状,需从改变财力分配格局入手,向地方放权。预算管理体制是财政管理体制的核心,其根本任务是在中央与地方以及地方各级政府之间划分预算资金管理权限。我国在1978年以前的国家预算管理体制主要是以集权为特征;1980年预算管理实行了"划分收支、分级包干"的体制,一定就5年不变。面对新形势,预算会计工作既要进行自身改革、完善制度建设,又要与财政税收、财务体制改革相配套。财政总预算会计改革从20世纪80年代开始,在不同时期分别经历了制度调整与完善、全面改革和深入改革三个阶段。

一、向市场经济转轨时期的总预算会计制度:1978—1991年

这一时期是财政总预算会计制度的调整与完善阶段。

自改革开放以来,财政体制作了一系列的调整,如"划分收支、分级包干"财政体制的出台,国有企业"利改税"措施的推行,等等。而预算会计制度却长期沿用计划经济体制下的做法。1983年,财政部根据当时预算管理法则的要求,在原来1963年制度

[①] 《路军伟:预示政府会计改革的三大趋势》,《中国会计报》2015年11月13日。

的基础上,经过广泛征求意见,制订了1984年的《财政机关总预算会计制度》,开始了预算会计的改革。

(一) 1984年《财政机关总预算会计制度》

1984年的《财政机关总预算会计制度》(以下简称《1984年制度》)是在总结过去几十年做法,结合体制改革的具体要求的基础上制定的。《1984年制度》分为7章66条[①],第一章"会计组织与职责任务"、第二章"会计核算方法"、第三章"会计事务处理"、第四章"会计结账和结算"、第五章"会计报表的编审"、第六章"会计人员交接"、第七章"附则";并有主要会计事项分录举例、会计账簿格式、会计人员职权条例3个附件。

这是改革开放后的第一个预算会计制度,与原来的总预算会计制度相比,变化主要体现在以下几个方面。

第一,完善了总预算会计的任务。原制度对总预算会计的任务规定偏重于记账、算账、报账等方面,《1984年制度》中提出的财政总预算会计任务既有技术性任务也有管理性任务。《1984年制度》第2条规定,处理财政总会计的日常会计事项和账务包括"办理预算收入、国库存款、预算拨款、预算支出、往来款项、预算周转金以及预算外收支等会计事项。及时组织财政机关、税务机关和国库之间的对账,做到日清月结、账目清楚、内容真实、数字准确""定期反映预算收支执行情况,按照规定的格式、内容和期限,组织并汇编旬、月、季度总预算会计报表,做到报送及时、数字正确、内容完整;参与向上级财政机关和同级人民政府报告国家预算或地方预算收支执行情况的工作。负责组织年度财政总决算和行政事业单位决算的编审工作"。《1984年制度》提出的管理方面任务,包括妥善调度预算资金,保证按计划及时供应;组织和指导本地区的预算会计工作等。

第二,全面体现了总预算会计的职能作用。《1984年制度》的第2条规定,总预算会计应"协助同级国库正确、及时地办理预算收入的收纳、划分、报解和库款的支拨;督促财政机关内部各有关职能单位,及时地向国库提供与国家预算执行有关的计划和制度;密切财政机关、税收机关和国库之间的协作,充分发挥国库在完成国家预算任务中的执行作用、促进作用和监督作用";并提出了总预算会计"制订各项预算会计制度、国库制度和有关实施办法;组织和指导本地区的预算会计工作"等管理任务。

第三,强调了总预算会计的组织机构建设和领导责任。《1984年制度》要求各级财政机构配备一定数量的专职财政总会计,财政总会计要负责组织与管理全国的或一个地区的预算会计工作,并对专职财政总会计提出政治和业务素质方面的要求。《1984年制度》第3条规定,"地(市)以上各级财政机关应当设置独立的总预算会计机

---

① 〔83〕财预140号《财政机关总预算会计制度》,财政部网站。

构,并配有会计师以上技术职称的财政总会计;县级财政机关可以不设独立的预算会计机构,但至少应配备专职财政总会计2人,其中应配有助理会计师或会计师1人";第4条规定:"各级财政机关或预算管理单位的行政领导人,对预算会计工作负总的责任。要把预算会计工作作为财政预算管理必不可少的重要基础工作来抓。经常督促、检查、指导,并在工作上给予积极的支持。保障会计人员正确地履行国家赋予的职责和权限,做好会计工作。"

第四,禁止财政机关内部各职能部门自行开户等情况的发生。财政机关内部的各职能部门由于分管的业务不同,往往自行开户、自行审批和拨款、单独设账核算,形成了自批自支的情况。《1984年制度》第10条规定:"各级财政库款,一律由财政总会计按规定统一在同级国库开立'国库存款'和'财政预算外存款'两个账户。财政机关内部的其他职能单位经管的各种专项基金的存取,一律通过财政总会计办理。不得库外设库,自立账户,自存自取。"《1984年制度》的统一开户、统一核算,对于广泛存在的不合理开户情况进行了整顿,加强了监督,增强了资金的调度能力,有利于资金的合理使用。

第五,对预算会计科目作了新的描述和调整。《1984年制度》第二章"会计核算办法"第11条对预算会计科目的概念这样阐述:"会计科目是对预算会计对象,按照资金运动的基本形式和不同的业务内容进行科学分类的一种方法,它是设置账户、核算业务内容的依据,也是汇总和检查国家预算资金活动情况和结果的统一项目。"《1984年制度》对会计科目进行了调整,使之更加完善,并将会计科目分为核算国家预算资金的会计科目和核算地方预算外资金的会计科目两种类型,且要求两种性质的资金分别核算,分别设账,各自平衡。预算资金的会计科目又分为资金来源类、资金运用类和资金结存类三部分。预算资金会计科目见表5-1。

表5-1　　1984年《财政机关总预算会计制度》预算资金的会计科目

会计科目分类和名称	核算内容和使用方法
一、资金来源类	本类各科目一般是收方余额
预算收入	核算缴入基层国库的各级财政预算收入数。收方,记从国库报来的各项预算收入数(负数以红字记入)。年终,全部预算收入汇齐后,本科目收方余额转入"预算结余"科目的收方
上级补助收入	核算上级财政拨来的预算补助款。收方,记拨入数;付方,记退转数。年终,本科目余额转入"预算结余"科目的收方
下级上解收入	核算下级财政上缴的预算上解款。收方,记上解数;付方,记退转数。年终,本科目余额转入"预算结余"科目的收方

(续表)

会计科目分类和名称	核算内容和使用方法
调入资金	核算年终决算时,除调入预算外资金结余弥补财政总决算赤字,以及经财政部批准在核定的总预算以外,同时增支个别增收的事项。收方,记调入数;付方,记退转数。年终,本科目余额转入"预算结余"科目的收方
与上级往来	核算与上级财政的往来款项。收方,记借入数;付方,记归还数或转作上级补助收入数。 在编制"资金活动情况表"时,本科目如为"付方余额",应将本科目移入"资金运用类"。 本科目与"资金运用类"的"与下级往来"科目,是两个对应科目
中央借用地方财政款	核算中央财政向地方财政的专项借款。收方,记借入数;付方,记处理数。本科目与"资金运用类"的"地方借给中央财政款"科目,是两个对应科目
预算暂存	核算临时发生的应付、暂收款项。收方,记发生数;付方,记退转数
预算周转金	核算各级财政机关为加强预算后备力量,按照规定设置的预算周转金。收方,记设置或补充数;付方,一般无发生数
预算结余	核算各级财政总预算收支的年终决算执行结果。收方,记年终从"预算收入""上级补助收入""下级上解收入""调入资金"等科目转来的全年收入数;付方,记年终从"预算支出""上解支出""补助支出"等科目转来的全年预算支出数,以及转入"地方政府购买国库券"科目数。 本科目收付方轧差后的"收方余额",即为本年"年终财政滚存结余",转入下年新账的本科目
地方政府购买国库券	核算用财政结余购买的国库券。为落实本年度财政决算结余,每年年终,将"预算结余"科目中本年购买的国库券,冲销转入本科目。收方,记由"预算结余"科目转入数;付方,记冲转数。 本科目与"资金结存类"的"库存国库券"科目,是两个对应科目
二、资金运用类	本类各科目永远是付方余额
经费拨款	核算各级财政机关对各行政事业主管会计单位的划拨资金经费拨款数。付方,记财政拨款数;收方,记各单位报来的"银行支出数"或缴回财政机关数
拨存建行款	核算各级财政机关拨存建设银行的基本建设拨款、贷款等预算拨款。付方,记财政拨款数;收方,记建设银行报来的"银行支出数"或缴回财政机关数

(续表)

会计科目分类和名称	核算内容和使用方法
拨存农行款	核算各级财政机关拨存农业银行的农业资金等预算拨款。付方,记财政拨款数;收方,记农业银行报来的"银行支出数"或缴回财政机关数
预算支出	核算各级财政总预算支出数。付方,记各单位"银行支出数",建设银行、农业银行报来的"银行支出数"和财政机关直接支出数;收方,记本年度支出收回数。年终,全部支出汇齐后,本科目余额转入"预算结余"科目的付方。 财政总会计对单位会计的"银行支取未报数"如需设置会计科目记账控制,可由省、市、自治区财政机关自行增设科目
限额结算支出	核算采用经费限额拨款办法的财政机关,同国家银行结算各单位支用的经费限额数。付方,记财政机关向国家银行拨款数;收方,根据"银行支出数",记转入预算支出数
上解支出	核算上缴上级财政的预算上解款。付方,记上解数;收方,记退转数。年终,本科目余额转入"预算结余"科目的付方
补助支出	核算拨给下级财政的预算补助款。付方,记拨出数;收方,记退转数。年终,本科目余额转入"预算结余"科目的付方
与下级往来	核算与下级财政的往来款项。付方,记借出数;收方,记收回数或转作补助支出数。 在编制"资金活动情况表"时,本科目如为"收方余额",应将本科目移入"资金来源类"。 本科目与"资金来源类"的"与上级往来"科目,是两个对应科目。 有的地区习惯于把上下级往来科目固定分类的,也可以改设"借入上级款""借入下级款"(来源类)和"借给下级款""借给上级款"(运用类)两对往来科目。但向中央报送"资金活动情况表"时,应按本制度规定编报
地方借给中央财政款	核算地方财政借给中央财政的专项借款。付方,记借出数;收方,记处理数。 本科目与"资金来源类"的"中央借用地方财政款"科目,是两个对应科目
预算暂付	核算各级财政机关对各预算单位临时发生的急需借款。付方,记借出数;收方,记收回数或转作"经费拨款""预算支出"数
三、资金结存类	本类各科目永远是收方余额
国库存款	核算各级财政机关在国库的预算资金存款和预算周转金存款。收方,记库款增加数;付方,记库款减少数。收方余额为财政存款数

(续表)

会计科目分类和名称	核算内容和使用方法
库存国库券	核算地方政府购买的国库券库存数。收方,记库存数;付方,记兑换本金数。 本科目与"地方政府购买国库券"科目,是两个对应科目
在途款	核算决算清理期内发生的上、下年度收入、支出业务,需要通过本科目过渡处理的资金数。收方,记发生数;付方,记冲转数(本科目的新年度账,做相反方向分录)。 预算收入按月划期核算的地区,平时也可以使用本科目

第六,规定了预算外资金和专项资金的核算。预算外资金是根据国家财政制度、财务制度,不纳入国家预算,由各地区、各部门、各单位自收自支的财政资金[1]。我国的预算外资金一直都是对国家预算的补充。新中国成立初期,我国的预算外资金项目少、数额小,管理制度也不够健全,如1952年共有预算外资金13.62亿元,相当于当年国家预算收入的7.8%[2]。中共十一届三中全会之后,随着经济体制改革的不断深入,地方、部门和单位的自主权不断扩大,预算外资金的规模也不断扩大,到1985年年底,全部预算外资金已从1978年的347亿元猛增到1 530亿元[3],已成为国民经济和社会发展的重要资金力量。为了加强对预算外资金的管理和监督,搞好财政信贷的综合平衡,财政部于1983年2月28日发布了《预算外资金管理试行办法》。这是第一部关于预算外资金的管理制度,规定了预算外资金的范围是"根据国家法律、法规和规章的规定,由各地区、各部门、各单位自收自支、不纳入国家预算的财政资金"[4];指出预算外资金的性质是财政资金。该办法除列出了预算外资金的项目和范围、性质之外,还要求各地区、各单位建立和健全预算外资金的预算、决算制度;提出各级财政部门应当对各单位预算外资金的收入和支出采取适当的方式进行管理,使资金的使用符合国家宏观经济发展的要求。该办法要求各级财政部门在编制预算收支计划的同时,认真编制预算外资金收支计划,以便全面考虑和统筹安排国家预算外资金。

根据该办法的要求,《1984年制度》规定了预算外资金和专项基金的核算。

《1984年制度》要求预算外资金核算比照预算资金的核算要求。《1984年制度》第7条规定,"预算收入和预算外收入,以本年度缴入基层国库的数额为准(包括

---

[1] 〔83〕财预140号《财政机关总预算会计制度》第46条,财政部网站。
[2] 《当代中国财政(下)》,第308页,中国社会科学出版社,1988年版。
[3] 《当代中国财政(下)》,第310页,中国社会科学出版社,1988年版。
[4] 1983年《预算外资金管理试行办法》。

支库在年终库款报解整理期内收到经收处报来的本年度收入)。预算支出和预算外支出,除本制度另有规定者外,都以本年度各预算单位由基层银行开户行支出的数额为准"。第 11 条规定,"国家预算资金和地方预算外资金要分别核算,分别设账,各自平衡"。

由于预算外资金管理制度中规定了预算外收入的来源、征收,或提留标准、支出的方向、用途、开支标准以及管理方式等,《1984 年制度》规定(第 10 条)预算外收支要通过"财政预算外存款"账户进行核算,"不得库外设库,自立账户,自存自取"。

《1984 年制度》第 47 条则提出了对预算外资金的会计核算要求坚持以下原则:严格划清预算内、外的界限,不得划预算收入为预算外收入,也不能把应由预算外列支的款项挤入预算内报销;非经国家批准,不得自行扩大预算外资金项目,或提高附加、留成比例;按指定用途支出,各种预算外资金,保证规定用途的资金需要,不得随意挪用搞自筹基建等其他开支;预算外资金单独核算,做到先收后支,量入为出,自求平衡,略有结余。

《1984 年制度》还规定,"国家预算资金和地方预算外资金要分别核算,分别设账,各自平衡",并且给出了核算预算外资金的会计科目表(见表 5-2)。

表 5-2　　　　　　　　预算外资金和专项基金的会计科目

会计科目分类和名称	核算内容和使用方法
一、资金来源类	本类各科目一般是收方余额
预算外收入	核算各级财政机关按照国家规定征收、集中或留用的,属于财政预算外资金范围的各项收入。收方,记收入数(负数以红字记入)。 年终,本科目余额转入"预算外结余"科目的收方
专项基金	核算地方财政机关经管的支农周转金、小型技措贷款基金等各种专项基金。收方,记设置和增加数;付方,记减少数。年终,本科目余额转入下年新账本科目
预算外暂存	核算临时发生的预算外应付、暂存款项。收方,记发生数;付方,记退转数
预算外结余	核算各级财政机关预算外资金收支的年终决算执行结果。收方,记年终从"预算外收入"科目转来的全年收入数;付方,记年终从"预算外支出""调出资金"科目转来的全年支出数,以及转入"地方政府购买国库券"科目数。 本科目收付方轧差后的"收方余额",即为本年"年终财政预算外滚存结余"。转入下年新账的本科目

(续表)

会计科目分类和名称	核算内容和使用方法
地方政府购买国库券	核算用财政预算外结余购买的国库券。为落实本年财政预算外资金决算结余,每年年终将"预算外结余"科目中本年购买的国库券冲销转入本科目。收方,记由"预算外结余"科目转入数;付方,记冲转数 本科目与"预算外库存国库券"是两个对应科目
二、资金运用类	本类各科目永远是付方余额
预算外拨款	核算各级财政机关用各项预算外收入向有关单位划拨的资金数。付方,记财政拨款数;收方,记各单位报来的"银行支出数"或缴回财政机关数(预算外拨存建行款,可使用本科目,也可增设一个总账科目)
预算外支出	核算各级财政机关用预算外收入安排的支出数。付方,记各单位"银行支出数"和财政机关直接支出数;收方,记本年支出收回数。年终,全部支出汇齐后,本科目余额转入"预算外结余"科目的付方
调出资金	核算年终决算时,调出预算外资金结余弥补财政总决算赤字。付方,记调出数;收方,记退转数。 年终,本科目余额转入"预算外结余"科目的付方
专项基金贷款	核算各级财政机关向各单位划拨的专项基金数。付方,记财政发放数;收方,记财政收回数。年终,本科目付方余额直接转入下年新账
预算外暂付	核算各级财政机关对各预算外拨款单位临时发生的急需借款。付方,记借出数;收方,记收回数或转作"预算外拨款""预算外支出"数
三、资金结存类	本类各科目永远是收方余额
预算外存款	核算各级财政机关在国库的各项预算外资金和专项基金存款。收方,记增加数;付方,记减少数。收方余额为财政预算外存款数
预算外库存国库券	核算地方政府用预算外资金购买国库券的库存数。收方,记库存数;付方,记兑换本金数。 本科目与"地方政府购买国库券"科目,是两个对应科目
预算外在途款	核算决算清理期内发生的,上下年度收入、支出等业务,需要通过本科目过渡处理的资金数。收方,记发生数;付方,记冲转数(本科目的新年度账,做相反方向分录)

第七，规范了预算单位的开户标准。多年来，一部分本可以归口主管部门的小单位或临时机构为了方便资金的使用，直接在财政机关总会计开户，使财政总会计陷入大量不必要的会计事务中，削弱了财政总会计对本地区预算的组织管理。《1984年制度》第32条规定：凡人员编制不满10人、年度经费预算不足2万元的单位、有上级主管部门的单位，不能作为主管会计单位直接和财政机关发生领报关系，即不得直接在财政机关开户。

（二）1989年《财政机关总预算会计制度》

经过改革开放10年，中国的经济面貌已发生巨大变化，新一轮的经济部署已经完成，国家财政经济状况大大好转，"分灶吃饭"的财政体制已随第二步"利改税"的全面完成调整为"划分税种、核定收支、分级包干"的"划税"体制，突破了原有体制在财权财力上高度集中的格局；国有企业财务管理体制及相关利润分配制度也进行了调整，企业财权扩大、财力增强；各行政事业单位开始逐步试行"预算包干"的办法，使行政事业单位的年度预算一经确定，经费指标全部归单位掌握使用，年终结余留用，超支不补。

财政财务制度的变化尤其是与总预算会计密切相关的财政信用等制度的变化，使得预算会计制度要在完善自身改革的同时必须适应新的政治经济形势的需要，还要与财政预算体制、财务管理体制和相关制度的改革相配套。新形势下实施时间不长的《1984制度》有再次改革的必要，于是财政部于1989年对《财政机关总预算会计制度》进行再次修订。重新修订《财政机关总预算会计制度》主要解决两个问题：一是事业行政单位包干使用的经费如何与总预算会计制度的会计核算基础相衔接，以便准确确立总预算支出的会计数字基础；二是如何规范和管理以基本建设投资的拨改贷制度为代表的财政信用。

1989年《财政机关总预算会计制度》（以下简称《1989年制度》）包括7章69条，内容分别为：第一章"会计组织与职责任务"、第二章"会计核算方法"、第三章"会计事务处理"、第四章"会计结账和结算"、第五章"会计报表的编审"、第六章"会计人员交接"、第七章"附则"。与《1984年制度》相比较，《1989年制度》发生了如下变化。

第一，拓宽了总预算会计的会计核算范围。改革开放后，由于预算外资金的大量增加，对其进行管理与核算的要求已纳入1984年的总预算会计制度中。这次修订再次拓宽了总会计的会计核算范围，将财政信用资金纳入进来，由核算预算资金和预算外资金拓宽为核算包括财政信用资金在内的全部财政资金，并区分预算资金和预算外资金"两条线"进行核算和报告。《1989年制度》第4条规定总预算会计的基本任务是："通过会计核算和会计反映，对总预算和单位预算的执行，实行会计监督。维护国家统一的财政制度、财务制度、会计制度和国库制度。"核算内容涉及"各级财政总预算的执行,除财政机关设置总会计外,还有国家银行办理国库业务的国库会计,中国人民建设银行办理基本建设拨款(贷款)的会计,中国农业银行办理农业资金拨款的会计,以及税务机关办理税收征解的税收会计。它们和财政总会计形成一个有机的整体,共同参与核算、反映和监督财政总预算的执行"。同时还规定"财政总会计对国库会计、税收会计和专业银行拨款会计之间相关的预算会计核算事务,负有具体组织、协调处理的责任"。例如,《1989年制度》的预算资金项目支出类科目中的"拨存建行款"科目,用于核算各级财政机关拨存建设银行的基本建设拨款、贷款等预算拨款;预算外资金项目资金来源类科目中的"财政专项周转金"科目,用于核算地方财政机关经管的支农周转金,小型技措贷款基金等各种专项周转基金;支出类科目中的"财政专项周转基金贷款"科目,用于核算各级财政机关向各单位划拨的财政周转基金数,其付方登记财政发放数,收方登记财政收回数。

第二,对财政总会计人员作了规定,提出了要求。《1984年制度》第3条要求"各级财政机关应当根据精兵简政的原则,设置与其工作任务相适应的财政总会计机构,或配备一定数量的专职财政总会计,负责组织与管理全国的或一个地区的预算会计工作,并要保持相对的稳定",其中"县级财政机关可以不设独立的预算会计机构,但至少应配备专职财政总会计2人,其中应配有助理会计师或会计师1人",但对地(市)以上的财政机关没有设定会计人员人数,只提出了由会计师以上技术职称的人员担任总预算会计。《1989年制度》则规定"地(市)以上各级财政机关应当设置独立的总预算会计机构,省级以上各级财政机关至少应配备专职财政总会计5人,地(市)级财政机关至少应配备专职财政总会计3人";对县级财政机关会计人员安排的观点与《1984年制度》没有变化;特别要求财政总会计人员队伍应当保持相对稳定,不得随意调动。

《1989年制度》还对会计人员的素质提出了要求:"各级财政机关应当选派政治业务素质好,有一定专业知识、技术职称的人员担任财政总会计工作,并加强培训教育,关心他们的生活待遇,保证在会计工作时间,充分调动会计人员的积极性,对会计工作有显著成绩的,应予表扬或奖励。""各级财政总会计人员,要努力学习马列主义、毛泽东思想,坚持四项基本原则,刻苦钻研业务技术知识,遵守职业道德,在工作中坚持按国家法律、法令和规章办事。如实反映情况,维护财经纪律,保守国家机密,同一切损害国家利益的行为作斗争。"各财政机关或预算单位领导人应"保障会计人员依照《会计法》的规定正确履行国家赋予的职责和权限,做好会计工作"。

第三,对事业行政经费支出作了规定。《1984年制度》中规定的总预算支出的会计数字基础为"银行支出数",是1956年开始实行的①,它适用于统收统支体制下供给型的财务管理需要。在改革开放后的1980年,我国对文教行政财务体制进行了改革,普遍采用经费包干办法,经费指标全部归单位掌握使用,年终结余留用,显然用"银行支出数"核算已不能准确反映文教行政事业单位的实际支出数。

《1984年制度》规定各级财政总预算支出的列报数字基础分三种情况:"一是行政事业经费等支出,根据各主管会计单位每月报来的汇总单位预算会计报表所列'银行支出数',列报财政总预算支出。二是建设银行、农业银行经办的基本建设拨款(贷款)、农业资金等支出,根据建设银行、农业银行每月报来的银行会计报表所列基层开户行的'银行支出数'列报财政总预算支出。三是财政机关对国营企业的支出拨款和上下级财政之间的补助支出、上解支出,均作为财政机关直接经办的支出,按财政拨款数列报财政总预算支出。"②《1989年制度》规定,"各项事业行政经费支出根据各主管会计单位报来的汇总单位预算会计报表所列'银行支出数',列报财政总预算支出"。该制度以各项"事业行政经费支出"替代了"行政事业经费支出",专业术语的改变从一个侧面说明我国改革开放后各项文教事业发展迅速,收支数额不断增长,对事业管理体制、事业经费的使用分配提出了新的要求。《1989年制度》还规定,"财政机关直接经办的支出以财政拨款数列报财政总预算支出"主要包括对国营企业的支出拨款、包干使用的专项资金拨款(不需单独报账部分)、科技三项费用、挖潜改造资金、简易建筑费、价格补贴、建立各种财政专项周转基金款、对差额单位的差额补助和对其他单位的一次性补助以及上下级财政之间的补助支出、上解支出。

但是,中央级事业行政经费仍实行"限额拨款",按银行支出数列支;基本建设拨款部分也要按银行支出数核算。

为了配合国家预算管理体制改革,向市场经济转轨时期的总预算会计制度对原预算会计制度做出了一些改动,但这些改动局限于对原制度的局部调整,主要是在原有基础上提高了会计管理要求,对预算外资金和专项资金要求单独核算并调整会计科目等,没有改变原预算会计的基本框架。

二、市场经济建立时期的财政总预算会计制度:1992—2001年

1993年中共十四届三中全会提出了建立市场经济体制的改革目标。1994年首部《中华人民共和国预算法》通过,随着经济体制改革的深化,政府预算进入了法治化。

---

① 1955年12月9日,财政部颁布《地方财政机关总预算会计制度》。
② 1983年10月5日,财政部发布《财政机关总预算会计制度》第37条。

在这样的背景下,市场经济建立时期成为财政总预算会计制度改革的摸索阶段。

(一) 1998年《财政总预算会计制度》

市场经济体制的确立和发展,要求预算会计服从国家宏观管理的需要,通过提供会计信息为预算决策服务。1984年和1989年两次对预算会计制度的调整和改变只是做出了对个别核算环节的变动,总预算会计的基本核算体系没有变,没有突破原计划经济条件下的预算会计管理模式。1994年2月,财政部预算司在北京召开由部分中央主管部门、地方财政部门、有关专家教授及部分单位会计人员参加的预算会计改革研讨会,确定了预算会计改革的总体思路。之后,财政部预算会计改革常务工作组成立,邀请了有关专家、教授和中央部分主管部门、地方财政部门等有丰富实践经验的人员参加。经过广泛的交流和充分的讨论,终于于1994年年底完成了新的预算会计制度(初稿)的起草工作。1996年2月,财政部制发《预算会计核算制度改革要点》,提出了预算会计改革的指导思想、改革目标、会计体系、核算方法和改革步骤等,并提出了预算会计改革的八个方面内容[①]:

第一,重新划分预算会计体系,即在原预算会计体系的基础上,将单位预算会计分解为事业单位会计和行政单位会计,将原财政总预算会计覆盖范围延伸到乡(镇)级财政预算;

第二,把原来的"资金来源、资金运用和资金结存"3个会计要素改为5个,即资产、负债、净资产、收入和支出;

第三,把原采用的资金收付记账法统一改为借贷记账法;

第四,对事业、行政单位的预算内外资金实行统一管理,统一核算;

第五,取消事业、行政单位原按预算管理形式设置的三套会计科目,改按行政单位会计、事业单位会计各设一套会计科目;

第六,财政总预算会计对包干经费支出的列报口径,由银行支出数改为财政拨款数;

第七,规范财政周转金的会计核算;

第八,调整、改进和规范会计报表体系。

按照上述改革设想,1998年再次修订了《财政总预算会计制度》。《财政总预算会计制度》(以下简称《1998年制度》)由13章75条和3个附件组成。改革后的主要变化如下。

[①] 全国预算会计研究会预算会计课题组:《新预算会计制度知识问答》,第3页,浙江人民出版社,1997年版。

1. 资金的核算和管理增加了新内容

(1) 将乡(镇)财政总会计纳入财政总预算会计制度的核算范围。改革开放后,我国取消了人民公社,建立了乡(镇)一级政府,1985年经国务院批准财政部颁布了《乡(镇)财政管理试行办法》,同时进行乡(镇)一级财政的试点工作,但是对乡(镇)财政的会计制度,并未在全国作统一规定。鉴于乡(镇)财政管理办法已基本定型,财政总预算会计需及时配套改革,尽快将乡(镇)财政会计的核算纳入全国统一的财政总预算会计制度之中。《1998年制度》第2条规定:"本制度适用于中央、省、自治区、直辖市,设区的市、自治州,县、自治县,不设区的市、市辖区,乡、民族乡、镇等各级财政部门的总预算会计。"[①]

(2) 把财政部门管理的财政周转金等各项财政性资金活动纳入核算和管理范围。我国在社会主义市场经济体制不断发展的过程中,财政资金的来源和分配格局发生了很大变化,财政部门除了拥有预算资金以外,还有相当数量的其他财政性资金,这些也需要由财政总预算会计统一核算并参与管理。《1998年制度》第3条规定:"总预算会计是各级政府财政部门核算、反映、监督政府预算执行和财政周转金等各项财政性资金活动的专业会计。"第14条规定:"财政部门管理的各项财政资金(包括一般预算资金、纳入预算管理的政府性基金、专用基金、财政周转金等)都应当纳入总预算会计核算管理。"

2. 对财政总预算会计的基本任务作了调整

《1998年制度》根据市场经济的新形势要求和财政职能转换的需要,对财政总会计的基本任务又一次作了调整,主要有以下方面。

(1) 处理总预算会计日常核算业务,指财政总预算会计对各项预算收支、资金调拨及往来款项的会计核算工作都要进行核算和记载;年终,应及时组织年度政府决算、行政事业单位决算的编审和汇总工作,进行上下级财政之间的年终结算工作。

(2) 调度财政资金。原制度强调预算会计主要配合征收机关,督促其及时、足额上缴收入,促进预算用款单位合理、节约地使用资金,妥善调度保证供应。《1998年制度》则根据财政收支的特点,要求总预算会计妥善解决财政资金库存和用款单位需求之间的矛盾,在保证按计划及时供应资金的基础上,合理调度资金,提高资金使用效益。

(3) 实行会计监督,参与预算管理。《1998年制度》要求预算会计要参与预算管理,对预算执行中存在的问题及时提出意见和建议,供有关领导决策参考。同时还要求预算会计协调与国库会计、基建会计、收入征解会计之间的业务关系,共同做好预算

[①] 《财政总预算会计制度》,1997年6月25日。

执行的核算、反映和监督工作。

(4) 组织和指导本行政区域预算会计工作,即各级财政总预算会计要指导和组织检查本行政区域内所属财政总预算会计和同级事业、行政单位的预算会计工作,组织预算会计人员的业务培训,不断提高预算会计人员的政策水平和业务素质。

(5) 做好预算会计的事务管理,主要是做好预算会计的基础工作管理,包括预算会计核算程序的规范化和电算化;根据具体情况参与预算会计人员专业技术资格考试、评定及核发会计证工作。

3. 提出预算会计核算的一般原则

《1998年制度》第一次比较系统、完整、全面地提出了指导预算会计核算的原则,这些原则包括:客观性原则(第11条)、合法性原则(第12条)、适应性原则(第13条)、完整性原则(第14条)、一致性原则(第15条)、及时性原则(第16条)、明晰性原则(第17条)、收付实现制原则(第18条)、专用性原则(第19条)。其中的专用性原则是因财政预算管理上的需要,对预算会计提出的特定会计核算的特殊要求。《1998年制度》对一般原则的明确规定,有利于总预算会计人员全面了解会计核算中应遵守的原则,以便及时、正确、完整地做好核算工作。

4. 重新划分会计要素

原总预算会计制度将会计要素,按资金运动变化形态划分为资金来源、资金运用和资金结存三大类。《1998年制度》将预算会计要素重新划分为资产、负债、净资产、收入和支出,并对各项会计要素的确认、计量、记录及报告应当遵循的基本要求作了规定。

5. 改变记账方法

1966年以来,预算会计一直采用资金收付记账法,而我国的企业会计已先将记账方法统一改为借贷记账法。改革开放后资金来源渠道改变,呈现多样化,为了适应核算的需要和便于交流,《1998年制度》规定预算会计采用借贷记账法。

记账方法和会计要素的改变同时带来了会计平衡公式的改变。原财政总预算会计的平衡公式是:资金来源－资金运用＝资金结存;新制度规定的会计平衡公式为:资产－负债＝净资产。因为平时每月收支不结清,所以平时各月的会计平衡公式为:资产＋支出＝负债＋净资产＋收入。

6. 重新确定总预算会计的记账基础和支出列报口径

《1998年制度》规定财政总预算会计仍然实行收付实现制的记账基础。

原制度的总预算支出会计数字基础主要为"银行支出数",由于单位资金来源渠道多样,往往几种拨款合在一起使用,单位难以单独计算出财政拨款部分的银行支出数。因此《1998年制度》规定:"实行限额管理的基本建设支出按用款单位银行支出数列报支出。不实行限额管理的基本建设支出按拨付用款单位的拨款数列报支出。""对行政事业单位的非包干性支出和专项支出,平时按财政拨款数列报支出,清理结算收回拨款时,再冲销已列支出。对于收回以前年度已列支出的款项,除财政部门另有规定者外,应冲销当年支出。"除以上两款以外的其他各项支出均以财政拨款数列报。

7. 改革会计报表

《1998年制度》会计报表的旬报和月报,在内容和格式上变化不大,变化较大的是年报中的支出决算报表。改革后的总预算会计报表,一是改进了会计报表体系的具体构成,确定"总预算会计报表有资产负债表、预算执行情况表、财政周转金收支情况表、财政周转金收放情况表、预算执行情况说明书及其他附表等。其他附表有基本数字表、行政事业单位收支汇总表以及所附会计报表"①。二是会计报表所提供的信息应当符合《预算法》的要求,适应国家宏观经济管理和上级财政部门及本级政府对财政管理的需要。三是改革了统一的会计报表项目分类和指标口径。

《1998年制度》公布后,执行情况反映出该制度存在若干弱点。比如,按组织类别设立的三个相对独立的分支,采用不同的制度和不同的会计科目组织会计核算,客观上形成相互分割、互不衔接的格局。又如,"以拨作支"的含义是将财政拨款作为单位的支出数,如果支出单位并未实际发生付款行为,就可能造成"以拨作支"和支出信息失真。

(二) 1998年《预算外资金财政专户会计核算制度》

根据中共中央提出的财政部门加强预算外资金管理的精神,财政部1993年颁发《关于进一步做好预算外资金管理工作的通知》,指出要根据预算外资金的不同类型和特点,采取切合实际和行之有效的预算外资金管理办法,要求"对地方财政部门管理的预算外资金,要随着复式预算的推行,按照国家的统一规定,逐步将一些收入纳入预算内管理;没有纳入预算内的部分,继续作为预算外资金进行管理。对行政事业单位的预算外资金,包括行政性收费和专项事业性收费以及各项业务收入结余建立的专用基金,继续坚持'财政专户储存、计划管理、财政审批、银行监督'的管理方式,""各级财政部门要不断完善和发展财政专户储存管理,将预算外管理的各种行政性收费、专项事业收费、各种基金以及乡镇一级的预算外资金,全面纳入财政专户储存管理范围;要进一步完善专户储存资金使用计划的审批管理制度,

---

① 《财政总预算会计制度》,1997年6月25日。

搞好服务工作,简化审批手续,方便存储单位使用资金;要在保证存储单位使用资金的前提下,利用财政专户储存的间歇资金,支持地方经济建设和社会事业发展"。1996年国务院发布《关于加强预算外资金管理的决定》,要求进一步加强预算外资金管理,禁止将预算资金转移到预算外,各部门、各单位未经财政部门批准,不得擅自将财政拨款转为有偿使用,更不得设置账外账和"小金库";财政部门尤其不能设置"小金库";从1996年起将养路费、车辆购置附加费等13项数额较大的政府性基金(收费)纳入财政预算。该决定明确了预算外资金的范围,规定:"预算外资金要上缴财政专户,实行收支两条线管理,预算外资金是国家财政性资金,不是部门和单位自有资金,必须纳入财政管理。财政专户支出由同级财政按预算外资金收支计划和单位财务收支计划统筹安排,从财政专户中拨付,实行收支两条线管理。"对于预算外资金结余,除专项资金按规定结转下年度专项使用的以外,财政部门经同级政府批准可按隶属关系统筹调剂使用。

根据以上加强预算外资金管理的精神,1998年财政部印发了《预算外资金财政专户会计核算制度》(以下简称《预算外专户制度》)。该制度分为4章,分别为"核算与管理原则""会计科目及使用说明""会计结算、清算和会计报表""附则",共28条。该制度为加强预算外资金管理所设计,适用于各级财政部门预算外资金财政专户的核算和管理工作。主要内容如下。

第一,规定了适用范围,即各级财政部门预算外资金财政专户的核算和管理工作。

第二,规定了财政专户会计的基本任务是核算和反映预算外资金收支活动,监督预算外资金收支计划管理和执行情况。除了办理预算外资金日常收缴、拨付及往来款项的会计核算和反映预算外资金收支计划执行情况外,还要监督部门和单位预算外资金收支计划执行情况,合理调度预算外资金;及时、足额将预算外资金上缴财政专户;按批准的预算外资金收支计划及时核拨资金;根据有关预算外资金管理法规和制度规定,参与做好预算外资金统筹调剂使用工作,提高预算外资金使用效益。

第三,财政专户会计的记账方法、会计期间、会计报表编制期间,以及记账货币和单位等,均按财政总预算会计制度中有关规定执行。

第四,规定了财政专户会计的核算原则,包括真实性原则、相关性原则、一致性原则、重要性原则、收付实现制原则、专款专用原则等。

第五,规定各级财政专户会计必须按要求设置和使用会计科目设置账户,进行会计核算。《预算外专户制度》提出的会计科目见表5-3。

表 5-3　　《预算外资金财政专户会计核算制度》会计科目表

序号	编码	科目名称
一、资产类		
1	101	财政专户存款
2	103	有价证券
3	105	应收款
二、负债类		
4	201	应缴代收上级财政专户款
5	203	暂存款
三、净资产类		
6	301	专项预算外资金结余
7	302	一般预算外资金结余
8	303	乡统筹资金结余
四、收入类		
9	401	专项预算外资金收入
10	402	一般预算外资金收入
11	404	乡统筹资金收入
12	405	其他收入
五、支出类		
13	501	行政事业支出
14	502	专项支出
15	503	基本建设支出
16	511	乡统筹资金支出
17	521	政府调剂支出
18	531	其他支出

该制度是我国第一个，也是目前唯一一个用于规范预算外资金管理与核算的制度。制度设计的会计核算科目使用方法大体如下：

资产类科目：①"财政专户存款"科目核算财政部门在国有商业银行开设的财政专户中各项预算外资金存款。财政专户收到部门和单位上缴的各项预算外资金收入时，借记本科目，贷记相关收入科目。财政专户按财政部门批准的预算外资金收支计划拨付资金时，借记相关支出科目，贷记本科目。期末借方余额反映期末财政专户结存数。

本科目应按开户银行设置"财政专户存款日记账",由出纳人员根据收付款凭证,按照业务的发生顺序逐笔登记,每日终了应结出余额。②"有价证券"科目核算财政专户以前年度用预算外资金结余购买的未变现国债等有价证券。有价证券到期变现时,按照实际收到的金额,借记"财政专户存款"科目;按照实际成本,贷记本科目;按其差额,借记或贷记相关收入科目。本科目期末借方余额反映期末尚未变现的有价证券的实际成本。本科目按证券种类设置明细科目。③"应收款"科目核算财政部门以前年度按有关规定有偿拨付有关部门和单位使用等应收回的预算外资金。收回资金时,按实际收到的金额,借记"财政专户存款"科目;按应收的金额贷记本科目,按其差额贷记相关收入科目。本科目期末余额反映期末财政专户有偿拨付的未收回的款项。本科目应按资金项目及部门和单位设置明细科目。

负债类科目:①"应缴代收上级财政专户款"科目核算财政部门代上级财政部门收取或应上缴上级财政专户的预算外资金。财政专户收到收入时,借记"财政专户存款"科目,贷记本科目;资金上缴时,借记本科目,贷记"财政专户存款"科目。本科目贷方余额反映本级财政专户应缴未缴上级财政专户资金数额。本科目应按应缴部门和单位及代收或应缴预算外资金种类设置明细科目。②"暂存款"科目核算财政专户收到的其他不明性质的待结算款项。收到不明性质资金时,借记"财政专户存款"科目,贷记本科目;资金拨出时,借记本科目,贷记"财政专户存款"科目。本科目应按相关部门和单位设置明细科目。

净资产类科目:①"专项预算外资金结余"科目核算财政专户中专项用于公共工程和社会公共事业的基金、资金、附加等预算外资金结余。下年年初建立新账时,应将"专项预算外资金收入"科目上年年末余额转入本科目贷方,借记"专项预算外资金收入"科目,贷记本科目;将"专项支出"科目上年年末余额转入本科目借方,借记本科目,贷记"专项支出"科目。本科目贷方余额反映专项预算外资金累计结余数额。本科目应按部门和单位及专项预算外资金种类设置明细科目。②"一般预算外资金结余"科目核算财政专户中除专项预算外资金以外的其他各项预算外资金结余,包括一般预算外资金收入、其他收入结余等。下年年初建立新账时,应将"一般预算外资金收入""其他收入"科目上年年末余额结转到本科目,即借记"一般预算外资金收入""其他收入"科目,贷记本科目;将"行政事业支出""基本建设支出""政府调剂支出"及"其他支出"科目的上年年末余额转入本科目,即借记本科目,贷记"行政事业支出""基本建设支出""政府调剂支出"及"其他支出"科目。如经批准将预算外资金转入财政预算内统筹使用时,应借记本科目,贷记"财政专户存款"科目。本科目贷方余额反映一般预算外资金累计结余数额。本科目应按"一般预算外资金收入""其他收入"设置明细科目,并按部门和单位进行明细核算。③"乡统筹资金结余"科目核算财政专户中用于乡自筹资金和乡统筹资金支出的结余。下年年初建立新账时,应将"乡统筹资金收入"科目上年年末余额结转到本科目,借记"乡统筹资金收入"科目,贷记本科目;将"乡统筹资金支出"科目上年年末余额转入本科目,借记本科目,贷记"乡统筹资金支出"科目。如经批准将预算外资金转入财政预算内统筹使用时,应借记本科目,贷记"财政专户存款"科目。本科目贷方余额反映乡统筹资金累计结余数额。本科目应按资金种类设置明细科目。

收入类科目:①"专项预算外资金收入"科目核算缴入财政专户中专项用于公共工程和社会公共事业的基金、资金、附加等预算外资金收入和专项预算外资金存款利息。取得基金、资金、附加等专项预算外资金收入时,借记"财政专户存款"科目,贷记本科目。下年年初建立新账时,应将本科目上年年末余额全部转入"专项预算外资金结余"科目,即借记本科目,贷记"专项预算外资金结余"科目。本科目期末余额反映本年度累计收取的专项预算外资金收入。本科目应按部门或单位及收入种类设置明细账。②"一般预算外资金收入"科目核算部门或单位缴入财政专户的预算外资金,包括部门和单位缴入财政专户的各项行政事业性收费及主管部门从所属单位集中的收入。对于行政事业性收费:取得收费收入时,借记"财政专户存款"科目,贷记本科目。下年年初建立新账时,应将本科目上年年末余额全部转入"一般预算外资金结余"科目,借记本科目,贷记"一般预算外资金结余"科目。本科目期末余额反映本年度累计收取的各种行政事业性收费收入。本科目应按部门和单位设置明细账科目,并按收费项目进行明细核算。对于部门集中收入:主管部门从所属单位集中的资金缴入财政专户时,借记"财政专户存款"科目,贷记本科目。下年年初建立新账时,将本科目上年年末余额转入"一般预算外资金结余"科目,借记本科目,贷记"一般预算外资金结余"科目。本科目期末余额反映本年度累计收取的部门集中资金收入。本科目应按部门和单位设置明细科目。③"乡统筹资金收入"科目核算缴入财政专户的乡自筹资金和乡统筹资金。乡自筹和乡统筹资金缴入财政专户时,借记"财政专户存款"科目,贷记本科目。下年年初建立新账时,将本科目上年末余额转入"乡统筹资金结余"科目,借记本科目,贷记"乡统筹资金结余"科目。本科目期末余额反映本年度累计收取的乡统筹资金收入。本科目应按收取的乡自筹和乡统筹资金收入种类设置明细科目。④"其他收入"科目核算除专项预算外资金收入、一般预算外资金收入、乡统筹资金收入以外的未纳入预算,直接由各级财政专户管理的其他各种财政性资金,包括财政专户一般预算外资金存款利息、各种捐赠资金等。取得其他收入时,借记"财政专户存款"科目,贷记本科目。下年年初建立新账时,本科目上年年末余额全部转入"一般预算外资金结余"科目,借记本科目,贷记"一般预算外资金结余"科目。本科目期末余额反映本年累计收到的其他收入金额。本科目应按其他收入种类设置明细科目。

支出类科目:①"行政事业支出"科目核算财政部门核拨给部门和单位用于单位经费支出的预算外资金。拨付款项时,借记本科目,贷记"财政专户存款"科目。下年年初建立新账时,将本科目上年年末余额全部转入"一般预算外资金结余"科目,借记"一般预算外资金结余"科目,贷记本科目。本科目期末余额反映本年累计核拨的行政事业支出。本科目应按拨付款项的部门和单位设置明细科目。②"专项支出"科目核算各级财政部门从财政专户中核拨给部门和单位专项用于公共工程和社会公共事业等专项支出。拨付款项时,借记本科目,贷记"财政专户存款"科目。下年年初建立新账时,将本科目上年年末余额全部转入"专项预算外资金结余"科目,借记"专项预算外资金结余"科目,贷记本科目。本科目应按部门和单位设置明细科目,并按资金用途进行明细核算。③"基本建设支出"科目核算财政部门根据国家批准的基本建设投资计划,从财政专户中核拨的用于部门和单位基本建设的支出。拨付款项时,借记本科目,贷记"财政专户存款"科目。下年年初建立新账时,本科目上年年末余额全部转入"一般预算外资金结余"科目,借记"一般预算外资金结余"科目,贷记本科目。本科目期末余额反映本年累计核拨的基本建设支出。本科目应按部门和单位设置明细科目,并按基本建设项目进行明细核算。④"乡统筹资金支出"科目核算财政专户中核拨的用于乡自筹资金和乡统筹资金的支出。拨付款项时,借记本科目,贷记"财政专户存款"科目。下年年初建立新账时,将本科目上年年末余额全部转到"乡统筹资金结余"科目,借记"乡统筹资金结余"科目,贷记本科目。本科目期末余额反映本年累计核拨的乡统筹资金支出。本科目应按支出类种设置明细科目。⑤"政府调剂支出"科目核算财政部门经批准从一般预算外资金中统筹安排的款项,包括调入财政预算内部分。统筹调剂拨出财政专户款项时,借记本科目,贷记"财政专户存款"科目。下年年初建立新账时,将本科目上年年末余额全部转入"一般预算外资金"科目,借记"一般预算外资金结余"科目,贷记本科目。本科目期末余额反映本年累计调剂使用预算外资金的数额。本科目应按调剂用途进行明细核算。⑥"其他支出"科目核算除行政事业支出、专项支出、基本建设支出、乡统筹资金支出和政府调剂支出以外的其他支出,包括经批准支付的预算外资金管理费用等。发生支出时,借记本科目,贷记"财政专户存款"科目。下年年初建立新账时,将本科目上年年末余额全部转入"一般预算外资金结余"等科目,借记"一般预算外资金结余"科目,贷记本科目。本科目期末余额反映本年累计发生的其他支出。本科目应按其他支出类别设置明细科目进行核算。

第六,规定在会计年度结束前,应当全面进行年终清理结算,清理结算内容有:核对年度预算外资金收支计划执行情况;清理本年预算外资金收支;与开户银行进行对账;清理往来款项。

第七,《预算外专户制度》规定会计报表主要包括:资产负债表、预算外资金财政专户收支情况表和预算外资金财政专户收支项目表。

市场经济建立时期总预算会计制度有了一些新的变化,在会计核算对象、记账方法等方面突破了多年来的传统,采取了与国际政府会计接近的做法,这在《1998年财政总预算会计制度》中的体现相对明显,包括第一次比较系统、完整、全面地提出了指导预算会计核算的原则;重新划分会计要素,将预算会计要素重新划分为资产、负债、净资产、收入和支出五类,并对各项会计要素的确认、计量、记录及报告应将遵循的基本要求做了规定;预算会计改革改用借贷记账法,将会计平衡公式改为:资产+支出=负债+净资产+收入,等等。这些改革一定程度地为下一步的政府会计改革奠定了基础。然而,这一时期的总预算会计改革进展仍然有限,新出台的制度尚停留在原有预算会计架构之内。

三、转变经济增长方式时期的财政总预算会计制度:2002—2014年

转变经济增长方式时期,总预算会计制度开始出现了突破性的改革。

1998年12月召开的全国财政工作会议提出,要积极创造条件建立公共财政框架,建立与社会主义市场经济基本适应、相对规范的包括政府公共预算、国有资产经营预算和社会保障预算在内的预算管理体系,建立较为规范的政府公共预算管理体系,促进经济社会健康稳定发展。1999年以后,包括部门预算、国库集中收付制度、政府采购制度、政府收支分类改革在内的预算管理制度改革全面展开。部门预算改革主要目的是改变传统的条块分割的预算管理模式,以部门为单位进行预算的统一分配和管理,强化预算编制的法律性、增进预算透明度;国库集中支付改革的目标是建立以国库单一账户体系为基础、资金缴拨以国库集中收付为主要形式的现代国库管理制度;政府采购改革的主要目的是为了规范政府的采购行为,加强财政支出管理,提高资金的使用效益。政府收支分类是之前一系列改革取得成效的结果,同时也是预算管理的一项基础性工作,涉及对政府收支的重新分类,即将政府收支分为收入类、支出功能类和支出经济类。新的政府收支分类能够基本实现"体系完整、反应全面、分类明细、口径可比、便于操作"的改革目标,这也就要求相关会计制度,包括财政总预算会计制度、行政事业单位会计制度、国有建设单位会计制度、行政事业单位财务制度、基本建设财务制度等,与其相配套制定。

2004年7月20日,"中国会计学会第六届理事会第二次会议暨2004年学术年

会"在会议期间,专门召开了政府与非营利组织会计论坛,财政部会计司负责人在会议研讨中指出:"我国经过 20 多年的改革开放,市场经济已经发生了巨大变化,尤其是政府职能的转换、公共财政体制的确立、政府收支分类科目的变化、政府绩效评价制度的建设以及政府监督的加强等,对反映政府经济活动的政府会计信息提出了更高要求,从而需要与时俱进,积极推进政府会计改革。"①专家们当时认为:"改革现行预算会计制度,研究建立我国政府会计准则体系,将是我国政府会计改革的最终目标。"认为在近期需要研究的问题主要有:"1. 研究我国现行预算会计制度中存在的主要问题,尤其是我国政府职能转换和公共财政体制下对于预算会计提出的新要求和对政府会计信息的新需求,并进而研究在新形势下解决这些问题的具体对策。2. 研究政府会计准则建设方面的国际动态和各国在政府会计改革方面的经验和教训,以供我国借鉴和参考。3. 研究我国政府会计准则体系的内容及其构成,包括我国政府会计准则建设的具体方案、步骤和实施中需要配套改革的措施。4. 研究我国政府会计准则建设中引入权责发生制会计的程度问题。5. 研究我国政府绩效评价体系建设与政府会计和政府财务报告之间的内在关系,让政府会计准则的建设和政府财务报告内容的设计,尽可能地满足政府绩效评价的需要,尽可能地满足建立我国绩效政府、绩效财政的需要,从而最大限度地发挥政府会计信息在提高我国政府公共管理水平和营运绩效方面的作用,促进我国政府职能的转换、市场经济的发展和政治文明的进步。"②但是,由于改革的条件尚不成熟,涉及财政总预算会计制度需要调整的内容,暂以暂行补充规定的方式发布。

中共十八届三中全会 2013 年 11 月 12 日通过的《中共中央关于全面深化改革若干重大问题的决定》确立了国家治理体系和治理能力现代化的改革目标,提出"实施全面规范、公开透明的预算制度"和"建立权责发生制的政府综合财务报告制度"。2014 年 9 月修订的《中华人民共和国预算法》,规定各级政府财政部门应当按年度编制以权责发生制为基础的政府综合财务报告,报告政府整体财务状况、运行情况和财政中长期可持续性。同年 12 月,国务院批转的财政部制定的《权责发生制政府综合财务报告制度改革方案》,确立了政府会计改革的指导思想、总体目标、基本原则、主要任务、具体内容、配套措施、实施步骤和组织保障。该方案提出,权责发生制政府综合财务报告制度改革是基于政府会计规则的重大改革,其前提和基础就是要构建统一、科学、规范的政府会计标准体系,包括制定政府会计基本准则、具体准则及应用指南和健全完善政府会计制度。

---

① 刘玉廷:《我国政府会计改革的若干问题》,《会计研究》,2004 年第 9 期。
② 刘玉廷:《我国政府会计改革的若干问题》,《会计研究》,2004 年第 9 期。

这一时期新出台的主要总预算会计制度有如下几项。

(一)《财政国库管理制度改革试点会计核算暂行办法》(2001年)

根据《财政国库管理制度改革试点方案》和《中央单位财政国库管理制度改革试点资金支付管理办法》的有关规定,在不改变预算单位会计主体、财务管理和会计核算职责的前提下,财政部制定了《财政国库管理制度改革试点会计核算暂行办法》。在这个暂行办法中,总预算会计调整的内容有以下几方面。

(1) 通过对财政国库支付执行机构直接支付的资金,根据财政国库支付执行机构每日报来的按部门分"类""款""项"汇总的《预算支出结算清单》,与中国人民银行划款凭证核对无误后,列报预算支出。

(2) 将各代理银行汇总的预算单位零余额账户授权支付数和小额现金账户支取数,与中国人民银行汇总划款凭证及财政国库支付执行机构按部门分"类""款""项"汇总的《预算支出结算清单》核对无误后,列报预算。

《财政国库管理制度改革试点会计核算暂行办法》规定财政国库支付执行机构会计调整的内容有以下几方面。

(1) 根据财政国库支付执行机构核算的特点,在《财政总预算会计制度》资产类和负债类分别增设"财政零余额账户存款(编号103)""已结报支出(编号213)"会计总账科目,并设立预算支出明细账。预算支出明细账应当按一般预算支出、基金预算支出的"类""款""项"及预算单位记载(基本建设支出、科技三项费用、专项类支出要记录到项)。"财政零余额账户存款"科目用于核算财政国库支付执行机构在银行办理财政直接支付的业务。本科目贷方登记财政国库支付执行机构当天发生直接支付资金数;本科目借方登记当天国库单一账户存款划入冲销数;本科目当日资金结算后,余额为零。"已结报支出"科目用于核算财政国库资金已结清的支出数额,当天业务结束后,本科目余额应等于一般预算支出与基金预算支出之和。年终转账时,做相反分录,借记本科目,贷记"一般预算支出""基金预算支出"科目。

(2) 财政国库支付执行机构为预算单位直接支付款项时,根据银行支付凭证回执联,按部门分"类""款""项"列报预算支出。

(3) 财政国库支付执行机构每日将按部门分"类""款""项"汇总的《预算支出结算清单》与中国人民银行国库划款凭证核对无误后,送总预算会计结算资金。

(4) 财政国库支付执行机构对于授权支付的款项,根据代理银行报来的财政支出日(旬、月)报表,与中国人民银行国库划款凭证核对无误后,列报支出。

(5) 财政国库支付执行机构对于授权支付的款项,根据代理银行报来的《财政支出日(旬、月)报表》,与中国人民银行国库划款凭证核对无误后,列报支出。

(二)《〈财政总预算会计制度〉暂行补充规定》(2001 年)

该补充规定要求财政总预算会计核算以收付实现制为主,但中央财政总预算会计的个别事项可以采用权责发生制。可以采用权责发生制的事项主要有[①]以下几点。

第一,预算已经安排,由于政策性因素,当年未能实现的支出。指国债投资项目支出。年初中央财政预算总盘子中已经安排,执行中由于国家计委未能按预算足额下达投资计划等原因,需作结转处理的。

第二,预算已经安排,由于用款进度等原因,当年未能实现的支出。指参加国库单一账户试点单位,由于用款进度的原因,年终有一部分资金留在财政总会计账上拨不出去,为了不虚增财政结余,需作结转处理的。对于不实行国库单一账户试点的单位,财政总会计不得作结转处理。

第三,动用中央预备费安排因国务院审批较晚,当年未能及时兑付的支出。

第四,为平衡预算需要当年未能实现的支出。为了平衡预算,需要根据当年赤字规模和债务收支情况,确定补充偿债基金的具体数额,作当年支出处理。

第五,其他。主要是指除上述情况之外,根据国务院领导批示精神需作结转处理的事项。

采用权责发生制进行会计核算时,平时不作账务处理,待年终结账,经确认当年确实无法实现财政拨款,需结转下一年度支出时,借记"一般预算支出"等科目,贷记"暂存款"等科目;下年度实际支付时,借记"暂存款"等科目,贷记"国库存款"等科目。

(三)《〈预算外资金财政专户会计核算制度〉补充规定》(2001 年)

该补充规定根据《财政部中国人民银行关于印发〈预算外资金收入收缴管理制度改革方案〉的通知》和《财政部中国人民银行关于印发〈中央单位预算外资金收入收缴管理改革试点办法〉的通知》的有关规定,为保证预算外资金收入收缴管理制度改革顺利实施,方便对账和统计分析,对《预算外资金财政专户会计核算制度》作如下规定。

(1) 在预算外财政专户资产类增设"已结报收入"一级会计科目(科目编码 106),用于国库支付局会计核算缴入中央预算外资金财政专户的资金数;在负债类增设"代收款"一级会计科目(科目编码 204),用于核算缴入国库前暂存在中央预算外资金财政专户的预算内资金,本科目下参照预算收入科目设置明细科目。

(2) 国库支付局会计在收到代理银行报来的"代理银行非税收入信息核对单"及所附缴款信息后,根据缴款内容分别记账。

[①] 关于"《财政总预算会计制度》暂行补充规定"的说明,2001 年。

属于预算外的收入,借记"已结报收入"科目,贷记"一般预算外资金收入(专项预算外资金收入、其他收入等)"科目。

属于预算内的收入,借记"已结报收入"科目,贷记"代收款"科目。

属于尚不能确认的收入,借记"已故报收入"科目,贷记"暂存款"科目。

年终,将已结报收入与一般预算外资金收入以及代收款等对冲。即借记"一般预算外资金收入"(专项预算外资金收入、其他收入等)科目或"代收款"科目,贷记"已结报收入"科目。

(四)《关于国有资本经营预算收支会计核算的通知》(2007年)

该通知对《财政总预算会计制度》做出如下调整。

(1) 在净资产类增设"国有资本经营预算结余"科目(科目编码306)。本科目核算各财政部门管理的国有资本经营预算收支的年终执行结果。年终转账时,将"国有资本经营预算收入"科目金额转入本科目贷方;将"国有资本经营预算支出""国有资本经营预算调出资金"科目余额转入本科目借方。本科目年终贷方余额,反映本年国有资本经营预算滚存结余,转入下年度。

(2) 在收入类增设"国有资本经营预算收入"科目(科目编码406)。本科目核算各级财政部门管理的国有资本经营预算收入。取得国有资本经营预算收入时,借记"国库存款"科目,贷记本科目;年终转账时,将本科目贷方余项全数转入"国有资本经营预算结余"科目。本科目一般为贷方余额,反映当年国有资本经营预算收入累计数。本科目按"政府收支分类科目"中"国有资本经营收入"款级科目下的项、同级科目设置相应明细账。

(3) 在支出类增设"国有资本经营预算支出"科目(科目编码506)和"国有资本经营预算调出资金"科目(科目编码516)。"国有资本经营预算支出"科目核算各级财政部门用国有资本经营预算收入安排的支出。发生国有资本经营预算支出时,借记本科目,贷记"国库存款"等有关科目。年终转账时,将本科目借方余额全额转入"国有资本经营预算结余"科目,本科目平时借方余额,反映当年国有资本经营预算支出累计数。"国有资本经营预算调出资金"科目核算各级财政部门从国有资本经营预算收入中调出,用于一般预算支出的资金。年终转账时,应将本科目借方余额转入"国有资本经营预算结余"科目。

(五)《关于预算外资金纳入预算管理后涉及有关财政专户管理资金会计核算问题的通知》(2010年)

该通知对《财政总预算会计制度》做出如下调整。

(1) 增加净资产类"财政专户管理资金结余"科目(科目编码323)。"财政专户管理资金结余"科目核算未纳入预算并实行财政专户管理的资金收支相抵形成的结余,包括教育收费、彩票发行机构和彩票销售机构业务费用等资金的结余。年终转账时,将"财政专户管理资金收入"等有关科目余额转入本科目贷方;将"财政专户管理资金支出"等有关科目余额转入该科目借方。本科目年终为贷方余额,反映未纳入预算并实行财政专户管理的资金收支相抵后的滚存结余,转入下年度。本科目根据管理需要,按部门进行明细核算。

(2) 增加收入类"财政专户管理资金收入"科目(科目编码423)。"财政专户管理资金收入"科目核算未纳入预算并实行财政专户管理的资金收入,包括教育收费、彩票发行机构和彩票销售机构的业务费用等收入。本科目一般为贷方余额,反映当年财政专户管理的资金收入累计数。本科目按"政府收支分类科目"中收入分类科目设置相应明细账。同时,根据管理需要,按部门进行明细核算。

(3) 增加支出类"财政专户管理资金支出"科目(科目编码523)。"财政专户管理资金支出"科目核算用未纳入预算并实行财政专户管理的资金安排的支出。本科目一般为借方余额,反映当年财政专户管理的资金支出累计数。本科目要根据"政府收支分类科目"中支出功能分类科目设置相应明细账。同时,根据管理需要,按部门进行明细核算。

(4) 调整第102号科目"其他财政存款"的使用说明,在其包括的具体核算内容中增加"未纳入预算并实行财政专户管理的资金存款"。

(5) 增设财政专户管理资金分部门收支情况表和财政专户管理资金分科目收支情况表。

第2节 改革开放后的单位预算会计制度

从新中国成立到20世纪70年代末,我国一直执行计划经济体制,预算会计制度是依据这种体制的要求和预算管理的要求建立起来的。实行改革开放政策以来,根据扩大行政事业单位资金管理的自主权的要求和改革行政事业单位的全额预算管理方式的新形势,从根本上改革和完善行政事业单位会计制度是这一时期要做的主要工作。

一、向市场经济转轨时期的单位预算会计制度:1977—1991年

1979年中共八届三中全会后,我国进行了地方或单位的分权改革试点。1980年1月24日,中共中央、国务院发出《关于节约非生产性开支,反对浪费的通知》,其中规

定对行政、事业单位试行"预算包干"的办法。① 预算包干是指实行全额预算管理和差额预算管理的行政事业单位,按照上级单位批准的行政工作任务、事业计划和年度预算,包干使用预算资金;年终支出结余和增收都留归本单位下年度继续使用,不上缴财政,如有超支或短收也不补助。预算会计作为财政体制改革的措施之一,随着财政管理体制的改革而变化。

(一)《关于行政事业单位"预算包干结余"会计处理办法的暂行规定》

1980年11月10日,财政部印发《关于行政事业单位'预算包干结余'会计处理办法的暂行规定》,对各级行政事业单位"预算包干结余"的会计账务处理办法做出如下几方面的规定。

1. 全年经费预算的拨付

为了划清预算年度,核算预算包干结余,各级财政部门对同级主管部门,各级主管部门对所属单位的全年预算拨款,应在年终前按核定的全年包干预算数如数拨足。实行"限额拨款办法"的,将全年经费限额逐级下达到基层用款单位进账;实行"划拨资金办法"的,将全年经费拨款逐级拨到基层用款单位进账。

2. 年终预算结余资金的结算

为了体现"结余留用"的原则,同时防止账务错乱,各级行政事业单位的年终预算结余资金,均不再单独缴回同级财政。实行"限额拨款办法"单位的年终经费限额结余,银行不再注销。中央级行政事业单位的开户行凭"银行支出数签证单"所列的"年终限额结余"数,自动转入新年度的原科目"经费限额、预算支出账"内,并在摘要栏注明"上年经费限额结余结转本年继续使用"字样,视同新年度的经费限额继续使用。

中央级行政事业单位年终限额结算手续,仍按现行制度办理。

各行政事业单位的年终预算结余资金,分别按以下三种情况进行结算:

(1) 实行全额预算包干的,其年终经费限额结余或经费拨款结余即为经费包干结余,如数结转下年继续使用,不再收回。

(2) 实行一项或几项费用部分预算包干的,其年终未注销的经费限额结余以及经费拨款结余中,属于预算包干结余的部分,结转下年继续使用,不再收回;不属于预算包干结余的部分,由财政部门或上级主管部门以如数扣抵下年经费限额或经费拨款的方法,予以收回。

(3) 未实行预算包干的,其年终未注销的经费限额结余以及经费拨款结余,由财

---

① 杨纪琬:《中国现代会计手册》,第79页,中国财政经济出版社,1989年版。

政部门或上级主管部门以如数扣抵下年经费限额或经费拨款的方法,予以收回。

3. 包干结余预算指标的结转

凡属按规定应当留归单位的年终预算包干结余,财政部门和上级主管部门在核定新年度经费预算时,如数按"上年预算包干结余结转使用"项目,另行核增预算包干单位新年度的经费预算指标。

4. 预算支出的列报

为了正确反映国家预算支出数字,各预算包干单位的预算支出,仍应以"银行支出数"和"实际支出数"编列行政事业经费决算,不得将经费包干结余以领代报,转作预算外资金;各级财政总预算支出,也仍以单位的"银行支出数"编列财政总决算,不得将经费包干结余以拨作支。国家财政按规定留给单位的经费包干结余,体现在各级财政的"年终滚存结余"中,作为"预算包干结余结转"项目,专项留用。

5. 经费包干结余的账务核算

为了在预算会计账务上更好地反映经费包干结余的情况,在财政部《行政事业单位会计制度》(1966年)的会计科目中增加一个"经费包干结余"科目(列在"拨入经费"科目之后),下设"事业发展基金"和"集体福利和奖励基金"两个明细科目。年终,各预算包干单位,将应留归本单位的经费包干结余如数从"拨入经费"科目转入"经费包干结余"科目,结清上、下级之间的领拨经费账。

《关于行政事业单位"预算包干结余"会计处理办法的暂行规定》主要对行政事业单位经费包干结余的会计处理做出了规定,要求不同管理模式的行政事业单位年终预算结余资金的结算、处理采取不同方式,以指导各行政事业单位根据形势新变化及时调整会计处理。

(二)《事业行政单位预算会计制度》

长期以来,我国的单位预算会计制度沿用1963年制定、1965年修订的《行政事业单位会计制度》。1988年8月,财政部召开了全国预算会计工作会议,结合改革开放搞活的政策和单位"预算包干"的管理需要,对1965年颁发的《行政事业单位会计制度》进行了全面修订,并于1988年10月16日正式颁布了《事业行政单位预算会计制度》(以下简称《1988年制度》)。《1988年制度》分为15章93条。各章分别为第一章"总则"、第二章"会计工作的组织"、第三章"会计核算方法"、第四章"货币资金的核算与管理"、第五章"全额预算收支的核算与管理"、第六章"预算外收支的核算与管理"、第七章"差额单位和自收自支单位收支的核算与管理"、第八章"成本费用的核算与管理"、第九章"专项资金、专用基金的核算与管理"、第十章"往来款项和应缴预算收入的核算与管理"、第十一章"财产物资的核算与管理"、第十二章"年终清理结算与结账"、

第十三章"会计报表的编审"、第十四章"会计交接"、第十五章"会计档案管理"以及附则。

1.《事业行政单位预算会计制度》的适用范围

《1988年制度》规定该制度的适用范围包括：各级各类教育、科研、卫生（不含医院）、文化、体育、通讯、广播电视、地震、海洋、民政、城建以及其他有专项事业费的事业单位；各级各类农业、林业、水利、气象等事业单位；各级国家机关和受国家预算补助的社会团体等行政单位。各级各类国营企业和比照国营企业实行独立经济核算企业化经营的事业单位，适用各类国营企业会计制度；基本建设单位适用基本建设会计制度，均不适用该制度。

《1988年制度》第3条还规定："各类事业行政单位，按照各级单位预算同各级财政总预算的缴拨款关系，分为全额预算管理、差额预算管理和自收自支预算管理三种预算管理方式。"①同时将"各级各类事业行政单位的会计组织系统，根据国家建制，经费领报关系或者财务隶属关系"，划分为三级预算会计单位，"都应建立独立的单位预算，实行比较完整的会计核算，并负责组织管理本单位内部的全部会计工作"。

2.《事业行政单位预算会计制度》的主要变化

这次对行政事业单位的预算管理和财务管理内容所做的调整，对预算会计框架变化产生了很大的影响。为与总预算会计相适应，单位预算会计的记账方法、会计等式也发生了变化；会计要素的分类设计相应改为会计科目的分类设计。

1）分别规定不同预算管理方式下事业行政单位的核算

对全额单位、差额单位和自收自支单位分别规定了既统一又自成体系的会计科目，供实行三种不同预算管理方式的单位分别应用；对不同预算管理单位的主要核算对象——预算收支，分别做出规定，以适应各自不同的会计核算特点的需要；同时，对带有共性的会计问题，如会计工作组织、会计核算方法、货币资金与财产物资的核算与管理等，则分章集中作规定。

2）会计科目的变化

1966年以前的事业行政单位实行差额预算管理和自收自支管理的为数不多，所以会计制度基本上是按照全额预算管理的统收统支型设计的。《1988年制度》分别提出了事业单位、行政单位在三种不同的预算管理方式下不同的会计科目（见表5-4），以适应预算财务管理改革发展的需要。

---

① 参见《88年制度》第3条。1966年的行政事业单位会计制度基本上是按全额预算管理的统收统支类型设计的，对当时为数不多的差额预算管理单位和自收自支单位的会计核算特殊要求，全国没有统一规定。

表 5-4　《事业行政单位预算会计制度》全国统一会计科目

会计科目名称	科 目 编 号		
	全额单位	差额单位	自收自支单位
资金来源类			
固定资产基金	1 101	2 100	3 100
折旧		2 101	3 101
拨入经费	1 102		
抵支收入	1 103		
经费包干结余	1 104		
经费暂存	1 105		
业务收入		2 131	
事业收入			3 131
预算外收入	1 132		
其他收入		2 132	3 132
应缴预算收入	1 134		
暂存款	1 135	2 135	3 135
合同预收款	1 136	2 136	3 136
事业专项周转金	1 137		
专用基金收入	1 138	2 138	3 138
借入款	1 139	2 139	3 139
结余		2 140	
收益			3 140
拨入专项资金	1 141	2 141	3 141
拨入差额补助费		2 143	
下级上交收入	1 145	2 145	3 145
调剂收入	1 146	2 146	3 146
事业储备周转金	1 150	2 150	3 150
资金运用类			
经费支出	1 201		
拨出经费	1 202		
应返还限额	1 204		
经费暂付	1 205		
业务支出		2 231	
事业支出			3 231
预算外支出	1 232		
暂付款	1 235	2 235	3 235
合同预付款	1 236	2 236	3 236
专用基金支出	1 238	2 238	3 238
借出款	1 239	2 239	3 239
专项资金支出	1 241	2 241	3 241

(续表)

会计科目名称	科目编号		
	全额单位	差额单位	自收自支单位
拨出专项资金	1 242	2 242	3 242
上缴上级支出	1 245	2 245	3 245
调剂支出	1 246	2 246	3 246
资金结存类			
固定资产	1 300	2 300	3 300
经费限额	1 304		
经费存款	1 305		
经费现金	1 306		
有价证券(预算内)	1 307		
经费材料	1 308		
财政专户存款	1 334		3 334
其他存款	1 335		
银行存款		2 335	3 335
库存现金	1 336	2 336	3 336
有价证券(预算外)	1 337	2 337	3 337
库存材料	1 338	2 338	3 338

表5-4中特别值得注意的是：第一，对有部分产品生产的事业单位，新增了简易产品成本核算与管理的规定。设置了"销售收入""产品收益""产品成本""已销售产品成本"和"产成品"5个一级科目。第二，对全额单位附属的事业单位、服务设施等按规定实行对外有偿服务的收入及其相应的支出、费用，增设了"服务收入"和"服务支出"两个一级科目，以便进行简易的服务成本核算。第三，对全额单位的"创收"收入，有的要按规定纳入预算内列收列支，有的则由于一部分"创收"是用预算内的经费(人力、物力垫支取得的)，应当定期归还。为了划清拨入的预算经费和单位"创收"资金的界限，制度新增了"抵支收入"科目。此外，由于事业行政主管部门系统内的上缴下拨事项频繁，专项资金增多，所以增加了有关上下级资金调拨收支一类的会计科目和对专项资金进行核算的会计科目。

3) 会计基础的变化

旧的制度是1966年修订的，一直以收付实现制为核算基础。《1988年制度》的第4条规定，"按照国家预算编制的原则规定，事业行政单位的会计核算一般实行'收付实现制'。简单的成本费用核算的会计事项，可用'权责发生制'"。也就是说，事业行政单位的一般会计核算属于现金基础会计，简单的成本费用核算属于应计基础会计。

4) 记账方法的变化

《1988年制度》第18条规定:"根据预算会计办理预算收支的特点和'收付实现制'的结账基础原则,事业行政单位会计的记账方法,采用以资金活动为主体的收付记账法,即'资金收付记账法'。资金收付记账法的平衡公式是:资金来源类所有账户收方余额合计－资金运用类所有账户付方余额合计＝资金结存类。"这一规定不仅与企业会计相异,而且与国外的政府会计也有所不同。

5) 会计报表的变化

《1988年制度》规定,会计报表因不同的预算管理方式而不尽一致,对各类单位编制月报要求是:全额单位编报资金活动情况表和经费支出明细表;差额单位编报资金活动情况表和差额预算单位收支明细表;自收自支单位编报资金活动情况表和自收自支单位收支明细表;各类单位都要编制的会计报表是资金活动情况表。

6) 增加成本核算的内容

《1988年制度》第65条规定:"各单位的产品生产和有偿服务业务,应当遵守有关的国家政策、法令和规章,既要讲求经济效益,又要讲求社会效益,事业行政单位的产品成本和服务费用具体核算方法,应本着既满足经济核算的需要,又尽可能简化的原则,组织会计核算。可以借鉴国营企业的有关规定,但不宜全盘照搬照套。有关成本费用,如涉及国家预算拨款的会计核算事项,应当划清国家预算资金与单位自有资金的界限,互不挤占。"

向市场经济转轨时期,单位预算会计沿续了原来的做法。这一时期出台的单位预算会计制度与以前的制度基本类似,只是在个别事项有所调整,尚未有实质性的变化。

二、向市场经济转轨时期的单位预算会计制度

(一) 我国第一部事业单位会计准则:《事业单位会计准则(试行)》

新中国建立以后,中国预算会计核算管理模式基本实行的是制度规范,即由财政部通过直接制定会计制度对会计事务加以规范。随着市场经济的不断发展,经济活动的日益社会化,经济组织资金来源渠道的多元化,会计信息的社会需求日益突出。根据《预算会计核算制度改革要点》的精神,财政部于1997年5月28日发布了新中国第一部《事业单位会计准则(试行)》(以下简称《1997年事业准则》)。

1. 《1997年事业准则》的结构和内容

1997年的改革将事业单位会计从事业行政单位会计中分离出来,并单独制定事业单位会计准则。《1997年事业准则》共分为9章54条。各章及其主要内容是:第一章"总则"(1~9条)规定了事业单位的会计主体、客体,法规依据,适用范围,会计假

设,记账采用的本位币和记账方法,以及应当使用的文字;第二章"一般原则"(10～20条)规定了会计核算的一般原则;第三章"资产"(21～26条)将事业单位的资产分为流动资产、对外投资、固定资产、无形资产等,并逐一对这些资产的定义、核算等做出了规定;第四章"负债"(27～30条)将事业单位的负债分为借入款项、应付账款、预收账款、其他应付款、各种应缴款项等,并对这些负债的定义、核算等做出了规定;第五章"净资产"(31～35条)指出事业单位的净资产是指资产减去负债的差额,包括事业基金、固定基金、专用基金、结余等,并对这些净资产的定义、核算等做出了规定;第六章"收入"(36～39条)指出事业单位的收入是指事业单位为开展业务活动,依法取得的非偿还性资金,包括财政补助收入、上级补助收入、事业收入、经营收入、附属单位缴款、其他收入和基本建设拨款收入等,并对这些收入的定义、核算等做出了规定;第七章"支出"(40～43条)指出事业单位的支出包括事业支出、经营支出、对附属单位补助、上缴上级支出、基本建设支出等,并对这些支出的定义、核算等做出了规定;第八章"会计报表"(44～51条)规定事业单位的会计报表包括资产负债表、收入支出表、基建投资表、附表及会计报表附注和收支情况说明书等,并对这些报表的内容、编制等做出了规定;第九章"附则"(52～54条)主要规定了本准则不适用的单位,以及准则的生效时间和解释权。

2.《1997年事业准则》与《事业行政单位预算会计制度》的区别

作为我国事业单位的第一个会计准则,与《事业行政单位预算会计制度》(《1988年制度》)的区别主要有以下几个方面。

(1) 在参考国际会计惯例、总结我国 40 多年来预算会计实践和借鉴企业会计制度改革成功经验的基础上,第一次规定了我国事业单位会计核算应遵循的一贯原则,主要包括真实性、相关性[①]、可比性、一贯性、及时性、明晰性、收付实现制、配比性、专款专用、实际成本、重要性原则。

(2) 将资金收付记账法改为借贷记账法,与企业会计的记账方法统一。

(3) 提出了资产、负债、净资产、收入、支出等会计要素,并说明了各会计要素的内容。例如,资产是使用单位占有或者使用的能以货币计量的经济资源,包括各种财产、债券和其他权利,事业单位的资产分为流动资产、对外投资、固定资产、无形资产等。

(4) 重新规定了会计报表的种类。《1997年事业准则》规定,事业单位应编制的会计报表包括资产负债表、收入支出表、基建投资表、附表及会计报表附注和收支情况说明书等;而《1988年制度》按照不同预算管理方式分别规定了 3 套报表。

---

① 这里的相关性指的是会计核算与会计目标相关,即"符合国家宏观经济管理的要求,适应预算管理和有关方面了解事业单位财务状况及收支情况的需要,并有利于事业单位加强内部经营管理"。

(二)《事业单位会计制度》(1997年)

1997年12月31日财政部颁发《事业单位会计制度》,中国事业单位会计改革进入一个新阶段,开始了事业单位会计准则和会计制度并存的局面。1997年《事业单位会计制度》(以下简称《1997年事业制度》)分为4部分。

第一部分"总说明",规定了《1997年事业制度》的使用范围、国有事业单位的会计组织系统分级,会计科目的设置和使用设置以及使用要求,会计档案的管理要求,会计核算的金额单位,《1997年事业制度》的解释权等。

第二部分"事业单位通用会计科目",规定的会计科目,见表5-5。

表5-5　　　　1997年《事业单位会计制度》通用会计科目表

序号	编号	科目名称	序号	编号	科目名称
		(一)资产类			
1	101	现金	22	303	专用基金
2	102	银行存款	23	306	事业结余
3	105	应收票据	24	307	经营结余
4	106	应收账款	25	308	结余分配
5	108	预付账款			(四)收入类
6	110	其他应收款	26	401	财政补助收入
7	115	材料	27	403	上级补助收入
8	116	产成品	28	404	拨入专款
9	117	对外投资	29	405	事业收入
10	120	固定资产	30	409	经营收入
11	124	无形资产	31	412	附属单位缴款
		(二)负债类	32	413	其他收入
12	201	借入款项			(五)支出类
13	202	应付票据	33	501	拨出经费
14	203	应付账款	34	502	拨出专款
15	204	预收账款	35	503	专款支出
16	207	其他应付款	36	504	事业支出
17	208	应缴预算款	37	505	经营支出
18	209	应缴财政专户款	38	509	成本费用
	210	应交税金	39	512	销售税金
19		(三)净资产类	40	516	上缴上级支出
20	301	事业基金	41	517	对附属单位补助
21	302	固定基金	42	520	结转自筹基建

第三部分"年终清理结算和结账",规定了事业单位在年度终了前,应根据财政部门或主管部门的决算编审工作要求,进行年终清理结算和结账。

第四部分"会计报表的编审",规定了事业单位会计报表主要包括资产负债表、收入支出表、附表及会计报表附注和收支情况编报专项资金收支情况表。《1997年事业制度》与《1988年制度》相比较,主要有如下变化。

（1）重新划分了预算会计体系,规定了事业单位会计与行政单位会计分离,事业单位和行政单位分别执行事业单位会计制度和行政单位会计制度。

（2）将《1988年制度》中的3个会计要素改为5个会计要素。《1988年制度》提出的会计要素为资金来源、资金运用和资金结存3个,《1997年事业制度》提出的会计要素为资产、负债、净资产、收入、支出5个,从而会计平衡式也变成:资产＝负债＋净资产。

（3）不再划分3种预算管理形式,取消《1988年制度》中事业单位按预算管理形式分别设置的3套会计科目,改按行政单位会计、事业单位会计各设1套会计科目。不再划分3种预算管理形式(根据1996年事业单位财务规则)。

（4）根据《关于加强预算外资金管理的决定》,对事业单位的预算内外资金实行统一管理,统一核算,取消预算外资金单独核算的做法。

（5）会计核算基础不再实行单一的收付实现制,允许主管部门在会计制度允许的范围内做出统一规定,会计核算一般采用收付实现制,但经营性收支业务核算可采用权责发生制。

（6）结余分配办法的变化①:一是除了从结余中提取职工福利基金外,剩余部分转入事业基金,不再提取其他各项基金;二是事业基金作为资产净值或基金结余,不再直接安排各项支出,而是用于弥补以后年度收支差额。

（三）第一部行政单位的会计制度:《行政单位会计制度》

行政单位会计是指各级政府各主管部门所属行政单位(包括本级及直属行政单位)的会计。② 1998年2月6日,财政部颁布《行政单位会计制度》(以下简称《1998年行政制度》),对预算会计体系作了重新的归类调整,将行政单位分离出来,要求单独执行行政单位的会计制度。

《1998年行政制度》共11章63条,各章分别为:第一章"总则"、第二章"行政单位会计一般原则"、第三章"资产"、第四章"负债"、第五章"净资产"、第六章"收入"、第七章"支出"、第八章"会计科目"、第九章"年终清理结算和结账"、第十章"会计报表的编审"、第十一章"附则"。其主要内容如下。

---

① 全国预算会计研究会预算会计课题组:《新预算会计制度知识问答》,第185页,浙江人民出版社,1997年版。

② 全国预算会计研究会预算会计课题组:《新预算会计制度知识问答》,第185页,浙江人民出版社,1997年版。

第一章"总则"指出,该制度适用于各级行政机关和实行行政财务管理的其他机关、政党组织(以下统称行政单位);行政单位根据机构建制和经费领报关系,分为主管会计单位、二级会计单位和基层会计单位三级;会计核算应当以行政单位发生的各项经济业务为对象,记录和反映行政单位自身的各项经济活动;行政单位的各项资金和财产,均应纳入行政单位会计核算。

第二章"行政单位会计的一般原则"提出,行政单位的会计原则包括真实性原则、相关性原则、可比性原则、一贯性原则、及时性原则、明晰性原则、收付实现制原则、专款专用原则、实际成本原则、重要性原则。

第三章至第七章按照五个会计要素的顺序,分别对资产、负债、净资产、收入、支出的内容、主要核算办法做出了规定。

第八章"会计科目"提出了行政单位会计常用科目。1998年行政单位会计科目见表5-6。

表5-6　　　　　　　　1998年《行政单位会计制度》会计科目表

编号	科目名称	编号	科目名称
	一、资产类		三、净资产类
101	现金	301	固定基金
102	银行存款	303	结余
103	有价证券		四、收入类
104	暂付款	401	拨入经费
105	库存材料	404	预算外资金收入
106	固定资产	407	其他收入
	二、负债类		五、支出类
201	应缴预算款	501	经费支出
202	应缴财政专户款	502	拨出经费
203	暂存款	505	结转自筹基建

第九章"年终清理结算和结账"的规定如下:第一,行政单位在年度终了前,应根据财政部门或主管部门的决算编审工作要求,对各项收支账目、往来款项、货币资金和财产物资进行全面的清理结算,并在此基础上办理年度结账,编报决算。第二,清理、核对年度预算收支数字和各项缴拨款,保证上下级之间的年度预算数和领拨经费数一

致。第三,为了准确反映各项收支数额,凡属本年度的应拨款项,应当在 12 月 31 日前汇达对方。主管会计单位对所属各单位的预算拨款和预算外资金拨款,截至 12 月 25 日,逾期一般不再下拨。第四,凡属本年的各项收入,都要及时入账。本年的各项应缴预算款和应缴财政专户的预算外资金,要在年终前全部上缴。属于本年的各项支出,要按规定的支出渠道如实列报。第五,行政单位的往来款项,年终前应尽量清理完毕。按照有关规定应当转作各项收入或各项支出的往来款项要及时转入各有关账户,编入本年决算。主管单位收到财政专户核算的预算外资金属于应返还所属单位的部分应及时转拨所属单位,不得在"暂存款"挂账。第六,行政单位年终要及时与开户银行对账,银行存款账面余额,要与银行对账单的余额核对相符。现金账面余额,要与库存现金核对相符。有价证券账面数字,要与实存的有价证券实际成本核对相符。第七,年终前,应对各项财产物资进行清理盘点,发生盘盈、盘亏的,要及时查明原因,按规定做出处理,调整账务,做到账实相符,账账相符。第八,行政单位在年终清理结算的基础上进行年终结账。年终结账包括年终转账、结清旧账和记入新账。

第十章"会计报表的编审"规定,行政单位的会计报表包括资产负债表、收入支出总表、支出明细表、附表和报表说明书。

与《1988 年制度》相比较,《1998 年行政制度》发生了以下主要变化。

第一,与事业单位一样,将行政单位划作一级会计主体,不再是财政总会计的附属。

第二,按照"大收大支"的概念进行核算,对行政单位实行收支统一管理,定额、定项拨款,超支不补,结余留用的预算管理办法。

第三,会计科目发生较大变化。《1998 年行政制度》的会计科目与《1988 年制度》的会计科目的不同,见表 5-7。

表 5-7　　　　　　　　新旧制度会计科目余额对照表

1998 年行政制度(新制度)			1988 年制度(旧制度)		
科目编号	会计科目	余额方向	科目编号	会计科目	余额方向
101	现金	借方	1306	经费现金	
			1336	库存现金	
102	银行存款	借方	1304	经费限额	
			1305	经费存款	
			1334	财政专户存款	
			1335	其他存款	

(续表)

1998年行政制度（新制度）			1988年制度（旧制度）		
科目编号	会计科目	余额方向	科目编号	会计科目	余额方向
103	有价证券	借方	1307	有价证券（预算内）	
			1337	有价证券（预算外）	
104	暂付款	借方	1326	合同预付款	
			1204	应返还限额	
			1205	经费暂付	
			1235	暂付款	
			1239	借出款	
105	库存材料	借方	1308	经费材料	
			1338	库存材料	
106	固定资产	借方	1300	固定资产	
201	应缴预算款	贷方	1134	应缴预算收入	
202	应缴财政专户款	贷方			
203	暂存款	贷方	1105	经费暂存	
			1135	暂存款	
			1136	合同预收款	
			1139	借入款	
			1138	专用基金收入	
			1238	专用基金支出	
301	固定基金	贷方	1100	固定资产基金	
303	结余	贷方	1140	经费包干结余	
			1137	事业专项周转金	
			1150	事业储备周转金	
401	拨入经费	贷方	1102	拨入经费	
			1141	拨入专项资金	
404	预算外资金收入	贷方	1132	预算外收入	
			1103	抵支收入	
			1146	调剂收入	
			1145	下级上缴收入	

(续表)

1998年行政制度（新制度）			1988年制度（旧制度）		
科目编号	会计科目	余额方向	科目编号	会计科目	余额方向
407	其他收入	贷方			
501	经费支出	借方	1201	经费支出	
			1241	专项资金支出	
			1232	预算外支出	
502	拨出经费	借方	1202	拨出经费	
			1242	拨出专项资金	
			1246	调剂支出	
			1245	上缴上级支出	
520	结转自筹基建	借方			

第四，规定预算内外收支进行统一核算。将《1988年制度》中"经费现金"和"库存现金"合并为"现金"科目；将《1988年制度》中各项专款的拨入、拨出科目，改为拨入经费、拨出经费的二级核算科目；改变了《1988年制度》中"预算外资金收入"科目的核算内容，同时增加了"结转自筹基建"科目。

第五，改变了结余的核算内容和方法，设置"结余"科目，相应取消了《1988年制度》中的"经费包干结余"科目。

向市场经济转轨时期，单位预算会计制度改革出现了新气象，代表性的措施是发布了《97年事业单位会计准则》《97事业单位会计制度》和《98行政单位会计制度》。这些准则和制度采用了一些国际会计惯的做法，借鉴国际会计惯例，第一次规定了我国事业单位会计核算应遵循的原则，包括真实性、相关性、可比性、一贯性、及时性、明晰性、收付实现制、配比性、专款专用、实际成本、重要性原则；将长期以来在事业单位使用的资金收付记账法改为借贷记账法，与企业会计的记账方法相统一；提出了资产、负债、净资产、收入、支出等会计要素等。这些新做法，与此前的单位预算会计有着较明显的区别，冲击了计划经济体制下的预算会计模式。

三、转变经济增长方式时期的单位预算会计制度：2002—2014年

2011年3月23日，中共中央、国务院发布了《关于分类推进事业单位改革的指导意见》，其中提出，事业单位改革的总体目标和阶段性目标是：到2020年建立起功能明

确、治理完善、运行高效、监管有力的管理体制和运行机制,形成基本服务优先、供给水平适度、布局结构合理、服务公平公正的中国特色公益服务体系。5年内,在清理规范基础上完成事业单位分类,承担行政职能事业单位和从事生产经营活动事业单位的改革基本完成,从事公益服务事业单位在人事管理、收入分配、社会保险、财税政策和机构编制等方面改革取得明显进展,管办分离、完善治理结构等改革取得较大突破,社会力量兴办公益事业的制度环境进一步优化,为实现改革的总体目标奠定了坚实基础。事业单位的改革,再一次引发了事业单位会计的改革,先后修订了《事业单位会计准则》《事业单位会计制度》。

(一) 事业单位会计准则的修订

1997年颁布的《事业单位会计准则》以预算管理为中心,以经济和社会事业发展为目标,围绕预算会计统一性特点,一方面要解决统一性和灵活性相结合问题,坚持会计制度集中统一,特殊情况适当兼顾;另一方面要适应国家宏观管理和预算管理的要求,强化管理,提高资金的使用效益。2012年2月7日,财政部发布了新的《事业单位财务规则》,对事业单位的管理提出了新的要求。原有准则在新的社会经济条件下,已经不能满足预算管理的需要:如会计核算的一般原则规定了11条,制订的目标不很明确;再如,按照会计要素分类进行规范,但没有明确的条款专门规范会计要素。为了适应新形势的要求,2012年12月6日,财政部颁布了修订后的《事业单位会计准则》(以下简称《2012年事业准则》)。

《2012年事业准则》共9章49条,在维持《1997年事业准则》基本框架结构的基础上,对大部分条款作了修改完善,涉及修改调整的内容包括事业单位会计目标,会计基本假设,会计核算基础,会计信息质量要求,会计要素的定义、项目构成及分类、一般确认计量原则,财务报告等基本事项。

《2012年事业准则》与《1997年事业准则》相比较,变化主要有以下几个方面。

(1) 扩大了准则的适用范围。《1997年事业准则》"适用于各级各类国有事业单位";《2012年事业准则》第2条规定,该准则"适用于各级各类事业单位",即准则的适用范围突破了国有事业单位的限制,大大扩大了准则的适用范围。

(2) 适应事业单位分类改革的需要,突出公益属性。该准则第1条提出,制定该准则是"为了规范事业单位的会计核算,保证会计信息质量,促进公益事业健康发展",并首次提出制定准则要达到"促进公益事业健康发展"目的,突出了该准则主要满足和适应事业单位分类改革的要求。

(3) 提出了会计信息质量要求。该准则第二章对"会计信息质量要求"规定了6条,即真实性、完整性、及时性、可比性、相关性、明晰性,满足了会计信息使用者对事业单位会计信息的需求;《1997年事业准则》没有采用会计信息质量要求的概念,而是提出了真实性、相关性、可比性、一贯性、及时性、明晰性、收付实现制、配比性、专款专用、实际成本、重要性11条"一般原则"。

(4) 采用双重会计核算基础。该准则第9条改变了单纯采用收付实现制进行会计核算的传统做法,对事业单位会计核算基础进行调整,提出事业单位可以对部分经济业务事项采用权责发生制核算。

(5) 改变了事业单位会计核算目标。《1997年事业准则》关于会计目标的表述是:"会计信息应当符合国家宏观经济管理的要求,适应预算管理和有关方面了解事业单位财务状况及收支情况的需要,并有利于事业单位加强内部经营管理。"这一目标侧重为财政部门、政府服务,更强调事业单位的预算管理作用;而该准则第4条规定:"事业单位会计核算的目标是向会计信息使用者提供与事业单位财务状况、事业成果、预算执行等有关的会计信息,反映事业单位受托责任的履行情况,有助于会计信息使用者进行社会管理、做出经济决策。"新的会计核算目标突出事业单位会计信息,反映受托责任、为社会公开和经济决策服务的理念,与事业单位改革需要和企业会计准则会计核算目标相一致。

(6) 对会计科目进行增减调整。该准则对"存货""固定资产""无形资产"等会计科目的内容进行精简,把具体规定放入具体会计制度中进行规范;把"对外投资"会计科目的核算内容改在"短期投资"和"长期投资"两个科目核算,适应了事业单位经营管理的需要。

(7) 将基建数据按月并入会计"大账"。①《1997年事业准则》中,事业单位与基本建设相关的资产、负债及收入、支出在基建账套中反映,财务报表(即"大账")不反映基本建设的投资情况,所提供的会计信息不完整;《2012年事业准则》在非流动资产项目构成中新增加了"在建工程"项目,将基建数据并入事业单位会计的"大账"。这是这次修订准则的一大变化。

(8) 统一了各会计要素确认计量一般原则②。事业单位会计历来以历史成本为主要计量方法,少量采用重置成本、可变现净值、现值以及公允价值等其他计量方法。《2012年事业准则》第22条中规定,以支付对价方式取得的资产,应当按照取得资产时支付的现金或者现金等价物的金额,或者按照取得资产时所付出的非货币性资产的评估价值等金额计量;取得资产时没有支付对价的,其计量金额应当按照有关凭据注明的金额加上相关税费、运输费等确定;没有相关凭据的,其计量金额比照同类或类似

---

① 这一做法在2012年颁布的《事业单位会计制度》中有着同样的规定。
② 2012年颁布的《事业单位会计制度》有着与此相同的规定。

资产的市场价格加上相关税费、运输费等确定；没有相关凭据、同类或类似资产的市场价格也无法可靠取得的，所取得的资产应当按照名义金额入账。《2012年事业准则》在坚持历史成本为主要计量属性的同时，适当引入其他计量属性，这有利于提高事业单位会计信息的可比性，促进资产及时入账，加强国资管理，确保国资安全完整。

（9）改变了财务报表体系。①《1997年事业准则》规定："会计报表是反映事业单位财务状况和收支情况的书面文件。包括资产负债表、收入支出表、基建投资表、附表及会计报表附注和收支情况说明书等。"《2012年事业准则》第40条、第41条、第45条分别规定："事业单位的财务会计报告包括财务报表和其他应当在财务会计报告中披露的相关信息和资料。""会计报表至少应当包括下列组成部分：（一）资产负债表；（二）收入支出表或者收入费用表；（三）财政补助收入支出表。""附注至少应当包括下列内容：（一）遵循事业单位会计准则、事业单位会计制度（行业事业单位会计制度）的声明；（二）会计报表中列示的重要项目的进一步说明，包括其主要构成、增减变动情况等；（三）有助于理解和分析会计报表需要说明的其他事项。"《2012年事业准则》规定的事业单位财务报表体系与企业会计报表格式更趋同，与会计惯例更协调，也更能满足财务管理、预算管理等多方面的信息需求。

（二）事业单位会计制度的修订

财政部修订会计制度酝酿已久，2007年即启动了相关的修订研究工作，在适当借鉴国际经验并充分考虑我国事业单位实际情况的基础上，起草了《事业单位会计制度》修订初稿，并不断修改完善。2012年年初，配合《事业单位财务规则》的修订发布，财政部对《事业单位会计制度》修订初稿进行了修改，最终于2012年12月19日正式印发《事业单位会计制度》（以下简称《2012年事业制度》）。

1.《2012年事业制度》的修订原则

（1）遵循《事业单位会计准则》的原则。修订《事业单位会计制度》的当年，刚刚修订了《2012年事业准则》。修订后的《2012年事业准则》规定了事业单位会计目标、会计基本假设、会计核算基础、会计信息质量要求、会计要素的定义、项目构成及分类、一般确认计量原则、财务会计报告等基本事项，是制定所有事业单位会计制度（包括《事业单位会计制度》和各行业事业单位会计制度）的基础和依据，在整个事业单位会计体系中起统驭作用，修订的《2012年事业制度》遵循了《2012年事业准则》的规定，与《2012年事业准则》保持一致。

（2）与2012年2月7日财政部公布的《事业单位财务规则》相协调的原则。《事

---

① 2012年颁布的《事业单位会计制度》所规定的会计报表种类，与此相同。

业单位财务规则》在维持现行事业单位财务管理体制和财务制度框架体系基本不变的前提下,重点针对部门预算、国库集中收付、政府采购、非税收入管理等各项财政改革,对相应的内容作了修订。修订《2012年事业制度》的基本思路也是在维持现行事业单位核算基础和基本会计模式不变的前提下,重点要适应财政改革、要着力解决会计实务核算中的突出问题。修订后的《2012年事业制度》在适用范围、会计核算基础定位、收入支出科目分类、资产负债确认计量等方面与2012年《事业单位财务规则》保持了基本一致。

(3) 服务财政资金科学化、精细化管理的原则。事业单位会计制度是财政资金科学化、精细化管理的基础性制度之一,更好地服务财政资金科学化、精细化管理也是修订会计制度所遵循的重要原则之一。修订后的《2012年事业制度》要求事业单位区分财政补助和非财政补助,分别核算和反映其收入、支出、结转和结余,进一步规范了非财政补助结余分配,要求各项收支按照政府收支分类科目进行明细核算,在财务报表组成中专门增加了"财政补助收入支出表",由此所提供的会计信息更为精细、科学,将为财政预算管理、单位财务管理发挥更好的基础性作用。

(4) 提高事业单位会计信息质量的原则。针对不计提折旧、基建游离大账、捐赠划拨资产不入账、财政投入资金核算不清晰、一些重要业务核算无规范、会计科目体系滞后、会计报表结构不合理等问题,《2012年事业制度》引入了相关改革举措和改进办法,从而将大大促进事业单位会计核算水平和会计信息质量的提升。所以,这次修订的《2012年事业制度》,主要解决的是事业单位会计实务核算中的突出问题。

2.《2012年事业制度》的主要内容

《2012年事业制度》分为5个部分:"总说明""会计科目名称和编号""会计科目使用说明""会计报表格式""财务报表编制说明"。

(1) "总说明"部分对有关该制度的范围做出了规定,除了执行《医院会计制度》和纳入企业财务管理体系执行企业会计准则或小企业会计准则的事业单位外,均应执行该制度。

该部分还规定,事业单位对基本建设投资的会计核算在执行本制度的同时,还应当按照国家有关基本建设会计核算的规定单独建账、单独核算;事业单位会计核算一般采用收付实现制,但部分经济业务或者事项的核算应当按照本制度的规定采用权责发生制;事业单位应当按照《事业单位财务规则》或相关财务制度的规定确定是否对固定资产计提折旧、对无形资产进行摊销。对固定资产计提折旧、对无形资产进行摊销的,按照该制度规定处理;会计要素为资产、负债、净资产、收入、支出5个。

(2) "会计科目名称和编号",规定会计科目表见表5-8。

表 5-8   2012 年《事业单位会计制度》规定的会计科目表

序号	科目编号	科目名称
一、资产类		
1	1001	库存现金
2	1002	银行存款
3	1011	零余额账户用款额度
4	1101	短期投资
5	1201 120101 120102	财政应返还额度 　财政直接支付 　财政授权支付
6	1211	应收票据
7	1212	应收账款
8	1213	预收账款
9	1215	其他应收款
10	1301	存货
11	1401	长期投资
12	1501	固定资产
13	1502	累计折旧
14	1511	在建工程
15	1601	无形资产
16	1602	累计摊销
17	1701	待处置资产损溢
二、负债类		
18	2001	短期借款
19	2101	应缴税费
20	2102	应缴国库款
21	2103	应缴财政专户款
22	2201	应付职工薪酬
23	2301	应付票据
24	2302	应付账款
25	2303	预收账款
26	2305	其他应付款

(续表)

序号	科目编号	科目名称
27	2401	长期借款
28	2402	长期应付款
三、净资产类		
29	3001	事业基金
30	3101 310101 310102 310103 310104	非流动资产基金 　长期投资 　固定资产 　在建工程 　无形资产
31	3201	专用基金
32	3301 330101 330102	财政补助结转 　基本支出结转 　项目支出结转
33	3302	财政补助结余
34	3401	非财政补助结转
35	3402	事业结余
36	3403	经营结余
37	3404	非财政补助结余分配
四、收入类		
38	4001	财政补助收入
39	4101	事业收入
40	4201	上级补助收入
41	4301	附属单位上缴收入
42	4401	经营收入
43	4501	其他收入
五、支出类		
44	5001	事业支出
45	5101	上缴上级支出
46	5201	对附属单位补助支出
47	5301	经营支出
48	5401	其他支出

(3)"会计报表格式"部分,规定事业单位的财务报表由会计报表及其附注构成,会计报表包括资产负债表、收入支出表、财政补助收入支出表。新增的"财政补助收入支出表",不仅反映了事业单位的收入和支出,也反映"财政补助结转结余""事业结余"和"经营结余"。

3.《2012年事业制度》的主要变化

与《1997年事业制度》相比,《2012年事业制度》发生了以下主要变化。

(1)对于财政补助收入大多采用划拨资金的方式进行核算,增加了财政补助收入,事业单位再根据需要安排支出,但是,随着财政体制改革的深入,实施了国库集中支付制度,事业单位会计处理需要与之配套,同样,财政补助收入需要根据直接采购或使用预算额度,区分财政直接支付还是财政授权支付进行处理。《2012年事业制度》针对这一情况做出了修改,配套新增了与国库集中支付、政府收支分类、部门预算、国有资产管理等财政改革相关的会计核算内容,实现了会计规范与其他财政法规政策的有机衔接,有利于促进各项财政改革政策的贯彻落实。

(2)引入固定资产折旧和无形资产摊销。《1997年事业制度》中固定资产不计提折旧,然而固定资产在使用中由于磨损等原因而价值贬损。为真实反映固定资产的价值,《2012年事业制度》规定应当建立固定资产折旧制度,并为非流动资产设计了对应的基金,以便在计提折旧、摊销时冲减。这是一种"虚提"折旧和摊销的处理方法,即在计提折旧和摊销时冲减非流动资产基金,而非计入支出,即固定资产增加应同时增加"非流动资产基金——固定资产"科目金额,固定资产减少应同时冲减"非流动资产基金——固定资产"科目金额。

(3)规定了基建数据定期并入事业单位会计"大账"。①《1997年事业制度》中事业单位的基本建设投资执行《国有建设单位会计制度》,与基本建设相关的资产、负债及收支都在基建账套中反映,基建账数据长期"游离"会计"大账"(即"事业账")。《2012年事业制度》要求事业单位对于基建投资,在按照基建会计核算规定单独建账、单独核算的同时,将基建账相关数据定期并入单位会计"大账"。这一规定有助于提高事业单位会计信息的完整性。

(4)重视并加强了对财政投入资金的会计核算。《1997年事业制度》规定财政补助收入构成事业单位的经费组成,可用于事业支出,年终按规定转入事业基金。《2012年事业制度》重新界定了财政补助收入的核算口径,它来源于国家预算资金,是按预算隶属关系从同级财政部门取得的补助款项。该制度要求在"事业支出"科目下单独对

---

① 这一做法与2012年颁布的《事业单位会计准则》一致。

财政补助支出进行明细核算,增设了"财政补助结转""财政补助结余"两个净资产科目,对于财政补助收入、支出情况以及财政补助结转和结余的形成过程设计了清晰的账务处理流程,对于实施部门预决算管理,加强财政资金的科学化、精细化管理发挥了更为重要的基础性作用。

(5) 规范了非财政补助结转、结余及其分配的会计核算。《1997年事业制度》中对财政补助和非财政补助结转结余没有很严格的划分,除经营性收支和专款收支外,都可以用于事业单位的专业业务活动。《2012年事业制度》则严格区分了财政补助和非财政补助结转结余,通过设置"非财政补助结转""事业结余""经营结余"等科目,将非财政补助资金区分结转和结余分别核算,并根据非财政补助结余的形成及其分配情况设计账务处理流程。这些规定有助于进一步规范事业单位的支出和分配行为,促进事业单位健康、可持续发展。

(6) 强化了资产的计价和入账管理。① 针对事业单位实务中普遍存在的接受捐赠、无偿调入资产计量口径不统一、相关资产不入账等问题,明确了该种情况下资产的计量原则,要求在没有相关凭据、同类或类似资产的、市场价格也无法可靠取得的情况下,将所取得的资产按照名义金额入账,并要求在会计报表附注中披露以名义金额计量的资产情况。这些规定有利于提高事业单位会计信息的可比性。

(7) 完善了会计科目体系和会计科目使用说明。按照此次改革要求,对《1997年事业制度》下的科目体系进行了全面梳理和改进,新增、取消了部分科目,对个别科目名称进行了修改,同时全面完善了各科目核算内容、明细科目设置、确认计量原则、所涉及经济业务或者事项的账务处理等内容,为事业单位会计实务操作提供了更为科学、全面的依据。

(8) 系统改进了财务报表结构和体系。② 与《1997年事业制度》相比,《2012年事业制度》规定了财务会计报告的主要内容及相关报表的基本列报格式。取消了资产负债表中原来的收入、支出项目,资产负债表项目按照流动资产和非流动资产、流动负债和非流动负债分类列示。增加了财政补助收入支出表,改进了各报表的项目、结构和排列方式,借鉴会计国际惯例和通行做法,取消了资产负债表中原来的收入、支出项目;改进了收入支出表结构,既全面反映事业单位一定会计期间的收入、支出全貌,又分资金类别列示"财政补助结转结余""事业结转结余"和"经营结余",同时可以反映事业单位年度非财政补助结余的形成及分配情况。

《2012年事业制度》的一系列修订使事业单位的财务状况、事业成果、预算执行情

---

① 这一规定与2012年《事业单位会计准则》相同。
② 这一规定与2012年《事业单位会计准则》相近。

况得到更为全面、真实、合理的反映,对于提高事业单位会计信息质量,加强财政对事业单位的科学化、精细化管理,提升事业单位的财务管理水平,促进事业单位健康可持续发展具有十分重要的意义。

(三) 其他预算单位的会计制度改革

1. 基层医疗卫生机构会计制度改革

为了顺应国家新的医改方案,重点加强基层医疗卫生机构能力建设、改革补偿机制、转变运行机制,坚持基层医疗卫生机构的公益性,强化基层医疗卫生机构的公益性责任,加强预算管理,2010年12月,财政部印发了《基层医疗卫生机构会计制度》,自2011年7月1日起在全国基层医疗卫生机构施行,新制度对财政资金及纳入财政专户管理的医疗款的会计核算与预算采用了一致的基础,并通过对财政收支的核算和相关报表的披露,实现会计核算与预算的衔接。

该制度主要内容有以下几个方面:

(1) 对资产的核算实行"收支两条线"管理模式,资产类会计科目数量也从旧制度中的18个减少到新制度中的12个。新增了"零余额账户用款额度"和"财政应返还额度",取消了旧制度中的"应收在院病人医药费""药品""药品进销差价"以及"在加工材料"核算科目。

(2) 对负债的核算实行"收支两条线"管理模式,而负债类会计科目数量也从旧制度中的10个减少到新制度中的9个。新增"待结算医疗款""应缴款项""应付职工薪酬",取消了旧制度中的预提费用、应缴超收款、长期借款、长期应付款等。

(3) 净资产类会计科目数量从旧制度中的5个增加到新制度中的7个。新增"财政补助结转""其他限定用途结转""本期结余",取消了"事业基金"下的"投资基金"一级明细科目、"收支结余"科目。

(4) 需要披露的会计报表的种类从旧制度中的6个减少为5个。取消了旧制度中的医疗收支明细表和药品收支明细表。增设了业务收支明细表,增设了财政补助收支明细表,增加对未弥补亏损、财政补助结转、其他限定用途结转等项目变动的反映。

2. 医院会计制度改革

1988年以前,医院会计核算采用收付实现制,与所有事业单位一样,统一执行事业单位会计制度。自1989年起,医院会计制度从事业单位会计制度中分离出来,执行《医院会计制度(试行)》,会计核算基础在事业单位中率先实现了由收付实现制到权责发生制的过渡。1998年,财政部、卫生部联合颁发了《医院会计制度》。2005年,我国对医院会计制度实行第一次改革,此次改革借鉴企业会计制度、事业单位会计制度以及国际非营利组织会计制度,结合我国医院的实际情况和特点建立了符合我国国情的医院会计制度。第一次改革主要改革医院会计平衡公式、调整医院会计科目设置、完善医院会计报表体系、拓展医院会计分析范围。

然而,随着社会的发展和医院体制的不断变化,现行会计制度还要进一步改进完善。财政部于 2010 年 12 月 31 号颁布了修订后的《医院会计制度》。

与之前的制度相比,新的《医院会计制度》发生了以下变化。

(1) 适用范围变化。只适用于公立综合医院、专科医院、疗养院和门诊部所,不适用乡镇卫生院、社区卫生服务机构等基层医疗卫生机构。

(2) 财政预算管理办法的变化。在收支结余管理中规定,医院收支结余率不超过 5%,超结余率超收部分上缴财政专户,旨在抑制医院盲目追求收入的扩大,维护公益性。

(3) 其他货币资金科目内容的变化。新制度根据银行结算办法的变动,适当调整了其他货币资金的核算内容,取消了"在途资金"保留了"外埠存款""银行本票存款""银行汇票存款",增加了"信用卡存款""信用证保证金存款"。

(4) 会计科目的变化。增加了"应付票据""零余额账户用款额度""财政应返还额度""累计折旧""基建工程""固定资产清理""应缴款项""应交税费""科教项目收入""科教项目支出""待冲基金""财政补助结余""科技项目结转"。此外,对很多会计科目进行了分割和合并。

(5) 各种费用提取方法和比例发生了变化。"坏账准备"提取方法有所增加,固定资产构成标准提高等。

(6) 会计报表的变化。保留了"资产负债表",将"收入支出"总表改为"收入费用总表","收入支出明细表"改为"医疗收入费用明细表",删掉了"基金变动表",增加了"现金流量表""财政补助收支情况表""基建投资表""医院科室成本表""医院成本构成分析表"。

3. 中小学校会计制度改革

随着我国公共财政体制改革的不断深化,中小学教育事业的进一步发展,以及事业单位财务制度的进一步完善,旧制度已经难以满足现行中小学校财务管理和会计核算的需要,迫切需要进行全面修订。为顺应我国公共财政体制和教育管理体制改革,2013 年 12 月,财政部对 1998 年印发的《中小学校会计制度(试行)》进行了全面修订。新制度继承了旧制度中实践效果较好的部分,在此基础上进行改革和创新,使新制度的会计科目体系更加完善,财务报表结构也更加合理,经济业务的确认、计量、记录和报告更加规范。

新制度的主要变化体现为:①完善了中小学校财务会计的概念框架。明确会计目标,对会计原则进行分类。②扩大权责发生制的业务范围。由原来的"会计核算基础主要采用收付实现制,对实行内部成本核算的勤工俭学收支可采用权责发生制"变更为"中小学校会计核算一般采用收付实现制,但部分经济业务或者事项的核算应当按照本制度的规定采用权责发生制"。③调整会计核算内容。严格区分义务和非义务教育阶段学校会计科目的设置,体现部门预算"一个部门一本账"的要求,调整了资产、负债、净资产、收入和支出要素的变化。④完善会计信息披露体系。不仅规范了财务报告的内容,还新增了"财政补助收入支出表",完善了对财政拨款收支结余情况的披露。

4. 高等学校会计制度改革

自 2000 年以来,推行部门预算、国库集中收付和政府收支分类等财政改革措施,都相应地引发高校会计核算方法的局部调整。为建立与公共财政体制和现代大学制度相适应的高校财务管理和会计核算制度,财政部于 2009 年 8 月发布了《高等学校会计制度(征求意见稿)》。在对《高等学校财务制度》进行修订后,2013 年财政部又发布了《高等学校会计制度(修订)》的征求意见稿,2013 年 12 月 30 日印发了修订的《高等学校会计制度》(财会〔2013〕30 号),自 2014 年 1 月 1 日起正式实施。新《高等学校会计制度》适应经济体制深化改革的要求,在维持收付实现制的核算基础为主和基本会计模式不变的前提下,与财政预算管理体制改革和《高等学校财务制度》相衔接和呼应,在会计要素的定义、项目构成及分类、会计核算基础定位(采用收付实现制,部分经济业务或事项采用权责发生制)、会计核算科目分类、一般确认计量原则(历史成本计量为主,市价和名义金额核算为辅)、财务报告等方面与《事业单位会计准则》保持基本一致。

新制度的变化主要体现在:①扩大了核算范围。《高等学校会计制度(试行)》规定,高校基本建设和校内独立核算单位的业务核算独立于高校事业经费核算之外,分别执行不同的会计制度,分开建账、分开核算,如此提供的会计信息不能反映高校真实、完整的收支情况,影响了高校间会计信息的可比性。新制度扩大了高校会计的核算范围,规定将基建投资业务相关数据定期并入高校会计"大账",将校内独立核算单位会计信息通过并账和并表的方式纳入学校财务报表反映。②转变了会计核算基础。旧制度规定"高等学校会计核算一般采用收付实现制,但经营性收支业务的核算采用权责发生制",而新制度明确规定"部分经济业务或者事项的核算应当按照本制度的规定采用权责发生制",这明显扩大了权责发生制的核算范围。例如,对于逾期 3 年或以上、有确凿证据表明确实无法收回的应收账款等债权,旧制度没有进行核销的规定,新制度则按照权责发生制的要求,规定该类债权报经批准后予以核销,这样能更客观、准确地反映高校的会计信息。③增加了与财政改革相关的核算内容。新制度增加了与国库集中支付、政府收支分类、财政拨款结转结余管理、部门预算、工资津补贴、国有资产管理等财政改革相关的会计核算内容。例如,新设置了"零余额账户用款额度""财政应返还额度"和"应缴国库款"等会计科目;将"应付工资(离退休费)""应付地方(部门)津贴补贴""应付其他个人收入"改为"应付职工薪酬"。这些变化有利于与当前国家公共财政体制改革相衔接,促进各项财政法规的贯彻落实。④引入"虚提"固定资产折旧和无形资产摊销。新制度改变了旧制度中对高校固定资产不提折旧、无形资产不进行摊销的做法,创新性地引入了"虚提"固定资产折旧和无形资产摊销,明确规定固定资产、无形资产在其使用寿命内应当按期计提折旧、分摊价值。计提的折旧和分摊的无形资产价值并不增加当期支出,而是减少相应资产占用的资金,这使财务报表中固定资产和无形资产的价值可以反映资产的真实耗费情况,为报表使用者和相关人员提供完整、真实的资产信息,对于有效加强资产的管理具有重要意义。⑤全面改进了会计科目。新制度主要从三个方面对旧制度中的会计科目进行了改进:一是为更清晰地反映高校收入、支出的结构,准确计量教育支出,按照政府收支分类要求对收入支出类会计科目做了更为全面、细致的分类,将收入分为"财政补助收入""教育事业收入""科研事业收入""上级补助收入""附属单位上缴收入""经营收入"和"其他收入"七个一级科目。一方面可以更准确、详细地反映高校的各项资金来源及其变动情况,体现高校准公共产品的特点,同时反映高校的核心竞争力。将事业支出进一步细分为"教育事业支出""科研事业支出""行政管理支出""后勤保障支出""离退休支出"五个一级科目,分别进行核算和反映,有助于判断各项支出是否经济节约、资源是否被高效利用。二是为更科学地反映净资产的构成和性质,在净资产科目中设置了"非流动资产基金""财政补助结转""财政补助结余""非财政补助结转""非财政补助结余分配"等科目,改变了高校原会计核算形成的净资产信息不真实、不全面以及资金性质不清晰等情况。三是新制度增设了"待处理资产损溢"科目,这样可以更准确地核算和分析高校资产的盘盈、盘亏和处置等情况。⑥系统改进并完善了财务报表体系。主要表现在以下几个方面:一是优化了资产负债表的结构和项目,取消了旧资产负债表月报中的收入和支出项目,按照流动性和非流动性排列资产、负债相关项目,符合国际列示惯例和通行做法。二是细化了收入支出表的项目,能够更准确、详细地计量高校的资金来源和变动情况,满足高校财务分析和管理的需要。三是新增财政补助收入支出表,进一步核算财政补助收入和支出情况,规范财政资金收支的操作流程,有效监督财政资金收支过程,优化财政资金配置。四是报表附注增加了对学校重要资产的处置、重大投资和借款活动、以前年度结转结余调整情况、校内独立核算单位会计信息等内容的披露要求,满足了不同利益相关者的信息需求。①

---

① 初宜红、李香梅:《新〈高等学校会计制度〉主要变化及相关问题分析》,《财务与会计》2014年第12期。

(四) 行政单位会计制度

经过40多年的改革开放,新中国市场经济环境已经发生了巨大变化,政府职能的转换、公共财政体制的改革、政府收支分类科目的变化、政府绩效评价制度的建设以及政府监督的加强等,均对反映政府经济活动的政府会计信息提出了更高要求,从而需要进一步推进政府会计改革。行政单位会计作为政府会计的一个重要组成部分,也必须从理论和实践上进行新的尝试。经过多年的理论研究,学者们普遍认同受托责任是政府会计标准体系的基础。受托责任强调被授权主体对授权主体的披露义务,许多国外的会计学者与职业团体直接将受托责任界定为披露义务。受托责任体现在公共领域的各层次委托方与代理方的关系中。公共受托责任作为一种存在于公共领域特殊形式的受托责任,是政府使国民确信其活动与产出符合预定目标与规范的一系列方法、机制与程序的集合,其目的是确保公共政策与公共行为或服务的一致性,并提升公共资源的使用效率与效果。美国政府会计准则委员会(GASB)认为,"公共受托责任是所有政府财务报告的基础,它基于这样一种理念,即公民存在着知情权,有权知晓公民与政治代表要求的公开信息。在民主社会中,政府财务报告在满足政府公共受托责任的披露义务方面扮演着重要角色。"作为受托责任的一种具体体现,接受人民委托的行政单位,具有披露行政单位会计信息的义务和责任。

随着我国改革开放和市场经济的发展,市场力量逐步增强、法制建设逐步完善和政府职能逐步转换,人民与政府之间需要真正建构起委托与受托之间的关系,政府负有公共受托责任。我国政府的受托责任意识不断增强,不断推动职能转换,政府功能逐步向服务型、管理型、绩效型转变。2004年7月1日实施的《行政许可法》,明确界定了政府行政管理的边界,从法律层次界定了政府的职责和权限,要求行政单位在财务管理和会计核算中,应该体现以下基本精神:强调政府是人民的政府,政府受人民之托,用人民的资金,来管理国家各项事务(包括各项国有资产和财政性资金),向人民提供公共服务;政府应当为人民当好家,理好财,政府应当接受人民的监督和评价,其中包括对政府国有资产管理、债务管理和财政性资金管理的监督和评价。

(五) 行政单位会计制度的修订

2000年以来,我国相继推行部门预算、国库集中收付制度、政府收支分类、财政拨款结转和结余资金管理等多项公共财政管理改革,改革发展对行政单位会计核算提出了新要求。根据改革的要求,财政部曾陆续发布8个补充规定对行政单位会计核算方法进行调整,但这些有关行政单位会计核算的规定相对分散,不便于执行。为了更好地适应公共财政改革发展的新形势,进一步规范行政单位的会计行为,提高行政单位会计信息质量,也为了满足行政单位财务管理的需要,财政部于2013年12月18日颁布了修订的《行政单位会计制度》(以下简称《2013年行政制度》)。

1. 《2013年行政制度》的主要内容

《2013年行政制度》共分10章46条。各章的内容是：第一章"总则"(1~11条)，规定了制度的适用范围；规定行政单位会计核算一般采用收付实现制，特殊经济业务和事项应当按照本制度的规定采用权责发生制核算。第二章"会计信息质量要求"(12~17条)，提出了6个质量要求：可靠性、相关性、全面性、及时性、可比性、可理解性。第三章"资产"(18~22条)，规范了资产定义、分类、确认和计量原则；规定由行政单位直接支配，供社会公众使用的政府储备物资、公共基础设施等，也属于行政单位核算的资产。第四章"负债"(23~28条)，规范了负债的定义、分类、确认和计量原则；规定行政单位的负债按照流动性，分为流动负债和非流动负债。第五章"净资产"(29~30条)，规定了净资产的定义、分类，指出净资产是指行政单位资产扣除负债后的余额。第六章"收入"(31~33条)，规定了收入的定义、分类、确认和计量原则；规定行政单位的收入包括财政拨款收入和其他收入。第七章"支出"(34~36条)，规定了支出定义、分类、确认和计量原则；规定行政单位的支出包括经费支出和拨出经费。第八章"会计科目"(37~39条)，规定了34个一级会计科目，其中资产类会计科目17个、负债类会计科目8个、净资产类会计科目5个、收入类会计科目2个、支出类会计科目2个，比1998年《行政单位会计制度》中的一级会计科目增加了17个。该制度会计科目的详细设置，见表5-9。第九章"财务报表"(40~43条)规定行政单位的会计报表由会计报表及其附注构成，其中会计报表包括资产负债表、收入支出表、财政拨款收入支出表等。

表5-9　　　　　　　　2013年《行政单位会计制度》会计科目表

序号	科目编号	会计科目名称
一、资产类		
1	1001	库存现金
2	1002	银行存款
3	1011	零余额账户用款额度
4	1021 102101 102102	财政应返还额度 财政直接支付 财政授权支付
5	1212	应收账款
6	1213	预付账款
7	1215	其他应收款

（续表）

序号	科目编号	会计科目名称
8	1301	存货
9	1501	固定资产
10	1502	累计折旧
11	1511	在建工程
12	1601	无形资产
13	1602	累计摊销
14	1701	待处理财产损溢
15	1801	政府储备物资
16	1802	公共基础设施
17	1901	受托代理资产
	二、负债类	
18	2001	应缴财政款
19	2101	应缴税费
20	2201	应付职工薪酬
21	2301	应付账款
22	2302	应付政府补贴款
23	2305	其他应付款
24	2401	长期应付款
25	2901	受托代理负债
	三、净资产类	
26	3001	财政拨款结转
27	3002	财政拨款结余
28	3101	其他资金结转结余
29	3501	资产基金
	350101	预付款项
	350111	存货
	350121	固定资产
	350131	在建工程
	350141	无形资产
	350151	政府储备物资
	350152	公共基础设施

(续表)

序号	科目编号	会计科目名称
30	3502	待偿债净资产
四、收入类		
31	4001	财政拨款收入
32	4011	其他收入
五、支出类		
33	5001	经费支出
34	5101	拨出经费

2.《2013年行政制度》的主要变化

《国民经济和社会发展第十二个五年规划纲要》要求"进一步推进政府会计改革,逐步建立政府财务报告制度"。同时,此间的一系列政策和决定,都要求政府要全面核算、反映政府资产负债状况和行政成本。《2013年行政制度》继承了原有行政单位会计制度的合理内容,又有了若干突破和创新,体现了财政改革对会计核算的要求。《2013年行政制度》主要变化有如下一些方面。

(1) 会计核算目标进一步明晰。《2013年行政制度》明确规定行政单位会计核算目标是向会计信息使用者提供与行政单位财务状况、预算执行情况等有关的会计信息,这一目标要求行政单位会计核算要满足预算管理和财务管理的双重需求,不仅反映行政单位预算执行情况,也要反映行政单位财务状况。

(2) 会计核算方法进一步改进。《1998年行政制度》对固定资产采用"双分录"核算方法,《2013年行政制度》将该方法的应用范围扩大到所有非货币性资产和部分负债,即除固定资产外,增加了在建工程、无形资产、政府储备物资、公共基础设施、存货、预付账款、应付账款、长期应付款等9个科目的"双分录"核算。"双分录"核算的本质是为了实现行政单位会计核算目标。我国预算编制基础是收付实现制,实际收支只有采用收付实现制基础确认和报告,才能与预算形成有效对比,反映预算执行情况。如果将"双分录"的应用范围限定为非流动资产,则无法实现行政单位会计核算目标,也不利于部门决算和财政决算口径的一致,还会虚增单位结转结余资金。

(3) 充实了资产负债核算内容。将《1998年行政制度》中的资产负债科目细分,新增了"无形资产""在建工程"等会计科目。

(4) 为核算行政单位直接负责管理的、为社会提供公共服务的资产,增设了"政府储备物资""公共基础设施"两个科目,与行政单位自用资产相区分,弥补了相关信息的缺失,有利于政府摸清家底,加强对这些资产的管理。

(5) 增加固定资产折旧和无形资产摊销的会计处理,要求在计提折旧和摊销时冲减相关净资产,而非计入当期支出。这种处理方法能兼顾行政单位预算管理和财务管理的双重信息需求,在不影响准确反映预算支出的同时,真实体现资产价值,有利于编制权责发生制政府综合财务报告,也为核算反映行政成本信息奠定基础。

(6) 完善净资产核算,增设"资产基金"和"待偿债净资产"科目。分别核算行政单位的非货币性资产在净资产中占用的金额、行政单位因发生应付账款和长期应付款而相应需在净资产中冲减的金额,以便和结转结余相区分。

(7) 规范单位收支会计核算,按照行政单位取得收入的资金性质,设置了"财政拨款收入"和"其他收入"科目,取消了"预算外资金收入"科目;按照行政单位支出使用主体的不同,设置了"经费支出"和"拨出经费"科目,其中,"拨出经费"科目限定为核算向所属单位拨出的非同级财政拨款资金。

(8) 完善财务报表体系和结构,改进了资产负债表的结构,取消了《1998年行政制度》资产负债表中的收入和支出项目;增加了财政拨款收入支出表,专门反映单位在某一会计期间财政拨款收入、支出、结转及结余情况;在收入支出表中增加了反映单位结转结余调整变动的项目。

(六) 政府会计标准体系的颁布

新中国成立以来,政府会计领域一直实行以收付实现制为基础的预算会计核算体系,包括财政总预算会计制度、行政单位会计制度和事业单位会计准则等。随着经济社会的发展,原有的预算会计核算体系不能如实反映政府"家底",不能客观表现政府运行成本和评价政府的运营绩效,不利于加强政府资产负债管理、防范财政风险、促进政府财务管理水平的提高,缺乏统一和规范性。[①] 这些缺陷越来越明显,无法满足建立现代财政制度、促进财政长期可持续发展和推进国家治理现代化的要求。中共十八届三中全会(2013年11月9日至12日)通过的《中共中央关于全面深化改革若干重大问题的决定》提出要"建立现代财政制度""建立权责发生制的政府综合财务报告制度";2014年修改的《中华人民共和国预算法》(2014年8月31日)要求"各级政府财政部门应当按年度编制以权责发生制为基础的政府综合财务报告";2014年国务院批转由财政部制定的《权责发生制政府综合财务报告制度改革方案》(2014年12月12日)进一步明确了政府会计改革的总体目标,即通过构建政府会计标准体系,建立健全政府财务报告编制办法,适度分离政府财务会计与预算会计、政府财务报告与决算报

[①] 时任财政部部长助理的赵鸣骥2017年11月21日在财政部举办的"政府会计准则制度暨行政事业单位内部控制培训班"上的讲话中称:"当前规范政府单位会计核算的制度达十几项之多,各项制度在会计科目、报表结构和政策标准等方面存在一定差异,导致不同政府单位所提供的会计信息可比性不高。"

告功能,全面、清晰反映政府财务信息和预算执行信息,为开展政府信用评级、加强资产负债管理、改进政府绩效监督考核、防范财政风险等提供支持,促进政府财务管理水平提高和财政经济可持续发展。该改革方案指出,权责发生制政府综合财务报告制度改革是基于政府会计规则的重大改革,其前提和基础是构建政府会计标准体系。

为了落实深化改革的任务,财政部于 2015 年 10 月 23 日公布了《政府会计准则——基本准则》(以下简称《政府会计基本准则》)。根据《权责发生制政府综合财务报告制度改革方案》,将要实行的新的政府会计标准体系由政府会计基本准则、政府会计具体准则、政府会计应用指南和政府会计制度组成①。其中,政府会计基本准则"用于规范政府会计目标、政府会计主体、政府会计信息质量要求、政府会计核算基础,以及政府会计要素定义、确认和计量原则、列报要求等原则性事项。基本准则指导具体准则的制定,并为政府会计实务问题提供处理原则"。政府会计具体准则"依据基本准则制定,用于规范政府发生的经济业务或事项的会计处理,详细规定经济业务或事项引起的会计要素变动的确认、计量、记录和报告"。政府会计应用指南"是对具体准则的实际应用做出的操作性规定"。政府会计制度则主要规定政府会计科目及其使用说明、会计报表格式及其编制说明等,以便会计人员进行日常核算。在政府会计标准体系中,《政府会计基本准则》实质上是政府会计的"概念框架",统驭政府会计具体准则和政府会计制度的制定,并为政府会计实务问题提供处理原则,为编制政府财务报告提供基础标准。

《政府会计基本准则》共设六章 62 条。第一章"总则"规定了政府会计准则的制定目的和制定依据、适用范围、政府会计体系与核算基础、基本准则定位、报告目标和使用者、会计基本假设和记账方法等。第二章"政府会计信息质量要求"明确了政府会计信息应当满足可靠性、全面性、相关性、及时性、可比性、可理解性和实质重于形式 7 项质量要求。第三章"政府预算会计要素"规定了预算收入、预算支出和预算结余 3 个预算会计要素的定义、确认和计量标准以及列示要求。第四章"政府财务会计要素"规定了资产、负债、净资产、收入和费用 5 个财务会计要素的定义、确认标准、计量属性和列示要求。第五章"政府决算报告和财务报告"规定了决算报告、财务报告和财务报表的定义、主要内容和构成。第六章"附则"规定了相关概念的定义,明确了准则的施行日期。

作为预算会计领域重大的制度变革,《政府会计基本准则》相比原有的各类行政事业单位预算会计制度有重大的变化,主要表现在:其一,规定政府会计由预算会计和财

---

① 按照财政部部长刘昆在政府会计准则委员会成立大会上对政府会计标准体系组成内容的介绍,"条件成熟时,还要制定政府成本会计制度"。

务会计构成,前者一般实行收付实现制,后者实行权责发生制,并构建了政府预算会计和财务会计适度分离并相互衔接的政府会计标准体系。所谓"适度分离"指的是分离政府预算会计和财务会计功能,决算报告和财务报告功能,即:通过预算收入、预算支出和预算结余要素进行预算会计核算,通过资产、负债、净资产、收入、费用要素进行财务会计核算;通过预算会计核算形成决算报告,通过财务会计核算形成财务报告。所谓"相互衔接"指在同一会计核算系统中政府预算会计要素和相关财务会计要素相互协调,决算报告和财务报告相互补充,共同反映政府会计主体的预算执行信息和财务信息。其二,确立了"3+5要素"的会计核算模式,规定了预算收入、预算支出和预算结余3个预算会计要素,资产、负债、净资产、收入和费用5个财务会计要素。其三,界定了各会计要素的定义和确认标准。其四,明确了资产和负债的计量属性及其应用原则,提出资产的计量属性主要包括历史成本、重置成本、现值、公允价值和名义金额,负债的计量属性主要包括历史成本、现值和公允价值;同时强调了历史成本计量原则,即政府会计主体对资产和负债进行计量时一般应当采用历史成本。其四,构建了满足现代财政制度需要的政府财务报告体系,要求政府会计主体除编制决算报表外,至少还应编制资产负债表、收入费用表和现金流量表,并按规定编制合并财务报表;规定政府财务报告包括政府综合财务报告和政府部门财务报告。

按照《权责发生制政府综合财务报告制度改革方案》确定的工作部署(2014—2015制定发布政府会计基本准则,2016—2017年制定发布政府会计相关具体准则及应用指南,2018—2020年制定发布政府会计相关具体准则及应用指南,基本建成具有中国特色的政府会计标准体系),财政部在颁布《政府会计基本准则》后陆续发布了政府会计具体准则。至2018年年底,发布的政府会计具体准则及应用指南有:《政府会计准则第1号——存货》《政府会计准则第2号——投资》《政府会计准则第3号——固定资产》和《政府会计准则第4号——无形资产》(以上四项准则发布于2016年7月6日)、《政府会计准则第5号——公共基础设施》(2017年4月17日)、《政府会计准则——政府储备物资》(2017年7月28日)、《政府会计准则第7号——会计调整》(2018年10月21日)、《政府会计准则第8号——负债》(2018年11月9日);《政府会计准则第3号——固定资产》应用指南(2017年2月21日)。这些政府会计具体准则遵循政府会计基本准则提出的原则,与原预算会计制度相关规定相比,有着不同程度的变化。以第一批发布的存货、投资、固定资产和无形资产四项具体准则为例,其与原预算会计制度相关规定的不同主要表现在:对存货、投资、固定资产和无形资产的确认、计量和披露做出了系统规范,为将符合存货、投资、固定资产和无形资产定义和确认条件的资产纳入会计账簿和财务报表提供了统一的会计处理原则,提高了不同政府会计主体对同一经济业务和事项会计处理的可比性,丰富了政府会计信息的内容;分别对接受捐赠、无偿调入和盘盈取得资产的初始入账问题进行了规范;确立"实提"折旧和摊销的政策要求,对固定资产折旧和无形资产摊销做出了统一规范,要求固定资产应计提的折旧或无形资产的摊销金额根据用途计入当期费用或者相关资产成本;引入长期股权投资权益法核算;引入企业会计中关于自行研发无形资产的会计处理规定;立足权责发生制会计核算基础,合理划分资本化支出和费用化支出的界限,凡符合资产确认条件的支出均计入相关资产成本,不符合资产确认条件的支出均计入当期费用。

政府会计标准体系的另一个组成部分——《政府会计制度——行政事业单位会计科目和报表》(以下简称《政府会计制度》),由财政部于2017年10月24日印发。该制度主要规定政府会计科目及其使用说明、报表格式及其编制说明等,与会计准则相互补充,以统一现行各类行政事业单位会计标准、夯实部门和单位编制权责发生制财务报告、全面反映运行成本和预算执行情况的核算基础为目标,适用于各级各类行政事业单位。《政府会计制度》由正文和附录组成。正文包括六部分内容:第一部分为总说明,主要规范本制度的制定依据、适用范围、会计核算模式和会计要素、会计科目设置要求、报表编制要求、会计信息化工作要求和施行日期等。第二部分为会计科目名称和编号,主要列出了财务会计和预算会计两类科目表,共计103个一级会计科目,其中,财务会计下资产、负债、净资产、收入和费用五个要素共77个一级科目,预算会计下预算收入、预算支出和预算结余三个要素共26个一级科目。第三部分为会计科目使用说明,主要对103个一级会计科目的核算内容、明细核算要求、主要账务处理等做出了规定。第四部分为报表格式,主要规定财务报表和预算会计报表的格式,其中,财务报表包括资产负债表、收入费用表、净资产变动表、现金流量表及报表附注,预算会计报表包括预算收入支出表、预算结转结余变动表和财政拨款预算收入支出表。第五部分为报表编制说明,主要规定了第四部分列出的7张报表的编制说明,以及报表附注应披露的内容。附录部分则为主要业务和事项账务处理举例。

《政府会计制度》相比原有的各类预算会计制度具有重大变化,主要表现在:第一,根据《政府会计基本准则》中提出的"财务会计和预算会计适度分离并相互衔接"的政府会计核算模式,分别制定了这一模式下财务会计和预算会计核算所使用的科目及其使用说明、报表格式及其项目填列说明、报表附注的内容。第二,统一了现行各类(项)单位会计制度,提高了政府各部门、各单位会计信息的可比性。第三,在财务会计核算中全面引入了权责发生制,在会计科目设置和账务处理说明中强化财务会计功能。第四,扩大了政府资产负债核算范围,如增加了公共基础设施、政府储备物资、文物文化资产、保障性住房和受托代理资产等核算内容,增加了"研发支出"科目;增加了预计负债、受托代理负债等核算内容;将净资产按照主要来源分类为累计盈余和专用基金,并根据净资产其他来源设置了权益法调整、无偿调拨净资产等会计科目。第五,改进了预算会计功能,将部门预算管理的现金收支均纳入核算范围,如增设了债务预算收入、债务还本支出、投资支出等。第六,整合了基建会计核算,规定单位对基本建设投资不再单独建账,简化了单位基本建设业务的会计核算。第七,完善了报表体系和结构,将报表分为预算会计报表和财务报表两类,其中预算会计报表由预算收入表、预算结转结余变动表和财政拨款预算收入支出表组成,作为编制部门决算报表的基础;财务报表由资产负债表、收入费用表、净资产变动表和现金流量表组成(单位可自行选择编制现金流量表),并根据新的核算内容和要求对报表结构进行了调整和优化;细化了报表附注应该披露的内容,对会计报表重要项目说明提供了参考性的披露格式,要求按经济分类披露费用信息,披露本年预算结余和本年盈余的差异调节过程。

开始执行《政府会计制度》后,不再执行《行政单位会计制度》《事业单位会计准则》《事业单位会计制度》《医院会计制度》《基层医疗卫生机构会计制度》《高等学校会计制度》《中小学校会计制度》《科学事业单位会计制度》《彩票机构会计制度》《地质勘查单位会计制度》《测绘事业单位会计制度》《国有林场与苗圃会计制度(暂行)》《国有建设单位会计制度》等各项原有的预算会计制度。

政府会计标准体系在新中国的历史上第一次正式使用了"政府会计"的名称,它突破了长期以来主要以提供反映预算收支执行情况的决算报告为目的预算会计体系模式,是新中国预算会计一次根本性的重大改革,具有时代意义。

政府会计标准体系的出台绝非偶然之举,政府会计标准体系是全面深化改革的产物。党的十八届三中全会通过的《中共中央关于全面深化改革若干重大问题的决定》,将深化财税体制改革,建立现代财政制度,改进预算管理制度作为全面深化改革的重要内容,提出了要"建立权责发生制的政府综合财务报告制度";党的十九大指出,"全面深化改革总目标是完善和发展中国特色社会主义制度、推进国家治理体系和治理能力现代化"。这些重要的改革决定和部署,推动了政府会计的改革,没有这些改革决策,不可能开展如此深刻的政府会计改革,不会形成政府会计标准体系。政府会计标准体系产生于全面深化改革的 21 世纪初期,有着深刻的历史背景。

政府会计标准体系还受到国际上政府会计改革趋势的影响。从世界范围看,各国的政治经济制度、管理体制不同,政府会计模式不尽相同。但自 20 世纪 80 年代新西兰率先在政府会计中引入权责发生制后,一些发达国家陆续不同程度地进行了以权责发生制为特点的政府会计改革,取得了较好的效果。例如,在 29 个 OECD 国家中,15 个国家(51.7%)在机构或政府部门层面上采用了权责发生制政府会计基础,12 个国家(41.4%)在整个政府层面上某种程度地采用了权责发生制会计基础。"从国际上看,推行权责发生制政府综合财务报告制度改革,已经成为公共财政管理的发展趋势"①。新中国政府会计标准体系借鉴国际政府会计改革的经验,采用了国际政府会计改革的一些做法,顺应了国际公共财政管理发展的趋势。

然而,政府会计改革不同于企业会计改革,受制于国家治理体系转变和治理能力,又涉及其他相关主体的利益;且存在政府公共管理能力不足,很多公共预算管理的基础性技术性手段和支持保障体系建设不完善,政府和事业单位改革具有较高复杂性,政府会计人员专业素质不高,以及权责发生制本身固有的缺陷(如较大地受到人的主观影响)等困难,因而政府会计标准体系的出台只是政府会计改革漫长过程中的一步。政府会计改革需要有长远规划,做长期打算,并特别需要与政府管理的其他相关领域改革,如政府预算和国民经济核算(尤其是政府财政统计)改革相互配合。新中国的政府会计改革仍然任重道远。

转变经济增长方式时期,单位预算会计制度改革有了新的突破,以修订后的《事业单位会计准则》《行政单位会计准则》为代表的一批会计制度,较大程度地摆脱了旧预算单位制度模式,更多地带有国际政府会计惯例的特征;政府会计标准体系更是标志着政府会计改革迈上了新台阶,进入了一个崭新的、前所未有的阶段。

第3节 民间非营利组织会计制度

改革开放以后,居民和社会公众对"公共物品"的需求增长,使得民间非营利组织不断地发展壮大,已成为整个国民经济不可缺少的组成部分,在社会的政治和经济生活中发挥着重要的作用。据民政局民间组织管理局统计,在民政部门登记注册的县以上社会团体由1990年的4 560家发展到2003年年底的14.2万家;在民政部登记的基金会数量在2003年年底有近1 200家;民办非企业单位在2003年年底达到12.4万家。这些民间非营利组织在社会救济、扶贫、教育、养老保险、医疗服务等方面发挥了积极作用。②为了便于对非营利组织进行管理,国家逐步建立、健全相关法律、法规,先后于1988年颁布了《基金会管理办法》(已废止);1989年颁布了《社团登记管理条例》(已废止);1998年出台了新的《社会团体登记管理条例》以及《民间非企业单位登记管理暂行条例》;2004年实施了《基金会管理条例》和《民办教育促进法实施条例》。

然而,我国却一直没有一个针对民间非营利组织的会计制度,现有的民间非营利组

---

① 财政部解读《权责发生制政府综合财务报告改革方案》,财政部网站。
② 王国生:《民间非营利组织会计》,前言,经济管理出版社,2004年版。

织一直执行适用于国有事业单位的会计制度甚至是企业会计制度,无法全面反映民间非营利组织财务活动的特点,无法提供全面、完整、真实的民间非营利组织会计信息。为了适应民间非营利组织快速发展对会计核算的需要,财政部于2004年8月18日颁布了《民间非营利组织会计制度》。这是我国第一部规范民间非营利组织的会计制度,它提供了民间非营利组织会计核算的标准,同时也是对政府与非营利组织会计改革和进步的重要推动。

《民间非营利组织会计制度》分为"民间非营利组织会计制度"和"民间非营利组织会计制度——会计科目和会计报表"两部分。"民间非营利组织会计制度"部分为8章76条,"民间非营利组织会计制度——会计科目和会计报表"部分则规定了民间非营利组织会计科目的名称、使用说明和会计报表的格式、编制说明、报表附注的内容。该制度主要内容可归纳为如下方面。

一、民间非营利组织会计核算的基本要求

(一)《民间非营利组织会计制度》的适用范围

《民间非营利组织会计制度》第2条指出:"本制度适用于在中华人民共和国境内依法设立的符合本制度规定特征的民间非营利组织。"适用本制度的民间非营利组织应当同时具备以下特征:①该组织不以营利为宗旨和目的。②资源提供者向该组织投入资源不取得经济回报。③资源提供者不享有该组织的所有权。

(二)会计核算的基本假设

《民间非营利组织会计制度》的第3~第6条,分别提出了民间非营利组织会计核算的会计主体、持续经营、会计分期、货币计量4项基本假设。

(三)会计核算基础

《民间非营利组织会计制度》规定,民间非营利组织"会计核算应当以权责发生制为基础"[1],与《1997年事业准则》的规定"会计核算一般采用收付实现制,但经营性收支业务核算可采用权责发生制"[2]完全不同。

(四)会计核算的一般原则

该制度提出,民间非营利组织必须遵循客观性、相关性、实质重于形式、一致性、可比性、及时性、明晰性、配比性、实际成本、谨慎性、区分资本性支出与费用性支出界限、重要性12条原则。这与《1997年事业准则》提出的客观性、目标相关性(符合国家宏观经济管理的要求,适应预算管理和有关方面了解事业单位财务状况及收支情况的需要,并有

---

[1] 《民间非营利组织会计》第7条。
[2] 1997年《事业单位会计准则》第16条。

利于事业单位加强内部经营管理)、可比性、一贯性、及时性、明晰性、收付实现制和权责发生制、配比性、专款专用、实际成本、重要性会计原则有着一定的差异。

(五) 会计核算的一般原则

《民间非营利组织会计制度》第9条要求,民间非营利组织"会计记账应当采用借贷记账法"。

(六) 会计要素

《民间非营利组织会计制度》的第14～第64条,规定了民间非营利组织会计核算的资产、负债、净资产、收入、费用5个会计要素,说明了会计要素之间的数量关系(反映财务状况的会计要素:资产、负债、净资产;资产－负债＝净资产;反映业务成果的会计要素:收入和费用),详细说明了会计要素包括的内容。其中,资产要素包括:流动资产、长期投资、固定资产、无形资产、受托代理资产;负债要素包括:流动负债、长期负债、受托代理负债;净资产要素包括:限定性净资产、非限定性净资产;收入要素包括:捐赠收入、会费收入、提供服务收入、政府补助收入、商品销售收入、投资收益、其他收入(处置固定资产和无形资产收入);费用要素包括:业务活动成本、管理费用、筹资费用和其他费用。《民间非营利组织会计制度》还在这部分对民间非营利会计要素的确认与计量作了具体规定。

(七) 会计科目

《民间非营利组织会计制度》"会计科目和会计报表"部分提出的会计科目名称,见表5-10。

表5-10　　　2004年《民间非营利组织会计制度》会计科目表

顺序号	编号	名　称
一、资产类		
1	1001	现金
2	1002	银行存款
3	1009	其他货币资金
4	1101	短期投资
5	1102	短期投资跌价准备
6	1111	应收票据
7	1121	应收账款
8	1122	其他应收款
9	1131	坏账准备
10	1141	预付账款
11	1201	存货

(续表)

顺序号	编号	名　　称
12	1202	存货跌价准备
13	1301	待摊费用
14	1401	长期股权投资
15	1402	长期债权投资
16	1421	长期投资减值准备
17	1501	固定资产
18	1502	累计折旧
19	1505	在建工程
20	1506	文物文化资产
21	1509	固定资产清理
22	1601	无形资产
23	1701	受托代理资产
二、负债类		
24	2101	短期借款
25	2201	应付票据
26	2202	应付账款
27	2203	预收账款
28	2204	应付工资
29	2206	应交税金
30	2209	其他应付款
31	2301	预提费用
32	2401	预计负债
33	2501	长期借款
34	2502	长期应付款
35	2601	受托代理负债
三、净资产类		
36	3101	非限定性净资产
37	3102	限定性净资产

(续表)

顺序号	编号	名　称
四、收入费用类		
38	4101	捐赠收入
39	4201	会费收入
40	4301	提供服务收入
41	4401	政府补助收入
42	4501	商品销售收入
43	4601	投资收益
44	4901	其他收入
45	5101	业务活动成本
46	5201	管理费用
47	5301	筹资费用
48	5401	其他费用

(八) 财务会计报告

《民间非营利组织会计制度》规定民间非营利组织财务会计报告由会计报表、会计报表附注和财务情况说明书组成。其中,会计报表至少应由资产负债表、业务活动表和现金流量表三张主要报表组成;会计报表附注至少应当包括重要会计政策及其变更情况的说明;董事会(或者理事会或者类似权力机构)成员和员工的数量、变动情况以及获得的薪金等报酬情况的说明;会计报表重要项目及其增减变动情况的说明;资产提供者设置了时间或用途限制的相关资产情况的说明;受托代理业务情况的说明,包括受托代理资产的构成、计价基础和依据、用途等;重大资产减值情况的说明;公允价值无法可靠取得的受赠资产和其他资产的名称、数量、来源和用途等情况的说明;对外承诺和或有事项情况的说明;接受劳务捐赠情况的说明;资产负债表日后非调整事项的说明;有助于理解和分析会计报表需要说明的其他事项等内容。这些规定与《1997年事业制度》的相关规定相去甚远。

《民间非营利组织会计制度》还规定民间非营利组织对外投资,在被投资单位占比较大(50%以上、不含50%),或者占比不足50%但具有实质上的控制权的,或者对被投资单位具有控制权的,应当编制合并会计报表。

二、民间非营利组织特有业务的会计规定

(一) 关于捐赠(包括政府补助)的会计规定

民间非营利组织的主要资金来源之一是捐赠。企业会计制度将企业接受的捐赠

作为"资本公积"处理,《民间非营利组织会计制度》规定,对于取得的捐赠,应当区分无条件捐赠和附条件捐赠分别进行处理。对于无条件捐赠或政府补助,应当在捐赠或政府补助收到时确认收入;对于附条件捐赠或政府补助,应当在取得捐赠资产或政府补助资产控制权时确认收入。《民间非营利组织会计制度》又规定,当民间非营利组织存在需要偿还全部或者部分捐赠资产(或者政府补助资产)或者相应金额的现时义务时,应当就需要偿还的金额同时确认一项负债和费用。

(二)关于受托代理业务的会计规定

民间非营利组织所从事的受托代理业务,是指民间非营利组织从委托方收到受托资产,并按照委托人的意愿将资产转赠给指定的其他组织或者个人,或者按照有关规定将资产转交给指定的其他组织或者个人的行为。《民间非营利组织会计制度》规定,民间非营利组织应当在确认一项受托代理资产时,同时确认一项受托代理负债。

(三)关于固定资产折旧的会计规定

《民间非营利组织会计制度》规定,民间非营利组织应当对固定资产计提折旧,在固定资产的预计使用寿命内系统地分摊固定资产的成本。

(四)关于文物文化资产的会计规定

在会计实务中,不少民间非营利组织拥有大量的艺术品和历史文物等,如基金会接受捐赠的字画和其他艺术品、博物馆的艺术品及文物收藏和寺庙拥有的历史文物等,这些物品主要用于展览、教育或研究等目的,通常不对外捐赠或销售。《民间非营利组织会计制度》规定,对于用于展览、教育或研究等目的的历史文物、艺术品,应当作为固定资产核算,并要求单设"文物文化资产"科目进行核算,在资产负债表的固定资产大类下单列项目予以列报。但考虑到这些资产的价值一般不随着时间的推移而减少,所以对于文物文化资产不计提折旧。

(五)关于净资产的分类与列报的规定

民间非营利组织的净资产主要来源于收入减去费用后的余额,而在构成民间非营利组织收入来源的相关资产中,又因其使用是否受到限制而在性质上有所不同,因此《民间非营利组织会计制度》将净资产分为两类,即限定性净资产和非限定性净资产。

(六)关于收入的确认原则的规定

国际通行做法一般是将民间非营利组织的收入区分为交换交易所形成的收入和非交换交易所形成的收入两类。《民间非营利组织会计制度》借鉴了这一通行做法,在规范收入确认原则时亦区分交换交易和非交换交易进行规范。对于交换交易形成的收入确认原则与我国《企业会计准则——收入》相一致;对于非交换交易形成的收入,要求在符合以下条件时才能予以确认:与交易相关的含有经济利益或者服务潜力的资源能够流入民间非营利组织并为其所控制,或者相关的债务能够得到解除;交易能够引起净资产的增加;收入的金额能够可靠地计量。

(七) 关于费用的确认与列报的规定

《民间非营利组织会计制度》要求严格区分业务活动成本和管理费用、筹资费用、其他费用,并将其分别列报。其中,业务活动成本,是用于归集民间非营利组织开展项目活动或者提供服务所发生的费用;对于民间非营利组织为了组织、管理其业务活动和为筹集业务活动所需资金而发生的费用,应当确认为当期费用,分别计入管理费用(民间非营利组织为组织和管理其业务活动所发生的各项费用)、筹资费用(民间非营利组织为筹集业务活动所需资金而发生的费用)或其他费用(民间非营利组织发生的、无法归集到业务活动成本、管理费用、筹资费用中的费用,包括固定资产处置净损失、无形资产处置净损失等)。

(八) 关于业务活动表的规定

《民间非营利组织会计制度》的会计报表中,具有特殊性的是业务活动表,其格式见表5-11。

表 5-11　　　　　　　　　　业　务　活　动　表　　　　　　　　　会民非02表

编制单位：　　　　　　　　　　　　　　年　　月　　　　　　　　　　单位:元

项　目	行次	本月数			本年累计数		
		非限定性	限定性	合计	非限定性	限定性	合计
一、收　入							
其中:捐赠收入	1						
会费收入	2						
提供服务收入	3						
商品销售收入	4						
政府补助收入	5						
投资收益	6						
其他收入	9						
收入合计	11						
二、费　用							
(一)业务活动成本	12						

(续表)

项目	行次	本月数			本年累计数		
		非限定性	限定性	合计	非限定性	限定性	合计
其中：	13						
	14						
	15						
	16						
（二）管理费用	21						
（三）筹资费用	24						
（四）其他费用	28						
费用合计	35						
三、限定性净资产转为非限定性净资产	40						
四、净资产变动额（若为净资产减少额，以"—"号填列）	45						

第4节 社会保险基金会计制度

社会保险是社会保障体系的组成部分，社会保险基金会计制度是社会保险管理制度体系中的基础性制度，是准确、完整记录"民生账本"的基本规则和依据。原有的社会保险基金相关会计制度主要包括《社会保险基金会计制度》(1999年)、《新型农村合作医疗基金会计制度》(2008年)、《新型农村社会养老保险基金会计核算暂行办法》(2011年)及若干项补充规定。随着近年来社会保险体系改革的快速推进，原有的社会保险基金会计制度体系已不能适应社会保险基金会计核算的新要求。首先，原有的会计制度不能涵盖现有的社会保险险种。原有的《社会保险基金会计制度》仅规范了企业职工基本养老保险基金、失业保险基金、城镇职工基本医疗保险基金的会计核算，缺乏对现行社会保险体系中的城乡居民基本医疗保险、机关事业单位基本养老保险、城镇居民基本医疗保险、工伤保险、生育保险等险种相应的会计规定。其次，原有的会计制度不能满足社会保险基金运营模式变化和新增业务的核算要求。例如，2015年国务院印发的《基本养老保险基金投资管理办法》要求基本养老保险基金实行中央集中运营、市场化投资运作，涉及的委托资金归集、划转、收回、投资收益确认等环节；2014年，人力资源社会保障部、财政部、卫生计生委联合印发的《关于进一步做好基本医疗保险异地就医医疗费用结算工作的指导意见》要求实行跨省异地安置退休人员住院医疗费用直接结算,涉及的参保省资金归集、参保省与就医省之间资金划拨和结算等环节;2015年国务院办公厅印发的《关于全面实施城乡居民大病保险的意见》要求建立完善的大病保险制度,涉及的社保基金与商业承保机构间盈余返还和亏损补偿等环节,都要求对相关业务的会计核算进行科学、统一的规范。再有,原有的会计制度针对企业职工基本养老保险基金、失业保险基金和城镇职工基本医疗保险基金,形成了3套自成体系的会计核算体系,各险种社会保险基金会计制度之间缺乏统一性,使社会保险基金会计制度体系庞杂,不利于提供一致、可比的会计信息。

为适应社会保障体系建设的需要,进一步规范社会保险基金的会计核算,提高会计信息质量,财政部于2017年11月28颁布了修订后的《社会保险基金会计制度》。新的《社会保险基金会计制度》包括五部分:第一部分为总说明,规范了《社会保险基金会计制度》的制定依据、适用范围、核算主体、建账要求、核算基础、会计要素、记账方法、核算原则、生效日期以及现行相关会计制度的废止等内容;第二部分为会计科目名称及编号,列示了资产类、负债类、净资产类、收入类、支出类共34个会计科目的名称和编号;第三部分为会计科目使用说明,对34个会计科目的核算内容、明细核算要求及相关账务处理进行了详细规范;第四部分为财务报表格式,规范了资产负债表和收支表的格式;第五部分为财务报表编制说明,规范了财务报表的编制方法、附注编制要求等。

与原有制度相比,修订后的《社会保险基金会计制度》主要有以下重大变化。

(一) 全面覆盖了现有的社会保险险种

新的《社会保险基金会计制度》覆盖面广,适用于社会保险经办机构负责经办的社会保险基金,包括境内依据《中华人民共和国社会保险法》建立的企业职工基本养老保险基金、城乡居民基本养老保险基金、机关事业单位基本养老保险基金、职工基本医疗保险基金、城乡居民基本医疗保险基金(城镇居民基本医疗保险基金、新型农村合作医疗基金、合并实施的城乡居民医疗保险基金)、工伤保险基金、失业保险基金、生育保险基金等基金;经办机构经办的其他各类社会保险基金的会计核算,也参照本制度执行。

(二)统一了社会保险基金会计核算框架

修订后的《社会保险基金会计制度》总结提炼了不同险种的社会保险基金在会计要素构成、会计核算内容和方法方面的共性因素,统一了各险种社会保险基金的会计科目设置、业务核算流程与方法、财务报表格式,构建了"一套科目+一套报表"的社会保险基金会计核算统一框架。在此基础上,对个别险种社会保险基金的特定会计核算要求,通过设置少量专用科目、专用报表项目等方法解决。

(三)补充了有关新业务的会计核算规定

新《社会保险基金会计制度》根据当前社会保险基金新业务的会计核算需求,补充有关若干新业务的会计核算规定。例如,按照基本养老保险委托投资业务核算需要,增加了"委托投资"新科目;按照跨省异地就医直接结算业务核算需要,在"暂收款""暂付款"等科目中增加了跨省异地就医资金归集、划拨和清算的相关会计核算规定;按照大病保险业务核算要求,增设了专门的"大病保险支出"科目,并对大病保险盈余返还和亏损补偿的核算要求进行了完善,等等。

本 章 小 结

改革开放后的预算会计制度和非营利组织会计制度是以原预算会计制度为基础,通过对预算会计制度的改革演变而来的。

在国民经济向市场经济转轨时期,我国先后两次修订了《财政机关总预算会计制度》(1984 年、1989 年),完善了总预算会计的任务,体现了总预算会计的职能和作用,强调总预算会计的组织机构和人员配备,对会计科目的设置做出了调整和完善,拓展了总预算会计的核算对象,重新确立了总预算支出的核算基础;修订颁布的《事业行政单位预算会计制度》(1988 年),扩大了会计制度的适用范围,增加了会计核算内容,提出了"统一领导、分级管理"的原则,对各级各类行政、事业单位实行从统收统支、高度集中的管理体制向统一领导、分级管理的体制转变和提高行政、事业单位会计管理水平起到了作用。

在市场经济建立时期,吹响了预算会计改革的前奏,重大的改革措施主要有:再次修订了《财政总预算会计制度》(1998 年),提出了预算会计的一般原则,重新划分了预算会计要素,将记账方法由资金收付记账法改为借贷记账法,将会计平衡公式从"资金来源－资金运用＝资金结余"改为"资产－负债＝净资产";印发了《事业单位会计准则(试行)》(1997 年)、《事业单位会计制度》(1997 年)、《行政单位会计制度》(1998 年),将事业单位会计与行政单位会计分离,事业单位会计核算规范采用"准则＋制度"的模式,提出了会计核算原则,提出了"资产＝负债＋净资产"的会计等式,确定了资产、负债、基金(净资产)、收入和支出五类会计要素,将资金收付记账法改为借贷记账法,统一了会计科目,改变了会计报表体系。

在转变经济增长方式时期,加快了预算会计改革的步伐,开始了预算会计向政府会计的转型。在经历了一系列总预算会计制度、行政单位会计制度、事业单位会计制度的修订补充之后,出台了政府会计准则体系(2015 年);制定了《民间非营利组织会计制度》(2004年),规定了民间非营利组织会计的会计假设(会计主体、持续运营、会计分期、货币计量)、会计核算基础(权责发生制)、会计核算原则、会计要素(资产、负债、净资产、收入、费用)、财务报告的内容(会计报表、会计报表附注、财务情况说明书)、会计科目和会计报表格式。预算会计根据"实施全面规范、公开透明的预算制度"和"建立权责发生制的政府综合财务报告制度"的目标,进一步向国际通行的政府会计模式转型。

预算会计改革兼顾了国家宏观预算管理和微观单位财务管理的需要。在统收统支的财政体系下,将行政、事业单位的收支纳入国家预算,行政、事业单位预算会计为国家宏观预算管理服务,故而政府机关总预算会计是预算会计的主体。改革开放后,逐步对行政、事业单位放权,其财务主体地位逐步确立,行政、事业单位预算会计不仅为国家宏观预算管理服务,也要服务于行政、事业单位自身的财务管理,为其自身财务管理提供会计数据。

预算会计和非营利组织会计改革是继承新中国成立以来预算会计制度改革的合理成分,吸收企业会计改革经验,学习借鉴国外的成功做法的结果。新中国政府和非营利组织会计制度在国家各项重大改革的推动下,正向与国际通行会计惯例趋同的方向迈进。

预算和非营利组织会计制度的每一改革举措,均取决于环境的变化,体现着环境变化对会计的要求,环境与会计关系的内在逻辑。由于国家率先开展经济体制改革,而国家治理体系、治理能力现代化改革和现代财政制度改革的起步较晚,导致预算会计制度改革滞后于企业会计制度改革。中共十八届三中全会提出全面深化改革总目标之后,深化预算会计改革的时机成熟,预算会计制度改革的步伐加快了,在顺应世界公共财政管理发展趋势的道路上迈出了重要的一步。

第6章

注册会计师制度

我国的注册会计师制度,始创于20世纪初期。当时,一方面,在资本主义生产经营方式的影响下,国内本土已孕育出一批具有现代特征的公司制企业,另一方面,随着外国列强瓜分中国的脚步,大量国外资本不断地涌入中国市场。按照西方资本主义经济运行模式的要求,民间的职业会计师组织即成为社会经济发展不可缺少的力量。当时,国外的一些会计师开始登陆中国,最初他们主要服务于外国资本,不久逐渐将业务的对象扩大到中国的本土企业。然而每当其执业中遇有涉及中外企业经济利益的冲突或经济纠纷事项时,中方的权益往往难以得到有效的保障。在这种情况下,从日本留学归来时任中国银行总司账的会计师谢霖(1883—1969年)从维护国家尊严和民族利益出发,于1918年6月上书北洋政府的财政部与农商部,建议效仿英、美等国的做法,建立中国的职业会计师制度。与此同时,谢霖还向政府提交了由自己起草的"会计师章程"。谢霖的呈文很快于同年6月24日和6月28日分别得到上述两部的批准,两部将谢霖起草的"会计师章程"定名为《会计师暂行章程》,并以农商部的名义于9月7日正式颁布实施,同时还向谢霖颁发了当时中国的第一号注册会计师证书。1918年7月16日,谢霖在《银行周报》上刊出了农商部、财政部批准成立谢霖会计师事务所的广告,随后在北京、天津两地正式成立了正则会计师事务所。我国的第一部注册会计师法规、第一家会计师事务所和第一位注册会计师从此诞生。

我国注册会计师制度诞生后,在北洋政府与南京国民政府时期,我国的注册会计师事业无论在制度的建设还是政府对行业的管理方面都曾发生过变化。最初的《会计师暂行章程》主要是针对会计师的资格认证及其执业范围加以规定,明确资格认证由政府主管部门负责,认证的标准重在学历与经验。根据最初发布的《会计师暂行章程》的规定,凡中国人年满30岁、大学经济学科毕业,主修会计的,或曾在注册资本50万元的银行或公司任主要会计人员5年以上的,经农商部批准,即可颁发会计师证书,准其执业;会计师承办的业务主要包括"关于会计之组织、查核、整理、证明、鉴定与和解等事项"①。1923年5月3日,在农商部颁布的重新修订的《会计师暂行章程》中对学历资格有所放宽,而对工作经历条件的规定要严于前者,这一调整使后来申请会计师的人员明显增加。此后到南京国民政府时期,在其颁布的《会计师条例》和《会计师条例实施细则》中又规定"以考试为标准来决定取得注册会计师执业资格"②。1927年8月,南京国民政府对该行业的管理权从原北洋政府时期的农商部划归到财政部。南京国民政府财政部主理会计师事务后,于1928年1月颁发了《会计师注册章程》和《会计师复验章程》。不久这一行业又被划归到南京国民政府工商部管理。工商部根据当时注册会计师发展的现状与要求,在完善《会计师暂行章程》的基础上于1929年发布了新的《会计师章程》。1930年1月25日,南京国民政府颁发了由立法院制定、经政府主席和五院院长联合发布的《会计师条例》。同年2月18日和9月11日,南京国民政府工商部又出台了《会计师审查规则》和《会计师条例实施细则》。1935年,南京国民政府工商部改组为实业部后,注册会计师行业归实业部主管。1945年和1946年,国民政府在对《会计师条例》进行补充、修订的基础上,又先后颁布了《会计师法》和《会计师检核办法》,对会计师资格的取得,会计师事务所的开设和业务范围,外国会计师在中国的执业,会计师的管理、监督和惩戒以及全国会计师公会联合会的设置等问题都做出了相应的规定。

这一期间,我国的注册会计师队伍、会计师事务所的数量以及行业的自律组织也在不断地发展壮大。据有关资料显示:自1918年谢霖成为我国第一位注册会计师起到1923年4月止,全国仅有15人获得注册会计师证书;随后的2年(即1924年、1925年),全国的会计师人数在140～160人,到北洋政府结束时期(即1927年),经批准的注册会计师达到了284人;1927—1946年20年间,先后经南京国民政府的财政部、工商部和实业部等部门批准的注册会计师达到了3 219人,到1946年年底在全国范围内,估计实际执业的注册会计师有1 000人。

随着注册会计师队伍的不断扩大,会计师事务所数量不断增加。1925年3月,由徐永祚等人发起的中国第一个会计师公会组织——上海会计师公会在上海诞生。1933年9月9日,"中华民国"全国会计师公会联合会宣告成立。

1949年中华人民共和国成立后,在完成社会主义公有制改造之前,由于我国的经济成分中还存在着大量的私营经济,许多企业依然委托会计师事务所查账和出具验证报告,有些地区还挑选注册会计师作为政府的特约查账员,协助财政税务机关稽查税

---

① 1918年《注册会计师章程》第6条。
② 许家林:《中国注册会计师制度演进的四个基本阶段回顾》,《注册会计师通讯》,1997年第12期。

款。1951年10月政务院财政经济委员会颁布了《核定会计师管理规则》，就会计师的执业资格、执业范围、执业要求、执业中应承担的法律责任与收费等问题做出相应的规定，还对会计师应接受的领导与监督机关做出说明。《核定会计师管理规则》是中华人民共和国诞生后第一部有关注册会计师的法规。

1956年我国完成了对私营经济的社会主义改造，建立起了以生产资料公有制为主导的社会经济结构，并开始全面推行高度集中统一的计划经济管理方式。由于社会经济结构转变为产权关系单一的公有制模式，作为服务于不同利益主体的注册会计师行业失去了其生存的环境，1956年以后我国的注册会计师悄然退出社会经济舞台，直至1980年实行改革开放政策之后，我国的注册会计师制度才得以恢复重建。

第1节　向市场经济转轨时期的注册会计师制度：1978—1991年

一、注册会计师制度的恢复

我国的注册会计师制度1980年开始恢复重建。改革开放是恢复重建注册会计师制度的根本原因。1978年中共十一届三中全会胜利召开，大会确立了今后对内实行改革，对外实行开放的基本国策。1979年7月全国人大五届二次会议通过并颁布了《中外合资经营企业法》，其中规定："为了扩大国际经济合作和技术交流，允许外国公司、企业和其他经济组织或个人在中国境内，同中国的公司、企业或其他经济组织共同举办合营企业。"1980年4月全国第一家中外合资企业——北京航空食品有限公司在北京注册成立，拉开了我国引进外资和兴办三资企业的序幕。随后中国迅达电梯有限公司、新疆天山毛纺织品有限公司、北京建国饭店、北京长城饭店等一批中外合资经营企业相继成立。中外合资经营企业需要根据国际惯例由独立的第三方对其进行出资验证、报表审计等会计服务，于是产生了恢复重建注册会计师制度的需求。1979年10月财政部责成上海市财政局着手在上海地区就组建会计师事务所进行试点[①]。经过大约一年时间的酝酿与摸索，1980年12月23日，财政部以〔80〕财会字第49号文下发了《关于成立会计顾问处的暂行规定》（以下简称《暂行规定》），指出：为了加强会计工作，推行审计制度并适应发展中外合资经营企业的需要，各省、自治区、直辖市可根据工作需要和现有条件，逐步设立会计顾问处。同时申明：会计顾问处是由注册会计

[①] 《上海公证会计师事务所工作情况简介》，《会计研究》，1982年第2期。

师组成,承办会计公证、咨询等业务的独立单位。在业务方面,受各省、自治区、直辖市财政厅、局的监督。1981年1月1日,上海会计师事务所宣告成立,新中国注册会计师事业正式恢复。①

在注册会计师制度恢复重建之初,注册会计师行业的制度建设集中体现在《暂行规定》和财政部在这一时期发布的几个相关文件之中。由财政部颁发的《暂行规定》的内容分别为:第1条"会计顾问处的性质"、第2条"注册会计师的资格"、第3条"会计顾问处的业务范围"、第4条"会计顾问处的业务委托人"、第5条"会计顾问处的负责人"、第6条"成立会计顾问处的申报、批准与备案"、第7条"注册会计师承办业务的程序与规则"、第8条"注册会计师承办业务的原则、道德与责任"、第9条"会计顾问处的收费"、第10条"会计顾问处的地方管理规定"。

《暂行规定》主要规定了:①行业管理体制。《暂行规定》第6与第1条要求:"成立会计顾问处(以后被称为会计师事务所,下同),应报经省、自治区、直辖市财政厅、局审查批准,并报同级政府和财政部备案。";"会计顾问处受省、自治区、直辖市财政厅、局的业务监督。"这是因为在恢复重建阶段,由于我国注册会计师行业协会还尚未成立,行业自身的管理体制尚未成型,因此对注册会计师和会计师事务所的管理暂时采取了政府直接监管的方式。②职业资格制度。《暂行规定》第2条规定:"凡热爱中华人民共和国,积极为社会主义事业服务,并具备下列条件之一的人员,经考核批准,可以取得注册会计师资格:(1)在企业、行政、事业单位从事财务会计工作,并已取得高级会计师、会计师技术职称的人员;(2)担任财务会计专业教授、副教授、讲师,并具有一定财务会计工作经验的人员;(3)熟悉财务会计制度,担任查账等工作三年以上,适合从事注册会计师工作的人员,经居住地的省、自治区、直辖市财政厅、局考核批准,可取得注册会计师资格。"这一阶段由于我国的注册会计师制度已中断近30年,在这方面没能形成人才的积累,重新培养又需要一个相对较漫长的过程,为解燃眉之急,国家一方面不得不采取"考核"的方式,即从已取得会计师、高级会计师、教授、副教授等职称或具有一定查账经验的财务会计人员中选拔注册会计师,另一方面在考核中对注册会计师专业知识与技能的要求,也只能以实践经验来替代。然而由于在选拔操作中对实践经验的判定难免会带有一定的主观色彩,为此不得已也只能以工作年限来衡量。这种应

---

① 在上海会计师事务所成立和发布《关于成立会计顾问处的暂行规定》的通知之前,甘肃省已于1980年9月1日成立"兰州会计事务公司"。1980年10月20日《人民日报》第三版报道了"兰州会计事务公司开张营业"的消息称:甘肃省会计学会兴办的兰州会计事务公司营业1个月以来,已有20多个单位300多人前来接洽,要求代办会计业务,清查账务和编制报表,公司还在短期内办起了有110多名在职干部和待业青年参加的两个会计专业学习班。另据甘肃省会计学会的汇报资料,兰州会计事务公司还受聘担任会计顾问,接受财务会计方面的咨询。但兰州会计事务公司并未采用会计师事务所的名称,其人员亦非注册会计师。

急式选拔所执行的选拔标准,有时甚至低于新中国成立前的水平,这也就造成了当时我国注册会计师队伍执业水平良莠不齐的局面。③业务范围。《暂行规定》第 3 条指出:"会计顾问处承办下列业务:(1)检查会计账目,提出查账报告书;(2)设计财务会计制度,指导制度的执行;(3)为有关财务会计问题的咨询,提供建议和意见;(4)代办申报所得税、申请专利权、企业成立及变更的登记、债权债务的清理、企业的解散清算等事项;(5)参与拟订公司章程、经济合同、协议、契约及有关财务会计的各种文件等事项;(6)在发生经济纠纷、经济案件时,担任代理人,参加公证、调解或者仲裁工作;(7)担任委托单位的常年会计顾问,办理上列各项业务。"显而易见,在我国恢复重建注册会计师制度之初,政府主管机关就已充分认识到注册会计师行业对促进我国经济体制改革所具有的重要作用:一方面,通过注册会计师开展法定业务,实现其社会审计的功能(这在当时对三资企业尤为明显)。另一方面,鉴于一些企业财务与管理水平不高(当时长期处于计划经济体制下的国有企业和新组建的民营企业、私营经济比较突出)的情况,为其提供管理咨询、代办业务和处理经济纠纷、清理债权债务的第三方服务。《暂行规定》所明确的注册会计师和会计师事务所承接业务的范围,不仅为有类似需求的企业提供了解决上述问题的途径,同时也为扩大会计市场,促进我国注册会计师事业全面健康发展奠定了基础。④执业规则、职业道德规范与惩戒规则。《暂行规定》第 7 条申明:"注册会计师承办业务,应由会计顾问处统一接受委托……但对受理的经济纠纷案件,指定的注册会计师必须与委托人无利害关系。"第 8 条规定:"注册会计师承办业务,必须遵守国家的法律、法令和制度。必须坚持独立、公正的原则,严格履行委托书中规定的各项义务。""注册会计师不得利用工作上的便利条件,参与隐瞒或伪造账目、营私舞弊等违法行为,不得泄漏应当保密的事项,不得向委托人收取标准以外的报酬或谋取其他私利。"《暂行规定》第 8 条还指出:注册会计师违反上述规定的"应分别情况给予批评教育或纪律处分,情节严重的应取消注册会计师资格,直至依法惩处"。

二、外资企业审计制度的建立

《关于中外合资经营企业、外国企业委托会计师查账问题的若干规定》(以下简称《若干规定》)是财政部于 1983 年 12 月 26 日发布的,主要阐明了当时对外资企业的注册会计师审计要求。随着我国对外开放与外资的进入,国际上一些知名的会计公司纷纷申请来华设立代表处,派驻常驻代表,[①]这就产生了中外合资企业和外国企业能否

[①] 1981 年 1 月永道财务公司(即原阿柏斯·赖布兰公司)率先获得财政部批准在上海成立代表处,成为首家在我国设立的外国会计机构。1985 年,陆续有安永、普华、香港容永道、大美、安达信、毕马威、庄柏彬等 10 家国际会计公司进入中国,并分别在北京、上海、广州、福州 4 个城市设立了 14 个代表处。

委托外国注册会计师在华开展审计业务的问题。《若干规定》明确指出："中外合资经营企业、侨资企业、外国企业的会计、财务、税务文件,包括出资证明书、年度会计报表、清算会计报表、所得税申报表、外汇收支报告表等,须委托中国注册会计师审查验证和出具证明。中外合资经营企业清算时须聘请会计师担任清算委员会成员的,以及侨资企业、外国企业清算经司法机关判定须指定会计师担任财产管理人的,都应聘请或指定中国的注册会计师担任。"针对外资一方为适应国外需要委托外国会计师查账的,《若干规定》还指出:"应经本企业董事会同意,""受委托的外国会计师在查账过程中,允许同中国注册会计师合作,但应各自独立出具查账报告,并分开收取查账费用。"

在《关于中外合资经营企业、外国企业委托会计师查账问题的补充规定》中财政部重申,三资企业应遵守相关法律、法规的规定,委托会计师验资、查账,并由会计师出具验资证明和查账报告,"不应以主管部门的检查代替会计师的检验和查账,也不应以双方订立的合同中有'第三者不能参与'的条款为理由而不委托会计师进行检验和查账"。在解释注册会计师的执业范围时明确指出,"注册会计师可以接受委托代企业编制会计报表或经审核后对会计报表提出调整意见,但注册会计师对委托单位的会计报表无权签署"。

三、实施注册会计师审计的制度规定

注册会计师按照有关规定开展业务之后,出现了一些问题。例如,由于长期受计划管理模式的影响,有些企业误认为注册会计师出具的审计报告亦应预先经有关主管机关审查认定后方可上报;有些单位认为上级主管机关的检查与注册会计师审计具有同等的法律效力,可以替代注册会计师的审计;也有些企业以中外双方订立的合同中有"第三者不能参与"的条款为依据,拒绝委托注册会计师审计;还有些单位提出可否委托会计师事务所编制和签署会计报表等。针对以上问题,财政部于1985年12月31日发布了《关于注册会计师出具报告是否需经有关单位审定等问题的通知》,明确指出:"注册会计师执行业务,应以国家法律、法规和有关的协议、合同、章程为依据,恪守独立、公正、客观的原则,所出具的报告书,应对有关内容的正确性、合法性负责。在执行业务的过程中,应对事实进行充分调查并与委托单位管理人员进行充分的讨论,所提出的判断意见,必须保持应有的独立性,对所出具的报告书,不需经任何部门审定。如发生伪证,应负经济和法律责任。"

四、注册会计师的第一部法规

1984年10月,中共中央通过了《关于经济体制改革的决定》,明确社会主义经济是在公有制基础上的有计划的商品经济,经济体制改革走向了深入。随着国内经济体

制改革的不断深入,注册会计师的服务对象渐渐地从"三资企业"扩展到内资企业,其服务的领域也从验资、年审(包括财务报表审计和外汇收支审计)延伸至参与办理企业解散、破产的清算事项以及提供管理咨询等多个方面。注册会计师队伍和会计师事务所的数量,也因服务需求的不断扩大而与日俱增。据有关文献显示,截至1988年年底,我国会计师事务所的数量已从1986年的80家发展至250家左右,执业的注册会计师也从那一时期的500人增至3 000人左右。[①]

经济环境的变化和注册会计师事业的发展,需要在总结注册会计师行业制度建设方面所取得的经验、教训的基础上,结合经济发展的新形势,对《暂行规定》进行必要的修订。为此财政部组织专人开展研究,起草了《中华人民共和国注册会计师条例》(简称《注册会计师条例》)的讨论稿,后经讨论修改并于1986年1月上报国务院,同年5月获得国务院通过,并于当年7月3日由国务院正式发布,同时宣告自当年10月1日起实施。

《注册会计师条例》共分6章30条。

第一章"总则"含有5条,阐明了该条例的制定依据、注册会计师的性质与法律地位、我国注册会计师行业的领导与管理体制、注册会计师的工作机构,同时还特别申明注册会计师必须加入会计师事务所才能接受委托,办理法律、行政法规规定的业务。此外,该条例在第一章中还明确了注册会计师可以组织成立注册会计师协会以实现行业的自我管理。

第二章"考试和注册"同样列有5条,所规定的事项归纳起来大致可分为四个方面。第一,明确了当时我国公民取得注册会计师资格可采取考试或考核两种方式实现,并分别规定了准予参加考试或考核人员应具备的基本条件,即除政治条件外,参加考试的人员须具有大专或者相当于大专的学历,并从事会计、审计工作3年以上;参加考核的人员应是担任过高级会计、会计学教授、副教授、研究员、副研究员且具有会计工作实践经验的人员,以及具有大专或者相当于大专学历,或者大专同等学力,从事财务会计工作20年以上,确有会计业务专长的人员。第二,明确了组织实施此项注册会计师考试的领导与管理体制,即由财政部批准组建全国考试委员会,负责统一领导、组织和监督工作,由省级财政厅(局)批准组成的考试委员会负责具体实施。第三,规定会计师"注册"与"撤销注册"的必要程序,即对经注册会计师考试、考核达到合格者从事注册会计师职业的,需由申请加入的会计师事务所报财政部或省级财政厅(局)批准其"注册",并在领取注册会计师证书后方可执业。相反,注册会计师退出会计师事务所的,应由其所属的会计师事务所报请主管财政机关批准,

---

[①] 杨时展:《中国注册会计师制度的沿革与发展》,《财会通讯》,1995年第3期。

办理"撤销注册"并交还其注册会计师证书。第四,对特定人员从事注册会计师职业所作的限制性规定,即"国家机关现职工作人员,不得担任注册会计师"。①

第三章"业务范围"含有4条,其中前2条分别列示出注册会计师可办理的各项会计查账验证业务(审查会计账目、报表,验证企业投入资本,参与办理企业解散、破产的清算事项,参与调解经济纠纷和协助鉴别经济案件5项内容)和会计咨询业务(担任会计顾问,代理纳税申报,协助拟订合同、章程和其他经济文件,培训会计人员4个方面)。后2条规定了注册会计师承接业务的委托对象(包括国家机关、企业、事业单位和个人)和受托办理业务时所享有的查阅财务会计资料和文件、查看业务现场和设施,以及向有关单位或个人进行调查与核实的权力与获取这种权利的依据。

第四章"工作规则"含有7条,从原则上明确规定了注册会计师执行业务时应遵守的执业规范、职业道德规范和因违反上述规定应承担的法律责任及与之相适应的各种惩戒制度。

第五章"会计师事务所"共分7条,不仅明确了会计师事务所的性质是依法独立承办注册会计师业务的事业单位,而且同时还重申了成立会计师事务所的审批机构为财政部或省级财政厅(局),注册会计师承接业务必须由会计师事务所统一接受委托,以及会计师事务所可以跨越行政区域承办业务等原在《暂行规定》中曾经明确的问题。为了规范各地区会计师事务所的收费,强化对会计师事务所的监督与管理,《注册会计师条例》在第25条和第26条分别规定,会计师事务所的收费标准由省级财政厅(局)会同同级有关部门制定并报财政部备案;会计师事务所应向主管财政机关建立定期报告制度,即报告其业务开展、经济收支和人员变动等情况。此外,在本章中,该条例还针对会计师事务所违反本条例,规定了相应的处罚办法;针对注册会计师在查账中遇有委托人发生在国外的财务收支事项,明确了相应的处理方式。

第六章"附则"包括了对该条例享有解释权的部门、该条例具体实施日期两项条款。

该条例与1980年发布的《暂行规定》相比较,系统性更强,条理更清晰,尤其是在以下一些方面体现了新变化:第一,立法依据更强,法律层级更高。1980年出台的《暂行规定》由财政部颁发,属于部门规章,《注册会计师条例》由国务院颁发,属于国务院法规,法律层次更高。第二,授权组建行业协会,为完善我国注册会计师行业的管理体制,推动会计行业自律监管等多项工作奠定了制度基础。第三,改革注册会计师的资格选拔制度,对原有的职业资格选拔制度作了较大的改动,即一方面规定"凡热爱中华人民共和国,拥护社会主义制度,具有大专或者相当于大专学历,并从事3年以上会

---

① 1986年《注册会计师条例》第10条。

计、审计工作的中国公民,可以申请参加注册会计师考试";另一方面对通过这一方式获取注册会计师资格的人员提高了其准予申请的条件标准,即将原《暂行规定》中所包含的中级职称人员(如会计师、讲师)提高至高级职称人员(如高级会计师、教授、副教授、研究员、副研究员);将不能满足职称条件的一般财务人员[①]的工作年限从3年提高到20年。此外,为确保修改后的注册会计师资格选拔制度能够得以顺利实施,保障考试和考核工作的公正与公平,《注册会计师条例》在第7条中还专门新增了组建全国和地方考试委员会,对考试工作实施统一领导和管理的条款。第四,明确了注册会计师的注册审批制度,并对兼任注册会计师加以限制。第五,责成省财政厅(局)会同有关部门制定收费标准。第六,建立了会计师事务所的定期报告制度,"会计师事务所应当定期向主管的财政机关报告业务开展、经济收支和人员变动等情况"[②],这一规定的颁布为我国会计师事务所年度报告制度的建立奠定了基础。

《注册会计师条例》的颁布与实施使我国注册会计师制度建设向前迈进了一步,它对于规范我国刚刚恢复的会计市场秩序,保护注册会计师依法执业,约束其执业行为,均具有十分重要的意义。

五、有关事务所与注册会计师的管理制度(1986—1989年)

《注册会计师条例》作为我国恢复重建注册会计师制度之后第一部由国务院颁发的行业法规,具有纲领性的特点。自1986年《注册会计师条例》颁布之后到1993年《注册会计师法》出台之前,财政部和相关行业管理机构依据《注册会计师条例》的精神制定并颁发了一系列的制度文件。这些制度文件从涉及内容的角度看大体可分为两类:一类为有关会计师事务所和注册会计师的管理制度;一类为执业规则。有关会计师事务所和注册会计师的管理制度,主要有以下一些。

(一)《会计师事务所管理暂行办法》(1986年)

在《注册会计师条例》出台之前,我国对会计师事务所的管理仅就其管理体制和审批机构作过原则性的规定,但有关会计师事务所的申请设立办法、审批流程、应提交的资料,以及会计师事务所成立之后对其监管办法和其应履行的报告制度等一系列问题并未形成过专门的制度。为规范对事务所的管理,财政部于1986年10月29日发布了《会计师事务所管理暂行办法》。该办法共分12条,涉及的内容主要包括以下三方面:第一,重申成立会计师事务所的审批机构为财政部和省、自治区、直辖市财政厅

---

① 这里所说的"一般财务人员"在《暂行规定》中系指熟悉财务会计制度,担任查账等工作的人员;而在《注册会计师条例》中是指从事财务会计工作,确有会计业务专长的人员。

② 1986年《注册会计师条例》第6条。

(局),同时明确成立会计师事务所的申请、审批程序和应提交的资料,对经主管财政机关批准跨省、自治区、直辖市设立分支机构的或实行机构联合的会计师事务所,规定了其相应的报批手续;第二,由各省、自治区、直辖市主管财政机关会同有关部门制定会计师事务所的收费标准,并禁止向委托人收取额外的费用;第三,明确规定主管财政机关对会计师事务所应建立定期检查制度,同时规定事务所对重要事项及其年度工作计划和年度财务收支应建立定期与不定期的报告制度。这一制度的发布,为构建事务所的设立审批制度和管理制度打下良好的基础。

(二)《关于会计师事务所收支管理和人员待遇的若干规定》(1987年)

在20世纪80年代的中期,会计师事务所作为促进我国改革开放的一种新型中介组织不仅面临着亟待发展和壮大的要求,同时基于事务所自身设立与业务和人员组成的某些特殊性,也出现了应如何开展内部财务核算,如何处理积累与员工福利和奖励的关系,如何支付离退休人员和兼职人员的劳动报酬,以及如何清偿从筹组单位借入的设立资金等一系列财务问题。这些问题如得不到及时和妥善的解决,不仅不利于规范这一行业的财务收支管理,还会影响到现有队伍的发展和壮大。针对这一状况,财政部于1987年6月13日以财会〔1987〕37号文的形式发布了《关于会计师事务所财务收支管理和人员待遇的若干规定》。该规定分为6条,除明确各事务所应实行自收自支、独立核算、依法纳税这一基本要求外,还就以下事项做出说明:第一,阐明会计师事务所的盈余分配制度,即规定其税后盈余应留作事务所的事业发展基金、职工福利基金和职工奖励基金,其留取比例由财政核定;同时规定筹组单位借给事务所的注册资本及开办费可用提取的事业发展基金分期归还。第二,要求各事务所参照国家规定,结合自身特点制定财务支出标准,建立财务核算与决算报告制度。第三,明确事务所专职人员应参照的工资标准,离退休人员的补助政策和其他单位在职人员兼任注册会计师的报酬支付办法。

1991年11月26日财政部又发布了《关于会计师事务所财务收支管理和人员待遇的若干规定的补充规定》,就前述规定的不尽完善之处和在执行期间出现的一些新问题加以补充说明。该补充规定不仅完善了会计师事务所对长期聘用离退休人员的工资、福利费成本、固定资产折旧与修理支出和涉外开支的处理办法,同时还要求按当地规定为会计师的专职人员提取职工待业保险金和退休养老金。以上两个文件的发布和实施,在当时为规范会计师事务所的财务核算和财务收支管理,稳定注册会计师队伍,厘清事务所与筹组单位的经济关系均产生了积极的影响。

(三)《关于外商投资企业必须依法委托注册会计师验资、查账的通知》(1988年)

我国对外商投资企业推行注册会计师审查验证制度后,在相当长的一段时期内,这一制度未能得到全面的贯彻与执行。那一时期的一份调查显示,在已开业的外商投资企业中,委托注册会计师验资的只占41%,委托注册会计师查账的只占48%,这种状况导致我国引进外资的风险增加,中外各方的利益得不到应有的保障。为了解决外商企业依法接受验资、查账的问题,1988年2月23日,财政部以〔88〕财会字第16号文发布了《关于外商投资企业必须依法委托注册会计师验资、查账的通知》,着重重申了外商投资企业必须实行我国注册会计师审计制度的基本要求。

(四)《注册会计师执行业务收费管理办法》(1989年)

1986年7月《注册会计师条例》出台以后,有些省份依据其的精神制定了会计师事务所的收费标准,但也有不少地区未能及时落实这一要求。对于已制定收费标准的省份,其标准的制定方法也存在着很大的差异。例如,有些省份只规定了计件的收费方式和计费标准,但并未涉及计时收费的收费办法;也有些地区只就查账验证项目制定了收费办法和标准,但对咨询和代理服务类业务则缺少收费依据。这种状况导致全国各地区会计师事务所的收费办法不统一,甚至为一部分会计师事务所随意降低审计收费以招揽业务提供了可乘之机。为了统一注册会计师执行业务的收费管理,使各地财政机关制定收费标准和对违反者进行处理有所依据,财政部根据《注册会计师条例》第13条第2款和第25条的规定,于1989年2月5日颁布了《注册会计师执行业务收费管理办法》(以下简称《收费管理办法》)。

《收费管理办法》中首先明确规定,注册会计师确定收费价格或标准应考虑项目的性质、风险大小、繁简程度、质量要求等一系列相关因素,并应在主管财政机关制定的收费标准幅度内与委托人具体商定。《收费管理办法》将注册会计师执行的业务划分为查账与咨询两类,同时规定查账收费和咨询收费均应按照基本收费和劳务收费分别计算。① 对咨询收费或工作量在40工作小时以内的单项业务收费,以及对代理纳税申报业务的收费也分别规定了相应的确定办法。《收费管理办法》还强调各会计师事务所在收取费用过程中应遵循以下三项原则:第一,特殊情况下基本收费和劳务收费可以超过上限,但不得低于标准的下限,即会计师事务所不得以降低收费争取委托业务;第二,对于不同经济性质的委托人(如全民、集体、外商或其他经济组织)的同类委托业务,应当按照同样的标准计收费用;第三,不得以任何名义收取或支付介绍费用,并对违反上述规定者明确了相应的处罚办法。

《收费管理办法》是针对我国注册会计师行业服务收费管理的第一个全国性规范

---

① 其中基本收费应当根据委托人的投资总额或收益额,适当考虑业务的重要程度确定;劳务收费则应当根据办理委托业务预计需要花费的工时和对执行业务人员专业知识和工作经验需要的情况确定。并将执行业务人员划分为高级专家、注册会计师和业务助理人员,以便分别制定费用定额。

文件,它对于各地区结合本地区经济发展的实际水平制定相应的收费标准具有指导和规范意义。然而,从其执行的效果看并不理想,在这个文件出台后相当长的一段时期内,我国注册会计师行业收费混乱的局面不仅没能改观反而愈演愈烈。

六、首次出台的注册会计师资格考试制度

从1980年12月《注册会计师暂行规定》的出台到1986年7月《注册会计师条例》的颁布,我国对注册会计师资格的选拔采用的是单一的考核评审方式。1986年《注册会计师条例》发布后,按照该条例的有关规定,注册会计师资格可以通过考试或考核方式获取,由此我国注册会计师的资格获取进入考试、考核双轨制时期。为落实《注册会计师条例》精神,积极稳妥地推进注册会计师人才选拔制度的改革,1987年3月12日财政部发布了《注册会计师考试、考核暂行办法》(以下简称《考试、考核暂行办法》),根据《注册会计师条例》及《考试、考核暂行办法》的规定,财政部和各省级财政厅(局)先后成立了两级考试委员会。其中,由财政部批准组成的注册会计师考试委员会(简称"全国考试委员会"),负责组织、领导和监督全国注册会计师的考试和考核工作。注册会计师全国考试委员会成立后,积极组织酝酿实施考试、考核的具体方案,并制定了《注册会计师全国第一次统一考试、考核办法》,于1991年对外发布。两个办法构成了这一时期注册会计师资格获取的基本制度。

(一)关于资格考核的有关规定

《考试、考核暂行办法》和《注册会计师全国第一次统一考试、考核办法》就考核方式遴选注册会计师的适用对象、考核范围、考核方法,以及考核的组织与审批工作均做出了较严格的规定,具体来说主要包括以下几方面的内容。

(1)考核对象。根据前述两个办法的规定,1986年10月1日以后取得注册会计师资格,并担任过高级会计师或会计学教授、副教授、研究员、副研究员并有会计工作实践经验的;或具有大专或相当于大专学历,或者大专同等学力,从事财务会计工作20年以上,确有会计业务专长的人员,享有参加考核评定的资格。对于《注册会计师条例》施行前,已由主管财政机关考核批准的注册会计师,不再进行考试或考核,但须复查,对确实不合格者,规定撤销其注册。

(2)考核范围与考核办法。根据前述两个办法的规定,考核范围包括:学历、经历、著作或业绩;考核办法为验证所担任的专业技术职务聘书或学历证书等证明文件,验证业务经历的文件则包括任命书、任职单位证明书,业务专长证明文件则是指本人的著作、译作、省级以上刊物发表的学术论文、业务自传和有关专家鉴定书等。此外,上述规定还指出:必要时可附加口试。

（3）考核的组织与审批。根据《注册会计师全国第一次统一考试、考核办法》的规定,考核工作由地方考试委员会组织实施,但考核结果须报经全国考试委员会审定。还要求撤销国家机关现职工作人员、担任注册会计师工作后确实不称职的人员、已退出会计师事务所的人员、因年老多病已不能继续从事注册会计师工作的人员的注册会计师资格并收回其注册会计师证书。

1993年10月《注册会计师法》颁布后,根据《注册会计师法》的规定,全国考试委员会宣布,废止注册会计师考核制度,从此,我国注册会计师资格获取的双轨制画上句号。

(二)关于资格考试的有关规定

根据《考试、考核暂行办法》和《注册会计师全国第一次统一考试、考核办法》的规定,注册会计师考试的科目包括:会计、财务管理、审计和经济法四门,每门科目考试的时间限定为两个半小时,考试的方式为笔试,考试命题的原则是以实务为主,以现行法规为主,强调理论联系实际,侧重实务操作。此外,关于考试的命题、评分标准和合格要求,制度规定由全国考试委员会确定,而评分工作则由省级考试委员会负责进行。对于在考试中获得部分科目合格的考生,规定了单科合格证书的发放办法和合格科目的有效保留期限,同时对已取得全科合格证书的考生还规定了其申请注册的有效年限。①

七、注册会计师执业的有关规则

中国注册会计师协会成立后十分重视行业的专业建设,一方面研究并翻译了世界许多国家的审计准则;另一方面结合本国国情,在借鉴国际审计准则的基础上陆续制定了一系列用于规范我国注册会计师执业活动的执业规则。截至1993年,中国注册会计师协会陆续发布了以下7项执业规则。

(一)《注册会计师检查验证会计报表规则(试行)》(1988年)

《注册会计师检查验证会计报表规则(试行)》(以下简称《检验规则》)由中国注册会计师协会制定,由财政部于1988年12月27日以〔88〕财会字第98号通知转发的形式正式公布,其目的是规范注册会计师的会计报表验证业务。《检验规则》共分7章55条,不但阐述了制定本规则的目的、检查验证会计报表的工作流程、注册会计师应回避的事项以及会计报表的查验程序、查验内容等问题,还明确指出注册会计师检查

---

① 根据《注册会计师全国第一次统一考试、考核办法》的规定,单科合格人员可凭单科合格证明在自本次考试以后的连续两次考试中免试已合格科目;取得全科合格证书的考生,如果在5年内未获准为注册会计师,其合格成绩自取得全科合格证书后的第6年起失效。

验证会计报表的重点是查验会计报表的合法性和真实性，应运用包括核对、查询、复核、观察、盘点、函证、分析等手段在内的实地检查方法。出于对注册会计师检查验证会计报表质量控制要求的需要，《检验规则》在第二章"工作准则"中提出如下要求：①注册会计师所提出的判断意见，应当客观、公正和实事求是；所形成的报告意见，须对数据的真实性、适当性和内容的合法性负责。②注册会计师执行检查验证工作，应当制订适当的计划；应了解委托人的会计制度和其他管理制度是否合理和完备，并检查这些制度是否得到正常遵守。③注册会计师必须对执行程序的过程制成工作底稿，并将其纳入会计师事务所档案。④注册会计师出具的查账报告，应当说明委托人的会计报表和其他财务资料的编制是否遵守了有关的法定要求和财务会计制度，其运用的会计处理方法是否保持前后一致。为了规范注册会计师在检查验证后的意见表达，《检验规则》在第六章"查账报告"中还规定，注册会计师可根据委托人的不同情况决定采用"无保留意见""保留意见""反对意见"和"拒绝表示意见"4种不同类型的报告。

《检验规则》是我国自有注册会计师制度以来，颁发的第一个审计标准性文件，不仅对规范我国注册会计师查账验证会计报表业务具有指导意义，也是后续其他几项规则的先行实验。

（二）《注册会计师验资规则（试行）》（1991年）

对企业投资的验证是注册会计师的法定业务。在注册会计师制度恢复不久的一段时期内，尚未建立起相关的规则，验资工作常常因缺少专业标准而出现错误。为指导注册会计师执行验资业务，保证验资工作的质量，中国注册会计师协会于1991年8月22日以〔91〕会协字第34号印发了《注册会计师验资规则（试行）》（以下简称《验资规则》）。《验资规则》共分5章25条，详细阐述了验资的含义、依据、分类、程序与具体要求，以及注册会计师执行验资业务应承担的法律责任和验资报告的段落格式与编写要求等内容。例如，为确保验资质量，《验资规则》第6条规定："对于会计账目不健全的被查验单位，注册会计师应要求其及时进行完善和补充。对于没有建立会计账目，不能提供应有的验资资料的，注册会计师应在进行实地检查验证以前，首先提请其建立会计账目和必要的内部管理制度。被查验单位不建立会计账目和不提供应有的验资资料的，注册会计师可以拒绝接受委托。"再如，第15条规定："注册会计师在验证被查验单位的所有者权益时，除应当对记录投资来源及留存收益等的有关凭证、账目和其他文件进行检验外，还应当对这些投资和权益所形成的资产以及与形成全部资产有关的负债项目，分别进行检验，以确认所有者权益额的真实性。"为指导注册会计师编写并出具验资报告，《验资规则》还以附录的形式列示出一套完整的验资报告格式。

《验资规则》的印发填补了我国注册会计师执业标准中的一项空白,为日后会计师事务所的验资活动提供了必要的技术规范。

(三)《注册会计师查账验证工作底稿规则(试行)》(1991年)

审计工作底稿是注册会计师实施审计过程中形成的,与审计事项有关的工作记录。为规范和提高我国注册会计师执行查账验证业务的水平,保证查账验证的工作质量,中国注册会计师协会于1991年11月28日,以〔91〕会协字第45号印发了《注册会计师查账验证工作底稿规则(试行)》(以下简称《工作底稿规则》)。《工作底稿规则》共分7章42条,在阐述工作底稿应收录文件资料内容的基础上,分别就其分类管理、编制、复合、保管和调阅等要求进行了说明。例如,为规范编制环节的工作,《工作底稿规则》第26条规定,"工作底稿编制人于完成规定的全部查账验证程序以后,必须在工作底稿中记录本人关于查账验证程序执行情况的总结意见,包括说明是否执行了预定的全部查账验证程序,查账验证过程中有无发现问题"等。《工作底稿规则》出台后,中注协将抽查工作底稿作为检查会计师事务所质量控制的一项重要内容,推动了各会计师事务所对这一规则的重视与实施。

(四)《注册会计师查账验证计划规则(试行)》(1991年)

在我国注册会计师制度恢复重建后相当长的一段时期内,注册会计师承接查账验证业务委托后,往往凭借个人经验开展工作,这种状况会影响审计的质量。中国注册会计师协会于1992年7月1日正式发布了《注册会计师查账验证计划规则(试行)》(以下简称《计划规则》)。《计划规则》共分5章28条,明确查账验证计划应包括全面查账计划、查账验证程序计划、时间预算3部分内容,分别阐述了每一部分编制时应纳入计划的事项,以及为编制计划需要收集的委托人信息。例如,对于查账验证程序计划,《计划规则》的第19条规定:"查账验证程序计划的内容包括:①根据《注册会计师检查验证会计报表规则(试行)》的规定,结合被查验单位具体情况,设计对该委托项目的具体查账验证程序;②确定实施查账验证程序的具体步骤及日期;③确定执行查账验证人员在各步骤的职责分工及任务安排,提出应注意的重要问题及与其他人员的配合要求;④确定执行查账验证程序所需使用的查验方法。"此外,这一规则还就计划的编制程序、计划编制后的复核与计划实施后的检查提出了相应的要求。

(五)《注册会计师查账验证报告规则(试行)》(1992年)

为指导注册会计师编制和出具查账验证报告,中国注册会计师协会1992年3月正式发布了《注册会计师查账验证报告规则(试行)》(以下简称《报告规则》)。《报告规则》共分6章37条,系统阐述了制定这一规则的目的、注册会计师编制和出具查账报告的责任及其委托人使用报告的责任、报表调整与期后事项的处理办法、查账报告的编制程序,以及出具不同类型查账报告的前提条件和情形。《报告规则》还就查账报告的段落结构及其在各段落应当说明的事项和术语进行了规范。该《报告规则》的第20条规定:"注册会计师编写的查账报告结构,应当按照本规则的要求分为'范围段''说明段'和'意见段'。"第21条规定:"'范围段'中应当说明:检查验证的各主要会计报表的名称、反映的会计期间和编制日期以及所执行的查账验证程序和完成情况。"《报告规则》的附录中,列举了各种类型查账报告的示例。

(六)《注册会计师管理建议书规则(试行)》(1992年)

现代审计要求注册会计师在执行业务中发现客户的内部控制制度存在重大缺陷时,应向客户的管理当局反映这一情况,其形式普遍是以管理建议书向客户的管理当局揭示并提出改进的建议。① 为指导会计师事务所编制管理建议书,中国注册会计师协会于1992年7月1日,以〔92〕会协字第25号印发了《注册会计师管理建议书规则(试行)》(以下简称《管理建议书规则》)。《管理建议书规则》共分4章22条。其中,第一章阐述了管理建议书的含义、性质和编制目的;第二章对须编制管理建议书的情形,编制前需完成的准备工作,以及对管理建议书的编制和复合要求进行了规范;第三章主要阐述了管理建议书的行文结构及每一部分应着重说明的事项;第四章为附则。《管理建议书规则》还附有管理建议书范例一份。

但是从《管理建议书规则》发布后相当长的一段时间来看,它在注册会计师执业活动中所发挥的作用有限。这是由于当时国内会计师事务所开展管理服务的活动不普遍,会计师事务所对于这种费时费力但不增加收费的服务缺少热情,不愿为企业提供管理服务所致。

(七)《注册会计师执业道德守则(试行)》(1992年)

在新中国注册会计师行业恢复重建后最初的数年里,人们对注册会计师的执业道德并不认同,部分会计师事务所和注册会计师的败德与失范行为屡屡出现。许多会计师事务所为争抢市场,放弃客观、公正的原则,对客户采取处处迁就的态度;有些会计师事务所无视职业道德的要求,以低价竞争的方式招揽业务,还有些会计师事务所甚至与委托方搞恶意串通,出具虚假的验资报告和审计报告。为了扭转这种局面,增强行业的自律约束,中国注册会计师协会于1992年9月30印发了《注册会计师执业道德守则(试行)》(以下简称《守则》),共7章40条。

《守则》在第一章中说明了其制定的目的、职业道德的内涵以及适用范围;第二章

---

① 国际审计准则《风险评估与内部控制》第49条指出:"审计人员对已注意到的会计与内部控制制度在设计和运用方面存在的重大缺陷,应当让客户适当层次的管理人员知晓。其沟通一般应采用书面方式,如审计人员认为口头沟通是合适的,那么应将口头沟通的情况记录于审计工作底稿。"

至第六章则对注册会计师应有的职业道德提出了具体的要求。这些要求主要包括以下四个方面。

第一,对注册会计师执业道德的基本要求。《守则》第6条规定,"注册会计师在执行业务中必须恪守独立、客观、公正、廉洁的原则",接下来第7条至第10条中分别诠释了上述四项原则的基本内涵,①并在第7条中明确了注册会计师与委托单位存在利害关系时,应向所在会计师事务所声明并回避的若干事项。

第二,对注册会计师业务能力与技术要求。《守则》第三章在提出了注册会计师必须具备规定的专业教育水平和专业工作经历,以及不断接受继续教育后,在第13条中明确指出:"会计师事务所和注册会计师应避免承担和从事不能胜任或不能按时完成的业务。"在第16条至第19条中,还提出了注册会计师在出具报告中必须揭示的五种情况和应拒绝或中止查验工作的三种情形。

第三,注册会计师对委托单位与同业的责任。《守则》在第四与第五章中分别阐述了注册会计师对委托单位与同业的责任,其中对委托单位的责任主要包括:保密责任和按规定标准收取费用的要求;对同业责任则要求各会计师事务所要树立"以质量求信誉,以信誉求发展的宗旨",要求事务所要"相互尊重,团结协作"。第26条中特别提出了会计师事务所跨地区承接业务时,"所跨地区同业不得以任何方式进行阻挠或排斥"的要求。

第四,对会计师事务所承接业务的要求。《守则》在第六章第29条至第36条中明确提出对会计师事务所承接业务的各项要求,其中包括:业务承接"应实行双向自愿选择的原则,不得以任何方式限定或干预委托单位对会计师事务所的选择";"会计师事务所不得在电台、电视台、报纸、杂志等新闻媒介上直接或间接地作诋毁同业或自我夸张、内容虚假的广告";"不得以任何名义向帮助取得委托业务的其他单位或个人支付介绍费、佣金、手续费或回扣";"不得与其他机构进行收益分成式的业务合作"等。

《守则》是我国注册会计师行业的第一部执业道德规范。但《守则》颁布后的实际执行效果不尽如人意,注册会计师违背独立、客观原则,协助委托单位弄虚作假的事件屡屡发生,同业之间低价恶性竞争和行业垄断的现象也在相当长的时期内未能得到根

---

① 其中,独立性原则是指:"注册会计师在执行会计查账验证业务时,应当在形式和实质上独立于外部组织和他所服务的对象"(这里所说形式上的独立是指,注册会计师必须在第三者面呈现出一种独立于委托人的身份;所说实质上的独立则是指,注册会计师与委托单位之间应毫无利害关系)。客观性原则是指:"注册会计师对有关事项的调查、判断和意见的表述应当实事求是,不以主观好恶或成见行事,不允许因成见或偏见影响其分析、处理问题的客观性。"公正性原则则是指:"注册会计师应公平正直、不偏不倚地对待有关各方,不以牺牲一方利益为条件而使另一方受益。"而廉洁性原则是指:"注册会计师的行为应当清正廉洁,不得利用自己的身份、地位和执业中所掌握的委托单位的资料和情况为自己或所在的会计师事务所谋取私利。"

本的改观。造成这种局面的原因是多方面的,提高注册会计师执业道德需要多方面的共同努力,同时又是一项长期的工作。

八、注册会计师行业组织的有关规则

早在 1986 年 7 月,财政部即开始酝酿成立注册会计师协会,并于当年 8 月在哈尔滨召开的"贯彻执行注册会计师条例座谈会"上提出一个《注册会计师协会组织办法》(讨论稿),征求各地和各单位代表的意见。《注册会计师条例》公布后,加快了组建中国注册会计师协会的工作,1987 年 9 月成立"中国注册会计师协会筹备组"。筹备组成立后立即着手探索协会的组织办法,草拟协会章程(草案)。经过一段时间的准备,1988 年 11 月 15 日至 18 日,中国注册会计师协会成立大会召开,中国注册会计师协会正式成立。大会讨论通过了《中国注册会计师协会章程(草案)》,选举产生出由各地推荐的第一届理事会理事和常务理事,同时还研究通过了《注册会计师查账规则》和《中国注册会计师协会会费办法》。1989 年 2 月 20 日,财政部发出"关于批准中国注册会计师协会成立的通知",同时批准生效的还有《中国注册会计师协会章程》和第一届理事会领导成员的组成。

根据《中国注册会计师协会章程》的规定:"协会是由我国注册会计师组成的全国性社会团体,受财政部领导。"协会的基本宗旨是:"引导注册会计师在工作中正确执行国家的法律、法规,不断完善注册会计师队伍的自身建设,维护合法的职业权益,交流工作经验,沟通业务信息,增进国内外交往,促进注册会计师事业的发展。"协会的具体职责除组织会员开展思想品质教育、专业技能教育,开展业务交流、调解业务争议以及与国际会计师团体、外国会计职业组织之间的交往等活动外,还有一项重要的职责就是制定注册会计师的职业道德规范,拟订执业准则、规则和工作制度并监督会员遵守。中国注册会计师协会的成立和《中国注册会计师协会章程》的公布,使新中国注册会计师行业有了行业自律性组织,有了统一行动的纲领和章程。

在向市场经济转轨的时期(1977—1991 年),新中国恢复了注册会计师制度并取得了初步的发展。该段时期也是新中国注册会计师制度的恢复期。这一时期以西方发达国家为代表的注册会计师事业已经发展得比较成熟。新中国在该段时期里能够较快地建立起自己的注册会计师制度体系,保证注册会计师事业的快速发展,是因为充分借鉴了国际经验的结果。然而,由于中国的经济、政治环境与西方国家存在很大差异,中国这一时期颁布的注册会计师制度,有的与国际通行做法接近,有的与国际通行做法差距较大。

接近国际通行做法的注册会计师制度主要有以下几类。

关于注册会计师业务的制度。由于恢复注册会计师事业主要是为适应当时刚刚成立的中外合经营企业对中外双方投资者出资验证和报表审计的需要,同时向社会各界提供会计服务,所以1980年《关于成立会计顾问处的暂行规定》中规定,会计顾问处可以承接检查会计账目、设计财务会计制度、指导制度的执行等7项业务;1986年颁布的《注册会计师条例》则明确地将注册会计师的业务分为会计查账验证和会计咨询服务两大类。查账验证和咨询服务是世界各国注册会计师业务的基本服务内容,前者是为了向企业利益相关人提供第三方鉴证,后者是为了帮助企业提高管理效益。涉及注册会计师业务方面的这些制度规定,与国际通行做法接近。

关于注册会计师执业规范的制度。关于执业规范,国际通行的普遍做法是通过明确的执业规范指导和监督注册会计师的工作。这一时期仿照国际通行做法,颁布了一批与注册会计师查账、验资、出具管理建议书有关的规则和执业道德守则。这些规则或守则尽管内容不够全面,但均为当时最急需的,也是新中国建立的第一批注册会计师执业规范。

与国际通行做法存在较大差异的注册会计师制度主要有以下两类。

关于注册会计师资格的制度。这一时期对注册会计师的资格,先后采取过考核制、考核制和考试制并行的方式。国际通行的取得注册会计师资格的方式是通过注册会计师考试。尽管注册会计师资格考试便于测试参考人是否具备了必要的胜任能力,但新中国在恢复注册会计师制度之初,不具备通过考试选拔注册会计师的条件,只能从当时的现实情况出发,大量地从退休会计人员、会计教师中挑选人才,这不可避免地导致了注册会计师队伍年龄偏大、知识老化、不熟悉实际工作的问题。

关于会计师事务所体制的制度。在该时期的有关制度中,将会计师事务所的性质定位为"独立承办注册会计师业务的事业单位",需"挂靠"在某个政府部门、企业或事业单位。关于会计师事务所体制的这种制度,损害了注册会计师的独立性,并造成凭借事务所挂靠单位管辖范围划分审计业务的"割据"状态,也与国际上通常将会计师事务所视为企业性质的民营中介组织的做法不同。

第2节 市场经济建立时期的注册会计师制度:1992—2001年

一、注册会计师继续教育的制度规定

注册会计师是依法接受委托,从事审计和会计咨询服务的专业人员,注册会计师的执业质量是他们做好审计和会计咨询服务的保障。确保注册会计师的执业质量,最关键的是要不断提高整个行业人员的专业素养;而专业素养的提高,最重要的途径莫过于在行业的内部建立起持续、永久的教育与培训制度,即通过教育与培训,不断地为注册会计师充实新的专业知识,不断提高其专业技能和判断力,并牢固地树立起职业道德的观念,从而最终达到持续改善其执业质量的目的。为提高我国注册会计师队伍的专业素质,1992年7月1日,中国注册会计师协会印发了《注册会计师教育要求和培训制度(试行)》(以下简称《教育要求和培训制度》),这是我国第一部较为完整、系统的注册会计师后续教育和培训制度。

《教育要求和培训制度》分为"总则""教育要求""培训制度""监督与检查"以及"附则"5个部分,共含31条。其中第一部分"总则"主要阐述了制定本制度的依据、意义,诠释了注册会计师专业素质的内涵和提高专业素质的途径,并指出这一制度的适用范围包括"会计师事务所的其他专业人员",同时明确"对于准备从事注册会计师业务的人员,也应符合本制度所规定的教育要求"。

第二部分"教育要求"中,明确了教育区分为取得注册会计师资格前的"资格教育要求"和成为注册会计师后的"继续教育要求"两类。在资格教育要求方面,第8条规定,对"没有取得大专学历的,首先要通过适当的学习途径,取得国家承认的大专学历";对已取得大专学历的,除要求进一步提高会计、审计、财务管理以及经济法等方面的专业知识外,还特别规定要"按照《中国注册会计师职业道德守则》的要求,进行职业道德的学习与培养";要努力参加注册会计师的业务实践,培养运用专业知识来判断、分析问题的专业能力。在继续教育要求方面,《教育要求和培训制度》第12条规定,"注册会计师必须在专业新知识和专业新技能方面接受继续教育"。特别强调继续教育在内容方面除深化会计、审计、财务管理、经济法等专业知识外,注册会计师还应熟悉掌握资产评估、电子计算机、财政、金融、税务、法律、经贸、经济管理等领域的知识;必须对中注协颁发的专业标准进行系统的学习和培训,必须及时地接受与本业务相关的新法规、新制度等方面的培训;同时还规定注册会计师每年接受脱产继续教育的时间不得少于2周,3年累计的脱产继续教育时间不得少于2个月。可见,"教育要求"既区分对象指明了其教育培训的内容方向,同时也明确了培训的时间要求。

第三部分"培训制度"中,首先,对各地方注协和各会计师事务所的培训工作提出了组织分工管理要求;其次,明确了培训组织的工作内容和可采用的培训方式;还针对会计师事务所的不同专业人员,提出培训内容的重点应有所区别的要求;并对培训教材的选用提出了应注重实用的原则。

第四部分"监督与检查"中,要求各地方注协、各会计师事务所对注册会计师的教育培训工作实施定期的监督与检查,同时明确了监督、检查的内容包括:注册会计师和其他专业人员脱产培训或脱产继续教育的时间和执行情况;培训教材的选用、课程内容的设置、培训人员的选派、培训时间的安排是否符合实际需要的情况;培训质量是否达到预期要求,培训后的考评标准是否恰当等。同时规定,各会计师事务所应在专业人员档案中建立培训记录,登记其参加培训的项目和考评成绩等内容,并要求将培训工作列为同业检查的一项内容。

二、注册会计师行业的整顿

截至1993年,全国会计师事务所及其分支机构已有2 500多家,数量相当于1988年的10倍;注册会计师的从业人数,也从1988年的3 000余人发展到1万人左右。[①]注册会计师行业在几年内的快速发展,也暴露出各种各样的问题,这些问题堆积到1993年,终于因深圳特区会计师事务所、北京中诚会计师事务所和海南新华会计师事务所三家拥有从事证券业务资格的事务所在证券市场协助企业造假事件被揭露而爆发出来。人们开始意识到这3起事件的发生绝非偶然,它反映出注册会计师行业在快速发展过程中所沉积的问题,包括执业失范、职业道德水准低下、乱设分支机构、注册会计师老龄化、行业监管流于形式等。为了解决注册会计师行业存在的种种问题,1993年7月29日,财政部发布了《关于整顿注册会计师业务和会计师事务所的通知》(以下简称《整顿通知》)。根据《整顿通知》精神,本次整顿工作中需要重点检查6个方面的事项,同时针对检查结果还提出了具体的整顿要求,这些要求主要包括以下9个方面。

(1) 审批成立会计师事务所,挂靠单位必须符合规定,不得挂靠营利性组织,也不得挂靠自身需要挂靠的单位。会计师事务所至少要有10名以上职龄以内的专职从业人员,其中至少要有5名能够担任注册会计师的专业人员。会计师事务所至少具有15万元以上的注册资金和固定办公场所。凡达不到上述要求的,限期整改,否则应予撤销。

(2) 对执行业务过程中,不按规定程序办事,没有正式委托书、工作底稿,缺少必要复核程序等要求的,限期改进,到期仍达不到规定要求的,应予撤销。

(3) 会计师事务所未按规定范围经营,以及以另设机构方式经营其他业务的,应予制止;不听劝阻的,应予撤销。

(4) 执行证券业务的会计师事务所和注册会计师,如有依靠别所、别人进行查账验证,而本所、本人仅仅盖章、签名,收取费用的,应没收非法所得,取消执行证券业务

---

① 韩雪萌:《从'中诚'案看中国注册会计师行业的问题》,《注册会计师通讯》,1993年第9期。

的资格。

(5) 注册会计师和会计师事务所与委托人存在经济利益关系而又接受委托承办业务的,应立即停止,并应向主管财政机关呈报本所全部从业人员拥有企业证券的情况,隐瞒不报而继续执行业务的,一经查出,除没收全部业务收入外,停止其执业资格。

(6) 任何举办会计师事务所的单位,不得利用职权搞垄断性承办业务。会计师事务所必须坚持自主经营、独立核算、自负盈亏的原则,在人员与财务等方面必须与挂靠单位彻底脱钩。

(7) 会计师事务所设立分所、分部的,均应由总机构负连带责任。在同一城市,不得设立独立的分支机构,均应由会计师事务所统一承接业务、统一出具报告、统一收取费用。凡不符合要求设立的分支机构,事务所自身又不整顿的,由主管财政机关撤销整个会计师事务所。

(8) 所有注册会计师均应按照《注册会计师条例》规定,通过考试、考核合格后才能执行业务。所有执行证券业务的会计师事务所,一律取消兼职注册会计师,其他会计师事务所,除个别十分必要且经批准外,不再保留兼职注册会计师。并规定从该年起对注册会计师实行年检制度。

(9) 凡未按规定提取事业发展基金、风险基金的会计师事务所,必须在按规定提足后才能用于支付个人的奖金、福利费等。凡未能按期报送会计报表的会计师事务所,一律进行财务整顿;必须坚决制止按执行业务的项目收入搞个人分成,凡继续实行的,应责令其停业整顿。

根据上述《整顿通知》要求,全国各地会计师事务所迅速开展清理整顿工作,并取得了一定的成效,使注册会计师业务在一定程度上得到了规范。然而也必须看到,此次清理整顿的持续效果并不理想,如会计市场的恶性竞争继续存在,仍有不少会计师事务所的总所对分所实施坐地分成式的联营等,以致在1998年前后再次爆发与注册会计师协助造假有关的琼民源、郑百文和银广夏等重大案件。这些问题的存在,说明对注册会计师行业的监管需要长期化、制度化,监管的措施和方式需要进一步改进。

三、新中国第一部注册会计师法律

1992年10月,中国共产党召开第十四次全国代表大会。这次大会总结了自中共十一届三中全会以来我国经济体制改革的实践经验,提出了今后我国经济体制改革的目标,即建立社会主义市场经济体制。随后,中共十四届三中全会通过了《中共中央关于建立社会主义市场经济体制若干问题的决定》,将中共十四大确立的改革目标和基本原则具体化和系统化,使之成为行动的纲领。市场经济是法治的经济,要求运用法律规范来调整各经济主体之间的经济利益关系,建立、健全我国在经济领域中的各项立法,成为贯彻十四大精神,创建社会主义市场经济体制的一项首要任务。我国注册会计师行业自 1980 年恢复重建以后,到 1993 年中共十四届三中全会召开的这段期间,先后发布了以《暂行规定》和《注册会计师条例》为代表的几十项涉及行业管理、组织建设、职业资格、市场准入以及收费管理和执业规则在内的制度与规范。这些法规、制度与规章在这一期间为规范注册会计师行业的发展发挥了十分重要的作用。但我国随着对内改革与对外开放进程的不断加快,也开始显现出原有法规与规章的部分内容已不适应经济形势变化的需要的问题,其中突出的是这些法规、制度、规章的层次不高,缺少注册会计师行业的顶层规范。健全注册会计师行业的立法体系,尤其是完善其顶层立法,不仅是我国对内深化改革和实现建立社会主义市场经济目标的需要,同时也是依照关贸总协定,适度开放我国的会计市场,并尽早实现行业间国际接轨的要求。

基于以上一系列原因,在 1992 年 6 月 23 日国务院召开的第 192 次总理办公会议上,国务院领导做出了要抓紧制定《注册会计师法》的决定。同年 9 月 5 日,经财政部领导批准,成立了"中华人民共和国注册会计师法起草小组",并于 1993 年 4 月正式开始起草工作。1993 年 5 月 19 日,起草小组在京组织召开了专家座谈会,将已十易其稿的拟订中的《注册会计师法(草案)》交予参会的专家讨论,并根据会议反馈的意见和建议进行了第十一与第十二次的修改。修改后的《注册会计师法(草案)》经财政部领导审议同意,于 1993 年 6 月 3 日以财法字第 18 号文上报国务院。国务院法制局于同年 7 月上旬专门召开了两次由会计师事务所、审计事务所以及有关专家参加的座谈会,并于 8 月 1 日完成《注册会计师法(草案)》的又一次修改,于 8 月 10 日以国函办〔1993〕115 号文报送全国人民代表大会常务委员会提请审议。同年 9 月上旬,全国人民代表大会法制工作委员会邀请国务院和北京市有关部门、部分会计师事务所、法律专家、七家国际会计公司驻京首席代表以及日本、中国香港、美国、英国的注册会计师就《注册会计师法(草案)》举行座谈,对该草案再次提出修改意见。1993 年 10 月 23 日至 31 日,在八届全国人大常委会第四次会议上,审议通过了《中华人民共和国注册会计师法》(简称《注册会计师法》),并以国家主席的名义予以颁布。[①] 至此新中国成立后有关注册会计师的第一部法律正式诞生。

《注册会计师法》是在全面总结 1986 年颁布的《注册会计师条例》以来的经验和教训的基础上制定的,既保留了《注册会计师条例》中合理的部分,同时针对经济形势变

[①] 丁平准:《关于起草、审议及贯彻、实施〈中华人民共和国注册会计师法〉有关情况的说明》,《中国注册会计师》,1994 年第 1 期。

化而衍生出的问题,在充分考虑我国国情和借鉴市场经济发达国家立法经验的基础上拟订而成。《注册会计师法》共分7章46条。各章规范依次为:"总则""考试和注册""业务范围和规则""会计师事务所""注册会计师协会""法律责任""附则"。

第一章"总则"主要阐述了注册会计师、会计师事务所和注册会计师协会的基本性质,及其与政府财政部门的关系。在述及注册会计师时,第1条与第2条指出:注册会计师是"依法取得注册会计师证书",依法"从事审计①和会计咨询、会计服务业务的执业人员";注册会计师在社会经济活动中的作用是"鉴证和服务";注册会计师执业活动的性质是"维护社会公共利益和投资者的合法权益",这决定了其在执业中必须恪守客观、独立与公正的原则。在述及会计师事务所时,第3条指出:会计师事务所是"依法设立并承办注册会计师业务的机构",同时规定"注册会计师执行业务,应当加入会计师事务所"。在述及注册会计师协会时,第4条指出:它是由"注册会计师组成的社会团体"并明确在我国分别设立注册会计师协会的全国性与地方性两级组织,以强化行业的自律管理。总则的第5条中特别指出,中央与地方两级财政部门"依法对注册会计师、会计师事务所和注册会计师协会进行监督、指导"。这一规定与《注册会计师条例》相对照有着明显的变化:《注册会计师条例》第4条中规定:"注册会计师和会计师事务所的管理机关,在全国为财政部,在各地区为省、自治区、直辖市财政厅(局)。"《注册会计师法》中则将财政部门与注册会计师、会计师事务所和注册会计师协会之间的关系定位于依法进行的监督、指导。这一提法的变化,体现了淡化政府行政主管部门直接管理中介组织和行业协会的做法,表现出我国注册会计师行业管理体制的重大变革和政府职能的逐渐转变。

在第二章"考试和注册"中,第7条规定,"国家实行注册会计师全国统一考试制度",并在第8条与第9条中分别规定了参加考试和申请注册人员的报考与申请条件及其申请注册的办法,其中报考条件:一是"具有高等专科以上学校毕业的学历"②;二是不具有上述学历的,"具有会计或者相关专业中级以上技术职称"也可以申请参加考试。③ 同时还对具有会计或者相关专业高级技术职称的人员,做出可以免予部分科目考试的规定。此外,《注册会计师法》还在第11条与第13条中,分别对申请注册的人员提出了不予受理注册的5种情形和已取得注册会计师资格的人员应撤销注册的4

---

① 这里所说的"审计"是指特定的独立审计,而非政府审计或内部审计。

② 这里值得说明的是,不论是《注册会计师条例》还是《注册会计师法》,对参加考试的报名资格仅提出了学历标准,但未规定专业方向方面的要求。原准备在考试办法中规定,并且在1991年第一次考试时规定了必须是财经类专业,但到1993年的考试取消了这一规定,即只要是大专毕业都可以报名参加考试。这一点和世界绝大多数国家的做法相比,有一定的差别。

③ "具有会计或者相关专业中级以上技术职称"的视同达到了大专水平,这里所说的相关专业系指经济师。

种情况。与《注册会计师条例》相比较，《注册会计师法》在注册会计师考试与注册规定上的变化主要表现在以下两方面：第一是注册会计师资格的取得从考试、考核两种方式，改为只允许采取单一考试的方式。第二是原来对已取得注册会计师资格的人员申请注册时几乎没有限制条件，取得资格后即可"由其申请加入的会计师事务所报财政部或者省级财政厅（局）批准注册"；但《注册会计师法》第9条和第10条对此分别增加了"从事审计业务工作两年以上"（这里所说的审计特指独立审计）和不予注册的5种情形。这项变动的结果是将资格的取得与执行业务区别开来，目的是为了更好地考察已取得资格并申请注册人员的专业能力和职业道德情况。

《注册会计师法》在第三章"业务范围和规则"中，除了阐述注册会计师可承办的审计业务与会计服务业务外，还明确了注册会计师在执行业务中应当遵循的各项基本要求，包括：注册会计师必须加入会计师事务所才能执行业务，承办业务时应由其所在的会计师事务所统一受理并承担相应的民事责任；执行业务要实行回避制度，要遵守保密原则；注册会计师对所承接的业务不能做出正确表述时，应当拒绝出具报告；等等。

在第四章"会计师事务所"中，《注册会计师法》首先阐明了会计师事务所设立的两种组织形式：一是合伙制，"合伙人对会计师事务所的债务承担连带责任"；二是有限责任制，并规定了设立有限责任的会计师事务所须具备的条件。其次明确了设立会计师事务所的审批机关仍为财政部或省、自治区、直辖市财政厅（局），同时规定了设立申报时须提交的资料。为创造良好的执业环境和风险化解机制，《注册会计师法》还规定，"会计师事务所受理业务不受行政区域、行业的限制"，"委托人委托会计师事务所办理业务，任何单位和个人不得干预"，以及"会计师事务所应按规定建立职业风险基金、办理职业保险"等。重新明确会计师事务所的组织形式和责任承担，是本次立法与以前有关规定的一个重大不同。1986年的《注册会计师条例》规定，"会计师事务所是国家批准的依法独立承办注册会计师业务的事业单位"。所谓事业单位，从常规意义上讲是由国家机关或其他组织利用国有资产举办的从事社会服务的组织，它们通常为某些行政单位的下属机构。《注册会计师法》对会计师事务所的设立办法和责任承担做出了重大改革，目的就是使注册会计师行业成为一支适应市场经济需要的、有责任的、独立开展业务的社会监督力量。

《注册会计师法》"注册会计师协会"的第35条和第37条中赋予了注册会计师协会"拟定注册会计师执业准则、规则"和"对注册会计师的任职资格和执业情况进行年度检查"的职权。

为了提高执法力度和体现对违反者从严追究的精神，《注册会计师法》在第六章"法律责任"中对注册会计师、会计师事务所以及其他单位从事本法禁止的行为做出相应的处罚规定，包括行政和经济处罚、追究刑事责任；还对有争议的处罚决定制定了申请复议或提请诉讼的办法。

《注册会计师法》第七章"附则"的第 44 条，对外国人申请参加中国注册会计师全国统一考试和注册的管理、外国会计师事务所在中国境内设立常驻代表机构和与中国会计师事务所共同举办中外合作会计师事务所的审批等问题做出了原则性规定。

《注册会计师法》的颁布对我国注册会计师事业的发展起到了重要的作用。但由于我国的注册会计师制度是在市场经济建立初期恢复重建的，很多计划经济遗留下来的问题和人们在计划经济环境下形成的一些与市场经济格格不入的思想认识，严重阻碍着注册会计师事业的发展。《注册会计师法》颁布之前行业发展的 13 年中沉积了多年的问题，并非能够凭借《注册会计师法》的颁布就能在短期内迅速解决好，理顺注册会计师行业发展过程中的各种矛盾关系，还需要长期的努力。

四、对外国会计师事务所的管理规定

《外国会计师事务所在中国境内临时执行审计业务的暂行规定》于 1993 年 12 月 6 日发布。该规定指出，"凡未在中国境内设立机构的外国会计师事务所，应中国境外委托人要求，需要在中国境内临时办理审计业务的，需向拟办理审计业务所在地的省级财政部门提出书面申请"；同时规定"各省、自治区、直辖市财政部门可委托同级注册会计师协会主管审批事宜""每次批准执行业务的有效期限为半年，逾期执业应另行申请批准"。该规定还特别指出，"外国会计师事务所来中国临时执行审计业务，应事先征得被审计单位董事会或其他管理机构的同意，其所出具的审计报告，在中国境内无法律效力。"

五、会计师事务所管理制度的完善

随着我国经济体制与财税体制改革的不断深入以及证券市场的逐步扩大，我国注册会计师在经济领域中所承担的社会责任变得越来越重，健全并不断完善注册会计师和会计师事务所的管理制度成为推进注册会计师事业发展的一项重要任务。自 1993 年《注册会计师法》颁布之后，财政部与中国注册会计师协会围绕会计师事务所和注册会计师队伍的建设和管理先后颁发了一些制度，这些制度中主要有以下几个。

（一）《注册会计师执行股份制试点企业有关业务的暂行规定》（1992 年）

20 世纪 80 年代开始的企业股份制改革推动了注册会计师行业的发展，注册会计师行业的发展又为股份制改革的实施发挥了保驾护航的作用。为确保股份制改革的成功，保障注册会计师在执行与股份制改革有关的业务，特别是股票发行与流通业务中的执业质量，1992 年 9 月 17 日，财政部、国家体改委联合发出《注册会计师执行股份制试点企业有关业务的暂行规定》（以下简称《执行股份制试点企业有关业务的暂行

规定》)。《执行股份制试点企业有关业务的暂行规定》共17条,除了阐述股份制试点企业的含义、有限责任公司和定向募集公司需委托会计师事务所办理股份制改造业务的要求、注册会计师执行股份制试点企业的业务范围及应遵守的规定、会计师事务所违反有关规定应承担的经济与法律责任外,其余条款均是围绕会计师事务所从事证券业务(当时主要针对股票的发行与流通)的资格做出的规定,主要是从事证券业务的资格条件、执业资格的申请和审批等。这部分规定成为注册会计师执行证券业务资格制度的雏形。

1. 资格条件

按照《执行股份制试点企业有关业务的暂行规定》第4条的要求,对公开发行股票和股票上市的股份有限公司执行业务的会计师事务所,除具备《注册会计师条例》所规定的要求外,还必须同时具备下述条件:①"至少有8名具有3年以上会计查账验证工作经验的专职注册会计师,并有相应的专业水平较高的业务助理人员";同时规定,"执行国内发行B股和境外股票上市业务的会计师事务所,承办的注册会计师和助理人员必须具有一定的外语水平"。②"具有与从事股份制试点企业有关业务所必需的金融、法律专家和其他技术人员"。此后的相关制度对本项规定进行了修正。③"有良好的职业道德记录和社会声誉,在以往3年内,没有发生过较大的工作失误和违反职业道德的行为"。④"建立了风险准备基金,能承担应负的经济责任"。这项规定的本意是增强会计师事务所抗风险的能力和经济赔偿能力,但由于当时对事务所的风险准备金规模和提取风险准备金的来源没有明确要求,致使该项要求并未得到全面落实。

除了以上5项基本要求外,《执行股份制试点企业有关业务的暂行规定》还对执行股票上市公司业务的会计师事务所、注册会计师提出了必须遵守的回避原则,如"不得委派拥有股票上市公司股票的注册会计师及其助理人员担任该公司的会计查账验证工作"等。

2. 执业资格的申请和审批

根据《执行股份制试点企业有关业务的暂行规定》第5条规定,凡符合上述要求,"需要执行股票公开发行和股票上市公司业务的会计师事务所,可连同注册会计师名单向主管的财政机关提出申请,详细说明本身所具备的条件,并做出有关职业道德和工作纪律方面的书面保证,经主管财政机关审核后报财政部。财政部经审查符合要求,用书面方式批准,并发给会计师事务所、注册会计师执行股份制企业业务的许可证"。

《执行股份制试点企业有关业务的暂行规定》发布后,在不到半年的时间里全国有44家会计师事务所取得了由财政部颁发的"执行股份制试点企业社会募集公司业务"的许可证。[①]

[①]《可以从事证券业务的会计师事务所及注册会计师名录》,《注册会计师通讯》,1993年第5期。

(二) 从事证券、期货业务的会计师事务所审批制度(1993—2000 年)

为满足和适应我国资本市场、期货市场等要素市场不断发展的要求,同时也为注册会计师真正能够担当起维护我国资本市场健康发展"守卫者"的责任,自《注册会计师法》颁布之后到 2000 年间,财政部和中国证券监督管理委员会四次修订并发布有关注册会计师执行证券相关业务的许可证制度,分别是:1993 年发布的《关于从事证券业务的会计师事务所、注册会计师资格确认的规定》、1996 年 2 月 15 日印发的《会计师事务所、注册会计师从事证券相关业务许可证管理暂行办法》、1997 年 12 月 31 日印发的《注册会计师执行证券、期货相关业务实行许可证管理的暂行规定》和 2000 年 6 月 10 日发布的《注册会计师执行证券、期货相关业务许可证管理规定》。以上四个执业证券业务资格许可证制度的内容均包括了以下几个方面:第一,规定了有关执业资格许可证的申请条件,其中包括注册会计师和会计师事务所申请时,各自需具备的基本条件;第二,规范了"执业资格许可证"的申请审批办法和程序;第三,提出发放执业资格许可证后的管理规定,其中不仅包括对"许可证"的收回、变更、注销、吊销、暂停执行证券业务等各项管理规定,同时还对已获取"许可证"的会计师事务所、注册会计师的日常管理提出了具体的要求[如,要求严格执行独立准则和相关培训制度,定期报送上一年度从事证券(期货)审计业务和人员变动等情况]。此外,1997 年发布的《注册会计师执行证券、期货相关业务实行许可证管理的暂行规定》和 2000 年发布的《注册会计师执行证券、期货相关业务许可证管理规定》,还含有对获取许可证的注册会计师实施"注册"或"年检"的要求,含有"罚则"的内容。如果将上述提到的制度规定按年代先后顺序依次列出,就能够清楚地看出我国对执行证券业务的资格要求越来越高。表 6-1 列示了不同制度对注册会计师和会计师事务所执行证券业务资格要求的变化。

表 6-1　　不同制度对注册会计师和会计师事务所执行证券业务资格的要求

	申请从事证券(期货)业务的会计师事务所须具备的部分条件	申请从事证券(期货)业务的注册会计师须具备的部分条件
《关于从事证券业务的会计师事务所、注册会计师资格确认的规定》(1993 年)	(1)专职从业人员不少于 30 人,至少有 8 人具有 3 年以上审计工作经验的专职注册会计师,其中专职注册会计师职龄人员(男 60 岁以下,女 55 岁以下)应至少在 50% 以上。(2)必须购买职业责任保险或事业发展基金不少于 50 万元、风险准备基金不少于 10 万元	(1)从事证券业务的注册会计师必须具备必要的证券、金融、法律等有关知识。其中执行国内发行 B 股和境外股票上市业务的注册会计师须具有一定的外语水平。(2)具有良好职业道德记录和声誉,在以往 3 年内没有发生过严重工作失误和违反职业道德的行为

(续表)

	申请从事证券(期货)业务的会计师事务所须具备的部分条件	申请从事证券(期货)业务的注册会计师须具备的部分条件
《会计师事务所、注册会计师从事证券相关业务许可证管理暂行办法》(1996年)	(1)专职从业人员不少于60人,其中职龄以内业务人员应占60%以上,有8人以上(含8人)经考试取得证券相关业务资格成绩合格证书的注册会计师。(2)具有良好的职业道德记录和声誉,没有发生过严重的工作失误和违反职业道德的行为等	(1)取得执业注册会计师资格,并在事务所专职执业3年以上。(2)年龄不超过60岁。(3)具有良好的职业道德记录,并由当地省级注册会计师协会出具近3年的年检合格证明。(4)取得证券相关业务资格考试成绩合格证书
《注册会计师执行证券、期货相关业务实行许可证管理的暂行规定》(1997年)	(1)已经与挂靠单位脱钩。(2)具有8人以上取得证券、期货相关业务资格考试合格证书或者已经取得许可证的注册会计师。(3)专职从业人员不少于40人(其中60岁以内人员不少于30人)。(4)注册资本、风险基金及事业发展基金总额在300万元以上	(1)所在事务所已取得许可证或者符合本规定第6条的条件。(2)具有证券、期货相关业务资格考试合格证书。(3)有执行独立审计业务3年以上的经历。(4)年龄不超过60岁。(5)以往3年内没有违反法律、法规和执业准则、规则的行为并年检合格
《注册会计师执行证券、期货相关业务许可证管理规定》(2000年)	(1)具有20人以上符合本规定第5条或者第14条或者第15条第2款、第3款相关条件的注册会计师*。(2)60周岁以内注册会计师不少于40人。(3)上年度业务收入不低于800万元。(4)有限责任事务所的实收资本不低于200万元,合伙事务所净资产不低于100万元	(1)所在会计师事务所已取得证券许可证或符合本规定第6条所规定的条件并已提出申请。(2)具有证券、期货相关业务资格考试合格证书。(3)取得注册会计师证书1年以上。(4)不超过60周岁。(5)执业质量和职业道德良好,在以往3年执业活动中没有违法违规行为

* 注:该管理规定第5条的条件是:①具有证券、期货相关业务资格考试合格证书。②取得注册会计师证书1年以上。③不超过60周岁。④执业质量和职业道德良好,在以往3年执业活动中没有违法违规行为。第14条或者第15条第2款、第3款的相关条件的注册会计师是:符合一定条件且具有证券许可证的注册会计师。

(三)《注册会计师注册审批暂行办法》(1993年)

为了贯彻好《注册会计师法》第9条、第10条的精神,财政部于1993年12月15日发布了《注册会计师注册审批暂行办法》。该办法具体规定了申请注册会计师应具备的条件,包括:①"参加注册会计师全国统一考试全科成绩合格"或"具有会计或相关专业高级技术职称的人员,除免试科目外,应试科目考试成绩合格"。②"年龄在国家规定的职龄以内"。③"具有2年以上从事独立审计业务工作实践经验"。该办法还规定了不予注册的五种情形,其中前四种与《注册会计师法》第10条的规定完全一致,第五种是新增加的,"不在会计师事务所专职从事工作"的注册会计师不予注册。此外,该办法还就注册会计师的注册申请地、申请注册时应提交的申请资料，以及注册审批程序和审批办法做出了明确的规定。

(四)《合伙会计师事务所设立及审批试行办法》(1993年)

为了贯彻《注册会计师法》第23条的规定,财政部于1993年12月25日发布了《合伙会计师事务所设立及审批试行办法》。该办法共分20条,其中第2~7条规定了设立合伙会计师事务所对合伙人的数量、合伙人应具备的条件和责任承担方式等。就合伙人的数量来说,该办法规定,合伙制会计师事务所应有"2名以上符合规定条件的合伙人";并规定了合伙人的条件:"必须是中华人民共和国的公民","持有中华人民共和国注册会计师有效证书,有五年以上在会计师事务所从事独立审计业务的经验和良好的道德纪录","不在其他单位从事谋取工资收入的工作","至申请日止在申请注册地连续居住一年以上"。为避免在设立合伙会计师事务所中出现商业性投资,或能力、信用不足以胜任者成为合伙人的情况,该办法的第7条还规定:只出资而不在会计师事务所专职从事业务的人员、超过国家规定职龄的人员、不在会计师事务所工作的人员,以及有《注册会计师法》第10条、第13条情形之一的人员,均不得担任会计师事务所合伙人。对事务所合伙人应承担的债务责任承担,该办法规定"会计师事务所的债务由各合伙人按照出资比例或者协议以各自的财产承担责任。合伙事务所资产不足以清偿其债务和赔偿金时,由合伙人的个人财产清偿"。该办法的第6条还明确了"合伙会计师事务所可以设立有限责任合伙人",但"有限责任合伙人不得超过合伙人总数的三分之一"。该办法的其他条款则围绕着设立合伙会计师事务所的申请、审批办法,事务所可采取的管理体制以及其风险基金和共同基金的提取比例和提取办法等有关问题做出了相应的规定。

(五)《有限责任会计师事务所设立及审批暂行办法》(1993年)

根据《注册会计师法》第24条的规定,财政部于1993年12月31日印发了《有限责任会计师事务所设立及审批暂行办法》。该办法共7条,其中在第2条中明确了其适用的范围,即"适用于由单位发起设立的负有限责任的会计师事务所"。接着,在第3条中对发起单位做出了限定,即"下列单位不得发起设立会计师事务所:①企业;②本身需要挂靠的单位;③县及县以上各级党的机关、人大机关、审判机关、检察机关和政府机关中的公安、安全、监察、司法、审计、税务、工商行政管理、土地管理、海关、技术监督、商检以及国家规定的不得举办经济实体的部门和办事机关"。该办法的第4条则对成立有限责任会计师事务所,投入的注册资本和配备的专职从业人员提出了具体的要求,即:①"不少于30万元的注册资本"。②"有10名以上在国家规定的职龄以内的专职从业人员,其中至少有5名注册会计师"。除此之外,该办法还对申请审批的程序与办法做出相应的规定。该办法的第7条中特别明确地指出,"经批准设立的会计师事务所,在领取批准证书、办理执业登记后,应与发起单位在职能、人员、财务上实行脱钩。脱钩的具体办法按国家规定执行"。

1993年年底,由财政部印发的《外国会计师事务所在中国境内临时执行审计业务的暂行规定》《注册会计师注册审批暂行办法》《合伙会计师事务所设立及审批试行办法》等文件,是围绕行业立法中变化显著的部分而制定的,为贯彻立法中的最新精神(特别是会计师事务所体制建设的新精神)提供了具体的制度规定。

除了上述文件外,为了加强对代理记账业务的管理,财政部还于1994年6月23日印发了《代理记账管理暂行办法》,对会计师事务所(即还包括代理记账公司和其他社会咨询服务机构)承接的代理记账业务做出了具体规范。

(六)《会计师事务所会计核算办法》(1994年)

财政部根据事务所的经营特点和管理要求于1994年12月5日印发了关于《会计师事务所会计核算办法》的通知。该办法中规定了会计师事务所会计核算所使用的会计科目表,说明了这些会计科目的使用;规定了会计师事务所对外报送会计报表的种类、格式和编制与报出日期等。这一办法的发布,规范了各会计师事务所的会计核算,同时也为行业主管机关收集、汇总行业发展的经济信息,制定和规划行业发展的引导政策创造了基础条件。

(七)《会计师(审计)事务所业务检查制度(试行)》(1996年)

1996年"两会"联合后,为加强对会计师事务所和审计事务所的业务监督和检查,改善并提高注册会计师的执业质量和职业道德水平,中国注册会计师协会于12月30日印发了《会计师(审计)事务所业务检查制度(试行)》(以下简称《业务检查制度》),这是"两会"联合后第一部有关行业业务的检查制度。《业务检查制度》共分6章34条。第一章"总则"除了说明本制度制定的依据外,还着重阐述了"业务检查"的含义、组织实施的领导与管理体制、按年实施的要求,以及事务所在接受检查中应履行义务等问题。第二章"检查内容",明确规定了事务所内部质量控制情况、事务所和注册会计师执业质量情况和职业道德等情况为业务检查的主要内容。第三章"检查人员"中规定了检查人员的选调方式和选调条件,并明确其在检查工作中所享有的权利和责任。第四章"检查方法和检查程序"主要明确了地方注册会计师协会每年应抽查本地事务所的比例(即一般不应少于本地事务所总数的20%),同时规定采用实地或非实地方式检查,并对检查工作程序、时间安排等方面提出具体要求。第五章"检查结果的处理"主要针对检查中发现问题的情节轻重,提出了要求"改正""限期改进"和"惩戒"三种不同的处理办法。第六章"附则"中,明确了本制度自1997年1月

1日起执行。

(八)《会计师(审计)事务所实行联合、组建集团所的若干规定(试行)》(1998年)

我国恢复重建注册会计师制度以来,在较长的一段时期内国内事务所的数量保持着较高的增长势头,但事务所的规模小、业务能力低,竞争力和发展潜力差。按1997年11月底"两会"(注册会计师协会和注册审计师协会)联合后中国注册会计师协会的统计,全国共有执业注册会计师62 420人,按团体会员6 900余家计算,平均每家事务所拥有的注册会计师不过9人。为了扭转这一局面,扩大会计师事务所的规模,1998年7月6日财政部印发了《会计师(审计)事务所实行联合、组建集团所的若干规定(试行)》。该项规定指出,事务所实行联合、组建集团所是社会主义市场经济深入发展的需要,符合国际惯例,并提出组建集团所可采取紧密型与松散型两种形式,并就这两种形式集团所的性质、特点、组建时应具备的条件、设置与审批办法等一系列问题作了较详尽的说明。该规定的发布,推动了一些事务所走上联合的道路。据统计,仅在脱钩改制期间,全国因联合、合并等减少的事务所达937家,占事务所总数的1/6;有的事务所通过联合或合并,形成了几百人的规模,提高了这些事务所的整体实力。

2000年3月24日,财政部再次印发了《会计师事务所扩大规模若干问题的指导意见》(以下简称《指导意见》)。《指导意见》明确了事务所扩大规模的指导思想、目的和应遵循的原则,指出,"提倡事务所采取合伙制的组织形式经营",提倡"采取紧密型方式扩大规模"。在述及事务所扩大规模的具体方式时,《指导意见》明确规定:事务所可通过"实行合并""设立分所"和"吸收专业人员"三种不同方式扩大规模,同时对合并和设立分所后的法律责任承担问题,人事、财务、执业标准、质量控制、人员培训等统一管理问题做出相应的说明。为了使《指导意见》的精神得以贯彻落实,财政部在发布《指导意见》的当日,还同时印发了《会计师事务所合并审批管理暂行办法》和《会计师事务所分所审批管理暂行办法》,分别对办理事务所合并和设立分所制定出相应的规范。许多事务所积极响应财政部制定的《指导意见》和相应"办法",掀起了全国性的联合与合并的浪潮。这中间既有证券资格事务所之间的"强强"联合,也有证券资格事务所与非证券资格事务所的合并;既有经济较发达地区事务所之间的合并,也有跨省区,特别是"跨东西、联南北"的全国性合并。总体上讲,合并后事务所的整体实力有了一定程度的增强。

(九)注册会计师的注册管理制度(1995—2005年)

1993年12月,注册会计师全国考试委员会第二届四次会议决定,中国注册会计师设立非执业会员制度。经全国考试委员会三届三次会议认定,首次考核通过非执业会员 21 088 人。① 为了加强对非执业会员的管理,1995 年 6 月 9 日,中国注册会计师协会印发了《中国注册会计师协会非执业会员管理暂行办法》,规定了申请办理非执业会员的条件,明确了办理的程序以及非执业会员享有的权利和应承担的义务等问题。同年 7 月 17 日,中国注册会计师协会根据这一办法第 12 条的规定,印发了《中国注册会计师协会外国及港澳台地区非执业会员管理暂行办法》的通知,使我国注册会计师的非执业会员制度辐射到国外及中国港澳台地区。据有关资料显示,截至 1998 年年底,依据上述两项制度登记在册的中注协非执业会员达到 7.1 万人。②

在执业注册会计师的管理方面,财政部分别于 1993 年 12 月 15 日印发了关于《注册会计师注册审批暂行办法》,③1998 年 9 月 28 日印发了《外籍中国注册会计师注册审批暂行办法》,2003 年 11 月 27 日印发了《〈外籍中国注册会计师注册审批暂行办法〉的补充规定》,明确了对中外籍执业注册会计师的审批原则和具体规定。对于执业注册会计师的管理,此后曾有过更改。2005 年 1 月 22 日,财政部发布了新的《注册会计师注册办法》(下称新注册办法)。新注册办法与 1993 和 1998 年发布的两个注册审批暂行办法相比较,涉及的内容更为系统、完整,表述更为清晰、规范,办理注册工作的可操作性更强。例如,在申请注册要求提交的资料中,将原规定提交"从事 2 年以上独立审计业务的证明及业务总结和所在会计师事务所的工作证明及鉴定",修改为提交"2 名注册会计师出具的注册申请人从事审计业务 2 年以上证明表与所在会计师事务所签订的聘用合同复印件"。这一变化使所提交的证明内容更为明确,更具操作性。再如,新注册办法增加了对申请人、事务所、证明人出具资料真实性负责的要求,增加了对已办理注册人员撤销注册、收回注册会计师证书的事项说明等,使得注册会计师的注册管理更为完善。新注册办法还将对外籍中国注册会计师的注册管理一并纳入了该制度。

(十) 会计市场对外开放的管理办法(1996 年)

我国会计市场的对外开放,最初只是允许一些国际会计公司在我国设立常设代表处,随后会计市场的对外开放逐步扩展为除允许设立常设代表处外,经批准还允许在我国设立中外合作会计师事务所,发展国际会计师事务所的中国成员所。对在中国境内未设立机构的外国会计师事务所,应中国境外委托人要求,需要到中国境内临时办理审计业务的,也可以通过向省级以上财政部门申请,办理临时执行审计业务许可证。

---

① 摘自由中注协编写的《我国注册会计师事业发展历程(二)》,《中国注册会计师》,1999 年第 11 期。
② 摘自由中注协编写的《我国注册会计师事业发展历程(二)》,《中国注册会计师》,1999 年第 11 期。
③ 关于 1993 年印发的《注册会计师注册审批暂行办法》的基本内容,已于本章第一部分有关《注册会计师法》的贯彻与实施中做出说明。

进入我国境内临时执行审计业务和对外开放中国注册会计师考试共五种形式。据统计，截止到1996年，我国已在北京、上海、广州、福州、深圳、沈阳、大连7个城市批准了15家国际会计师事务所设立的36个常驻代表处；批准成立了9家中外合作会计师事务所，①此外深圳中华会计师事务所和沈阳会计师事务所也被批准分别成为浩华国际会计师事务所和摩斯伦国际会计师事务所的中国成员所。②

会计市场的对外开放，促进了我国注册会计师行业的发展，推动了我国注册会计师行业与国际的接轨。然而我国自20世纪80年代初期逐步开放会计市场以来，除了在1993年12月和1994年4月颁布《外国会计师事务所在中国境内临时执行审计业务的暂行规定》《港澳台居民及外国籍公民参加1994年中华人民共和国注册会计师统一考试办法》外，缺乏其他规范会计市场对外开放的管理制度。针对这种情况，财政部于1996年1月4日印发了关于《境外会计师事务所常驻代表机构管理暂行办法》。该办法共17条，除了明确境外会计师事务所在中国境内设立常驻代表处必须经财政部批准这一基本要求外，还就申请办理时应提交的文件资料和允许执业的范围做出明确的规定。根据该办法的要求，境外会计师事务所在我国设立的常驻代表处，可以依法提供会计、税务等方面的咨询服务，但不允许开展法定的审计业务。该办法还做出了一些限制规定，如会计师事务所不得以国际会计师事务所成员所的名义申请在华设立代表处；"境外会计师事务所在中国境内已设立中外合作会计师事务所或分支机构以及成员所的，不得在同一城市另行设立代表处"；"代表处不得聘用中国注册会计师"等。

当年1月22日，财政部又印发了《关于允许国际会计师事务所在中国境内发展多个成员所的通知》。这个通知明确了国际会计师事务所中国成员所的性质，申请成为其成员所应具备的基本条件③和需要申报的资料，还允许国际会计师事务所在最初5年内，在成员所内拥有不超过1/3的投资比例；允许聘请国际会计师事务所内的外籍注册会计师或有关专家来所执行业务，等等。该通知最后还指出，"一家国际会计师事务所在中国境内拥有多个成员所是一种过渡，应当鼓励同一个国际会计师事务所的成员所实行联合，在一定时期内向统一组成一个成员所的方向努力"。

继以上两个文件颁布后，1996年3月28日，财政部印发了《中外合作会计师事务所管理暂行办法》。该暂行办法共分4章25条，其中第一章"总则"阐述了中外合作会计师事务所的性质，设立中外合作会计师事务所的审批机构和监管机构；第二章"合作

---

① 摘自《财政部副部长张佑才指出我国会计市场将扩大开放》，《注册会计师通讯》，1996年第11期。
② 摘自《我国将进一步开放会计市场，目前已形成五种开放形式》，《统计与咨询》，1996年第6期。
③ 根据该通知规定：被批准成为成员所的中国会计师事务所，必须是改制完成以后的会计师事务所。

所的设立"明确了申请设立中外合作会计师事务所的外方与中方各自应具备的基本条件①和申请设立的办法;第三章"合作所的管理"主要就中外合作会计师事务所成立后有关业务管理、人事管理和财务管理等方面做出规定;第四章"合作所的分支机构"则阐明了中外合作会计师事务所因业务需要可以申请成立分所,并指出了分所的法律地位及总所与分所在执行业务、监督、指导和承担法律责任方面的关系;还规定中外合作会计师事务所申请设立分所时总所与分所各自应具备的条件②和应提交的资料等。

六、完善注册会计师考试的有关制度

《注册会计师法》的颁布废除了我国注册会计师的考核制度,1994年4月6日注册会计师考试委员会再次印发了1994年度注册会计师全国统一考试《考务工作规则》《应考人员守则》和《应考人员违纪、作弊处罚规定》。其中《考务工作规则》与1993年的相关制度相比,新增了"评卷和成绩登统"的规则要求。在这部分规则中,明确了试卷评定的领导机构和工作职责,同时为确保阅卷工作的公平与公正和成绩录入环节的准确无误,还分别制定出"评卷工作程序及要求"和"成绩登统程序及要求"。

为了规范监考人员行为,明确其职责,以及为了严肃考试纪律,维护考试信誉,确保全国注册会计师统一考试的质量,财政部注册会计师全国考试委员会在制定或修订原考试制度的基础上,还分别于1996年和1998年6月颁布了《注册会计师全国统一考试监考员守则》和《注册会计师全国统一考试违纪、作弊处罚规则》。

在考试的对外开放方面,1994年4月6日,财政部根据《注册会计师法》第44条的规定③印发了《港澳台居民及外国籍公民参加1994年中华人民共和国注册会计师(CPA)统一考试办法》。这个办法是我国自创建注册会计师考试制度以来第一个涉外考试的文件,规定了外籍公民允许参加我国注册会计师全国统一考试的前提条件(即:该国法律允许中国公民参加该国注册会计师或其他相应称谓考试者,以体现互惠

---

① 其中合作外方应具备的条件包括:具有先进专业技术和良好的信誉;年收入不少于2 000万美元;审计专业人员不少于200人。合作中方应具备的条件为:在国内同行业中有较高的专业水平和较好的服务信誉;与原挂靠单位在职能、人员、财务上脱钩;具有从事执行证券业务的相关资格;年收入不少于1 000万元人民币;审计专业人员不少于100人。

② 根据《中外合作会计师事务所管理暂行办法》第21条规定,设立分所时总所应具备的条件包括:董事会正常运转;中、外方总经理职能正常行使;中方经理级专业人员在全部经理级人员中至少达到50%;总所最近3年财务会计工作符合有关财务会计法规的规定;近3年没有违法和违规行为。分所应符合的条件包括:有10名以上国家规定职龄以内的中方专职从业人员,其中至少5名是中国注册会计师;有必需的营运资金和固定的办公场所。

③ 该规定指出:"外国人申请参加中国注册会计师全国统一考试和注册,按照互惠原则办理。"

原则），还就外籍公民和港澳台地区居民申请参加考试的具体条件、报名办法、考试的科目和范围、豁免事宜以及考前辅导和考试成绩的认定等问题做出了相应的规定。根据这份文件的规定，参加考试的全科合格者，"建议中国注册会计师协会考虑可吸收为会员，但不得执行中国注册会计师的法定业务"，而"有关执业注册事项，由国家法律、法规另行规定"。

为了充分发挥注册会计师在证券市场中的作用，提高我国证券市场会计信息披露的质量，保护投资者的合法权益，1996年2月15日，财政部与中国证券监督管理委员会联合下发了关于《会计师事务所、注册会计师从事证券相关业务许可证管理暂行办法》的通知。根据该通知第3条的规定，申请从事证券相关业务许可证的注册会计师，除应具备已取得执业注册会计师资格并在事务所专职执业3年以上、年龄不超过60岁、具有良好的职业道德记录等条件外，还必须"取得证券相关业务资格考试成绩合格证书"。根据这一规定，全国注册会计师考试委员会于1997—2002年，先后组织实施了6次注册会计师证券期货相关业务资格考试。财政部为确保这一考试的顺利进行，特别制定并发布了《注册会计师证券、期货相关业务资格考试办法》[①]，明确了这一考试的组织领导机构、考试科目、考试的方式及范围、考试的报名条件和报名办法，同时还针对阅卷的组织工作和成绩认定办法做出了相应的规定。

七、独立审计准则体系的制定

随着我国改革开放的深入和证券市场的发展，社会各界对注册会计师的执业质量提出了更高的要求。特别是1992—1993年发生的以深圳特区会计师事务所为代表的3起恶性事件之后，人们对注册会计师职业道德与专业标准建设的要求更为迫切。与此同时，随着我国境内一些企业成功地发行和上市人民币特种股票和H股、N股，同时国内企业在海外投资数量的不断增多，客观上也亟待建立起一套能与国际惯例接近的独立审计准则，以规范注册会计师的行为。为此，中国注册会计师协会于1994年5月启动了独立审计准则研究制定的筹备工作，并于同年10月进入起草阶段。[②] 1995年12月25日财政部印发了关于第一批中国注册会计师独立审计准则。第一批发布的独立审计准则共含10个项目，其中包括：《独立审计准则序言》《独立审计基本准则》

[①] 财政部注册会计师考试委员会曾于1996年12月12日以财考字〔1996〕23号发布了《关于首届注册会计师证券相关业务资格考试〈考试大纲〉的通知》，并于1997年6月组织实施了第一届考试。然而从现有已公开的文献资料看，最早公开发布的是《1999年度注册会计师证券期货相关业务资格考试办法》，其文号为财协字〔1999〕4号文。

[②] 谢孝衍：《回顾与期望》，《注册会计师通讯》，1996年第1期。

和独立审计具体准则 1~7 号,以及《审计实务公告 1 号——验资》,并宣布该批准则自 1996 年 1 月 1 日起实施。这些独立审计准则的发布,结束了我国自注册会计师制度产生以来没有审计准则规范的历史,标志着我国注册会计师的执业标准向前迈进了重要的第一步。1996 年 12 月 26 日,财政部又分别印发了第二批中国注册会计师独立审计准则和《职业道德基本准则》等准则的通知,要求自 1997 年 1 月 1 日开始实施。其中,第二批印发的独立审计准则包括:具体准则 8~15 号和独立审计实务公告第 2、第 3、第 4 号;印发的 3 个准则中除职业道德准则外,还包括质量控制和职业后续教育准则。财政部在印发的这些准则中同时宣告,自 1997 年 1 月 1 日起上述准则开始实施。1999 年 2 月财政部再次印发了第三批中国注册会计师独立审计准则,第三批对外发布的除独立审计具体准则第 16 号至第 24 号外,还包括实务公告第 5 和第 6 号 2 个文件,并明确第三批发布的审计准则自 1999 年 7 月 1 日起开始实施。至此,财政部共计颁布有关审计准则项目 35 个,其中包括:审计准则序言 1 个、基本准则 4 个、具体准则 24 个、实务公告 6 个。

按照《独立审计准则序言》的说法,以上颁布的独立审计准则是中国注册会计师职业规范体系的重要组成部分。这个体系在《注册会计师法》的统驭下,由独立审计准则、职业道德准则、质量控制准则和后续教育准则 4 个部分组成;独立审计准则又由基本准则、具体准则和实务公告等①组成。其中,基本准则是独立审计准则的总纲,是对注册会计师专业胜任能力的基本要求和执业行为的基本规范,是制定具体准则与实务公告等的基本依据;具体准则则是对注册会计师执行一般审计业务(即一般年度会计报表审计业务),出具审计报告的具体规范;而实务公告则是对注册会计师执行特殊行业、特殊目的、特殊性质的审计业务,出具审计报告的具体规范。

(一)《独立审计准则序言》和独立审计基本准则的主要内容

独立审计基本准则是注册会计师职业规范体系中的首层规范,由《独立审计基本准则》《职业道德基本准则》《质量控制基本准则》和《职业后续教育基本准则》组成;而《独立审计准则序言》则是对独立审计准则的目标、体系、约束力、制定与发布程序等方面所做出的说明。

1.《独立审计准则序言》

《独立审计准则序言》由 6 个部分组成:"独立审计准则的制订依据与目标""独立审计准则的体系""独立审计准则的约束力""独立审计准则的适用范围""独立审计准

---

① 按照我国独立审计准则框架的设计,在具体审计准则与实务公告的层面之下,还有执业规范指南。执业规范指南是依据独立审计基本准则、具体准则和实务公告制定的,旨在为注册会计师执行独立审计具体准则、实务公告提供可操作的指导意见。基于篇幅所限对此部分不再说明。

则的制订与咨询组织""独立审计准则的制订、发布与修订程序"。

第一部分"独立审计准则的制订依据与目标"中指出了独立审计准则的制定依据是《注册会计师法》,明确了制定本准则的目标包括以下四个方面:①建立执行独立审计业务的权威性标准,规范注册会计师的执业行为,促使注册会计师恪守独立、客观、公正的基本原则,有效地发挥注册会计师的鉴证和服务作用。②促使各会计师事务所和注册会计师按照统一的执业准则执行独立审计业务,提高审计工作质量,提高业务素质和执业水平。③明确注册会计师的执业责任,维护社会公共利益,保护投资者和其他利害关系人的合法权益,促进社会主义市场经济的健康发展。④建立与国际审计准则相衔接的中国注册会计师执业准则。

第二部分"独立审计准则的体系"阐述了独立审计准则体系由独立审计基本准则、独立审计具体准则与实务公告、执业规范指南三个层次组成,并指出这三部分在独立审计准则体系中的地位和各自的作用。

在第三部分"独立审计准则的约束力"中,指出了独立审计准则体系中的三个不同层次有不同的约束力,即注册会计师和各会计师事务所在从事《注册会计师法》第14条规定的审计业务时,必须按照独立审计基本准则、具体准则与实务公告的要求执行;而执业规范指南则是注册会计师在执行独立审计业务、出具审计报告时的参照,不具有强制性。

第四部分"独立审计准则的适用范围"在阐述审计准则的适用范围时指出,应从以下三方面把握《独立审计准则序言》的适用性:①对注册会计师执行独立审计业务而言,全过程都适用。②无论被审计单位是否以营利为目的,也不论其规模大小和法定组织形式如何,只要注册会计师进行的审计是以发表审计意见为目的的,都应当执行独立审计准则。③在某些特定情况下,注册会计师可以应用独立审计准则执行其他有关业务。

第五部分"独立审计准则的制订与咨询组织"明确了注册会计师执业准则由中国注册会计师协会负责拟订,报财政部批准后施行;同时宣布中国注册会计师协会成立独立审计准则组,财政部分别成立独立审计准则中方专家咨询组和外方专家咨询组,并规定了其各自的职能和人员组成。

第六部分"独立审计准则的制订、发布与修订程序"规定了独立审计准则的制定、发布与修订程序:即选定项目、拟订初稿、征求意见、修改定稿、发布与修订等六项步骤。

2.《独立审计基本准则》

《独立审计基本准则》共含5章25条。

第一章"总则",主要介绍了基本准则的制定目的、依据,阐述了独立审计的含义,并指出该准则适用于注册会计师对任何单位会计报表及其相关资料进行的以发表审计意见为目的的独立审计;同时阐明注册会计师可以参照本准则执行其他有关业务。

第二章"一般准则",首先,阐述了独立审计的目的是对被审计单位会计报表的合法性、公允性及会计处理方法的一贯性发表审计意见。其次,对担任独立审计工作的注册会计师应具备的专业胜任能力、应遵守的职业道德规范、应承担的审计责任等做出了相应的说明;同时指出,建立、健全内部控制制度,保证会计资料的真实、合法、完整等要求是被审计单位的会计责任,注册会计师的审计责任不能替代、减轻或免除被审计单位的会计责任。最后,还阐明了审计意见的作用是合理地保证会计报表使用人确定已审计会计报表的可靠程度,但不应被认为是对其持续经营能力及其经营效率、效果所做出的承诺。

第三章"外勤准则",主要围绕注册会计师实施具体审计提出对注册会计师的现场工作要求。包括:接受委托时应签订审计业务约定书,编制审计计划;实施审计时应研究和评价被审计单位的相关内部控制制度等;收集审计证据时可运用检查、监盘、观察、查询与函证以及计算和分析性复核等方法。此外,外勤准则还就编制审计工作底稿和对被审计单位的期后事项、或有损失及持续经营能力等重要事项予以关注并提出相应要求。

第四章"报告准则",主要阐述了编制审计报告的基本要求,审计报告中必须说明的事项,以及注册会计师可出具审计报告的四种类型和出具无保留意见以外报告应明确说明理由的要求。

至于第五章附则,则主要说明准则的解释机构和开始实施的日期(关于附则各章内容相同不再赘述,后同)。

3.《职业道德基本准则》

《职业道德基本准则》是关于注册会计师职业品德、职业纪律、执业能力和职业责任的一般要求和基本规范,共分7章32条。

第一章"总则",阐明了制定这一准则的目的、依据,同时解释了职业道德的基本含义。

第二章"一般原则",首先,指出了注册会计师提供专业服务应遵循独立、客观、公正的原则;注册会计师执行审计或其他鉴证业务,应当保持形式上和实质上的独立。其次,规定对开展审计或其他鉴证业务中存在可能损害独立性的利害关系情形时,如果这种利害关系的一方为会计师事务所的,不得承接该项业务;为注册会计师个人的,该注册会计师应向事务所声明并实行回避。最后,明确注册会计师不得兼营或兼任与其执行的审计或其他鉴证业务不相容的其他业务或职务,并要求注册会计师执业时应当实事求是,不得因个人好恶影响分析、判断的客观性。

第三章"专业胜任能力与技术规范",自第 11 条至第 13 条对注册会计师提出了应保持和提高专业胜任能力、遵守独立审计准则等职业规范,应有的职业谨慎等多项要求。对会计师事务所提出了不得承办不能胜任业务的要求。本章在第 15 条和第 16 条中对注册会计师还特别提出,对有关业务形成结论或提出建议时,应当以充分、适当的证据为依据,不得以其职业身份对未审计或其他未鉴证事项发表意见,也不得对未来事项的可实现程度做出保证等。

第四至第六章分别为"对客户责任""对同行责任"和"其他责任"。在述及对客户责任时,准则强调了注册会计师的履约责任和保密责任;同时为确保注册会计师的公正立场,第 21 条规定除有关法规允许外,会计师事务所不得以或有收费形式为客户提供鉴证服务。在规范对同行的责任时,第 23 条至第 25 条将诋毁同行、损害同行利益、以不正当手段与同行争揽业务和以个人名义同时在 2 家或 2 家以上的会计师事务所执业等列为注册会计师或会计师事务所所禁止的事项。在述及其他责任时,第 27 条至第 30 条将采用强迫、欺诈、利诱等方式招揽业务、对其能力进行广告宣传以招揽业务、以向他人支付佣金等不正当方式招揽业务以及允许他人以本所或本人名义承办业务等行为,列作注册会计师和会计师事务所应禁止的事项。

4.《质量控制基本准则》

《质量控制基本准则》是质量控制准则体系的总纲,也是制定质量控制的具体准则、质量控制制度的基本依据,由 5 章 28 条组成。

第一章"总则",介绍了制定该基本准则的目的、依据以及准则所称"质量控制"的含义,并对其适用问题做出说明。

第二章"一般原则",提出应分别就会计师事务所和审计项目 2 个层次制定质量控制政策与程序,①并要求合理运用这些政策和程序,使审计工作符合或遵照独立审计准则的要求。

第三章"全面质量控制",首先,指出了会计师事务所制定全面质量控制政策与程序应当考虑的因素包括:业务规模与范围、组织形式及业务部门的设置、分支机构的设置及区域分布情况以及成本与效益原则等。其次,阐述了会计师事务所制定质量控制政策应包括:职业道德原则、专业胜任能力、工作委派、督导、咨询、业务承接以及监控 7 个方面的内容。最后,对运用这些质量控制政策提出了具体的要求,如"督促全体专业人员遵守职业道德规范,恪守独立、客观、公正的原则""确保全

---

① 前者为审计工作的全面质量控制政策与程序,后者仅为审计项目的质量控制程序。

体专业人员达到并保持履行其职责所需要的专业胜任能力,以应有的职业道德谨慎态度执行审计业务",以及为全体专业人员提供适当的专业培训,以提高其专业胜任能力,等等。

第四章"审计项目的质量控制",提出了督导人员对助理人员工作进行指导应达到的要求,如使助理人员明确工作责任、明确拟实施的具体审计程序的审计目标等;规定了督导人员对助理人员工作进行监督的内容,如监督审计过程、了解重大会计和审计问题并及时提出处理意见等。该章中还对督导人员提出了应复核助理人员工作的要求,并指出复核的目的和复核资料的内容,如总体审计计划与具体审计计划、对固有风险与控制风险的评估等。

5.《职业后续教育基本准则》

《职业后续教育基本准则》共分 6 章 20 条。

第一章"总则",主要阐述了该准则制定的目的、依据,定义了职业后续教育的概念。

第二章"一般原则",主要明确了不同主体在职业后续教育中的地位和作用,即注册会计师为职业后续教育的接受者;中国注册会计师协会和地方注册会计师协会负有合理组织实施并定期检查与考核的责任;注册会计师和会计师事务所应合理制订并实施职业后续教育计划,强调职业后续教育应贯穿于整个执业生涯。

第三章"内容与形式",规定了职业后续教育的内容与可采用的形式。职业后续教育内容包括:会计准则、相关财务会计法规、独立审计准则及其他职业规范或法规等;职业后续教育可采用的形式,包括中国注册会计师协会及地方注册会计师协会组织举办或认可的各种培训活动。其中,中国注册会计师协会认可的形式有大专院校专业课程进修、相关专题研讨会、事务所自行组织的专业研讨与培训、公开出版专著或发表专业论文、承担专业课题等。

第四章"组织与实施",明确了中国注册会计师协会及其地方注册会计师协会在职业后续教育中各自的主要职责。中国注册会计师协会的主要职责包括:制定全国性职业后续教育制度、办法及年度大纲;组织属于全国性职业后续教育活动和教育教材的编写与选定,并对全国的职业后续教育活动进行检查和考核。而地方注册会计师协会的主要职责,则是以该地区为对象开展上述各项工作。注册会计师和会计师事务所则应根据要求,合理制订并有效实施职业后续教育计划。

第五章"检查与考核",规定了在职业后续教育的检查与考核工作中,中国注册会计师协会与地方注册会计师协会各自的职业后续教育检查职责、后续教育时间与标准的确定办法;并对检查方式和无故未达要求的,规定了相应的处理办法。

(二) 部分具体准则的主要内容

自 1995 年 12 月至 1999 年 2 月,财政部分三批发布独立审计具体准则与实务公告。其中独立审计具体准则按其编号顺序依次为:《会计报表审计》《审计业务约定书》《审计计划》《审计抽样》《审计证据》《审计工作底稿》《审计报告》《错误与舞弊》《内部控制与审计风险》《审计重要性》《分析性复核》《利用专家的工作》《利用其他注册会计师的工作》《期初余额》《期后事项》《关联方及其交易》《持续经营》《违反法规行为》《与已审计会计报表一同披露的其他信息》《计算机信息系统环境下的审计》《了解被审计单位情况》《考虑内部审计工作》《管理当局声明》《与管理当局的沟通》共 24 项。独立审计实务公告按其编号顺序有:《验资》《管理建议书》《小规模企业审计的特殊考虑》《盈利预测审核》《合并会计报表审计的特殊考虑》《特殊目的业务审计报告》6 项。这些准则与公告代表着那一时期我国独立审计准则的研制水平和专业标准,但因篇幅所限,以下就其中的部分项目予以概要说明。

1. 《会计报表审计》准则

具体准则第 1 号《会计报表审计》,共分 6 章 27 条。

第一章"总则"部分,主要阐述了制定该准则的目的、依据、相关概念的含义以及准则所适用的范围等。

第二章"审计目的与范围",首先说明了实施会计报表审计的目的,是就被审计单位会计报表的以下方面发表审计意见:①会计报表的编制是否符合《企业会计准则》及国家其他有关财务会计法规的规定。②会计报表在所有重大方面是否公允地反映了被审计单位的财务状况、经营成果和资金变动情况。③会计处理方法的选用是否符合一贯性原则。为使会计报表的使用者正确理解审计意见,第 7 条中强调:注册会计师的审计意见应合理地保证会计报表使用人确定已审计会计报表的可靠程度,但不应被认为是对被审计单位持续经营能力及其经营效率等所做出的承诺。其次在述及审计范围时指出了以下三点:①会计报表审计的范围应当根据独立审计准则和有关法规的规定及审计业务约定书的要求确定。②审计的范围一般应限于约定的会计报表报告期内的有关事项,但凡与被审计单位的会计报表有关和影响注册会计师做出专业判断的所有方面,均属于会计报表审计的范围。③注册会计师如果发现可能导致会计报表反映严重失实的迹象,应当追加必要的审计程序予以证实或排除。

第三章与第四章分别为"审计计划"和"审计实施"。这两章的内容是对《独立审计基本准则》中"外勤准则"的具体化。在"审计计划"一章中,提出应了解被审计单位的基本情况、初步评价审计风险等要求,同时还强调要考虑其自身能力及能否保持独立性。在"审计实施"一章对审计方法的选用、审计工作底稿的形成提出相应要求,同时提醒注册会计师在首次接受委托时涉及会计报表期初余额或在审计意见中使用了前期会计报表数据的,应对会计报表期初余额或前期会计报表数据进行审计。

第五章"审计报告",着重就编制的前提、需要说明的事项,以及可选用的审计报告类型等做出相应的说明。

2.《审计证据》准则

具体准则第5号《审计证据》分4章26条。

第一章"总则",主要说明了制定这一准则的目的和依据、审计证据及其充分性与适当性的含义,以及该准则的适用范围等。

第二章"一般原则",是对审计证据的获取、分析与评价等方面做出的原则性规定,包括阐述注册会计师判断审计证据是否充分、适当,应当考虑的因素;注册会计师通过符合性测试和实质性测试获取审计证据时,应当考虑的事项;以及判断审计证据可靠程度的参照标准等。

第三章"取证方法",主要阐述了注册会计师在取证工作中可采用的检查、监盘、观察、查询及函证、计算与分析性复核在内的6类7种方法。

3.《审计报告》准则

具体准则第7号《审计报告》,分5章27条。

第一章"总则",主要说明这一准则的制定依据,审计报告的含义及该准则的适用问题。

第二章"一般原则",说明了编制审计报告前复核会计报表,核实审计证据的要求,并明确了注册会计师的审计责任。其中第7条至第9条中分别阐述了注册会计师对在审计过程中发现的需要调整的审计差异、对于截至审计报告日被审计单位仍未调整或披露的期后事项和或有损失的处理办法。最后指出审计报告的报送与使用要求。

第三章"审计报告的内容与格式",主要规定了审计报告应包括的基本内容,并对不同类型审计报告的各段落应说明的内容等提出要求。

第四章"审计意见的类型与审计报告的编制",主要阐述了审计报告的类型、适用情况及其表述方式。

4.《错误与舞弊》准则

具体准则第8号《错误与舞弊》分6章25条。

第一章"总则",主要介绍了准则制定的目的、依据及适用问题,并对准则中所说的错误与舞弊的含义予以界定。

第二章"一般原则",主要明确被审计单位和注册会计师对涉及错误和舞弊的责任认定。

第三章"编制和实施审计计划时对错误与舞弊的关注",一方面指出了错误与舞弊的常见类型;另一方面要求注册会计师在编制审计计划时,应当考虑导致会计报表严重失实的错误与舞弊存在的可能性,同时对可能增加错误与舞弊的四种情形,要求给予足够的关注。

第四章"发现错误或舞弊迹象时的处理",主要针对审计中发现错误或舞弊迹象,指出相应的处理办法。

第五章"错误或舞弊对审计报告的影响",针对已发现的错误与舞弊,结合被审计单位是否同意调整或披露,以及能否确定对会计报表的影响程度等,指出应出具审计报告的类型。

5.《验资》准则

实务公告1号《验资》共5章22条。

第一章"总则",主要阐述了本准则制定的目的、依据,验资的概念及其准则的适用问题。

第二章"一般原则",主要说明执行验资业务应遵循的基本原则和承担的责任,并指出注册会计师应拒绝出具验资报告的三种情形。

第三章"验资内容与要求",指出了注册会计师在验资前所应着手开展的工作,阐述了验资的范围和对不同资产的验证方法,明确了对验资的要求。

第四章"验资报告",提出了出具验资报告前所应完成的工作,规定验资报告应包括的内容及其在范围段、意见段应说明的事项,指出了验资报告报送对象与使用者的责任。

由财政部发布的审计准则与实务公告,标志着我国注册会计师在职业规范建设方面已迈上了一个新台阶,它们的发布对促进我国上市公司会计信息质量的提高,保护证券市场投资者的利益,维护社会主义市场经济秩序的健康发展产生了十分积极的影响。

(三) 执业规范体系的充实与修订(2001—2003年)

1995年财政部发布的三批审计准则,使我国注册会计师审计业务的执业质量有所提高。但经济形势的变化,注册会计师执业领域的拓展,也使审计准则暴露出规范不全面、不明晰,或与国际惯例存在差异等问题。例如,按照1999年1月财政部颁布的《企业会计准则——会计政策、会计估计变更和会计差错更正》以及同年年底发布的《股份有限公司会计制度有关会计处理问题补充规定》,股份有限公司需要计提四项资产减值准备,而注册会计师对提取资产减值准备的会计估计进行审计应执行怎样的标准尚不明确。再如,亚洲金融危机以后,中国人民银行、中国证券监督管理委员会分别对注册会计师开展商业银行审计提出了新的要求,注册会计师如何服务好金融领域,同样需要有相应的专业标准。基于以上及其他诸多原因,中国注册会计师协会根据注册会计师审计发展的需要并借鉴国际通行做法,再次分三批发布了新的和修订后的审计准则项目共计 11 个。其中 2001 年 1 月 21 日发布了第四批审计准则:《独立审计具体准则第 25 号——会计估计》;修订了的《独立审计实务公告第 1 号——验资》《独立审计实务公告第 7 号——商业银行会计报表审计》和《独立审计实务公告第 8 号——银行间函证程序》。在此之后,2002 年 3 月 5 日和 2003 年 4 月 14 日财政部又分别发布了我国第五与第六批审计准则项目,其中第五批包括:《独立审计具体准则第 26 号——存货监盘》《独立审计具体准则第 27 号——函证》和《独立审计》《实务公告第 9 号——对财务信息执行商定程序》《独立审计具体准则第 10 号——会计报表审阅》。第六批审计准则包括:修订了的《独立审计具体准则第 7 号——审计报告》、修订了的《独立审计具体准则第 17 号——持续经营》和《独立审计具体准则第 28 号——前后任注册会计师的沟通》。

  第四批、第五批公布的审计准则中,《独立审计实务公告第 1 号——验资》和《独立审计具体准则第 17 号——持续经营》是修订后重新公布的准则,这些修订后的准则比原有准则内容更为全面,表达更为准确。其中,《审计报告》具体准则修订后的变化主要有:第一,原《审计报告》准则规定,注册会计师应对其出具的审计报告的真实性、合法性负责;由于法律界和职业界对审计报告真实性的理解存在较大差异,且合法性的提法过于空泛,因此修订后的准则将审计报告的"真实性和合法性"提法删去,并在相应的条款中加上"对所发表的意见负责"。第二,将原来审计报告的范围段分解为引言段和范围段,从而使标准审计报告的格式由两段式改为三段式。① 第三,原《审计报告》准则规定,当注册会计师出具无保留意见报告时,如认为必要,可在意见段之后增加强调事项段。为防止某些注册会计师操纵审计报告的意见类型,修订后的新准则规定:除特殊情况(持续经营问题和其他重大不确定事项)外,注册会计师不应在审计报告的意见段之后增加强调事项段,以免会计报表使用者产生误解。第四,将原准则第 16 条第一款中"企业会计准则及国家其他有关财务会计法规"的表述,修改为"国家颁布的企业会计准则和相关会计制度"。第五,删除了审计报告意见段中的"一贯性"表述要求。其原因是如果被审计单位会计处理方法的选用不符合一贯性原则,注册会计师应视其重要程度出具保留意见或否定意见的审计报告;如果被审计单位会计处理方法的选用符合一贯性原则,则没必要再提及。第六,明确了审计报告日期的含义。原《审计报告》准则规定,审计报告日期是指注册会计师完成外勤审计工作的日期。由于

---

① 其中引言段用于描述注册会计师审计的对象以及被审计单位管理当局和注册会计师各自的责任,范围段描述注册会计师的审计依据、审计工作的范围和发表审计意见的基础。

对"外勤"缺少一个明确的含义,一些注册会计师将撤离被审计单位的日期作为完成外勤审计的工作日期,与后面的表述"审计报告日期不得早于被审计单位管理当局签署会计报表的日期"相矛盾,修订后的新准则将"外勤"两字删除,明确审计报告日期为完成审计工作的日期。① 除了以上主要变化外,新旧《审计报告》准则的其他变化还有:将"拒绝表示意见"改为"无法表示意见",以避免原用词的生硬;删除了对被审计单位的定义和审计报告的使用责任;将原来的"总则"和"一般原则"合并所做出的结构性调整,等等。

八、改革行业管理的有关制度(1995—1998 年)

(一)《关于中国注册会计师协会、中国注册审计师协会实行联合的有关问题的通知》(1995 年):"两会"合并,统一管理

新中国恢复注册会计师制度后至 1995 年前,一度并行存在两类会计中介组织。1983 年国家审计机关成立后,一些地方成立了审计事务所、审计公司等社会审计组织,承接委托,办理查证、查账和会计咨询等业务。1988 年 11 月,国务院发布的《审计条例》承认这种社会审计组织的法律地位并对其性质、审批办法、承办业务的范围以及管理办法等作了规定。截至 1992 年第 3 季度末,全国已建具有独立法人资格的审计事务所 2 604 家,从业人员达 23 216 人,其中有 6 748 人经考核批准获取了注册审计师的资格,审计事务所的建设已覆盖全国 95% 以上的地市和 75% 以上的县区。② 1992 年 11 月 26 日在北京成立了中国注册审计师协会。这样,在我国会计中介组织中呈现出注册会计师协会、注册审计师协会和会计师事务所、审计事务所"两会""两所"分足鼎立的格局。"两会""两所"的并存给会计市场带来了混乱,造成在事务所机构设置、执业人员资格认定、专业规范及违反规范应承担的法律责任等诸多方面存在不同的标准,降低了我国社会审计的公信力;也给一部分人借助各自背景在会计市场上以不正当手段争夺客户资源留下了空间。

会计市场的这种混乱情况引起了人们的不满,人们纷纷呼吁予以治理。1995 年 6 月 19 日,主管注册会计师协会和会计师事务所的财政部、主管注册审计师协会和审计事务所的审计署联合发布了《关于中国注册会计师协会、中国注册审计师协会实行联

---

① 并在相关解释中指出,确定该日期的依据有以下三点:①应当实施的程序已经实施;②应当要求被审计单位调整的事项已经调整,被审计单位已经做出调整或拒绝调整;③被审计单位管理当局已经正式签署会计报表。

② 崔建民:《认真贯彻党的十四大精神,加快发展注册审计师事业,为改革开放和经济建设服务》,《审计研究》,1993 年第 3 期。

合的有关问题的通知》(以下简称《联合通知》)。《联合通知》共分7条,基本内容包括:中国注册会计师协会与中国注册审计师协会实行联合,联合后称为中国注册会计师协会;中国注册会计师协会依法对社会审计进行行业管理,并依法接受财政部、审计署的监督和指导;有关社会审计的法律、法规和重要的规章等将由财政部、审计署会同有关部门共同草拟、制定或审批;注册审计师更名为注册会计师,对1993年12月31日前已具备注册审计师条件,由省级以上审计机关批准,经审计署认定具有注册审计师资格的人员,经财政部备案后,由中国注册会计师协会分别发给财政部统一制定的注册会计师证书,或发给中国注册会计师协会会员证书;注册审计师更名为注册会计师后,其所在的工作机构可仍称审计师事务所,也可改为会计师事务所,但均应接受联合后的中国注册会计师协会的行业统一管理;各地"两会"应按照上述精神并结合本地实际情况实行联合。

《联合通知》发布后,中国注册会计师协会和中国注册审计师协会的常设办事机构于1995年底开始合并办公。① 同年8月25日,青海省率先实现了地方"两会"的联合。1996年6月4日至7日,中国注册会计师协会在北京召开了联合后的全国特别代表大会。到1997年,全国又有30个省、区、市陆续发文宣告实现地方"两会"的联合。"两会"的联合使我国社会审计建立统一的资格选拔、规范执业、行业监管法规及制度与标准成为可能,为提高注册会计师执业质量和声誉提供了一个新的开端。

(二)《关于清理整顿注册会计师行业的通知》(1997年):整顿会计师事务所和注册会计师队伍

1994年《注册会计师法》的实施,使我国注册会计师行业走上了法制化的轨道,注册会计师行业取得了新的进展。然而由于我国的注册会计师行业重建时间短,会计市场与注册会计师队伍规模的扩张速度快,相关法律、制度与规范的建设带有一定的滞后性,特别是在行业最初恢复重建的十余年间,无论是事务所的设立机制还是行业的领导与监管体制始终不尽规范,尽管1996年实现了"两会"联合,但基于历史的原因,在行业内部沉积的问题仍未得到彻底解决,如会计师事务所普遍带有官办色彩;注册会计师队伍的整体素质不高,老龄化问题突出,兼职者偏多;事务所内部管理混乱,职业道德准则和后续教育制度在相当一部分事务所中得不到贯彻执行,有些事务所财务收支随意,等等。

为了保证注册会计师行业健康、有序地发展,1997年8月12日,中国注册会计师

---

① 丁平准:《中国注册会计师协会秘书处工作报告(1996年6月5日)》,《注册会计师通讯》,1996年第6期。

协会发出"关于清理整顿注册会计师行业的通知"(以下简称"清理整顿通知"),开始对注册会计师行业进行整顿。按照"清理整顿通知"的精神,清理的内容大体可概括为:"清师"(即清理注册会计师人员)、"清所"(即清理会计师事务所)、"清业务"(即清理注册会计师业务)三个方面。清理整顿的具体事项共涉及40条,其中"清师"的规定6条,具体规定了对兼职人员、对跨所执业注册会计师、挂名注册会计师、超龄注册会计师、长期未接受后续教育的注册会计师,以及对违反有关法律和规范的注册会计师的清理要求。"清所"的规定8条,重点围绕办所是否具备职龄以内相应数量的专职人员和注册会计师、是否具有30万元的注册资金、是否具有固定办公场所、是否存在滥设分支机构、挂靠单位是否符合规定要求、合伙的事务所是否达到法定要求并符合审批管理的规定、具有从事证券相关业务资格的事务所是否符合规定条件,以及事务所领导班子安排和主任会计师人选是否符合规定条件等提出了明确的清理整顿要求。"清业务"的规定23条,从以下三方面对事务所的业务开展清理整顿:第一,依据独立审计准则、质量控制准则等规定对事务所1996—1997年的执业质量进行清理整顿;①第二,依据《注册会计师法》和职业道德准则及相关法规规定,对注册会计师和事务所1996—1997年的职业道德遵守情况进行清理整顿;②第三,依据注册会计师行业管理制度的有关规定,对事务所的财务收支管理和会计账目进行清理整顿。③ 除此之外,"清理整顿通知"还对1996—1997年中注协会员会费的缴纳、境外会计公司常驻代表处和涉外事务所的设立、执业以及财务税收三方面情况提出相应的检查要求。根据"清理整顿通知"的规定,整个清理整顿的步骤分为自查、检查、抽查和总结四个阶段;时间从1997年7月开始,至1998年12月结束。为了使各地事务所、注册会计师和协会在本次清理整顿工作中准确地理解和执行"清理整顿通知"中的各项政策,中国注册会计师协会1997年10月9日印发了《关于行业清理整顿工作中有关问题解答的通知》,解答了清理整顿中的一些疑问,界定了"专职(或兼职)注册会计师""长期未接受后续教育的注册会计师""挂靠单位是否符合规定"等概念。

截至1997年12月20日,全国80%地区的注册会计师事务所基本结束了自查工作。1998年1月25日,中国注册会计师协会发出了《关于做好清理整顿注册会计师行业第二

---

① 如检查事务所是否建立了完整的审计报告和工作底稿的逐级复核制度,承接业务是否按法定要求签订业务约定书,办理业务是否按要求编制了审计计划,等等。
② 如重点检查事务所是否存在违反规定实行个人业务承包和收入分成,是否存在实行回扣、佣金或变相支付业务介绍费的情况,是否依靠行政部门的权力承揽业务以及事务所是否存在向挂靠单位提供回报情况等等,共含6条。
③ 如检查事务所是否设立会计账目,是否有完整的会计记录,是否提取风险基金、事业发展基金等6个方面。

阶段工作的通知》，要求各地方协会督促事务所和注册会计师，认真完成清理整顿第一阶段后期的自查工作，并就开展清理整顿第二阶段的抽查工作进行了部署。1998年7月20日，中国注册会计师协会发出了《关于开展清理整顿注册会计师行业第三阶段工作的通知》，提出同年8月至9月要对各地注协开展清理整顿工作情况进行全面的检查，落实了检查工作的组织安排，规定了检查的内容和要求以及检查后的工作事项。

  为了配合这次清理整顿，财政部和中国注册会计师协会发布的重要文件还有：财政部1997年9月19日印发的《关于清理整顿涉外会计机构的通知》、1998年1月14日发布的《违反注册会计师法处罚暂行办法》；中国注册会计师协会1998年6月25日印发的《关于注册会计师行业清理整顿有关处理政策的通知》、1998年10月8日发出的《关于进一步加大对违法违纪事务所和注册会计师处罚力度的通知》等。以上这些通知、办法为确保本次清理整顿工作的顺利实施发挥了相应的作用。

  据统计，在本次清理整顿工作的第一阶段，全国有6 683家事务所和55 442名注册会计师参加了自查；在第二阶段，各地方注册会计师协会共组建了374个检查小组，对5 838家事务所进行了实地全面的检查；在第三阶段，中国注册会计师协会从全国抽调了192人，组成22个检查组，对各地清理整顿工作进行验收，并重点检查了405家事务所。通过这三个阶段的工作，清理整顿取得了较明显的成效。第一阶段仅通过自查、自纠，即清理兼职注册会计师2 856人，取消挂名未执业的注册会计师1 165名，吊销跨所执业的61名，处罚违规、违纪的注册会计师352名，另有789名超过职龄规定标准退出执业。在此次"清所"行动中，对照《注册会计师法》和"清理整顿通知"的要求，撤销与注销的事务所共约580家，另有1 181家事务所被分别给予了警告、停止执业、吊销有关许可证等处罚，有735家事务所被要求限期整改，同时还撤销滥设的分支机构1 474家。在"清业务"的活动中，除自查、自纠有缺陷的报告38.13万份外，地方注册会计师协会和中国注册会计师协会纠正有问题的报告分别达到7.12万份和4 496份[①]。这次清理整顿使注册会计师队伍的年龄结构、知识结构和专业化程度有所改善，事务所小、散、乱、差的局面得到抑制，也改变了以往注册会计师只出具无保留意见审计报告，而不敢向问题企业出具保留意见、否定意见和拒绝发表意见审计报告的局面。[②] 总体上看，这次清理整顿使注册会计师行业的风气得到扭转，使其执业质量

---

  ① 以上数字摘自李勇（时任中国注册会计师协会秘书长）1999年2月25日在中国注册会计师协会理事会第三次会议上所作的"中国注册会计师协会秘书处工作报告"，《注册会计通讯》1999年第3期。
  ② 1998年注册会计师在执行对国内773家上市公司1997年度的会计报表审计业务时，共对38家出具了保留意见报告，对55家出具了附有说明段的审计意见报告，对1家出具了否定意见报告，另对1家拒绝发表意见。

有所改善,使社会公众对注册会计师的信任度有所提高。

(三) 有关会计师事务所"脱钩改制"的制度(1998年):事务所体制的改革

1998年以前,新中国会计师事务所中的相当一部分由政府机构、企业、事业单位主办,即会计师事务所的"挂靠制"。在这种体制下,挂靠单位将事务所当作安置人员和为本部门谋取利益的场所,因而利用手中的权力为所挂靠的事务所招揽业务,同时对事务所实行保护;而挂靠的事务所则凭借挂靠单位的权力保护开展业务。在这种利益交换式的挂靠与被挂靠关系下,注册会计师在执行业务中忽视执业风险和执业质量,市场也失去了正常秩序。显然,要使注册会计师成为审计责任与审计风险的承担者,使事务所成为自我约束、自我发展、自主经营并独立承担法律责任的中介机构,就必须杜绝挂靠单位对会计市场的干扰,打破挂靠体制,实现事务所的脱钩改制。1998年4月7日,财政部印发了《关于执行证券期货相关业务的会计师事务所与挂靠单位脱钩的通知》。该通知明确了脱钩的具体标准,规定了脱钩的程序和期限要求。按照这一通知,所谓"脱钩"包括四个方面:一是人员脱钩,即除已办理离退休手续由事务所返聘人员外,其他所有从业人员必须与原工作单位脱离,将人事关系放至人才交流中心;二是财务脱钩,即要求原挂靠单位对事务所不再享有所有者权益;三是业务脱钩,即一方面规定事务所不得以原挂靠单位的名义向社会招揽业务,另一方面同时规定挂靠单位也不得将行政权力通过事务所转化为有偿服务,并禁止干预事务所的执业行为;四是名称脱钩,即要求事务所的名称不应保留有原挂靠单位名称的痕迹。通知规定:所有执行证券、期货业务的会计师事务所,必须在1998年12月31日前完成脱钩的全部工作,否则取消其执行证券、期货业务的资格。

很快,脱钩改制改革进一步延伸到了普通会计师事务所。1998年8月25日,财政部印发《关于进一步加快会计师事务所及审计事务所体制改革的通知》,规定除原定执行证券、期货业务的事务所完成脱钩改制的日期不变外,挂靠国务院部委及中央单位、由中国注册会计师协会直接管理的事务所最迟在1999年第一季度前完成脱钩改制工作;除此以外的其他事务所,则要求在1999年12月31日前完成脱钩改制的工作。另外,为了排除在脱钩改制工作中来自各方面的阻力和干扰,上述通知还特别强调规定,"事务所在规定的期限内未完成脱钩改制工作的,停止执行注册会计师业务"。

为了指导事务所的脱钩改制,使各地事务所在脱钩改制工作中正确理解和贯彻脱钩改制的精神,财政部于1998年9月30日和12月9日发布了《关于会计师事务所、审计事务所人员脱钩有关问题的答复函》和《关于会计师事务所改制中产权界定与资产处置问题的通知》。前一个文件主要对人员脱钩和有关发起人的"国家规定职龄"做出了政策性的解答;后一个文件主要围绕事务所在脱钩改制过程中所产生的产权界定、资产处置、内部负债性的各种基金的处理,以及对原有人员的安置等问题提出政策性要求或办法。1998年10月9日,中国注册会计师协会又印发了《关于会计师事务所、审计事务所脱钩改制若干问题的通知》,围绕脱钩改制的政策依据,改制后审计事务所出资人的主体资格、审计事务所的名称,以及改制程序和认定办法等问题做出了具体的规定。

据有关资料记载,截至1999年12月31日,会计师(审计)事务所的脱钩改制工作完成时,全国原有的6 045家事务所中,完成脱钩改制各项工作的有4 952家,占事务所总数的81.92%;基本完成改制待批的有671家,占总数的11.1%,两项合计共为93.02%;未按规定完成脱钩改制的有422家,已分别给予撤销或停止执业的处理。[①]此次事务所的脱钩改制,不仅改变了事务所原有的"官办"色彩,同时也使注册会计师的责任意识与风险意识得到增强。

九、加强注册会计师后续教育的制度规定

建立完善的后续教育培训制度,是注册会计师制度建设的一项重要内容。1992年7月,中国注册会计师协会为提高我国注册会计师队伍的专业素质,确保执业质量,曾发布《注册会计师教育要求和培训制度(试行)》。到了20世纪90年代中期,其中的部分内容已不适应变化的要求。中国注册会计师协会重新组织对注册会计师后续教育培训的制度修订,于1996年1月发布了《注册会计师后续教育培训制度(试行)》(以下简称《新教育培训制度》)。《新教育培训制度》分为4个部分,共含29条。

第一部分"总则",主要阐述了制定培训制度的依据、意义以及适用范围。这部分内容与原有制度相比较变化不大,只是在适用范围方面特别指出,该制度不仅适用于中国注册会计师协会的执业会员,同时也适用于在会计师(审计)事务所中不具有注册会计师资格的一般专业人员,进而扩大了培训对象的范围。

第二部分"培训对象、内容和要求",主要阐述了对培训对象的分类、培训的内容范围、各类培训对象应掌握的基本技能,同时对接受培训的时间、方式以及教材的选用等方面做出了相应的规定。这部分内容与原制度相比,其变化主要表现在以下几方面:其一是对培训对象的分类有变化。原制度将培训对象区分为"取得注册会计师资格前"和"成为注册会计师后"两类,对前者有资格教育要求,对后者有继续教育要求;而《新教育培训制度》则按照当时我国注册会计师行业划分专业层次的办法,将继续教育

[①] 以上数字摘自钟注:《全国会计师事务所脱钩改制如期完成》,《中国注册会计师》,2000年第3期。

培训对象区分为主任会计师、部门经理、项目经理和一般执业人员4个层次,目的是依据不同层次人员的职责要求,制定不同的培训课程,以实现有的放矢的培训效果。其二是明确了不同层次的人员应掌握的基本技能,原有的制度对此并无规定。其三是关于培训时间及其表述的要求,原制度规定每个注册会计师每年接受脱产继续教育时间不得少于2周,3年累计脱产继续教育时间不得少于2个月;由于按日、周、月规定的时间概念比较模糊,为此《新教育培训制度》采用了"学时"要求,规定执业会员每年接受脱产后续教育的时间不得少于20学时,3年累计接受脱产后续教育的时间不得少于120学时,这种变化显然使制度执行更具有可操作性。

第三部分"实施与检查",主要对实施与检查的具体内容及其延期接受培训的条件做出相应的规定。就检查内容而言,新旧制度变化不大,但新制度增加了对注册会计师是否接受培训与年检挂钩的管理办法。《新教育培训制度》第25条规定:"如果注册会计师无故未完成后续教育培训要求,或者没有诚实记录,年检时不予通过。"这一新的规定使教育培训制度执行的强制力得到提高。此外,对因制度列出的几种原因不能按期完成培训的,增加延期条款也是新制度的一项变化。

自《注册会计师后续教育培训制度(试行)》颁布后,中国注册会计师协会与各地方注册会计师协会积极组织培训工作,中国注册会计师协会不仅直接举办各种不同内容、不同类型的培训班,还与国际会计公司、境外会计师组织、国内大专院校、中国证券监督管理委员会、国家经贸委等部门合作开展培训工作。仅1997年,为落实《注册会计师后续教育培训制度》全国共举办培训班230期,培训人次近5万人。

十、对企业会计报表实行注册会计师审计的制度

改革开放以前,我国实行的是计划经济体制,国有企业的所有权和经营权集于国家一身,国家对国有企业资金使用合理性和安全性的监督,主要依赖企业内部的会计监督,对国有企业的年度会计报表则实行财政审批制度。实施对内改革与对外开放的基本国策之后,企业经营自主权逐步扩大,企业逐渐成为自主经营、自负盈亏的独立经济主体,一些企业为了追求自身的利益不惜隐瞒收入、虚报成本、截留利润、抽逃税款,还有的企业为了自身或小集团的利益在账外建账、私设小金库,甚至出现贪污舞弊、挥霍浪费和侵吞国有资产的情况。在国家与企业二元化的利益主体格局中,企业的会计人员已无法担当起国家赋予的对企业资金使用的安全性、合理性的监督使命。为了增加财政收入,整顿财经纪律,健全企业财务管理制度,自1981年起[①][②]国务院在全国

[①] 引自《湖南省人民政府关于进一步开展企业财务检查的通知》一文,《湖南政报》,1981年第6期。
[②] 《国务院决定整顿财政纪律,全国开展企业财务大检查》,《武汉财会》,1981年第6期。

范围内组织实施对国有企业的财务大检查。财务大检查的对象是纳入财政预算的国营企业,检查的内容一是经济核算和财务管理的基础工作,二是财经纪律的遵守情况。具体检查企业的成本、费用开支是否符合国家规定、有无乱挤、乱摊、乱计成本的情况,有无截留挤占、挪用应上缴利润的情况,有无多提滥发奖金、津贴、补助以及铺张浪费、挥霍国家资金等情况。检查采取企业自查、主管部门复查、财政等部门抽查相结合的办法。随着我国对财政税收体制的不断改革和政府对稳定市场物价监管工作的需要,这项具有有限外部监督效应的财务检查制度逐步扩展至财务、税收、物价三个领域,即形成所谓的"财务、税收、物价大检查",并在相当长的一段时间内被常态化。

"财务、税收、物价大检查"作为当时政府面对企业与国家间的利益冲突所采取的一种维护财经纪律,保障国有资产安全完整的补充监督方式,对严肃财经纪律,维护正常经济秩序发挥了重要的作用,但这种由政府部门主持的检查方式与市场经济机制不相吻合,不宜被长期采用。1996年4月19日,国务院发出了《关于整顿会计工作秩序进一步提高会计工作质量的通知》(以下简称《整顿会计工作秩序通知》),对会计工作的整顿提出了具体的要求,特别明确指出,"为了有效制止和防范利用会计报表弄虚作假,提高会计报表质量,要依法实行企业年度会计报表审计制度"。"凡是没有实行年度会计报表审计制度的外商投资企业和其他有限责任公司、股份有限公司,必须在1996年年底前实行年度会计报表审计制度。凡是没有实行年度会计报表审计制度的国有大、中型企业,必须在1997年年底前实行年度会计报表审计制度;到2000年,依法应当实行会计报表审计制度的所有企业,必须实行年度会计报表审计制度"。为了落实上述《整顿会计工作秩序通知》精神,1997年4月11日,财政部印发了《国有工交企业年度会计报表注册会计师审计暂行办法》的通知;1998年1月24日和10月22日,财政部又分别印发了《对外经济合作企业年度会计报表注册会计师审计暂行办法》和《国有企业年度会计报表注册会计师审计暂行办法》的通知。自此,停止了一年一度的全国税收、财务、物价大检查工作,①除个别特殊行业(企业)外,②取消了对国有企业年度会计报表的财政审批制度,取而代之的是实行符合市场经济要求的企业会计报表注册会计师审计制度。

财政部1997与1998年先后颁布的这3个"暂行办法",将企业年度会计报表实施

---

① "税收、财务、物价大检查将停止",《中国民营科技与经济》,1998年第9期。
② 这里所说的特殊行业(企业)系指:军工企业、兵团企业、监狱劳教企业、国家政策性银行、国有独资商业银行、交通银行、中信公司、国有独资保险公司、中国再保险公司、国家物资、粮食等储备企业以及国有企业在境外投资兴办的企业,其年度会计报表仍报主管财政机关审批。

注册会计师审计的制度依次从国有工交企业推广至对外经济合作企业,再扩展至除军工、兵团等企业以外的其他所有国有企业。这3个"暂行办法"所涉及的基本内容大致可划分为5个部分。

第一部分是总体性规定,明确了年度会计报表审计由企业的主管财政机关组织实施,由企业自主委托会计师(或审计)事务所,并要求企业与会计师事务所签订会计报表审计的业务约定书,明确双方的权利与义务等。

第二部分是针对企业提出的有关要求,主要包括企业必须按时编报会计报表,对编制的会计报表承担会计责任,及时委托会计师事务所进行报表审计(但不得委托本企业主管部门兴办的会计师事务所承办年度会计报表审计业务);要求企业在规定的时间内,将经注册会计师审计的年度会计报表连同审计报告一并报送主管财政机关;要求由企业承担审计费用。

第三部分为对会计师事务所和注册会计师提出的要求,大致可分为两个方面。一是对事务所和注册会计师提出的资格要求,规定承办此项业务的会计师事务所应当依法设立,并执业2年以上;承办大型企业年度会计报表审计业务的,注册会计师应达到20名以上,专业助理人员须达到40人以上;[①]事务所提取的职业风险基金和事业发展基金应符合规定的要求,且在近3年内没有违法执业行为,等等。此外,在《国有工交企业年度会计报表注册会计师审计暂行办法》中还规定"在实施企业年度会计报表审计过程中,可以实行多个会计师事务所联合审计";在后来发布的《国有企业年度会计报表注册会计师审计暂行办法》中,则将这一规定补充改为"签订业务约定书的会计师事务所,可以聘请其他会计师事务所协助完成部分工作,但签订业务约定书的事务所应至少承担60%的工作量,并负责全部审计工作的质量控制和出具审计报告"。二是对会计师事务所和注册会计师提出的执业要求,规定会计师事务所和注册会计师承办企业年度会计报表审计业务,必须严格遵守《注册会计师法》和相关审计准则的要求,规范执业,并对出具的审计报告内容的真实性、合法性承担相关的法律责任;规定会计师事务所向企业收取审计费用,必须符合国家规定的收费标准,不得以自行降低收费等不正当竞争手段招揽业务。

第四部分为对主管财政机关提出的要求,主要包括:要求各级主管财政机关在审批企业年度会计报表时严格执行国家有关财务、税收等制度,以注册会计师出具的审计报告为依据;不得以注册会计师审计代替报表审批;对注册会计师出具保留意见、否定意见和拒绝表示意见的审计报告,要依法进行相应处理;对已经注册会计师审计的企业年度

---

① 这里需要说明的是,《对外经济合作企业年度会计报表注册会计师审计暂行办法》对会计师事务所的人员规模只是做了一般规定,即通常注册会计师应在15名以上,专业助理人员在30名以上。

会计报表建立抽查制度,抽查比例不低于10%,以验证会计师事务所的执业质量。

第五部分为罚则,规定了对会计师事务所和注册会计师提供内容不实或虚假审计报告,或因执业质量等原因提供的审计报告连续2年不符合要求的处罚办法;同时也规定了对企业编制的年度会计报表有弄虚作假行为,或故意不提供有关财务会计资料和文件的处罚办法。

以上三个"暂行办法"依次发布后,从1997年开始到1998年除军工、生产建设兵团、监狱劳教、金融和国家物资储备等特殊行业(企业)外,已全部推广实行了企业年度会计报表的注册会计师审计制度。

随后根据这项制度在执行中暴露出的问题并结合当时我国一些国有企业通过重组、改制的途径扩大规模的现实,财政部于2000年12月29日和2001年11月26日分别印发了《关于国有企业年度会计报表注册会计师审计若干问题的通知》和《关于国有企业年度会计报表注册会计师审计若干问题的补充通知》,并就以下方面做出补充规定:第一,根据国有企业的规模差异等,完善了会计师事务所受托的资格条件;第二,对不同类型的企业集团,要求要统一组织、统一委托,并采取招标等合理方式选定会计师事务所,以避免其不正当的竞争;第三,鉴于长期以来在我国企业的治理结构中国有企业出资人缺位,导致审计委托权旁落于企业经营者之手中,产生审计委托环节的内部人控制现象,规定企业应建立变更会计师事务所的备案制度,即企业集团公司确定与更换会计师事务所、签订审计业务约定书、审计报告后,应当向主管财政机关备案;如有变更会计师事务所的,需说明更换会计师事务所的理由。同时还规定对连续审计2年以上、具备必要的资格条件,没有出现违纪违规问题的会计师事务所,不论是牵头审计企业集团的会计师事务所,还是参与审计子公司及其下属企业的会计师事务所,一般不得随意被变更;第四,对由会计师事务所出具保留意见、拒绝表示意见和否定意见报告的情形提出了具体的处理办法;第五,明确了各级主管财政机关对国有企业年度会计报表审计的财政监督要求,同时指出今后除军工、生产建设兵团等特殊行业(企业)外,主管财政机关不再批复企业年度会计报表。

企业年度会计报表注册会计师审计制度的建立,是我国对国有企业经济监督方式的一次重大变革。它有利于政府机构的职能转变,发挥了社会中介组织专业监督的力量,促进了企业规范会计核算行为,提高了会计信息质量。

新中国的市场经济建立时期,中国经济迅猛发展,随着经济的快速发展,中国的注册会计师事业加快了发展速度,同时也出现了一些新的问题,颁布了较多的规则,发展整顿成为这一时期注册会计师制度建设的特点。

这一时期颁布的注册会计师制度主要针对当时需要解决的如下一些问题。

事业发展法制化。注册会计师作为一种社会服务行业,不仅影响被审计单位,还涉及资本市场的发育和社会公众利益,需要有高度权威的法律规范约束,这在注册会计师事业快速发展的阶段显得尤为必要。1992年颁布的新中国第一部《中华人民共和国注册会计师法》是在我国注册会计师事业快速发展阶段颁布的一部法律。制定这样一部专门法律,是由于已有的《注册会计师条例》(1986年)在执行中逐渐暴露出一些不足之处,需要重新修定;同时,随着注册会计师行业的发展,又产生了一些新的情况,需要结合经济发展的新形势加以规范。适时制定效力更高的法律规定,更利于规范注册会计师事业,协调注册会计师行业与其他行业的关系。

执业质量标准化。随着注册会计师业务范围的不断扩大,业务量的不断增多,向市场经济转轨时期颁布的七项执业规则已经不敷使用,需要及时更新、补充新的注册会计师执业标准,更需要执业标准的系统化、完整化。本时期内出台的36项《中国注册会计师独立审计准则》较好地完成了这一任务。这些准则的制定以《国际审计准则》为参考,并结合了中国审计市场的实际情况,在质量和系统性上比此前颁布的七项执业规则有了提高。

事务所管理正规化。经过向市场经济转轨时期的实践,人们对于会计师事务所的管理有了新的认识,在本时期内的《中华人民共和国会计师法》中提出了对会计师事务所管理的新规定:一是将事务所与财政部门的关系从"管理"与"被管理",改为财政部门对事务所实行"监督、指导",淡化了政府对注册会计师行业的行政管理色彩;二是规定会计师事务所可以采取合伙制、有限责任制两种形式。

业务资格分层化。进入市场经济建立时期后,上市公司数量增长加快,上市公司审计业务增多,出于保证上市公司审计质量的考虑,本时期内制定了注册会计师执行证券、期货相关业务的许可制度,规定只有符合条件的会计师事务所和注册会计师才有资格执行这类业务。与此同时,对其他一些特殊业务也设立了执业资格门槛,注册会计师业务资格形成了分层化的态势。这种做法在特定时间内一定程度地起到了保证特定审计质量的作用,但其浓厚的行政干预色彩也受到了一些质疑。

注册会计师资格取得方式国际化。本时期公布的《中华人民共和国会计师法》改变了注册会计师资格的取得方式,规定只有通过考试才能取得注册会计师资格。这一规定与国际通行做法一致,对于保证注册会计师的专业素质其到了积极的作用。

行业发展规范化。面对恢复注册会计师事业以来存在的种种乱象,本时期内开展了一系列整顿注册会计师市场的行动,出台了合并中国注册会计师协会和中国注册审计师协会的规定,会计师事务所"脱钩改制"的规定,清理整顿注册会计师、会计师事务所、注册会计师业务的"三清理"规定等重要的注册会计师市场发展规范化的制度或规定。这些制度或规定的出台是注册会计师事业发展到一定阶段所必需的,对于注册会计师行业的治理十分必要。

第3节 转变经济增长方式时期的注册会计师制度:2002—2018年

2006年3月5日,第十届全国人民代表大会第四次会议在京召开。会议审议通过了我国国民经济和社会发展的第十一个五年规划(以下简称"十一五"规划)。"十一五"规划明确提出了未来5年我国经济社会发展的各项目标和宏伟蓝图,特别指出:要促进服务业加快发展,尤其是大力发展现代服务业。"十一五"规划的发布为注册会计师行业的发展提供了更为广阔的市场空间和有利的政策条件,但行业缺乏高层次的人才、事务所规模普遍偏小且运行机制不健全、执业准则与国际标准相比较还存在着一定的差距等问题也显得越发突出。中国注册会计师协会为引领行业朝着顺应我国经济发展的方向前行,于2006年前后提出并开始实施"行业发展的人才战略""事务所做大做强战略"和"审计准则的国际趋同战略",并以这三大战略的贯彻、落实为主线,开始了新一轮制度的制定与修订。2009年10月3日,国务院办公厅转发了财政部《关于加快发展我国注册会计师行业的若干意见》,提出了力争在5年左右的时间内努力实现会计师事务所的规模结构优化合理,会计师事务所执业领域大幅度拓展,会计师事务所执业环境显著改善,会计师事务所组织形式、治理机制和管理制度更加科学,注册会计师队伍职业道德水平和专业胜任能力显著提高的五项主要发展目标;并宣告将要采取为实现上述发展目标的六项措施,即:形成大中小会计师事务所协调发展的合理布局、促进注册会计师行业发展的政策扶持和引导力度、实施注册会计师行业人才战略、严格注册会计师行业行政监管和自律约束、加强注册会计师行业诚信建设和内部治理、强化注册会计师行业加快发展的组织领导。这些文件和精神,进一步推进了注册会计师制度建设的发展。

一、改进会计师事务所组织与行业监管

(一)会计师事务所管理的相关制度

1.《会计师事务所审批和监督暂行办法》(2005年)

财政部自1993年以来陆续发布一系列有关会计师事务所的设立与审批制度,除前文提到的《合伙会计师事务所设立及审批试行办法》《有限责任会计师事务所设立及审批暂行办法》《有限责任会计师事务所审批办法》《会计师事务所合并审批管理暂行办法》和《会计师事务所分所审批管理暂行办法》外,还有1997年11月3日印发的《关于明确合

伙会计师事务所审批权限的通知》、1999年10月26日印发的《关于有限责任会计师事务所出资人资格有关问题的复函》、2000年8月8日印发的《关于会计师事务所设立分所有关问题的通知》,以及2001年5月24日印发的《关于会计师事务所跨省设立分所有关注册管理事项的通知》等。这些制度是随着我国经济体制改革不断深入,经济发展对注册会计师行业不断提出新要求而逐步制定的,不同制度的某些提法和要求存在差异,不利于对会计师事务所的设立审批与统一监管。2005年财政部整合前述各项会计师事务所审批的相关制度,于1月18日印发了《会计师事务所审批和监督暂行办法》7章75条。①与以前年度发布的会计师事务所设立审批办法相比较,该暂行办法的内容更完整,系统性更强,包括了会计师事务所的设立与审批办法、对办理会计师事务所变更与终止的一系列规范要求、财政部与省级财政部门对会计师事务所开展监督检查的各项要求和会计师事务所因违反规定应承担的法律责任。其中关于会计师事务所的设立与审批,不仅规定了合伙制和有限责任制会计师事务所的设立条件与设立程序,也规定了会计师事务所分所设立的条件与办法。

2005年,《会计师事务所审批和监督暂行办法》印发后,为了落实《国务院办公厅转发财政部关于加快发展我国注册会计师行业若干意见的通知》(2009年10月)的精神和国务院《关于取消和下放一批行政审批事项的通知》(2013年11月)中将会计师事务所及其分支机构设立审批事项下放至省级财政部门、《关于取消和调整一批行政审批项目等事项的决定》(2014年10月)中将会计师事务所及其分支机构设立审批由工商登记前置审批调整为后置审批等"放管服"改革的要求,财政部对这一暂行办法做出了修订并更名为《会计师事务所执业许可和监督管理办法》(2017年8月20日)。该项暂行办法降低了事务所合伙人(股东)的资格条件,将合伙人(股东)执业经历从"取得注册会计师执业资格后最近连续5年在会计师事务所从事审计业务"放宽至"最近连续3年在会计师事务所从事审计业务且在会计师事务所从事审计业务时间累计不少于10年或者取得注册会计师执业资格后最近连续5年在会计师事务所从事审计业务";简化了会计师事务所执业许可和分所执业许可的申请程序,删减了需由省级注册会计师协会出具审计业务情况证明、验资证明、注册会计师证书复印件等申请材料的规定;充实和强化了会计师事务所取得执业许可后的监督管理内容,规定了定期轮查制度和随机抽查制度,并细化和充实了对各类违法违规行为的具体处罚条款,加大了对违法违规行为的处理处罚力度;新增了会计师事务所的特殊普通合伙组织形式,规定了特殊普通合伙会计师事务所的具体条件;对从事"证券服务业务和经法律法规规定的关系公众利益的其他特定业务"的会计

---

① 第一章到第七章依次为:总则;会计师事务所的设立;会计师事务所分所的设立;会计师事务所的变更、终止;监督检查;法律责任和附则。

师事务所做出了特别规定;允许取得中国注册会计师资格的境外人员担任境内会计师事务所合伙人(股东),同时对担任合伙人的境外人员及移居境外人员在境内的居留时间做出同等要求。《会计师事务所执业许可和监督暂行办法》的这些新规定,为会计师事务所的发展提供了更为方便的条件,进一步激发了会计服务市场的活力。

2.《会计师事务所内部治理指南》(2007年)

2007年5月26日,中国注册会计师协会印发了《关于推动会计师事务所做大做强的意见》。该意见阐述了做大做强会计师事务所的必要性和具体目标等问题,明确提出了"做大是基础,做强是核心"的重要理念;指出"加强内部治理,建立'权责清晰''决策科学''管理严格''和谐发展'的内部治理机制"和"良好的合伙文化,是事务所做大做强的基石"。

为落实做大做强的战略目标,中国注册会计师协会在印发上述意见的当日,还同时印发了《会计师事务所内部治理指南》(以下简称《治理指南》),期望通过《治理指南》引导事务所健全和完善内部治理机制,建立以章程(或合伙协议)为核心的各项内部管理制度,并通过这些制度来规避或自主调解内部矛盾,调动事务所内各方的积极因素,为会计师事务所做强、做大提供制度保证。

2007年由中注协印发的《治理指南》共分10章84条。

第一章"总则",说明了制定指南的宗旨,提出加强事务所内部治理的五项指导思想,即:事务所内部治理应当以维护公众利益为宗旨、以法律法规为依据、以"人合"为基础、以增进内部和谐为重点、以合伙文化为导向。

第二至第四章分别为"股东(合伙人)""决策与监督"和"主任会计师",主要规范了事务所的治理结构和治理机制,分别对股东的权利与义务、股东的加入与退出、股东出资与股权转让,对事务所的股东大会、董事会、监事会的运行,对主任会计师的任职要求和职责等问题进行了规范;强调了事务所的表决和分配方式要体现人和与智合的特点。[①]

第五至第七章分别为"员工""质量控制"和"分所",主要规范了事务所的内部管理工作,包括:事务所与员工的关系、质量控制环节的要求、事务所对分支机构的管理与控制等问题。就事务所与员工关系,《治理指南》提出,员工是事务所加强风险管理和质量控制、切实履行社会责任的核心力量,事务所应当建立、健全员工聘用管理和权益保障制度,建立完善的员工培训制度和以质量为导向的科学合理的员工业绩评价制度及奖惩制度,建立与业绩评价制度相结合的薪酬制度和晋升制度等。就质量控制环节的要求,《治理指南》从风险管理的角度强调了质量控制的领导责任,并要求建立对重

---

① 参见《治理指南》第28条。

大项目、高风险业务等的董事会审议决策制度；要求建立相应的风险评估制度、质量控制的分类管理和复核制度，建立风险报告和业务报告的签发等制度。就分支机构的管理，《治理指南》从对分支机构进行风险管理与控制的角度阐述了对分支机构管理的要求，包括事务所在人事、财务、执业标准、质量控制、员工培训等方面对分支机构进行统一管理；同时对分所的控制提出了建立项目授权管理制度、项目授权检查制度、重大事项报告制度和统一委派分所负责人等要求。

第八章"合伙文化建设"，指出"合伙文化是保障事务所和谐、持续发展的内在力量"，合伙文化的核心是诚信文化、合作文化；就如何建设事务所的合伙文化提出了意见，强调领导层的导向作用、制度的保障作用和员工的认同与参与。

第九章"信息沟通与披露"，针对事务所的实际情况，对应当向内部股东、员工公开的事项做出了规范，包括：事务所行为规范、业绩评价制度、薪酬制度、晋升制度、培训制度、质量控制政策和程序等在内的内部管理制度信息。该章还倡导事务所建立面向公众的信息披露制度。

第十章"附则"，主要说明了《治理指南》的解释权和生效期等问题。

《治理指南》是一项探索我国会计师事务所在运行过程中如何处理各内部利益主体之间的权力制衡与利益分配问题，解决好事务所组织主体与各相关利益主体之间的信托责任关系问题的探索性文件。它的面世对于指导各会计师事务所建立权责清晰、决策科学、管理和谐、持续发展的内部治理结构和治理机制起着重要的奠基的作用，它引导事务所树立"人合、事合、心合、志合"的治所理念，促进在事务所内部形成"讲诚信、重协商、谋合作、共发展"的合伙文化，全面提升行业的社会公信力和国际竞争力，对推动事务所做大做强和实现规模化发展有着积极的促进作用。

3.《关于会计师事务所从事证券期货相关业务有关问题的通知》（2007 年）和《关于调整证券资格会计师事务所申请条件的通知》（2012 年）

在财政部有关会计师事务所扩大规模和中国注册会计师协会有关会计师事务所做大做强发展战略的引领下，一部分会计师事务所通过联合、合并走上了规模化发展的道路。事务所规模的扩大和实力的增强，使得对从事证券、期货业务事务所原有的资质认定标准显得偏低，这会影响到我国证券与期货市场上的会计信息质量。针对这种情况，2007 年 4 月 9 日财政部、中国证券监督管理委员会联合印发了《关于会计师事务所从事证券期货相关业务有关问题的通知》。该通知共分 6 个部分，分别就从事证券、期货相关业务会计师事务所的资格申请条件、合并、分立、报备、监管等问题对原有的制度进行了规范和修订。与原有关规定相比，该通知的变化主要有以下几点：第一，提高了从事证券、期货审计业务的准入门槛。按照该通知所规定的新标准，申请从事证券、期货业务的会计师事务所,注册会计师不得少于 80 人,其中通过注册会计师全国统一考试取得注册会计师证书的不少于 55 人,且上述 55 人中最近 5 年持有注册会计师证书且连续执业的不少于 35 人;有限责任会计师事务所净资产不少于 500 万元,合伙会计师事务所净资产不少于 300 万元;会计师事务所职业保险的累计赔偿限额与累计职业风险基金之和不少于 600 万元;上一年度审计业务收入不少于 1 600 万元。第二,完善了监管举措。该通知规定,财政部、中国证券监督管理委员会将会对受到举报的、受到公众质疑或被有关媒体披露的、注册会计师流动过于频繁的、缺少证券从业经验的、收费异常的等 13 种可能或容易出现违法违规情形的事务所予以特别关注。第三,规定了非行政处罚的监管措施。措施包括:出具警示函、监管谈话、责令其整改等;同时提出由财政部、中国证券监督管理委员会建立会计师事务所从事证券业务的诚信档案,记载其执业质量和质量控制情况,以及违法违规行为和对其采取的监管措施等。此外,该通知还就原从事证券、期货相关业务,但现无法达到上述标准的事务所规定了退出方法。

上述 2007 年通知虽然为确保这一时期上市公司披露会计信息的质量发挥了作用,但由于我国资本市场和注册会计师行业同期发展迅速,这一制度发布不足 5 年,通知所规定的资格条件在证券市场和注册会计师行业的快速发展面前便显得落伍。这一时期在证券审计市场的监管中出现的一些新情况、新问题,也需要更新监管理念,细化监管要求。2012 年 1 月 21 日,财政部、中国证券监督管理委员会联合发布了《关于调整证券资格会计师事务所申请条件的通知》。该通知与上述 2007 年通知相比较,其变化主要表现在以下几方面:其一是调整了业务收入与审计收入的标准,将原规定"上一年度审计业务收入不少于 1 600 万元"修订为"上一年度业务收入不少于 8 000 万元,其中审计业务收入不少于 6 000 万元"。其二是调整了注册会计师的人数标准,规定"注册会计师不少于 200 人,其中最近 5 年持有注册会计师证书且连续执业的不少于 120 人,且每一注册会计师的年龄均不超过 65 周岁"。其三是将证券资格会计师事务所的组织形式限定为合伙制或特殊的普通合伙制两种,并要求已经具备证券资格的事务所,必须在 2 年的过渡期内完成组织形式的转制。其四是提出工作量的考核办法,规定"具有证券资格的会计师事务所,自取得证券资格第三年起,每一年度上市公司年度财务报告审计业务客户家数不得少于 5 家,或者每一年度上市公司审计业务收入不得少于 500 万元"。其五是为提高风险防范能力,将会计师事务所职业保险的累计赔偿限额与累计职业风险基金之和由原来的"不少于 600 万元"提高至"不少于 8 000 万元"。此外,针对个别证券资格事务所分所的人员素质不高、执业能力不强,及一些从事证券业务的事务所的信息化建设落后等问题,该通知也做出了相应的规范。

上述两个"通知"的发布,为确保我国证券市场信息披露的高质量产生了十分积极的影响,也折射出我国注册会计师行业已逐步从小变大、从弱变强的发展态势。

4.《关于推动大中型会计师事务所采用特殊普通合伙组织形式的暂行规定》(2010年)和《其他专业资格人员担任特殊普通合伙会计师事务所合伙人暂行办法》《关于推动有限责任会计师事务所转制为合伙制会计师事务所的暂行规定》(2018年)

按照1993年《注册会计师法》的规定,会计师事务所可采取合伙制、有限责任公司制。在实践中,会计师事务所的有限责任制组织形式暴露出其不适应注册会计师行业的"人合"特点、股东人数的限制不利于事务所做大做强、不利于事务所加强风险管理和强化质量控制等缺陷;合伙制组织形式也因无过错合伙人承担连带责任,妨碍事务所发展而受到人们的批评。2006年8月27日,第十届全国人民代表大会常务委员会第二十三次会议修订并通过了《中华人民共和国合伙企业法》(以下简称《合伙企业法》),修订后的这部法律增加了"特殊的普通合伙"这一企业组织形式,明确规定:"一个合伙人或者数个合伙人在执业活动中因故意或者重大过失造成合伙企业债务的,应当承担无限责任或者无限连带责任,其他合伙人以其在合伙企业中的财产份额为限承担责任。"《合伙企业法》的修改,为我国大中型会计师事务所的组织形式提供了新的选择。

为引导我国大中型会计师事务所选择恰当的组织形式,2010年7月21日,财政部和国家工商总局联合发布了《关于推动大中型会计师事务所采用特殊普通合伙组织形式的暂行规定》。该暂行规定共17条,其中第1条阐述了制定暂行规定的目的与依据;第2条明确了采用特殊普通合伙组织形式的会计师事务所,其合伙人的责任承担方式;①第3条与第4条分别规定了大中型会计师事务所的划分标准及其"转制"②的时间要求;第5条至第7条指出了事务所办理转制,对合伙人、注册会计师的数量以及资本规模的要求,还规定了合伙人应具备的条件。为了鼓励和支持大中型会计师事务所走多元化的发展道路,第7条规定,"注册资产评估师、注册税务师、注册造价工程师可以担任特殊普通合伙会计师事务所的合伙人",同时对这三类专业人士担任会计师事务所合伙人也做出了必要的限制。该暂行规定的第8条提出了会计师事务所转制的扶持措施;第9条至第15条对办理转制的流程及其相关事项做出说明,其中包括:办理转制应提交的资料、实施转制的事务所其合伙协议必须列明的事项、转制工作的

---

① 根据该暂行规定的规定,"采用特殊普通合伙组织形式的会计师事务所,一个合伙人或者数个合伙人在执业活动中因故意或者重大过失造成合伙企业债务的,应当承担无限责任或者无限连带责任,其他合伙人以其在合伙企业中的财产份额为限承担责任。合伙人在执业活动中非因故意或者重大过失造成的合伙企业债务以及合伙企业的其他债务,由全体合伙人承担无限连带责任"。

② 这里所说的"转制"系指从"有限责任制"或"普通合伙制"转换成为"特殊的普通合伙制"。

申请与审批程序等。该暂行规定的第 16 条、第 17 条分别说明了中外合作会计师事务所的转制及该暂行规定的实施日期等。

为了贯彻好上述暂行规定，2011 年 4 月 11 日财政部印发了《大中型会计师事务所转制为特殊普通合伙组织形式实施细则》，解释了认定合伙人的某些具体要求和认定办法；为避免转制过程中出现较大的内部纠纷，对合伙协议制定工作提出了相应的要求；规定了转制前形成的职业风险基金在转制后的处理办法和转制后对分所统一名称等问题。

《其他专业资格人员担任特殊普通合伙会计师事务所合伙人暂行办法》由财政部于 2018 年 2 月 6 日发布，《关于推动有限责任会计师事务所转制为合伙制会计师事务所的暂行规定》由财政部和国家市场监督管理总局联合颁布于 2018 年 4 月 3 日。这两个制度既是贯彻实施《会计师事务所执业许可和监督管理办法》(2017 年 8 月 20 日)的配套文件，也是对会计师事务所采用特殊普通合伙组织形式的进一步推动。

《会计师事务所执业许可和监督管理办法》中规定，不具有注册会计师执业资格但具有相关职业资格的人员"可以担任特殊普通合伙会计师事务所履行内部特定管理职责或者从事咨询业务的合伙人"，《其他专业资格人员担任特殊普通合伙会计师事务所合伙人暂行办法》将这一规定细化，明确了这类人员的范围暂为中国资产评估师、中国税务师和中国造价工程师，并对具体规定了他们担任会计师事务所合伙人的条件和限定。

《关于推动有限责任会计师事务所转制为合伙制会计师事务所的暂行规定》是对由财政部和国家工商总局制定的《关于推动大中型会计师事务所采用特殊普通合伙组织形式的暂行规定》(2010 年 7 月)的调整和完善，主要变化是：扩大了转制范围，并在转制后的组织形式中增加了普通合伙；要求转制后的合伙制会计师事务所符合《会计师事务所执业许可和监督管理办法》(2017 年)规定的执业许可条件；增加了转制会计师事务所分所执业证书换发办理程序；明确了合伙制会计师事务所变更合伙组织形式应按变更备案办理。这些新的调整和完善，促进了会计师事务所优先选择合伙制，有利于进一步优化大中小会计师事务所协调发展的行业布局。

5.《会计师事务所审计档案管理办法》(2016 年)

审计档案记载着注册会计师的审计活动，是查阅会计师审计业务开展情况的重要的历史记录。为了规范会计师事务所审计档案管理，财政部、国家档案局于 2016 年 2 月 16 日联合制定了《会计师事务所审计档案管理办法》。该管理办法明确指出，会计师事务所的审计档案指的是"会计师事务所按照法律法规和执业准则要求形成的审计工作底稿和具有保存价值、应当归档管理的各种形式和载体的其他历史记录"；规定

"会计师事务所首席合伙人或法定代表人对审计档案工作负领导责任";要求"会计师事务所应当明确一名负责人(合伙人、股东等)分管审计档案工作,该负责人对审计档案工作负分管责任";提出了对会计师事务所审计档案归档、保管与利用,权属与处置,鉴定与销毁的具体要求。

《会计师事务所审计档案管理办法》的发布,对于保障审计档案的真实、完整、有效和安全,充分发挥审计档案的作用提供了必要的法规保障。

(二) 注册会计师行业监管的相关制度

1.《会计师事务所执业质量检查制度(试行)》(2004年)

对会计师事务所执业质量的检查制度化、常规化,始于2004年。在此前后国内外相继发生多起上市公司财务舞弊和审计失败的系列事件,这些事件使注册会计师行业的诚信形象遭遇到前所未有的危机。总结这些审计失败的原因及教训,人们认识到强化对会计师事务所执业质量的检查、监督是降低审计风险,减少审计失败,捍卫行业诚信最有效的手段。2004年3月4日中国注册会计师协会印发了《会计师事务所执业质量检查制度(试行)》[以下简称《执业质量检查制度(试行)》],以作为中国注册会计师协会和省级注册会计师协会组织开展执业质量检查工作的制度依据。

《执业质量检查制度(试行)》分"总则""检查对象""检查人员""检查的内容、方法与程序""检查结果的处理""附则"6章共38条。"总则"一章述及的事项与提法与1996年发布的《业务检查制度》相比较变化不大,但强调了对会计师事务所执业质量的检查为常规性检查。第二章"检查对象"为新增内容,提出了"所有事务所每5年内应当至少接受一次质量检查"的制度要求,并对确定年度被检查事务所的依据提出了7种具体的情形。"检查人员"一章与《业务检查制度》相比变化不大,但增加了"注册会计师参加质量检查的时间可作为接受后续教育时间"的规定。第四章"检查的内容、方法与程序"是原制度(即《业务检查制度》下同)第二章与第四章两章内容的汇总,所提及的事项和要求变化不大,但强调了"质量检查应当采取到事务所现场检查的方式进行,必要时可调阅事务所有关资料进行非现场检查"。第五章"检查结果的处理"与原制度相比,主要变化是对惩戒所采取的方式做出了明确、具体的规定,即包括谈话提醒、书面批评、强制培训、责令限期整改、责令书面检讨、责令赔礼道歉消除影响、行业内通报批评、社会公开谴责和取消注册会计师会员资格共9种。

《执业质量检查制度(试行)》颁布后,行业的执业质量检查工作迅速铺开并取得显著的成效。据统计,2004年全行业共检查会计师事务所824家,占所有会计师事务所的18%,参加行业检查的检查人员760人,共投入检查费用718万元;采取各种不同方式处理会计师事务所268家,占被检查会计师事务所的33%;采取各种不同方式处理注册会计师280人①。这次检查使各地会计师事务所和注册会计师对执业质量开始重视,行业的诚信形象得到改善。

2.《中国注册会计师协会会员执业违规行为惩戒办法》(2006年)

为了在全行业内形成对违规操作、弄虚作假、营私舞弊的震慑力,中国注册会计师协会制定了《中国注册会计师协会会员执业违规行为惩戒办法》(以下简称《惩戒办法》),于2006年12月24日公开发布。《惩戒办法》共6章34条,各章依次为"总则""惩戒的种类与适用""惩戒的实施机构和惩戒的回避""惩戒的程序和决定""惩戒的申诉""附则"。《惩戒办法》的主要内容包含以下三方面:第一,从行业监管的实际情况出发,将违反注册会计师法、违反执业准则和职业道德准则的25种执业违规行为作为惩戒的重点,并指出了各种行为的具体构成及其相应的惩戒方式。第二,规定可采用的惩戒形式包括:训诫、行业内通报批评、公开谴责。第三,明确了惩戒的程序和相关权利,规定了受到惩罚的注册会计师享有陈述和申辩的权利、提请回避的权利以及申诉的权利,并规定行业协会应当经过调查、听取陈述和申辩意见、集体合议审理后方可做出惩戒决定。②《惩戒办法》发布后,进一步规范了执业质量的检查工作,使注册会计师的执业行为得到了有效的约束。中国注册会计师协会在公布《惩戒办法》的当年即按照《惩戒办法》的规定对111家事务所、124名注册会计师进行了行业内通报批评、对34家事务所、60名注册会计师进行了公开谴责,撤销了6名注册会计师资格,并将不符合设立条件和存在重大执业质量问题的事务所移交有关部门延伸调查或撤销。

《惩戒办法》实施后,中国注册会计师协会针对该办法在执行中暴露出的问题进行了修改,于2008年10月14日印发了新修订的《中国注册会计师协会会员执业违规行为惩戒办法》(以下简称《新惩戒办法》)。《新惩戒办法》分7章39条,与原《惩戒办法》相比较,在章节安排上的变化,是将原第五章拆分为"惩戒的申诉机构和申诉的回避"及"申诉的程序和决定"两章;在内容上的变化,主要表现在受到惩戒的注册会计师和会计师事务所陈述申辩和提起申诉时限的调整、申诉程序的调整和补充、到场陈述申辩和申诉的规定等。如原办法规定当事人陈述申辩和提起申诉的时限为15个工作日,修订后的《新惩戒办法》将这一时限缩短为8个工作日,将提起申诉的时限缩短为5个工作日,这样既保证了当事人有一定的准备时间,同时也提高了惩戒工作的效率。

3.《会计师事务所执业质量检查制度》(2009年)

2004年中国注册会计师协会颁布《会计师事务所执业质量检查制度(试行)》后,即开始依据这一制度组织实施对全国会计师事务所为期5年的第一个周期执业质量

---

① 陈毓圭:《2004年会计师事务所执业质量检查工作总结》,《中国注册会计师》,2005年第1期。
② 摘自《注册会计师执业违规将受惩戒》,《国际商报》,2007年1月12日第5版。

的检查工作。经过5年检查的实践,形成了对这项制度修订和完善的需要。中国注册会计师协会于2009年7月28日印发了《会计师事务所执业质量检查制度》(以下简称《执业质量检查制度》)。

《执业质量检查制度》包括"总则""检查的职责分工""检查周期""检查计划""检查人员""现场检查""检查结果的处理"和"附则"共8章43条。与2004年颁布的《执业质量检查制度(试行)》相比较,《执业质量检查制度》不仅在结构上有较大的调整,在内容要求方面也有多处变动,这主要表现在以下方面:第一,进一步明确了两级协会在检查工作上的职责分工,即中国注册会计师协会负责全行业执业质量检查标准和政策的制定以及组织协调工作,并对各省级注册会计师协会的执业质量检查工作进行指导和监督;中国注册会计师协会统一部署对具有从事证券业务资格的会计师事务所的执业质量检查,各省注册会计师协会负责对本行政区域内其他事务所的执业质量检查。第二,建立证券资格事务所总分所联动检查模式,即由中国注册会计师协会直接组织检查组对证券资格事务所进行检查,并根据检查结果对存在执业违规行为的证券所实施惩戒;省级注册会计师协会在中国注册会计师协会的统一部署下,配合中国注册会计师协会对本行政区域内的证券所分所进行检查;必要时,中国注册会计师协会可直接组织对证券所分所进行检查,并对其执业违规行为实施惩戒。第三,加强各省级注册会计师协会之间检查工作的分工与联系,即省级注册会计师协会对本行政区域内事务所跨区域执行的业务进行执业质量检查,必要时可商请业务所在地省级注册会计师协会协助检查;省级注册会计师协会发现外地事务所在本行政区域内执行业务涉嫌存在违规问题的,可以提请事务所所在地省级注册会计师协会进行查处。第四,调整有关检查周期。原《执业质量检查制度(试行)》对检查周期的规定并不区分事务所是否具有执行证券业务的资格,即"所有事务所每5年内应当至少接受一次质量检查",修订后的《执业质量检查制度》则从加强对具有证券资格事务所监管工作的重要性出发,将对这类事务所及其分所的检查周期调整为3年,而对非证券资格事务所的检查周期仍维持为5年不变。第五,完善检查工作流程,突出检查责任,即进一步规范检查程序,强调检查证据的收集;同时明确检查工作中各责任主体(包括注册会计师协会、事务所、检查组、检查人员)在检查不同阶段的权利与义务。第六,为避免与相关惩戒制度的冲突,增进本制度在适用上的灵活性,删除了原制度中对惩戒所描述的9种具体方式。

2009年是注册会计师行业持续开展执业质量检查第2个检查周期的第一年,也是执行新的《执业质量检查制度》开始的一年。在这一年中,全行业共检查事务所1 592家,占年初事务所总数的21.86%。其中,由中国注册会计师协会直接组织检查的具有证券资格的事务所为16家,分所为25家;由各地方注册会计师协会组织检查的事务所为1551家。此次检查不仅依照新的制度对具有从事证券业务资格的会计师事务所及其分所实施了联动检查,对非证券资格事务所执业准则的执行情况和职业道德规范的遵循情况也进行了深入细致的检查。通过检查,纠正和查处了一批违规执业的事务所和注册会计师,也对新制度的适用性进行了一次检验。

4.《会计师事务所执业质量检查制度》(2011年)和《中国注册会计师协会会员执业违规行为惩戒办法》(2011年):检查与惩戒制度的第三次修订

2006年以来,在做大做强战略的引导下,国内一批事务所通过合并、重组和内涵式增长迅速扩大,分支机构不仅遍布全国,有些甚至扩展至境外。国内大型事务所的涌现,一方面为实现行业跨越式发展奠定了基础,另一方面一些事务所在规模扩大的同时也暴露出其内部治理机制不健全、质量控制和风险管理不到位的情况。以致使这些事务所在合并的同时,其风险防范能力也在下降。也有一些中小型事务所尽管经历了检查,但其执业质量仍参差不齐。这些问题的存在,一个重要的原因就是风险管理机制不健全。为此,完善事务所的质量控制体系,提高防范系统风险的能力即成为行业执业质量检查工作所面临的新任务。为解决好这一问题,中国注册会计师协会于2011年7月16日发布了《会计师事务所执业质量检查制度改革方案》。这份改革方案不仅明确了今后执业质量检查制度改革的目标"是围绕建立健全行业质量保证体系,贯彻落实风险导向的检查理念,转换监管模式,强化事务所系统风险检查",还对执业质量检查制度的改革提出了"五个并重"的总体要求。基于贯彻落实上述改革方案的要求,中国注册会计师协会第三次修订了《会计师事务所执业质量检查制度》(以下简称《2011年检查制度》)和《中国注册会计师协会会员执业违规行为惩戒办法》(以下简称《2011年惩戒办法》)。

《2011年检查制度》共50条,其修订的内容主要包括以下几方面:其一是增加并强调了系统风险检查的要求,明确了执业质量检查应当遵循风险导向的理念,提出应对事务所的系统风险进行检查;指出系统风险检查的内容应包括质量控制体系检查和业务项目检查两个方面;指出检查中应遵循质量控制体系检查与业务项目检查并重的原则,应以质量控制体系检查结果指导业务项目检查,以业务项目检查结果支持质量控制体系检查的结论,并应对事务所质量控制体系设计和运行的有效性等方面做出整体评价。其二是明确了执业质量检查的目的,指出惩戒是手段,而促进事务所防范系统风险,加强行业质量保证体系建设才是最终目的。其三是增加了分类分级监管的内容,将事务所区分为证券资格事务所与非证券资格事务所两类,实行差别化监管;明确各级注册会计师协会可以依据对事务所执业质量评价的结果实行分级监管,不同级次可以采用不同的检查方式、检查频率、检查内容等。其四是增加了建立专家咨询制度的内容。其五是为提高行业检查的透明度、公信力和威慑力,增加了建立事务所执业质量检查公告制度的要求。①

修订后的《2011年惩戒办法》分7章37条,修订的内容主要包括:第一,加大了惩戒的适用范围,对于会员违反《注册会计师法》以外的其他相关法律、法规的行为,比如《证券法》《公司法》等,也纳入惩戒范围;第二,对违反职业道德守则应予惩戒的情形作了必要修订;第三,对惩戒种类的表述做出调整,将原来的"训诫、行业内通报批评、公开谴责"三种惩戒,修改为"训诫、通报批评、公开谴责";第四,明确了对拒绝或阻挠检查的情形的处理,对有阻挠或拒绝执业质量检查和调查、不按时提供相关检查资料、拒绝确认检查意见等情形的会计师事务所和注册会计师,给予公开谴责;第五,增加了惩戒决定和申诉审议决定的送达方式,规定惩戒决定和申诉审议决定的送达可以采用直接送达和邮寄等方式;第六,明确了惩戒决定的生效日期,规定申诉与维权委员会的申诉审议决定是最终决定,改变原惩戒决定的,自申诉审议决定送达之日起生效,维持原惩戒决定的原惩戒决定的生效日不变。

二、注册会计师人才队伍建设的相关制度

我国自恢复重建注册会计师制度以来,重视注册会计师队伍的建设。为选拔高质量的优秀人才加入注册会计师队伍,自1987年前后即开始探索和创建中国的注册会计师考试制度,并于1991年成功地举办了第一届全国注册会计师考试。随后,为了改善注册会计师的执业质量,提高全行业的专业素养,1992年,中国注册会计师协会又制定并颁布了《注册会计师教育要求和培训制度(试行)》,并于1996年对其做出了进一步的完善。为了采用各种积极有效的方式加快对注册会计师专业人才的培养,我国自1994年开始相继在23所院校创办注册会计师专业方向,并先后在北京、上海和厦门建立起会计和注册会计师培训基地。行业人才建设中所采取的上述种种举措,改善了我国注册会计师队伍的年龄结构、学历结构和知识结构,②使行业的整体素质得到了一定程度的提高。然而,随着我国经济改革进程的日益推进和产业结构的调整与经济增长方式的转变,国内涌现出一大批大型企业和企业集团,这些企业或企业集团为

---

① 参见《中注协修订发布〈会计师事务所执业质量检查制度〉和〈中国注册会计师协会会员执业违规行为惩戒办法〉》,《中国注册会计师》,2011年第8期。

② 根据周宏、王海妹于2008年发表在《财政研究》第3期上题为《中国注册会计师队伍现状分析和发展建议》一文所述(该文数据来源为中注协网站,中国注册会计师协会2005年工作总结等),截至2004年年底,我国共有执业注册会计师66 598人,其中40岁以下的为31 571人,占执业注册会计师总数的47.4%;40~50岁之间的为11 060人,占其总人数的16.6%;而60岁以上的则为13 090人,这部分高龄人员所占比例已下降至19.7%。此外,从学历结构来说,尽管在一些中小型会计师事务所还不尽如人意,但就全国前百名会计师事务所的统计情况看,本科以上学历人员已达59%。这种年龄结构和学历结构的变化,不能不说与1991年以后我国推行的注册会计师考试制度和在专业人才培养方面所做的种种努力有关。

满足庞大经济实体的高效运行,需要注册会计师提供审计服务,也需要他们作为专业化的市场中介组织提供诸如制度设计、风险控制、战略筹划、价值评估等各类管理咨询服务。此外,还有些企业或企业集团为开拓国际市场,参与国际竞争,实施"走出去"的战略,更需要中国的注册会计师协助他们实现其在海外发展的构想。为了全面提升行业队伍的专业素质,加强国际化人才的培养,中国注册会计师协会于 2005 年 6 月 8 日印发了《关于加强行业人才培养工作的指导意见》。由于这份指导意见共列示有 30 条,为此常常被人们称为"人才培养三十条"。

"人才培养三十条"提出了加强注册会计师行业人才培养工作的指导思想、总体思路,明确了实现其目标的具体措施。"人才培养三十条"提出的注册会计师行业人才培养总体思路是:用 5~10 年的时间,全面提升注册会计师从业队伍的专业素质、执业能力和职业道德水平,着力培养能够承担国际业务、符合行业国际化发展要求的高层次专业人才和会计师事务所管理人才;与此同时,建立起科学完善的行业后备人才培养机制和适应行业未来发展需要的后备人才队伍。实现上述目标所采取的具体措施包括:建立长效机制,抓好日常继续教育培训;开拓培养渠道,培育高端人才;支持在校教育,培养行业后备人才;建立能力框架,指导人才培养等。"人才培养三十条"还特别要求加紧研究和提出我国注册会计师职业对专业知识、专业技能、专业态度和职业道德等方面的要求,建立科学的注册会计师胜任能力框架体系,并以此全面指导注册会计师的考试、教育和培训等人才建设工作。

(一)《中国注册会计师继续教育制度》(2006 年)和《中国注册会计师协会非执业会员继续教育暂行办法》(2010 年)

为了贯彻落实"人才培养三十条"对教育培训的要求,使人才培养工作更科学,管理更规范,责任、分工更明确,2006 年 9 月 13 日中国注册会计师协会发布了《中国注册会计师继续教育制度》(以下简称《继续教育制度》)。

《继续教育制度》共分 5 章 19 条,其中第一章"总则"阐述了制定这一制度的目的和依据;注册会计师接受继续教育的权利;第二章"继续教育的形式与学时要求"说明了继续教育的具体形式、学时要求、折算标准和有关继续教育的豁免条款;第三章"继续教育的组织"阐述了继续教育的组织主体,专业培训机构的服务内容和所应达到的基本标准,并指出事务所内部培训的资格条件;第四章"继续教育学时的确认与考核"明确了地方协会对继续教育工作的考核与管理责任;提出了注册会计师未完成规定学时的惩戒措施;注册会计师转会时的学时确认。

与 1996 年颁布的《注册会计师后续教育培训制度(试行)》相比,《继续教育制度》在以下方面有所变化:①明确了考试、考核和通报制度,一方面要求通过对学员的考试或考核,达到考察注册会计师受训效果的目的;另一方面对未按规定完成继续教育学时的注册会计师,责成地方协会予以公告。②增加了对培训机构的规定。③不再规定具体的培训内容。鉴于注册会计师所需要的知识与技能会随着形势发展不断变化和提高,《继续教育制度》中不再规定具体的培训内容。④为灵活开展继续教育活动,将继续教育的形式明确为"有组织形式"和"其他形式"两类,其中由各级协会组织的各种形式的培训和事务所经批准组织的内部培训等界定为有组织形式的培训;"其他形式"则包括出版著作、发表论文、参加行业执业质量检查等。⑤缩短考核周期,将继续教育考核周期由3年改为2年。⑥细化学时的确认办法,对集中培训之外的多种其他形式的继续教育学时认定办法做出了相应的规定,提高了学时确认的可操作性。⑦为方便人才合理流动,增加了注册会计师转会时的学时认定条款。

非执业会员作为执业注册会计师的后备队伍,是我国会计中介组织的一支潜在力量。为了使这一潜在力量保持专业胜任能力,符合职业道德方面的要求,2010年11月23日中国注册会计师协会制定并印发了《中国注册会计师协会非执业会员继续教育暂行办法》。该暂行办法共6章32条,规定了非执业会员继续教育的学时标准与学时要求、继续教育学时的取得途径、学时的申报与确认,以及非执业会员继续教育的组织与认证和附则等6个方面的问题。

(二)《中国注册会计师胜任能力指南》(2007年)

根据"人才培养三十条"提出的要建立科学的注册会计师胜任能力框架体系,以全面指导人才建设的工作要求,中国注册会计师协会借鉴国际组织和有关国家或地区行业组织对注册会计师胜任能力研究成果的基础上并结合我国国情,于2007年10月11日发布了《中国注册会计师胜任能力指南》。该胜任能力指南共9章62条,其主要内容包括以下几个方面。

(1)注册会计师的胜任能力的构成。该胜任能力指南将注册会计师的胜任能力分为专业知识、职业技能、职业价值观、道德与态度、实务经历等几个有机组成部分。

(2)注册会计师应具备的专业知识和能力。该胜任能力指南将注册会计师应当具备的"专业知识"界定为:会计、审计、财务、税务、相关法律及相关知识,以及组织和企业知识、信息技术知识等相关领域知识;明确了注册会计师应对日益复杂和需求不断增长的职业环境,必须具备的智力技能、技术和应用技能、个人技能、人际和沟通技能、组织和企业管理技能5类职业技能;同时强调注册会计师所应持有的职业价值观、道德与态度的基本内涵。

(3)学历教育与职业教育在培养注册会计师胜任能力中的有机联系。该胜任能力指南指出,学历教育在胜任能力培养过程中有不可替代的作用,强调了学历教育和职业教育之间不可分割的联系,并对两者在注册会计师培养和选拔中的各自作用进行了定位。

(4) 实务经历在培养、保持和提升注册会计师胜任能力中的地位与作用。该胜任能力指南规定取得注册会计师资格前实务经历的期间至少为2年,并且应为财务、审计领域中的实务经历;规定应建立资格前实务经历督导人制度、计划备案制度和评估制度,以便引导申请人、事务所和注册会计师协会等相关主体通过实务经历培养注册会计师的胜任能力。

该胜任能力指南是新中国第一份关于会计人员能力框架的文件,不仅为指导注册会计师教育、考试、培训等人才建设工作提供了依据,也为我国会计人员培养改革提供了有益的经验。

(三)《注册会计师全国统一考试办法》(2009年)

2007年12月18日中国注册会计师全国考试委员会召开了年度第二次全体会议,提出实行注册会计师考试制度的改革,改革的总体目标是提升考试理念、充实考试内容、完善考试方式,建立能够充分体现胜任能力评价要求的考试制度;使中国的注册会计师考试制度与国际普遍认可的注册会计师考试制度相趋同;将中国注册会计师考试打造成中国注册会计师走向国际的"通行证"。[①] 根据这一精神,中国注册会计师协会于2008年8月26日和11月27日先后两次印发了《注册会计师考试制度改革工作方案[征求意见稿]》(其中11月27日印发的为"第二次征求意见稿"),经征求社会各界意见和修改,2009年3月19日财政部部务会议审议通过了《注册会计师全国统一考试办法》(以下简称《2009年考试办法》),于3月23日公开发布。

《2009年考试办法》共分17条,主要规范的事项包括:考试的组织机构设置及职责分工(第2条、第3条)、考试报名条件(第4条、第5条)、考试阶段的划分和考试科目的设置(第6条)、考试可免试的科目和试卷与成绩的评定办法(第11条、第12条)、考试成绩的有效期限以及考试违规的处罚规定等(第13条、第14条)。与原有的考试制度相比较,《2009年考试办法》的主要变化表现在以下几方面。

(1) 将注册会计师考试划分为两个阶段,第一阶段为专业阶段,主要测试考生是否具备注册会计师执业所需的专业知识,是否掌握基本技能,达到职业道德要求;第二阶段为综合阶段,主要测试考生是否具备在注册会计师执业环境中运用专业知识,保持职业价值观、职业态度与职业道德,有效解决实务问题的能力。考生在通过第一阶段的全部考试科目后,才能参加第二阶段的考试。两个阶段的考试,每年各举行1次。

(2) 调整考试科目。专业阶段考试科目在原有的"会计""审计""财务成本管理""经济法""税法"5个科目基础上,增加了"公司战略与风险管理"考试科目;综合阶段的考试科目,则根据胜任能力指南要求进行考核。由此形成了所谓"6+1"的考试科目。

---

① 《王军副部长谈中国注册会计师考试制度改革》,《中国注册会计师》,2008年第4期。

(3)调整考试成绩的有效期。将考试成绩的有效期分为两个阶段,第一阶段的单科合格成绩 5 年有效;连续 5 年内取得第一阶段 6 个科目合格成绩的考生,发放专业阶段考试合格证书。第二阶段考试科目在取得专业阶段考试合格证书后 5 年内完成;对取得第二阶段考试合格成绩的考生,发放全科考试合格证书。

为了加强考试的管理并确保新旧制度的平稳过渡,《2009 年考试办法》还就试题的保密问题和新老制度的衔接问题做出说明。

为了更好地贯彻和实施新的考试制度,2009—2010 年间财政部和财政部注册会计师考试委员会还下发和修订了一系列相关的制度与文件。这些下发和修订的制度与文件主要包括:2009 年 4 月 7 日财政部印发的《香港特别行政区、澳门特别行政区、台湾地区居民及外国人参加注册会计师全国统一考试办法》、2010 年 2 月 2 日财政部印发的《注册会计师全国统一考试违规行为处理办法》,以及 2010 年 8 月 18 日由财政部注册会计师考试委员会印发的修订后的《注册会计师全国统一考试考务工作规则》《注册会计师全国统一考试监考人员工作规则》和《注册会计师全国统一考试应考人员考场守则》。在下发的上述文件中,涉及"港澳台及外国人参加注册会计师考试的办法"主要明确了这些地区考生的报名条件和考试的内容及相关要求,与国内考试办法基本一致。在"考试违规行为处理办法"中,分别就应考人员、考试工作人员和其他相关人员违规行为的处理措施和处理程序等做出了较详尽的规定。"考务工作规则""监考人员工作规则"和"应考人员考场守则"的修订,则分别强调了试卷的保密、防范利用高科技手段舞弊、监考人员的工作职责、发现违规行为处理的方法及程序,以及对考试期间发生违规行为实施向考生所在单位通报,并向社会公开公布的处理办法。

三、中国注册会计师执业准则

(一)《中国注册会计师执业准则》(2006 年)

1988 年 12 月至 1992 年 9 月财政部与中国注册会计师协会先后发布了《注册会计师检查验证会计报表规则(试行)》《注册会计师执业道德守则(试行)》等 7 个执业规则。1995 年 12 月到 2003 年 4 月,中国注册会计师协会又先后分 6 批制定了 48 项审计准则,[①]这些规则和准则的制定和发布,建立了新中国以独立审计准则序言为统领,以基本准则为首层规范,以独立审计准则为核心的审计准则体系。进入 21 世纪之后,国内与国际的经济形势发生了显著的变化,使得我国刚刚建立起来的审计准则及其体

---

① 在这 48 个项目中,除了 1 个审计准则序言和 4 个基本准则外,还包括 28 个具体准则和 10 个实务公告,以及 5 个执业规范指南。

系即面临着诸多挑战。

首先,注册会计师审计质量总体不能令人满意,以郑百文、银广夏、蓝田股份等为代表的一批上市公司舞弊案件频频爆发,不仅严重损害了广大中小股东的利益,同时也动摇了投资者对执行审计业务的注册会计师行业的信心,使注册会计师行业的风险增大。其次,从国际经济发展的态势看,进入21世纪后,经济全球化和资本流动的跨国化已使世界经济成为一个有机互动的整体,采用统一、高标准的审计准则成为大势所趋,不可逆转。为提高我国注册会计师的业务质量,实现这个注册会计师业务标准与国际标准的同质,中国注册会计师协会在2005年拟订了我国审计准则国际趋同的计划,经过1年左右时间的研究、起草和反复征求各方意见,2006年2月15日财政部印发《关于中国注册会计师执业准则的通知》,公布了注册会计师执业准则。此次发布的审计准则共计48项,其中新制定的审计准则22项,修订完善的审计准则26项。

1. 中国注册会计师执业准则(2006)的框架结构及其组成

在颁布中国注册会计师执业准则之前,我国的独立审计准则体系由独立审计基本准则、独立审计具体准则与实务公告和执业规范指南三个层次组成。随着我国注册会计师服务领域的不断扩大,注册会计师承办的业务类型逐步增多,不仅有财务报表审计和审阅、内部控制审核等具有鉴证职能的业务,还有执行商定程序、代编财务信息以及管理或税务咨询等不具有鉴证职能的业务;另有一些会计师事务所接受司法、税务等部门的委托,执行特殊的鉴证业务(如司法诉讼中涉及会计的鉴证业务等)。事务所业务类型不断拓宽,原有审计准则体系所规范的领域已难以涵盖注册会计师执行的全部业务。针对这一情况,中国注册会计师协会对原来的独立审计准则框架体系进行了重整,将重整后的准则体系改称为"中国注册会计师执业准则"[①](以下简称"执业准则")。

借鉴国际审计与鉴证准则理事会对准则的分类与布局办法,执业准则分为"注册会计师业务准则"和"会计师事务所质量控制准则"两大部分。注册会计师业务准则囊括了注册会计师执行各种业务所应遵循的各类规范;会计师事务所质量控制准则则是对会计师事务所在执行各类业务时,应当遵守的质量控制政策、程序等提出的制度性要求。注册会计师业务准则又由鉴证业务准则和相关服务准则两部分组成。鉴证业务准则以"鉴证业务基本准则"为统领,并按照鉴证业务提供的保证程度和鉴证对象的不同分为"审计准则""审阅准则"和"其他鉴证业务准则"三个部分。审计准则在整个注册会计师业务准则体系中居核心地位,这部分准则又细分为:"一般原则与责任""风

---

① 原体系为"中国注册会计师独立审计准则体系",这种称谓并不严谨,因为这一体系中包含了部分非审计业务准则,如《独立审计实务公告第5号——盈利预测审核》等。为将这一体系的命名达到可涵盖所有准则的要求,2006年将其定名为"中国注册会计师执业准则"。

险评估与风险应对""审计证据""利用其他主体的工作""审计结论与报告"和"特殊领域审计"6个方面。（中国注册会计师执业准则基本框架体系如图6-1所示）

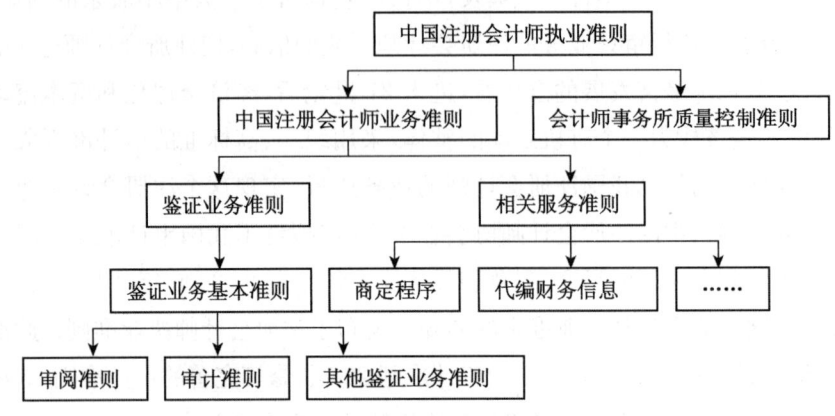

图6-1 中国注册会计师执业准则基本框架体系图

在鉴证业务准则中，除《中国注册会计师鉴证业务基本准则》外，属于审计准则的共有41项，分别是：《财务报表审计的目标和一般原则》《审计业务约定书》《历史财务信息审计的质量控制》《审计工作底稿》《财务报表审计中对舞弊的考虑》《财务报表审计中对法律法规的考虑》《与治理层的沟通》《前后任注册会计师的沟通》《计划审计工作》《了解被审计单位及其环境并评估重大错报风险》《对被审计单位使用服务机构的考虑》《重要性》《针对评估的重大错报风险实施的程序》《审计证据》《存货监盘》《函证》《分析程序》《审计抽样和其他选取测试项目的方法》《会计估计的审计》《公允价值计量和披露的审计》《关联方》《持续经营》《首次接受委托时期初余额的审计》《期后事项》《管理层声明》《利用其他注册会计师的工作》《考虑内部审计工作》《利用专家的工作》《审计报告》《非标准审计报告》《比较数据》《含有已审计财务报表的文件中的其他信息》《对特殊目的审计业务出具审计报告》《验资》《商业银行财务报表审计》《银行间函证程序》《与银行监管机构的关系》《对小型被审计单位审计的特殊考虑》《财务报表审计中对环境事项的考虑》《衍生金融工具的审计》《电子商务对财务报表审计的影响》；属于审阅准则的有1项，即《财务报表审阅》；属于其他鉴证业务准则的有2项，分别为《历史财务信息审计或审阅以外的鉴证业务》和《预测性财务信息的审核》。相关服务准则共为2项，分别是《对财务信息执行商定程序》和《代编财务信息》。

我国原有的审计准则体系中还包括《中国注册会计师职业道德基本准则》和《中国注册会计师职业后续教育基本准则》，此次发布的执业准则将这两项排除在外，这是由于前者是为保护社会公众利益和维护行业形象，对会计师事务所和注册会计师提出的道德要求；后者是为促进注册会计师保持和提高专业胜任能力，对后续教育提出的要求,它们均不属于行业技术性规范,故而未纳入本次发布的执业准则。①

2. 执业准则(2006)的主要变化

2006年颁发的《中国注册会计师执业准则》与原来的《中国注册会计师独立审计准则》相比较,框架结构发生了重大调整,准则名称、准则规范的事项与规范要求以及准则的编号方法等均有不同程度的变化。这些变化集中体现了以下几点。

1) 强化风险导向审计要求

在执业准则颁布之前,尽管风险导向的审计理念已嵌入原有的执业规范,但如何将这一理念落实到审计实务之中,人们在认识上不免还存在着一定的误区,以致注册会计师在运用这一理念时,往往只注重执行那些准则所规定明显是必需的程序,特别是实质性测试程序,忽略从宏观层面上把握财务报表存在的重大错报风险,导致审计失败的风险增大。执业准则对传统审计风险模型做出了改进,力求提高注册会计师识别、评估和应对重大错报风险的能力。执业准则为明晰风险导向审计理念,对注册会计师提出了以下几点要求。

第一,注册会计师应加强对被审计单位及其环境的了解(包括了解内部控制),以便为识别财务报表层次以及各类交易、账户余额、列报和披露认定层次等重大错报风险提供更好的基础。

第二,注册会计师在审计的所有阶段都要实施风险评估程序,应当将识别的风险与认定层次可能发生错报的领域联系起来,实施更为严格的风险评估程序,而不能直接将风险设定为高水平。

第三,注册会计师应将识别和评估的风险与实施的审计程序挂钩,在设计和实施进一步审计程序(控制测试和实质性测试)时,应当将审计程序的性质、时间和范围与识别、评估的风险相联系,以避免从形式上迎合审计准则对程序的要求。

第四,注册会计师应将识别、评估和应对风险的关键程序形成审计工作记录,以保证执业质量,明确执业责任。②

2) 体现审计准则的国际趋同

首先,本次颁布的执业准则框架实现了与国际审计与鉴证准则理事会所制定的准则框架的趋同;其次,除了《中国注册会计师鉴证业务基本准则》《中国注册会计师审计准则第1152号——前后任注册会计师的沟通》等个别准则以外,执业准则项目与国际审计准则项目几乎一致;最后,执业准则在审计的目标与原则、风险的评估与应对、审计证据的获取和分析、审计结论的形成和报告等所有重大方面与国际审计准则保持了高度一致性。

---

① 陈毓圭:《中国注册会计师执业准则的特点》,《中国注册会计师》,2006年第4期。
② 陈毓圭:《中国注册会计师执业准则的特点》,《中国注册会计师》,2006年第4期。

3) 突出维护社会公众利益的宗旨

执业准则是在充分研究和分析我国资本市场发展的新动向和注册会计师行业所面临的新挑战基础上制定的，针对一部分上市公司管理层舞弊，侵犯投资者和社会公众利益的行为，执业准则通过贯彻风险导向审计理念、细化揭示和防范风险的指导，力图提高注册会计师识别和应对财务报表舞弊风险的能力；通过严格每项业务的执行程序，明确注册会计师的执业责任，最终实现维护社会公众利益的宗旨。

（二）部分鉴证业务准则(2006)的主要内容

1.《中国注册会计师鉴证业务基本准则》

《中国注册会计师鉴证业务基本准则》是鉴证业务准则的概念框架，旨在规范注册会计师执行鉴证业务，明确鉴证业务的目标和要素，是确定审计准则、审阅准则、其他鉴证业务准则的总纲。该准则共分9章60条。

第一章"总则"主要阐明了该准则制定的目的、适用范围、鉴证要素的含义及构成，同时对注册会计师执行鉴证业务提出应遵守职业道德规范和事务所质量控制准则的要求。第二章"鉴证业务的定义和目标"首先阐明了鉴证业务、鉴证对象信息的含义，指出如果鉴证对象信息没有按照既定标准恰当反映鉴证对象的情况，则存在错报甚至是重大错报的可能。其次，将鉴证业务划分为"基于责任方认定的业务"和"直接报告业务"两类，并明示了这两类鉴证业务的特征。最后，将鉴证业务的保证程度区分为合理保证和有限保证两类，并指出这两类保证的含义和做出结论在方式上的差别。第三章"业务承接"主要说明了注册会计师承接鉴证业务的条件、对于不能完全满足鉴证业务要求的业务处理，以及已承接鉴证业务的变更。第四章"鉴证业务的三方关系"指出了鉴证业务涉及的三方关系人，即注册会计师、责任方和预期使用者，并对责任方声明、预期使用者和确定业务条款等有关情况做出了相应的说明。第五章"鉴证对象"主要说明了鉴证对象与鉴证对象信息的不同形式，鉴证对象特征以及适当的鉴证对象应当具备的条件，同时还说明鉴证对象的不同会对评价、计量的准确性和证据的说服力带来不同的影响。第六章"标准"说明了标准的含义和存在形式，指出注册会计师在运用职业判断对鉴证对象做出合理一致的评价或计量时，其采用的标准应具备相关性、完整性、可靠性、中立性和可理解性的特征，并应满足能为预期使用者获取的要求。第七章"证据"首先对注册会计师执行鉴证业务提出总体要求，包括：注册会计师应当以职业怀疑态度计划和执行鉴证业务；注册会计师应当及时对制订的计划、实施的程序、获取的相关证据以及得出的结论做出记录；注册会计师在计划和执行鉴证业务，尤其在确定证据收集程序的性质、时间和范围时，应当考虑重要性、鉴证业务风险以及可获取证据的数量和质量。其次，围绕总体要求中涉及的"职业怀疑态度""证据的充分性和适当性""重要性""鉴证业务风险"等专业术语及相关问题做出说明。第八章"鉴证报告"提出了对注册会计师出具鉴证报告的总体要求,并针对不同的鉴证业务活动说明了鉴证结论的表述方式等;就注册会计师出具保留结论或无法提出结论和否定结论的报告等事项做出了说明。第九章"附则"指出了可参照本准则办理的其他鉴定业务;特定条件下不必遵守该准则的四种情形。

2.《财务报表审计的目标和一般原则》准则

审计准则第1101号《财务报表审计的目标和一般原则》依据鉴证业务基本准则而制定,在41项审计准则中居统领地位。该准则共分7章23条。

第一章"总则"主要明确了该准则制定的目的、适用范围,并在引入治理层概念的基础上,明确了治理层和管理层对财务报表的责任。引入治理层概念是本次准则修订的一项重要变化,其目的是为了借助公司内部之间的权力制约关系,保证财务信息的质量。第二章"财务报表审计的目标"指出,"财务报表审计的目标是注册会计师通过执行审计工作,对财务报表的下列方面发布审计意见:(1)财务报表是否按照适用的会计准则和相关会计制度编制;(2)财务报表是否在重大方面公允反映被审计单位的财务状况、经营成果和现金流量";[①]明确了注册会计师的审计意见旨在提高财务报表的可信赖程度。第三章"与财务报表审计相关的职业道德要求"对执行财务报表审计的注册会计师提出了应遵守职业道德和应有关注的要求,要求注册会计师不仅对其所提供服务承担勤勉、尽责的义务,还应保持职业怀疑态度,运用其专业知识、技能和经验,获取和客观评价审计证据。第四章"财务报表的审计范围"指出,财务报表审计的范围是指为实现财务报表审计目标,注册会计师根据审计准则和职业判断实施的恰当审计程序的总和;同时要求注册会计师应遵守相关的各项审计准则。第五章"职业怀疑态度"要求注册会计师在计划和实施审计工作时,应当保持职业怀疑态度,应充分考虑可能存在导致财务报表发生重大错报的情形;阐释了职业怀疑态度的含义,要求注册会计师不能因轻信管理层和治理层的诚信而满足于说服力不够的审计证据,应充分考虑由于舞弊导致财务报表发生重大错报的可能性,应以职业怀疑的态度时刻保持警惕。第六章"合理保证"在分析固有限制因素客观存在的基础上提出,注册会计师应按照审计准则的规定执行审计工作,为对财务报表整体不存在重大错报而获取合理保证。第七章"审计风险和重要性"引入了风险导向审计理念,要求注册会计师以重大错报风险的识别、评估和应对为主线开展审计工作,以提高审计的效率与效果,避免审计资源的平均分配导致部分领域审计不足,而其他

[①] 《中国注册会计师执业准则(2006)》,中国注册会计师审计准则第1101——财务报表审计的目标和一般原则,第4条。

领域则审计过度的风险。①

该准则与与之相对应的原《独立审计具体准则第 1 号——会计报表审计》相比较，不仅标题的提法更准确、严谨，表述的内容和方式也存在一些变化：第一，该准则更注重的是原则性，减少了有关操作的具体规定，如增添了职业道德要求、职业怀疑态度等原则标准，删除了对审计计划、实施和报告这些具体操作程序的规定；第二，该准则在执业中对注册会计师执业能力的要求更高；第三，增加了"审计风险和重要性"一章，以突出和强化风险导向审计。

3.《了解被审计单位及其环境并评估重大错报风险》准则

审计准则第 1211 号《了解被审计单位及其环境并评估重大错报风险》分为 8 章，共 117 条，是对注册会计师了解被审计单位及其环境，识别和评估财务报表重大错报风险的规定。

第一章"总则"说明了该准则的制定目的和适用范围，并对注册会计师了解被审计单位及其环境并评估重大错报风险提出总体要求。第二章"风险评估程序、信息来源以及项目组内部的讨论"主要规范了注册会计师了解被审计单位及其环境时应实施的风险评估程序和获取相关信息的来源，并要求注册会计师应组织项目组成员对财务报表存在重大错报的可能性进行讨论。第三章"了解被审计单位及其环境"主要规范了注册会计师应当从哪些方面了解被审计单位及其环境，以作为识别和评估重大错报风险的基础。第四章"了解被审计单位的内部控制"主要说明注册会计师应当了解的被审计单位的内部控制，包括与审计相关的内部控制、内部控制各个具体要素、内部控制的人工和自动化成分、内部控制的局限性，等等。第五章"评估重大错报风险"主要说明了注册会计师应当如何识别和评估财务报表层次和认定层次的重大错报风险，如何确定需要特别考虑的重大错报风险和仅通过实质性程序无法应对的重大错报风险，如何对风险评估的结果做出修正。第六章"与治理层和管理层的沟通"主要说明了注册会计师如何就内部控制重大缺陷与治理层和管理层的沟通。第七章"审计工作记录"提出了对审计工作记录的要求。第八章"附则"主要规定了本准则执行的起始时间。

（三）审计执业准则的修订

2006 年 2 月 15 日财政部发布的中国注册会计师执业准则，对完善和提升我国注册会计师的执业标准，指导注册会计师规范执业产生了积极的影响，也实现了与当时国际审计准则的实质性趋同。然而该批准则发布不久，审计实务即对审计准则提出了更新和更高的要求。首先，注册会计师承接的业务范围逐步扩大，注册会计师不仅要执行传统

---

① 《审计准则讲座——财务报表审计的目标和一般原则》，《中国注册会计师》，2007 年第 5 期。

的企业财务报表审计业务,还要对愈来愈多的高校、医院等非营利组织实施审计,以特殊审计目的为内容的审计业务也越来越多。同时,随着我国企业走出国门,注册会计师审计的可能不再仅仅是按照中国企业会计准则编制财务报表,还有可能接受委托,按照其他国家或地区颁布的会计准则编制财务报表。这些新的业务对拓宽审计准则的适用范围提出了新的要求。其次,企业经营方式的不断创新和交易形式的日趋多样化,使得运用会计准则进行判断和估计的事项变得更多更复杂,致使审计风险进一步加大。再次,国际审计与鉴证准则理事会为促进国际审计准则在全球范围内的认可,提高审计准则理解和运用的一致性,对国际审计准则做出了重大修订,国际审计准则的新变化,迫使我国审计准则在已有的基础上继续改进,以实现审计准则的持续的趋同。

1. 中国注册会计师审计执业的修订范围与修订原则

2010年11月财政部发布了新修订的中国注册会计师执业准则,并宣布新准则将于2012年1月1日起执行。此次修订发布的新准则共含38个项目,除《第5101号——质量控制准则》外,其余37项均为审计准则。在这37项审计准则中,除《第1152号——向治理层和管理层通报内部控制缺陷》为新增项目外,其余36项均为调整与修订项目,其中涉及实质性修订的准则共有16项,属于针对体例结构进行调整改写的准则有20项。表6-2对比列示了修订前后审计准则项目和有关修订的情况。

表6-2　　　　　　　中国注册会计师审计准则修订前后对比表

分类	序号	修订前	修订后	修订并改写	体例改写
基本要求和责任	1	《第1101号——财务报表审计的目标和一般原则》	《第1101号——注册会计师的总体目标和审计工作的基本要求》	√	
	2	《第1111号——审计业务约定书》	《第1111号——就审计业务约定条款达成一致意见》		√
	3	《第1121号——历史财务信息审计的质量控制》	《第1121号——对财务报表审计实施的质量控制》		√
	4	《第1131号——审计工作底稿》	《第1131号——审计工作底稿》		√
	5	《第1141号——财务报表审计中对舞弊的考虑》	《第1141号——财务报表审计中与舞弊相关的责任》		√
	6	《第1142号——财务报表审计中对法律法规的考虑》	《第1142号——财务报表审计中对法律法规的考虑》		√
	7	《第1151号——与治理层的沟通》	《第1151号——与治理层沟通》	√	
	8		《第1152号——向治理层和管理层通报内部控制缺陷》	新增	
	9	《第1152号——前后任注册会计师的沟通》	《第1153号——前任注册会计师和后任注册会计师的沟通》		√

（续表）

分类	序号	修 订 前	修 订 后	修订并改写	体例改写
风险评估与应对	10	《第1201号——计划审计工作》	《第1201号——计划审计工作》		√
	11	《第1211号——了解被审计单位及其环境并评估重大错报风险》	《第1211号——通过了解被审计单位及其环境识别和评估重大错报风险》		√
	12	《第1221号——重要性》	《第1221号——计划和执行审计工作时的重要性》	√	
	13	《第1231号——针对评估的重大错报风险实施的程序》	《第1231号——针对评估的重大错报风险采取的对应措施》	√	
	14	《第1212号——对被审计单位使用服务机构的考虑》	《第1241号——对被审计单位使用服务机构的考虑》	√	
	15	《第1221号——重要性》	《第1251号——评价审计过程中识别出的错报》	√	
审计证据	16	《第1301号——审计证据》	《第1301号——审计证据》		√
	17	《第1311号——存货监盘》	《第1311号——对存货、诉讼和索赔、分部信息等待定项目获取审计证据的具体考虑》		√
	18	《第1312号——函证》	《第1312号——函证》	√	
	19	《第1331号——首次接受委托时对期初余额的审计》	《第1331号——首次审计业务涉及的期初余额》		√
	20	《第1313号——分析程序》	《第1313号——分析程序》		√
	21	《第1314号——审计抽样和其他选取测试项目的方法》	《第1314号——审计抽样》		√
	22	《第1321号——会计估计的审计》 《第1322号——公允价值计量和披露的审计》	《第1321号——审计会计估计（包括公允价值会计估计）和相关披露》	√	
	23	《第1323号——关联方》	《第1323号——关联方》	√	
	24	《第1324号——持续经营》	《第1324号——持续经营》		√
	25	《第1332号——期后事项》	《第1332号——期后事项》		√
	26	《第1341号——管理层声明》	《第1341号——书面声明》	√	
利用其他主体工作	27	《第1401号——利用其他注册会计师的工作》	《第1401号——对集团财务报表审计的特殊考虑》	√	

(续表)

分类	序号	修订前	修订后	修订并改写	体例改写
利用其他主体工作	28	《第1411号——考虑内部审计工作》	《第1411号——利用内部审计人员的工作》		√
	29	《第1421号——利用专家的工作》	《第1421号——利用专家的工作》	√	
审计结论与报告	30	《第1501号——审计报告》	《第1501号——对财务报表形成审计意见和出具审计报告》		√
	31	《第1502号——非标准审计报告》	《第1502号——在审计报告中发表非无保留意见》	√	
	32		《第1503号——在审计报告中增加强调事项段和其他事项段》	√	
	33	《第1511号——比较数据》	《第1511号——比较信息：对应数据和比较财务报表》		√
	34	《第1521号——含有已审计财务报表的文件中的其他信息》	《第1521号——注册会计师对含有已审计财务报表的文件中的其他信息的责任》		√
特殊领域审计	35	《第1601号——对特殊目的审计业务出具审计报告》	《第1601号——对按照特殊目的编制基础编制的财务报表审计的特殊考虑》	√	
	36		《第1603号——对单一财务报表和财务报表特定要素审计的特殊考虑》	√	
	37		《第1604号——对简要财务报表出具报告的业务》	√	

除以上修改了的审计准则外，部分特殊领域的审计准则，如《第1602号——验资》《第1611号——商业银行财务报表审计》等未做调整，延续使用。

该次审计准则的修订，体现了以下两项原则。

第一，保持与国际审计准则的持续全面趋同。由国际审计与鉴证准则理事会于2008年年底制定完成的明晰性项目共涉及37项，这37项国际审计准则与我国2006年颁发的审计准则中的33项相对应。该次修订将上述33个项目全部纳入修订范围，并借鉴国际审计准则的项目划分方法对这33项准则进行了重新调整，使调整后的准则也分为37项，使我国审计准则与国际审计准则一一对应。审计准则的内容也充分采用了国际审计准则的所有基本原则和核心程序，在审计的目标与原则、风险的评估与应对、审计证据的获取和分析、审计结论的形成和报告，以及注册会计师执业责任的设定等所有重大方面,均与国际审计准则保持一致。①

第二,提高可审计准则的适用性。经过该次修订,提供的审计准则适应了多元主体的需要,实现了采用同一套审计准则既能够审计按照我国会计准则编制的会计报表,也能够审计按照其他国家或地区会计准则编制的财务报表;不但能够审计企业财务报表,而且能够审计公共部门实体财务报表;不但能够审计通用部门的财务报表,而且能够审计特殊目的的财务报表的目标。

2. 修订后新审计准则体系的主要特点②

本次修订后新的审计准则体系体现出以下几个特点。

(1) 统一体例结构,提高准则理解和执行的一致性。该次修订后的审计准则,原则上都由总则、定义、目标、要求和附则五个部分组成。其中:总则部分主要阐述准则制定的目的、适用范围、规范内容、本准则与其他准则的关系等事项;定义部分则围绕准则中所包含的术语予以解释;目标部分用于明确界定注册会计师执行准则应实现的目标,注册会计师可以利用目标来判断执行准则规定的审计程序后是否已获取充分、适当的审计证据并实现目标;要求部分规定了注册会计师为实现目标应遵守的要求,即注册会计师在相关业务环境下"应当"实施的所有必要程序;附则部分用于说明准则的施行日期。

(2) 进一步贯彻风险导向审计的理念。我国 2006 年发布的审计准则体系虽然已建立起风险导向审计的概念框架,并通过制定《了解被审计单位及其环境并评估重大错报风险》和《针对评估的重大错报风险实施的程序》这两项准则对风险导向审计的流程进行了系统的规范,但这一理念并没有全面地贯彻到所有的审计准则之中。该次准则修订不仅对核心风险审计准则重新修订,还将风险导向审计理念落实到整套审计准则之中。例如,在对关联方、会计估计、公允价值、集团财务报表,对被审计单位使用服务机构的考虑等具体审计准则中,围绕重大错报风险的识别、评估和应对的审计流程做出了修订;在函证、分析程序等审计准则中,要求注册会计师考虑是否实施及如何实施风险识别、评估和应对的程序,等等。

(3) 提高了识别和应对舞弊风险的有效性。例如,新修订的审计准则规定了注册会计师发现和报告舞弊的责任,即:注册会计师有责任按照审计准则的规定实施审计工作,获取财务报表在整体上不存在重大错报的合理保证,无论该错报是由于舞弊还是错误导致。新准则还对注册会计师如何履行这一职责提供了较为详细的指导和要求,如保持职业怀疑态度、增加审计程序的不可预测性、项目组就舞弊风险进行专题讨

---

① 陈毓圭:《修订完善审计准则,保持持续全面国际趋同》,《中国注册会计师》,2010 年第 10 期。
② 陈毓圭:《修订完善审计准则,保持持续全面国际趋同》,《中国注册会计师》,2010 年第 10 期。

论以及考虑管理层凌驾于内部控制之上的风险等。新准则特别对关联方、会计估计和公允价值、集团会计等舞弊高发领域提出了更为明确的审计要求。

（4）加强了与治理层的沟通。与治理层的沟通，主要体现在修订后的《中国注册会计师审计准则第1151号——与治理层的沟通》中。该准则针对注册会计师与治理层的沟通问题提出了要求，包括明确治理层在监督财务报告方面的职责和作用；注册会计师在审计工作中遇到重大困难和发现的错报、违反法律法规行为、舞弊等事项时，应及时与治理层沟通的要求。该项准则还要求注册会计师向治理层和管理层恰当通报注册会计师在审计过程中识别出的，根据职业判断认为足够重要从而值得治理层和管理层各自关注的内部控制缺陷。

（5）提高了对小型企业审计的适应性。针对小型企业组织结构和商业交易相对简单，管理方式与大中型企业有所差别的特点，该次颁布后的审计准则取消了2006年发布的《中国注册会计师审计准则第1621号——对小型被审计单位审计的特殊考虑》，取而代之，在每项应用指南中增加"对小型被审计单位的特殊考虑"部分，这种做法增强了对小型企业审计的业务指导，增强了审计准则体系的适用性。

（四）审计准则的新制定和后续修订

继2010年对注册会计师执业审计准则做出较大范围修订后，2016年12月23日又制定了1项新的审计准则，修订了11项数据准则。新制定的审计准则为第1504号——在审计报告中沟通关键审计事项。修订的审计准则为第1501号——对财务报表形成审计意见和出具审计报告、第1502号——在审计报告中发表非无保留意见、第1503号——在审计报告中增加强调事项段和其他事项段、第1151号——与治理层的沟通、第1324号——持续经营、第1521号——注册会计师对其他信息的责任、第1111号——就审计业务约定条款达成一致意见、第1131号——审计工作底稿、第1301号——审计证据、第1332号——期后事项、第1341号——书面声明。

新制定和修订的审计准则，表现出三个方面的变化：一是提高了审计报告的信息含量，增强了审计报告的相关性和决策有用性，如要求在上市公司的审计报告中增设关键审计事项段，还要求披露审计工作中的重点难点、被审计单位存在的重大风险点及对这些风险点采取的应对措施等。二是提高了审计报告的沟通价值，增强了审计工作的透明度，如要求在审计报告中说明注册会计师和管理层对持续经营各自所负的责任、注册会计师对年度报告中包含的除已审计财务报表和审计报告以外的其他信息的责任，增加对"合理保证""重要性""风险导向审计"等核心概念的阐释，以及对注册会计师发现舞弊的责任、与治理层沟通的责任等进行的阐释；要求在上市实体的审计报告中披露项目合伙人的姓名等。三是强化了注册会计师与审计相关的责任，回应了审计报告使用者的关注,如要求在审计报告中单设段落对持续经营存在的重大不确定性做出说明;要求在审计报告中声明独立于被审计单位,并履行了职业道德方面的其他责任。

该批新制定和修订的审计准则实施后,废止了原审计准则第 1111 号——就审计业务约定条款达成一致意见、第 1131 号——审计工作底稿、第 1151 号——与治理层的沟通、第 1301 号——审计证据、第 1324 号——持续经营、第 1332 号——期后事项、第 1341 号——书面声明、第 1501 号——对财务报表形成审计意见和出具审计报告、第 1502 号——在审计报告中发表非无保留意见、第 1503 号——在审计报告中增加强调事项段和其他事项段、第 1521 号——注册会计师对含有已审计财务报表的文件中的其他信息的责任。

四、《注册会计师法》的修订

新中国《注册会计师法》自 1993 年颁布以来,为确立注册会计师行业在经济社会发展中的地位,推动注册会计师行业发展,维护投资者和社会公众利益,促进市场经济健康规范发展发挥了重要作用。随着经济改革的深化和注册会计师行业的发展,《注册会计师法》也显露出与形势发展的不相适应,需要对其做出修改。2014 年 8 月 31 日,全国人民代表大会常务委员会第十次会议通过了对《注册会计师法》的修订。与 1993 年《注册会计师法》相比较,本次修订的《注册会计师法》在会计师事务所设立的审批方面有所改变,具体表现在如下方面。

其一,修改后的《注册会计师法》将会计师事务所的设立审批权下放到省级财政部门。原《注册会计师法》第二十五条第一款规定,"设立会计师事务所,由国务院财政部门或者省、自治区、直辖市人民政府财政部门批准";修改后的《注册会计师法》第二十五条第一款为:"设立会计师事务所,由省、自治区、直辖市人民政府财政部门批准。"

其二,修改后的《注册会计师法》删除了中外合作会计师事务所相关规定,取消了对外国会计师事务所在中国内地设立常驻代表机构的审批要求。原《注册会计师法》第四十四条规定:"外国人申请参加中国注册会计师全国统一考试和注册,按照互惠原则办理。外国会计师事务所在中国境内设立常驻代表机构,须报国务院财政部门批准。外国会计师事务所与中国的会计师事务所共同举办中外合作会计师事务所,须经国务院对外经济贸易主管部门或者国务院授权的部门和省级人民政府审查同意后报国务院财政部门批准。除前款规定的情形外,外国会计师事务所需要在中国境内临时办理有关业务的,须经有关的省、自治区、直辖市人民政府财政部门批准。"修改后的《注册会计师法》第四十四条为:"外国人申请参加中国注册会计师全国统一考试和注册,按照互惠原则办理。外国会计师事务所需要在中国境内临时办理有关业务的,须经有关的省、自治区、直辖市人民政府财政部门批准。"

将会计师事务所的设立审批权下放到省级财政部门和取消对外国会计师事务所在中国内地设立常驻代表机构的审批,是为了简化中外合作会计师事务所或其代表机构设立的审批手续,便于会计师事务所开展业务;删除中外合作会计师事务所相关规定,是因为我国此前批准的4家中外合作会计师事务所,已经全部转制为"本土"事务所,中外合作这种组织形式的会计师事务所在我国已经不存在。

本次《注册会计师法》的修改内容很少,只是针对注册会计师行业行政审批事项的"专项修改",但对于完善注册会计师行业管理体制,提高注册会计师行业的法治化、规范化、市场化水平同样具有积极影响。

我国转变经济增长方式时期是改进经济增长质量的时期,同样也是注册会计师事业提高完善的时期。这一时期注册会计师事业的提高完善,体现在几个方面:

第一,完善审计标准。本时期内注册会计师事业最大的亮点是制定了新的《中国注册会计师执业规范》。出台新执业规范的时间距公布《独立审计准则》的时间不过3年,如此之高的行业标准更新频率,表明我国希望通过内容更全面、水平更高的行业标准改进注册会计师行业的审计质量。新的《中国注册会计师执业规范》是一套高质量的行业标准,实现了与国际审计准则的实质性趋同。2005年12月和2010年11月,中国审计准则委员会、国际审计与鉴证准则理事会先后两次签署联合声明,确认中国审计准则与国际审计准则的国际趋同成果。由世界银行在其公布的《中国会计和审计评估报告》中,也高度评价了中国的审计改革成果,认为"中国改进会计审计准则和实务质量的战略已成为良好典范,可供其他国家效仿"。国际会计师联合会(IFAC)更是将中国审计准则建设的成就作为推动审计准则国际趋同的重要成果写入其工作报告。国际趋同的行业标准是提高审计质量的保证,有力地推动了注册会计师事业的发展。

第二,完善会计师事务所的内部治理。2007年提出的《关于推动会计师事务所做大做强的意见》,是完善会计师事务所内部治理的重要规定,注册会计师行业的领导者意识到了良好的内部治理是会计师事务所发展壮大的保障,单纯追求扩大业务而忽视组织建设的做法是片面的,必然导致事务所内部人员涣散、离心离德、质量失控,最后毁掉事业的发展。

第三,完善会计师事务所的组织形式。本时期内制定的若干关于要求会计师事务所实行特殊普通合伙制的规定,希望通过合理的组织形式促进事务所的发展。组织形式决定了会计师事务所所有者的权利和责任,特殊普通合伙制有利于会计师事务所内部权利、责任的划分和承担,进而有利于会计师事务所的内部治理。完善会计师事务所组织形式的规定与完善会计师事务所内部治理的规定相得益彰,共同保障着会计师事务所的健康发展。

第四,完善行业监管。在注册会计师事业发展的过程中,我国历来重视行业监管,本时期内多次修改行业监管规定,突出了执业质量检查这一监管重点,将对行业内违规操作、弄虚作假、降低质量标准的检查制度化、经常化,惩戒更为严厉,以严格的行业监管规范注册会计师的行为。

本章小结

财政部1980年颁布的《关于成立会计顾问处的暂行规定》,标志着新中国恢复了取消多年的注册会计师事业。新中国的注册会计师事业恢复之后,发展得比较平稳。在中国经济向市场经济转型期内,新生的注册会计师事业处于初步恢复的阶段。该时期除颁布了《关于成立会计顾问处的暂行规定》外,还颁布了《中华人民共和国注册会计师条例》(1986年),在执业资格管理方面制定了《注册会计师考试、考核暂行办法》(1991年)等制度,在执业规则和职业道德方面建设方面颁布了《注册会计师检查验证会计报表规则》(1988—1992年)等标准,在事务所管理方面颁布了《会计师事务所管理暂行办法》(1986年)等制度,为注册会计师事业在恢复初期的平稳发展提供了基本的制度保证。在市场经济建立时期,注册会计师事业进入发展整顿的阶段。该期间内初步建立了与注册会计师事业有关的法律法规体系,颁布了《中华人民共和国注册会计师法》(1993年),分6批先后制定了30项独立审计准则、10项独立审计实务公告、5个执业规范指南、3项相关基本准则(1994—2003年),制定了《注册会计师教育要求和培训制度》(1992年),颁布了《关于整顿注册会计师业务和会计师事务所的通知》(1993年)。这些法律法规保证了注册会计师事业的规范发展。转变经济增长方式时期是注册会计师事业提高完善的阶段。该时期内发布了48项注册会计师执业准则(2006年)、制定了《会计师事务所内部控制指南》(2007年),颁布了《中国注册会计师继续教育制度》(2006年)和《中国注册会计师胜任能力指南》(2007年),颁布了《注册会计师全国统一考试办法》(2009年)等制度,推动了注册会计师事业的提高,实现了注册会计师执业标准的国际趋同。

新中国的注册会计师事业恢复于改革开放之后,是改革开放的成果。改革开放为新中国注册会计师事业的发展提供了最根本的推动力,创造了良好的环境,使新中国注册会计师事业的发展相对顺利。历史经验证明,在改革开放的护佑下,新中国注册会计师事业的稳定发展主要是因为采取了这样几项发挥了决定性作用的措施。

(1)执业标准质量不断提高。新中国恢复注册会计师事业以来,非常重视执业标准建设,力图以与国际趋同的高质量执业标准引领行业发展。与会计准则建设过程相对比,在注册会计师执业标准建设上基本不存在认识上的对立,无论政策制定者、学术界还是执业者,均认为中国的注册会计师执业标准应该采用国际通行的惯例,实行国际趋同。这种认识上的一致,一是因为注册会计师的鉴证和咨询业务是对经济活动合法性、真实性的核实和对提高经济活动效率的建议,本身并不过多地形成特定集团的经济利益,不会特意偏向哪些利益方,因而对执业标准的争议较少;二是因为新中国注册会计师事业恢复的时间较短,一切从零开始,历史包袱少,不存在难以处理的历史遗留问题,在改革开放、思想解放的环境下,对建立国际趋同执业标准容易取得认识上的一致。

(2) 市场秩序不断整顿。由于整体社会道德素养低、法治环境差等多重因素,新中国注册会计师事业长期受到市场秩序混乱的困扰,恶性竞争、注册会计师与被审计单位串通作弊等情况屡屡发生,严重扰乱了注册会计师行业市场,使注册会计师行业发展陷入混乱,也给社会造成了损失。面对乱局,注册会计师业务主管部门、行业协会将市场秩序作为注册会计师事业发展的生命线,严厉整顿市场秩序,先后出台了《会计(审计)事务所业务检查制度(试行)》《违法注册会计师处罚暂行办法》《会计师事务所执业质量检查制度》等多项执业检查规定;调整完善了上市公司年报审计监管工作规程,突出全程监控、风险导向和诚信执业的理念,把防范系统风险作为执业质量检查工作的重点,建立起以约谈为抓手、事前事中事后监管相结合的监管体系,推进上市公司年报审计监管工作规范化、全程化;首创年报审计监管约谈方式,有针对性地对高风险上市公司审计业务项目开展监管约谈,提示风险因素并提出防范建议措施,指导事务所关注和应对相关审计风险;设立惩戒委员会,对执业质量检查和专项调查发现的问题形成惩戒决定;建立事务所执业质量检查公告制度;等等。这些制度措施的出台是完全必要的,在一定程度上提高了行业公信力,使行业市场的混乱无序状态得到了遏制。

注册会计师市场的乱象既是由于注册会计师本身的职业道德低下造成的,又有着深刻、广泛的社会根源,是整个社会环境导致的。因为注册会计师市场秩序混乱是社会道德滑坡在会计师行业的反映,所以这种市场秩序的混乱不可能在短期内实现根本好转,整顿市场秩序必须持之以恒,不断加大力度,创新方法,才能使注册会计师事业走上正轨。

(3) 业务范围不断扩大。新中国注册会计师事业发展的过程,是其业务范围不断扩大的过程。世界各国注册会计师的业务多包括经济鉴证、纳税服务、管理咨询。新中国注册会计师事业恢复不久后颁布的《中华人民共和国注册会计师条例》(1986 年)

中规定的会计师业务也是会计查账验证和会计咨询两大类,但一段时间以来,注册会计师业务局限于企业的年度审计和投入资本验证等狭小的范围。进入转变经济增长时期后,财政部《关于加快发展我国注册会计师行业若干意见的实施意见》《中国注册会计师行业发展规划(2011—2015年)》《中国注册会计师行业新业务拓展战略实施意见》、三次更新的《注册会计师业务指导目录》等文件明确了新业务拓展战略,提出了新业务拓展的总体工作思路、工作目标、重点任务和保障措施,注册会计师业务范围不断拓展,开发了以前不曾涉猎的医疗卫生机构、大中专院校以及基金会、慈善组织等非营利组织的财务报表审计,商业银行金融审计和农村财务公开鉴证等新型审计鉴证服务,企业社会责任报告、财政支出和投资绩效评价、市场调查、体制改革等社会管理领域的新鉴证服务,政府购买服务和教育、医疗卫生、社会福利、公益慈善事业的体制改革、管理创新和调整升级等新型专业服务,企事业单位内部控制、ERP管理系统流程设计、税务筹划、战略管理、并购重组、工程咨询等咨询服务,中小企业公司秘书、代理公司注册、代理记账、市场调查、人力资源咨询等中小型事务所咨询服务,注册会计师业务范围大为扩展,业务量有了较大增长。其中,非审计类业务的增长最为引人注目,非鉴证业务收入占行业总收入的比重已经由2010年度的16％提高到了2015年度的30％,行业服务客户单位由350万家增至420万家以上。非审计类业务的增长,为注册会计师行业的业务扩展开辟了一片具有无限可能的空间。伴随业务的发展,行业内涌现出了一批执业质量较优、社会信誉较好的事务所。2016年会计师事务所综合评价前百家信息显示,业务收入超过1亿元的事务所有49家,业务收入超过10亿元的事务所有13家,超过20亿元的事务所有6家,超过30亿元的事务所有4家,比"十一五"期末大幅增加;前百家会计师事务所业务收入合计464.87亿元,占全行业总收入的67.4％,较"十一五"期末明显提高。显然,只有扩大了业务范围,提高了业务量,注册会计师事业才可能发展壮大,这是明白无误的历史事实。

(4)事务所内部管理不断优化。新中国注册会计师事业恢复以来的一段时期内,会计师事务所内部管理没有受到重视,混乱的事务所管理直接影响到业务质量。随着对会计师事务所内部管理重要性认识的逐步提高,相关部门发布了《会计师事务所管理办法》《会计师事务所财务管理暂行办法》《会计师事务所内部治理指南》《会计师事务所特殊普通合伙协议范本》等一系列加强事务所内部管理的制度、文件,逐渐形成了以事务所章程为核心的内部决策和管理制度体系以及尊重制度、执行制度的管理氛围,为事务所发展和稳定执业质量提供了组织制度保障。

第 7 章

改革开放后的内部控制制度

我国企业内部控制规范体系的形成是一个渐进式长期积累和发展的过程。改革开放前的一些会计制度中即表现出了内部控制的精神和做法。改革开放以来,财政部先后制定并在全国范围内实施了加强各单位内部会计管理方面的一系列规章制度,《会计人员职权条例》《会计人员工作规则》《公司法》《证券法》《会计法》等法律、规则条例及办法中均含有对内部控制的要求,并最终于 2008 年针对内部控制提出系统规范。企业内部控制规范是适应我国经济社会不同发展进程逐步形成的,大体经历了内部牵制、内部会计控制到全面风险控制三个阶段。

第 1 节　向市场经济转轨时期的内部控制制度:1978—1991 年

1978 年 12 月召开的中国共产党第十一届中央委员会第三次全体会议做出了实行改革开放的重大决策,决定从 1979 年开始,将全党工作的着重点和全国人民的注意力转移到社会主义现代化建设上来。1979 年 4 月,中央针对当时国民经济状况提出"调整、改革、整顿、提高"八字方针,调整国民经济中失调的比例关系,改革不适应生产力发展的经济管理体制和经营管理方法,整顿现有企业的生产秩序和管理秩序,提高国民经济各部门的经济效果。

由于政治、经济环境的变化,各地区、各部门、各单位需要加强财务会计工作,会计工作急需整顿、恢复、完善,要健全会计机构,充实会计人员。在此背景下,1978 年 9 月 12 日国务院修订、出台了《会计人员职权条例》。

一、《会计人员职权条例》(1978 年)中的内部控制规定

《会计人员职权条例》(1978 年)分为 7 章共 20 条,对 1963 年《会计人员职权试行

条例》的 5 章 29 条进行了补充修改。

1963 年《会计人员职权试行条例》有关内部牵制的内容表述为：第一章总则第 4 条，"国家对会计人员赋予必要权限，以利于他们履行自己的职责"。第二章会计人员的职责中第 10 条，"会计人员必须通过会计工作保护国家财产：(1)监督有关人员，对各项财产物资正确地进行计量、检验、收发、领退、调拨和报废工作，确保国家财产不受损失。(2)参与财产物资的定期清查，核实库存，保证帐[①]实相符"。第 14 条指出："国家决定结束或者合并的单位，会计主管人员和有关的会计人员，必须负责办理清理期间的会计工作。在各项财产物资、债权债务、上交下拨事项清理完毕，全部帐目向接收单位交代清楚以后，会计主管人员和有关的会计人员才能离开。"第三章会计人员的权限中第 16 条："会计主管人员和有关的会计人员，有权参与本单位各项有关的计划、预算、定额的制订。各单位对外报送的会计报表，非经本单位领导人和会计主管人员签署，不能生效。"第 17 条："会计人员有权监督财产物资的调拨。各种财产物资，非经会计主管人员或者会计主管人员指定的会计人员签证，不得运出本单位。财产物资的保管人员调动工作、办理交接的时候，应当有会计主管人员或其指定的会计人员参与监交。"1978 年《会计人员职权条例》第三章工作权限第 9 条中明确会计人员工作权限，"有权监督、检查本单位有关部门的财务收支、资金使用和财产保管、收发、计量、检验等情况"。1978 年《会计人员职权条例》较之 1963 年《会计人员职权试行条例》，在工作权限上内容更加丰富，会计工作不仅对财产物资监督，首次提出会计对本单位财务收支和资金使用有权进行监督。在第 12、第 13 条中新增总会计师的工作权限，其中涉及内部牵制的内容是："参与生产、物资供应、产品销售、技术措施、基本建设等计划和主要经济合同的审查，检查计划、经济合同的执行情况，考核生产经营成果。监督本单位执行国家财经政策、法令、制度，遵守财经纪律。企业的财务计划、信贷计划和会计报表应由总会计师签署。"企业的生产、技术改进措施、基建等计划和重要经济合同，应由总会计师会签。总会计师参与企业经营管理，对企业经营活动进行监管，从而起到企业内部牵制作用。《会计人员职权条例》对于会计人员和总会计师的权责规定明确，推行了重大业务活动的总会计师监督，保证了生产过程中的会计部门监督审核，避免了任何部门或者几个人在生产经营活动中拥有全面控制的权力。

二、《会计人员工作规则》(1984 年)中的内部控制规定

1984 年，中国共产党第十二届中央委员会第三次全体会议通过的《中共中央关于

---

① 早期法规中用的是"帐"字，后逐渐改为"账"。

经济体制改革的决定》明确提出：进一步贯彻执行对内搞活经济、对外实行开放的方针，加快以城市为重点的整个经济体制改革的步伐，是当前我国形势发展的迫切需要。该决定指出，改革的基本任务，是建立具有中国特色的、充满生机和活力的社会主义经济体制，促进社会生产力的发展。计划经济在我国仍然占主导的地位，市场经济占辅助的地位。随着经济责任制落实，经济体制改革，企业的自主权的扩大，企业内部经济核算制要求不断完善，对会计人员提出了更高的标准，为了加强会计工作，克服混乱现象，需要建立正常会计工作秩序和会计工作责任制，不断提高会计人员的业务水平，以适应改善企业经营管理对会计工作的要求。

随着经济体制改革的推进，企业需要有更多的自我控制。1984年4月财政部制定的《会计人员工作规则》是会计人员做好会计工作应当遵循的基本规则和规范，其中较多地体现了内部控制的精神，使企业、事业单位的内部牵制制度较1978年《会计人员工作条例》更为具体、可操作。该规则指出，应建立岗位责任制，明确每个会计人员的工作岗位和职责范围。该规则根据各行各业会计工作的任务，将会计人员岗位归纳为：会计主管、出纳、财产物资核算、工资核算、成本费用核算、收入利润核算、资金核算、往来结算、总账报表、稽核等。同时，提出会计人员岗位责任制要同本单位的经济（经营）责任制相联系；会计人员的工作岗位确定以后，还可以有计划地进行轮换。有计划地或是定期进行会计人员工作岗位轮换，一方面使会计人员能够全面熟悉各项工作；另一方面使企业早期实行内部控制的手段。

该规则及所附的《工业企业会计人员岗位责任制（参考方案）》相应岗位职责中规定的内部牵制内容如下。

会计主管岗位：具体领导本单位的财务会计工作。对各项财务会计工作要定期研究、布置、检查、总结；组织制定本单位的各项财务会计制度，并督促贯彻执行，随时检查各项制度的执行情况，发现违反财经纪律、财务会计制度的，要及时制止和纠正，重大问题应向领导或有关部门报告；审查或参与拟订经济合同、协议及其他经济文件，加强事前监督；要定期或不定期地向本单位领导和职工代表大会报告财务状况和经营成果，审查对外提供的会计资料。

出纳岗位要求：办理现金收付和银行结算业务。严格按照国家有关现金管理和银行结算制度的规定，根据稽核人员审核签章的收付款凭证，进行复核，办理款项收付。对于重大的开支项目，必须经过会计主管人员、总会计师或单位领导审核签章方可办理。收付款后，要在收付款凭证上签章并加盖"收讫""付讫"戳记。库存现金不得超过银行核定的限额，超过部分要及时存入银行。不得以"白条"抵充库存现金。严格控制签发空白支票。如因特殊情况确须签发不填写金额的转账支票时，必须在支票上写明收款单位名称、款项用途、签发日期、规定限额和报销期限,并由领用支票人在专设登记簿上签章。逾期未用的空白转账支票,要及时收回注销。不得将空白支票交给其他单位或个人签发。对于填写错误的支票,必须加盖"作废"戳记。与存根一并保存。支票遗失时,要立即向银行办理挂失手续;要随时掌握银行存款余额,不准将银行账户出租、出借给单位或个人办理结算。出纳人员不得监管收入、费用、债权、债务账簿的登记工作以及稽核工作和会计档案保管工作;对于现金和各种有价证券,要确保其安全和完整无缺,如有短缺要负赔偿责任。要保守保险柜密码的秘密,保管好钥匙,不得任意转交他人;出纳人员所管的印章必须妥善保管,严格按照规定用途使用。签发支票所使用的各种印章,不得全部交由出纳一人保管。对空白收据和空白支票必须严格管理,专设登记簿登记,认真办理领用注销手续。

流动资金核算岗位:拟订流动资金管理与核算实施办法。要划清各项资金的界限,根据管用结合和资金归口分级管理的要求,拟订流动资金管理与核算实施办法;定期考核各个环节流动资金的占用水平和周转状况,提出挖掘资金潜力的建议;办理有关流动资金的报批手续。清查盘点中发现的盘盈、盘亏和毁损的流动资产,经过审查核实,按照规定的审批权限和程序办理有关手续。

固定资产核算岗位:对购置、调入、内部转移、租赁、封存、调出的固定资产,要督促有关部门或人员办理会计手续;参与固定资产的清查盘点。会同有关部门定期对固定资产轮番盘点,年终进行全面清查。发现盘盈、盘亏和毁损等情形要查明原因,弄清责任,按规定的审批权限办理报批手续;发现有多余、闲置以及保管、使用、维护不当的固定资产,要及时向领导报告,并提出改进意见。

材料核算岗位:会同有关部门拟订材料管理与核算实施办法。对于原材料、燃料、包装物、低值易耗品、委托加工材料等各类材料的收发、领退和保管,要会同材料管理部门规定手续制度,明确责任;负责材料的明细核算和有关的往来结算业务。要协助使用部门建立低值易耗品的领用和报废的登记、以旧换新、损坏赔偿、定期盘点等制度。对购入的材料要认真审查发票、账单等结算凭证;参与库存材料的清查盘点。要定期、不定期地对材料组织轮番盘点,年终要进行全面清查。对盘盈、盘亏和报废的材料要查明原因,分别不同情况,经过批准后进行处理。

工资核算岗位:发放工资、奖金。根据实有职工人数、工资等级和工资标准,审核工资计算表,办理代扣款项,计算实发工资。根据规定审查奖金计算表。按照车间和部门归类,编制工资、奖金汇总表,填制记账凭证。经审核后,会同出纳人员提取现金,组织发放。发放的工资、奖金必须由领款人签名或盖章。发放完毕后,要及时收回工资、奖金计算表,装订成册,注明记账凭证编号,妥善保管。

成本核算岗位：协助管理在产品和自制半成品。协助有关部门建立在产品台账和半成品登记簿，在产品的内部转移和半成品的出库入库，都要认真登记。对在产品和自制半成品要定期盘点，做到账实相符；开展部门、车间和班组经济核算。根据分解下达的成本、费用计划指标，层层落实到班组或个人，采取多种形式，开展部门、车间、班组的群众性经济核算，贯彻经济责任制。

利润核算岗位：要经常核对产成品的账面余额和实际库存数，核对销货往来明细账，做到账实、账账相符；要建立健全产成品的出入库和保管制度。要经常深入仓库，协助有关部门平时对库存产品进行轮番盘点，年终进行全面清查。对产成品的盘盈、盘亏和报废，要认真核实，按照批准权限和审批程序办理报批手续，进行账务处理。

往来结算岗位：对购销业务以外的暂收、暂付、应收、应付、备用金等往来款项，要建立必要的清算手续制度，加强管理，及时清算；实行备用金制度的单位，要核定备用金定额，及时办理领用和报销手续，加强管理。对预借的差旅费，要督促及时办理报销手续，收回余额，不得拖欠，不准挪用。要按照规定的开支标准，严格审查有关支出。

专项资金核算岗位：对各种专项资金的往来款项，要定期对账，随时清算。

稽核岗位：审查财务成本计划。按照上级规定的要求，审查各项计划指标的计算是否正确，指标之间是否衔接平衡，计划是否切实可行。发现问题，要提出修改的意见和建议；审查各项财务收支，根据财务收支计划和财务会计制度，逐笔审核各项收支，对计划外或不符合规定的收支，应提出意见，并向领导汇报，采取措施进行处理；复核会计凭证和账表，复核凭证是否合法，内容是否真实，手续是否完备，数字是否正确。对于记账凭证，还要复核其记账分录是否符合制度规定。对账簿记录要进行抽查，检查是否符合记账要求。复核各种会计报表是否符合制度规定的编报要求，复核中发现问题和差错，应通知有关人员查明更正和处理；稽核人员要对审核签署的凭证、账簿和报表负责。

该规则首次对会计部门的岗位及其职责做出了统一的规范，其中体现的内部牵制精神在于岗位分离与明确岗位权责，其实践意义在于明确了会计部门的构成要素，明确了不同会计岗位的负责内容。会计部门由会计主管岗位进行统一负责，分设岗位，每个岗位对应企业生产经营活动中的一个环节，将生产经营的每个管理岗位的监管权力全部实现岗位分离，这标志着以岗位分离为形式的内部牵制制度得以实现。从内部牵制与内部控制的发展来看，该规则已经超出了简单内部牵制的要求，从而出现了内部控制的特点。其中稽核岗位和往来结算岗位着重对于企业的财产进行审核与保护，可以认为是企业财产保护内部控制的重要部分。

1984 颁布的《会计人员工作规则》在很大程度上提升了内部牵制机制的可操作性,同时提出了一套标准化的会计岗位设计与相应职责,并一定程度地体现了会计系统控制、财产保护控制等内部控制的精神。

三、《会计法》(1985 年)中的内部控制规定

《会计法》由中华人民共和国第六届全国人民代表大会常务委员会第九次会议于 1985 年 1 月 21 日通过。《会计法》中涉及了很多内部牵制内容,如第 11 条规定,"会计机构必须对原始凭证进行审核";第 13 条规定,"各单位应当建立财产清查制度,保证账簿记录与实物、款项相符";第 15 条规定,"会计凭证、会计账簿、会计报表和其他会计资料,应当按照国家有关规定建立档案,妥善保管"。第 21 条中提出,"会计机构内部应当建立稽核制度。出纳人员不得兼管稽核、会计档案保管和收入、费用、债权债务账目的登记工作"。《会计法》中将岗位分离的内部牵制的要求写入法律,同时特别强调岗位之间不可以进行兼任,将内部牵制从企业管理的制度提升转变为法律规定。

1985《会计法》还首次将对于会计监督审查的职权写入法律,以法律的形式明确了会计机构有权利和义务核查企业所有原始票据。同时要求出纳不得同时兼管会计档案保管等方面的工作,首次正式提出在会计机构内部也需要实行牵制制度。我们可以通过《会计法》中对于企业内部牵制解读出:①随着企事业单位的发展和改革开放的深入,内部控制正在逐渐从简单的会计核算监督转向对企业整个系统的互相制约与牵制;②内部牵制的重要性提升,会计相关的内部控制初期只是停留在会议纪要和操作层面,后来逐渐见诸各种法规、制度之中,内部控制制度有了较大的发展。

四、《国营成本管理条例》(1984 年)和《国营金融、保险企业成本管理实施细则》(1986 年)中的内部控制规定

(一)《国营企业成本管理条例》(1984 年)中的内部控制规定

1984 年 3 月国务院发布的《国营企业成本管理条例》,从成本管理角度阐述了内部控制牵制。该条例第一章"总则"第 5 条指出:"企业实行成本管理责任制。大中型企业要在财务会计部门内设置专门机构负责成本管理工作;小型企业必须指定专业人员管理成本。"第四章"成本管理责任制"第 24 条指出:"企业在厂长领导下按级按分工职责实行成本管理责任制。"第 25 条要求"企业必须编制成本、费用计划,并按计划控制和管理成本";在第 27 条中指出:"企业应建立健全物资收发领退的定期盘点的制度。生产经营活动中的各种原始记录必须准确完整,责任清楚。"第 28 条指出,企业财务会计部门的成本管理责任是,"制订本企业的成本管理制度,并对企业的成本

进行预测、控制和分析";第 30 条要求"企业和各职能部门的领导人,对本单位的成本管理负责。即检查、分析成本计划和各种定额的执行情况,填报各种原始记录和报表,并进行与成本的预测、控制、监督、核算和分析有关的工作"。第五章"监督与制裁"中的第 31 条提出,"企业主管部门负责对本系统企业的成本管理进行监督检查"。这些条款表现出该条例从人员及岗位设置、岗位内容方面规范了成本管理过程中的内部牵制。

(二)《国营金融、保险企业成本管理实施细则》(1986 年)中的内部控制规定

1986 年进入了以完善企业经营机制为重点的深化企业改革的阶段,为了加强金融、保险企业成本管理,财政部根据国务院发布的《国营企业成本管理条例》,于 1986 年 11 月制定并颁发了《国营金融、保险企业成本管理实施细则》。该细则中包含了很多企业内部牵制内容,如该细则第 23 条要求"金融、保险企业建立固定资产和低值易耗品管理制度,定期或不定期进行清理、盘点,保证账卡相符、账账相符、账实相符";第 24 条提出企业领导(行长、经理)对成本计划和企业管理费明细计划的管理职责主要是:"总会计师(总经济师)负责全面的经济核算工作,协助企业领导(行长、经理)组织领导成本和企业管理费的管理工作,审查成本计划和企业管理费明细计划,审核重要项目的开支,并对执行情况负责。"该细则第 25 条规定,企业财务、会计部门对成本的管理职责是,"具体负责成本计划和企业管理费明细计划的编制汇总和执行,分解、落实上级核定的计划指标;按照国家政策规定,对成本计划和企业管理费明细计划的执行情况进行监督、检查、分析;制订企业内部成本管理的具体办法",等等。该细则第 28 条中指出,"中国人民银行总行、各专业银行总行、中国人民保险公司总公司负责对本系统企业的成本管理",管理的内容包括:①对企业的成本管理进行经常性的检查,促进经营管理改善,努力降低成本;②检查企业对成本条例和本实施细则的执行情况;③按期汇审所属企业的成本报表和企业管理费报表,提出审核意见;④对违法行为,及时进行检查、纠正。该细则第 29 条指出,审计、财政、税务机关根据各自的职权范围,对金融、保险企业的成本管理进行下列监督、检查:①监督成本条例、本实施细则及其他各项成本制度的执行;②对违反法规的行为进行调查核实,提出处理意见;③检查成本管理的其他有关问题。

(三)《国营电影企业成本管理实施细则》(1987 年)中的内部控制规定

1987 年 3 月,财政部发布《国营电影企业成本管理实施细则》(以下简称《电影成本细则》),是在国务院发布的《国营企业成本管理条例》基础上颁布的。《电影成本细则》中包含的内部牵制有:企业应建立、健全财产、物资盘存制度,定期或不定期地对所有的财产、物资进行清查盘点,保证账、卡、物三相符;企业厂长(经理)应负责领导成本

计划的编制,组织计划的实施,检查计划的执行情况,支持财会部门加强监督,维护财经纪律;总会计师(企业主管财务工作的负责人)要协助厂长(经理)组织领导成本的管理工作,审查成本计划,审核重要项目的开支,并对执行情况负责;财会部门具体负责成本计划的编制、分解、落实和执行;应按国家政策规定,监督检查成本的开支情况,进行各项费用的核算和分析,参与企业内部成本管理办法的制定,报告有关成本计划执行情况。

五、《会计工作达标升级试行办法》(1988年)中的内部控制规定

1988年6月财政部发布《会计工作达标升级试行办法》和《会计工作达标考核标准(试行)》。《会计工作达标升级试行办法》分为15条,其中第6条中指出,针对达标升级各单位,应建立健全会计工作的各项规章制度。《会计工作达标考核标准(试行)》第一部分"会计机构和会计人员"中指出,各单位应建立岗位责任制和内部稽核制度;第二部分"会计核算和管理"中针对物资出入库,要求经过计量、检验,手续齐备;要实行检验索赔制度;发生的经济业务都要取得或填制合法的原始凭证;记账凭证及其填制应符合会计制度规定的内容和要求,并应经有关责任人员签章;账证应做到账证、账账、账实三相符;现金和银行存款日记账,应按日逐笔顺序登记,结出余额,银行存款日记账与银行对账单及时核对、经调节无误;流动资金应有定额、有计划,层层分解,归口管理,核算正确;固定资产应实行归口分级管理,做到账、卡、物三相符;应有适合本单位特点、管理要求的成本管理制度和核算方法;应有财产清查制度,在办理决算前对各项财产进行清查核实;会计报表应经由单位领导和会计主管人员审阅,并签名或盖章。这些规定,体现了对企业会计系统、财产保护系统的内部控制。

六、《总会计师条例》(1990年)中的内部控制规定

1990年12月30日,国务院发布《总会计师条例》。该条例第13条明确要求:"预算、财务收支计划、成本和费用计划、信贷计划、财务专题报告、会计决算报表,须经总会计师签署。涉及财务收支的重大业务计划、经济合同、经济协议等,在单位内部须经总会计师会签。"在该条例中规范了总会计师实施会计监督的两项职权:一是在第10条中规定的"总会计师对违反国家财经法律、法规、方针、政策、制度和有可能在经济上造成损失、浪费的行为,有权制止或者纠正";二是在第12条中规定的,"总会计师主管审批财务收支工作。除一般的财务收支可以由总会计师授权的财会机构负责人或者其他指定人员审批外,重大的财务收支,须经总会计师审批或者由总会计师报单位主要行政领导人批准"。

从内部控制的角度来看,总会计师对于企业的监管权力实际上是对于其他企业管理层行政权力的牵制和制约,该条例明确了总会计师的权力与行为,进一步推动了总会计师对企业经营活动发挥内部控制作用。

第2节　向市场经济转轨时期的内部控制制度:1992—2001年

1993年中国共产党第十四届中央委员会第三次全体会议通过了《关于建立社会主义市场经济体制若干问题的决定》,标志着我国进入了社会主义市场经济时期。当时随着市场的开发,会计造假、舞弊也进入高发期,企业风险进一步加大,这需要更好地发挥会计的控制职能。

一、《会计基础工作规范》和《关于会计基础工作规范化意见》(1996年)中的内部控制规定

财政部于1996年6月印发了《会计基础工作规范》和《关于会计基础工作规范化意见》,要求各单位进一步建立健全包括但不限于内部牵制制度的内部会计管理制度。

《会计基础工作规范》共101条,分"总则""会计机构和会计人员""会计核算""会计监督""内部会计管理制度""附则"6章。该规范吸收了《会计人员工作规则》中科学、合理的内容,针对会计工作的程序做出了规定,提出了内部会计控制的若干具体措施。比如,第28条指出:"会计人员办理交接手续,必须有监交人负责监交。一般会计人员交接,由单位会计机构负责人、会计主管人员负责监交;会计机构负责人、会计主管人员交接,由单位领导人负责监交,必要时可由上级主管部门派人会同监交。"第29条要求移交人员在办理移交时,要按移交清册逐项移交;接替人员要逐项核对点收。第31条则规定交接完毕后,交接双方和监交人员要在移交清册上签名或者盖章,并应在移交清册上注明单位名称、交接日期、交接双方和监交人员的职务、姓名,移交清册页数以及需要说明的问题和意见等。该规范的第四章"会计监督"中,首次具体提出了应当建立的各项会计管理制度,包括内部会计管理体系、会计人员岗位责任制、账务处理程序制度、内部牵制制度(主要包括内部牵制制度的原则、组织分工、出纳岗位的职责和限制、有关岗位的职责和权限)、稽核制度、原始记录管理制度、定额管理制度、计量验收制度、财产清查制度、财务收支审批制度、成本核算制度、财务会计分析制度,并明确了上述各项制度的基本内容。

该规范的这些规定,已经远超过了会计内部牵制的范围,涵盖了会计内部控制的大部分内容。由于当时单位内部会计管理制度尚处于建设之中,虽然该规范对各项会计控制措施只做出了较为原则性的规定,但为日后内部控制的制定奠定了基础。

《关于会计基础工作规范化意见》提出,各单位应当根据《会计法》和《会计基础工作规范》的要求进行检查、整改,健全内部各项会计管理制度,会计基础工作的重点为:会计人员与会计机构建设、会计核算、会计监督及内部会计管理制度;而内部会计管理制度主要包括:内部牵制制度和稽核制度、原始记录使用与保管制度、定额管理制度、计量验收制度、财产清查制度、财务收支审批制度。

《关于会计基础工作规范化意见》是《会计基础工作规范》的补充和细化,使各项会计管理落实成了工作规范。

二、独立审计准则(1996年)中的内部控制规定

为了评估审计风险,提高审计效率,保证执业质量,中国注册会计师协会1996年12月26日发布了《独立审计具体准则第9号——内部控制与审计风险》,该项审计准则中第一次较全面地提出了内部控制的概念、目标、限制、控制环境、控制程序、内部审计的作用等,对于规范和发展内部控制制度起到了重要的推动作用。

该审计准则的第二条提出:"内部控制,是指被审计单位为了保证业务活动的有效进行,保护资产的安全和完整,防止、发现、纠正错误与舞弊,保证会计资料的真实、合法、完整而制定和实施的政策与程序,内部控制包括控制环境、会计系统和控制程序。"

该审计准则第九条中指出的内部控制的目标是:"(一)保证业务活动按照适当的授权进行;(二)保证所有交易和事项以正确的金额,在恰当的会计期间及时记录于适当的帐户,使会计报表的编制符合会计准则的相关要求;(三)保证对资产和记录的接触、处理均经过适当的授权;(四)保证帐面资产与实存资产定期核对相符。"

该审计准则的第十条说明了实施内部控制可能受到的限制:"(一)内部控制的设计和运行受制于成本与效益原则;(二)内部控制一般仅针对常规业务活动而设计;(三)即使是设计完善的内部控制,也可能因执行人员的粗心大意、精力分散、判断失误以及对指令的误解而失效;(四)内部控制可能因有关人员相互勾结、内外串通而失效;(五)内部控制可能因执行人员滥用职权或屈从于外部压力而失效;(六)内部控制可能因经营环境、业务性质的改变而削弱或失效。"

该审计准则第十五条指出,内部控制环境包括:"(一)经营管理的观念、方式和风格;(二)组织结构和权利、职责的划分方法;(三)控制系统。"(第十三条);应有的内部控制程是有:"(一)交易授权;(二)职责划分;(三)凭证与记录控制;(四)资产接触与记

录使用；(五)独立稽核。"(第十五条)

三、《关于加强国有企业财务监督若干问题的规定》(1997年)中的实物资产、资金、成本内部控制规定

在推进政企分开和社会主义市场经济体制建立的初期，针对企业在扩大经营自主权的同时缺乏财务监督的情况，1997年10月，财政部出台《关于加强国有企业财务监督若干问题的规定》，从企业生产经营各个环节规范了财务监督的内容。其中第5条指出："加强企业购销活动的监督。企业应建立产品（商品）、原材料、设备等资产购销活动的内部控制制度。"第6条提出："加强企业资金调度的监督。企业要建立资金调度内部控制制度，逐步建立资金结算中心，统一筹集、分配、使用、管理和监督资金活动。确保资金调度安全。企业开设的银行账户以及按月编制的资金使用计划，必须报主管财政机关备案。对无有效合同、无合法凭证、无合规手续的，不得对外支付现金（包括支票、汇票等）。"第7条指出："加强企业成本费用的监督。企业应严格执行国家规定的成本开支范围和费用开支标准，准确核算成本费用，建立健全内部成本控制制度。"

《关于加强国有企业财务监督若干问题的规定》中的上述规定，实际上是对企业资产、资金、成本的内部控制要求，是日后建立系统的内部控制规范的前期工作，为日后建立系统的内部控制规范打下了基础。

四、金融机构的内部控制制度

1997年5月，中国人民银行印发《加强金融机构内部控制的指导原则》（以下简称《指导原则》），首次明确要求各金融机构建立科学完善的内部控制制度。

《指导原则》分为"总则""内部控制的目标、原则""内部控制的要素及内容""对建立内部控制的基本要求""内部控制制度的管理与监督""附则"6章共32条。《指导原则》的第2条首先对内部控制做了解释，指出："金融机构内部控制是金融机构的一种自律行为，是金融机构为完成既定的工作目标和防范风险，对内部各职能部门及其工作人员从事的业务活动进行风险控制、制度管理和相互制约的方法、措施和程序的总称。"在第6条、第7条中，指出金融机构内部控制应达到确保国家法律法规和中央银行监管规章的贯彻执行，确保将各种风险控制在规定的范围之内，确保自身发展战略和经营目标的全面实施，有利于查错防弊、堵塞漏洞、消除隐患的目标；内部控制建设应遵循有效性、审慎性、全面性、及时性和独立性原则。《指导原则》第8条规范了金融机构内部控制内容，包括：内部组织结构的控制、资金交易风险的控制、衍生工具交易

的控制、信贷资金风险的控制、保险基金的风险控制、会计系统的控制、授权授信的控制、计算机业务系统的控制等。该条款要求金融机构组织结构的控制要按照决策系统、执行系统、监督反馈系统互相制衡的原则来设置；要建立有效的内部监督系统，建立各项业务风险评价、内部控制的检查评价机制和对内部违规违章行为的处罚机制；对资金交易(包括本、外币拆借，下同)、证券交易、衍生金融产品交易，要建立完善的内部监督和风险防范制度。《指导原则》第 11 条提出了实行内部控制应该建立的制度，包括：金融机构要围绕防止和降低信贷风险、提高信贷资产质量、优化信贷资产结构建立有效的内部控制制度；对各类贷款的发放和使用必须实行严格控制，建立管理与操作人员行为控制的信贷管理制度；建立以风险评估和控制为核心的信贷风险管理制度；建立监测信贷风险的预警系统、监测借款企业经营风险的预警系统、监测信贷风险的考核指标体系。金融机构还要建立严密的会计控制系统，会计控制系统的建立应遵循规范化原则、授权分责原则、监督制约原则、账务核对原则、安全谨慎原则。第 14 条继续提出，金融机构要建立合理的授权分责制度，要按照业务工作程序和授权，健全、完善各种审批手续，即：按照各自经营活动的性质和功能，建立以局部风险控制为内涵的内部授权、授信管理制度；应针对部门的工作性质、人员的岗位职责，赋予相应的工作任务和职责权限。该条款针对完善金融企业内部控制制度，还提出了三道监控防线要求，即：以一线岗位双人、双职、双责为基础的第一道监控防线；相关部门、相关岗位之间相互监督制约的第二道监控防线；内部监督部门对各岗位、各部门各项业务全面实施监督反馈的第三道防线。该条款还要求在操作层建立完善的岗位责任制度和规范的岗位管理措施。《指导原则》的第 20 条涉及风险控制，规定金融机构要建立有效的预警预报系统，包括：定期业务分析、信贷资产质量评价、保险标的风险评估、资金运用风险评估制度；定期实物盘点、各种账证、账表的核对制度以及业务活动的事前、事中和事后监督制度；内部控制系统的评审和反馈，以及对带有苗头性、倾向性问题的预测预报系统；保险风险考核指标体系。第 22 条指出了金融机构要进一步加强和完善检查监督手段：内部稽核(审计)部门要行使综合性的内部监督职责，实行对一级法人负责，以保证其独立地履行监督检查职能；建立制度规章，保证内部稽核部门的独立性和权威性，按"下查一级"的要求实行"派驻制"；对下属机构的全面稽核应实行"周期制"，循环反复进行，同时安排一定数量的专项稽核，对重大事项要随时报告；建立稽核处罚制度和稽核检查制度，督促内部各项管理措施和规章制度的贯彻实施。《指导原则》第 23 条、第 24 条、第 25 条分别对如何建立内部控制提出了要求：金融机构要按各自的业务经营范围和特点，制定全面、系统、具体的内部控制制度，并在辖属分支机构、各职能部门、各岗位人员之间，建立既有分工负责，又有相互制约的内部控制系统。内部控制制度既要有切实的制约措施,又要有利于发挥辖属分支机构、各职能部门及人员的工作积极性,以合理的控制成本保证内控目标得到全面实现。同时要对自身制定的内部控制制度定期进行检查,并随经营业务的发展、国家政策的变更和法律环境的改变进行修订。针对内部控制制度的管理与监督,第28条规定了内部控制制度要由各金融机构稽核(审计)部门具体负责,其具体职责是:对各项业务提出内部控制建议,检查和评价有关内部控制制度,对有关内部控制的问题进行专题检查,对违反内部控制的单位和人员给予纪律处分。第29条规定了银行内部控制的监管:中央银行负责对金融机构内部控制的监督和稽核;中央银行在对金融机构实施业务稽核的同时,要对金融机构内部控制状况做出评价;中央银行可以委托外部审计部门对金融机构的内部控制状况做出评价;对内部控制存在问题的金融机构,中央银行可以提出整改建议,情节严重的给予处罚;对因内部控制制度长期不健全或执行监督不力造成重大资产损失,或导致发生重大金融犯罪案件的负有个人责任或直接领导责任的金融机构高级管理人员,中央银行可以依据有关规定,根据情节轻重及后果,取消其一定期限内甚至终身的任职资格。

《指导原则》既是对金融机构提出的内部控制要求,也是新中国第一部明确提出内部控制目标、原则、要素、内容和建立内部控制的基本要求的规范文件,对内部控制内容的规定也较详细、具体,在新中国内部控制制度发展过程中有着重要的地位。

五、修订后《会计法》(1999年)中的内部控制规定

1999年10月31日中华人民共和国第九届全国人民代表大会常务委员会第十二次会议通过了第二次修订的《会计法》,这次修订的《会计法》在一些重大问题上实现了突破,其中之一即突出强调会计监督。修订后的《会计法》第27条指出:"各单位应当建立、健全本单位内部会计监督制度。单位内部会计监督制度应当符合下列要求:①记账人员与经济业务事项和会计事项的审批人员、经办人员、财物保管人员的职责权限应当明确,并相互分离、相互制约;②重大对外投资、资产处置、资金调度和其他重要经济业务事项的决策和执行的相互监督、相互制约程序应当明确;③财产清查的范围、期限和组织程序应当明确;④对会计资料定期进行内部审计的办法和程序应当明确。"这一条款所规定的职责分离、授权批准、相互制约、监督检查等体现了内部控制的核心和精髓。

《会计法》中多处对于职责权力分离、职责相互制约提出了要求,将实施内部会计监督制度写入法律,并且对于不执行内部会计监督制度的企事业单位将追究法律责任。这为企事业单位内部控制制度的推广提供了法律依据。"建立、健全内部会计监督制度"写入《会计法》,反映了对于内部控制管理的迫切要求。

六、第一部保险公司内部控制制度

1999年8月5日中国保险监督管理委员会(简称保监会)颁布《保险公司内部控制建设指导原则》。该指导原则分为10章68条,颁布目标是加强保险公司管理,防范保险风险,保证保险市场的健康发展。

该指导原则也对内部控制做出了说明,第2条提出:"内部控制是保险公司的一种自律行为,是公司为完成既定工作目标,防范经营风险,对内部各种业务活动实行制度化管理和控制的机制、措施和程序的总称。"该指导原则第三章"内部控制要素"中的第6条提出了保险公司内部控制的系统,认为其应当包括:组织机构系统、决策系统、执行系统、监督系统、支持保障系统。第7条提出了保险公司的内部控制与制约机制应当包括的11个要素,即:组织机构控制、授权经营控制、财务会计控制、资金运用控制、业务流程控制、单证和印鉴管理控制、人事和劳动管理制度、计算机系统控制、稽核监督控制、信息反馈控制、其他重要业务和关键部位的控制。第四章"组织机构系统"中提到,"保险公司的岗位设置应遵循相互监督、相互制约、协调运作的原则""保险公司各个部门和业务岗位应明确职责,权责一致,逐级负责,实行目标管理,制订规范的岗位责任制度、考核标准和管理措施""保险公司应当制订回避制度和重要岗位轮换制度"。①

第六章"执行系统"中针对保险业务控制指出,无论是保险产品开发、人员配备、保险公司条款、费率、保险凭证格式还是业务宣传材料的设计、开发保险公司应建立科学完善的核保、核赔制度,均应形成一套岗位明确、权责分明、分级负责、互相制约、规范操作的承保、理赔业务管理机制;并在第24条中指出,应"实行承保与理赔职责分离、展业与核保相分离以及独立的核保、核赔制度。建立承保和理赔的分级授权制度,规定各级承保和理赔人员的授权范围及其职责"。该章中还要求:"制订严格的保险单证的印制、保管、领用、报废和核销管理制度";"指定专人负责保险单证的管理";"明确各类印章的使用范围,建立严格的印章使用审批和登记制度";②"制订关于资金运用的管理制度;保险资金运用管理应当建立投资决策体系、资金调度体系、投资风险管理体系(包括风险识别、风险评估、风险计量和风险控制等内容)以及资产管理体系。保险公司的投资业务管理应当与保险业务管理分离"。"保险公司应单独设立财会部门,配备专职财会人员。会计账务处理必须实行岗位分工,明确岗位职责,严禁一人兼岗或独自操作全过程。财会岗位实行定期或不定期轮换或交流。""应保持完整、准确的会计记录,及时、完整、准确地提供会计信息,建立、健全财务会计系统。""会计部门应妥善保管现金、有价证券、空白凭证、

---

① 《保险公司内部控制建设指导原则》第10~12条。
② 《保险公司内部控制建设指导原则》第28~30条。

密押、印鉴等,防止遗失或被盗;应根据有关规定,设立账簿,设置会计科目,使用统一规定的会计科目编号。""应加强对资金的统一管理,严格控制费用开支,实行财务双签制度;应定期核对现金和银行存款账户,保证现金和银行存款的安全;应建立财务负责人委派制度,对财务负责人实行下管一级,保障财务负责人依法行使财务监督权;应加强对固定资产规模的控制,确保公司具有充足的偿付能力。"[1]

第七章"稽核监督系统"中要求保险公司建立独立的稽核审计部门,制定完善的稽核审计制度;在进行内部常规稽核的同时,应对重点业务、重点部门、重点机构进行专项稽核。保险公司还应建立对公司高级管理人员和重要岗位人员的离任审计制度。

第九章"内部控制制度的管理与监督",从建立内控制度、评审、方法、落实报备程序、监管等方面进行规范,即"保险公司应建立内部控制制度建设领导组织。保险公司的稽核部门是综合管理和评价内部控制制度的职能部门""应定期对内部控制制度建立和执行情况进行自查,建立科学的内部控制制度评审机制,及时发现问题,不断加以完善,实现内部控制的目的""应当通过培训、考试、考核等方式,确保公司员工理解和执行有关内部控制制度""在建立内部控制制度时,应结合相关的奖惩机制,促进内部控制制度的落实执行""对本公司的各项规章、制度进行汇编,便于工作人员掌握和执行""中国保监会有权对保险公司的内部控制制度建设和执行情况进行检查和监督。必要时,中国保监会可委托有关部门对保险公司的内部控制制度进行评估""中国保监会将把内部控制制度的建设作为审批保险公司和分支机构、确保保险公司经营区域和业务范围、对保险公司进行评级的一项重要考核指标和条件"。[2]

总体上看,《保险公司内部控制建设指导原则》已经体现了全面内部风险管理的精神,以强调按照流程进行控制,但相对而言缺乏对于内部控制整体系统的要求。

七、内部会计控制规范体系

2001年2月,财政部会计司内部控制研究小组在对一些企业单位的内部控制问题进行实地调研基础上,起草了《内部会计控制规范》。2001年6月,财政部会计司根据社会各界的反馈意见,对两个征求意见进行了修改,最终形成了《内部会计控制规范——基本规范(试行)》[以下简称《基本规范(试行)》]和《内部会计控制规范——货币资金(试行)》两个文件。随后又相继颁布了《内部会计控制规范——采购及付款(试行)》(2002年)、《内部会计控制规范——销售及收款(试行)》(2002年)、《内部会计控制规范——工程项目(试行)》(2003年)、《内部会计控制规范——担保(试行)》(2004

---

[1] 《保险公司内部控制建设指导原则》第35~42条。
[2] 《保险公司内部控制建设指导原则》第57~64条。

年)、《内部会计控制规范——对外投资(试行)》(2004年)等规定。

《基本规范(试行)》分为6章31条,主要明确了内部会计控制的含义、内容、方法以及监督。按照《基本规范(试行)》解释:"内部会计控制是指单位为了提高会计信息质量,保护资产的安全、完整,确保有关法律法规和规章制度的贯彻执行等而制订和实施的一系列控制方法、措施和程序。"[①]《基本规范(试行)》将内部会计控制的内容划分为货币资金、实物资产、对外投资、工程项目、采购与付款、筹资、销售与收款、成本费用、担保等经济业务的会计控制[②],并分别对这些业务活动的控制要点做出了说明[③]:

"单位应当对货币资金收支和保管业务建立严格的授权批准制度,办理货币资金业务的不相容岗位应当分离,相关机构和人员应当相互制约,确保货币资金的安全。

单位应当建立实物资产管理的岗位责任制度,对实物资产的验收入库、领用、发出、盘点、保管及处置等关键环节进行控制,防止各种实物资产被盗、毁损和流失。""单位应当建立规范的对外投资决策机制和程序,通过实行重大投资决策集体审议联签等责任制度,加强投资项目立项、评估、决策、实施、投资处置等环节的会计控制,严格控制投资风险。

单位应当建立规范的工程项目决策程序,明确相关机构和人员的职责权限,建立工程项目投资决策的责任制度,加强工程项目的预算、招投标、质量管理等环节的会计控制,防范决策失误及工程发包、承包、施工、验收等过程中的舞弊行为。

单位应当合理设置采购与付款业务的机构和岗位,建立和完善采购与付款的会计控制程序,加强请购、审批、合同订立、采购、验收、付款等环节的会计控制,堵塞采购环节的漏洞,减少采购风险。

单位应当加强对筹资活动的会计控制,合理确定筹资规模和筹资结构,选择筹资方式,降低资金成本,防范和控制财务风险,确保筹措资金的合理、有效使用。

单位应当在制定商品或劳务等的定价原则、信用标准和条件、收款方式等销售政策时,充分发挥会计机构和人员的作用,加强合同订立、商品发出和账款回收的会计控制,避免或减少坏账损失。

单位应当建立成本费用控制系统,做好成本费用管理的各项基础工作,制定成本费用标准,分解成本费用指标,控制成本费用差异,考核成本费用指标的完成情况,落实奖罚措施,降低成本费用,提高经济效益。

单位应当加强对担保业务的会计控制,严格控制担保行为,建立担保决策程序和

---

① 《内部会计控制规范——基本规范(试行)》第2条。
② 《内部会计控制规范——基本规范(试行)》第8条。
③ 《内部会计控制规范——基本规范(试行)》第9~17条。

责任制度,明确担保原则、担保标准和条件、担保责任等相关内容,加强对担保合同订立的管理,及时了解和掌握被担保人的经营和财务状况,防范潜在风险,避免或减少可能发生的损失。"

《基本规范(试行)》第四章"内部会计控制的方法"中,规范了内部会计控制的主要方法,指出:"内部会计控制的方法主要包括:不相容职务相互分离控制、授权批准控制、会计系统控制、预算控制、财产保全控制、风险控制、内部报告控制、电子信息技术控制等。"①并对这些方法分别做出了讲解。第19条对不相容职务相互分离控制解释道"不相容职务相互分离控制要求单位按照不相容职务相分离的原则,合理设置会计及相关工作岗位,明确职责权限,形成相互制衡机制";并提出不相容职务主要包括:授权批准、业务经办、会计记录、财产保管、稽核检查等职务。②

《基本规范(试行)》第21条提出了对会计系统控制的要求:"会计系统控制要求单位依据《会计法》和国家统一的会计制度,制订适合本单位的会计制度,明确会计凭证、会计账簿和财务会计报告的处理程序,建立和完善会计档案保管和会计工作交接办法,实行会计人员岗位责任制,充分发挥会计的监督职能。"

第23条认为:"财产保全控制要求单位限制未经授权的人员对财产的直接接触,采取定期盘点、财产记录、账实核对、财产保险等措施,确保各种财产的安全完整。"

第24条指出,所谓风险控制,是"要求单位树立风险意识,针对各个风险控制点,建立有效的风险管理系统,通过风险预警、风险识别、风险评估、风险分析、风险报告等措施,对财务风险和经营风险进行全面防范和控制"。

第25条则对内部报告控制做出了规定:"内部报告控制要求单位建立和完善内部报告制度,全面反映经济活动情况,及时提供业务活动中的重要信息,增强内部管理的时效性和针对性。"

《内部会计控制规范——货币资金(试行)》对现金管理岗位职责和货币资金支付流程,现金和银行存款的管理,票据、印章管理等做出了相应的内部规范。

《内部会计控制规范——采购及付款(试行)》规范了采购与付款业务的岗位责任、采购与付款业务不相容具体岗位、采购与付款的流程、请购与审批、采购与验收、付款的会计控制。

《内部会计控制规范——销售及收款(试行)》提出,单位应建立销售与收款业务的岗位责任制、授权批准制度、销售管理责任制、销售定价控制制度;需做好赊销业务的管理,并对合同签订、销售谈判、合同审批、组织销售、组织发货、销货退回、销售台账的

---

① 《内部会计控制规范——基本规范(试行)》第18条。
② 《内部会计控制规范——基本规范(试行)》第19条。

管理做出了具体规范;还规定应建立应收账款账龄分析制度和逾期应收账款催收制度,设置应收账款台账,制定逾期票据的冲销管理程序和逾期票据追踪监控制度等。

《内部会计控制规范——工程项目(试行)》规定,单位应当建立工程项目业务的岗位责任制,确保办理工程项目业务的不相容岗位相互分离、制约和监督;建立工程项目决策、概预算、进度价款支付、竣工决算等环节的内部控制;应建立竣工决算审计等制度。

《内部会计控制规范——担保(试行)》要求单位对担保业务建立严格的岗位责任制,确保办理担保业务的不相容岗位相互分离、制约和监督,而担保业务不相容岗位至少包括:担保业务的评估与审批、担保业务的审批与执行;建立担保业务授权批准制度、担保业务责任追究制度,制定担保业务流程;对担保过程中的风险开展担保评估,做好审批控制。

《内部会计控制规范——对外投资(试行)》规定,单位应当建立对外投资业务的岗位责任制,明确相关部门和岗位的职责、权限,确保办理对外投资业务的不相容岗位相互分离、制约和监督,其中不相容岗位至少包括对外投资项目可行性研究与评估、对外投资的决策与执行、对外投资处置的审批与执行;应当建立对外投资责任追究制度,制定与对外投资业务相应的业务流程,确保对外投资全过程得到有效控制;开展对外投资可行性研究、评估与决策控制,对外投资执行控制,对外投资处置控制,等等。

内部会计控制规范是从会计角度出发提出的内部控制,限于与会计工作有关的内部控制,是全面内部控制的一部分,尽管尚未扩展到全面内部控制,但为全面内部控制制度的出台和全面内部控制的实行,迈出了坚实的一步。

市场经济建立初期内部控制制度发展的特点,是对内部控制的认识渐趋成熟,内部控制制度建设逐步完善。《关于会计基础工作规范化意见》首次将会计管理制度落实,形成规范;1977年出台的《关于加强国有企业财务监督若干问题的规定》,要求建立实物资产、资金、成本的内部控制制度;2001年颁布的内部会计控制规范(试行),为日后实行全面内部控制,颁布内部控制规范和指引奠定了基础。市场经济建立初期是新中国内部控制制度建设逐步走向完善的时期,在新中国内部控制制度建设的过程中有着特殊的意义。

第3节 转变经济增长方式时期的内部控制制度:2002—2018年

进入21世纪以来,社会主义市场经济体制、经济全球化的发展,对企业内部管理提出了新的要求。2002年起连续发生"安然""世界通讯"等财务欺诈事件之后,美国国会出台了《2002年公众公司会计改革和投资者保护法案》,又被称作《2002年萨班斯-奥克斯利法案》(简称《萨班斯法案》或《SOX法案》),这为我国企业如何防范危机、控制风险提供了借鉴。我国大型石油公司、大型电信公司和电力能源公司、保险公司等国民经济骨干企业在美国上市后,财政部和证监会分别向国务院报告,建议我国汲取美国"安然"等一系列内部控制失败案例教训,在总结会计控制经验的基础上,针对国内国际两个市场,应对日益复杂的种种风险,推动会计控制向全面风险控制转变。2006年3月,第十届全国人民代表大会第四次会议通过的《政府工作报告》中强调,要"完善公司治理,健全内控机制";2006年5月,证监会发布《首次公开发行股票并上市管理办法》,规定上市公司必须具备经注册会计师审查的内部控制鉴证报告,该管理办法第29条列出的公司上市条件之一是:"发行人的内部控制在所有重大方面是有效的,并由注册会计师出具了无保留结论的内部控制鉴证报告。"这一规定,将内部控制作为公司能否上市的标准之一,促进了内部控制的进一步发展。

一、第一部商业银行内部控制规范

2002年9月,中国人民银行颁布了《商业银行内部控制指引》,共分为10章141条。

《商业银行内部控制指引》明确指出,商业银行的内部控制是为实现经营目标,通过制定和实施一系列制度、程序和方法,对风险进行事前防范、事中控制、事后监督和纠正的动态过程和机制;并指出内部控制要素包括:内部控制环境,风险识别与评估,内部控制措施,信息交流与反馈,监督评价与纠正。[①] 该指引还对董事会、高级管理层、监事会在内部控制中应承担的责任做出了规定;提出商业银行应当建立内部控制的评价制度,应对内部控制的制度建设、执行情况定期进行回顾和检讨,并应根据国家法律规定、银行组织结构、经营状况、市场环境的变化进行修订和完善;对商业银行各部门岗位、计算机程序监控以及会计核算的内部控制做出了具体的规定。

《商业银行内部控制指引》的内容,表明内部控制制度实现了从单一会计内控向全面内控的转化;从信贷风险控制向全面风险控制的转变。

二、证券投资基金管理公司内部控制规范的颁发

为了指导基金管理公司(以下简称"公司")加强内部控制工作,促进公司诚信、合

---

① 《商业银行内部控制指引》第6条。

法、有效经营,保障基金持有人利益,2002年12月,中国证券监督管理委员会(简称证监会)制订了《证券投资基金管理公司内部控制指导意见》。该指导意见分为5章53条。第一章"总则"第2条对内部控制的解释是:公司内部控制是指公司为防范和化解风险,保证经营运作符合公司的发展规划,在充分考虑内外部环境的基础上,通过建立组织机制、运用管理方法、实施操作程序与控制措施而形成的系统。第3条指出了内部控制的组成:"公司内部控制制度由内部控制大纲、基本管理制度、部门业务规章等部分组成。"其中,公司内部控制大纲是对公司章程规定的内控原则的细化和展开,是各项基本管理制度的纲要和总揽,内部控制大纲应当明确内控目标、内控原则、控制环境、内控措施等内容。基本管理制度应当至少包括风险控制制度、投资管理制度、基金会计制度、信息披露制度、监察稽核制度、信息技术管理制度、公司财务制度、资料档案管理制度、业绩评估考核制度和紧急应变制度。部门业务规章是在基本管理制度的基础上,对各部门的主要职责、岗位设置、岗位责任、操作守则等的具体说明。第二章"内部控制的目标和原则"对公司内部控制、公司制订内部控制制度应当遵循的原则进行规范。第三章"内部控制的基本要素"提出内部控制的基本要素包括控制环境、风险评估、控制活动、信息沟通和内部监控。第四章"内部控制的主要内容"对投资管理业务控制、信息披露控制、信息技术系统控制、会计系统控制、监察稽核控制的具体内容做出了规范。

三、证券公司内部控制规范的颁发

2003年12月15日中国证券监督管理委员会为引导证券公司规范经营,完善证券公司内部控制机制,增强证券公司的自我约束能力,推动证券公司现代企业制度建设,防范和化解金融风险,推出了《证券公司内部控制指引》,共分5章142条。

该指引指出,证券公司内部控制是指证券公司为实现经营目标,根据经营环境变化,对证券公司经营与管理过程中的风险进行识别、评价和管理的制度安排、组织体系和控制措施;证券公司内部控制要素分为:控制环境、风险识别与评估、控制活动与措施、信息沟通与反馈、监督与评价。

该指引要求,证券公司主要业务部门之间应当建立健全"隔离墙"制度;不相容业务部门的人员不得互相兼任;建立业务风险识别、评估和控制的完整体系,运用包括敏感性分析在内的多种手段,对信用风险、市场风险、流动性风险、操作风险、技术风险、政策法规风险和道德风险等进行持续监控,明确风险管理流程和风险化解方法;建立健全包括授权管理、岗位职责、监督检查、考核奖惩等在内的各项内部管理制度;建立畅通、高效的信息交流渠道和重大事项报告制度以及内部员工和客户的信息反馈机制,确保信息准确传递,确保董事会、监事会、经理人员及监督检查部门及时了解证券公司的经营和风险状况,确保各类投诉、可疑事件和内控缺陷得到妥善处理;真实、全面、及时地记载各项业务,充分发挥会计的核算监督职能,确保信息资料的真实与完整;建立危机处理机制和程序,制定切实有效的应急应变措施和预案。[①]

该指引提出的内部控制应当重点关注的风险包括:经济业务内部控制重点防范挪用客户交易结算资金及其他客户资产、非法融入融出资金以及结算风险等;自营业务内部控制加强自营业务投资决策、资金、账户、清算、交易和保密等的管理,重点防范规模失控、决策失误、超越授权、变相自营、账外自营、操纵市场、内幕交易等的风险;银行业务内部控制重点防范因管理不善、权责不明、未勤勉尽责等原因导致的法律风险、财务风险及道德风险;受托投资管理业务内部控制重点防范规模失控、决策失误、越权操作、账外经营、挪用客户资产和其他损害客户利益的行为以及保本保底所导致的风险;研究咨询业务内部控制重点防范传播虚假信息、误导投资者、无资格执业、违规执业以及利益冲突等的风险;业务创新的内部控制重点防范违法违规、规模失控、决策失误等风险;分支机构内部控制重点防范分支机构越权经营、预算失控以及道德风险。

该指引还规定,财务管理的内部控制应建立健全财务管理制度和资金计划控制制度,明确界定预算编制与执行的责任,建立适当的资金管理绩效考核标准和评价制度;会计系统内部控制应按照相关会计准则和会计制度的规定,结合实际情况,建立健全证券公司的会计核算办法,加强会计基础工作,提高会计信息质量,应确保分支机构会计核算的一致性;信息系统内部控制应建立信息系统的管理制度、操作流程、岗位手册和风险控制制度,加强信息技术人员、设备、软件、数据、机房安全、病毒防范、防黑客攻击、技术资料、操作安全、事故防范与处理、系统网络等的管理;人力资源管理内部控制应当高度重视聘用人员的诚信记录,确保其具有与业务岗位要求相适应的专业能力和道德水准。

四、对商业银行内部控制评价的规定

《商业银行内部控制评价试行办法》由中国银行业监督管理委员会(简称银监会)于 2004 年 8 月 20 日颁布,共 8 章 72 条。

该试行办法在第一章"总则"第 2 条中对商业银行内部控制做出了这样的界定:

[①]《证券公司内部控制指引》第 16～25 条。

商业银行内部控制评价是指对商业银行内部控制体系建设、实施和运行结果独立开展的调查、测试、分析和评估等系统性活动。内部控制评价包括过程评价和结果评价。过程评价是对内部控制环境、风险识别与评估、内部控制措施、监督评价与纠正、信息交流与反馈等体系要素的评价。结果评价是对内部控制主要目标实现程度的评价。

该试行办法将内部控制环境、风险识别与评估、内部控制措施、监督评价与纠正列为内部控制评价的内容,同时提出了评价程序和方法。它指出:商业银行的主要风险包括信用风险、市场风险(含利率风险)、操作风险、国家和转移风险、流动性风险、法律风险以及声誉风险等;对业务和管理活动的控制措施、控制要点和内容进行了规范,并对计算机系统环境下的控制、应急准备与处置内容进行规范;要求对内部控制绩效进行持续监测,并对监测内容、违规、险情、事故处置和纠正及预防措施、内部控制体系评价、管理评审、持续改进等方面所包含的内容做出了说明;指出内部控制评价程序一般包括评价准备、评价实施、评价报告形成和反馈等步骤,并详细规范其内容。

该试行办法要求对内部控制评价采取评分制,并详细地规定了评分的标准以及分数的计算与分配,从而提供了对内部控制评价的定量测量。

该试行办法突出了内部控制体系的概念,强调内部控制是一种系统的制度安排,要求商业银行从零散的、静态的、被动的内部控制规章向建立系统的、动态的内部控制体系转变,突出了内部控制是一种过程的理念,将内部控制体系视为以内部控制过程为基础的系统,将内部控制体系的五大要素有机地联系在一起,成为彼此相关、相互作用的过程,强调内部控制体系是不断改进的动态系统,体现了策划、实施、检查、改进的循环改进思想。

该试行办法要求商业银行向监管部门、社会、市场提供全面和可证实的内部控制体系,从而使内部控制体系各组成要素之间的联系更加清晰和有序。它对银行内部控制的评价要求不仅强调结果评价,更重视内部控制过程评价,体现了预防为主的监管思路。

五、规范保险中介机构内部控制的制度

为规范保险中介机构内部运行,防范经营风险,促进保险中介机构安全稳健运行,中国保险监督管理委员会于2005年2月颁布《保险中介机构内部控制指引》,该指引分为8章100条。

该指引指出,保险中介机构应当建立内部控制的事后评价制度,定期对内部控制的制度建设和执行情况进行反馈和评估,并根据国家法律法规、保险监管规章、保险中介机构经营状况以及市场环境的变化适时进行修订;内部会计控制应当保证保险中介

机构内部涉及会计工作的机构、岗位合理设置及其职责权限合理划分,坚持不相容职务相互分离,确保不同机构和岗位之间权责分明、相互制约、相互监督;而内部会计控制主要包括货币资金、实物资产、对外投资、成本费用、担保等经济业务的会计控制;[①]内部会计控制的方法主要包括:不相容职务相互分离控制、授权批准控制、会计系统控制、预算控制、财产保全控制、风险控制、内部报告控制、电子信息技术控制等。该指引中的业务管理,包括业务流程管理、业务授权管理、业务档案管理等内容。该指引提出保险中介机构应制定分支机构管理办法,加强对分支机构的管控,规范管控内容,促进分支机构健康发展;指出保险中介机构计算机系统内部控制的重点是:严格划分计算机系统开发部门、管理部门与应用部门的职能,建立健全计算机系统风险防范的制度,确保计算机系统设备、系统运行和系统环境的安全;指出保险中介机构应当建立内部控制的报告和信息反馈制度,业务部门、内部审计部门或类似专设人员发现内部控制存在的问题和缺陷,应当及时向相关职能部门报告,等等。

六、第一部全面风险管理的指导性文件

企业全面风险管理是一项十分重要的工作,关系到国有资产保值增值和企业持续、健康、稳定发展。为了指导企业开展全面风险管理工作,增强企业竞争力,2006年6月,国务院国有资产监督管理委员会发布了《中央企业全面风险管理指引》(以下简称《央企指引》),共10章70条。

《央企指引》规定,全面风险管理的内容:"包括风险管理策略、风险理财措施、风险管理的组织职能体系、风险管理信息系统和内部控制系统。"[②]而内部控制系统则是指:"围绕风险管理策略目标,针对企业战略、规划、产品研发、投融资、市场运营、财务、内部审计、法律事务、人力资源、采购、加工制造、销售、物流、质量、安全生产、环境保护等各项业务管理及其重要业务流程,通过执行风险管理基本流程,制订并执行的规章制度、程序和措施。"[③]

《央企指引》还规定了上市公司内部控制的内容:"企业制订内控措施,一般至少包括以下内容:(1)建立内控岗位授权制度。对内控所涉及的各岗位明确规定授权的对象、条件、范围和额度等,任何组织和个人不得超越授权做出风险性决定。(2)建立内控报告制度。明确规定报告人与接受报告人,报告的时间、内容、频率、传递路线、负责处理报告的部门和人员等。(3)建立内控批准制度。对内控所涉及的重要事项,明确

---

① 《保险中介机构内部控制指引》第27条、第28条。
② 《中央企业全面风险管理指引》第4条。
③ 《中央企业全面风险管理指引》第6条。

规定批准的程序、条件、范围和额度、必备文件以及有权批准的部门和人员及其相应责任。(4)建立内控责任制度。按照权利、义务和责任相统一的原则,明确规定各有关部门和业务单位、岗位、人员应负的责任和奖惩制度。(5)建立内控审计检查制度。结合内控的有关要求、方法、标准与流程,明确规定审计检查的对象、内容、方式和负责审计检查的部门等。(6)建立内控考核评价制度。具备条件的企业应把各业务单位风险管理执行情况与绩效薪酬挂钩。(7)建立重大风险预警制度。对重大风险进行持续不断的监测,及时发布预警信息,制订应急预案,并根据情况变化调整控制措施。(8)建立健全以总法律顾问制度为核心的企业法律顾问制度。完善企业重大法律纠纷案件的备案管理制度。(9)建立重要岗位权力制衡制度,明确规定不相容职责的分离,主要包括:授权批准、业务经办、会计记录、财产保管和稽核检查等职责。对内控所涉及的重要岗位可设置一岗双人、双职、双责,相互制约;明确该岗位的上级部门或人员对其应采取的监督措施和应负的监督责任。"[①]

《央企指引》既借鉴了以往内部控制制度的经验,也有与以往内部控制制度不同的做法与意义。与以往相关内部控制制度相比较,不同之处在于不再围绕会计部门谈内部控制,而是将其作为一种独立的制度进行规范,并将内部控制制度定位于企业各项工作均必须执行的层面上,从而提高了内部控制制度的权威性和贯彻落实的可能性。同时,《央企指引》是超越某个行业内部控制制度的,在所有中央所属企业中具有适应性的内部控制制度,这就提高了内部控制制度的适用性,标志着内部控制进入了在更大范围上推广的阶段。

七、上市公司内部控制体系

(一)《上海证券交易所上市公司内部控制指引》(2006年):上市公司内部控制的第一部指导文件

2006年6月,上海证券交易所发布的《上海证券交易所上市公司内部控制指引》(以下简称《上证指引》)是我国第一部指导上市公司建立内部控制制度的文件,是我国较为完善的一部内部控制制度。

《上证指引》分为6章35条,第一章"总则"中,首先明确了内部控制的含义:"内部控制是指上市公司(以下简称公司)为了保证公司战略目标的实现,而对公司战略制订和经营活动中存在的风险予以管理的相关制度安排。它是由公司董事会、管理层及全

[①]《中央企业全面风险管理指引》第34条。

体员工共同参与的一项活动。"①并指出"上市公司应当按照法律、行政法规、部门规章以及本所股票上市规则的规定建立健全内部控制制度(以下简称内控制度),保证内控制度的完整性、合理性及实施的有效性"。《上证指引》的第二章规范了内部控制的框架,指出了建立和实施内部控制应考虑的基本要素和重要控制环节:"公司建立和实施内控制度时,应考虑以下基本要素:目标设定、内部环境、风险确认、风险评估、风险管理决策选择、控制活动、信息沟通、监督检查。"②"公司内部控制制度通常应涵盖经营活动中所有业务环节,包括但不限于:销货及收款环节、采购及付款环节、生产环节、固定资产管理环节、货币资金管理环节、关联交易环节、担保与融资环节、投资环节、研发环节、人事管理环节。还包括贯穿于经营活动各环节之中的各项管理制度,包括但不限于:印章使用管理、票据领用管理、预算管理、资产管理、质量管理、担保管理、职务授权及代理制度、定期沟通制度、信息披露管理制度及对附属公司的管理制度等。"③《上证指引》第三章"专项风险的内部控制"特别规范了对附属公司的管理控制和金融衍生品交易的内部控制,指出公司对控股子公司实行管理控制的主要内容是:依法建立对控股子公司的控制架构、协调控股子公司的经营策略和风险管理策略、制定控股子公司的业绩考核与激励约束制度、制订控股子公司重大事项的内部报告制度、对控股子公司内控制度的实施及其检查监督工作进行评价等;金融衍生品交易的内部控制主要是:制定金融衍生品交易的执行制度,包括交易员的资质、考核、风险隔离、执行、止损、记录和报告等的政策和程序;制定金融衍生品交易的风险报告制度,包括授权、执行、或有资产、隐含风险、对冲策略及其他交易细节;制定金融衍生品交易风险管理制度,包括机构设置、职责、记录和报告的政策和程序。《上证指引》在第四章"内部控制的检查监督"中,规定了要对企业内部控制进行经常性检查:"公司应对内控制度的落实情况进行定期和不定期的检查。董事会及管理层应通过内控制度的检查监督,发现内控制度是否存在缺陷和实施中是否存在问题,并及时予以改进,确保内控制度的有效实施。"④"公司应制订内部控制检查监督办法,该办法至少包括如下内容:(1)董事会或相关机构对内部控制检查监督的权力;(2)公司各部门及下属机构对内部控制检查监督的配合义务;(3)内部控制检查监督的项目、时间、程序及方法;(4)内部控制检查监督工作报告的方式;(5)内部控制检查监督工作相关责任的划分;(6)内部控制检查监督工作的激励制度。公司应将收购和出售资产、关联交易、从事衍生品交易、提供财务

---

① 《上海证券交易所上市公司内部控制指引》第2条。
② 《上海证券交易所上市公司内部控制指引》第6条。
③ 《上海证券交易所上市公司内部控制指引》第8条、第9条。
④ 《上海证券交易所上市公司内部控制指引》第22条。

资助、为他人提供担保、募集资金使用、委托理财等重大事项作为内部控制检查监督计划的必备事项。"①为使投资者了解上市公司的内部控制情况,《上证指引》专设第五章"内部控制的信息披露",其中规定了公司应予披露的内部控制信息披露内容:"公司内部控制自我评估报告至少应包括如下内容:(1)内控制度是否建立健全;(2)内控制度是否有效实施;(3)内部控制检查监督工作的情况;(4)内控制度及其实施过程中出现的重大风险及其处理情况;(5)对本年度内部控制检查监督工作计划完成情况的评价;(6)完善内控制度的有关措施;(7)下一年度内部控制有关工作计划。"②

《上证指引》是以国际反虚假财务报告委员会下属的COSO委员会《企业风险管理——总体框架》为基础制定的,体现了COSO委员会"总体框架"的基本要求。《上证指引》并未提供内部控制制度的范本,而是要求各公司根据自身特点建立适应各自情况的内部控制制度,并鼓励公司聘请专业机构协助建立内部控制制度。

(二)《深圳证券交易所上市公司内部控制指引》(2006年):深市上市公司内部控制的规范

继《上证指引》发布之后不久,2006年9月,深圳证券交易所发布了《深圳证券交易所上市公司内部控制指引》(以下简称《深证指引》),要求深市主板上市公司自2006年9月28日至2007年6月30日期间建立起完备的内部控制制度,并从2007年年报开始按照《深证指引》的要求披露内控制度的制定和实施情况。《深证指引》分为5章70条,这是我国证券市场针对上市公司内控制度的又一重要规定。

与《上证指引》相同,《深证指引》同样提出了内部控制要素,但内容略有不同,其包括:内部环境、目标设定、事项识别、风险评估、风险对策、控制活动、信息与沟通、检查监督8项。《深证指引》规定,"公司的内部控制活动应涵盖公司所有经营环节,包括但不限于:销售及收款、采购和费用及付款、固定资产管理、存货管理、资金管理(包括投资融资管理)、财务报告、信息披露、人力资源管理和信息系统管理等"③。除此之外,还应"建立印章使用管理、票据领用管理、预算管理、资产管理、担保管理、资金借贷管理、职务授权及代理人制度、信息披露管理、信息系统安全管理等专门管理制度"。④

《深证指引》要求重点关注的控制活动有:对控股子公司的管理控制、关联交易的内部控制、对外担保的内部控制、募集资金使用的内部控制、重大投资的内部控制、信

---

① 《上海证券交易所上市公司内部控制指引》第23条。
② 《上海证券交易所上市公司内部控制指引》第33条。
③ 《深圳证券交易所上市公司内部控制指引》第7条。
④ 《深圳证券交易所上市公司内部控制指引》第9条。

息披露的内部控制。其中,对控股子公司的管理控制包括:督促其建立内部控制制度;督导各控股子公司建立起相应的经营计划、风险管理程序;要求各控股子公司建立重大事项报告制度和审议程序;建立对各控股子公司的绩效考核制度等。对关联交易内部控制的主要内容是:明确划分公司股东大会、董事会对关联交易事项的审批权限,规定关联交易事项的审议程序和回避表决要求以及公司审议关联交易事项内容。对外担保的内部控制,主要包括对外担保事项的审批权限、对外担保的追责、审议分析担保方相关内容、对外担保的风险进行评估等。募集资金使用的内部控制核心是注重使用效益控制,包括建立募集资金管理制度,对募集资金存储、审批、使用、变更、监督和责任追究等。对于重大投资,应遵循合法、审慎、安全、有效的原则,控制投资风险,注重投资效益。信息披露的内部控制则是指公司应建立信息披露管理制度和重大信息内部报告制度,建立重大信息的内部保密制度。

《深证指引》在第四章"内部控制的检查和披露"部分指出,公司应制订内部控制自查制度和年度内部控制自查计划,对公司内部控制情况进行审议评估,形成内部控制自我评价报告,并规定自我评价报告应说明公司内部控制制度是否建立健全和有效运行,是否存在缺陷;说明《深证指引》重点关注的控制活动的自查和评估情况;说明内部控制缺陷和异常事项的改进措施;说明上一年度的内部控制缺陷及异常事项的改善进展情况。

《深证指引》借鉴国际内部控制和风险管理框架的最新成果,系统地规范了上市公司的内部控制和风险管理,要求公司应完善公司治理结构,明确部门、岗位目标、职责和权限,建立授权、检查和逐级问责制度,制定涵盖所有经营环节和对子公司相关方面的内控制度、专门制度,建立风险评估体系和信息管理政策。《深证指引》还特别针对事故多发的控股子公司管理、关联交易、对外担保、募集资金使用、重大投资包括委托理财、信息披露等方面的内部控制做出了规范,突出了内部控制的重点。

《深证指引》的另一个特点,是强制要求上市公司在定期报告和临时公告中披露内部控制制度的实施情况和注册会计师对财务报告内部控制的审核评价,这为外界了解上市公司内部控制的状况提供了制度保障。

与《上证指引》相比,《深证指引》规定注册会计师仅需对与财务报表信息有关的内部控制而非内部控制的所有方面进行审核评价和发表专项意见,显得对内部控制的审计要求不够全面;也未将计算机信息系统内部控制、信息管理控制纳入内部控制机制系统,且没有涉及金融衍生品交易的内部控制。

八、企业内部控制规范体系

2006年7月15日,财政部会同证监会、国资委、审计署、银监会、保监会联合成立中国企业内部控制标准委员会,成为我国企业内部控制规范体系的第一个全国性制定机构。2008年5月,财政部会同证监会、审计署、银监会、保监会联合发布了《企业内部控制基本规范》(以下简称《基本规范》)。《基本规范》的发布是我国企业内部控制建设的重大举措,使我国的内部控制制度建设有了普遍适应的基本框架,对促进我国企业及其他单位开展内部控制,防范风险,提高经营管理水平有着积极的影响。在《基本规范》的基础上,财政部、证监会、审计署、银监会、保监会于2010年4月联合发布了《企业内部控制应用指引》《企业内部控制评价指引》以及《企业内部控制审计指引》,形成了具有我国特色的内部控制体系。

(一)《企业内部控制基本规范》(2008年):内部控制标准体系的纲领性文件

《基本规范》作为整个内部控制标准体系的纲领性文件,在企业内部控制规范体系中处于最高层次,起统驭作用。《基本规范》建立了内部控制的总体框架和基本要求,是制定配套指引和完善企业内部控制制度的依据。

《基本规范》共7章50条,各章依次为"总则""内部环境""风险评估""控制活动""信息与沟通""内部监督"和"附则"。

《基本规范》提出,所谓内部控制"是由企业董事会、监事会、经理层和全体员工实施的、旨在实现控制目标的过程"[①];其目标是"合理保证企业经营管理合法合规、资产安全、财务报告及相关信息真实完整,提高经营效率和效果,促进企业实现发展战略"[②]。与美国2004年COSO委员会提出的内部控制目标相比,《基本规范》对内部控制目标的表述增加了"资产安全"目标,这体现了在我国特有的经济环境下,企业资产特别是国有资产易受非法侵占的现实和保护资产安全的重要性。

按照《基本规范》的规定,内部控制包括以下要素:内部环境、风险评估、控制活动、信息与沟通、内部监督。这些要素的基本含义分别为:"内部环境是企业实施内部控制的基础,一般包括治理结构、机构设置及权责分配、内部审计、人力资源政策、企业文化等。风险评估是企业及时识别、系统分析经营活动中与实现内部控制目标相关的风险,合理确定风险应对策略。控制活动是企业根据风险评估结果,采用相应的控制措施,将风险控制在可承受度之内。信息与沟通是企业及时、准确地收集、传递与内部控制相关的信息,确保信息在企业内部、企业与外部之间进行有效沟通。内部监督是企业对内部控制建立与实施情况进行监督。"[③]

《基本规范》确立的内部控制要素,形式上与美国COSO委员会的内部控制要素

---

① 《企业内部控制基本规范》第3条。
② 《企业内部控制基本规范》第3条。
③ 《企业内部控制基本规范》第5条。

不同，但吸收了COSO委员会《企业风险管理整合框架》中控制环境、目标设定、事项识别、风险评估、风险应对、控制活动、信息与沟通、监督8项要素的全部成分，实质上与COSO的内部框架是一致的。

《基本规范》还对内部控制5要素提出了相应的关注要点、应对策略或控制措施，使对内部控制的规范更为具体化，从而提高了内部控制的操作性，如对风险评估要素，《基本规范》提出："企业应控制风险评估，应当准确识别与实现控制目标相关的内部风险和外部风险，确定相应的风险承受度。"①"企业识别内部风险，应当关注下列因素：(1)董事、监事、经理及其他各类人员的职业操守、员工专业胜任能力等人力资源因素；(2)组织机构、经营方式、资产管理、业务流程等管理因素；(3)研究开发、技术投入、信息技术运用等自主创新因素；(4)财务状况、经营成果、现金流量等财务因素；(5)营运安全、员工健康、环境保护等安全因素；(6)其他有关内部因素。"②"企业识别内部风险，应当关注下列因素：(1)经济形势、产业政策、融资环境、市场竞争、资源供给等经济环境因素；(2)法律环境、监管要求等法律因素；(3)安全稳定、文化传统、社会信用、教育水平、消费行为等社会因素；(4)技术进步、工艺改进等科学技术因素；(5)自然灾害、环境状况等自然环境因素；(6)其他有关外部因素。"③"企业应当综合利用风险规避、风险降低、风险分担、风险承受等风险应对策略，实现对风险的有效控制。风险规避是企业对超出风险承受度的风险，通过放弃或者停止与该风险相关的业务活动以避免和减轻损失的策略。风险降低是企业在权衡成本效益之后，准备采用适当的控制措施降低风险或者减轻损失，将风险控制在风险承受度之内的策略。风险分担是企业准备借助他人力量，采取业务分包、购买保险等方式和适当的控制措施，将风险控制在风险承受度之内的策略。风险承受是企业对风险承受度之内的风险，在权衡成本效益之后，不准备采取措施降低风险或者损失的策略。"④对控制制度因素，《基本规范》提出："控制措施一般包括：不相容职务分离控制、授权审批控制、会计系统控制、财产保护控制、预算控制、运营分析控制和绩效考核控制等。"⑤并对这些控制措施做出了基本要求。⑥ 对信息与沟通要素，《基本规范》提出："企业应当对收集的各种内部信息和外部信息进行合理筛选、核对、整合，提高信息的有用性。企业可以通过财务会计资料、经营管理资料、调研报告、专项信息、内部刊物、办公网络等渠道，获取内部信息。

---

① 《企业内部控制基本规范》第21条。
② 《企业内部控制基本规范》第22条。
③ 《企业内部控制基本规范》第23条。
④ 《企业内部控制基本规范》第26条。
⑤ 《企业内部控制基本规范》第28条。
⑥ 《企业内部控制基本规范》第29～35条。

企业可以通过行业协会组织、社会中介机构、业务往来单位、市场调查、来信来访、网络媒体以及有关监管部门等渠道,获取外部信息。"[1]"企业应当将内部控制相关信息在企业内部各管理层次、责任单位、业务环节之间,以及企业与外部投资者、债权人、客户、供应商、中介机构和监管部门等有关方面之间进行沟通和反馈。"[2]

(二)《企业内部控制应用指引》(2010 年):《基本规范》的具体要求

财政部、审计署、证监会、银监会、保监会于 2010 年 4 月 15 日联合发布《企业内部控制应用指引》(以下简称《应用指引》),为了加强《基本规范》的操作性,使《基本规范》能够得以落实。《应用指引》分为 18 项,分别为第 1 号"组织架构"、第 2 号"发展战略"、第 3 号"人力资源"、第 4 号"社会责任"、第 5 号"企业文化"、第 6 号"资金活动"、第 7 号"采购业务"、第 8 号"资产管理"、第 9 号"销售业务"、第 10 号"研究与开发"、第 11 号"工程项目"、第 12 号"担保业务"、第 13 号"业务外包"、第 14 号"财务报告"、第 15 号"全面预算"、第 16 号"合同管理"、第 17 号"内部信息传递"和第 18 号"信息系统"。其中,第 1 号至第 5 号可以视为内部环境类指引;第 6 号至第 14 号可以视为控制活动类指引;第 15 号至第 18 号可以视为控制手段类指引。

《应用指引》详细地指出了企业经营管理各环节需要关注的各个关键控制点和应当采取的控制措施,是《基本规范》的具体化。例如,《应用指引》第 6 号"资金活动"指出,企业资金管理至少应当关注的风险包括:存货积压或短缺,可能造成的流动资金占用过量、存货价值贬损或生产中断;固定资产更新改造不够、使用效能低下、维护不当、产能过剩,可能导致的企业缺乏竞争力、资产价值贬损、安全事故频发或资源浪费;无形资产缺乏核心竞争力、权属不清、技术落后、存在重大技术安全隐患,可能导致的企业法律纠纷、缺乏可持续发展能力。还指出,企业对筹资、投资和资金营运活动的主要管控措施:一是根据筹资目标和规划,结合年度全面预算拟订筹资方案,对筹资成本和潜在风险做出充分估计,对重大筹资方案应形成可行性报告,进行全面风险评估。二是对筹资方案履行审批程序,按照权限和程序筹集资金;银行借款或发行债券应重点关注利率风险、筹资成本、偿还能力、流动性风险等;发行股票应重点关注发行风险、市场风险、政策风险、公司控制权风险等;应按照筹资方案确定的用途使用资金,防止资金挪用,确需改变资金用途的,应当履行相应的审批手续。三是妥善安排债务的偿还和股利的支付,防止发生债务违约风险,防止由此导致的债务诉讼损失。四是根据投资目标和规划,合理安排资金投放,科学确定投资项目,重点关注投资项目的收益和分

---

[1] 《企业内部控制基本规范》第 39 条。
[2] 《企业内部控制基本规范》第 40 条。

析;加强对投资方案的可行性研究,重点对投资目标、规模、方式、资金来源、风险与收益等做出客观评价;按照规定的权限和程序对投资项目进行决策和审批;加强对投资项目的会计系统控制;对投资收回、转让、核销等决策和审批程序做出明确规定,对到期无法收回的投资建立责任追究制度。五是严格控制并购风险,重点关注并购对象的隐性债务、承诺事项、可持续发展能力、员工状况、与企业治理层及管理层的关联关系,合理确定支付价格,确保实现并购目标。六是实行资金营运;定期召开资金调度会或资金安全检查,对资金预算执行情况进行综合分析;加强对营运资金的会计系统控制,严格规范资金的收支条件、程序和审批权限。

再如,《应用指引》第 14 号"财务报告"指出,编制、提供和分析财务报告应当关注的风险有:编制财务报告违反会计法律法规和国家统一的会计准则制度,可能导致企业承担法律责任和声誉受损的风险;提供虚假财务报告,误导财务报告使用者,造成决策失误,干扰市场秩序的风险;不能有效利用财务报告,难以及时发现企业经营管理中存在的问题,可能导致企业财务和经营管理风险失控的风险。该指引还规定,编制财务报告必须重点关注会计政策和会计估计,对财务报告产生重大影响的交易和事项的处理应当按照规定的权限和程序进行审批,编制年度财务报告前应当进行必要的资产清查、减值测试和债权债务核实;应当按照会计准则规定,根据登记完整、核对无误的会计账簿记录和其他有关资料编制财务报告,做到内容完整、数字真实、计算准确,不得漏报或者随意进行取舍;财务报告列示的资产、负债、所有者权益金额应当真实可靠,应当如实列示当期收入、费用和利润,列示的各种现金流量应当划清各类交易和事项的现金流量界限,应当按照会计准则制度编制财务报表附注;合并报表应当明确合并范围和合并方法,如实反映企业集团的财务状况、经营成果和现金流量;财务报告应当及时对外提供;对外提供的财务报告应当按有关规定保存;应当定期召开财务分析会议,充分利用财务报告反映的综合信息,全面分析企业的经营管理状况和操作的问题;总会计师或分管会计工作的负责人应当在财务分析和利用过程中发挥主导作用;企业应当分析资产分布、负债水平和所有者权益结构,分析企业的偿债能力和营运能力、净资产的变化、各项收入、费用的构成及其变化、盈利能力和发展能力,分析各类现金流量的运转情况,关注现金流量能否保证生产经营过程的正常运行,防止发生现金短缺或闲置;财务分析结果应当及时传递给企业内部管理层,等等。

(三)《企业内部控制评价指引》和《企业内部控制审计指引》(2010 年):对企业内部控制的评价与审计规范

《企业内部控制评价指引》(以下简称《评价指引》)和《企业内部控制审计指引》(以下简称《审计指引》)也是由财政部、审计署、证监会、银监会、保监会于 2010 年 4 月 15

日联合发布的,与《应用指引》共同构成执行《基本规范》的配套性文件。

按照《评价指引》的意见,所谓内部控制评价"是指企业董事会或类似权力机关对内部控制的有效性进行全面评价、形成评价结论、出具评价报告的过程"[1];制定《评价指引》规则是"为了促进企业全面评价内部控制的设计与运行情况,规范内部控制评价程序和评价报告,揭示和防范风险"[2]。《评价指引》设"总则""内部控制评价的内容""内部控制评价的程序""内部控制缺陷的认定""内部控制评价报告"5章共27条,分别就所涉及的问题做出了较详细的规定。按照《评价指引》的规定,"企业应当根据《企业内部控制基本规范》、应用指南以及本企业的内部控制制度,围绕内部环境、风险评估、控制活动、信息与沟通、内部监督等要素,确定内部控制评价的具体内容,对内部控制设计与运行情况进行全面评价"[3];内部控制评价程序一般包括:制定评价工作方案、组成评价工作组、实施现场测试、认定控制缺陷、汇总评价结果、编报评价报告等。《评价指引》将内部控制的缺陷区分为设计缺陷和运行缺陷两类,并按照严重程度将内部控制缺陷划分为重大缺陷、重要缺陷、一般缺陷三级,其中重大缺陷"是指一个或多个控制缺陷的组合,可能导致企业严重偏离控制目标";重要缺陷"是指一个或多个控制缺陷的组合,其严重程度和经济后果低于重大缺陷,但仍有可能导致企业严重偏离控制目标";一般缺陷"是指除重大缺陷、重要缺陷之外的其他缺陷"。[4]《评价指引》还要求:"企业对于认定的重大缺陷,应当及时采取应对措施,切实将风险控制在可承受度之内,并追究有关部门或者相关人员的责任。"[5]《评价指引》对内部控制评价报告的内容做出了最低限规定:"内部控制评价报告至少应该披露下列内容:(一)董事会对内部控制报告真实性的声明;(二)内部控制评价工作的总体情况;(三)内部控制评价的依据;(四)内部控制评价的范围;(五)内部控制评价的程序和方法;(六)内部控制缺陷及其认定情况;(七)内部控制缺陷的整改情况及重大缺陷拟采取的整改措施;(八)内部控制有效性的结论。"[6]同时,《评价指引》对内部控制评价的报送、编制时间、归档保管等做出了规定。

《审计指引》分设"总则""计划审计工作""实施审计工作""评价控制缺陷""完成审计工作""出具审计报告""记录审计工作"7章,共35条,并在附录中列示了标准内部控制审计报告、带强调事项段的无保留意见内部控制审计报告、否定意见内部控制审

---

[1] 《企业内部控制评价指引》第2条。
[2] 《企业内部控制评价指引》第1条。
[3] 《企业内部控制评价指引》第5条。
[4] 《企业内部控制评价指引》第16条、第17条。
[5] 《企业内部控制评价指引》第19条。
[6] 《企业内部控制评价指引》第22条。

计报告、无法表达意见内部控制审计报告4种内部控制审计报告的格式。《审计指引》首先申明,该《审计指引》的制定是"为了规范注册会计师执行企业内部控制审计业务,明确工作要求,保证执业质量"①,并将内部控制审计界定为,"是指会计师事务所接受委托,对特定基准日内部控制设计与运行的有效性进行审计"。② 在计划审计工作阶段,《审计指引》提出了注册会计师应当予以评价的重点;提出"应当以风险评估为基础,选择拟测试的控制,确定测试所需要收集的证据"。③ 在实施审计工作阶段,《审计指引》提出了测试企业层面、业务层面时的关注点。对于内部控制缺陷的评价,《审计指引》规定:"内部控制缺陷按其成因分为设计缺陷和运行缺陷,按其影响程度分为重大缺陷、重要缺陷和一般缺陷。"④并提出了表明内部控制存在重大缺陷的迹象。《审计指引》对完成审计工作后的要求主要包括:企业签署的内部控制书面声明应具有的内容;注册会计师就审计过程中识别的控制缺陷应与企业进行的各种沟通。对于注册会计师出具的审计报告,《审计指引》主要规定了标准内部控制审计报告、带强调事项段的无保留内部控制审计报告、否定意见内部控制审计报告、无法表示意见内部控制审计报告的内容和条件;对一般、重要、重大程度非财务报告内部控制缺陷的处理。对于审计记录工作,《审计指引》规定了在审计工作底稿中应予记录的内容。

《企业内部控制应用指引》《企业内部控制评价指引》和《企业内部控制审计指引》是为了保证《企业内部控制基本规范》能够贯彻执行的配套性文件。"其中,《企业内部控制应用指引》是对企业按照内控原则和内控'五要素'建立健全本企业内部控制所提供的指引,在配套指引乃至整个内部控制规范体系中占据主体地位;《企业内部控制评价指引》是为企业管理层对本企业内部控制有效性进行自我评价提供的指引;《企业内部控制审计》指引是为注册会计师和会计师事务所执行内部控制审计业务的执业指引。三者之间既相互独立,又相互联系,形成一个有机整体。"⑤

《企业内部控制应用指引》《企业内部控制评价指引》《企业内部控制审计指引》连同《企业内部控制基本规范》一起构成了中国的企业内部控制规范体系,它的建立与实施不但对完善社会主义市场经济体制、深化企业改革、提升企业抗风险能力和可持续发展能力有着重要的作用和影响,还在建设上表现出一些与国际其他内部控制体系的

---

① 《企业内部控制审计指引》第1条。
② 《企业内部控制审计指引》第2条。
③ 《企业内部控制审计指引》第8条。
④ 《企业内部控制审计指引》第20条。
⑤ 刘玉廷:《全面提升企业管理水平和风险防范能力的重大举措》,转引自刘玉廷:《会计中国二十年》,第102页,立信会计出版社,2012年版。

不同之处:"中国的内控体系吸收了世界各国内部控制的理论和实践经验,同时紧密结合中国实际,在内控的目标、原则、要素和组织实施等诸多方面,实现了若干重大创新。比如,由财政部等5个主要政府监管部门以法规形式联合发布基本规范,这在全世界尚属首次,这使中国内控体系具有强制性的特点。又如,中国内控基本规范明确了企业内控自我评价与社会中介进行鉴证的制度安排,自我评价与社会鉴证不限于财务报告真实性审计,而是对实现内控目标全过程的评价与鉴证。"[①]

(四)小企业内部控制规范:《企业内部控制基本规范》在小企业范围内的具体规范

财政部等五部委联合发布的《企业内部控制基本规范》(2008)及其配套指引(2010)对我国大中型企业,特别是上市公司和中央企业加强内部控制建设发挥了较明显的推动作用,但是对于小企业,却存在适用性不强、实施成本高的问题。这是因为小企业数量众多,且类型多样、差别显著,不适合按照企业内部控制规范体系的有关要求开展内部控制。有针对性地制定适合小企业的内部控制规范,引导和帮助小企业加强内部控制建设,提高经营管理水平,降低经营风险,减少各类经济损失,对于促进小企业健康成长,进而推动我国经济健康可持续发展很必要。

2017年6月29日,财政部颁布了《小企业内部控制规范(试行)》。该规范包括总则、内部控制建立与实施、内部控制监督、附则四章,共四十条。在第一章总则中,主要明确了制定该规范的目的、依据和适用范围,小企业内部控制的定义、目标、原则和总体要求,以及小企业负责人的责任;第二章内部控制建立与实施,主要明确了小企业内部控制建立与实施工作的总体要求,风险评估的对象、方法、内容、方式、频率,说明了小企业常见的风险类别、常用的风险应对策略,明确了小企业建立内部控制的重点领域、常见的内部控制措施、内部控制实施的基本要求、内部控制与现有企业管理体系的关系、内外部信息沟通方式、人员培训和控制措施的更新优化等;第三章内部控制监督,主要明确了小企业内部控制的监督机制,包括实施监督的方式、对监督人员的要求、日常监督的重点、内部控制存在的问题及整改、内部控制的定期评价、内部控制报告、监督与评价结果的使用等。

比起适用于大中型企业和上市公司的《企业内部控制基本规范》来,《小企业内部控制规范(试行)》的内容相对简单,对企业的内部控制要求相对较低,这是合理和应该的,适应小企业的实际情况,便于小企业采用。这种根据不同企业的情况采用不同标

[①] 刘玉廷:《全面提升企业管理水平和风险防范能力的重大举措》,转引自刘玉廷:《会计中国二十年》,第96页,立信会计出版社,2012年版。

准的方法,是中国会计制度的一大特色,并被实践证明具有充分的合理性,是行之有效的。

九、行政事业单位内部控制规范

(一) 行政事业的第一部内部控制规范

2012年发布的各项内部控制制度,均是关于企业的内部控制,这是因为企业是现代社会最重要的经济单位,企业的内部控制最为重要,最容易引起人们的关注。除了企业,行政事业单位是我国为数众多的另一类组织,在社会生活中的作用也很重要,且其内部管理存在的问题不亚于企业。为了提高行政事业单位内部管理水平,加强廉政风险防控机制建设,财政部于2012年11月颁布了《行政事业单位内部控制规范(试行)》,共6章65条。

该试行规范可以分为行政事业单位"内部控制基本原理"和"内部控制实际应用"两个部分。"内部控制基本原理"部分阐述了行政事业单位内部控制的总则、风险评估和控制方法。属于该部分的第一章"总则"中第3条指出:"内部控制是指单位为实现控制目标,通过制定制度、实施措施和执行程序,对经济活动的风险进行防范和管控。"第二章"风险评估和控制方法"的第10条指出,进行单位层面的风险评估时,应当重点关注内部控制工作的组织情况、内部控制机制的建设情况、内部管理制度的完善情况、内部控制关键岗位工作人员的管理情况、财务信息的编报情况。第11条指出,单位进行经济活动业务层面的风险评估时,应当重点关注预算管理情况、收支管理情况、政府采购管理情况、资产管理情况、建设项目管理情况、合同管理情况。第12条则规范了单位内部控制的控制方法,一般包括:不相容岗位相互分离、内部授权审批控制、归口管理、预算控制、财产保护控制、会计控制、单据控制、信息内部公开。

"内部控制实际应用"部分针对我国行政事业单位的组织特点和业务特点,提出了单位层面内部控制和业务层面两个内部控制体系。属于该部分的第三章第15条指出:"单位层面的内部控制主要是建立健全内部控制关键岗位责任制,明确岗位职责及分工,确保不相容岗位相互分离、相互制约和相互监督,实行内部控制关键岗位工作人员的轮岗制度。"而内部控制关键岗位主要包括预算业务管理、收支业务管理、政府采购业务管理、资产管理、建设项目管理、合同管理以及内部监督等经济活动的关键岗位。第四章中指出,业务层面的内部控制内容包括:预算业务控制、收支业务控制、政府采购业务控制、资产控制、建设项目控制、合同控制。预算业务控制的重点是建立健全预算编制、审批、执行、决算与评价等预算内部管理制度;合理设计岗位,明确相关岗位的职责权限,确保预算编制、审批、执行、评价等不相容岗位相互分离。收支业务控制的重点是建立健全收入内部管理制度,合理设计岗位,明确相关岗位的职责权限,确保收款、会计核算等不相容岗位相互分离;建立健全票据管理制度;建立健全支出内部管理制度,确定单位经济活动的各项支出标准,明确支出报销流程,按照规定办理支出事项,合理设计岗位,明确相关岗位的职责权限,确保支出申请和内部审批、付款审批和付款执行、业务经办和会计核算等不相容岗位相互分离。政府采购业务控制的重点是建立健全政府采购预算与计划管理、政府采购活动管理、验收管理等政府采购内部管理制度;明确相关岗位的职责权限,确保政府采购需求制定与内部审批、招标文件准备与复核、合同签订与验收、验收与保管等不相容岗位相互分离。资产控制的重点是对资产实行分类管理,建立健全资产内部管理制度;合理设计岗位,明确相关岗位的职责权限,确保资产安全和有效使用。建设项目控制的重点是建立健全建设项目内部管理制度,明确内部相关部门和岗位的职责权限,确保项目建议和可行性研究与项目决策、概预算编制与审核、项目实施与价款支付、竣工决算与竣工审计等不相容岗位相互分离。合同控制的重点是建立健全合同内部管理制度,明确合同的授权审批和签署权限,妥善保管和使用合同专用章,严禁未经授权擅自以单位名义对外签订合同,严禁违规签订担保、投资和借贷合同;合同实施归口管理,建立财会部门与合同归口管理部门的沟通协调机制,实现合同管理与预算管理、收支管理相结合。

该试行规范第五章"评价与监督"规定,单位应建立健全内部监督制度;规定了相关内部监督程序和要求;单位应对内部控制的有效性出具自我评价报告;各级财政部门和审计部门要对单位内部控制建立和实施情况进行监督。[①]

该试行规范是新中国第一部针对非企业单位的内部控制规范,它的公布使我国的内部控制范围进一步扩展,标志着我国建立了全覆盖的内部控制制度,内部控制成为各类企业、行政事业单位必须执行的制度。

(二) 对行政事业单位内部控制的推进

《行政事业单位内部控制规范(试行)》发布实施以来,各行政事业单位积极推进内部控制建设,取得了一些成效,但也存在不少单位对内部控制重视不够、制度建设不健全,单位之间内部控制水平不平衡等问题。为了进一步推进行政事业单位的内部控制建设,财政部先后发布了多项有关制度,主要有《关于全面推进行政事业单位内部控制建设的指导意见》《关于开展行政事业单位内部控制基础性评价工作的通知》《行政事业单位内部控制报告管理制度(试行)》等。

《关于全面推进行政事业单位内部控制建设的指导意见》(2015年12月21日)首

[①] 《行政事业单位内部控制规范(试行)》第60~64条。

先指出：制定本指导意见是为了"认真贯彻落实党的十八届四中全会精神"①。为此，该指导意见设定了行政事业单位内部控制建设的目标："以单位全面执行《单位内控规范》为抓手，以规范单位经济和业务活动有序运行为主线，以内部控制量化评价为导向，以信息系统为支撑，突出规范重点领域、关键岗位的经济和业务活动运行流程、制约措施，逐步将控制对象从经济活动层面拓展到全部业务活动和内部权力运行，到2020年，基本建成与国家治理体系和治理能力现代化相适应的、权责一致、制衡有效、运行顺畅、执行有力、管理科学的内部控制体系，更好发挥内部控制在提升内部治理水平、规范内部权力运行、促进依法行政、推进廉政建设中的重要作用。"为了完成这个目标，该指导意见提出了在行政事业单位内健全内部控制体系，强化内部流程控制；加强内部权力制衡，规范内部权力运行；建立内控报告制度，促进内控信息公开；加强监督检查工作，加大考评问责力度四项任务，并对四项任务的做法做出了说明。

《关于开展行政事业单位内部控制基础性评价工作的通知》（2016年6月24日）中所称的内部控制基础性评价，"是指单位在开展内部控制建设之前，或在内部控制建设的初期阶段，对单位内部控制基础情况进行的'摸底'评价"。建立基础性评价工作的目标，则是"一方面，明确单位内部控制的基本要求和重点内容，使各单位在内部控制建设过程中能够做到有的放矢、心中有数，围绕重点工作开展内部控制体系建设；另一方面，旨在发现单位现有内部控制基础的不足之处和薄弱环节，有针对性地建立健全内部控制体系，通过'以评促建'的方式，推动各单位于2016年底前如期完成内部控制建立与实施工作。"②该通知列出了内部控制建设启动情况、单位主要负责人承担内部控制建立与实施责任情况、对权力运行的制约情况、内部控制制度完备情况、不相容岗位与职责分离控制情况、内部控制管理信息系统功能覆盖情况（以上属"单位层面"的评价指标）、预算业务管理控制情况、收支业务管理控制情况、政府采购业务管理控制情况、资产管理控制情况、建设项目管理控制情况、合同管理控制情况（以上属"业务层面"的评价指标）共12项内部控制评价指标及各项指标分，说明了这些指标的评价要点（分值）、评价方法和评价报告的编写格式③，要求在单位主要负责人的直接领导下评价本单位内部控制现状，提出提高内部控制水平和效果的措施。

《行政事业单位内部控制报告管理制度（试行）》（2017年1月25日）中所称的内

---

① 财政部：《关于全面推进行政事业单位内部控制建设的指导意见》，2015年12月21日。
② 财政部：《关于开展行政事业单位内部控制基础性评价工作的通知》，2016年6月24日。
③ 分别见《关于开展行政事业单位内部控制基础性评价工作的通知》的附件《行政事业单位内部控制基础性评价指标评分表》《行政事业单位内部控制基础性评价指标评分表填表说明》《行政事业单位内部控制基础性评价报告参考格式》。

部控制报告是指行政事业单位在年终编制的综合反映本单位内部控制建立与实施情况的总结性文件。按照该管理制度的规定,各行政事业单位应每年度终了,应按照财政部发布的统一报告格式编制内部控制报告,并经本单位主要负责人审批后对外报送。能够反映内部控制工作基本事实的相关材料,一般包括内部控制领导机构会议纪要、内部控制制度、流程图、内部控制检查报告、内部控制培训会相关材料等。该管理制度还规定,行政事业单位内部控制报告要由上级行政主管部门、各行政主管部门同级财政部门、上级财政部门逐级汇总上报;各级财政部门、各部门要对所报送的内部控制报告内容的真实性、完整性和规范性进行监督检查,对于违反规定、提供虚假内部控制信息的单位及相关负责人,按照《会计法》《预算法》《财政违法行为处罚处分条例》等有关法律法规规定追究责任;各级财政部门及其工作人员在行政事业单位内部控制报告管理工作中,存在滥用职权、玩忽职守、徇私舞弊等违法违纪行为的,按照《公务员法》《行政监察法》《财政违法行为处罚处分条例》等国家有关规定追究相应责任,涉嫌犯罪的,移送司法机关处理。

十、其他内部控制制度

转变经济增长方式时期,有关部门还先后颁布或修改了若干行业性的内部控制制度,主要有:2006年颁布的《寿险公司内部控制评价办法(试行)》,2007年修订的《商业银行内部控制指引》,2010年颁布的《保险公司内部控制基本准则》,2014年再次修订的《商业银行内部控制指引》。

2006年颁布的《寿险公司内部控制评价办法(试行)》是第一部规范寿险公司内部控制的文件,其基本内容与《商业银行内部控制评价试行办法》大体相近,稍有不同。其主要内容是:①针对寿险公司每一项经营过程和风险建立了统一规范的内部控制评价标准,从充分性、合理性、有效性三个方面展开评价,为全面建设内部控制和准确评价内部控制状况提供了完整的框架和有效的方法;②采用寿险公司自我评估与监管部门抽查评价相结合的评价方式,确保对寿险公司内部控制进行持续评价,全面了解寿险公司内部控制的状况及改善情况;③将内部控制评价结果纳入非现场监管风险评级体系,根据非现场监管结果实施分类监管,通过惩劣奖优,切实推动公司加强内控建设,提升内控水平;④明确了董事会、监事会和经理层在内部控制中的责任,为建立公司问责制奠定基础。《寿险公司评价办法》通过建立内部控制监督评价机制推动寿险公司加强内部控制建设,思路是:其一,建立监督评价机制,通过建立统一的内部控制评价标准,对寿险公司内部体系建设、实施和运行结果进行调查、测试、分析和评估;其二,实施分类监管,将内部控制评价结果纳入非现场监管体系,根据非现场监管的结果实施分类监管;其三,明确管理层在建立、维护公司内控机制方面的责任,同时强化寿险公司内部审计的责任,建立问责机制,促进内部审计有效履职。

修订的《商业银行内部控制指引》是由中国银行业监督管理委员会于2007年9月19日发布的。修订后的《商业银行内部控制指引》比起2002年的《商业银行内部控制指引》,重大不同之处有两点:一是重新划分了商业银行董事会、监事会、高级管理层在内部控制方面的职责;二是提出的内部控制要素采用了国际权威机构的规定。该指引在借鉴国际经验的同时,充分结合了我国商业银行内部控制的实践,使商业银行内部控制的脉络更为清晰,且表达方式符合我国法规特点和语言习惯,是一部针对性强、实用性强的内部控制规定。

《保险公司内部控制基本准则》由中国保险监督管理委员会于2010年8月颁布。颁布这一制度,是为了解决保险公司存在的内部控制制度不完备、内控执行力不强等问题。该准则规定,保险公司内部控制体系包括以下三个组成部分:第一,内部控制基础,包括公司治理、组织架构、人力资源、信息系统和企业文化等;第二,内部控制程序,包括识别评估风险、设计实施控制措施等;第三,内部控制保证,包括信息沟通、内控管理、内部审计应急机制和风险问责等。该准则还将保险公司所有内控活动分为前台控制、后台控制和基础控制三个层次,其中前台控制是对直接面对市场和客户的营销及交易行为的控制活动;后台控制是对业务处理和后援支持等运营行为的控制活动;基础控制是对为公司经营运作提供决策支持和资源保障等管理行为的控制活动。《保险公司内部控制基本准则》规定的内部控制组织体系包括公司治理层面、职能管理层面、执行层面、监督问责层面四个层面;要求保险公司制定的内部控制评价制度包括实施内控评价的主体、时间、方式、程序、范围、频率、上报路线以及报告所揭示问题的处置和反馈等,并要求每年对内部控制体系的健全性、合理性和有效性进行综合评估,并编制内部控制评估报告。

《商业银行内部控制指引》的再次修订发生在2014年9月,这也是由中国银行业监督管理委员会主持完成的。修订后的《商业银行内部控制指引》分为7章51条,主要从以下4个方面引导商业银行强化内控管理:①内控评价方面,细化要求持续改进;②内控监督方面,要求建立健全长效机制;③监管约束方面,加大违规处罚措施;④监管引领方面,充分体现原则导向。修订后的《商业银行内部控制指引》还对商业银行风险管理、信息系统控制、岗位设置、会计核算、员工管理、新机构设立和业务创新等提出了实施内部控制的原则性要求。通过此次修订,《商业银行内部控制指引》的内容更加全面,并体现了原则性、导向型的要求,有利于引导商业银行秉承稳健经营的理念,根据自身发展需要,科学确定内控管理重点,合理配置资源,提高内控管理的有效性。

转变经济增长方式时期的内部控制制度，呈现出这样一些特点：一是内部控制制度愈发成熟，既借鉴了世界内部控制规范的经验，又结合中国的实际情况，且吸收了此前各种内部控制制度的优点；二是内部控制制度适用面宽，使用范围广，效果也比此前更好；三是系统性强，内容更为全面丰富。以上这一切，表明我国的内部控制制度迈上了一个新的台阶，进入了相对成熟的阶段。

本 章 小 结

内部控制制度与管理会计制度一样，是不带有行政法规性、强制性、各类单位必须执行的制度，但对于提高单位的管理水平和防范风险十分必要，是所有单位必须重视、建立与实施的。基于管理的需要，改革开放前新中国已经有了体现内部控制思想的相关规定，如1962年公布的《会计人员职权试行条例》中设有要求会计人员监督有关人员对财产物资的收发、调拨、报废，对财产物资实行会计控制的条款；部分企业提出了班组核算、责任中心、成本否决、内部牵制等与内部控制有关的办法和要求；等等。改革开放后，经济发展迅速，管理复杂化，对内部控制的要求更为迫切，这种客观需要推动了内部控制制度的快速发展；同时，国外先进的内部控制理念和模式的引进，也极大地促进了我国内部控制制度的进步。

改革开放后我国内部控制制度的发展经历了从以内部牵制为主，到以内部会计控制为主，再到全面内部控制的过程。在向市场经济转型期，内部控制制度以内部牵制规定为主，在《会计人员职权条例》(1978年)、《会计人员工作规则》(1984年)、《国营企业成本管理条例》(1984年)、《会计法》(1985年)等会计制度中设有要求会计工作实行不相容职务岗位分离、会计监督等体现内部牵制的条款。在向市场经济转轨时期，中国注册会计师协会发布了《独立审计具体准则第9号——内部控制与审计风险》(1996年)，对内部控制的概念、目标、环境、程序等做出了说明；中国人民银行印发了《加强金融机构内部控制的指导原则》(1997年)，这是新中国第一部直接以内部控制为名的制度。第二次修订的《会计法》(1999年)要求各单位应该建立、健全内部会计控制；财政部制定了面向全国、要求所有单位执行的内部会计控制规范体系(2001—2004年)，形成了以内部控制为主的内部控制局面。在转变经济增长方式时期，中国人民银行、中国证券监督管理委员会、上海和深圳证券交易所先后发布的商业银行、证券公司、上市公司内部控制指引，国务院国有资产监督管理委员会制定的《中央企业全面风险管理指引》(2006年)，财政部等五部委联合颁布的企业内部控制规范体系(2006年)，财政部公布的《行政事业单位内部控制规范》(2012年)，表明中国的内部控制跨入了规范化、全面化的内部控制阶段。

中国内部控制制度的发展表现出了如下几个特点。

第一,内部控制制度的发展明显地呈现了由简单到高质量,由单一到全面的过程,最终形成了内容全面、形式规范的内部控制规范体系。新中国早期企业管理的实践中,已经有了内部控制的思想,形成了若干体现内部牵制的制度,但措施相对简单,不够系统,散见于各种文件、规定中,这与其他一些国家早期的内部控制情况相似。改革开放后,新中国充分吸取西方发达国家的经验,建立起了与国际做法相似,带有中国特色的规范、系统的内部控制制度体系,中国的内部控制制度建设跟上了世界发展的步伐。这是新中国以科学态度、开放胸怀吸收人类现代管理文明,提高自我水平的结果。

第二,由政府主导制定和推广内部控制制度。与一些欧美国家不同,新中国内部控制制度不是由民间团体制定的,而是由政府部门通过制定各种制度推行的,是由政府推动的,这与新中国的经济、政治体制有着直接的关系,也是政府对企事业单位提高管理效率、防控风险高度重视的表现。由政府主导内部控制制度的制定和推广,好处在于制度的推广迅速,且容易取得各方的支持和配合。

第三,企事业单位对内部控制制度的响应积极热烈。激烈的竞争使相当一批事业单位,特别是大中型单位,有着通过内部控制改进管理、提高效益的要求,这是内部控制制度得以推广的一个重要原因,也反映出中国企事业单位管理层的现代管理意识在逐步提高。但与此同时,仍有一些企事业单位对内部控制的态度较消极,制定的制度形同虚设,执行效果差,这是目前及将来较长一段时期内中国内部控制制度建设和实施中需要认真对待的问题。

第四,注册会计师和金融行业是新中国内部控制制度建设的先行者和试验田。在审计过程中,相关法规要求注册会计师掌握被审计单位内部控制情况,使其十分重视对内部控制的分析评价;高风险的金融行业,对风险控制有着较高的要求。高要求使这两个行业的内部控制制度建设走在了各行业的前列,并为内部控制的推广提供了经验。

第 8 章

会计信息化制度

第 1 节　向市场经济转轨时期的会计信息化制度：1978—1991 年

　　1979 年,财政部和第一机械工业部拨款 500 万元,用于长春第一汽车制造厂从东德进口 1 台 EC-1040 计算机,进行计算机辅助会计核算的试点工作。1982 年 10 月 4 日,国务院成立了计算机与大规模集成电路领导小组。1984 年,为了加强对电子和信息事业发展的集中统一领导,以更有效地推动这项工作,国务院决定将国务院电子计算机和大规模集成电路领导小组改为国务院电子振兴领导小组,指导和推动电子计算机的应用,随后全国掀起了计算机应用热潮,会计电算化工作进入第一个迅速发展的时期。

　　1986 年,上海市财政局成立了会计电算化应用小组,负责协调会计电算化工作。同年,上海市财政局制定并颁布了《关于在本市国营工业企业中推广会计电算化应用工作的若干规定》。1986 年,铁道部制订《铁道财务会计信息管理系统"七五"规划》,提出了建立财务会计信息管理系统的原则、目标和实施步骤。同年,原水电部财务司成立财务会计应用计算机规划小组,制订了《水利电力财务会计应用计算机"七五"总体规划》,对所属单位的会计电算化工作提出了分阶段的要求。1986 年 11 月,由财政部财政科研所和山东潍坊生建机械厂联合研制开发了会计电算账务处理系统和厂级成本汇总系统两个程序。1987 年 4 月,由福州大学、福州市财政局联合研制的国营工业企业通用会计核算账务处理软件系统(GGKI)通过了技术鉴定。

　　1988 年 8 月,中国会计学会首届全国会计电算化理论与实践学术研讨会在吉林市召开,与会代表一致提出《关于会计电算化工作建议书》,呼吁主管部门适应客观形势发展需要,尽快制定会计电算化会计规范,制定全国统一的会计电算化管理制度,加强对会计电算化工作的管理。

在这段时期,部分高等学校、财政部所属单位、部分行业自行开发了一些会计信息系统,其内容包括:财务会计核算管理系统、财务决算编审汇、财务会计信息库、经济活动分析等。会计信息化的初步实践,掀开了我国全部推广会计信息化的帷幕。

一、《会计核算软件管理的几项规定(试行)》(1989年):从"模拟手工"到"甩掉手工"的转变

为推动会计电算化的发展,保证会计信息处理和保存的合法、安全、准确、可靠,1989年12月,财政部以〔89〕财会字第65号的形式印发颁布了我国第一个会计信息化的法规性文件《会计核算软件管理的几项规定(试行)》(以下简称《试行规定》)。《试行规定》就会计核算软件的管理问题做出规定,包括对会计核算软件的基本要求、会计核算软件的评审、会计核算软件使用单位的基本要求、会计核算软件使用单位以计算机替代手工记账的审批、计算机替代手工记账的会计核算资料的生成和管理等。

对会计核算软件的基本要求,《试行规定》从软件提供的数据输入项目、软件提供用户的会计科目编码方案、软件具有必要的防范会计数据输入差错的功能、软件的计算和结账功能、计算机登账处理系统、软件打印输出的账簿和必要的查询功能、计算机生成的报表数据、软件防止非指定人员擅自使用和对指定操作人员实行使用权限控制的功能、对存储的保护措施、数据恢复的功能10个方面做出了规范。

对会计核算软件的评审,《试行规定》提出了会计软件管理制度,主要包括:操作人员的工作职责和工作权限、预防原始凭证和记账凭证等会计数据未经审核而输入计算机的措施、预防已输入计算机的原始凭证和记账凭证等会计数据未经核对而登记机内账簿的措施、必要的上机操作记录制度。

对计算机硬件、软件制订的管理制度,主要包括:保证机房设备安全和计算机正常运转的措施、会计数据和会计软件安全保密的措施、修改会计核算软件的审批和监督制度,以及会计档案管理制度。

《试行规定》还规范了会计核算软件使用单位以计算机替代手工记账的审批、计算机替代手工记账的会计核算资料的生成和管理的办法。

二、《会计改革纲要(试行)》(1991年)中的会计电算化改革设想

除了《会计核算软件管理的几项规定(试行)》对会计信息的规定外,1991年7月财政部印发的《会计改革纲要(试行)》(以下简称《改革纲要》)中提出推行会计信息化

的设想。尽管《改革纲要》不是正式的制度，但其提出的推行会计信息化设想和要求，在我国会计信息化发展过程中具有一定的作用。《改革纲要》指出：会计电算化是会计改革的重要内容和必要条件；要加强对会计电算化工作的组织和领导，在调查研究和总结经验的基础上，从实际出发制订会计电算化发展规划；要逐步完善会计电算化管理的制度和办法，组织会计电算化工作的经验交流，推动会计电算化工作的健康发展；要积极推动技术产业部门和有关单位，研制科学、适用的会计软件和计算机硬件，促进会计软件的通用化、商品化和计算机硬件的专门化；要采取多种形式和方法培养会计电算化人才，特别要注重培养既懂计算机又懂会计业务的复合型人才；会计电算化应当根据工作需要和客观条件，循序渐进，一般应首先在会计信息量大、时效要求高、数据处理难度大的单位推行，从实用性强的单项（如账务处理、工资核算、材料核算、销售核算、固定资产核算、会计报表生成和汇总等）起步，逐步建立会计管理信息系统，然后与其他信息子系统联机，或向其他管理系统渗透。

1989年的《会计核算软件管理的几项规定（试行）》是我国最早的会计电算化制度，首次对会计信息化做出了规定。1991年《会计改革纲要（试行）》首次将会计电算化纳入会计改革的整体框架之中，把会计电算化作为会计改革之中的重要内容；首次提出各个企业单位对于会计电算化人才培养的要求，同时要求会计人员掌握相应必要的计算机技术，对于推进会计信息化有着积极的作用。

第2节 市场经济建立时期的会计信息化制度：1992—2001年

一、会计核算软件推广应用阶段的有关制度(1992—1996年)

就信息化水平来讲，在这一阶段网络信息技术迅速发展，尤其是在1997年和1998年，软件、硬件、互联网产业进入繁荣期，大量的人员进入相关领域，在技术层面，在大量的资本和人力的推进之下会计核算软件也快速更新换代，迅速完善并走向成熟，且为更多企业采用。随着技术的提升与完善，信息化制度的建设逐步从对会计信息化的推广，转变到对会计信息化提出要求，如对于商品化会计核算软件推出评审规范，同时要求加强对于专业性人才的培训，以满足会计信息化对人才的需要。

(一)《关于大力发展我国会计电算化事业的意见》(1994年)：明确会计电算化发展目标和管理要求

1994年5月，财政部印发了《关于大力发展我国会计电算化事业的意见》（以下简称《意见》)。《意见》并非正式的制度,但对于发展我国的会计信息化同样具有重要作用。《意见》分设6个部分,分别为"制订规划,有计划、有步骤地推动我国会计电算化事业的发展""加强会计电算化人才培训""加强会计核算软件管理""加强会计电算化管理制度建设""区别情况促进基层单位逐步实现会计电算化""加强会计电算化工作的组织领导"。《意见》对我国会计电算化事业的发展目标和管理要求等做出了明确规划并提出了具体措施。《意见》第4部分特别指出:"建立健全会计电算化管理制度,是会计电算化工作顺利发展的重要保证。各级财政部门要加强会计电算化管理制度建设,对商品化会计核算软件评审、会计核算软件的基本功能、会计核算软件开发的基本程序、实行会计电算化后的会计档案管理、基层单位开展会计电算化的基本要求、会计电算化知识培训等一系列问题,应逐步建立规章制度,以规范会计电算化管理工作,指导基层单位会计电算化工作的顺利开展,逐步实现会计电算化管理的法制化。"

(二)《会计电算化管理办法》(1994年)、《商品化会计核算软件评审规则》(1994年)和《会计核算软件基本功能规范》(1994年)

1994年6月30日,财政部以〔94〕财会字第27号印发《会计电算化管理办法》《商品化会计核算软件评审规则》和《会计核算软件基本功能规范》。这些制度的出台,推动了我国商品化会计软件的开发和应用进入快速发展阶段。

《会计电算化管理办法》(以下简称《管理办法》)共12条,实施后废止财政部于1989年12月9日发布的《会计核算软件管理的几项规定(试行)》。《管理办法》主要规范了会计电算化的管理要求。其中第5条指出,"各单位使用的会计核算软件及其生成的会计凭证、会计账簿、会计报表和其他会计资料,应当符合我国法律、法规、规章的规定"。第6条要求,"在我国境内销售的商品化会计核算软件应当经过评审"。第9条提出了采用电子计算机替代手工记账的单位应具备的基本条件:使用的会计核算软件达到财政部发布的《会计核算软件基本功能规范》的要求;配有专门或主要用于会计核算工作的电子计算机或电子计算机终端并配有熟练的专职或者兼职操作人员;使用电子计算机进行会计核算与手工会计核算同时运行3个月以上,取得相一致的结果;有严格的操作管理制度;有严格的硬件、软件管理制度;有严格的会计档案管理制度。《管理办法》与此前的《会计核算软件管理的几项规定(试行)》比较,对会计核算软件功能和使用的管理要求更为全面、细致。

《商品化会计核算软件评审规则》(以下简称《评审规则》)分为6章43条,对申请评审的条件和程序、评审工作组织、外国商品化会计核算软件的评审、商品化会计核算软件通过评审后的管理等做出了规范,同时废止1990年《关于会计核算软件评审问题的补充规定(试行)》。针对商品化会计核算软件的评审,《评审规则》第 4 条指出:"对商品化会计核算软件的评审,主要审查软件的功能符合会计基本原理和我国法律、法规、规章的情况,检测软件的主要技术性能,对财务会计分析功能和相关信息处理的功能以及软件开发经销单位的售后服务能力也适当予以评价。"第 5 条要求商品化会计核算软件必须达到《会计核算软件基本功能规范》的要求。第 9 条、第 10 条规范了申请审查的商品化会计核算软件要达到的基本条件,并规范了申请商品化会计核算软件需要提交的资料。第 22 条提出了评审工作组报告书应当包括的内容、评审工作的主要工作步骤和内容、对评审的商品化会计核算软件提出的建议修改和必须限期修改的意见以及开发单位的修改情况、评审工作组对修改内容的审查情况等。

《会计核算软件基本功能规范》是财政部于 1994 年 6 月 30 日印发的。该规范分为 6 章 40 条,针对会计核算软件基本功能、会计数据的输入、会计数据的处理、会计数据的输出、会计数据的安全做出了规范。该规范第一章"总则"指出,会计核算软件基本功能是指会计核算软件必须具备的功能和完成这些功能的基本步骤;会计核算软件的功能模块,是指会计核算软件中具备相对独立地完成会计数据输入、处理和输出功能的各个部分。第二章"会计数据的输入"规范了会计核算的输入流程,对计算特殊的初始化功能内容、初始校验码内容提出了要求。第三章"会计数据的处理"提出了会计核算软件应当包括的主要数据处理功能。第四章"会计数据的输出"提出了会计核算软件应具备的数据输出和储备功能。第五章"会计数据的安全"则对会计核算软件的安全性提出了规定,包括:会计核算软件应具有按照初始化功能中的设定,防止非指定人员擅自使用的功能和对指定操作人员实行使用权限控制的功能;对存储在磁性介质或者其他介质上的程序文件和相应的数据文件,应当有必要地加密或者其他保护措施。

二、强化会计信息化管理阶段的有关制度(1996—2001 年)

随着计算机的普及,我国实行独立会计核算、具有一定规模的企事业单位,都将成为商品化会计软件实现和潜在的客户,对于会计信息化的规范以及强化规范的落实就成为这一阶段制度规定的重点。

(一)《会计电算化工作规范》(1996 年):对会计电算化内部管理工作的规范

1996 年 6 月 10 日,财政部印发《会计电算化工作规范》,共 5 章 35 条,分别对会计电算化工作的总体要求、配备电子计算机和会计软件的要求、替代手工记账的要求、建立会计电算化内部管理制度做出了规定。这些规定主要包括:会计电算化后的工作岗位可分为基本会计岗位和电算化会计岗位。其中基本会计岗位可包括:

会计主管、出纳、会计核算各岗、稽核、会计档案管理等。电算化会计岗位和工作职责一般可划分如下：电算主管，负责协调计算机及会计软件系统的运行工作，要求具备会计和计算机知识，以及相关的会计电算化组织管理的经验；软件操作，负责输入记账凭证和原始凭证等会计数据，输出记账凭证、会计账簿、报表和进行部分会计数据处理工作；审核记账，负责对输入计算机的会计数据（记账凭证和原始凭证等）进行审核，操作会计软件登记机内账簿，对打印输出的账簿、报表进行确认；电算维护，负责保证计算机硬件、软件的正常运行，管理机内会计数据，负责监督计算机及会计软件系统的运行，防止利用计算机进行舞弊；数据分析，负责分析计算机的会计数据。

《会计电算化工作规范》较之 1994 年公布的《会计电算化管理办法》，管理内容更加细化，提出了一些此前没有涉及的要求。比如，规范了上机操作人员对会计软件的操作工作内容和权限；要求对会计数据双备份；对正在使用的会计核算软件进行修改，对通用会计软件进行升版和对计算机硬件设备进行更换等，要有审批手续；要求建立电算化会计档案；等等。

(二)《会计基础工作规范》(1996 年)中的会计电算化规定

1996 年 6 月 17 日，财政部印发《会计基础工作规范》，对实施会计电算化的单位从岗位设置、会计核算以及会计工作交接等方面做出具体规定。该规范的第 11 条规定了实施会计电算化单位会计岗位设置，指出："可以根据需要设置相应工作岗位，也可以与企事业单位现行岗位相结合。"关于会计工作交接，第 27 条指出："实行会计电算化的单位，从事该项工作的移交人员还应当在移交清册中列明会计软件及密码、会计软件数据磁盘（磁带等）及有关资料、实物等内容。"第 29 条规定："移交人员从事会计电算化工作的，要对有关电子数据在实际操作状态下进行交接。"第 44 条、第 45 条、第 53 条、第 58 条、第 61 条分别规定："实行会计电算化的单位，对使用的会计软件及其生成的会计凭证、会计账簿、会计报表和其他会计资料的要求，应当符合财政部关于会计电算化的有关规定。""实行会计电算化的单位，有关电子数据、会计软件资料等应当作为会计档案进行管理。""实行会计电算化的单位，对于机制记账凭证，要认真审核，做到会计科目使用正确，数字准确无误。""打印出的机制记账凭证要加盖制单人员、审核人员、记账人员及会计机构负责人、会计主管人员印章或者签字。用计算机打印的会计账簿必须连续编号。经审核无误后装订成册，并由记账人员和会计机构负责人、会计主管人员签字或者盖章。""总账和明细账应当定期打印。发生收款和付款业务的，在输入收款凭证和付款凭证的当天必须打印出现金日记账和银行存款日记账，并与库存现金核对无误。"这些规定，使会计电算化管理常态化，对会计电算化的管理

(三)《中华人民共和国会计法》(2000年):对会计电算化的法律规范

2000年7月修订的《中华人民共和国会计法》(以下简称《会计法》)中加入了会计电算化的内容,首次对会计电算化以法律形式做出了规范。该《会计法》第13条规定:"使用电子计算机进行会计核算的,其软件及其生成的会计凭证、会计账簿、财务会计报告和其他会计资料,也必须符合国家统一的会计制度的规定。"第15条规定:"使用电子计算机进行会计核算的,其会计账簿的登记、更正,应当符合国家统一的会计制度的规定。"

会计电算化的内容列入《会计法》,标志着随着计算机的不断普及,部分甚至大部分会计工作已经或即将实现电算化,会计电算化正在或即将成为会计信息的主要来源;也表明了以法律的形式对会计电算化做出规范的必要性。

市场经济建设时期会计电算化大幅推进,特别需要加强和细化对会计电算化的管理,故而这一阶段表现为多种管理规定相继出台的特点,这是会计电算化发展中所必然会经历的。

第3节 转变经济增长方式时期的会计信息化制度:2002—2018年

伴随着新世纪的来临,信息技术高速发展,Internet迅速影响着社会的各个领域,整合企业的信息资源,提高管理工作的效率,成为企业之间、国家之间竞争的重要手段。2000年前后,我国加入WTO的呼声高涨,国外知名的会计和财务软件厂商大规模进入中国,国内会计和财务软件网络化、管理化成为财务软件发展的趋势,会计的计算机利用从会计电算化进入了会计信息化。2004年11月4日,国家审计署、国家标准化管理委员会、国家认证认可监督管理委员会在北京联合发布《信息技术会计核算软件数据接口》(GB/T 19581—2004)国家标准,这标志着我国会计电算化及会计信息化行业开始向标准化和规范化方向迈进。在这样的形势下,需要有更多、更细致具体的会计信息化基础工作制度。

一、由会计电算化向会计信息化转变的纲领性文件

2006年,中共中央办公厅、国务院办公厅制定发布了《2006—2020年国家信息化发展战略》(中办发〔2006〕11号),明确了全国信息化建设的指导思想、战略方向、发展重点和保障措施。会计信息化是国家信息化的重要组成部分。为了贯彻国家信息化

发展战略,全面推进我国会计信息化工作,促进会计事业更好地发展,财政部于2009年4月12日发布了《关于全面推进我国会计信息化工作的指导意见》(以下简称《指导意见》),这是我国会计信息化工作的纲领性文件,其贯彻实施必将推动我国会计事业进入一个崭新的时代。

《指导意见》指出,我国会计信息化工作的目标是:"力争通过5～10年的努力,建立健全会计信息化法规体系和会计信息化标准体系[包括可扩展商业报告语言(XBRL)分类标准]。全力打造会计信息化人才队伍,基本实现大型企事业单位会计信息化与经营管理信息化融合,进一步提升企事业单位的管理水平和风险防范能力,做到数出一门、资源共享,便于不同信息使用者获取、分析和利用,进行投资和相关决策;基本实现大型会计师事务所采用信息化手段对客户的财务报告和内部控制进行审计,进一步提升社会审计质量和效率;基本实现政府会计管理和会计监督的信息化,进一步提升会计管理水平和监管效能。通过全面推进会计信息化工作,使我国的会计信息化达到或接近世界先进水平。"并提出了推进企事业单位会计信息化建设、推进会计师事务所审计信息化建设、推进会计管理和会计监督信息化建设、推进会计教育与会计理论研究信息化建设、推进会计信息化人才建设、推进统一的会计相关信息平台建设六项任务。其中,企事业单位会计信息化建设,包括会计基础工作信息化、会计准则制度有效实施信息化(即将相关会计准则制度与信息系统实现有机结合,自动生成财务报告,进一步贯彻执行相关会计准则制度,确保会计信息等相关资料更加真实、完整)、内部控制流程信息化(即将内部控制流程、关键控制点等固化在信息系统中,促进各单位内部控制规范制度的设计与运行更加有效,形成自我评价报告)、财务报告与内部控制评价报告标准化;会计师事务所审计信息化建设,包括财务报告审计和内部控制审计信息化、会计师事务所内部管理信息化;会计管理和会计监督信息化建设,包括建立会计人员管理系统、逐步推广无纸化考试、推进信息系统在会计专业技术资格考试工作中的应用、完善注册会计师行业管理系统、推动会计监管手段和技术与方法的创新;会计教育与会计理论研究信息化建设,包括建立会计专业教育系统、建立会计理论研究信息平台;会计信息化人才建设,包括完善会计审计和相关人员能力框架(即在知识结构、能力培养中重视信息技术方面的内容与技能)、加强会计审计信息化人才的培养;推进统一的会计相关信息平台建设,则指的是要构建以企事业单位标准化会计相关信息为基础,便于资者、社会公众、监管部门及中介机构等有关方面高效分析利用的统一会计相关信息平台。

为了全面推进会计信息化工作,《指导意见》还提出了"高度重视,加强领导""明确职责,协调配合""重视人才,加快培养""组织试点稳步推进""督促指导,强化监管""加强宣传,营造氛围"6个方面的具体措施和要求。

二、信息化时代的会计信息化制度

为推动企业会计信息化,节约社会资源,提高会计软件和相关服务质量,规范信息化环境下的会计工作,2013年12月6日财政部发布《企业会计信息化工作规范》(以下简称《工作规范》)。该文件是会计适应信息化时代会计理念、会计功能、会计流程和会计模式创新发展的产物,对当时和以后一段时期企业会计信息化发展具有重要意义。该《工作规范》包含5章49条,各章分别为:第一章"总则"、第二章"会计软件和服务"、第三章"企业会计信息化"、第四章"监督"、第五章"附则"。

《工作规范》的主要内容有如下几个方面。

(1) 明确了会计信息化的相关概念与功能:会计信息化"是指企业利用计算机、网络通信等现代信息技术手段开展会计核算,以及利用上述技术手段将会计核算与其他经营管理活动有机结合的过程"。会计软件"是指企业使用的,专门用于会计核算、财务管理的计算机软件、软件系统或者其功能模块。会计软件具有以下功能:为会计核算、财务管理直接采集数据;生成会计凭证、账簿、报表等会计资料;对会计资料进行转换、输出、分析、利用。本规范所称会计信息系统,是指会计软件及其运行所依赖的软硬件环境组成的集合体"。[①]

(2) 要求会计软件提供不可逆记账功能:"会计软件应当提供不可逆的记账功能,确保对同类已记账凭证的连续编号,不得提供对已记账凭证的删除和插入功能,不得提供对已记账凭证日期、金额、科目和操作人的修改功能。"[②]

(3) 鼓励采用XBRL。《工作规范》第11条提出:"鼓励软件供应商在会计软件中集成可扩展商业报告语言(XBRL)功能,便于企业生成符合国家统一标准的XBRL财务报告。"

(4) 规定会计软件须采用国家统一标准:"会计软件应当具有符合国家统一标准的数据接口,满足外部会计监督需要。"[③]

(5) 关于操作日志的规定。《工作规范》第14条规定:"会计软件应当记录生成用户操作日志,确保日志的安全、完整,提供按操作人员、操作时间和操作内容查询日志的功能,并能以简单易懂的形式输出。"还提出日志应满足完整性、安全性、可查询性的要求。

[①] 《企业会计信息化工作规范》第2条。
[②] 《企业会计信息化工作规范》第5条。
[③] 《企业会计信息化工作规范》第12条。

(6)关于远程访问、云计算的规定:"以远程访问、云计算等方式提供会计软件的供应商,应当在技术上保证客户会计资料的安全、完整。对于因供应商原因造成客户会计资料泄露、毁损的,客户可以要求供应商承担赔偿责任。"①《工作规范》明确规定:"客户以远程访问、云计算等方式使用会计软件生成的电子会计资料归客户所有;软件供应商应当提供符合国家统一标准的数据接口供客户导出电子会计资料,不得以任何理由拒绝客户导出电子会计资料的请求。"②"以远程访问、云计算等方式提供会计软件的供应商,应当做好本供应商不能维持服务情况下,保障企业电子会计资料安全以及企业会计工作持续进行的预案,并在相关服务合同中与客户就该预案做出约定。"③《工作规范》还明确了云服务供应商的相关责任,明确了云服务形成的会计资料所有权归客户,并要求供应商确保客户会计资料的正常导出。④

《工作规范》对开展会计信息化应做好的各项保障性工作、相关方面的责任等,也提出了相应的要求。

三、与 XBRL 相关的标准、制度与规定

XBRL(Extensible Business Reporting Language)是可扩展商业报告语言的英文缩写。XBRL 国际组织认为"XBRL 是业务和财务数据电子化交流的一种语言,是用来改革全世界业务报告的语言。它有助于业务信息的编制、分析和交流,为产生和使用财务数据的所有人提供低成本、高效率的服务以及可靠而准确的业务信息"。我国国家标准化管理委员会和财政部共同颁发的《可扩展商业报告语言(XBRL)技术规范系列国家标准和企业会计准则通用分类标准》对 XBRL 给出的定义是:"可扩展商业报告语言(XBRL)是一种基于可扩展置标语言(Extensible Markup Language,XML)的业务报告技术标准。它通过给财务报告等业务报告中的数据增加特定标记,使计算机能够'读懂'这些报告,并进行符合业务逻辑的处理。"可以认为,XBRL 是一种综合信息技术,语言学,国家、行业、领域和企业对业务报告的需求,相应的规则或规范,形成的一种基于 XML(可扩展置标语言)的计算机语言标准。应用该语言标准的技术规范,可定义任何国家、行业、领域和企业业务报告的信息分类标准(Taxonomy),并据此衍生出具有统一格式和语义的、计算机易于解读的业务报告实例文档(Instance Document)。

---

① 《企业会计信息化工作规范》第 15 条。
② 《企业会计信息化工作规范》第 16 条。
③ 《企业会计信息化工作规范》第 17 条。
④ 《企业会计信息化工作规范》第 17 条。

1998年4月美国的Charles Hoffman提出XBRL概念，1999年1月美国注册会计师协会决定投资创建以XML为基础的财务报告框架标准。2000年7月，美国注册会计师协会联合美国五大会计师事务所及Microsoft、IBM、SAP等世界知名企业成立了XBRL国际组织，并正式发布了XBRL Specification 1.0及分类标准。XBRL Specification 1.0定义了各种专用术语，规范了XBRL文件应有的格式，并说明了如何才能写出一份符合标准的XBRL文件。2001年12月，XBRL国际组织公布XBRL Specification 2.0。与XBRL Specification 1.0不同，XBRL Specification 2.0使用新的术语，比如XML Schema、XML Linking，它补充了XBRL Specification 1.0所需要的更具弹性的元数据。

2008年10月15日，我国正式宣布加入XBRL国际组织，成为其地区组织会员。同年11月12日，XBRL中国地区组织宣告成立。与此同时，在中国证监会等部门的积极推动下，我国上海证券交易所和深圳证券交易所在推广应用XBRL技术方面展开了积极的实践和探索，将XBRL应用于上市公司财务报告编报、证券投资、基金报送等方面已富有成效，其成果已成为国际典范。其他有关监管部门、单位、会计师事务所、高等院校与科研机构、软件厂商等也在XBRL的研究与应用上做出了积极且有益的尝试，并取得了较好效果，推动了XBRL技术在中国的普及和推广。

（一）《信息技术——会计核算软件数据接口》（2004年）：会计领域第一个与XBRL相关的制度规定

2004年11月4日，由审计署和财政部提出并组织专家研究起草，最后经国家质量监督检验检疫总局和国家标准委批准发布的国家标准《信息技术——会计核算软件数据接口》（GB/T19581—2004）发布，并自2005年1月1日起在全国范围内实施。《信息技术——会计核算软件数据接口》旨在克服不同会计信息系统之间数据交换障碍，提高会计数据综合利用率。这项标准规定了会计核算软件的数据接口要求，包括术语定义、数据元素、数据输出文件、文本输出格式和XML输出格式几部分。该项国家标准提出了数据元素和辅助核算的概念，为标准使用者理解会计核算的数据概念奠定了基础；规范了文本格式和XML格式的数据接口，为会计核算软件与其他信息系统之间的数据交换创造了条件。《信息技术 会计核算软件数据接口》国家标准给出了"XML输出格式"，说明了可扩展报告语言在不同格式数据交互中的重要性，是会计领域第一个与XBRL相关的制度规范类的规定。

（二）《可扩展商业报告语言（XBRL）技术规范系列国家标准》（2010年）：我国会计信息化工作的里程碑

2010年10月19日，国家标准化管理委员会发布《可扩展商业报告语言（XBRL）技术规范系列国家标准》(以下简称《技术规范系列国家标准》),规定了 XBRL 语言的基本要素和按照企业会计准则编制 XBRL 财务报告的基本要求,为构建科学完善、国际通行的会计信息化标准体系奠定了基础,成为我国会计信息化工作的一个里程碑和新起点。

《技术规范系列国家标准》是根据《中华人民共和国会计法》的有关规定,由财政部组织起草,为规范编报财务报告行为、保证财务报告的质量、满足即将执行的企业会计准则等方面的需求而制定的重要基础性技术标准,规定了 XBRL 语言的基本要素,为构建完善的会计信息化标准体系打下了良好的基础。《技术规范系列国家标准》包括四个部分:《GB/T25500.1—2010 可扩展商业报告语言(XBRL)技术规范第 1 部分:基础》《GB/T25500.2—2010 可扩展商业报告语言(XBRL)技术规范第 2 部分:维度》《GB/T25500.3—2010 可扩展商业报告语言(XBRL)技术规范第 3 部分:公式》《GB/T25500.4—2010 可扩展商业报告语言(XBRL)技术规范第 4 部分:版本》。

《GB/T25500.1—2010 可扩展商业报告语言(XBRL)技术规范第 1 部分:基础》规定了 XBRL 的技术架构,定义了 XBRL 分类标准和实例文档中使用的 XML 元素和属性,适用于 XBRL 分类标准的制定、实例文档的编制或使用,以及 XBRL 相关开发与应用。这部分是 XBRL 的核心和基础,是 XBRL 其他规范的基础,它定义了 XBRL 的各类语言要素和专用术语、定义了 XML 元素和属性、规范了利用 XBRL 语言标准所生成分类标准的文件格式。

维度技术规范是《GB/T25500.2—2010 可扩展商业报告语言(XBRL)技术规范第 2 部分:维度》的一个外加模块,该模块定义了用于表示业务报告中的多维信息,如利润表中的主营业务收入就是一个多维信息,它需要从地区、行业、产品等不同视角来进行信息披露。该维度规范定义了 segment 元素和 scenario 元素的语法规则和弧的使用方法。分类标准制定者可以利用 XBRL 提供的该机制定义业务报告中需要的维度元数据。维度规范规定了可以使用三种方式来展示多维信息:基本分类(Primary taxonomies)、域成员分类(Domain members taxonomies)和模板分类(Template taxonomies)。

公式技术规范也是《GB/T 25500.3—2010 可扩展商业报告语言(XBRL)技术规范 第 3 部分:公式》的一个外加模块,它提供了强大的计算功能,是基础规范中计算链接库的功能扩展。

版本技术规范是提供了应用 XBRL 所生成的同一应用领域中分类标准和实例文档新老版本的管理规范。行业或领域知识体系和相应规范的发展和变革,如会计准则的不断变化,引发了相应分类标准的变化,为确保不同版本下分类集和实例文档的准确转换需要 XBRL 版本技术规范来进行科学的管理。版本管理报告是根据版本管理规范中的校验规则和模式约束而记录的分类标准信息的变化,提供了分类标准在源

DTS 和目的 DTS 之间的不相同的信息。版本管理报告在物理上是由 XML 实例文档和一系列的参考链接库组成的,在内容上有一个简单的三层架构,分别是任务层、行动层和事件层。其中,任务层是最高层,说明了在业务层面的变化;中间层是行动层,提供了 DTS 之间的逻辑变化;最底层是事件层,描述从一个 DTS 到另一个 DTS 之间详细的技术变化。

(三)《企业会计准则通用分类标准》(2010 年):企业会计准则的组成部分

2010 年 10 月 19 日,财政部发布了《关于发布企业会计准则通用分类标准的通知》(以下简称《通知》),宣布为了规范采用 XBRL 编报财务报告行为,保证以 XBRL 格式编报的财务报告质量,根据《中华人民共和国会计法》、企业会计准则和《可扩展商业报告语言(XBRL)技术规范》(GB/T 25500—2010)系列国家标准,制定并推行《企业会计准则通用分类标准》。《企业会计准则通用分类标准》经过了向社会广泛征求意见和相关国际组织校验,并由九部委组成的会计信息化委员会审核通过。《通知》强调:"企业会计准则通用分类标准是采用可扩展商业报告语言(XBRL)表述的会计准则,是企业会计准则的重要组成部分。"《企业会计准则通用分类标准》包括《企业会计准则通用分类标准指南》和《企业会计准则通用分类标准元素清单》两部分。

《企业会计准则通用分类标准指南》是对《企业会计准则通用分类标准》的说明性文件,其目的是帮助使用者了解通用分类标准的架构及内容,遵循通用分类标准扩展原则,开发扩展分类标准,编制和报送符合企业会计准则和通用分类标准要求的 XBRL 格式的财务报告。该指南包括通用分类标准的架构、报告企业指南和扩展指南三部分,并且给出了《通用分类标准术语表》和《企业会计准则通用分类标准标签规则》。

《企业会计准则通用分类标准元素清单》按照企业会计准则和扩展链接角色,展示了通用分类标准对财务报告各组成部分的建模方法。该清单包括概述、元素清单主要内容说明以及中英文的《企业会计准则通用分类标准元素清单》。

《企业会计准则通用分类标准》在实施了 5 年后,于 2015 年修订。2015 年 3 月 24 日,财政部颁布《关于发布 2015 版企业会计准则通用分类标准的通知》,形成了 2015 版通用分类标准。2015 版通用分类标准对通用分类标准和行业扩展分类标准进行了整合,以替代 2010 版通用分类标准、石油和天然气行业扩展分类标准、银行业扩展分类标准。该通知除了公布新版的《企业会计准则通用分类标准》,还同时公布了修订后的《企业会计准则通用分类标准指南》《企业会计准则通用分类标准元素清单》《企业会计准则通用分类标准版本变更说明》《企业会计准则通用分类标准编报规则》。

此后,《企业会计准则通用分类标准》的内容不断扩展,适应性不断改善。为了满足保险业和证券业对采用 XBRL 标准编制财务报告的需要,2016 年 9 月 29 日,财政部颁布了《企业会计准则通用分类标准保险业和证券业扩展部分及公式链接库》。《企业会计准则通用分类标准保险业和证券业扩展部分及公式链接库》根据 2015 版企业会计准则通用分类标准和《可扩展商业报告语言(XBRL)技术规范》(GB/T 25500—2010)等系列国家标准制定,是对 2015 版企业会计准则通用分类标准的丰富和补充。

(四)《关于实施企业会计准则通用分类标准的通知》(2010 年):企业会计准则通用分类标准的实施

2010 年 12 月 14 日,财政部公布了《关于实施企业会计准则通用分类标准的通知》(简称《通知》),规定《企业会计准则通用分类标准》自 2011 年 1 月 1 日起施行,并明确了首批执行实施通用分类标准的 13 家企业和 12 家具有证券期货相关业务资格的会计师事务所名单,要求这些企业按照通用分类标准编制其可扩展商业报告语言(XBRL)2010 年度财务报告实例文档和扩展分类标准,要求这些会计师事务所协助其截至 2010 年 12 月 31 日的全部境内 A 股主板上市公司审计客户,按照通用分类标准编制其 XBRL2010 年度财务报告实例文档。这些企业和会计师事务所的名单见表 8-1。

表 8-1　　　　　　　　　首批实施通用分类标准的单位

企业	会计师事务所
中国石油天然气股份有限公司	立信会计师事务所有限公司
中国石油化工股份有限公司	天健会计师事务所有限公司
华能国际电力股份有限公司	立信大华会计师事务所有限公司
中国联通股份有限公司	信永中和会计师事务所有限责任公司
中国人寿保险股份有限公司	安永华明会计师事务所
中国铝业股份有限公司	国富浩华会计师事务所有限公司
中国东方航空股份有限公司	京都天华会计师事务所有限公司
中国南方航空股份有限公司	普华永道中天会计师事务所有限公司
广深铁路股份有限公司	德勤华永会计师事务所有限公司
兖州煤业股份有限公司	毕马威华振会计师事务所
中兴通讯股份有限公司	中瑞岳华会计师事务所有限公司
国家开发银行	大信会计师事务所有限公司
国家开发投资公司	—

由于XBRL是企业财务报告领域的一种新技术,也是我国会计信息化标准建设的核心领域,《通知》对实施单位提出了成立机构、报送时间、报送方式、法律责任等方面的要求和规定。

关于成立机构的要求。各企业、会计师事务所务在当年年底前成立由单位负责人牵头的通用分类标准实施工作组,组织协调财务、信息等部门,根据自身信息化工作水平,制定切实可行的实施方案并严格加以落实,确保通用分类标准在各单位的顺利实施。

关于报送时间的要求。根据《财政部关于发布企业会计准则通用分类标准的通知》(财会〔2010〕20号)的规定,各实施单位应当在2011年5月31之前报送XBRL实例文档和扩展分类标准。2011年6月1日至6月30日为财政部组织验证测试阶段,将对各单位提交的实例文档和扩展分类标准进行验证。

关于报送方式的要求。首批实施企业通过电子邮件等方式直接报送其扩展分类标准和XBRL实例文档的电子文件;首批实施的会计师事务所负责将其A股主板上市公司审计客户的扩展分类标准和XBRL实例文档,通过注册会计师行业管理系统统一向财政部报备。

关于法律责任的规定。对于通用分类标准首批实施单位报送的XBRL财务报告实例文档,相关企业对其编制的实例文档免于承担会计责任,注册会计师免于对其报送的A股主板上市公司审计客户的实例文档发表审计意见。

(五)《关于开展可扩展商业报告语言(XBRL)技术规范系列国家标准符合性测试工作的通知》(2012年):XBRL格式财务报告的质量保证

2012年7月23日财政部下发了《关于开展可扩展商业报告语言(XBRL)技术规范系列国家标准符合性测试工作的通知》,指出开展XBRL技术规范系列国家标准符合性测试工作是"为了配合企业会计准则通用分类标准的实施,保证可扩展商业报告语言(XBRL)格式财务报告的质量";"通用分类标准实施单位在选择XBRL软件时,应当要求软件厂商提供符合性测试报告,选用通过符合性测试的XBRL软件以保证实施工作质量,软件厂商应当对各自的XBRL软件进行符合性测试"。财政部在发出该通知的同时,还给出了《可扩展商业报告语言(XBRL)技术规范系列国家标准符合性测试要求》和《可扩展商业报告语言(XBRL)技术规范系列国家标准符合性测试报告(样例)》。

(六)《企业会计准则通用分类标准编报规则》(2013年):修订了的规则

为了适应通用分类标准、石油和天然气行业扩展分类标准、银行业扩展分类标准的实施要求,结合通用分类标准实施企业的反馈意见,财政部于2013年5月29日印发了《企业会计准则通用分类标准编报规则》(简称《规则》),这是对2011年5月发布的《企业会计准则通用分类标准编报规则》的修订版。修订后的 2013 年《规则》分为总则、一般性技术原则、企业扩展分类标准模式文件规则、企业扩展分类标准链接库文件规则、实例文档规则 5 章 30 条。

1. 总则

第 1 章总则部分共包括 4 条。其中,第 4 条给出本版编报规则的版本编号。第一条说明了制定本规则的目的是"规范采用可扩展商业报告语言(XBRL)编报财务报告行为,保证以 XBRL 格式编报的财务报告质量,根据《中华人民共和国会计法》、企业会计准则、《可扩展商业报告语言(XBRL)技术规范》(GB/T25500－2010)系列国家标准、《企业会计准则通用分类标准》及企业会计准则通用分类标准相关行业扩展分类标准"。第 2 条规定"按照通用分类标准或行业扩展分类标准编制和报送实例文档和企业扩展分类标准的企业"要遵循本规则。第三条规定以 XBRL 格式编报财务报告时,应当遵循的规范除了本编报规则外,还包括"《可扩展商业报告语言(XBRL)技术规范第 1 部分:基础》(GB/T25500.1－2010)、《可扩展商业报告语言(XBRL)技术规范第 2 部分:维度》(GB/T25500.2－2010)、《可扩展商业报告语言(XBRL)技术规范第 3 部分:公式》(GB/T25500.3－2010)、《可扩展商业报告语言(XBRL)技术规范第 4 部分:版本》(GB/T25500.4－2010)系列国家标准、通用分类标准(20100930)、《企业会计准则通用分类标准指南》、行业扩展分类标准、通用分类标准相关行业扩展分类标准指南"。

2. 一般性技术原则

该《规则》第 5 条规定"企业扩展分类标准和实例文档应当采用与通用分类标准及行业扩展分类标准一致的编码方式,即'UTF-8'编码"。

该《规则》第 6 条规定了企业扩展分类标准的命名空间格式要求。

该《规则》第 7 条规定"企业扩展分类标准应当包含扩展分类标准模式文件和与其相关的链接库文件"。

该《规则》第 8 条要求"在以通用分类标准或行业扩展分类标准为基础进行扩展时,不能直接修改、删除通用分类标准或行业扩展分类标准文件中的任何内容,也不能在通用分类标准或行业扩展分类标准中直接增加任何内容"。

该《规则》第 9 条规定"企业可以采用两种方式应用通用分类标准:复用(Reuse)和重新定义(Redefine)"。同时给出了不同方式下应该引用的文件。

该《规则》第 10 条要求"属于行业扩展分类标准实施范围的企业,必须基于相对应的行业扩展分类标准进行扩展"。

该《规则》第 11 条规定企业以 XBRL 格式编制财务报告,应当遵循四级标记要求,具体是:"一级:将财务报表一般信息、资产负债表、利润表、现金流量表和所有者权益变动表中的项目逐一标记""二级:将每一项附注的全部内容用一个文本块元素(标签后缀为text block 的元素)进行整体标记""三级:将会计政策和会计估计附注中的每一项会计政策和会计估计内容用一个单独的文本块元素(标签后缀为[text block]的元素)进行整体标记。""四级:将附注中重要的金额、百分比和其他数字进行逐一标记。"

该《规则》第12条要求"与合并财务报表一同提供的母公司财务报表披露的标记,应当使用通用分类标准定义的通用维度'维度——合并和个别财务报表'进行区分。若不以通用维度区分,默认为对合并财务报表披露的标记"。

该《规则》第13条要求企业扩展分类标准应当遵循通用分类标准或行业扩展分类标准的建模方式。

3. 企业扩展分类标准模式文件规则

该《规则》第14条要求"企业扩展分类标准模式文件的命名格式为{企业法定中文名称}-{工商行政管理注册号}-{日期}.{文件后缀}。文件名称各组成部分之间以英文字符集中的中划线连接"。

该《规则》第15条规定"对于企业财务报告中标题的标记,应当使用数据类型为字符串类型(string Item Type),抽象属性为是(true)的数据项(item)元素"。

该《规则》第16条、第18条分别提出了采用通用分类标准或行业扩展分类标准进行元素匹配、进行元素命名和属性定义时应当遵循的原则。

该《规则》第17条要求"企业财务报告中属于同一概念不同期间的披露事项,应当采用同一元素进行标记"。

4. 企业扩展分类标准链接库文件规则

该《规则》第19条规定"企业扩展分类标准链接库的命名格式为{企业法定中文名称}-{工商行政管理注册号}-{日期}[_{链接库类型}][_{语言类别}].{文件后缀}"。

该《规则》第20条、第21条、第22条、第23条、第25条、第26条给出了构建企业扩展分类标准标签链接库、构建企业扩展分类标准列报链接库、构建企业扩展分类标准计算链接库、构建企业扩展分类标准定义链接库、企业在复用通用分类标准或行业扩展分类标准链接库、重新定义扩展分类标准链接库时,分别应当遵循的原则,分别包括9项、4项、6项、3项、6项、7项原则条款。

该《规则》第24条要求"企业扩展分类标准链接库中不能包含参考链接库"。

5. 实例文档规则

该《规则》第27条规定"实例文档的命名格式为{企业法定中文名称}-{工商行政

管理注册号}-{日期}.{文件后缀}。文件名称各组成部分之间以英文字符集中的中划线连接。其中,{企业法定中文名称}是企业营业执照上的名称;{工商行政管理注册号}是营业执照上注册号中的 15 位数字;{日期}是该报告期间的财务报表日,格式为 YYYYMMDD;{文件后缀}是扩展分类标准的后缀,即 xml"。

该《规则》第 28 条、第 29 条、第 30 条分别就确定实例文档的标记信息、编制实例文档、处理实例文档中的时间信息时应遵循的原则进行了详细规定。

(七)《关于开展可扩展商业报告语言(XBRL)软件认证工作的实施意见》(2013 年):XBRL 软件认证的制度性规定

为了贯彻国家信息化发展战略,推进我国会计信息化工作,提升我国会计管理工作水平,推动企业会计准则通用分类标准实施,促进可扩展商业报告语言(XBRL)软件推广应用,落实《财政部关于开展可扩展商业报告语言(XBRL)技术规范系列国家标准符合性测试工作的通知》的相关要求,2013 年 11 月 1 日国家认证认可监督管理委员会(以下简称"国家认监委")会同财政部联合印发了《关于开展可扩展商业报告语言(XBRL)软件认证工作的实施意见》(以下简称《实施意见》),从工作机制、认证结果采信、实施机构确定、认证实施、认证证书与认证标志、监督管理几方面对 XBRL 的软件认证工作做出了制度性规定。

在工作机制方面,《实施意见》对 XBRL 软件认证进行了界定,指出 XBRL 软件认证是指"由第三方的认证机构证明 XBRL 软件符合可扩展商业报告语言(XBRL)技术规范系列国家标准(GB/T25500)要求的合格评定活动"。《实施意见》对两部委在 XBRL 软件认证工作中的职能做了明确的分工:"国家认监委负责 XBRL 软件认证工作的组织实施、监督管理和综合协调。财政部负责推动 XBRL 软件认证结果的采信,引导相关方使用获得认证的 XBRL 软件。财政部与国家认监委联合组建 XBRL 软件认证技术委员会,对 XBRL 软件认证的技术问题(如 XBRL 软件认证实施机构的技术能力要求、对认证实施规则的制定建议和草案的审议等)进行研究和审议。"

在认证结果采信方面,《实施意见》规定:"实施企业会计准则通用分类标准的单位在选择 XBRL 软件时,鼓励选用通过 XBRL 软件认证的产品。"

在实施机构确定方面,《实施意见》规定 XBRL 软件认证工作实施机构包括认证机构、实验室两类。国家认监委将遵循"能力优先,适度竞争"的原则,按照《中华人民共和国认证认可条例》和《认证机构管理办法》规定的基本条件和产品认证机构通用要求,以及 XBRL 软件认证的技术能力特殊要求,确定从事 XBRL 软件认证的认证机构。同时要求"从事 XBRL 软件认证相关测试活动的实验室应当依法经过资质认定,符合检测和校准实验室能力的通用要求,具备从事 XBRL 软件认证测试工作相关技术能力。认证机构根据自身认证测试业务需要确定实验室并与之签署书面协议,明确各自的权利义务和法律责任"。

在认证实施方面,《实施意见》规定XBRL软件认证实施包括认证规则制定、认证申请和受理、软件测试、认证决定、获证后监督几个环节,同时对信息公开并对保密义务做出了规定。《实施意见》要求:第一,认证机构"应当制定XBRL软件认证规则,组织专家评审并报国家认监委和财政部备案后发布实施"。第二,XBRL软件的生产者或销售者作为认证委托人要"按照认证规则的要求向认证机构提交申请书和相关资料,认证机构经审查符合认证条件的,应当予以受理"。第三,认证机构受理申请后,按照认证规则的要求,安排软件测试。第四,实验室"按照认证规则的规定对样品进行测试并出具测试报告。实验室应当确保测试结果的真实、准确,并对测试全过程做出完整记录,归档留存,保证测试过程和结果具有可追溯性,配合认证机构对获证产品进行有效的跟踪检查。实验室及其有关人员应当对其作出的测试报告内容以及测试结论负责"。

《实施意见》还要求"认证机构完成样品测试后,对符合认证要求的,向认证委托人出具认证证书;对不符合认证要求的,应当书面通知认证委托人,并说明理由。认证机构及其有关人员对其作出的认证决定负责"。获证后,"认证机构应当按照认证规则的要求,采取适当的方式和频次,对获证产品及生产企业实施有效的获证后监督,控制并验证获证产品持续符合认证的要求。对于不能持续符合认证要求的,认证机构应当根据相应情形作出暂停或者撤销认证证书的处理,并予公布"。

该《实施意见》并对XBRL软件认证工作中的信息公开和保密义务做出了规定,要求认证机构"应当公开认证规则、收费标准、获证产品及生产企业等信息,接受社会的监督和查询,并定期向国家认监委和财政部报送XBRL软件认证的实施情况以及获证产品的信息和证书暂停、撤销或者注销的信息"。同时要求"从事XBRL软件认证和测试活动的机构及其人员,对其从业活动中所知悉的国家秘密、商业秘密和技术秘密负有保密义务"。

在认证证书与认证标志方面,《实施意见》规定XBRL软件认证证书应当包括认证委托人名称、地址,产品生产者(制造商)名称、地址,被委托生产企业名称、地址(需要时),产品名称和产品系列、规格/型号,认证依据,认证模式,发证日期和有效期限,发证机构,证书编号和其他需要标注的内容。《实施意见》还给出了认证标志的logo和认证机构简称。

对于认证工作的工监督管理,《实施意见》提出了如下要求。

其一,国家认监委对认证机构和实验室实施定期或者不定期的监督检查,发现违法违规行为的,依法查处,并通报财政部。

其二,根据监管工作需要,国家认监委与财政部联合开展 XBRL 软件认证专项监督检查。

其三,财政部在使用领域对认证结果采信情况和获证产品质量进行监督,对不符合认证要求的认证结果通报国家认监委。

其四,认证委托人对认证机构的认证工作和认证决定有异议的,可以向做出决定的认证机构提出申诉。对认证机构处理结果仍有异议的,可以向国家认监委申诉或投诉。

其五,对于 XBRL 软件认证活动中的其他违法违规行为,依照相关法律、行政法规和部门规章的规定予以处罚。

《关于开展可扩展商业报告语言(XBRL)软件认证工作的实施意见》的印发对保证我国 XBRL 软件标准符合性,进一步促进我国会计信息的真实性、完整性和可用性的提高,增加金融环境的透明性、稳定性起到了重要的作用。

本 章 小 结

新中国的会计信息化始于 20 世纪 80 年代,最初限于运用计算机代替手工记账,即计算机会计。1989 年财政部颁布了我国最早的会计电算化制度——《会计核算软件管理的几项规定(试行)》,就会计核算软件的基本要求、会计核算软件的评审、对会计核算软件使用单位的基本要求、对使用会计核算软件的审批、对使用会计核算软件单位的会计资料生成和管理等做出了规定。在市场经济建立时期我国陆续出台了一批规范会计电算化和会计核算软件评审的制度,如《会计电算化管理办法》(1994 年)、《商品化会计核算软件评审规则》(1994 年)、《会计核算软件基本功能规范》(1994 年)、《会计电算化工作规范》(1996 年)等;在《会计基础工作规范》(1996 年)和修订的《会计法》(1999 年)等法规中也提到了对会计电算化的要求。在转变经济增长方式时期,会计和财务软件网络化成为发展趋势,会计的计算机应用由电算化进化为会计信息化。面对蓬勃发展的会计信息化潮流,需要有规范会计信息化工作的制度。2009 年财政部发布了《关于全面推进我国会计信息化工作的指导意见》,提出了我国会计信息化的中期目标和任务。此后,根据会计信息化技术、市场发展和企业应用的实际需要,制定的会计信息化工作重要制度有《企业会计信息化工作规范》(2013 年)和一系列与 XBRL 有关的制度,如《信息技术 会计核算软件数据接口》(2004 年)、《可扩展商业报告语言(XBRL)技术规范系列国家标准》(2010 年)、《企业会计准则通用分类标准》(2010年)、《关于开展可扩展商业报告语言(XBRL)软件认证工作的实施意见》(2013年)。这些制度对于促进我国会计信息化工作的发展,保证会计信息的真实性、完整性和可用性,增加金融环境的透明性和稳定性起到了重要的作用。

会计信息制度是会计信息化工作的重要组成部分,是会计信息化工作得以顺利开展的重要保证。从新中国会计信息化制度的形成过程看,呈现了前后不同的发展特点。前一段时期的信息化制度较重视政府监管,出台的制度多偏重于对会计电算化的管制,如规定实施电算化的单位需具备的条件、电算化需遵循的要求、商品化会计核算软件的审批标准等。这是因为当时对会计电算化比较陌生,对会计电算化可能对传统会计核算带来的冲击怀有较大的顾虑。进入转变经济增长方式时期后,会计信息化迅猛发展,成为世界性的时代潮流,人们对会计信息化的态度发生了变化,我国会计界对会计信息化的态度也从半仿效半防范转向追逐,我国颁布的制度更多地体现了向国际标准靠拢的特点。不同时期会计信息化制度的不同特征,表现出人们对会计新技术、发展趋势的认识的变化。

会计信息化的演变取决于信息化技术的发展,信息化技术发展到怎样的程度,就会形成与之相应的会计信息化制度。会计信息化制度受信息化技术的制约,不随会计人员的意志转移,这与其他会计制度的演变过程不同,是会计信息化制度的又一个特点。

由于会计信息化具有较高的技术性,会计信息化制度只能由既熟悉信息化技术又懂得会计的人员制定,因而往往制定人员范围较小,人数较少,这形成了会计信息化制度与一般会计制度相比的另一个特点,即制定过程和方式有所不同。

我国的会计信息化制度工作由政府主导,会计信息化制度也由政府制定,这与其他一些国家的情况不同,也是我国会计信息化制度独有的特点。政府的主导,使我国会计信息化实施顺利,成果显著,在较短时间内缩小了与国际先进水平的差距。

第 9 章

改革开放后的会计组织制度

第 1 节 会计人员管理制度

一、向市场经济转轨时期的会计人员管理制度：1978—1991 年

1978 年，中共十一届三中全会提出将工作重点转移到经济建设上后，改革开放的大幕由此拉开。进入 20 世纪 80 年代以后，随着改革开放的不断深化，原有的、高度集中的计划经济体制逐步向有计划的商品经济体制转变。随着这一转变，我国政府围绕会计服务于经济建设、对内搞活、对外开放的中心任务，进行了一系列具有探索性、开拓性、奠基性的具体工作。这一阶段对会计人员管理的改革，主要表现在建立了一系列新的会计人员管理制度。

（一）重新修订《会计人员职权条例》：对会计人员职权的改进

"文化大革命"结束之后我国对会计工作进行了全面整顿，并取得了一定成绩，但仍不能适应快速发展的经济形势的需要。为解决当时一些单位的领导忽视会计工作在经济管理中的重要作用，以及企业存在的账务不健全、会计人员缺乏等问题，国务院在对 1962 年《会计人员职权试行条例》实施经验进行总结的基础上，于 1978 年重新修订颁布了《会计人员职权条例》。

《会计人员职权条例》修订前，我国对会计人员的职责、权限、任免和奖励执行的是 1962 年 11 月 24 日国务院全体会议第 122 次会议通过，1963 年 1 月 3 日由国务院颁布实施的《会计人员职权试行条例》（以下简称《试行条例》）。根据 15 年来试行的经验和新时期总任务的要求，结合当时的情况，对《试行条例》的 5 章内容进一步做了补充修改。修订后的《会计人员职权条例》共分 7 章 20 条，即第一章"总则"、第二章"工作职责"、第三章"工作权限"、第四章"总会计师"、第五章"技术职称"、第六章"任免奖

惩"、第七章"附则"。

与《试行条例》相比,《会计人员职权条例》(以下简称条例)的主要变化如下。①

1. 对企业财务机构的设置、会计人员的配备和要求做出了原则规定

该条例重申:"国营企业、事业、机关、团体,都必须单独设置财务会计机构,根据工作需要,配备必要的会计人员;财务会计业务不多的单位,原则上也要配备专职会计人员,办理财务会计工作。基层企业、各级企业主管部门的财务会计机构,原则上应为本单位的一级机构,不要附属于其他职能部门。机关、团体和事业单位,是否单独设置财务会计机构,应根据财务会计业务多少而定。重点高等学校、大的医院、科研单位,如果财务会计业务比较多的,经主管部门同意可以设立一级机构;如果财务会计业务不多,财务会计机构可以附设在其他职能部门,或者与其他职能部门合并设置。企业的供应销售部门、车间、仓库和其他管钱、管物的附属单位,应根据工作需要配备专职的核算人员,或指定专人负责核算工作。各级主管部门可根据本行业的实际情况,分别规定基层单位会计人员占职工总人数或管理人员数的比例,或者具体规定所属单位会计人员的编制。比例或编制一经确定,各单位就应采取有效措施配备齐全。"

2. 明确了会计人员的工作职责

该条例第6条规定会计人员的具体职责是:"①按照国家财务制度的规定,认真编制并严格执行财务计划、预算,遵守各项收入制度、费用开支范围和开支标准,分清资金渠道,合理使用资金,保证完成财政上缴任务。②按照国家会计制度的规定,记账、算账、报账,做到手续完备,内容真实,数字准确,账目清楚,日清月结,按期报账。③按照银行制度的规定,合理使用贷款,加强现金管理,做好结算工作。④按照经济核算原则,定期检查、分析财务计划、预算的执行情况,挖掘增收节支的潜力,考核资金使用效果,揭露经营管理中的问题,及时向领导提出建议。⑤按照国家会计制度的规定,妥善保管会计凭证、账簿、报表等档案资料。⑥遵守、宣传、维护国家财政制度和财经纪律,同一切违法乱纪行为作斗争。"

3. 明确了会计人员的工作权限

该条例第9条规定:"国家为保障会计人员履行职责,赋予他们下列工作权限:①有权要求本单位有关部门、人员认真执行国家批准的计划、预算,遵守国家财经纪律和财务会计制度;如有违反,会计人员有权拒绝付款、拒绝报销或拒绝执行,并向本单位领导人报告。对于弄虚作假、营私舞弊、欺骗上级等违法乱纪行为,会计人员必须坚决拒绝执行,并向本单位领导人或上级机关、财政部门报告。会计人员对于违反制度、

---

① 国务院:《会计人员职权条例》,1978年9月12日。财政部:《关于〈会计人员职权条例〉实施中的一些问题的解释》,《财务与会计》,1979年第8期。

法令的事项,不拒绝执行,又不向领导人或上级机关、财政部门报告的,应与有关人员负连带责任。②有权参与本单位编制计划,制订定额,签订经济合同,参加有关的生产、经营管理会议。领导人和有关部门对会计人员提出的有关财务开支和经济效果方面的问题和意见,要认真考虑,合理的意见要加以采纳。③有权监督、检查本单位有关部门的财务收支、资金使用和财产保管、收发、计量、检验等情况。有关部门要提供资料,如实反映情况。"

该条例赋予会计人员的职责和权限,曾经在 1963 年 1 月颁布实施的《试行条例》中规定过,但因"文化大革命"而未能得到执行,会计人员的职权成了一纸空文。在国务院重新修订的该条例中再一次明确提出了会计人员的职责和权限,其目的是为了调动会计人员的积极性,让会计人员的权限真正得到行使。

4. 增加了"总会计师"内容

在该条例第一章第 2 条第 2 款中指出:大、中型企业需设置总会计师,主管本单位的财务会计核算及管理工作;如果暂时没有条件设置总会计师的,可以设置副总会计师,在厂长或经理领导下,行使总会计师的职权;小型企业也需指定一名副厂长行使总会计师的职权。

该条例第 11 条规定:"企业要建立总会计师的经济责任制。总会计师对企业的财务状况负责,并协助厂长组织领导企业建立、健全经济核算的责任制度,监督、检查生产经营的各个环节,讲求经济效果,全面实现多快好省。"

该条例第 12 条规定的总会计师的基本职责是:"①参与生产、物资供应、产品销售、技术措施、基本建设等计划和主要经济合同的审查,检查计划、经济合同的执行情况,考核生产经营成果。②组织有关部门编制财务计划,落实完成计划的措施,对执行中存在的问题提出改进措施。③组织群众性的经济核算工作,建立各级经济活动分析制度,挖掘增产节约的潜力。④监督本单位执行国家财经政策、法令、制度,遵守财经纪律。"

该条例第 13 条规定的总会计师的工作权限是:"①参加企业重要的生产、经营管理会议和其他有关会议。②企业的财务计划、信贷计划和会计报表,应由总会计师签署;企业的生产、技措、基建等计划和重要经济合同,应由总会计师会签。③对不符合国家财经方针、政策,不讲求经济效果,不执行计划、经济合同和违反财经纪律的事项,总会计师有权制止。如果制止无效,应报厂长或上级机关、财政部门处理。"

在该条例发布之前,财政部曾于 1963 年颁布《关于国营工业、交通企业设置总会计师的几项规定(草案)》(以下简称草案)。该条例关于总会计师的条款与 1963 年的草案相比较发生了较大变化。该条例的颁布及实施恰逢我国改革开放初期,企业逐步转向自主经营、自负盈亏,开始讲求经济效益,从而赋予了总会计师新的职责,并扩大了总会计师制度的适用范围,即由国营工业、交通企业,扩大到所有企业。同时该条例强化了总会计师的职责权限,要求企业建立以总会计师为首的经济责任制。总会计师负责企业的财务状况,协助厂长组织和领导企业建立、健全经济核算的责任制度,监督检查生产经营的各个环节,讲求经济效益。

5. 增加了会计人员"技术职称"的条款

该条例第一次提出了实行会计人员技术职称制,并具体规定了各级职称应具备的基本条件以及评定、授予的程序和方法。这一规定调动和鼓励了会计人员学习专业知识、努力钻研业务、做好会计工作的积极性,对会计人员是巨大的鼓舞和鞭策。技术职称不同于行政职务,它是反映专业干部的学识水平、业务能力和工作成就的称号。1963年颁布的《试行条例》中曾提出应根据会计人员的工作能力,确定其技术职称或等级,但对会计人员的技术职称或等级如何确定却没有明确,有待"另行规定"。1978年重新修订颁布的条例,才首次以国家行政法规的形式明确规定了会计人员技术职称的具体评定标准、评定办法、批准权限和批准程序。该条例第五章第14条指出,凡拥护党的领导,积极为社会主义事业服务,并具有下列条件的会计人员,分别授予总会计师、会计师、助理会计师和会计员。

"总会计师:具有较高的经济核算和财务会计专业知识,能够组织和领导一个大、中型经济单位的经济核算和财务会计工作,并有较丰富工作经验的人员。会计师:具有较高的财务会计专业知识,能够组织一般经济单位的财务会计工作,并有多年工作经验的人员。助理会计师:具有一定的财务会计专业知识,熟悉财务会计业务,能够独立担负主要财务会计工作的人员。会计员:具有一般的财务会计专业知识,能担负一般财务会计工作的人员。"

该条例颁布后,有一部分企业施行了总会计师制度,但因当时在条例中把总会计师列入会计人员的技术职称之中,含糊了对总会计师的定位,行政职务的总会计师和技术职称的高级会计师的界限模糊不清,又因为多年来在习惯上把"师"视为技术、业务的称谓,致使有一些地方不承认总会计师是行政职务的厂级干部,从而使总会计师的作用未能充分发挥,总会计师的行政地位也未能得到认可。

除此之外,该条例还要求新中国成立后经各级主管部门批准授予会计师等技术职称的会计人员,除有特殊情况外,一般都应当恢复他们的技术职称;凡按照国家规定,经批准授予技术职称的会计人员,都是从事经济工作的技术人员,在政治上、生活上应当比照工程技术人员享受技术人员待遇。

6. 重新提出了对会计人员任免的要求

对于会计人员的任免,该条例第16条再次强调:"会计人员必须力求稳定,不要随意调动。一般会计人员的调动,须先商得本单位会计主管人员和上级财务会计部门的同意。会计主管人员一律由上级机关直接任免。"

该条例对迅速恢复会计工作秩序,健全会计机构,充分调动会计人员的积极性,做好会计人员的本职工作,提高会计人员的工作水平,起到了推动作用,但是其也存在一定的局限性,主要表现在:一是对会计人员的要求基本限于会计核算而未涉及对企业决策、控制活动的参与;二是较突出会计人员对国家的责任(包括执行计划、完成财政和税收任务等),轻视对企业管理的作用,既背离了会计工作的本源,又赋予了会计人员不切实际的使命,这些对会计人员的要求反映了当时对会计工作的认识水平;三是没有解决会计技术职称与工程技术等系列的职称评定制度相衔接的问题;四是由于该条例规定的会计人员技术职称中的总会计师既是行政职务的名称,又作为技术职称,在执行中往往将技术职称与行政职务相混淆,因而影响了条例的贯彻。

(二)《会计人员职称条例》的具体化修订

虽然在1978年国务院颁布的《会计人员职权条例》中规定了对会计人员评定技术职称,但在实际执行中却缺乏对会计人员培养、考核、晋升和使用等方面的具体规定。为解决这个问题,经国务院领导批准,财政部于1980年2月26日发出《关于更改会计人员技术职称的通知》,要求比照国务院颁布的《工程技术干部技术职称暂行规定》,将会计人员技术职称中的"总会计师"改为"高级会计师";过去已按照《会计人员职权条例》规定授予"总会计师"技术职称的,一律改称"高级会计师","总会计师"不得作为技术职称,只作为行政职务,行使《会计人员职权条例》第四章规定的相应职责和权限。

为更好地解决会计职称与工程技术等系列职称评定制度相衔接的问题,1981年3月,国务院批准颁布了《会计干部技术职称暂行规定》(以下简称《1981年职权条例》),将会计干部技术职称相应定为高级会计师、会计师、助理会计师、会计员四级,提出了比1978年9月的《会计人员职权条例》更加详细的各级职称评定条件,要求以政治条件、学识水平、业务能力和工作成就为主要依据,同时适当考虑以学历和从事财务会计工作的资历等来评定技术职称。[①]

按照《1981年职权条例》的要求,确定或晋升为高级会计师的条件是:"(1)系统地掌握经济和财务会计的理论知识,对财务会计专业或某个领域有较深的研究和造诣,并取得较大成果,有较高水平的学术论著或工作报告。(2)有较高的政策水平,能够对

---

① 国务院:《会计干部技术职称暂行规定》,1981年3月。

本部门或本单位的经济活动进行全面分析,提出有价值的政策性的改进意见。(3)具有丰富的财务会计工作经验,能够组织和指导一个部门或一个大型经济单位的经济核算和财务会计工作,能够解决有关业务中的重大问题,在加强经济核算、提高经济效果和培养人才方面,成绩显著。(4)熟练掌握一门外语。"

确定或晋升为会计师的条件是:"(1)比较系统地掌握财务会计的基础理论和专业知识。(2)具有一定的政策水平,能够正确贯彻执行有关的方针、政策、法令和财务会计制度。(3)具有较丰富的财务会计工作经验和有关生产经营管理知识,能够独立组织和指导一般企业、单位的财务会计工作或一个部门的主要财务会计工作,能够正确处理业务中较为复杂的问题,在工作上有一定成绩。(4)掌握一门外语。"

见习一年期满的高等院校财经专业本科毕业生或具有同等学力的,以及会计人员确定或晋升为助理会计师的条件是:"(1)具有一定的财务会计的基础理论和专业知识。(2)熟悉有关方针、政策、法令和财务会计制度,并能贯彻执行。(3)熟悉本职业务和有关的生产经营管理知识,能担负某一方面的主要财务会计工作,较好地完成任务。(4)初步掌握一门外语。"

中等专业学校财经专业毕业生,担任财务会计工作,见习一年期满,或具有同等学力的确定为会计员的条件是:"(1)具有会计核算和财务管理的基础知识,掌握一般计算技术。(2)熟悉有关的财务会计制度,并能按照执行。(3)能够担负一般财务会计工作,完成本职工作。"

会计人员按上述条件确定或晋升各级技术职称时,必须经过考核。在平时考绩的基础上,每1~3年进行一次考核。对于有突出成绩的会计人员,可随时考核,破格晋升。对其中具有同等学力的,除评议其业务成绩外,还应当对其财务会计专业必需的基础理论、专业知识和外语程度进行测验。

从此,在全国范围内,由各级财政部门、人事部门和业务主管部门具体组织、开展会计干部技术职称评定工作。接下来,根据职称评定中出现的问题,并结合会计干部队伍的实际情况,1981年10月,财政部会同劳动人事部门制定并颁布了《关于对已授予会计干部技术职称进行复核的意见》,对过去已经被评定为会计干部技术职称的会计人员进行了复核。

为了进一步做好会计技术职称的考核评定工作,根据《会计干部技术职称暂行规定》的内容,1983年5月27日,财政部、劳动人事部制定并颁布了《会计干部技术职称考核评定工作若干问题的具体规定》(以下简称《具体规定》),进一步解决了在贯彻《会计干部技术职称暂行规定》中所遇到的职称评定的具体问题,进一步强调了坚持职称评定条件,保证会计职称评定质量的重要性。

《具体规定》指出："会计干部技术职称的考核评定,应当严格执行国务院批转的《会计干部技术职称暂行规定》,正确掌握政治条件,以学识水平、业务能力和工作成就为主要依据,对评定对象进行全面考核。在考核评定工作中,不能以学历、测验成绩或资历代替业务能力和工作成就;也不能单纯以业务能力或工作成就代替学识水平;更不能以行政职务作为评授技术职称的条件或作为评授技术职称高低的依据。对总会计师和会计主管人员(财务会计处长、科长等)的技术职称的评定,应当同一般会计人员一样,对其实际的学识水平、业务能力、工作成就进行全面考核,符合哪一级技术职称条件,就评定哪一级技术职称;对不符合规定条件的总会计师和会计主管人员,不应评授会计干部技术职称。"①

为了配合实施《会计干部技术职称暂行规定》,解决不具备规定学历的老会计人员技术职称的评定问题,《具体规定》还着重对不具备规定学历的老会计人员的评定技术职称问题提出了具体解决办法。

由于当时对各级会计职称缺乏具体的、可操作的标准,因此导致各地技术职称评定工作在评定范围、评定条件和审批程序等方面出现了掌握标准不严、论资排辈,甚至为了工资待遇而争抢职称的情况等。为了从根本上解决职称评定中存在的这些问题,国务院于1983年9月做出暂停职称评定工作,并进行职称改革试点的决定。会计干部技术职称评定制度从1978年9月开始,到1983年8月末中央决定暂停为止,历时5年,它对稳定和科学管理会计专业队伍,合理使用会计专业人才,提高会计人员素质,调动会计人员的积极性,起到了一定的推动作用。

(三)《会计人员工作规则》做出的对会计人员的管理规定

针对当时会计工作粗、假、乱,会计人员新手多,而且缺乏会计基础知识的状况,为加强会计基础工作,建立科学、合理、规范的会计工作秩序,正确行使国家赋予会计人员的职权,充分发挥会计在经济管理中的作用,提高会计人员的业务素质和工作质量水平,1984年4月24日,财政部颁布了《会计人员工作规则》并附发《工业企业会计人员岗位责任制(参考方案)》,为会计人员处理经济业务制定了一个较为具体的工作标准。该规则从规范会计业务、明确会计责任和加强基础工作三方面恢复和加强了会计制度,改变了以往会计工作滞后于经营管理工作的状况。

该规则强调,在实际工作中,每个单位需根据实际情况设置会计工作岗位,并配备相应的会计人员。对于规模比较大、会计业务复杂、会计人员较多的单位,可以实行一人一岗或一岗多人;而对于规模比较小、业务简单、会计人员较少的单位,也可以实行

---

① 财政部、劳动人事部:《会计干部技术职称考核评定工作若干问题的具体规定》,1983年5月27日。

一人多岗。在确定会计人员分工时要严格执行"出纳人员不得兼管稽核、会计档案保管和收入、费用、债权债务账目的登记工作"的规定。会计人员的工作岗位确定之后，还应明确每个岗位的具体职责范围，正确处理好记账、算账、报账同参与管理的关系。随着经济的不断发展，会计工作的重点已转向分析经济活动，预测经济前景，参与经济决策；为使会计人员全面熟悉各项岗位的工作，还应有计划地对会计人员实行轮换制。①

在《会计人员工作规则》附发的《工业企业会计人员岗位责任制（参考方案）》中，规定了每个岗位的具体职责，以及为完成其职责所要达到的工作标准，或完成工作的程度和要求。执行会计人员岗位责任制，就要求企业必须同本单位的经济（或经营）责任制紧密结合起来，继续贯彻国务院1978年颁布的《会计人员职权条例》，将会计人员拥有的权力渗透到不同会计岗位的职责范围和工作标准中。这样以责定权，责权明确，严格考核，有奖有惩，既明确了责任，又赋予了会计人员一定权力，并贯彻了按劳分配的原则。②

该规则颁发实施的目的在于不断提高会计人员的业务水平，以适应经营管理对会计工作的要求。它进一步明确了会计人员的职责，为改变当时我国对会计人员管理工作不重视的现状具有一定积极意义。

（四）《会计法》（1985年）中与会计组织有关的规定

20世纪80年代，我国处于经济体制转轨初期，经济发展模式从计划经济逐步向市场经济过渡，会计法规体系作为经济法律体系的重要组成部分之一，开始从单纯的行政法规向适应市场经济的复合型法规体系过渡。1980年8月至1983年2月，由财政部草拟《会计法》，后于1983年2月至1984年7月经国务院审议，1984年7月至1985年1月经第六届全国人民代表大会常务委员会审议，最终于1985年1月21日由第六届全国人民代表大会常务委员会第九次会议通过，并于当年5月1日实施生效。至此，形成了新中国成立以来规范会计工作和会计人员的第一部法律，确立了"统一领导，分级管理"的会计管理体制。《会计法》的颁布与实施，使我国会计工作进入了有法可依的崭新发展时期。

《会计法》分为6章共计31条。第一章"总则"、第二章"会计核算"、第三章"会计监督"、第四章"会计机构和会计人员"、第五章"法律责任"、第六章"附则"。其中与会计组织有关的规定如下。③

---

① 财政部：《会计人员工作规则》，1984年4月24日。
② 财政部：《工业企业会计人员岗位责任制（参考方案）》，1984年4月24日。
③ 以下各项内容和各项规定参见《中华人民共和国会计法》，1985年1月。

1. 会计人员的职责和对会计人员的法律保护

《会计法》明确规定了会计人员的5项职责,即:"进行会计核算;实行会计监督;拟订本单位办理会计事务的具体办法;参与拟订经济计划、业务计划,考核、分析预算、财务计划的执行情况;办理其他会计事务。"为保障会计人员行使职权的法律责任,《会计法》规定:"各地方、各部门、各单位的行政领导人领导会计机构、会计人员和其他人员执行本法,保障会计人员的职权不受侵犯。任何人不得对会计人员打击报复。"《会计法》中特别规定:"对认真执行本法,忠于职守,做出显著成绩的会计人员,给予精神的或者物质的奖励。"

2. 对会计机构和会计人员的规定

《会计法》第3条规定:"会计机构、会计人员必须遵守法律、法规,按照本法规定办理会计事务,进行会计核算,实行会计监督。"这里所说的办理会计事务的内容包括三项:一是拟订本单位办理会计事务的具体办法;二是参与拟订经济计划、业务计划,考核、分析预算、财务计划的执行情况;三是其他会计事务。

《会计法》要求建立健全会计机构。《会计法》规定:"各单位根据会计业务的需要设置会计机构,或者在有关机构中设置会计人员并指定会计主管人员。"设置会计机构是加强经济管理、促进双增双节、提高经济效益的客观要求,在之前国务院颁布的文件中,也一再强调健全财会机构,充实财会人员。这些规定在《会计法》中得到了进一步体现和落实。

《会计法》要求设置总会计师。《会计法》规定:"大中型企业事业单位和业务主管部门可以设置总会计师。总会计师由具有会计师以上技术职称的人员担任。"

《会计法》规定了对会计人员和会计主管人员的任免。《会计法》第23条规定:"会计人员按照干部管理权限的规定任免,企业单位、事业单位的会计机构负责人、会计主管人员的任免并应经过上级主管单位同意。"

《会计法》之所以没有采用国务院1978年颁布的《会计人员职权条例》中关于会计人员任免问题的规定,即"一般会计人员的调动,须先商得本单位会计主管人员和上级财务会计部门的同意",主要原因有两个:一是《会计人员职权条例》的规定颁布几年来,由于其本身具有的复杂性,一直没能得到有效的贯彻实施;二是根据经济体制改革和实行厂长负责制的要求,尽管会计人员的身份特殊,但仍属于各单位的干部。因此,为适应经济体制改革的基本原则,应按干部管理权限的规定任免会计人员。《会计人员职权条例》中对一般会计人员的任免规定就不再适用。即,对一般会计人员的任免不再征得本单位主管人员和上级财务会计部门的同意,会计主管人员也不再由上级主管单位直接任免。这样,《会计法》只赋予上级主管单位一定的任免管理和干预权,也就是首先在按干部管理权限任免会计人员的前提下,规定企业、事业单位会计机构负责人或会计主管人员的任免,并经过上级主管单位的同意。这一规定充分体现了《会计法》保障会计人员行使职权的原则。同时也是会计人员依法行使职权原则在会计法律条文中的重要体现。

需要指出的是,《会计法》只规定了企业、事业单位的会计机构负责人、会计主管人员的任免并应经过上级主管单位同意,这主要是为解决企业单位、事业单位的会计人员与其单位行政领导人之间存在的矛盾。当时随着经济体制的改革,逐步扩大了企业单位、事业单位的财务收支自主权,在搞活经济的同时还有很多财务问题需要明确,这样就使企业、事业单位的财务会计工作日益复杂化,随之产生的矛盾更加突出。而这些问题在国家机关、社会团体和军队却不是很突出。正因为如此,《会计法》只对企业单位、事业单位会计机构负责人、会计主管人员的任免做了特别规定。

3. 对会计机构内部稽核制度的规定

《会计法》第21条规定:"会计机构内部应当建立稽核制度,出纳人员不得兼管稽核、会计档案保管和收入、费用、债权债务账目的登记工作。"会计机构内部的稽核制度,包括事前审核和事后复核制度。这一制度的建立,可以使会计资料更加合法、合理和准确,从而保证了企业财产物资的安全和完整,有效地防止了会计核算产生差错和出现舞弊。钱账分管制度就是指会计机构的内部牵制制度,它可以有效防止差错和及时纠正差错。

《会计法》第24条规定:"一般会计人员办理交接手续,由会计机构负责人、会计主管人员监交。会计机构负责人、会计主管人员办理交接手续,由单位行政领导人监交,必要时可以由上级主管单位派人会同监交。"该规定充分说明,会计交接手续的办理是一件十分重要而又严肃的工作。具体办理交接时,交接双方应认真负责,除此之外,单位领导和上级主管单位必须给予充分的重视,以确保监交工作顺利完成。关于会计人员工作交接中的一些具体问题在财政部1984年4月颁布的《会计人员工作规则》中已有明确规定,可遵照执行。

4. 违反《会计法》应承担的法律责任

《会计法》中的"法律责任"一章,对违反《会计法》应承担的责任做了明确规定,这体现了《会计法》的强制性。违反《会计法》的法律责任概括起来有行政责任和刑事责任两种。

《会计法》规定的行政责任是:①单位行政领导人、会计人员违反本法第二章关于会计核算的规定,情节严重的,给予行政处分。②单位行政领导人、会计人员和其他人员伪造、变造、故意毁灭会计凭证、会计账簿的,给予行政处分。③会计人员对明知是不真实、不合法的原始凭证予以受理,或者对明知是违反国家统一的财政制度、财务制度规定的收支予以办理,单位行政领导人、上级主管单位行政领导人对明知是违反国家统一的财政制度、财务制度规定的收支决定办理或者坚持办理,情节严重的,给予行政处分。④上级主管单位行政领导人接到会计人员按照本法第19条第2款规定提出的书面报告,无正当理由逾期不做出处理决定,造成严重后果的,给予行政处分。⑤单位行政领导人和其他人员对依照本法履行职责的会计人员进行打击报复的,给予行政处分。

《会计法》规定的刑事责任是:①单位行政领导人、会计人员和其他人员伪造、变造、故意毁灭会计凭证、会计账簿,情节严重的,依法追究刑事责任。②会计人员对明知是不真实、不合法的原始凭证予以受理,或者对明知是违反国家统一的财政制度、财务制度规定的收支予以办理,单位行政领导人、上级主管单位行政领导人对明知是违反国家统一的财政制度、财务制度规定的收支决定办理或者坚持办理,给国家造成重大经济损失的,依法追究刑事责任。③单位行政领导人和其他人员对依照本法履行职责的会计人员进行打击报复,情节严重的,依法追究刑事责任。

《会计法》对会计机构和会计人员等方面做出的立法规定,是在认真总结历史正、反两方面经验的基础上,将我国经济发展中的新情况、新问题,与中国的实际相结合的结果,是一部具有中国特色的会计法律,填补了我国经济法制建设中的一项空白。

(五)会计专业技术人员管理工作的重大改革

为激励专业技术人员的进取精神,稳定专业技术人员队伍,促进并提高专业技术人员的专业知识水平,从1986年开始我国在全国范围内对专业技术职称评定制度进行改革,会计技术职称系列和其他系列一样,实行技术职务聘任制度。这项制度是对会计专业技术人员管理工作的一项重大改革。1986年2月18日,国务院颁布《关于实行专业技术职务聘任制度的规定》,明确了专业技术职务聘任制度的基本内容、专业技术职务的设置、任职基本条件、结构比例及工资额的确定、聘任和任命等问题。1986年4月,由中央职称改革工作领导小组转发了财政部制定的《会计专业职务试行条例》(以下简称《试行条例》)及其实施意见。《试行条例》将会计专业职务名称仍然定为高级会计师、会计师、助理会计师、会计员,其中高级会计师为高级职务,会计师为中级职务,助理会计师、会计员为初级职务,并明确规定了各级会计人员岗位设置、工资待遇、结构比例、任职条件等。《试行条例》在岗位设置、工资待遇、结构比例、任职条件等方面将会计与自然科学领域的职称系列给予了同等地位、平等待遇。自此之后,会计专业职务聘任制度迅速在全国范围内施行。

实行会计专业技术职务聘任制度是关系到社会主义现代化经济建设事业的一次基础建设,是专业技术人员管理制度的一项重大改革。《试行条例》及其实施意见规定的各级会计职务的具体任职条件主要如下。①

高级会计师应具备的任职条件:①较系统地掌握经济、财务会计理论和专业知识。②具有较高的政策水平和丰富的财务会计工作经验,能担负一个地区、一个部门或一个系统的财务会计管理工作。③取得博士学位并担任会计师职务2~3年,取得硕士学位、第二学士学位或研究生班结业证书,或大学本科毕业并担任会计师职务5年以上。④较熟练地掌握一门外语。

会计师应具备的任职条件:①较系统地掌握财务会计基础理论和专业知识。②掌握并能正确贯彻执行有关的财经方针、政策和财务会计法规、制度。③具有一定的财务会计工作经验,能担负一个单位或管理一个地区、一个部门、一个系统某个方面的财务会计工作。④取得博士学位,并具有履行会计师职责的能力或取得硕士学位并担任助理会计师职务2年左右;取得第二学士学位或研究生班结业证书,并担任助理会计师职务2~3年,大学本科或大学专科毕业并担任助理会计师职务4年以上。⑤掌握一门外语。

助理会计师应具备的任职条件:①掌握一般的财务会计基础理论和专业知识。②熟悉并能正确执行有关的财经方针、政策和财务会计法规、制度。③能担负一个方面或某个重要岗位的财务会计工作。④取得硕士学位,或取得第二学士学位或研究生班结业证书,具备履行助理会计师职责的能力,大学本科毕业,在财务会计工作岗位上见习1年期满,大学专科毕业并担任会计员职务2年以上,或中等专业学校毕业并担任会计员职务4年以上。

会计员应具备的任职条件:①初步掌握财务会计知识和技能。②熟悉并能执行有关会计法规和财务会计制度。③能担负一个岗位的财务会计工作。④大学专科或中等专业学校毕业,在财务会计工作岗位上见习1年期满。

对以上各级会计专业职务的聘任,一般都应考虑其学历和从事财务会计工作年限的要求,"但对确有真才实学、成绩显著、贡献突出、符合任职条件的,在确定其相应专业职务时,可以不受本条例规定的学历和工作年限的限制"。

《试行条例》还规定了各级会计专业职务的基本职责。

高级会计师的基本职责是:负责草拟和解释、解答在一个地区、一个部门、一个系统或在全国施行的财务会计法规、制度、办法;组织和指导一个地区或一个部门、一个

---

① 财政部:《会计专业职务试行条例》,1986年4月10日。

系统的经济核算和财务会计工作;培养中级以上会计人才。

会计师的基本职责是:负责草拟比较重要的财务会计制度、规定、办法;解释、解答财务会计法规、制度中的重要问题;分析检查财务收支和预算的执行情况;培养初级会计人才。

助理会计师的基本职责是:负责草拟一般的财务会计制度、规定、办法;解释、解答财务会计法规、制度中的一般规定;分析检查某一方面或某些项目的财务收支和预算的执行情况。

会计员的基本职责是:负责具体审核和办理财务收支,编制记账凭证,登记会计账簿,编制会计报表和办理其他会计事务。

除此之外,《试行条例》还规定了各级会计专业职务的设置、聘任和任命。

为了解决不具备规定学历的会计人员专业职务的聘任问题,调动他们的积极性和创造性,《试行条例》规定在首次评审、聘任(任命)会计专业职务时,可区别不同情况,采取考试或考核办法,考查这部分会计人员的专业知识水平。经考察合格的,可以参加相应专业职务的评审。①

《试行条例》在规定考试的组织和内容时指出:①相当于大专财务会计专业水平的考试,由省、自治区、直辖市财政部门统一组织。考试的科目定为:政治经济学、会计原理、专业会计、专业财务管理和经济活动分析4门。②相当于中专财务会计专业水平的考试,由行政公署或省辖市财政部门统一组织。考试的科目定为:政治经济学常识、会计基础知识、专业财务会计、计算技术(会计应用数学和珠算)4门。③中央在地方的单位,一般应参加所在地财政部门组织的考试。需要由主管部门组织考试的(如铁道、银行、海关等),应征得财政部同意。④上述"专业会计(专业财务会计)"一般划分为工业会计、商业会计(含外贸、物资、粮食)、交通运输会计、农业会计、基本建设会计、预算会计、银行会计7类。

总的来看,会计专业职务聘任制度与会计干部技术职称评定制度相比发生了以下6个方面的变化。

1. 将原会计干部技术职称改为会计专业职务,淡化了行政色彩

会计专业职务聘任制度的实施是认识上的进步,人事制度的改革,不是简单的改一改称呼,而是根据实际工作需要设置会计专业技术岗位,并具有相应明确的岗位职责和完成任务的要求;会计专业职务的名称仍为高级会计师、会计师、助理会计师和会计员,而之前的会计技术职称只是一种称号,是根据会计人员学识水平、业务能力和工

---

① 亦可参见:财政部:《关于不具备规定学历的会计人员评审、聘任(任命)会计专业职务的暂行规定》,1987年6月。

作成就评定的,没有明确的相对应的工作岗位,而且与其职责没有紧密联系,甚至可以说是分离的。

2. 会计职务和职称实行限额

根据会计工作需要,首先由相应的评审委员会对其任职资格进行认定,然后由行政领导根据岗位设置和职务限额进行聘任,也就是将会计专业职务定编定员,即规定其限额和编制,在此基础上,确定各单位高级、中级和初级各级次会计专业职务的合理结构比例和限额,实行限额指标管理;而之前的会计专业技术职称是不规定限额的,只考虑会计专业人员的学术水准和技术水平,符合条件就可以评定并授予。

3. 明确聘任制的聘期

实行聘任制的聘期一般为5年。在任期内可以解聘、辞聘;会计人员在单位有效,在相应岗位上有效。如果会计人员离开岗位,则自动解除其会计专业职务。而之前的会计专业技术职称一旦授予,便终身享有,且在全国范围内通用。

4. 实行专业技术职务评聘相结合

之前对会计人员职称不聘任或任命。这次会计职称制度的改革是先由评审委员会对相应的会计专业技术人员提出聘任或任命的名单,然后经单位行政领导人审定,将符合条件的会计人员按其职称予以聘任或任命,在任职期间领取相应的专业技术职务工资。这项改革有利于克服平均主义,贯彻按劳分配的原则,有利于调动会计专业技术人员的积极性,是我国当时正在进行的经济体制改革、科技体制改革、教育体制改革和人事制度改革的组成部分,从制度设计上改变了会计人员待遇一定终身的做法。

5. 会计技术职称与工资直接挂钩

根据会计人员取得的相应专业职务获取其相对应的职务工资,以此改变了会计人员工资等级与工程技术人员等专业技术人员不一致的情况,改变了之前几十年来会计人员工资等级与工程技术人员等专业技术人员不相协调的状况。它充分体现了对会计人员的重视,以及对其价值的认可。而之前的会计技术职称评定制度是不与工资挂钩的,只是作为晋升工资的依据。

6. 实行破格评聘

从会计队伍的实际现状出发,规定了对会计人员专业职务要求的外语条件和破格评审条件,即除高级会计师评聘中要求有外语水平外,其他会计专业职务对其外语要求由用人单位根据实际需要定夺,而不做硬性规定。为了有利于优秀人才脱颖而出,对具有真才实学、成绩显著、贡献突出、符合任职条件的,在确定其相应的专业职务时,可以不受规定的学历和工作年限的限制,破格评聘。

会计专业技术职务评聘相结合的会计职称制度实施后取得了一定成效:"截至1988年年底统计,全国评聘的高级会计师为10 719人,会计师243 696人,助理会计师758 022人,会计员1 135 714人。会计专业职务聘任制度,大大激励了会计人员的进取精神,稳定了会计队伍,促进了会计人员专业知识水平的不断提高。"①

(六)对会计工作的评价与衡量的规范

为进一步规范会计工作,完善会计人员岗位责任制,在实施《会计人员工作规则》和《会计法》的基础上,财政部于1988年6月28日印发了《会计工作达标升级试行办法》(以下简称《试行办法》),并制定了"《会计工作达标升级试行办法》的说明"。

《会计法》颁布实施后,全国各地纷纷采取措施贯彻执行,取得了一些成效,但也暴露出一些亟待解决的严重问题:"一是会计和与会计核算有关的基础工作十分薄弱。有的单位从会计凭证填制、账簿登记到报表编制不能按会计制度的规定办事,手续不全,差错很多,有的单位账目混乱、财产不清、核算不实,有的单位经济管理的基础工作很差,会计核算所取得的数据不及时、不准确、不真实。二是财经纪律松弛,违法违纪现象普遍而突出,有的甚至造假账、编假决算。历年进行的税收、财务、物价大检查工作,暴露出会计核算和监督方面存在的问题和漏洞,同时也说明了财务会计工作依法办事存在着很大的阻力和困难。三是会计人员的素质较低,不少单位的会计工作仍停留在事后算账的水平上,有相当一部分会计人员无论专业知识或职业道德,都不能适应工作需要。"②为克服财务会计工作存在的这些问题,发挥会计工作在经济管理中的作用,会计主管部门认为需要采取综合治理措施,开展会计工作达标升级活动。

《会计工作达标升级试行办法》共15条,核心内容为以下两点。③

1. 明确了会计工作达标升级的等级划分

《试行办法》把会计工作划为四个等级:"会计工作达标准(简称:达标)、会计工作三级(简称:三级)、会计工作二级(简称:二级)、会计工作一级(简称:一级)四个等级。"其中,"达标"为最低级次,"一级"为最高级次。单位的会计工作按该《试行办法》规定经考核确认达到上述等级的,即为会计工作相应的等级单位。

2. 明确了会计工作达标升级的等级标准制订权限和等级的标准制订

按照"统一领导、分级管理"的原则,确定会计工作达标升级的等级标准制定权限。

---

① 财政部会计司:《深化会计职称制度改革,完善会计人才评价体系——会计行业中长期人才发展规划解读》,《交通财会》,2010年第12期。
② 财政部:《会计工作达标升级试行办法》的说明,1988年6月28日。
③ 以下各项条款见财政部《会计工作达标升级试行办法》,1988年6月28日。

《试行办法》规定:"会计工作达标和一级的考核标准,由财政部统一制订,会计工作三级和二级的考核标准,由省、自治区、直辖市财政厅(局)或国务院业务主管部门制订。会计工作各个等级的考核标准,应当本着立足会计工作,结合财务管理和联系经济效益的原则制订。会计工作各等级的基本要求是:达标,贯彻执行《会计法》及《会计人员工作规则》等财会法规和会计制度,建立良好的会计工作秩序,在抓好有关会计数据的各项管理工作的基础上,做好记账、算账、报账等工作,基本做到会计工作规范化。三级,在达标的基础上,建立、健全适应内部管理需要的财务制度和会计核算办法,参与单位的经营决策,取得较好的经济效益。二级,在三级的基础上,对资金、成本(费用)、财务成果等管理建立了有效的计划、控制、核算、分析、考核办法和体系,在改善经营管理、提高经济效益中发挥了积极作用,并有若干主要经济效益指标达到全省(自治区、直辖市)同行业的先进水平。一级,会计工作达到科学化、现代化水平,在加强经济管理、提高经济效益中成绩显著,并有若干主要经济效益指标达到全国同行业的先进水平。"这样,一方面会计主管部门可以从宏观管理的角度规定等级标准的总体要求,另一方面又可以发挥地方和业务主管部门的积极性,使各地区、各部门根据各自的实际情况适当进行调整并做出具体规定。由于我国地区间经济、文化和会计工作存在发展的不平衡,各地区制定的"三级"和"二级"的标准不会完全一样,需要各地在深入调查研究的基础上制定切实可行的标准。《试行办法》还规定,各省、自治区、直辖市和各部门除制定"三级"和"二级"标准外,还要拟订各等级的具体标准和考核确认办法,可采取百分制或双百分制办法规定各项标准的评分指标,实行定量考核,从而便于各单位执行和有关部门验收。

(七) 会计工作的准入证

为解决会计人员知识结构偏窄、学历水平偏低,政治、素质参差不齐,上岗和职务任免缺乏必要监督制约等问题,以加强对会计队伍的管理,促进会计人员素质的提高,进而增强会计人员的责任感,根据《会计法》关于财政部门管理会计工作的规定,1990年3月23日,财政部在总结省市实行会计证管理经验的基础上,颁布了《会计证管理办法(试行)》[以下简称《管理办法(试行)》],开始在全国范围内试行会计证管理制度。

《管理办法(试行)》共15条,核心内容为以下几点。[1]

1. 规定了取得会计证的条件

《管理办法(试行)》第5条规定会计证取得的基本条件是:①坚持四项基本原

---

[1] 财政部:《会计证管理办法(试行)》,1990年3月23日。

则。②遵守会计法规、制度。③具备一定的会计专业知识。④热爱会计工作,秉公办事。

对于"已评定会计员以上(含会计员)会计专业职务任职资格或取得中专以上财经专业学历(含中专及中专专修班)并符合第 5 条①、②、④项规定条件的会计人员,可直接为其颁发会计证"。对于"尚未评定会计专业职务任职资格,又不具备中专以上财经专业学历的人员,经专业知识考试合格,并经考核符合第 5 条①、②、④项条件的,可为其颁发会计证"。其中,"专业知识考试由省级以上财政部门统一部署、各级发证机关统一组织。考试科目定为:财务会计法规、会计基础知识、专业财务会计(一般应分工业、商业、农业、预算、金融、交通运输、基本建设等专业)、计算技术(会计应用数学和珠算)四门"。

2. 规定了取得会计证的人员依法独立行使的职权

《管理办法(试行)》第 8 条规定:"取得会计证的人员,可以依法独立行使会计人员的职权,可以参加会计专业职务的评审、聘任(任命)和优秀会计人员的评选,可以按规定申请取得会计人员荣誉证书。"

3. 规定了未取得会计证的人员不得从事会计工作

《管理办法(试行)》第 8 条和第 9 条规定:"未取得会计证的人员不得任用其独立担任会计岗位工作。对任用无会计证人员担任会计机构负责人、会计主管人员、出纳人员的单位(包括新组建的单位),有关开户银行不予办理留存印鉴卡片。"

4. 规定了会计证的用途

《管理办法(试行)》第 9 条指出:"根据《国务院批转国家工商行政管理局关于公司年检和重新登记注册若干问题意见的通知》(国发〔1989〕11 号)第二条关于'公司应根据其业务需要,配备专业技术人员和财务会计人员,并提交资格证明'中的规定,公司、企业的会计机构负责人,会计主管人员,出纳人员所取得的会计证、会计专业职务任职资格证书,均可作为其任职的资格证明。"

《管理办法(试行)》是我国出台的第一个会计从业资格准入制度,会计证是会计人员从事会计工作的资格证书,是会计人员从事会计工作的准入证或通行证,从事会计工作必须持证(会计证)上岗,所有人员只有在取得会计证后,才能从事会计工作,依法独立行使会计人员的相应职权。同时《管理办法(试行)》要求会计人员必须经过资格认定获得会计证后才能独立担任会计岗位工作。《管理办法(试行)》从我国会计队伍实际情况出发,促进了各单位合格会计人员的配备,调动了会计人员的工作积极性,提高了会计工作水平,从而有利于保持会计队伍的稳定和发展。《管理办法(试行)》的颁布,是我国逐步实现会计人员管理的科学化和规范化,充分发挥会计工作在社会主义现代化建设作用中的一项非常重要的措施。

但是在随后的一段时间里,《管理办法(试行)》在会计证考试内容、管理等方面的有关规定显露出一些规定不够具体、人为操纵的空间较大等问题,各地区、各部门在具体实施过程中所采用的做法也存在差别,个别地区、部门甚至出现随意放宽会计证取得条件、人为增加会计证考试培训收费、降低会计证考试水平等混乱情况。

(八) 总会计师制度的新规定

新中国的总会计师制度建设,前后经历了几个阶段。20世纪50年代末到70年代,是总会计师制度的初建阶段。在50年代初,我国沿袭苏联的经济管理体制,借鉴苏联的建设经验,在少数大中型骨干企业试行了总会计师制度。60年代初,正值自然灾害和经济工作中"左"的思想的干扰,我国经济遭遇3年经济困难。为了摆脱困境,整顿工业企业,中共中央于1961年9月16日颁布了《国营工业工作条例(草案)》(《工业七十条》),提出要在企业中建立总会计师制度。此后,为了迅速恢复经济秩序和进行经济调整,财政部和原国家经济委员会于1963年10月18日颁布了经国务院批转的《关于国营工业、交通企业设置总会计师的几项规定(草案)》(以下简称《规定草案》)。在《规定草案》中明确指出:"为了建立、健全企业的经济责任制,加强企业的经济核算,严格实行财务、会计监督,贯彻勤俭建国、勤俭办企业的方针,所有国营工业、交通企业(包括建筑、安装企业和联合企业所属厂矿)的厂长都应当亲自领导企业的经济核算和财务会计工作,并根据规定设置总会计师,作为厂长的助手。"同时《规定草案》对总会计师的职责和权限以及对总会计师人选的基本要求做出了明确规定,第一次将总会计师制度的基本框架具体地勾画出来。当时,在《规定草案》的指导下,相当一部分全民所有制大中型工交企业相继建立了总会计师制度,而且取得了比较成功的经验,为我国以后总会计师制度的建设打下了良好的基础。

1976年10月到1990年12月是总会计师制度重建和发展的时期。在1978年9月12日国务院颁布的《会计人员职权条例》中,单列了"总会计师"一章。在1984年10月20日中共中央颁布的《关于经济体制改革的决定》中,第一次提出要在企业设立总工程师、总会计师和总经济师这"三总师",建立"一长三总师"和党委书记的领导体制。在1985年颁布的《会计法》中明确提出"大中型企业事业单位和业务主管部门可以设置总会计师",并且规定了总会计师的权限及任职资格,以法的形式巩固了总会计师的地位。在1986年9月颁布的《全民所有制工业企业厂长工作条例》中对总会计师的设置及其地位又作了专门规定。1990年12月31日,国务院颁布了《总会计师条例》,总会计师制度发展达到了一个新的阶段。

《总会计师条例》共计 5 章 23 条,第一章"总则"、第二章"总会计师的职责"、第三章"总会计师的权限"、第四章"任免与奖惩"、第五章"附则",主要内容是以下几点。①

1. 规定了《总会计师条例》的适用范围

该条例规定:"全民所有制大、中型企业设置总会计师;事业单位和业务主管部门根据需要,经批准可以设置总会计师。"

2. 确定了总会计师的地位

该条例规定:"凡设置总会计师的单位,在单位行政领导成员中,不设与总会计师职权重叠的副职。""总会计师组织领导本单位的财务管理、成本管理、预算管理、会计核算和会计监督等方面的工作,参与本单位重要经济问题的分析和决策。""总会计师具体组织本单位执行国家有关财经法律、法规、方针、政策和制度,保护国家财产。总会计师的职权受国家法律保护。单位主要行政领导人应当支持并保障总会计师依法行使职权。"

3. 规定了总会计师的职责

"总会计师负责组织本单位的下列工作:(1)编制和执行预算、财务收支计划、信贷计划,拟订资金筹措和使用方案,开辟财源,有效地使用资金。(2)进行成本费用预测、计划、控制、核算、分析和考核,督促本单位有关部门降低消耗、节约费用、提高经济效益。(3)建立、健全经济核算制度,利用财务会计资料进行经济活动分析。(4)承办单位主要行政领导人交办的其他工作。"

"总会计师负责对本单位财会机构的设置和会计人员的配备、会计专业职务的设置和聘任提出方案;组织会计人员的业务培训和考核;支持会计人员依法行使职权。"

"总会计师协助单位主要行政领导人对企业的生产经营、行政事业单位的业务发展以及基本建设投资等问题做出决策。总会计师参与新产品开发、技术改造、科技研究、商品(劳务)价格和工资奖金等方案的制订;参与重大经济合同和经济协议的研究、审查。"

4. 规定了总会计师的权限

总会计师的权限如下:"(1)总会计师对违反国家财经法律、法规、方针、政策、制度和有可能在经济上造成损失、浪费的行为,有权制止或者纠正。制止或者纠正无效时,提请单位主要行政领导人处理。单位主要行政领导人不同意总会计师对前款行为的处理意见的,总会计师应当依照《会计法》第 19 条的规定执行。(2)总会计师有权组织本单位各职能部门、直属基层组织的经济核算、财务会计和成本管理方面的工作。(3)总会计师主管审批财务收支工作。除一般的财务收支可以由总会计师授权的财会

---

① 以下内容和各项条款见国务院《总会计师条例》,1990 年 12 月 31 日。

机构负责人或者其他指定人员审批外,重大的财务收支,须经总会计师审批或者由总会计师报单位主要行政领导人批准。涉及财务收支的重大业务计划、经济合同、经济协议等,在单位内部须经总会计师会签。(4)预算、财务收支计划、成本和费用计划、信贷计划、财务专题报告、会计决算报表,须经总会计师签署。(5)会计人员的任用、晋升、调动、奖惩,应当事先征求总会计师的意见。财会机构负责人或者会计主管人员的人选,应当由总会计师进行业务考核,依照有关规定审批。"

5. 规定了对总会计师的任免条件

该条例指出:"企业的总会计师由本单位主要行政领导人提名,政府主管部门任命或者聘任;免职或者解聘程序与任命或者聘任程序相同。事业单位和业务主管部门的总会计师依照干部管理权限任命或者聘任;免职或者解聘程序与任命或者聘任程序相同。"对总会计师的任职条件规定了6条:"(1)坚持社会主义方向,积极为社会主义建设和改革开放服务。(2)坚持原则,廉洁奉公。(3)取得会计师任职资格后,主管一个单位或者单位内一个重要方面的财务会计工作时间不少于3年。(4)有较高的理论政策水平,熟悉国家财经法律、法规、方针、政策和制度,掌握现代化管理的有关知识。(5)具备本行业的基本业务知识,熟悉行业情况,有较强的组织领导能力。⑥身体健康,能胜任本职工作。"

该条例是新中国成立以来,专门针对总会计师工作而制定的最全面、最明确的行政法规。它结合改革开放新形势,对总会计师的地位、职责、权限、任免与奖惩做出了较为完整、系统、全面的具体规定,进一步体现了国家对总会计师制度的重视,使总会计师制度进入了一个新的发展阶段。

首先,该条例确定了总会计师的职权和地位。该条例强调总会计师是单位的行政领导成员,直接对单位主要行政领导人负责,协助单位主要行政领导人的工作,并应发挥总会计师在加强经济管理、提高经济效益中的作用。设置总会计师的单位不得再设与其职责重叠的行政副职。该条例颁布后,我国大中型企业都普遍设置了总会计师,这样从制度上解决了会计人员参与单位管理和决策的问题,推动了总会计师制度的全新发展。但该条例在实施中由于有的单位把总会计师放在执行层或排在末位,因此造成总会计师缺少对企业重大决策的实际参与权,其职能也被边缘化。

其次,该条例强调总会计师领导全厂经营管理方面的工作。总会计师是厂长在经营管理方面的得力助手,承担全厂的经营管理领导工作,履行其财务会计管理职责,行使其财务会计工作的组织权、财务收支的审批权、重大财务事项的签署权及财务机构和人员的建议权。但这些权限基本限定在日常业务范畴,对现在而言其涉及面过窄、层次过低,缺乏战略财务管理决策权、经营活动监督权等基本权能。因此,该条例无法适应现代企业财务和会计管理的要求。

再次,该条例强调总会计师是专业技术干部。总会计师必须是会计内行,而不是一般行政人员所能担任的。

由于该条例是在计划经济体制下颁布的,因此带有计划经济体制的色彩和时代的局限性。例如,该条例规定的总会计师由本单位主要行政领导人、政府主管部门任命或者聘任,从而加重了总会计师的行政干部色彩,一定程度上影响了总会计师队伍的建设;总会计师的职能仅仅限于财务会计工作的组织和监督,而没有考虑企业资本运营、风险管理、价值管理、人力资源管理、信息管理以及战略管理;总会计师的权力以会计核算、财务管理、财会人员管理为主,造成总会计师的工作过于具体化、事务化,使总会计师的管理决策作用受限;对总会计师的监督、考核与培养等也不够明确,没有建立起科学的总会计师资质评定机制、培养机制和考核机制;对总会计师设置的规定与《会计法》的相关规定不相一致,导致部分企业对总会计师的定位混乱,出现了一些错位、缺位的情形;等等。

二、市场经济建立时期的会计人员管理制度

1992年召开的中国共产党第十四次全国代表大会,提出了建立政府宏观调控之下的我国社会主义市场经济体制的改革目标。在建立社会主义市场经济的时期,随着我国经济的发展,会计核算制度也发生了一系列重大变化,我国先后颁布了《企业会计准则——基本准则》、13个行业会计制度、《股份制试点企业会计核算制度》、《股份有限公司会计制度》等一系列会计制度。这些会计制度借鉴国际会计惯例,适应我国社会主义市场经济体制改革的要求,体现了与国际会计准则的进一步协调。为适应经济改革和会计改革的需要,在这前后我国也颁布了一批关于会计人员管理的制度。

(一) 会计专业技术资格考试制度的首次公布

会计专业技术资格考试(以下简称"会计资格考试")制度,是指通过对会计人员实行全国统一考试来确认其担任会计专业职务任职资格的一项考试制度。实行这项考试制度是为了推行会计职称评审工作。

1978年以来,我国会计人员的技术职称历经评定和评聘两个阶段,这虽然解决了一部分会计人员的技术职称问题,激发了广大会计人员学习专业知识的热情和从事会计工作的积极性。同时它也存在着一些问题,突出表现在:一是存在严重的论资排辈现象,致使有些评出来的会计人员技术职称与其相应职称级别的实际水平相差甚远,不能完全胜任相应职称级别的工作;二是没有充分体现公平竞争的原则,有些单位出

现不具备职称或职称较低的会计人员担任较高级别的会计工作,挫伤了会计人员的工作积极性;三是存在重学历和资历的倾向,使一大批自学成才和具有丰富实践经验的会计人员不能参加专业职称的评聘。鉴于此,从会计队伍的实际出发,为提高会计人员的素质,客观、公正地评价和选拔会计人才,充分发挥会计人员的积极性和创造性,根据《会计专业职务试行条例》和人事部颁布的《企事业单位评聘专业技术职务若干问题暂行规定》[人职发〔1990〕4号]的精神,1992年3月21日,财政部、人事部联合颁布了《会计专业技术资格考试暂行规定》(以下简称《暂行规定》)和《〈会计专业技术资格考试暂行规定〉实施办法》(以下简称《实施办法》),规定从1993年起,在全国范围内实行会计专业技术资格考试,会计专业技术资格(以下简称会计资格)实行全国统一考试后,不再进行相应会计专业职务任职资格的评审工作。

《暂行规定》共17条,其主要内容可归纳为以下几方面。①

第一,规定了会计资格考试的性质和类别。《暂行规定》第2条、第3条分别规定,"会计专业技术资格,实行全国统一考试制度。按会计专业职务的设置分为:会计员、助理会计师和会计师资格考试。会计专业技术资格实行全国统一考试后,不再进行相应会计专业职务任职资格的评审工作,各地区、各部门为评定相应会计专业职务任职资格所进行的考试一律停止。

"通过全国统一考试获得会计专业技术资格的会计人员,表明其已具备担任相应会计专业职务的水平和能力,获得的专业技术资格不与工资待遇挂钩。单位在岗位需要时,根据有关规定按照德才兼备的原则,从获得会计专业技术资格的会计人员中择优聘任。首次已评聘会计专业职务的,经考核合格,可按规定续聘原专业职务。晋升专业职务时,应按本规定参加相应的专业技术资格考试。"

第二,规定了会计资格考试实行"双重"考试的办法。《暂行规定》第5条规定:"助理会计师、会计师资格考试分甲、乙两种。甲种考试为相应专业技术资格应具备的专业水平和业务能力的考试。参加甲种考试必须具备规定的学历或取得相应的乙种考试合格证书。乙种考试为财会基础理论和专业知识的考试。凡不具备规定相应学历的会计人员,必须取得规定档次的乙种考试合格证书,方能参加相应档次的甲种考试。会计员资格考试只设一种,为专业知识和业务能力的综合性考试。"

"双重"考试办法对具备规定学历和不具备规定学历的会计人员采取区别对待的原则,体现了对不同层次会计人员的专业知识要求,同时为提高会计人员的质量,尽可能使会计资格考试设计得更加科学、合理。设计甲种考试是为了给广大会计人员提供

---

① 财政部、人事部:《会计专业技术资格考试暂行规定》,1992年3月21日。

一个平等竞争的机制,设计乙种考试是为了给不具备规定学历的会计人员提供一个自学成才的机会。

第三,规定了报考会计员、助理会计师和会计师的条件和要求。《暂行规定》第7条规定:"报名参加会计员资格考试的人员,除具备本规定第6条所列的基本条件外①,还必须具备高中毕业或中等专业学校毕业学历,从事会计工作满1年。"第8条规定报名参加助理会计师资格甲种考试人员,除具备第6条所列的基本条件外,还必须具备下列条件之一:"(1)高中毕业,担任会计员职务4年以上,参加助理会计师资格乙种考试成绩合格。(2)中等专业学校毕业,担任会计员职务3年以上。(3)大学专科毕业从事会计工作满2年,或大学本科毕业从事会计工作满1年。"第9条规定报名参加会计师资格甲种考试的人员,除具备第6条所列的基本条件外,还必须具备下列条件之一:"(1)中等专业学校毕业,担任助理会计师职务4年以上,参加会计师资格乙种考试成绩合格。(2)大学本科毕业或大学专科毕业,担任助理会计师职务3年以上。(3)硕士研究生毕业从事会计工作满2年,或博士研究生毕业。"

《暂行规定》的这一要求强调了会计人员参加各档次资格考试在具备基本条件的基础上,还应具备一定的学历和担任职务年限。这是因为我国当时的职称制度仍然是评审和考试并行,实行评审办法的要求有严格的学历条件,实行资格考试办法需与之相衔接;同时,对参考人员规定一定的学历要求也是提高会计人员素质和加强队伍建设所必需的。

第四,规定了具有正规全日制院校财经专业毕业学历的会计人员聘任相应会计专业职务的年限。《暂行规定》第4条规定:"在企事业单位工作的具有正规全日制院校财经专业毕业学历的会计人员,可依据下列条件,按规定经考核合格可聘任相应的会计专业职务:获得硕士学位从事会计工作满3年,或获得博士学位经考核胜任主要会计岗位工作的,可聘任会计师职务;大学专科毕业见习期满后从事会计工作满1年,或大学本科毕业见习期满,经考核胜任一般会计岗位工作的,可聘任助理会计师职务;中等专业学校毕业见习期满,经考核胜任所任工作的,可聘任会计员职务。"

财政部、人事部在联合颁布《暂行规定》的同时,还颁布了《实施办法》。《实施办法》提出了对资格考试的组织领导、考试科目的设置、考试大纲和教材、考试的命题与评分、考试日期和开考计划、考试的报名与登记、考试培训、考试工作的规章和纪律等方面的要求。

《暂行规定》及其《实施办法》的颁布推进了会计人员队伍的建设,提出的考试科目

---

① 《会计专业技术资格考试暂行规定》第6条中规定,参加会计专业技术资格考试人员的基本条件中包括已取得会计证的会计人员。

和考试大纲,为学校的会计教学提供了借鉴与参考。①

《暂行规定》及其《实施办法》颁布后,会计资格考试制度曾于1995年、1997年、1998年、2000年进行过数次调整和修改,报考人员条件、考试类别、考试科目和大纲、考试时间、违规行为处理等方面的规定均有所变化。②

(二) 第一次修订的《会计法》(1993年):对会计组织的规定

自《会计法》实施以来,由于会计人员整体素质与经济管理要求不相适应的矛盾仍然没有得到根本解决,在很大程度上影响了会计工作水平的提高和会计职能作用的发挥。1993年12月29日,第八届全国人民代表大会常务委员会第五次会议审议通过了对《会计法》的修订,修订后的《会计法》进一步规范了会计工作与会计行为,对进一步加强会计工作,充分发挥会计职能作用,更好地维护社会主义市场经济秩序,促进和保证会计改革的顺利发展具有重要的意义。

修订后的《会计法》涉及会计人员组织的内容主要有如下方面。③

1. 明确了会计机构、会计人员对违法收支进行处理的法律权利和责任

修订后的《会计法》将原《会计法》第19条第1款修改为:"会计机构、会计人员对违法的收支,不予办理。"将第2款修改为:"会计机构、会计人员认为是违法的收支,应当制止和纠正;制止和纠正无效的,应当向单位领导人提出书面意见,要求处理。单位

---

① 《暂行规定》《实施办法》规定:会计员考试科目为会计与会计法规基本知识和会计员实务;助理会计师甲种考试科目为会计专业及相关知识综合考试和助理会计师实务,乙种考试科目定为财经实用写作、政治经济学、会计学(上)、成本会计、经济法概论和财政与金融;会计师甲种考试科目为会计专业及相关知识综合考试和会计师实务,乙种考试科目为财经应用数学、会计学(下)、管理会计、审计学、财务管理和统计学原理。

② 1995年,财政部、人事部颁布《关于调整会计专业技术资格考试种类、考试科目和考试时间等有关问题的通知》,主要内容如下:一是将助理会计师、会计师资格考试分设A、B两类,A类为具备规定学历人员的考试,B类为不具备规定学历人员的考试。二是调整了助理会计师和会计师的考试科目。助理会计师A类考试科目为会计实务、成本会计、经济法基础,B类考试科目为助理会计师会计实务、成本会计、经济法基础、财务管理基础、会计原理;会计师A类考试科目为会计师会计实务、管理会计、经济法概要,B类考试科目为会计实务、管理会计、经济法概要、财务管理、审计。助理会计师、会计师实务科目,仍按企业类和预算类设置。

1997年,财政部、人事部颁布《关于调整会计专业技术资格考试有关工作的通知》,规定:从1999年起,将现行的会计员和助理会计师考试合并为初级资格考试,中级资格(即会计师)考试不变。另外从1999年起,取消B类考试,将企业会计类和预算会计类实务科目合并为会计实务科目。

1998年5月27日,财政部、人事部颁布《关于1999年会计专业技术资格考试工作有关问题的通知》,规定:会计专业技术初级资格考试设初级财务会计、成本会计、经济法基础三个考试科目;会计专业技术中级资格考试设中级财务会计、财务管理、经济法三个考试科目。

2000年9月8日,财政部、人事部修订颁布《会计专业技术资格考试暂行规定》和《会计专业技术资格实施办法》,将会计师资格分为初级资格、中级资格和高级资格,并规定了除高级会计师资格实行考试与评审结合的评价制度外,初级和中级会计资格仍然实行统一考试制度。初级资格考试简化为初级会计实务、经济法基础两个科目,取消了成本会计科目;中级资格考试科目除了原有的财务管理、经济法外,将原会计实务拆分为会计实务(一)和会计实务(二)两个科目。

③ 《中华人民共和国会计法》,1993年12月29日修订。

领导人应当自接到书面意见之日起 10 日内做出书面决定,并对决定承担责任。"同时,该条增加了两款内容,即第 3 款:"会计机构、会计人员对违法的收支,不予制止和纠正,又不向单位领导人提出书面意见的,也应当承担责任。"第 4 款:"对严重违法损害国家和社会公众利益的收支,会计机构、会计人员应当向主管单位或者财政、审计、税务机关报告,接到报告的机关应当负责处理。"

这些条款的修订,赋予了会计机构、会计人员对违法收支进行处理的法律权利,同时也明确了会计机构、会计人员对违法收支处理不当或不予处理应承担的法律责任。

2. 强调了对会计人员专业知识的要求

修订后的《会计法》将原《会计法》第 23 条修改为:"会计人员应当具备必要的专业知识。国有企业、事业单位的会计机构负责人、会计主管人员的任免应当经过主管单位同意,不得任意调动或者撤换;会计人员忠于职守、坚持原则、受到错误处理的,主管单位应当责成所在单位予以纠正;玩忽职守、丧失原则、不宜担任会计工作的,主管单位应当责成所在单位予以撤职或者免职。"

该条款的修订,增加了"会计人员应当具备必要的专业知识",体现了对会计人员业务上的专业要求。会计是一项政策性和专业性很强的工作,作为会计工作人员,具备必要的专业知识,是胜任这项工作的基本前提。原《会计法》没有解决会计人员整体素质与经济管理要求相适应这一矛盾,修订后的《会计法》从我国会计工作的实际情况出发,把"会计人员应当具备必要的专业知识"作为一项法律要求。

3. 删除了"会计人员按照干部管理权限的规定任免"的规定

对于会计人员的任免,1985 年《会计法》规定"会计人员按照干部管理权限的规定任免",会计人员作为"国家干部"被列入国家干部管理体系,这一规定的目的是保障会计人员依法行使职权,防止利用任免问题对会计人员进行打击报复,从而便于会计人员正确处理各种利益关系。《会计法》实施后,随着政府职能的转变、人事制度发生了改革,建立了现代企业制度,政府部门直接干预各单位会计人员任免的规定显然不能适应形势发展的要求;同时修改后的《会计法》扩大了适用范围,无法再对不同所有制、不同性质单位的会计人员的任免做出统一规定,因此删除了原《会计法》"会计人员按照干部管理权限的规定任免"的要求。

为了更好地保护国有经济利益,修订后的《会计法》仍强调"国有企业、事业单位的会计机构负责人、会计主管人员的任免应当经过主管单位的同意,不得任意调动或者撤换"。作为国有单位的管理者和投资者的国家,有必要对国有企业和事业单位加强管理,尤其应对其会计人员的任免作适度管理,这是保护国有经济利益而采取的一种特殊措施,该措施与转换企业经营机制和扩大企业自主权一致,也与颁布的《全民所有制工业企业法》和《公司法》中对国有企业任免中层领导人员以及国有公司聘任和解聘财务负责人的规定相衔接。

4. 明确了单位行政领导人和会计人员对提供真实会计信息的法律要求和责任

修订后的《会计法》将原《会计法》第26条改为:"单位领导人、会计人员和其他人员伪造、变造、故意毁灭会计凭证、会计账簿、会计报表和其他会计资料的,或者利用虚假的会计凭证、会计账簿、会计报表和其他会计资料偷税或者损害国家利益、社会公众利益的,由财政、审计、税务机关或者其他有关主管部门依据法律、行政法规规定的职责负责处理,追究责任;构成犯罪的,依法追究刑事责任。"将原《会计法》第27条改为:"会计人员对不真实、不合法的原始凭证予以受理,或者对违法的收支不向单位领导人提出书面意见,或者对严重违法损害国家和社会公众利益的收支不向主管单位或者财政、审计、税务机关报告,情节严重的,给予行政处分;给公私财产造成重大损失,构成犯罪的,依法追究刑事责任。"将原《会计法》第28条改为:"单位领导人接到会计人员按照本法第19条第2款规定提出的书面意见,对违法的收支决定予以办理或者无正当理由逾期不做出处理决定,造成严重后果的,给予行政处分;给公私财产造成重大损失,构成犯罪的,依法追究刑事责任。"

这些条款修订后,更加明确了单位行政领导人和会计人员对提供真实会计信息应有的权利、义务和法律责任,明确了对伪造、变造、故意毁灭会计凭证、会计账簿、会计报表等会计资料的行为,给予行政处分,情节严重的,依法追究刑事责任。

除此之外,1993年修订的《会计法》也明确规定:"大、中型企业、事业单位和业务主管部门可以设置总会计师。总会计师由具有会计师以上专业技术任职资格的人员担任。"

1993年第一次修订的《会计法》与1985年最初颁布的《会计法》在构建我国会计法制体系方面迈出了重要的一步,它表明我国对依法管理会计工作和构建会计法制体系有了新的认识,对强化会计法制规范和加强对会计人员的管理工作,维护社会主义市场经济秩序,充分发挥会计的职能作用有着重要的意义。

但是,由于当时我国正处在从计划经济向市场经济的转型中,社会对会计的重视程度有限,对会计人员管理体制的建设重视不够,《会计法》的落实并未到位,没有真正行使会计人员的监督职权,也没有突出单位负责人的法律责任。

(三)《会计基础工作规范》(1996年):对会计人员工作规范的新规定

1984年4月,财政部颁布的《会计人员工作规则》,对会计基础工作的建设起到了积极的强化作用。随着我国市场经济体制的确立和1993年以来会计制度的重大改革,《会计人员工作规则》中的一些规定已经不能适应会计改革的要求,会计基础工作面临一些新情况,出现了一些新问题。为适应会计基础工作的新要求,财政部对《会计人员工作规则》进行了重新修订,于 1996 年 6 月 17 日颁布了《会计基础工作规范》。该规范颁布实施后,《会计人员工作规则》同时废止。

该规范明确规定了对会计机构和会计人员的管理是会计基础工作的重要内容,分别就"会计机构设置和会计人员配备""会计人员职业道德"和"会计工作交接"等问题做出了新规定。①

第一,明确规定了会计机构负责人、会计主管人员的任职资格。该规范第 6 条规定:"各单位应当根据会计业务的需要设置会计机构;不具备单独设置会计机构条件的应当在有关机构中配备专职会计人员。事业行政单位会计机构的设置和会计人员的配备,应当符合国家统一事业行政单位会计制度的规定。设置会计机构,应当配备会计机构负责人;在有关机构中配备专职会计人员,应当在专职会计人员中指定会计主管人员。"同时,该规范第 7 条对会计机构负责人、会计主管人员的任职资格做出了具体规定:坚持原则,廉洁奉公;具有会计专业技术资格;主管一个单位或者单位内一个重要方面的财务会计工作时间不少于 2 年;熟悉国家财经法律、法规、规章和方针、政策,掌握本行业业务管理的有关知识;有较强的组织能力;身体状况能够适应本职工作的要求。

第二,明确规定了对会计机构负责人、会计主管人员的任免规则。该规范第 6 条规定:"会计机构负责人、会计主管人员的任免,应当符合《会计法》和有关法律的规定。"而《会计法》要求:"国有企业、事业单位的会计机构负责人、会计主管人员的任免应当经过主管单位同意。"②

第三,明确规定了大中型企业、事业单位和业务主管部门设置总会计师。该规范第 9 条规定:"大、中型企业、事业单位、业务主管部门应当根据法律和国家有关规定设置总会计师。总会计师由具有会计师以上专业技术资格的人员担任。总会计师行使《总会计师条例》规定的职责、权限。总会计师的任命(聘任)、免职(解聘)依照《总会计师条例》和有关法律的规定办理。"

第四,明确规定了会计工作岗位设置的基本原则和示范性要求。该规范第 11 条规定:"各单位应当根据会计业务需要设置会计工作岗位。会计工作岗位一般可分为:会计机构负责人或者会计主管人员,出纳,财产物资核算,工资核算,成本费用核算;财务成果核算,资金核算,往来结算,总账报表,稽核,档案管理等。开展会计电算化和管理会计的单位,可以根据需要设置相应工作岗位,也可以与其他工作岗位相结合。"第 12 条规定:"会计工作岗位,可以一人一岗、一人多岗或者一岗多人。但出纳人员不得

---

① 财政部:《会计基础工作规范》,1996 年 6 月 17 日。
② 《中华人民共和国会计法》(1993 年 12 月 29 日修订)第 23 条。

兼管稽核、会计档案保管和收入、费用、债权债务账目的登记工作。"第13条规定："会计人员的工作岗位应当有计划地进行轮换。"

以上这些规定,是要在会计机构内部和会计人员中建立岗位责任制,定人员,定岗位,明确分工,提高会计工作效率和质量。

第五,明确规定了会计人员的回避制度。回避制度是我国人事管理的一项重要制度,有利于避免利用同在一个单位的亲属关系而共同作弊等违法违纪现象的发生。该规范第16条规定："国家机关、国有企业、事业单位任用会计人员应当实行回避制度。单位领导人的直系亲属不得担任本单位的会计机构负责人、会计主管人员。会计机构负责人、会计主管人员的直系亲属不得在本单位会计机构中担任出纳工作。需要回避的直系亲属为:夫妻关系、直系血亲关系、三代以内旁系血亲以及配偶关系。"

第六,提出了对会计人员职业道德规范的要求,概括为敬业爱岗、熟悉法规、依法办事、客观公正、搞好服务、保守秘密6个方面内容。与此同时,该规范第24条规定:"财政部门、业务主管部门和各单位应当定期检查会计人员遵守职业道德的情况,并作为会计人员晋升、晋级、聘任专业职务、表彰奖励的重要考核依据。会计人员违反职业道德的,由所在单位进行处罚;情节严重的,由会计证发证机关吊销其会计证。"

该规范是对1993年修订的《会计法》中有关会计基础工作内容的具体化,是《会计法》的重要配套规章。该规范保留了《会计人员工作规则》中科学、合理的内容,并根据会计改革新形势的要求对会计人员管理的内容进行了充实和完善。

(四)会计人员从业资格管理制度的修订

1990年《会计证管理办法(试行)》颁布实施后,财政部于1996年、2000年先后两次对会计人员从业资格进行了修订。

1.《会计证管理办法》(1996年):原会计证管理办法的修订

1996年,财政部对《会计证管理办法(试行)》作了全面修改,重新颁布了《会计证管理办法》,从此之后从事会计工作的人员必须持有会计证。《会计证管理办法》共18条,与1990年颁布的《会计证管理办法(试行)》相比较,主要变化体现在以下方面。[①]

第一,提高了对会计人员的从业管理要求。强调从事会计工作的人员必须取得会计证,未取得会计证的人员,各单位不得任用其担任会计岗位工作。

第二,扩大了会计证的适用范围。原试行办法适用的范围比较窄,仅仅适用于全

[①] 财政部:《会计证管理办法》,1996年7月19日。

民所有制企业，没有包括集体企业、私营企业以及外商投资企业，该管理办法规定："本办法适用于在国家机关、社会团体、企业、事业单位和其他组织的会计人员。"

第三，明确规定了"会计证实行考试制度"。该管理办法第6条规定取得会计证的考试科目为："财务会计法规、会计基础知识、会计实务、珠算和初级会计电算化（后两门可由考生任选其中一门考试）。"考虑到试行办法规定的4个考试科目，即财务会计法规、会计基础知识、专业财务会计（一般应分为工业、商业、农业、预算、金融、交通运输、基本建设等专业）、计算技术（会计应用数学和珠算）都是会计专业人员应必备的专业知识，因此该管理办法对此没有作较大科目调整，只是将原"专业财务会计"和"计算技术"这两门科目进行了微调，将原"专业财务会计"科目调整为"会计实务"科目，而且取消了原规定的行业会计考试，将原"计算技术"科目调整为"珠算和初级会计电算化"两个科目，此两门可由考生任选其中一门考试，其目的就是为了推动和普及会计电算化知识，促使广大会计人员掌握计算机和会计核算软件的基本操作技能，从而适应现代化会计管理的需要。同时考虑到会计队伍的目前现状，尤其是一些边远贫困落后地区，由于这些地区还没有普及会计电算化的应用，因此，允许考生自愿选择珠算和初级会计电算化参加考试。

第四，规定实行会计证注册登记和年检考核制度。

2.《会计从业资格管理办法》(2000年)：会计从业资格的修订

为进一步完善和强化会计从业资格管理措施，以规范会计秩序，加强会计队伍管理，财政部于2000年5月8日印发了《会计从业资格管理办法》，自2000年7月1日起施行。《会计从业资格管理办法》的内容比1996年《会计证管理办法》更加丰富，规定也更加详尽。《会计从业资格管理办法》分为6章，即"总则""会计从业资格管理部门""会计从业资格的取得""会计从业资格证书的注册登记和年检""罚则"和"附则"，共27条。《会计从业资格管理办法》与《会计证管理办法》相比较，主要变化有以下几方面。[①]

第一，严格了对申请取得会计从业资格的人员应具备的基本条件。根据1999年新修订的《会计法》的精神，将原管理办法第一项基本条件"坚持四项基本原则"，改为"坚持原则，具备良好的道德品质"。这项修改是第一次将会计人员道德品质作为申请取得会计从业资格人员的首要基本条件。将原管理办法第二项基本条件"遵守国家财经和会计法律、法规、规章制度"改为"遵守国家法律、法规"，这项修改要求会计人员不能仅仅遵守国家财经和会计方面法律、法规和规章，而应遵守国家所有法律和法规。

---

① 财政部：《会计从业资格管理办法》，2000年5月8日。

第二,对考试科目内容进行了补充。该办法将原科目中的"财务会计法规"改为"财经法规",并增加了法规考试内容上的涵盖量,其目的是为了提高会计人员的法纪观念和意识。《会计从业资格管理办法》还将原科目"珠算和初级会计电算化"改为"初级会计电算化或者珠算(五级)",其目的是鼓励有条件的会计人员,首选初级会计电算化,以利于普及会计电算化;但考虑到个别边远落后地区,由于条件所限,可以选考珠算,限定达到五级为合格。

第三,完善了会计从业资格证书的注册登记、年检等后期管理制度。首先,详细规定了初始注册登记、变更注册登记、重新注册登记三种情况的管理办法,使会计从业资格管理工作更具有操作性;其次,《会计从业资格管理办法》补充了对会计从业资格证书进行年检的具体审核和检查的内容;最后,建立了对持有会计从业资格证书人员的监督检查制度。

第四,增强了对违法违规处罚的公正性,细化了处罚措施:一是规定了对单位违法违规的处罚;二是明确规定了对持证人一般违规的处罚;三是规定了对持证人严重违法违规的处罚。

第五,提高了对违法违规处罚的透明度。这表现为:增加了公开听证制度;增加了申请行政复议权和提起行政诉讼权。

第六,取消了预备会计证制度。

2000年的《会计从业资格管理办法》实现了以下突破:一是明确了分级管理权限,包括对会计从业资格管理实行属地原则,对会计从业资格证书的发放实行源头控制办法;二是增加了对会计从业资格考试内容有关法规的涵盖量,对会计从业资格的免试情况做了严格限定;三是对会计人员的考核更加强调遵纪守法的要求,体现了依法治国,依法治理经济秩序的精神;四是完善了对会计从业资格证书的注册登记和年检制度;五是为了严格会计从业资格管理,《会计从业资格管理办法》专设"罚则"一章,增强了对违法违规处罚的公正性和透明度。但《会计从业资格管理办法》在侧重于对会计从业人员进行规定的同时,没有突出会计从业资格管理机构和管理人员对会计从业资格的管理,也没有使会计从业资格申请者的权利和义务得到充分体现。

(五)持续提高会计人员专业水平的制度规定

会计人员继续教育是会计从业资格后续管理的一项重要内容。1996年,财政部在颁布的《会计证管理办法》中开始将会计人员继续教育纳入会计证管理范围,通过继续教育以持续地提高会计人员的专业水平。为了使这一做法长期化、规范化,财政部于1998年1月23日制定并颁布了《会计人员继续教育暂行规定》。

该暂行规定分为 5 章,第一章"总论"、第二章"继续教育的内容和形式"、第三章"继续教育的组织与实施"、第四章"继续教育的检查与考核"、第五章"附则",共计 27 条。①

该暂行规定明确了需要接受继续教育的人员和继续教育的级别,指出:"会计人员继续教育的对象为在职会计人员,具体包括在国家机关、社会团体、企业、事业单位和其他组织从事会计工作并已取得会计证的会计人员。""会计人员继续教育分为高级、中级、初级三个级别,即高级会计人员继续教育、中级会计人员继续教育和初级会计人员继续教育。高级会计人员继续教育的对象包括已取得或受聘高级会计专业技术资格(职称)及具备相当水平的会计人员;中级会计人员继续教育的对象包括已取得或受聘中级会计专业技术资格(职称)及具备相当水平的会计人员;初级会计人员继续教育的对象包括已取得或受聘初级会计专业技术资格(职称)和已取得会计证但未取得或受聘初级会计专业技术资格(职称)的会计人员。"

就继续教育的内容,该暂行规定第 7 条指出:"会计人员继续教育内容应坚持联系实际、讲求实效、学以致用的原则。"会计人员继续教育的内容主要包括:会计理论与实务,财务、会计法规制度,会计职业道德规范,其他相关知识和其他相关法规制度 5 个方面。

该暂行规定还对继续教育的学时提出了要求:"高级会计人员继续教育和中级会计人员继续教育的时间每年累计不少于 68 小时,其中接受培训时间每年累计不少于 20 小时,自学时间每年累计不少于 48 小时。初级会计人员继续教育的时间每年累计不少于 72 小时,其中接受培训时间每年累计不少于 24 小时,自学时间每年累计不少于 48 小时。"同时规定,承担会计专业课题研究也是接受继续教育的一种形式。

(六) 第二次修订的《会计法》(1999 年):对会计组织的规定

1993 年第一次修订并重新颁布的《会计法》对加强会计管理,促进会计的改革有着一定的成效。随着改革开放的不断深入和社会主义市场经济的进一步发展,1993 年修订的《会计法》在执行中出现了操作性不强、约束力不够等问题。1999 年 10 月 31 日,第九届全国人民代表大会常务委员会第十二次会议表决通过了再次修订的《会计法》。重新修订的《会计法》在会计组织管理的规定比原有的《会计法》有了很大的改变,主要表现在以下方面。②

1. 明确了单位负责人对本单位会计信息的首要责任

为从根本上解决会计信息失真屡禁不止的问题,第二次修订的《会计法》规定:"单

---

① 财政部:《会计人员继续教育暂行规定》,1998 年 1 月 23 日。
② 《中华人民共和国会计法》,1999 年 10 月 31 日修订。

位负责人对本单位的会计工作和会计资料的真实性、完整性负责。财务会计报告应当由单位负责人和主管会计工作的负责人、会计机构负责人(会计主管人员)签名并盖章。单位负责人应当保证财务会计报告真实、完整,单位负责人应当保证会计机构、会计人员依法履行职责,不得授意、指使、强令会计机构、会计人员违法办理会计事项。"而"单位负责人,是指单位法定代表人或者法律、行政法规规定代表单位行使职权的主要负责人"。第二次修订的《会计法》之所以增加这些规定有三点考虑:一是从《公司法》规定的单位负责人的法律地位来看,单位负责人是单位的法定代表人,是法律和行政法规规定代表单位行使职权的主要负责人,对本单位的所有经营管理工作负责,因此理应对本单位会计信息的真实和完整负责,这一规定与《公司法》是一致的。二是单位负责人与会计工作人员是领导与被领导、聘任与被聘任的关系,单位的会计工作人员是由单位负责人任命或聘用的,并在单位负责人的领导下开展具体工作,如果单位会计工作出现了违法、违纪、违章的行为或者单位会计资料不真实、不完整,不仅会计工作人员有责任,单位负责人也负有不可推卸的责任。《会计法》做出这些规定后,迫使单位负责人承担了对会计资料和财务会计报告的责任,击中了规范会计秩序和治理会计虚假信息的要害。

2. 明确了在国有企业中必须实行总会计师制度的规定

第二次修订的《会计法》对总会计师的设置范围进行了新的界定,第36条第2款规定:"国有的和国有资产占控股地位或者主导地位的大、中型企业必须设置总会计师。总会计师的任职资格、任免程序、职责权限由国务院规定。"这一规定对以后的国有企业会计管理体制改革与建设产生了积极影响。

3. 首次提出了会计从业资格管理制度,并对单位会计机构的负责人提出了相应要求

第二次修订的《会计法》吸收和借鉴了会计证管理制度的做法和经验,首次明确了对从事会计工作的人员实行会计从业资格管理制度,并提出对单位会计机构的负责人必须具备会计师以上专业技术职称资格或者从事会计工作3年以上经历的要求。

1996年财政部颁布的《会计证管理办法》最先提出实行会计从业资格证书办法,第二次修订的《会计法》对会计从业资格管理更加严格,第40条规定:"因有提供虚假财务会计报告,做假账,隐匿或者故意销毁会计凭证、会计账簿、财务会计报告,贪污、挪用公款、职务侵占等与会计职务有关的违法行为被依法追究刑事责任的人员,不得取得或者重新取得会计从业资格证书。""因违法违纪行为被吊销会计从业资格证书的人员,自被吊销会计从业资格证书之日起5年内,不得重新取得会计从业资格证书。"不过,这次修订的《会计法》没有明确允许未取得从业资格证书的人员担任会计工作,

其单位负责人、直接责任人应当承担怎样的法律责任。

4. 明确了会计机构负责人(会计主管人员)的任职条件

第二次修订的《会计法》规定,担任会计机构负责人(会计主管人员)应当"具备会计师以上专业技术资格"或者"从事会计工作3年以上经历",这是担任会计机构负责人(会计主管人员)的必备条件之一。

5. 加大了对会计人员违法行为的惩治力度

第二次修订的《会计法》规定对于会计人员违法情节严重构成犯罪的,依法追究刑事责任。尚不构成犯罪的,按情节的严重性处以不同金额的罚款,除此以外,还应由县级以上人民政府财政部门吊销会计从业资格证书。

6. 做出了对会计人员正当履职的相关保护规定

第二次修订的《会计法》指出:"单位负责人对依法履行职责、抵制违反本法规定行为的会计人员以降级、撤职、调离工作岗位、解聘或者开除等方式实行打击报复,构成犯罪的,依法追究刑事责任;尚不构成犯罪的,由其所在单位或者有关单位依法给予行政处分。对受打击报复的会计人员,应当恢复其名誉和原有职务、级别。"

(七)《关于试行会计委派制度工作的意见》(2000年):会计人员管理的改革尝试

在计划经济向市场经济体制的转轨时期,由于市场经济体制尚未完全建立,一些单位内部控制制度和监督机制不健全,发生了很多领导人授意、指使、强令会计人员篡改会计数据,转移国家资产,偷逃税收,侵吞公款等情况。为了整顿会计工作秩序,提高会计信息质量,保护国家和人民群众的利益,财政部从1997年开始在湖北、江苏、深圳、上海等部分地区开展会计委派制的试点工作。所谓会计委派制是指政府部门或企业产权所有者以所有者身份,委派会计人员代表政府或企业产权所有者监督国有单位或集体企业资产经营和财务状况的一种会计人员管理制度。会计委派制通过对会计人员进行直接管理、统管统派,由政府部门或产权所有者对所属企业会计人员实行统一委派、任免和管理,会计人员的组织关系、人事关系、工资福利待遇等均由政府部门或产权所有者负责,使会计人员不完全依附企业,具有一定独立身份,以便在企业中更好地履行核算和监督职能。

各地会计委派制的试点取得了一定成效,并引起了有关部门的重视。在1998年召开的第十五届中共中央纪律检查委员会第二次全体会议上,正式将会计人员委派制作为反腐倡廉、标本兼治的措施之一;2000年第九届全国人民代表大会第三次会议上所作并通过的《政府工作报告》中也提出,要推行会计委派等制度,加大从源头上预防和治理腐败的力度。此后,试点范围不断扩大,截至2000年6月,全国已有29个省、自治区、直辖市,125个地(市),494个县(区、市)进行了会计委派制度试点工作,直接或间接委派的会计人员已达6万余人,试点范围包括了党政机关、财政拨款的事业单位、国有企业以及乡镇集体企业和农村集体经济组织等。

在会计委派制试点取得成效的基础上,2000年9月7日,财政部、监察部联合印发了《关于试行会计委派制度工作的意见》。该意见的主要内容有如下几项。①

1. 要求各试点单位根据会计监管要求和会计业务量选择适当的委派形式

"会计委派制度的实现形式,是保证试点工作取得成效的重要环节。应当根据政府部门实施会计监管的不同要求,以及被委派单位的具体组织类型和业务规模,选择不同的委派形式,以利于对国家资金和国有资产实施监管。"各地在试点工作中摸索出的主要形式可以归纳为:①对行政事业单位实行委派。②对行政事业单位实行集中核算。③向国有企业委派财务总监。④向中小国有企业委派财务主管,实行集中统一管理。⑤乡镇企业和村级单位实行财务统管。⑥合资企业、私营企业和个体工商户需要配备会计或委托代理记账的,统一由注册会计师协会或经财政部门批准的其他中介机构承办。⑦对财政拨款的基建项目实行项目会计委派。

2. 明确了委派会计人员的职责权限

"为了保证试行会计委派制度工作取得实效,委派部门要明确委派会计人员的职责、权限及与被委派单位的关系,在充分支持被委派单位依法理财、自主管理的前提下,发挥委派会计人员的监督作用,保证委派会计人员能够按照有关规定,正确履行职责。同时,要督促委派会计人员支持、配合被委派单位开展业务工作,寓监督于服务之中,共同改善和加强财务会计管理。"

3. 提出在试点中不断完善会计委派制度及其配套措施

《关于试行会计委派制度工作的意见》指出:"要重视与试点工作有关的各项制度建设,建立、健全委派会计人员的选拔任(聘)用制度、重大事项报告制度、轮岗制度、继续教育制度、业务考核制度、奖惩制度等,加强对委派会计人员的后续管理;要处理好试行会计委派制度与开展其他政府会计监督工作的关系,避免多头重复监督;要进一步严肃财经纪律,对委派会计人员反映的违纪违法问题,有关部门要予以重视,及时做出处理。同时,要注意把试行会计委派制度与实行收支两条线管理、推行政府采购制度和加强预算管理等结合起来,使之相互促进,形成整体效应"。

4. 明确了有关部门在会计委派制度试点工作中的责任

该意见指出:"财政部门作为会计工作的主管部门,要主动抓好会计委派制度试点

---

① 财政部、监察部:《关于试行会计委派制度工作的意见》,2000年9月7日。

的具体实施和业务指导;监察部门要搞好组织协调,加强监督检查;各有关部门要发挥好各自的职能作用,对这项工作给予积极的支持和配合,协商解决工作中的问题,共同把这项工作做好"。

会计委派制是会计人员管理制度的一种改革性实验,对于防止会计信息失真,维护所有者利益,具有积极作用。但会计委派制也带有若干缺陷,并受到一些人的批评。

第一,会计委派制不符合现代企业的要求,不应全面推广。一种意见认为,会计委派制不符合《会计法》对会计机构设立和会计人员管理的规定,也不符合现代企业制度的要求。现代企业制度的一个主要内容就是政企分开,企业作为市场的主体应该有自主的经营权和人事权,包括会计人员的任命权;而会计委派制将会计人员的任命权集中到政府部门,是典型的政府行为。另一种意见认为,会计委派制不应当全面推广。当时的国务院、中央纪律检查委员会要求实施会计委派制,不论条件是否成熟,均采取"一刀切"的全面推行做法,甚至对那些不属于委派范围的单位也委派了会计人员,导致了一些不应有的矛盾。

第二,会计委派制没有从制度上对委派会计人员进行规范化管理。委派会计人员的政治、经济利益与被委派单位脱钩,解除了其与被委派单位的依附关系,从而使委派会计人员既不受派驻单位管理,又游离于委派部门之外,很难调动委派会计人员的积极性。

第三,会计委派制没有明确会计委派的主体责任。当时试行会计委派制的单位既是会计委派制的实施者,也是会计委派制的监督管理者,对委派会计的任免、管理等没有明确规定,会计委派制主体责任不清晰。

第四,试行会计委派制后,一些单位出现了重会计核算和监督,轻会计管理的现象。一是委派的会计人员偏重对派驻单位经济业务的核算,而基本上不参与单位的经营管理;二是一些单位取消了会计机构,认为会计工作是委派会计或委派会计主体的事,不过问或较少过问会计工作,甚至将单位出现的问题推给委派会计,从而给委派会计人员的工作增加了难度,导致了委派会计后单位没有实现强化、改进会计工作的问题。

三、转变经济增长方式时期的会计人员管理制度

(一) 高级会计师考核制度的推行

多年来,我国高级会计师资格一直实行评审制度。在实际评审中往往对高级会计师的标准掌握不严格,且各地区、部门之间对高级会计师条件和标准的掌握不一,影响了高级会计师人才选拔和培养的科学性。为加强高级会计专业人才队伍建设,2003年3月14日,由财政部办公厅和人事部办公厅联合颁布了《关于高级会计师资格实行考评结合试点工作的通知》。该通知首先明确,"高级会计师资格实行考试与评审相结

合的评价方法,凡申请参加高级会计师资格评审的人员,须经考试合格后,方可参加评审",并规定由财政部、人事部全国会计专业技术资格考试办公室负责确定考试科目、制定考试大纲、组织命题和阅卷、确定合格标准。该通知规定,申请参加高级会计师资格考试的人员必须符合《会计专业职务试行条例》规定的高级会计师专业职务任职资格评审条件,或"经省人事、财政部门批准的申报高级会计师专业职务任职资格评审的破格条件"。对于考试内容和考核目标,规定,"考试科目为高级会计实务,考试时间为210分钟,采取开卷笔答方式进行。主要考核应试者运用会计、财务、税收等相关的理论知识、政策法规和实际工作经验,对所提供的有关背景资料进行分析、判断和处理业务的综合能力"。①

高级会计师资格考评结合试点工作的开展,使我国高级会计师资格管理进入了市场准入、社会评价和企业单位聘用相结合的新阶段。

(二) 会计从业资格管理制度的发展和完善

1. 修订《会计从业资格管理办法》(2005年):会计从业资格管理的完善

《会计从业资格管理办法》于2000年实施后,对提高会计人员整体素质和会计信息质量发挥了积极作用。然而随着我国市场经济体制的不断健全和发展,社会对会计人员的素质要求越来越高,会计人员的流动也越来越快,《会计从业资格管理办法》中的规定显露出与现实情况的矛盾。为了应对市场经济发展面临的新情况,解决由此带来的新问题,财政部在2005年1月22日印发了修订后的《会计从业资格管理办法》(以下简称《2005年管理办法》),并于2005年3月1日起实施。

《2005年管理办法》共5章40条,内容涵盖会计从业资格行政委托事项,会计从业资格证书申领,考试科目,免试部分考试科目的条件,会计从业资格与会计专业技术资格考试,考试教材,考前培训,会计从业资格评审,会计岗位,会计从业资格注册和年检,会计从业资格管理与会计人员继续教育,行政处罚,港、澳、台及境外人员会计从业资格管理等,其主要内容可概括为如下几点。②

第一,调整了会计从业资格考试科目。将原办法的4门考试科目合并为3门。第二章第9条规定:"会计从业资格考试科目为:财经法规与会计职业道德、会计基础、初级会计电算化(或者珠算五级)。"

第二,规定了会计从业资格的考试制度是实行"凡考必进"。规定今后所有申请取得会计从业资格证书的人员,都必须参加会计从业资格考试。取消了原办法中中专

---

① 人事部办公厅和财政部办公厅:《关于高级会计师资格实行考评结合试点工作的通知》,2003年3月14日。
② 财政部:《会计从业资格管理办法》,2005年1月22日。

(含)以上会计类专业毕业的人员可以直接申领会计从业资格证书的条款,实行单一的考试制度。但在《2005年管理办法》的第二章第10条规定,"申请人符合本办法第8条规定,且具备国家教育行政主管部门认可的中专以上(含中专,下同)会计类专业学历(或学位)的,自毕业之日起2年内(含2年),免试会计基础、初级会计电算化(或者珠算五级)",但必须参加"财经法规与会计职业道德"科目的考试,该科目考试合格才能取得会计从业资格证书。该规定限定的会计类专业包括"会计学""会计电算化""注册会计师专门化""审计学""财务管理"和"理财学"。

第三,对必须取得会计从业资格的人员范围作了规定。《2005年管理办法》第2条规定,在国家机关、社会团体、公司、企业、事业单位和其他组织从事以下会计工作的人员必须取得会计从业资格:会计机构负责人(会计主管人员),出纳,稽核,资本、基金核算,收入、支出、债权债务核算,工资、成本费用、财务成果核算,财产物资的收发、增减核算,总账,财务会计报告编制,会计机构内会计档案管理。

第四,对会计从业资格证书的注册、变更、调转登记的条件、程序、期限等进行了新规定,取消了会计从业资格证书的年检制度,改为实施日常监督检查制度。

第五,在会计从业资格考试内容中增加了会计职业道德考试,将会计职业道德与财经法规设定为一门考试科目。

2. 再次修订的《会计从业资格管理办法》(2012年):会计从业资格管理的再完善

截至2012年,我国会计人员已经扩大到近1 400万人。随着市场经济的飞速发展和会计队伍的不断庞大,社会对会计从业能力的要求不断提高。2005年颁布的《会计从业资格管理办法》中的一些规定已经不能适应会计实践迅速发展的要求,如:会计从业资格考试方式不能满足会计从业资格管理的需要;会计从业资格证书的领取和调转程序比较繁琐;会计证持证人员信息变更的手续比较复杂;学时制继续教育管理模式制约了对会计人员继续教育方式的创新;尚未建立会计从业资格退出机制;等等。为了改进会计人员管理,根据《会计行业中长期人才发展规划(2010—2020年)》和《会计改革与发展"十二五"规划纲要》对进一步加强和规范会计从业资格管理的要求,财政部于2012年12月6日再次修订并公布了《会计从业资格管理办法》(以下简称《2012年管理办法》)。

《2012年管理办法》共5章37条,第一章"总则"、第二章"会计从业资格的取得"、第三章"会计从业资格管理"、第四章"法律责任"、第五章"附则"。《2012年管理办法》重新规定了会计人员管理的工作流程,建立了会计人员管理的制度体制,明确了统一会计从业资格考试方式、考试大纲和题库,取消了会计从业资格考试的免试规定和会计从业资格证书的注册登记制度,简化了领取、调转会计从业资格证书的登记程序及持证人员的信息变更手续,实行会计人员继续教育的学分制管理模式,建立了会计从业资格证书的定期换证制度,进一步完善了持证人员的相关法律责任。①

为了表明进一步改进会计人员管理的决心,财政部在《2012年管理办法》公布不久即宣布,我国将"全面实施会计人员管理的信息化,实现规范、统一的准入程序,便民、高效的日常管理,科学、全面的数据分析,全面提升会计从业资格管理水平"②。

《会计从业资格管理办法》的另一次修订发生在2016年。这一年的5月11日,财政部发布了修订《会计从业资格管理办法》的决定,对该管理办法做出改动。这次修订涉及的范围较窄,只修改了会计从业资格管理机构、会计从业资格考试等事项的部分条款,原管理办法的大部分内容继续有效。

3. 2017年《会计法》与会计人员从业资格的取消

随着改革的深入发展,人们越来越认识到,在社会主义市场经济条件下,必须发挥市场在资源配置中的决定性作用。中共十八届三中全会通过的《中共中央关于全面深化改革若干重大问题的决定》(2013年11月12日)指出:"经济体制改革是全面深化改革的重点,核心问题是处理好政府和市场的关系,使市场在资源配置中起决定性作用和更好发挥政府作用。……着力解决市场体系不完善、政府干预过多和监管不到位问题。"要"进一步简政放权,深化行政审批制度改革"。自2013年起,历届政府工作报告均提到了政府工作要深化行政体制改革和行政审批制度改革,简政放权,放管结合。在政府行政管理改革的推动下,2017年修订的《中华人民共和国会计法》(2017年11月4日第十二届全国人民代表大会常务委员会第三十次会议通过,自2017年11月5日起施行)删除了从事会计工作的人员必须取得会计从业资格证书、对违法会计人员5年内不得重新取得会计从业资格证书等规定。《会计法》的这一改变,是考虑到会计人员可以通过参加多种会计类考试证明其执业能力,也可以通过接受继续教育、业务培训、学历教育等方式来提高专业能力,因而无须继续实行会计从业资格行政许可;而推动这一改变的根本动力是政府行政管理工作"放管服"改革,促进会计人员管理职能转变的要求。2017年《会计法》实施后,实行了17年之久的会计人员从业资格制度被取消。

(三)会计人员继续教育制度的改进

1.《会计人员继续教育规定》的修订

1998年公布的《会计人员继续教育暂行规定》,推动了会计人员的继续教育。为

---

① 财政部:《会计从业资格管理办法》,2012年12月6日。
② 杨敏:《贯彻落实党的十八大精神——会计工作要重点抓好三项工作》,财政部网站,2013年2月17日。

使这一教育活动更加科学化、制度化,财政部于 2006 年 11 月 20 日对《会计人员继续教育暂行规定》进行修订,颁布了《会计人员继续教育规定》。

《会计人员继续教育规定》分为 8 章 33 条,第一章"总则"、第二章"管理体制"、第三章"继续教育对象"、第四章"继续教育的内容与形式"、第五章"继续教育机构"、第六章"师资、教材"、第七章"考核与检查"、第八章"附则"。

与 1998 年的《会计人员继续教育暂行规定》相比,2006 年《会计人员继续教育规定》在以下 5 个方面有较大变化。[①]

(1) 强化以人为本和创新机制。该规定明确要求会计人员继续教育必须紧密结合经济社会发展和会计行业发展要求,统筹规划、分类指导、强化服务、注重质量、全面推进会计人才队伍建设。在此基础上该规定明确提出会计人员继续教育应遵循的基本原则。

(2) 理顺了继续教育的管理体制。该规定明确了财政部,各省、自治区、直辖市、计划单列市财政厅(局),中央主管单位及会计人员所在单位对会计人员继续教育应履行的具体职责和应承担的管理权限。

(3) 更新了继续教育的内容。该规定明确提出继续教育的内容包括会计理论、政策法规、技能训练、职业道德等,强调会计人员继续教育的核心是提高会计人员的工作能力和道德水平。

(4) 允许采用灵活多样的继续教育形式。该规定明确指出,继续教育形式以接受培训为主,"推广网络教育、远程教育、电化教育,提高会计人员继续教育教学和管理的信息化水平"。

(5) 增强了继续教育的层次性和针对性。该规定明确了对会计人员继续教育的级别划分,并在此基础上规定了初级、中级和高级各级会计人员继续教育的师资标准。

《会计人员继续教育规定》在 2013 年再次修订,在继续教育的形式、时间、管理等方面做出了修改。

2. 《会计人员继续教育规定》的再修订

2017 年修订的《会计法》取消了会计从业资格行政许可,会计人员管理工作面临变化,对会计人员继续教育的要求也需要变更。2018 年 5 月 19 日,财政部和人力资源社会保障部联合颁布了新版《会计专业技术人员继续教育规定》。该规定对会计人员继续教育提出了新要求,主要是:(1)具有会计专业技术资格的人员应当自取得会计专业技术资格的次年开始参加继续教育,并在规定时间内取得规定学分;不具有会计

[①] 财政部:《会计人员继续教育规定》,2006 年 11 月 20 日。

专业技术资格但从事会计工作的人员应当自从事会计工作的次年开始参加继续教育,并在规定时间内取得规定学分。(2)会计专业技术人员继续教育内容包括公需科目和专业科目。公需科目包括专业技术人员应当普遍掌握的法律法规、政策理论、职业道德、技术信息等基本知识;专业科目包括会计专业技术人员从事会计工作应当掌握的财务会计、管理会计、财务管理、内部控制与风险管理、会计信息化、会计职业道德、财税金融、会计法律法规等相关专业知识。(3)继续教育形式除继续教育管理部门、会计继续教育机构、用人单位组织的继续教育培训外,还包括参加各级财政部门组织的高端会计人才培训、全国会计专业技术资格考试等会计相关考试、会计类专业会议、会计类专科以上学历(学位)教育、承担会计类研究课题、发表会计类论文、出版会计类书籍等。(4)会计专业技术人员参加继续教育实行学分制管理,会计专业技术人员每年参加继续教育取得的学分不少于90学分,其中专业科目一般不少于总学分的2/3。(5)明确了会计继续教育机构的设立条件、师资要求、工作要求等。(6)将参加继续教育情况作为会计专业技术人员考核评价、岗位聘用、评选先进会计工作者和高端会计人才选拔等的重要依据,并纳入其信用信息档案。

(四) 总会计师地位和职能的强化

1.《中央企业总会计师工作职责管理暂行办法》(2006年):对中央企业设置总会计师职位的特殊要求

自1990年《总会计师条例》公布以来,中央企业的总会计师在履行职责方面存在以下问题:第一,部分企业没有设置总会计师职位。第二,总会计师的地位偏低,没有按《总会计师条例》的规定和要求赋予总会计师相应的权责,没有将总会计师的位置摆在企业领导决策层,而是将其放在执行层作为普通高级财会人员使用,总会计师职责范围和工作重点与市场经济发展不匹配,没有充分发挥总会计师的监督和制衡作用;部分总会计师专业素质低,难以有效地履行总会计师的岗位要求。为了改进中央国有企业的财务管理和内部控制机制,有效防范企业经营风险,实现更加有效的监管效果,提高中央国有企业的管理水平,国务院国有资产监督管理委员会于2006年4月14日颁布了《中央企业总会计师工作职责管理暂行办法》,要求中央企业集团总部必须设置总会计师职位,并赋予了中央企业总会计师人权、事权、监督权和联签权四项权力。①

该暂行办法分"总则""职位设置""职责权限""履职评估""工作责任"和"附则"6

---

① 王建新:《〈中央企业总会计师工作职责管理暂行办法〉出台的背景与意义》,《中国总会计师》,2006年第5期,第26～29页。

章,主要内容有以下几点。①

第一,明确了对企业总会计师的定义,规定总会计师是指具有相应专业技术资格和工作经验,在企业领导班子成员中分工负责企业会计基础管理、财务管理与监督、财会内控机制建设、重大财务事项监管等工作,并按照干部管理权限通过一定程序被任命(或者聘任)为总会计师的高级管理人员。

第二,明确了企业总会计师的任职条件,从学历、专业技术职称、工作经历等五个方面规定了总会计师应当具备的五个条件,即:具有相应政治素养和政策水平,坚持原则、廉洁奉公、诚信至上、遵纪守法;大学本科以上文化程度,一般应当具有注册会计师、注册内部审计师等职业资格,或者具有高级会计师、高级审计师等专业技术职称或者类似职称;从事财务、会计、审计、资产管理等管理工作8年以上,具有良好的职业操守和工作业绩;分管企业财务会计工作或者在企业(单位)财务、会计、审计、资产管理等相关部门任正职3年以上,或者主管子企业或单位财务、会计、审计、资产管理等相关部门工作3年以上;熟悉国家财经法规、财务会计制度以及现代企业管理知识,熟悉企业所属行业基本业务,具备较强的组织领导能力以及较强的财务管理能力、资本运作能力和风险防范能力。

第三,明确了企业总会计师的主要职责,包括企业会计基础管理、财务管理与监督、财会内控机制建设和重大财务事项监管等。其中,企业会计基础管理职责主要有:贯彻执行国家方针政策和法律法规,遵守国家财经纪律,运用现代管理方法,组织和规范本企业会计工作;组织制定企业会计核算方法、会计政策,确定企业财务会计管理体系;组织实施企业财务收支核算与管理,开展财务收支的分析、预测、计划、控制和监督等工作,组织开展经济活动分析,提出加强和改进经营管理的具体措施;组织制定财会人员管理制度,提出财会机构人员配备和考核方案;组织企业会计诚信建设,依法组织编制和及时提供财务会计报告;推动实施财务信息化建设,及时掌控财务收支状况。企业财务管理与监督职责主要有:组织制定企业财务管理规章制度,并监督各项财务管理制度执行情况;组织制定和实施财务战略,组织拟订和下达财务预算,评估分析预算执行情况,促进企业预算管理与发展战略实施相连接,推行全面预算管理工作;组织编制和审核企业财务决算,拟订公司的利润分配方案和弥补亏损方案;组织制定和实施长短期融资方案,优化企业资本结构,开展资产负债比例控制和财务安全性、流动性管理;制订企业增收节支、节能降耗计划,组织成本费用控制,落实成本费用控制责任;制定资金管控方案,组织实施大额资金筹集、使用、催收和监控工作,推行资金集中管

---

① 国务院国有资产监督管理委员会:《中央企业总会计师工作职责管理暂行办法》,2006年4月14日。

理;及时评估监测集团及其各级子企业财务收支状况和财务管理水平,组织开展财务绩效评价,组织实施企业财务收支定期稽核检查工作;定期向股东会或者出资人、董事会、监事会和相关部门报告企业财务状况和经济效益情况。企业财会内控机制建设职责主要有:研究制定本企业财会内部控制制度,促进建立健全企业财会内部控制体系;组织评估、测试财会内部控制制度的有效性;组织建立多层次的监督体制,落实财会内部控制责任,对本单位经济活动的全过程进行财务监督和控制;组织建立和完善企业财务风险预警与控制机制。企业重大财务事项监管职责主要有:组织审核企业投融资、重大经济合同、大额资金使用、担保等事项的计划或方案;对企业业务整合、技术改造、新产品开发及改革改制等事项组织开展财务可行性论证分析,并提供资金保障和实施财务监督;对企业重大投资、兼并收购、资产划转、债务重组等事项组织实施必要的尽职调查,并独立发表专业意见;及时报告重大财务事件,组织实施财务危机或者资产损失的处理工作。

第四,明确了企业总会计师有效履行职责的工作权限,规定企业应当赋予总会计师有效履行职责的相应工作权限,具体包括:企业重大事项的参与权、重大决策和规章制度执行情况的监督权、财会人员配备的人事建议权,以及企业大额资金支出联签权。其中,企业重大事项的参与权是指总会计师应参加总经理办公会议或者企业其他重大决策会议,参与表决企业重大经营决策,具体包括以下四项权力:①拟订企业年度经营目标、中长期发展规划以及企业发展战略。②制订企业资金使用和调度计划、费用开支计划、物资采购计划、筹融资计划以及利润分配(派)、亏损弥补方案。③贷款、担保、对外投资、企业改制、产权转让、资产重组等重大决策和企业资产管理工作。④企业重大经济合同的评审。重大决策和规章制度执行情况的监督权具体包括:①按照职责对董事会或总经理办公会议批准的重大决策执行情况进行监督。②对企业的财务运作和资金收支情况进行监督、检查,有权向董事会或者总经理办公会提出内部审计或委托外部审计建议。③对企业的内部控制制度和程序的执行情况进行监督。该暂行办法第25条还强调了总会计师对企业做出的重大经营决策应当发表独立的专业意见,对于那些有不同意见或者有关建议未被采纳可能造成经济损失或者国有资产流失的情况,应当及时向国资委报告。财会人员配备的人事权是指企业财务部门负责人的任用、晋升、调动、奖惩,应当事先征求总会计师的意见。企业总会计师应当参与组织财务部门负责人或下一级企业总会计师的业务培训和考核工作。企业大额资金支出联签权是指企业按规定对大额资金使用,应当建立由总会计师与企业主要负责人联签制度;对于应当实施联签的资金,未经总会计师签字或者授权,财会人员不得支出。同时,该暂行办法还规定企业存在下列四种情形之一的,总会计师有权拒绝签字:一是违反法律法规和国家财经纪律;二是违反企业财务管理规定;三是违反企业经营决策程序;四是对企业可能造成经济损失或者导致国有资产流失。

第五,明确了应当建立规范的企业总会计师工作履职评估制,该暂行办法规定,总会计师履职评估工作分为年度述职和任期履职评估。年度述职应当结合企业年度财务决算工作和下一年度财务预算工作,对总会计师年度履职情况予以评估;任期履职评估应当结合经济责任审计工作,对总会计师任职期间的履职情况进行评估。总会计师年度述职报告应当围绕企业当年重大经营活动、财务状况、资产质量、经营风险、内控机制等全面报告总会计师的履职情况,对本人在其中发挥的监督制衡作用进行自我评价,并提出改进措施。同时应当根据总会计师在企业中的职责权限,全面考核总会计师职责的履行情况,具体应当包括:①企业会计核算规范性、会计信息质量,以及企业财务预算、决算和财务动态编制工作质量情况。②企业经营成果及财务状况、资金管理和成本费用控制情况。③企业财会内部控制制度的完整性和有效性、企业财务风险控制情况。④企业重大经营决策中的监督制衡情况、有无重大经营决策失误。⑤财务信息化建设情况。⑥其他需考核的事项。

第六,明确了总会计师应履行的责任。该暂行办法第33条规定:企业主要负责人对企业提供和披露的财务会计报告信息的真实性、完整性负领导责任;总会计师对企业提供和披露的财务会计报告信息的真实性、完整性负主管责任;企业财务机构负责人对企业提供和披露的财务会计信息的真实性、完整性负直接责任。对可能存在问题的财务会计报告,总会计师有责任提请总经理办公会讨论纠正,并有责任向董事会、股东会(出资人)报告。第34条规定了企业总会计师负有的下列主管责任事项:一是企业提供和披露的财务会计信息的真实性、完整性;二是企业会计核算的规范性、合理性以及财务管理的合规性、有效性;三是企业财会内部控制机制的有效性;四是企业违反国家财经法规造成严重后果的财务会计事项。第35条明确了总会计师应负有的三项相应责任:一是企业管理不当造成的重大经济损失;二是企业决策失误造成的重大经济损失;三是企业财务联签事项造成的重大经济损失。

第七,明确了因企业总会计师履职不当应当追究的责任。该暂行办法第36条规定,对于企业出现严重违反法律、法规和国家财经纪律行为的,以及企业内部控制制度存在严重缺陷的,应当依法追究企业总会计师的工作责任;造成重大损失的,应当追究总会计师的法律责任。第37条规定,在企业财务会计工作中,对于违反国家法律、法规和财经纪律行为,总会计师不抵制、不制止、不报告的,应当依法追究总会计师工作责任;造成重大损失的,应当追究其法律责任。第38条规定,企业总会计师未履行或者未正确履行工作职责,致使出现下列三种情形之一的,应当引咎辞职:①企业财务会计信息严重失真的。②企业财务基础管理混乱且在规定时间内整改不力的。③企业出现重大财务决策失误造成重大资产损失的。第39条规定,在企业重大经营决策过程中,总会计师未能正确履行责任造成失误的,根据情节轻重,给予通报批评、经济处罚、撤职等处分,或给予职业禁入处理;涉嫌犯罪的,依法移交司法机关处理。反之,企业总会计师认真履行职责,成绩突出的,由本企业或者由本企业建议国资委给予表彰奖励。第40条指出,对于企业总会计师玩忽职守,造成企业财务会计工作严重混乱的,或因以权谋私、滥用职权、徇私舞弊以及其他渎职行为致使国有资产遭受损失的,依照国家有关规定给予相应纪律处分;涉嫌犯罪的,依法移交司法机关处理。

该暂行办法的颁布赋予了总会计师对企业重大事项的参与权、重大决策和规章制度执行情况的监督权、财会人员配备的人事建议权,以及企业大额资金支出联签权等有效履行职责的相应工作权限;突出了总会计师作为企业财务工作的负责人应当担当的相应责任;建立了企业总经理和总会计师双向对出资人负责的管理架构,确定了总会计师与经营者各司其职的相互制衡关系;强调总会计师不能只着眼于传统意义的财务管理。

该暂行办法对于推动修订《总会计师条例》起了一定积极作用,同时也对完善我国总会计师制度作了有益探索,在一定程度上缓解了中央企业总会计师制度实施不到位等问题。

2.《会计行业中长期人才发展规划(2010—2020年)》:进一步强化总会计师地位和职能

从1990年国务院出台《总会计师条例》到2006年国资委颁布《中央企业总会计师工作职责管理暂行办法》,总会计师在贯彻国家财政政策和各项企业制度、参与企业经营管理决策、提升企业管理水平等方面,发挥了重要作用。但在我国经济社会的快速发展过程中,对总会计师的设置依然存在认识不到位、组织不到位的问题;在总会计师管理体制上由于财政部门的管理作用不明显,继而影响总会计师管理职能的发挥和总会计师队伍的建设。这些问题的存在,迫切要求全方位改革和创新我国总会计师制度。鉴于此,为了进一步提升全国各行业的总会计师地位、赋予总会计师新的使命,使总会计师更深入地参与到企业、单位的经济管理和战略决策中。2010年9月21日,财政部从战略和全局出发,审时度势,与时俱进地出台了《会计行业中长期人才发展规划(2010—2020年)》(以下简称《规划》),对总会计师进行了定位,即总会计师是单位的主要管理人员;同时该《规划》强调以修订《总会计师条例》为契机,以建立总会计师资格认证制度为突破口,全面提升总会计师的职能定位,优化总会计师的专业结构,充分发挥总会计师应有的重要作用。

按照《规划》,对修订《总会计师条例》提出了以下三点意见。①

第一,扩大总会计师制度的适用范围。《规划》指出:所有具备条件的企业都应设置总会计师,而不应仅仅局限于国有企业,行政事业单位也应推行总会计师制度。总会计师制度的适用范围扩大后就可充分发挥总会计师的职能作用,加强政府对会计信息质量的监督,从而提高企业经营管理决策水平。

第二,改革总会计师管理体制。《规划》强调:应加强协调,重点解决总会计师多头管理的问题,特别是完善《总会计师条例》中对总会计师的选拔和任用程序。

第三,调整总会计师职责权限。《规划》要求总会计师除了具备传统财务会计的管理功能外,还应具有提升企业价值和股东价值的重要作用。因此,除行使目前《总会计师条例》规定的编制和执行预算、进行成本管理和经济核算、实施会计监督和控制、配备和管理会计人员等职权外,还应调整或增加总会计师在企业价值管理、风险管理、信息管理、人力资源管理中的职责,以满足企业出资人和经营管理层对总会计师的要求,不断强化总会计师在创造企业价值和股东价值方面的核心作用。《规划》指出:"总会计师是单位主要管理人员,承担着经济预测、决策、控制、分析等工作,应当具备战略规划、资本运作、财会、金融、法律等专业水平和管理能力。要适应现代会计职能重大转变,积极推动修订《总会计师条例》,进一步强化总会计师职能,提升总会计师地位,充分发挥总会计师在加强单位经济管理、提高经济效益中的重要作用。大中型企业应当设置总会计师,设置总会计师的企业不得设置与其职权重叠的副职。积极推动行政事业单位设置总会计师。财政部门要探索建立总会计师资格认证制度,为用人单位科学选聘总会计师提供制度保障。"

《规划》在关于"会计人才队伍建设的重大工程"这部分提出"大中型企事业单位总会计师素质提升工程"。即"着眼于全面提升大中型企事业单位总会计师的能力素质,促进我国大中型企事业单位进一步提高现代化经营管理水平和国际竞争力。要充分发挥国家会计学院培养高层次会计人才的教学资源优势,以 5 年为一个周期,每年 1 万人左右的规模,对全国所有大、中型企事业单位的总会计师开展轮训"。

《规划》为进一步强化总会计师的地位和职能指明了方向,也为今后一个时期实施会计人才战略布置了一项重要任务。

---

① 财政部:《会计行业中长期人才发展规划(2010—2020 年)》,2010 年 9 月 21 日。

第 2 节　会计档案管理制度

一、向市场经济转轨时期的会计档案管理制度：1978—1991 年

会计档案管理是会计管理的重要环节，也往往是最容易被忽视的一个环节。会计档案的真实、全面和规范，直接影响到财务会计工作的质量和水平。会计档案信息资料一般主要由会计凭证、会计账簿、财务报告以及与经济业务发生、处理相关的资料构成，是会计主体进行财务会计工作的重要证据。

在 1978—1991 年这一时期，我国对会计档案管理的相关规定主要有如下几个。

（一）《会计人员职权条例》（1978 年）

1978 年 9 月 12 日，国务院颁发的《会计人员职权条例》把"按照国家会计制度的规定，要妥善保管会计凭证、账簿、报表等档案资料"列为会计人员的职责。[①]

（二）《会计人员工作规则》（1984 年）

财政部 1984 年 4 月 24 日制定、颁布的《会计人员工作规则》第七部分对会计档案的内容、调阅会计档案的手续以及对会计档案的保管做了如下规定。[②]

1. 对管理会计档案内容的规定

会计人员要按照国家和上级关于会计档案管理办法的规定和要求，对本单位的各种会计凭证、会计账簿、会计报表、财务计划、单位预算和重要的经济合同等会计资料，定期收集，审查核对，整理立卷，编制目录，装订成册，指定专人妥善保管，防止丢失损坏。

2. 对调阅会计档案的规定

本单位人员调阅会计档案，要严格办理手续，要经会计主管人员同意。外单位人员调阅会计档案，要有正式介绍信，经会计主管人员或单位领导人批准。批准后要详细登记调阅的档案名称、调阅日期、调阅人员的姓名和工作单位、调阅理由、归还日期等。调阅人员一般不得将会计档案携带外出，需要复制的，要经过本单位同意。

3. 对保管期满的会计档案处理的规定

对保管期满的会计档案，应由财会部门和档案部门共同鉴定，报经批准后，进行处

[①] 国务院：《会计人员职权条例》，1978 年 9 月 12 日。
[②] 财政部：《会计人员工作规则》，1984 年 4 月 24 日。

理。对需要销毁的会计档案,要填写"会计档案销毁清册"。销毁时,由单位领导指定档案部门和财会部门共同派员监销,并在销毁清册上签名或盖章。"会计档案销毁清册"要长期保存。

4. 对合并、撤销单位的会计档案的规定

对合并、撤销单位的会计档案应根据不同情况,分别移交给并入单位、上级主管部门或主管部门指定的其他单位接收保管,并由交接双方在移交清册上签名或盖章。

(三)《会计档案管理办法》(1984年)

会计档案管理是一项会计基础工作,由于长期以来有些单位不重视这项工作,对会计凭证、会计账簿和会计报表等资料保管不善,造成资料霉烂、丢失现象比较严重,这严重影响了会计信息使用者对会计资料的利用。虽然1956年财政部和国家档案局曾联合颁布《预算会计账簿、凭证、报表保管销毁暂行办法》,并于1958年、1962年和1969年先后三次做过补充修订,但其只对预算会计档案做了一些规定,对于企业会计和其他专业会计的档案,则只在各种专业会计的工作规程、规则、制度中对会计档案的保管期限做了一些零星规定。这种状况,已经不能适应当时经济发展的需要。为了解决这个问题,加强全国会计档案的管理工作,以划清会计档案与其他档案的界限,明确财会部门与档案管理部门的分工协作关系,修订会计档案的保管期限,财政部和国家档案局于1984年6月1日联合颁发了《会计档案管理办法》,对预算会计、企业会计、建设单位会计、建设银行会计等的档案管理办法做了统一规定。

该办法共计18条,其主要内容和特点有如下几点。[1]

1. 规定了会计档案的范围

各单位财会部门和财政、税务机关在日常工作中,既有大量的会计凭证、会计账簿和会计报表,也有各种预算、计划和各种文件、制度等材料。后者是否属于会计档案,过去没有明确的规定。该办法第2条规定:"会计档案是指会计凭证、会计账簿和会计报表等会计核算专业材料,它是记录和反映经济业务的重要史料和证据。"

2. 对会计档案的日常管理做出了规定

在此之前,部分单位的会计部门强调业务特殊,不愿把凭证、账簿、报表交由档案部门统一保管,或者不按规定及时办理归档;而档案部门则习惯于管理文书档案,不愿接收保管会计档案。该办法第3条规定:"会计档案是国家档案的重要组成部分,也是各单位的重要档案之一。会计档案工作由各级财政机关和各级档案业务管理机关共同负责进行业务指导、监督与检查。"第4条规定:"各单位每年形成的会计档案,都应由财务会

---

[1] 财政部、国家档案局:《会计档案管理办法》,1984年6月1日。

部门按照归档的要求,负责整理立卷或装订成册。当年会计档案,在会计年度终了后,可暂由本单位财务会计部门保管1年。期满之后,原则上应由财务会计部门编造清册移交本单位的档案部门保管。财务会计部门和经办人必须按期将应当归档的会计档案全部移交档案部门,不得自行封包保存。档案部门必须按期点收,不得推诿。"

为了分清责任,发挥档案部门在档案业务上的指导监督作用,档案部门对于违反会计档案管理制度的行为,有权进行检查纠正。该办法第5条规定,会计档案归档后,个别需要拆封的,须由原财会部门的经办人与档案部门共同拆封整理:"档案部门接收保管的会计档案,原则上应当保持原卷册的封装,个别需要拆封重新整理的,应当会同原财务会计部门和经办人共同拆封整理,以分清责任。档案部门对于违反会计档案管理制度的,有权进行检查纠正,情节严重的,应当报告本单位领导或财政、审计机关严肃处理。"

关于会计档案的使用,该办法第6条规定:"各单位对会计档案必须进行科学管理,做到妥善保管,存放有序,查找方便。同时,严格执行安全和保密制度,不得随意堆放,严防毁损、散失和泄密。"第7条、第8条则进一步规定:各单位保存的会计档案应积极为本单位提供利用,向外单位提供利用时,档案原件原则上不得借出,如有特殊需要,须报经上级主管单位批准,但不得拆散原卷册,并应限期归还。"撤销、合并单位和建设单位完工后的会计档案,应随同单位的全部档案一并移交给指定的单位,并按规定办理交接手续。"

3. 明确修订了会计档案的保管期限

合理的保管期限,既能发挥会计档案的重要作用,又有利于节约保管会计档案的人力和物力。该办法第9条规定:"各种会计档案的保管期限,根据其特点,分为永久、定期两类。定期保管期限分为3年、5年、10年、15年、25年5种。各种会计档案的保管期限,从会计年度终了后的第一天算起。"第10条则规定了会计档案保管期满后的销毁办法:"会计档案保管期满,需要销毁时,由本单位档案部门提出销毁意见,会同财务会计部门共同鉴定,严格审查,编造会计档案销毁清册。机关、团体和事业单位报本单位领导批准后销毁;国营企业经企业领导审查,报经上级主管单位批准后销毁。对于其中未了结债权、债务的原始凭证,应单独抽出,另行立卷,由档案部门保管到结清债权、债务时为止。建设单位在建设期间的会计档案,不得销毁。"第11条规定:"各单位按规定销毁会计档案时,应由档案部门和财务会计部门共同派员监销。各级主管部门销毁会计档案时,还应由同级财政部门、审计部门派员参加监销。各级财政部门销毁会计档案时,由同级审计机关派员参加监销。"第12条又对此补充规定:"监销人在销毁会计档案以前,应当认真进行清点核对;销毁后,在销毁清册上签名盖章,并将监销情况报告本单位领导。"

该办法还根据不同专业的会计档案的内容名称,分别制定了预算会计、企业会计和建设单位会计、建设银行会计档案保管期限表(见表 9-1)。

表 9-1　　　　　企业会计和建设单位会计档案保管期限表

顺序号	档 案 名 称	保管期限	备　　注
	一、会计凭证类		
1	原始凭证、记账凭证和汇总凭证	15 年	
	其中:涉及外事和对私改造的会计凭证	永久	
2	银行存款余额调节表	3 年	
	二、会计账簿类		
3	日记账	15 年	
	其中:现金和银行存款日记账	25 年	
4	明细账	15 年	
5	总账	15 年	包括日记总账
6	固定资产卡		固定资产报废清理后保存 5 年
7	辅助账簿	15 年	
8	涉及外事和对私改造的会计账簿	永久	
	三、会计报表		包括各级主管部门的汇总会计报表
9	主要财务指标快报	3 年	包括文字分析
10	月、季度会计报表	5 年	包括文字分析
11	年度会计报表(决算)	永久	包括文字分析
	四、其他类		
12	会计移交清册	15 年	
13	会计档案保管清册	25 年	
14	会计档案销毁清册	25 年	

该办法是我国会计工作和档案管理工作的一项重要制度建设,它的颁布统一了会计档案的管理制度,划清了会计档案与其他档案的界限,明确了财会部门与档案管理部门的分工协作关系,修订了会计档案的保管期限。

二、市场经济建立时期的会计档案管理制度:1992—2001 年

(一)《会计法》中关于会计档案管理的规定

1985 年颁布的《会计法》、1993 年修订的《会计法》第 15 条以及 1999 年修订的《会

计法》,均对会计档案管理有着一致的规定:会计凭证、会计账簿、会计报表和其他会计资料,应当按照国家有关规定建立档案,妥善保管。会计档案的保管期限和销毁办法,由国务院财政部门会同有关部门制订。① 这些规定是各地区、各部门做好会计档案工作的法律依据。

(二) 修订了的《会计档案管理办法》(1998年)

会计档案是我国经济档案的重要组成部分,是记录和反映经济业务的重要史料和证据。1984年,财政部和国家档案局根据当时经济工作的需要,按照会计工作和档案工作的内在要求,联合发布了《会计档案管理办法》,统一了全国的会计档案管理工作,使会计档案管理工作有章可循,促进了会计档案为经济建设服务的作用的发挥。但随着我国社会主义市场经济的发展和会计改革的深化,原《会计档案管理办法》的一些规定已无法满足新经济现象对会计档案管理工作提出的新要求,如企业破产后其会计档案的处置、单位分立后原单位会计档案的分割、单位合并后会计档案的管理、境外投资企业的会计档案管理、实行会计信息化后会计档案的管理、会计档案如何为社会服务等。为了解决这些新出现的问题,财政部会同国家档案局对原《会计档案管理办法》进行了修订(以下简称《新办法》),修订后的《新办法》于1998年8月21日颁布,1999年1月1日起开始实施。

《新办法》共计21条,主要内容如下。②

1. 提出了对会计档案的新认识

如何看待会计档案,决定了如何对待和处理会计档案。在很多人的眼里,会计档案只是一些过期的会计资料,没有太大的用途。《新办法》对会计档案做出了新的解释,指出:"会计档案是指会计凭证、会计账簿和会计报表等会计核算专业材料,它是记录和反映经济业务的重要史料和证据。""会计档案是国家档案的重要组成部分,也是各单位的重要档案之一。"《新办法》将会计档案作为"记录和反映经济业务的重要史料和证据",列为"国家档案的重要组成部分",提高了会计档案的价值,也纠正了长期以来对会计档案的片面认识,只有这样,才能做到"各机关、团体、国营企业、建设单位和事业单位(以下简称各单位),加强对会计档案管理工作的领导,建立和健全会计档案的立卷、归档、保管、调阅和销毁等管理制度,切实地把会计档案管好"。

2. 调整了适用范围

《新办法》的适用范围较之原办法有了突破,不再局限于国家机关、社会团体、事业

---

① 1985年、1993年、1999年的《会计法》。
② 财政部、国家档案局于1998年8月21日修订的《会计档案管理办法》。

单位和国有单位,而是将适用范围扩大到所有应当建账的单位。

3. 明确了会计档案工作管理体制

《新办法》体现了政府指导和单位自主管理的会计档案管理体制。第3条规定:"各级人民政府财政部门和档案行政管理部门共同负责会计档案工作的指导、监督和检查。"第4条规定:"各单位必须加强对会计档案管理工作的领导,建立会计档案的立卷、归档、保管、查阅和销毁等管理制度,保证会计档案妥善保管、有序存放、方便查阅,严防毁损、散失和泄密。"

4. 修订了会计档案的种类和内容

《新办法》根据会计改革的要求和会计档案的特点,并结合实际工作中会计档案管理和利用情况,将会计档案划分为会计凭证、会计账簿、财务报告和其他4类。其第5条规定:"会计档案是指会计凭证、会计账簿和财务报告等会计核算专业材料,是记录和反映单位经济业务的重要史料和证据。具体包括:①会计凭证类:原始凭证,记账凭证,汇总凭证,其他会计凭证。②会计账簿类:总账,明细账,日记账,固定资产卡片,辅助账簿,其他会计账簿。③财务报告类:月度、季度、年度财务报告,包括会计报表、附表、附注及文字说明,其他财务报告。④其他类:银行存款余额调节表,银行对账单,其他应当保存的会计核算专业资料,会计档案移交清册,会计档案保管清册,会计档案销毁清册。"

5. 修订了会计档案的内容

《新办法》主要有三点变化:一是根据会计改革的发展要求,将会计报表的名称改为财务报告。财务报告是1992年企业财务会计制度改革后出现的,包括会计报表主表、会计报表附表、会计报表附注和有关文字说明;二是将银行存款余额调节表从会计凭证类归入其他类进行保管;三是将银行对账单作为独立的会计档案进行保管。

6. 调整了会计档案的保管期限

《新办法》基本保持了原来对会计档案保管期限的规定,即会计档案的保管期限分为永久和定期两类,其中定期保管的期限分为3年、5年、10年、15年和25年5类。但在具体会计档案的保管年限上做了一些调整,如:取消了会计凭证中涉及外事和对私改造的会计凭证的永久性规定;将会计档案保管清册和会计档案销毁清册列为永久保存;将会计档案保管期限表由原来的分预算、建设银行和企业及建设单位的三张表改为"财政总预算、行政单位、事业单位和税收会计档案保管期限表"和"企业和其他组织会计档案保管期限表";将所规定的会计档案保管期限限定为最低保管期限;等等。

《新办法》对各类会计档案保管期限的具体规定,可如表9-2所示。

表 9-2　　　　　　　　　各类会计档案保管期限表

序号	档案名称	保管期限	备注
一	会计凭证类		
1	原始凭证	15 年	
2	记账凭证	15 年	
3	汇总凭证	15 年	
二	会计账簿类		
4	总账	15 年	包括日记总账
5	明细账	15 年	
6	日记账	15 年	现金和银行日记账 25 年
7	固定资产卡片		固定资产报废清理后 5 年
8	辅助账簿		
三	财务报告类		包括各级主管部门
9	月、季度财务报告	3 年	包括文字分析
10	年度财务报告(决算)	永久	包括文字分析
四	其他类		
11	会计移交清册	15 年	
12	会计档案保管清册	永久	
13	会计档案销毁清册	永久	
14	银行余额调节表	5 年	
15	银行对账单	5 年	

7. 明确了会计信息化条件下的会计档案管理

《新办法》第 12 条规定:"采用电子计算机进行会计核算的单位,应当保存打印出纸质会计档案。具备采用磁带、磁盘、光盘、微缩胶片等磁性介质保存会计档案条件的,由国务院业务主管部门统一规定,并报财政部、国家档案局备案。"

8. 明确了单位变更的会计档案管理

对于企业破产、兼并、解散、撤销后的会计档案管理,《新办法》第 13 条、第 14 条、第 15 条分别规定:"单位因撤销、解散、破产或者其他原因而终止的,在终止和办理注销登记手续之前形成的会计档案,应当由终止单位的业务主管部门或财产所有者代管或移交有关档案馆代管。法律、行政法规另有规定的,从其规定。""单位分立后原单位存续的,其会计档案应当由分立后的存续方统一保管,其他方可查阅、复制与其业务相关的会计档案;单位分立后原单位解散的,其会计档案应当经各方协商后由其中一方代管或移交档案馆代管,各方可查阅、复制与其业务相关的会计档案。单位分立中未结清的会计事项所涉及的原始凭证,应当单独抽出由业务相关方保存,并按规定办理交接手续。单位因业务移交其他单位办理所涉及的会计档案,应当由原单位保管,承接业务单位可查阅、复制与其业务相关的会计档案,对其中未结清的会计事项所涉及的原始凭证,应当单独抽出由业务承接单位保存,并按规定办理交接手续。""单位合并后原各单位解散或一方存续其他方解散的,原各单位的会计档案应当由合并后的单位统一保管;单位合并后原各单位仍存续的,其会计档案仍应由原各单位保管。"

9. 明确了会计档案交接的程序和手续

《新办法》对会计档案的交接,强调以下四点:一是交接会计档案,交接双方必须履行交接手续,明确会计档案移交责任;二是移交会计档案前,移交方必须编制会计档案移交清册,注明应当移交会计档案的名称、卷号、册数、起止年度、档案编号、应保管期限、已保管年限等内容,以便于接收方在接收时的清点和移交工作的办理;三是会计档案交接时,交接双方应当明确交接双方的经办人员,并按照移交方编制的会计档案移交清册所列内容逐项进行清点移交且交接双方的单位负责人应当负责监交;四是会计档案交接完毕后,交接双方经办人员和监交人员应当在会计档案移交清册上签名或者盖章并对会计档案的移交内容和有关程序负责。

10. 明确了境外会计档案的管理

境外单位主要是指我国的驻外使领馆和境内主管单位在境外设立的办事机构和经营性的企业单位等。《新办法》第18条专门对境外单位的会计档案做出规定:"我国境内所有单位的会计档案不得携带出境。驻外机构和境内单位在境外设立的企业(简称境外单位)的会计档案,应当按照本办法和国家有关规定进行管理。"这里的"国家有关规定"主要指1993年3月3日国家档案局、国家计划委员会、对外经济贸易部印发的《关于加强境外投资、承包工程、设计咨询、科技合作和劳务合作项目档案工作的通知》。

三、转变经济增长方式时期的会计档案管理制度

随着我国市场经济体制不断健全和信息技术被广泛应用,1998年修订的《会计档案管理办法》无论在范围、内容、承载形式还是在管理手段和应用程度等方面所规定的条款,都已经无法适应经济社会快速发展的新情况和新变化。由于互联网新业态和新模式的兴起,我国原有对会计档案的管理明显存在滞后的问题;在各企业、单位信息化水平和精细化管理程度不断发展,会计凭证、会计账簿和会计报表等会计信息从产生、传输到保管均为电子方式的形势下,需要对大量的电子会计档案管理重新予以规范。

同时,会计核算多维信息需求的增加,迫切要求提高会计档案管理的效率,变革会计档案的保管方式。随着我国法律和法规的不断完善,国家出台或修订了有关档案管理的标准,也急需对会计档案的范围、保管、利用、销毁、交接等方面进行进一步调整或完善。鉴于此,财政部和国家档案局于 2015 年 12 月 11 日重新修订了《会计档案管理办法》(以下简称新《办法》),并于 2016 年 1 月 1 日开始实施。

新《办法》共计 31 条,其变化如下。[①]

(一)完善会计档案的概念和范围

新《办法》第 3 条明确提出了电子会计档案的概念,指出会计档案包括"通过计算机等电子设备形成、传输和存储的电子会计档案"。特别强调了电子会计档案的原生性,也就是明确了电子会计档案不是将纸质会计档案扫描形成的数字化副本。

(二)增加并明确了电子会计档案的管理要求

新《办法》重要的内容是与时俱进地提出了电子会计档案管理的要求,具体修订如下。

1. 明确指出"单位可以利用计算机、网络通信等信息技术手段管理会计档案"

改变了之前的"具备采用磁带、磁盘、光盘、微缩胶片等磁性介质保存会计档案条件的,由国务院业务主管部门统一规定,并报财政部、国家档案局备案"这一规定,强调不用报备就可通过计算机、网络通信等信息技术管理会计档案。

2. 对电子会计档案移交和接收提出了明确要求

新《办法》第 12 条要求"电子会计档案移交时将电子会计档案及其元数据一并移交,且文件格式应当符合国家档案管理的有关规定;特殊格式的电子会计档案应当与其读取平台一并移交"。

电子会计档案接收分为单位档案管理机构的接收和单位之间的移交接收两种方式。对于第一种方式,新《办法》第 12 条要求"单位档案管理机构接收电子会计档案时,应当对电子会计档案的准确性、完整性、可用性、安全性进行检测,符合要求的才能接收";对于第二种方式,新《办法》第 24 条要求"电子会计档案应当与其元数据一并移交,特殊格式的电子会计档案应当与其读取平台一并移交。档案接受单位应当对保存电子会计档案的载体及其技术环境进行检验,确保所接收电子会计档案的准确、完整、可用和安全"。

3. 提出了电子会计资料可仅以电子形式归档保存的管理要求

为确保电子会计档案的真实、准确、完整、可用和安全,对于电子会计资料仅以电

[①] 以下内容和各项条款见财政部、国家档案局《会计档案管理办法》,2015 年 12 月 11 日。

子形式归档保存的方式,在新《办法》第 8 条中提出了如下六个方面的要求:

(1) 形成的电子会计资料来源真实有效,由计算机等电子设备形成和传输。

(2) 使用的会计核算系统能够准确、完整、有效接收和读取电子会计资料,能够输出符合国家标准归档格式的会计凭证、会计账簿、财务会计报表等会计资料,设定了经办、审核、审批等必要的审签程序。

(3) 使用的电子档案管理系统能够有效接收、管理、利用电子会计档案,符合电子档案的长期保管要求,并建立了电子会计档案与相关联的其他纸质会计档案的检索关系。

(4) 采取有效措施,防止电子会计档案被篡改。

(5) 建立电子会计档案备份制度,能够有效防范自然灾害、意外事故和人为破坏的影响。

(6) 形成的电子会计资料不属于具有永久保存价值或者其他重要保存价值的会计档案。

新《办法》第 9 条提出同时满足上述规定的六个方面要求,单位从外部接收的电子会计资料附有符合《中华人民共和国电子签名法》规定的电子签名的,可仅以电子形式归档保存,形成电子会计档案。

(三) 进一步完善会计档案的鉴定销毁程序,修改监销的有关规定

会计档案的销毁是会计档案管理的一个重要环节,这个环节工作的重点就是防止会计档案信息外泄,新《办法》第 18 条第一款要求对可以销毁的会计档案,"单位档案管理机构编制会计档案销毁清册,列明拟销毁会计档案的名称、卷号、册数、起止年度、档案编号、应保管期限、已保管期限和销毁时间等内容"。

为有效防止错误销毁会计档案,新《办法》第 18 条第二款还设置了销毁前的再次确认程序,即要求"单位负责人、档案管理机构负责人、会计管理机构负责人、档案管理机构经办人、会计管理机构经办人在会计档案销毁清册上签署意见"。

而做好会计档案销毁的前提和基础是鉴定销毁工作,这项工作是保证会计档案销毁按照规定程序和要求进行的一项制度安排。因此,新《办法》增加了鉴定销毁环节,第 16 条规定"单位应当定期对已到保管期限的会计档案进行鉴定,并形成会计档案鉴定意见书。经鉴定,仍需继续保存的会计档案,应当重新划定保管期限;对保管期满,确无保存价值的会计档案,可以销毁"。

新《办法》删除了原办法中财政部门、审计部门派员监销的规定,同时进一步明确了单位内部组织监销的有关要求,即第 18 条第三款规定"单位档案管理机构负责组织会计档案销毁工作,并与会计管理机构共同派员监销。监销人在会计档案销毁前,应

当按照会计档案销毁清册所列内容进行清点核对;在会计档案销毁后,应当在会计档案销毁清册上签名或盖章"。除此之外,第18条第三款还规定"电子会计档案的销毁还应当符合国家有关电子档案的规定,并由单位档案管理机构、会计管理机构和信息系统管理机构共同派员监销"。

(四)明确会计档案出境的管理要求

新《办法》根据1999年经国务院批准、国家档案局发布的《中华人民共和国档案法实施办法》中的档案出境实行分级审批制度的规定,修改了会计档案的出境要求,将原办法中会计档案不得携带出境改为"单位的会计档案及其复制件需要携带、寄运或者传输至境外的,应当按照国家有关规定执行"(第25条规定)。

(五)修改会计档案向单位档案管理机构移交的时间

新《办法》考虑实际工作中很多单位的会计机构为满足会计师事务所审计,以及其业务主管部门、审计部门、税务部门等检查而有可能随时需要查阅近3年会计凭证、会计账簿和会计报表的现实,改变了原办法中关于会计档案在会计年度终了后暂由会计机构保管一年,一年后需移交本单位档案机构统一保管的规定。新《办法》第11条要求"当年形成的会计档案,在会计年度终了后,可由单位会计管理机构临时保管一年,再移交单位档案管理机构保管。因工作需要确需推迟移交的,应当经单位档案管理机构同意。单位会计管理机构临时保管会计档案最长不超过三年"。

(六)调整会计档案的保管期限

考虑到《机关文件材料归档范围和文书档案保管期限规定》(国家档案局令第8号)和《企业文件材料归档范围和档案保管期限规定》(国家档案局令第10号)已分别将机关管理类档案和企业文书档案的定期保管期限统一为30年和10年,同时考虑到民事案件的诉讼时效最长为20年(会计档案是民事案件中重要的证据),新《办法》将会计档案的定期保管期限由原来的3年、5年、10年、15年、25年五类调整为10年、30年两类。

(七)修改对违反《会计档案管理办法》处罚的有关规定

新《办法》第27条增加了"违反本办法规定的单位和个人,由县级以上人民政府财政部门、档案行政管理部门依据《中华人民共和国会计法》《中华人民共和国档案法》等法律法规处理处罚"。

新《办法》的实施,规范和加强了单位的会计档案管理,促进和发挥了会计档案工作为经济建设服务的积极作用。

本 章 小 结

会计人员管理制度着眼解决的问题包括会计人员职权和工作规则、会计人员职称和从业资格、会计人员继续教育、总会计师制度、会计机构和人员管理方式等。

会计人员职权和工作规则方面的制度主要有1978年出台的《会计人员职权条例》、1984年发布的《会计人员工作规则》、1996年发布的《会计基础工作规范》和1999年修订的《会计法》相关条款等。1978年出台的《会计人员职权条例》是对1962年《会计人员职权试行条例》的修订,在财务机构设置、会计人员职责和权限等方面跟过去比有所改变,并增加了关于总会计师、会计人员技术职称的条款。该规则在1984年进行过修订。1984年发布的《会计人员工作规则》和1996发布的《会计基础工作规范》,均提出对会计人员的工作要求。1999年修订的《会计法》中对单位会计工作责任人做出了重要改动,规定单位负责人对本单位的会计工作和会计资料负责,解除了多年来会计人员背负的"双重身份"和"无限责任",从根本上落实了单位会计工作的责任,对于改善会计信息质量,治理会计造假有着重大意义。

会计人员职称和从业资格方面的制度主要有1986年发布的《会计专业职务试行条例》、1990年发布的《会计证管理办法(试行)》、1992年发布的《会计专业技术资格考试暂行规定》等。1986年发布的《会计专业职务试行条例》主要规定了会计专业职务的级别和各级会计专业职务的任职条件、职责。1990年发布的《会计证管理办法(试行)》规定了取得会计证的条件、取得会计证人员的职权、会计证的用途等。1996年对《会计证管理办法(试行)》进行了修订。1992年发布的《会计专业技术资格考试暂行规定》规定了全国开始实行会计专业技术资格考试,并规定了考试的类别、报考条件等。2000年发布的《会计从业资格管理办法》主要指明了取得会计从业资格人员的条件、会计从业资格的考试、会计从业资格证书的管理等。2005年我国对《会计从业资格管理办法》进行了修订。

会计人员继续教育方面的制度主要有1998年公布的《会计人员继续教育暂行规定》和2006年公布的《会计人员继续教育规定》。这些规定明确了需要接受继续教育的人员和继续教育的级别、继续教育的内容和学时等。

总会计师方面的制度主要为1990年发布的《总会计师条例》。该条例规定延续总会计师制度,并提出了新的总会计师的地位、职责、权限、任免条件等。此外,在1984年中共中央颁布的《关于经济体制改革的决定》、1986年颁布的《全民所有制工业企业厂长工作条例》、1999年颁布的《会计基础工作规范》、1999年通过的《会计法》等法规和规章中,均对总会计师工作做出过规定。

会计机构和人员管理方式方面的制度有《关于试行会计委派制度工作的意见》。会计委派制是我国20世纪末、21世纪初试行的一种会计机构和会计人员管理方式。财政部、监察部2000年联合发布的《关于试行会计委派制度工作的意见》是在会计委派制试行了一段时间后发出的关于会计委派制的形式、会计人员的职责和权限、有关部门在会计委派制试点工作中的责任等方面的规定。出于实施条件、思想认识等多种原因,会计委派制在试行了一段时间后不再继续实行。

改革开放后的会计档案管理制度规定主要体现在1984年发布、1998年和2015年修订的《会计档案管理办法》中。1984年发布的《会计档案管理办法》主要明确了会计档案的范围、日常管理、保管期限、单位变更的会计档案管理,明确了会计档案交接的程序和手续及境外会计档案的管理、会计档案的鉴定销毁程序等。此外,在《会计人员职权条例》(1978年)、《会计人员工作规则》(1984年)、《会计法》(1985年、1993年、1999年)等制度中也含有关于会计档案的管理规定。

与其他国家的会计制度相比,会计组织制度是新中国会计制度的一个特点。新中国的会计组织制度在改革开放前后有所不同,改革开放后的会计组织制度有着如下一些与以前的不同之处。

首先,改革开放前的会计组织制度数量较少,相对稳定;改革开放后的会计组织制度数量多、变化大,对会计人员的要求高,如增加了会计人员从业资格、继续教育等规定。新中国的会计组织制度历来由政府部门制定,改革开放前和改革开放初的一段时间内对会计人员的管理带有国家人事管理的色彩,但随着市场经济体制的转变和政府职能的转变,对会计人员管理逐步走上了市场化与政府管理相结合的道路,并越来越显示出侧重高层次会计人员管理和主要采取引导性人才培养的方式。同时,由于经济业务的快速发展和日趋复杂化,对会计人员的要求比改革开放前有了大幅度提高,改革开放后的会计组织制度相比改革开放前,呈现出数量大、内容多、更新快的特点。

其次,消除了对会计人员"双重身份"的认定。改革开放前,有关规定中要求会计人员承担作为企业管理者参与本单位的经营管理和代表国家监督本单位经济活动的双重责任,改革开放后取消了对会计人员的这种要求,解除了会计人员在开展会计工作中面临的困境。"双重身份"会计人员是我国计划经济体制下经济监督体系的组成部分,对很多会计人员的管理安排都遵从"双重身份"的原则。改革开放后,随着思想的解放,人们逐渐认识到:承担企业经营责任和监督本单位经济活动的,应该是企业的主要负责人,而不是会计人员;会计人员作为单位的员工应该为单位努力工作,维护单位的利益,但没有代表国家监督本单位经济活动的责任,也不具有相应的权力;单位遭受损失而惩罚会计人员,既不合理,也起不到惩罚的作用,反而打击了会计人员的积极性。在建立现代企业制度的过程中,人们进一步意识到,对单位经济活动的监督和对国家财产的保护,除了对人提出要求外,更应该依靠现代企业制度下的治理结构、内部控制制度。

再次，对会计人员的要求，从着重眼于岗位职责变为注重胜任能力。改革开放前的会计人员制度突出会计人员的职责，即规定各类会计人员应该完成哪些工作，更像会计的岗位职责要求，却没有提出对会计人员胜任能力的要求。岗位职责是对工作的要求，胜任能力是对人的要求，二者有着密切的关系，但又有所区别。岗位职责指的是某个岗位需要完成的工作内容和应当承担的责任；胜任能力指的是个体能够圆满完成工作所需要具备的特质，包括个体的知识、技能、态度和人格等。岗位职责可以用于衡量一个人是否完成了应该完成的工作，胜任能力则用于评价一个人能否承担相应的工作。在衡量一个人是否完成了本应完成的工作时，岗位职责的要求单一，只注重具体工作的完成情况；而胜任能力对人的要求比较全面，认为具有胜任能力的人应该具备一定的专业知识，要有运用知识做好工作的技能、良好的工作态度，还要有善于与他人合作的、受人欢迎的人格，认为只有具备了胜任能力的人才能把工作做好。因为工作是靠人来完成的，所以对人的胜任能力的要求比起岗位职责的工作要求来，更能够从根本上保证把工作长期、稳定地做好。改革开放前的会计人员制度中没有提出对人的胜任能力要求，主要是由于当时尚未认识到胜任能力的重要性。（胜任能力的概念最早由美国哈佛大学教授戴维·麦克利兰在帮助美国国务院设计人才选拔方法后，于1973年正式提出的）改革开放后，人们对如何选用人才有了新的认识，积极引进国外先进的人才选用标准，对会计人员的要求从注重岗位职责转向衡量胜任能力，使会计人员的任用、考核进一步优化。

最后，在会计档案管理方面，改革开放后的有关制度则明显地增添了信息化条件下会计档案管理的内容。

第 10 章

新中国会计制度发展演变总结

如前所述,本书所说的会计制度指的是会计法律、会计行政法规、会计部门规章、会计核算制度、会计准则及其他与会计工作相关的规定、办法、通知、指导意见等规范会计工作的各种规范的总称。

所谓制度,简单地说就是要求大家共同遵守的办事规则。在汉语中,"制"字有节制、限制的意思,"度"字含有尺度、标准的意思,制度是将这两个字结合起来形成的词,表明制度是节制人们行为的尺度。道格拉斯·C·诺思指出,制度是一整套规则、应遵循的要求和合乎伦理道德的行为规范,用以约束个人的行为。①他认为,制度的功效在初始意义上就是要通过提供一系列规则来界定交易主体间的相互关系,减少环境中的不确定性和交易费用,进而保护产权,增进生产性活动,使来源于交易活动的潜在收益成为现实。按照诺斯的制度变迁和经济增长理论,制度是经济增长的内生变量,制度变迁是经济增长的关键因素。会计制度作为经济管理制度的一种,带有制度的基本特征。会计制度是会计工作的办事规则和会计事务的处理标准,是约束会计人员的行为规范,其目的在于保证通过会计信息的正常传递,减少经济活动中的交易费用,提高经济活动的收益,保护投资者利益。

会计制度既然是各项会计事务的处理标准和会计人员的行为规范,规定了各项会计工作应当如何做,因此也就体现了各种会计政策、会计方法、会计技术。例如,企业会计准则体现了允许采取的财务会计政策、估计和方法;政府会计制度体现了政府会计核算应该采用的方法;独立审计准则体现了注册会计师应该遵循的审计程序、采用的审计方法和职业道德标准;会计信息化制度体现了会计信息化的管理和技术要求;会计人员职责制度体现了对会计人员的工作和专业要求;等等。

会计制度又是在一定的会计理论指导下形成的,体现了一定时期占主导地位的会计理论。例如,1955年颁布的《国营工业企业基本业务标准账户计划》和1956年颁布

---

① 道格拉斯·C·诺思:《经济史中的结构与变迁》,第 226 页,上海三联书店,1991 年版。

的《国营工业企业凭单日记账核算形式标准账簿格式和使用说明》,是直接接受苏联计划经济下的会计理论指导的结果;1985年颁布的《中外合资经营企业会计制度》,在会计原则、会计要素、会计等式等方面采取了国际通行的做法,与改革开放初期部分地采纳西方会计理论不无关系;1992年颁布的新中国第一部《企业会计准则》,与国际会计准则很接近;1998年发布的收入会计准则中关于收入的确认条件,明显地带有西方收入理论的痕迹;2006年公布的《企业会计准则》,更是体现了与国际会计准则的趋同。通过一个国家(地区)的会计制度,就能够认识该国家(地区)的会计;了解了一个国家(地区)会计制度的发展变化,也就很大程度上掌握了该国家(地区)的会计演进。

第1节 新中国会计制度的影响因素

与世界大多数国家(地区)一样,影响新中国会计制度的因素,主要有政治、经济、文化、教育等。

一、政治因素的影响

在影响新中国会计制度的各种因素中,政治的影响最重要。一般认为,一个国家的政治制度,是指该国实行的规范国家政权、政府制度、国家与社会关系的法律、体制、规则。新中国成立以后,很快从新民主主义转向了社会主义。《中华人民共和国宪法》规定:"社会主义制度是中华人民共和国的根本制度。"[①]这从法律上确定了中国实行的是不同于西方国家和绝大多数发展中国家的社会主义制度,社会主义制度成为建设新中国会计制度的基础。

政治因素对会计制度建设的影响,表现在两个方面,一是国家选择的政治道路对会计制度建设的影响,二是政府在会计制度建设中的作用。

政治道路对会计制度建设的影响。与其他国家一样,新中国的基本社会制度确定之后,在不同时期仍有着不同的政治倾向,这直接导致了各个时期会计制度之间的差异。在新中国的国民经济恢复时期(1949—1953年)和计划经济体制形成初期(1954—1957年),中国政治上追随苏联,与以美国为首的西方国家全面对立,企业会计制度、预算会计制度等各类会计制度仿效苏联的做法,甚至采用与苏联一致的会计制度形式,如《国营工业企业基本业务标准账户计划》《国民工业企业基本业务统一会计报表格式和说明》等,而完全排斥西方的会计模式。1956年后,中国在政治上与苏

[①]《中华人民共和国宪法修正案》于2018年3月11日经第十三届全国人民代表大会第一次会议审议通过。

联渐行渐远,直至公开对抗,此前从苏联学来的规章制度被视为束缚手脚的桎梏,开始了对苏联会计做法的批判和背离,转而实行经过改造的简化会计制度。在国民经济挫折时期(1966—1976年),推行无产阶级专政下的继续革命,采取以政治运动推动经济建设的方式,通过批判"修正主义规章制度"带动生产的发展,会计制度再次被简化。中共十一届三中全会后,我国在政治上放弃"以阶级斗争为纲"的路线,工作重心转向经济建设,实行经济体制改革,缓和与西方国家的关系,采取了对外开放和引进技术与管理的政策,形成了一系列适合市场经济体制的、与国际会计惯例趋同的会计制度。经济体制改革和对外开放是中国会计蓬勃发展的前提,而经济体制改革和对外开放的前提则是政治上的纠偏。如果没有政治上的纠偏,仍然坚持"无产阶级专政下继续革命"的错误路线,绝对不可能采取经济体制改革和对外开放的政策,不可能实现国家治理体系和治理能力的现代化,也就绝对不会形成如今的会计局面。

政府在会计制度建设中的作用。任何一个国家的政府都会对会计制度施加影响,区别在于施加影响的程度不同。政府对会计制度施加怎样的影响,取决于国家的治理体制,这又与国家的政治形态有关。政府是国家机器最主要的组成部分,在国家内部事务上政府除了实行政治统治和管理社会公共事务外,还需处理与经济社会的关系,即政府与市场的关系。西方经济理论界的一些学说,如货币学派、供给学派、新自由主义学派、公共选择学派、新制度经济学派等认为,只有与统制经济、计划经济对立的自由经济才能实现资源的最佳配置;但凯恩斯、新剑桥学派等和另外一些经济学家则认为,由于市场经济的失灵和信息不对称等原因,政府对经济的干预和调节是必不可少的。[①] 事实上,世界上没有哪个政府对国家经济发展不闻不问,任凭其自生自灭,总会对经济有所干涉,只不过干涉得有多有少,程度不同罢了。新中国成立以来,由于历史原因、政治和经济体制等现实原因,政府在国家经济发展中一直扮演着主导者的角色,对经济事务的直接管理较多,会计事务(含会计制度的制定)均由政府主持,并形成新中国会计制度的重大特征之一。政府在经济活动中或大或小的不同作用,必然对会计制度产生重要的影响。以预算会计制度的演变为例。多年以来,在政府对社会事务大包大揽的管理方式下,我国一直实行预算会计体系;中共十八届三中全会通过《中共中央关于全面深化改革若干重大问题的决定的决定》后,加快推进国家治理体系和治理能力现代化,迎来了预算会计的全面改革,促成了政府会计准则体系的出台。对会计师事务所和会计人员管理的前后变化,也能说明政府对会计制度的影响。以前,政府

---

① 丁冰、张连城:《现代西方经济学说》(修订版),中国经济出版社,2002年版。

财政部门对会计师事务所和会计资格的管理事项较多,转变政府的职能,"进一步简政放权,深化行政审批制度改革,最大限度减少中央政府对微观事务的管理"①后,政府部门取消或简化了部分有关注册会计师事务所的审批制度,包括取消了对境外事务所在中国内地设立代表处的审批,下放了境外事务所临时执业的审批权,下放了会计师事务所的设立(含设立分所)审批权并简化了审批和备案材料等,减少了对会计师事务所的管束,事务所便有了更大的发展自由。在会计人员资格管理方面也有同样的情况。新中国一度实行会计人员从业资格的许可认定制度,即要求从事会计工作的人员必须事前取得会计人员从业资格的许可认定,否则不能从事会计工作。自 2017 年开始,根据转变政府职能,减少行政许可的要求,我国取消了会计人员从业资格的许可认定制度,放开了对从事会计工作的资格要求,个人若想在会计方面有所发展,不再像过去那样必须先要获得政府的许可,从而为会计工作的开展提供了便利。

中国有着自己特殊的国情。在中国,政治对经济和会计的影响是决定性的,比其他因素的影响都要大得多,过去是这样,今后还会如此。在走过了历史的弯路后,人们已经认识到政治的成熟与稳定是繁荣经济和促进社会进步的根基,也是发展会计事业的根基。当前,中国政治稳定,坚持社会主义制度、发展社会主义民主和国家治理现代化的大方向明确,"国家的根本任务是,沿着中国特色社会主义道路,集中力量进行社会主义现代化建设"②。"全面深化改革的总目标是完善和发展中国特色社会主义制度,推进国家治理体系和治理能力现代化。"③在这样的大政方针和长久国策下,会计制度适应社会主义市场经济、改革开放和转换政府职能的要求,并持续与国际会计惯例趋同的格局不会发生大的逆转。

二、经济因素的影响

根据新中国的发展经验,经济对会计制度的影响表现在三个方面,一是经济体制的影响,二是经济发展水平的影响,三是经济对外开放的影响。

经济体制对会计制度的影响。新中国自 1954 年开始至 1976 年,一直执行计划经济体制。计划经济体制的特征是由政府采取行政管理手段,通过指令性计划来安排全社会的资源配置,各个领域的产品(劳务)数量、品种、价格,投资方向,经济增长速度,消费和投资的比例,社会就业及工资水平等均由中央和各地方的指令性计划来决定,生产者只需按照计划完成生产任务。在计划经济体制下,会计制度是政府统一管理的

---

① 《中共中央关于全面深化改革若干重大问题的决定》,2013 年 11 月 12 日中共十八届三中全会通过。
② 《中华人民共和国宪法修正案》,2018 年 3 月 11 日第十三届全国人民代表大会第一次会议修订通过。
③ 《中共中央关于全面深化改革若干重大问题的决定 》,2013 年 11 月 12 日中共十八届三中全会通过。

一部分，由政府制定。计划经济体制下的会计制度详细规定了会计应该怎样通过业务处理反映计划的执行情况，如何分析计划执行的好坏。1977年后，中国逐步转向社会主义市场经济体制。社会主义市场经济体制的基本特征，是在国家宏观调控下由市场在资源配置中发挥基础性作用（中共十八届三中全会后，将市场在资源配置中的作用，改为"决定性的作用"）。在社会主义市场经济体制下，会计制度仍由政府统一制定，但会计规则需要适应市场经济体制的要求，大量采用西方市场经济国家的成功做法，反映经济主体根据市场需求对资金的取得和使用，与计划经济体制下的会计规则有着根本的不同。以政府会计的演变为例。在计划经济体制下，国家预算实行统收统支，相应地形成了服务于供给型财政管理模式的预算会计核算体系。实行改革、开放、搞活的方针后，为了适应新的经济体制和财税体制，实行了预算会计改革，先后出台了新的《财政机关总预算会计制度》（1983年、1989年）、《事业行政单位预算会计制度（试行）》（1988年）、《行政单位会计制度》（1998年）和《财政总预算会计制度》（1997年）、《事业单位会计准则（试行）》和《事业单位会计制度》（1997年）、《民间非营利组织会计制度》（2004年）、《行政单位会计制度》（2013年）。2013年中共十八届三中全会通过了《中共中央关于全面深化改革若干重大问题的决定》，按照该决定所指出的"建立跨年度预算平衡机制，建立权责发生制的政府综合财务报告制度"的精神和2014年新修订的《中华人民共和国预算法》提出的各级财政部门应当按照年度编制以权责发生制为基础的政府综合财务报告的要求，财政部制定了《权责发生制政府综合财务报告制度改革方案》，开始着手建立具有中国特色的政府会计准则体系。中国的预算会计在不同的经济体制下分别发生了重大的变化。

注册会计师行业同样如此。在计划经济体制下，经济活动由指令性计划统一安排，没有必要保留注册会计师行业，注册会计师制度被取消。在社会主义市场经济体制下，需要注册会计师等社会中介对各经济主体相关事项提供鉴证和咨询服务，于是恢复了注册会计师行业，制定了注册会计师制度。

其实，不仅是预算会计制度和注册会计师制度，经济体制对所有会计制度均无一例外地产生着直接的影响，这在经济转型国家中表现得非常明显。

经济发展水平对会计制度的影响。在已有的政治环境和经济体制下，不同的经济发展水平对会计制度有着不同的影响。经济发展水平和市场化程度较高的时期，有条件采取标准相对较高、技术要求相对复杂的会计制度；在经济发展水平和市场化程度低的时期，只能暂时采取较简单的会计制度。以企业会计制度为例。向市场经济转轨时期，国民经济刚刚走出挫折，经济发展水平较低，且处在向市场经济转轨的初步摸索期间，企业会计制度的主要作用是重整正常的核算秩序，于是20世纪80年代连续出台了仍未摆脱计划经济影响但"改变了片面强调简化,不讲科学体系的偏向"①的《国营工业企业会计制度》。到了市场经济建立时期,国民经济有了明显的好转,开展了现代企业制度建设和外汇、价格、投资等领域的市场化改革,先后出台了新中国第一部《企业会计准则》《股份制有限公司会计制度》《企业会计报表条例》《企业会计制度》(2001年)等配合市场经济的会计制度。进入转变经济增长方式时期,中国经济发展水平有了更大提升,资本市场进一步发展,中国经济开始全面融入经济全球化潮流,提出了深化国有企业公司制改革,健全现代企业制度,推行协调、可持续发展的经济增长方式等改革目标,企业会计制度取得了新发展,制定了与国际会计准则全面趋同的《企业会计准则》(2006年)。

经济对外开放对会计制度的影响。经济对外开放指的是采取发展对外贸易、引进国外先进技术和管理、有效利用外资、开展对外承包工程与劳务合作、扩大对外投资等方式,积极主动地扩大对外经济交往。在以贸易全球化、投资全球化、金融全球化、跨国公司生产经营全球化为主要表现的世界经济一体化大趋势中,经济的对外开放对于发展生产,适应全球经济格局变化,推进经济体制改革有着重大的意义,同时对会计制度也产生了重要的影响。实行经济对外开放,需要采用世界普遍通行的会计惯例,向国外合作者提供采用世界通用语言表达的会计信息,以能够与合作者进行沟通;而经济上的闭关锁国则无须考虑会计制度的国际趋同。在新中国经济建设的国民经济恢复期和国民经济调整与发展期,中国与西方国家的经济往来很少,与以苏联为首的原社会主义阵营的交往频繁,是导致我国拒绝西方会计,学习苏联会计的原因之一。从国民经济冒进时期至国民经济挫折时期,中国既与西方经济往来少,又减少了与苏联的交往,几乎中止了与所有国家的会计沟通,会计处于封闭状态。改革开放以来,新中国打开了对外经济合作的大门,先是扩大对外贸易和引进外资合作办企业,后是走出去开展对外承包工程与劳务合作、扩大对外投资,以开放的姿态融入全球经济。经济的对外开放,迫使会计必须与国际惯例接近,我国先后出台了一系列采用国际通行做法的会计制度,重要者如企业会计制度中的《中外合资经营企业会计制度》、《外商投资企业会计制度》、1992年《企业会计准则》《股份制试点企业会计制度》、2006年《企业会计准则》,注册会计师制度中的1995年《中国注册会计师独立审计准则》、2006年《中国注册会计师执业准则》,内部控制制度中的《企业内部控制基本规范》《企业内部控制应用指引》《企业内部控制评价指引》和《企业内部控制审计指引》;会计信息化制度中的《企业会计信息化工作规范》《可扩展商业语言(XBRL)技术规范国家标准》《企业会

---

① 杨纪琬、余秉坚:《新中国会计工作的回顾》,载《中国现代会计手册》,第16页,中国财政经济出版社,1988年版。

计准则通用分类标准编报规则》，等等。实际上，对外开放与经济体制改革是紧密联系，不能分开的，实行经济体制改革必须实行对外开放的政策，对外开放的实施则要以经济体制改革为前提。对外开放和经济体制改革构成了新中国会计制度改革的两个直接的动力，很多改革措施是在对外开放、参与全球经济一体化的迫切要求下被倒逼出来的，没有对外开放，同样不可能形成中国今天的会计局面。

三、文化因素的影响

所谓文化，通常指包括传统习俗、生活方式、文学艺术、行为规范、思维方式、意识形态、价值观念等在内的，具有传承性的精神产品。文化对人的影响往往表现在人与人之间的关系、行为规范、思维方式、价值观念上。就会计制度的制定来说，如果人与人之间相对平等，个人表达意见的意愿和自由度相对较大，则有可能由民间专业团体自主制定会计制度，或者政府在会计制度的制定过程中更多地吸收公众参加；如果公众崇拜权威，从众心理强，不愿轻易表达个人意见，便很难由民间专业团体自主制定会计制度，一般来说会由政府机构制定会计制度并推动会计制度的执行。如果人们乐于追求新事物、新变化，较少顾及由此带来的风险，便容易接受各种高估资产与利润的相对激进的企业会计政策；反之，如果人们办事的态度普遍偏于保守谨慎，对风险的规避心理强，则会更多地采用高估损失和费用、低估资产价值、低估利润的谨慎的企业会计政策。如果人与人之间讲信用，社会诚信度和道德水准高，会计监督制度和注册会计师监管制度便可能相对宽松；如果人与人之间不讲信用，社会诚信度和道德水准低，社会规则意识差，实用主义盛行，贪图眼前利益，会计造假泛滥，则需要有严厉的会计监督制度和注册会计师监管制度。当前，中国公众和会计专业人士对权威的崇拜心理较强，尚不习惯主动表达个人意见，办事风格偏谨慎，且社会诚信度和社会信用度偏低，这导致了只能由政府机构出面制定会计制度，慎重采用激进的会计政策和实行严厉的会计监督制度、注册会计师监管制度。

四、教育因素的影响

国民和会计人员的受教育程度，也影响着会计制度的制定与执行。在一个文盲比例较高的国家或地区，很难推行高质量的会计制度和高水平、技术复杂的会计标准，也不可能实行对高标准、技术复杂会计报表的审计，更不能奢望推行会计信息化和内部控制制度。而如果国民的文化水平普遍较高，会计人员的受教育程度高，专业知识深厚，便具备了实行高质量会计制度的社会和人力资源基础。新中国建立初期，教育水平落后，国民受教育程度低，会计人员的受教育水平也很低，受过高等教育的会计人员稀缺,难以大范围地实行高质量的会计制度。例如,新中国建立初期少数大型国有企业在试行苏联会计制度的过程中,即曾发生过会计人员因不具备相应的专业技术而编制不出报表,其他管理人员几乎看不懂会计数据的窘况。经过几十年的努力,中国的国民教育水平和会计教育水平大幅度提高,据资料统计,截至2015年年末,全国受过高等教育(大专及以上)的会计从业人员已占全国会计从业人员总量的57.07%,远高于当年全国人口中12.45%受过高等教育的水平;全国共有近1 940万人通过会计从业资格考试,其中有374万人取得初级会计专业技术资格,161万人取得中级会计专业技术资格,13.3万人取得高级会计师资格;注册会计师行业从业人员已有30多万,其中执业注册会计师101 221人;在开设本科以上学历教育的高等院校及科研单位中从事会计教育科研工作的人员已达1.3万人。按照2010年财政部发布的《会计行业中长期人才发展规划(2010—2020年)》,到了2020年,中国会计人才资源总量将增长40%,会计人员中受过高等教育的比例将达到80%,涉及会计审计实务、会计理论研究和会计管理等方面的各类别高级会计人才总量将增长50%。[①]有了这样的人才基础,实行与国际会计准则趋同的企业会计准则和审计准则,推广会计信息化,全方位开展内部控制,进行政府会计改革,发挥会计在管理和经济社会中的作用,才具有成功的可能性。

  良好的教育不仅能够培养出大批高素质的会计人员,还能够培养出众多具有经济头脑和会计知识的理性投资者、充分认识和主动发挥会计在经营管理中作用的管理者,他们可以理解和接受高标准的会计制度,能够通过具有相当专业性的会计报表捕捉到所需要的信息,以优化投资决策和改进经营管理。大量的理性投资人和现代管理人是推行高标准会计制度的拥护者和社会基础。没有他们的配合和支持,高质量的会计制度仍然难以实行。在计划经济体制时期,各单位只需要执行国家计划,会计制度只为经济计划服务,人力环境不为人们所看重;但在社会主义市场经济体制下,对会计制度人力环境的需要便很迫切了。例如,在企业会计改革的过程中,每次出台重大改革措施,总要事先估计社会各界对即将出台的措施能否理解和接受,可能产生什么后果,措施出台后还要跟踪社会的反应。其中的原因,就是要充分考虑新会计制度是否具有相应的社会基础。改革过程中也不乏因某些人士不理解、不接受会计改革,而不得不放缓改革进度的事例,这在本书中有过讲述。

---

① 财政部:《会计行业中长期人才发展规划(2010—2020年)》,2010年9月21日。

第 2 节　新中国会计制度的特征与指导思想的变化

一、新中国会计制度的特征

同很多国家一样,自 20 世纪中期以来,新中国的会计制度发生了重大的变化。但新中国会计制度的变化过程又与其他国家不同,带有自己的特点,这可以称作会计制度演变的中国范式。

(一) 会计制度建设紧密配合经济社会发展

新中国会计的发展历史是一部紧密配合国家经济发展,不断适应经济体制改革需要的历史。在国民经济恢复时期,根据恢复国民经济的需要,我国制定出了最早的国有企业会计制度、预算会计制度、公私合营企业会计制度,以及专项核算和管理制度,满足了国民经济恢复和发展的需要,翻开了新中国会计制度的新篇章。在计划经济体制形成初期,按照计划经济体制的要求,新中国以苏联的经验为范本,将原会计制度改造成适应计划经济要求的企业会计制度和预算会计制度。在国民经济冒进时期,管理制度被视为束缚"大跃进"的障碍,会计制度被大幅度简化。在国民经济调整与发展时期,我国纠正了国民经济冒进时期的做法,经济走向正轨,会计制度过度简化的倾向也有所扭转。在国民经济挫折时期,管理制度被当作"资产阶级对无产阶级的管、卡、压",会计制度再度被简化。在向市场经济转型时期,我国重新发展国民经济并逐步结束计划经济体制,依据经济发展的需要重新建立了正常的会计制度,出台了新中国参照国际惯例制定的会计核算制度、注册会计师制度、事业单位会计准则、《会计专业职务试行条例》等新的会计人员制度、会计电算化制度。在市场经济建立时期,随着新中国走上以建立市场经济和现代企业制度为目标的道路,我国在会计的各个领域出台了更多适应市场经济和现代企业制度的会计制度,是会计改革力度最大的时期。到了转变经济增长方式时期,我国提出了完善社会主义市场经济体制和继续建设现代企业制的新任务,相应地颁布了与国际通行做法趋同的企业会计准则、注册会计师执业标准、会计信息化制度、企业内部控制规范、管理会计指导规范,为经济发展方式的转变提供了支持。这些历史过程说明,会计随着经济的发展而演进,随着经济模式的变化而改变;会计必须适应经济的发展和经济模式的变化,为经济的发展和经济模式的变化服务。新中国会计制度建设做到了始终围绕服务经济社会发展大局,不断解放思想和扩大对外开放,持续深入改革和开拓创新,逐步转化模式,为国家经济发展和经济体制转型升级提供了不可或缺的基础性支撑。

(二) 政府是会计制度的唯一制定者

新中国成立以来实行的会计制度,无论是企业会计制度、预算会计制度、会计组织制度、注册会计师制度还是会计信息化制度,都是由政府制定的。制定全国统一的会计制度,实质上是实行会计的国家管制,目的在于通过会计制度实现会计的全国统一,以保证会计工作的质量和效率。

1. 国外关于统一会计规范的讨论

对于是否需要实行会计管制和推行统一会计规范,西方国家在理论上存在不同认识。

反对实行统一会计规范的一种意见认为,根据代理理论,企业(及各种非营利组织,下同)的所有者和经理层的目标不完全一致,他们之间存在利益冲突:所有者希望对企业的投资收益最大化,而经理层更侧重追求高额的个人经济利益(如报酬)、优越的在职享受和满意的心理需求(如地位、声誉)。由于存在利益冲突,所有者会对经理层实施监督并产生监督成本。面对监督,经理层有减少与所有者的冲突和降低监督成本的动机,财务报告由于能够报告经理层的业绩,就成为一定程度地缓解经理层与所有者冲突,降低监督成本的手段。于是,经理层会主动提供表明自身业绩的财务报告。如果所有者通过财务报告有了对经理层的信任,代理监督成本便会降低,经理层便会赢得希望得到的报酬和心理满足,并被允许较高的在职享受。因此,即使没有统一会计规范的强制要求,经理层也会主动地提供优质的财务报告。

反对实行统一会计规范的另一种意见认为,竞争性资本市场和信号传递理论也可以说明强制性会计规范的非必要性。在激烈竞争的市场上,提供了优质财务报告的企业向市场传递着其经营良好的信息,会取得投资者的信心,使他们相信企业的经营风险低,投资者便可能接受较低的投资回报,从而降低企业的资本成本,提高企业的筹集资金能力。既然竞争和信号传递作用能够促使企业主动提供财务报告,也就无需实行统一的会计规范。

反对实行统一会计规范的人还认为,对企业的信息需求不一定必须通过公开披露的信息获取,通过私人订制也能够取得企业的有关信息,如通过向咨询公司了解企业的状况,通过经纪人公司进行企业投资,等等。同时,私人订制还可以避免对免费的公开会计信息"搭便车"的情况。如果市场有能力决定会计信息的供给,那么强制性的会计规范就显得不必要,市场会最优地满足对会计信息的需求。

支持实行统一会计规范的一种意见则认为,尽管市场有着对高质量会计信息的需求,但事实上市场并不总是有效的,往往会失去人们想象中的作用,即市场会失灵。市场失灵必然造成资源的次优配置甚至错配。在不存在统一会计规范的环境下,企业会出于自身利益的考虑而向社会提供质量低下的或带有误导性的会计信息,扰乱公众的判断,导致社会资源的次优配置并给公众带来损失。为了提高会计信息的质量,防止企业欺诈给公众造成的损失,有必要实行统一的会计规范,要求企业按照规范进行会计核算,出具符合规范要求的财务报告。市场失灵对会计信息的另一个影响,是会计信息生产不足(供应不足)。会计信息是一种公共物品,存在明显的外部性,即使用者不会因为使用了会计信息而向其生产者支付费用;或者说,使用者使用会计信息是在"搭便车"。因为会计信息具有无偿提供的特征,所以如果没有统一规范的强制要求,企业便不会有满足公众会计信息需求的动机,使会计信息的生产小于实际需求,导致信息不足。而通过私人订制获取各个企业的会计信息,获取成本必定大大高于统一规范要求下的信息成本,基本是不可行的。

支持实行统一会计规范的另一种意见认为,统一规范能够最大限度地消除信息不对称和增加会计信息的可比性。首先,统一会计规范要求会计信息以统一的标准公开披露,社会公众能够公平、无差别地获得会计信息,这有利于防止内部人利用非公开信息获取私利。其次,统一会计规范要求会计信息采用相对统一的标准,这实际上协调了各企业的会计处理,使各企业在重大方面的会计处理彼此相似,不同企业之间的信息能够相互比较,而只有信息具备可比性,投资者才能够通过信息对比分辨各企业的优劣,选择适当的投资对象。

当前,支持实行统一会计规范的意见是主流。现实中,所有国家都在实行统一会计规范,按照统一的标准对会计信息实行管理,尽管各个国家之间的会计规范不完全一样。在普遍实行统一会计规范的大环境下,也有些人提出,虽然实行统一会计规范是必要的,但其仍然存在不足之处:其一,根据经济学的原理,自由市场中资源的供需平衡是依据市场价格实现的,以市场价格为引导的供需均衡揭示了社会总需求;而在实行统一会计规范的管制环境中会计信息没有价格,不存在通过价格揭示会计信息需求量的可能。因此,很难评价统一会计规范下的会计信息是否满足了社会需求,能否获得公众的满意。其二,在受管制的环境中公共物品的供应通常享受补贴,因此容易出现供应过剩,会计信息同样如此,即形成所谓"准则超载",最典型的表现是大量的、内容繁杂的会计准则给企业带来烦恼。其三,统一会计规范的制定过程往往是在平衡各个利益集团的利益,但又经常使其中的某些集团获得额外好处,被利益集团所"俘获",且时常不遵守"应循程序",这使统一会计规范的制定看上去不是在追求科学合理,而更像是一场讨价还价的生意。

除了是否应该实行统一的会计规范外,应该由谁来负责统一规范的制定,由民间团体还是政府或立法机构制定会计规范,是人们争论的另一个焦点。

主张由民间团体负责制定会计规范的意见认为,由民间团体负责制定会计规范,可以吸引社会各界具有专业知识的人士参加会计规范的制定,从而使会计规范充分表达诸方面的具有专业水准的意见,这会使会计规范容易为商界所接受;而政府或立法机关不可避免的官僚主义作风会导致办事拖拉,效率低下,以长官意志强加于人,甚至会造成公众对会计规范的抵制。正如同一些人所阐述的那样,"一般地说,职业会计师把政府机构看作十足官僚主义的、僵硬的、对各种需求反应迟钝的,并且会屈服于为私利而进行的政治游说"①,从而加大规范的制定成本。

主张由政府或立法机构负责制定会计规范的意见则认为,由政府或立法机构负责制定会计规范,会使规范更具较高的权威性,有利于规范的推行,特别是 21 世纪初一系列重大会计造假事件(如 2001 年的安然事件、2002 年的世通事件等),更加表明由政府或立法机构强制推行统一会计规范、实行会计监管的必要。同时,由于政府或立法机构具有维持社会公平和维护社会稳定的职能,由政府或立法机构负责制定会计规范,相对有利于保护公众的整体利益和减少舞弊,而民间团体难免只代表某个团体的意愿,与社会公众的利益会有一定距离。

西方国家关于是否需要实行会计统一规范的讨论,应当引起我们的关注。但这些讨论是在发达的市场经济和资本市场环境下开展的,其背景与中国有着较大的差异。在中国特定的经济与社会环境下,不存在西方国家反对统一会计规范的种种理由和可能性,反倒是有着更多由政府机构制定和推行统一会计规范的必要。

新中国在成立以后经过短期的过渡,大致自 1953 年开始实行计划经济体制,各项经济工作被置于国家统一安排之下,会计工作亦不例外,由政府机构部署会计工作,制定会计制度。"文化大革命"结束后我国逐步放弃计划经济体制,经过较长时间的转型,1992 年后渐渐步入市场经济轨道。但改革并没有改变基本社会制度,"社会主义制度是中华人民共和国的根本制度。中国共产党领导是中国特色社会主义最本质的特征"②。我国的社会主义国家体制、财政体制决定了我国不可能采取某些西方国家由私人团体负责制定会计制度,主导会计工作的方式。除了国家体制、财政体制的制约外,中国市场经济和金融市场发育不成熟,远未形成西方发达国家具备的市场经济规则、成熟的投资人和职业经理人、专业水准较高和自治能力较强的会计职业界,且尚处于社会自律性差、商业欺诈和会计造假严重、市场对交易的自我调节作用有限等现实环境中,这一切导致我国目前不存在西方会计理论界想象中的那种基于市场竞争和

---

① (美)弗雷德里克 D.S. 乔伊、格哈特 G. 米勒著,常勋、陆祖汶等译:《国际会计准则》,第 25 页,立信会计图书用品社,1988 年版。

② 《中华人民共和国宪法修正案》(2018 年)第 1 条第 2 款。

市场选择,由经理层主动提供优质财务报告的可能,也不存在公平地私下订制会计信息的可能。在这样的现实环境下,为了维护经济社会的稳定,发展会计事业,只能由政府发挥在经济、社会等各个领域的主导作用,由政府制定统一的会计制度,规范会计工作和会计人员行为。

2. 新中国政府制定会计制度的历史原因

有学者在对各国的会计制度进行分类时,认为会计制度可以分为由市场形成的、由政府形成的、由社会团体形成的三类。第一类指的是凭借市场力量形成会计制度,每个公司选择自己的规则仅受到来自市场的压力的影响;第二类指的是会计制度的形成过程由国家控制,"国家设立一个机构颁布企业必须遵循的会计惯例,并提供实施的途径";第三类指的是通过"自发团结一致"的社会团体形成会计制度。①按照这样的划分,新中国的会计制度属于由政府形成的那一类。在这一类中,各国(地区)形成会计制度的做法也有区别。有的国家(地区)由政府制定的会计制度范围宽,数量多,内容细,几乎无所不包;有的国家(地区)由政府制定的会计制度范围窄,数量少,或只侧重原则性规定。一般而言,政府制定会计制度的范围大小、数量多寡,与政府的管理权限大小,特别是经济管理的权限大小有关。如果政府的管理权限很大,其负责制定的会计制度的范围就会较宽,数量就会较多;否则,则相反。以新中国成立之前南京国民政府时期的情况为例。该时期的一些会计制度由政府制定,但由于政府的经济管理权限主要集中于政府部门、公有营业和事业单位等"公有单位",除此之外的大量私人企业、事业机构不归政府管辖,所以政府制定的会计制度限于它所管辖的范围之内,主要有《会计法》《商业会计法》(为配合所得税、营业税等税款的征收,于1948年发布),普通公务会计制度和公有营业会计制度,普通公务总会计制度、普通公务统制会计制度、普通公务单位会计制度、特种公务征课会计制度、公有营业及公有事业会计制度,各种会计机构的组织和办事通则(对会计机构的组织形式和职权范围的规定)、任用会计人员的规定(会计人员资格规定、遴选和训练会计人员的规定),考试选拔会计人才的规定(选拔会计人员的考试规则、考试内容等),各种专业会计制度,等等。②"但民间会计的特点是各自为政,没有统一性。"③新中国成立之后,政府作为社会的统一管理者,管理权限扩展到社会各个领域,政府制定会计制度的范围扩大,数量增加,几乎所有的会

---

① (英)克里斯托弗·诺比斯、罗伯特·帕克:《比较国际会计》,第48页,薛清梅译,东北财经大学出版社,2005年版。
② 中国会计学会会计史料编写组、中国第二历史档案馆合编:《中国会计史料选编——中华民国时期》第Ⅰ、Ⅱ、Ⅲ、Ⅳ分册,江苏古籍出版社,1990年版;赵友良:《中国近代会计审计史》,第277页,上海财经大学出版社,1996年版。
③ 赵友良:《中国近代会计审计史》,第79~122页,上海财经大学出版社,1996年版。

计制度,包括总预算会计制度、单位预算会计制度、事业单位会计制度、不同类型的企业会计制度(国有企业会计制度、中外合资经营企业会计制度、外商企业会计制度、公私合营企业会计制度等)、非营利组织会计制度、会计人员管理制度、注册会计师制度、会计信息化制度等,均由政府制定,政府成为会计制度的唯一制定者。我国分管会计制度制定的负责人曾就此指出:"会计制度是指政府管理部门对处理会计事务而制定的规章、办法等规范性文件的总称,包括会计核算制度、会计监督制度、会计人员管理制度、会计工作管理制度等。会计制度既是各单位组织会计管理工作和产生相互可比、口径一致的会计资料的依据,也是国家财政政策在会计工作中的具体体现。因此,会计制度作为法制化经济手段的重要组成部分,必须纳入政府部门的管理范围。"①

首先,这一局面的形成是由新中国的经济社会制度所决定的。新中国成立后,很快由建设新民主主义经济转为实行社会主义计划经济,由政府决定经济社会的发展方向与途径(即使在建设新民主主义经济期间,也明确了"国民经济应该是在某种程度上具有组织性与计划性的经济"②),这样必然要由政府主持制定各类经济管理制度,包括会计制度,以通过会计核算保证经济计划的执行。前已述及,早在1949年3月党的七届二中全会上即成立了政务院财政经济委员会,以统一领导全国的财经工作。1949年中央人民政府成立后,中央财经委转属政务院,财政部为其下设机构。1949年12月财政部设置会计制度处,1950年9月会计制度处调升为会计制度司,负责管理全国的会计工作。中央政府财经管理部门成立后,一项重要工作是制定会计制度。在中央财经委的统一领导下,会计制度司制定了新中国的首批会计制度,包括第一批中央各主管部门统一企业会计制度、第一部涉及会计核算的制度《中央金库条例实施细则(草案)》、第一部《各级人民政府暂行总预算会计制度》和《各级人民政府暂行单位预算会计制度》等。③ 1954年公布的第一部《中华人民共和国宪法》规定:"国家用经济计划指导国民经济的发展和改造,使生产力不断提高,以改进人民的物质生活和文化生活,巩固国家的独立和安全。"新中国实行的计划经济是全方位的,计划管理渗透到国民经济的各个方面,反映经济活动的会计制度无例外地由政府负责制定。改革开放后,新中国开始放弃计划经济体制,但国家的社会主义基本制度没有变化。被称作"为新时期法制建设确立了目标"的1982年宪法规定:"社会主义制度是中华人民共和国的根本

---

① 刘玉廷:《关于会计中国特色问题的思考》,《会计研究》,2000年第8期,第2~7页。
② 张闻天:《关于东北经济结构及经济建设基本方针的提纲》,转引自《刘少奇论新中国经济建设》,第30页,中央文献出版社,1988年版。
③ 新中国成立前由中国共产党领导的政权,包括土地革命时期的中央苏区政府、抗日战争时期的各边区政府、解放战争时期的各解放区人民政府,曾制定有多项会计制度。

制度。"以后历次修订的宪法,均肯定了国家的这一根本制度。随着改革开放的深入,国家政治、经济形势发生了重大变化,政府在经济社会生活中的作用也与计划经济时代不同。在中国特色社会主义制度下,市场在资源配置中起着决定性作用,同时也注重加强国家的宏观调控作用。中共十八届三中全会通过的《中共中央关于全面深化改革若干重大问题的决定》指出:"经济体制改革是全面深化改革的重点,核心问题是处理好政府和市场的关系,使市场在资源配置中起决定性作用,更好发挥政府作用。"该决定还指出,要"加强转变政府职能","政府要加强发展战略、规划、政策、标准的制定和实施,加强市场活动监管,加强各类公共服务提供。加强中央政府宏观调控职责和能力,加强地方政府公共服务、市场监管、社会管理、环境保护等职责"。该决定提出的社会主义市场经济环境下政府"加强标准的制定和实施,加强市场活动监管"的职能,包括会计制度的制定与实施,还包括对会计信息与会计市场的监管。基于基本的国家体制和经济体制,新中国建立以来,无论哪个时期,政府负责制定会计制度的做法始终没有也不会变化,并已将这一权力法律化,写入了《中华人民共和国会计法》①。

其次,会计人员专业素质差,缺乏熟悉市场经济和善于独立处理复杂业务的高层次会计人员,且会计人员缺乏自主组织社团,通过专业社团协调业务活动的传统与经验,尚不具备由民间团体制定会计制度的条件,是不得不由政府出面制定会计制度的另一个原因。有些外国学者曾这样评价经济转型国家缺乏高素质会计人员的现实:"在从计划经济向市场经济转变的过程中,熟练的会计和审计人员严重短缺。会计职业界难以胜任先进的准则和惯例制定者的角色,于是这一重任落到了不受信任的政府机构身上。"②外国学者的评价难免带有某些偏见,比如不是所有经济转型国家的政府都是"不受信任的",但"熟练的会计和审计人员严重短缺"却是事实。会计人员的专业素质,可以简单地用会计高等教育培养的人数来衡量。有关资料显示,1949年全国设有会计专业的院校有53所,在校学生人数5 518人;1950年设有会计专业的院校为44所,在校学生4 180人;1951年设有会计专业的院校为40所,在校学生4 727人。会计高等教育培养的人才数量如此之少,会计人员的总体专业水平只能保持在很低的

---

① 1985年制定并于1993年、1999年、2017年修订的《中华人民共和国会计法》均规定由国务院财政部门管理(主管)全国的会计工作。如2017年修订的《中华人民共和国会计法》第7条、第8条分别规定:"国务院财政部门主管全国的会计工作。县级以上地方各级人民政府财政部门管理本行政区域内的会计工作。""国家实行统一的会计制度。国家统一的会计制度由国务院财政部门根据本法制定并公布。国务院有关部门可以依据本法和国家统一的会计制度制定对会计核算和会计监督有特殊要求的行业实施国家统一会计制度的具体办法或者补充规定,报国务院财政部门审核批准。"

② (英)克里斯托弗·诺比斯、罗伯特·帕克:《比较国际会计》,第259页,薛清梅译,东北财经大学出版社,2005年版。

状态。经过多年的努力,我国的会计教育有了很大发展,会计人员结构得到很大改善,但会计人员的整体专业水平仍不能令人满意。在2010年9月21日财政部出台的《会计行业中长期人才发展规划(2010—2020年)》中,对我国会计人员状况做出了这样的判断:"当前我国会计人才发展的总体水平同世界先进国家相比仍存在较大差距,与我国经济社会发展需求相比还有一些不相适应的地方,主要是:高层次复合型会计人才缺乏,会计人才结构和布局不尽合理,会计人才发展的体制机制有待完善,会计人才市场管理有待加强,等等。"我国会计人员专业素质低,职业判断能力差,难以仅凭市场压力选择自己的会计规则,也很难通过成立社团自我制定会计制度,至少到目前为止,由政府主导制定会计制度仍是最可行的选择。

3. 政府制定会计制度的利弊

首先,政府主导制定会计制度适合中国特殊的会计环境。依据前文的分析,当前由政府主导会计制度的制定,适合中国的现实情况,具有充分的现实合理性和可行性。特别是在当前会计造假仍然猖獗,会计制度执行不到位,会计工作屡受干扰的环境下,由政府主持制定的、具有法规性的会计制度,有着较高的权威性,容易为各经济主体接受,同时也便于审计单位、监管部门及其他有关部门对会计制度执行情况的监督与管理。

其次,由政府制定会计制度有利于避免利益集团间的纷争,保证会计制度的相对公正与合理。正如前文所提到的,一些西方国家的学者认为,由于政府或立法机构具有维持社会公平和维护社会稳定的职能,所以由政府或立法机构负责制定会计规范,相对有利于保护公众的整体利益和减少舞弊,而民间团体由于往往只代表某个集团的意愿,难免与社会公众的利益存在差距。新中国成立以来,各种社会活动一直处在政府的统一管制之下,不存在长期的显性利益集团之间的博弈,但不是没有近似的历史教训。例如,在导致国家经济濒临崩溃边缘的"文化大革命"中,曾形成代表不同利益的"群众组织",他们相互之间因为权力之争而"打派仗",不断发生人员伤亡的"武斗",社会秩序不仅没有因为"大鸣大放"而改善,反而受到灾难性破坏,其危害至今令人记忆犹新。可以想象,如果由代表不同集团利益的团体主导制定会计制度,不可避免地会产生不同集团之间的利益博弈,由此产生的负面影响将会给我国会计事业造成损失。不可否认,我国客观地存在着利益诉求不同的人群,政府难以做到完全免受不同利益群体的影响。但与利益集团相比,政府代表国家利益,负有国家使命,有着更多地从全局、长远考虑问题,做出部署的动机,在经济生活中基本能够保持利益中性,不会过于偏袒某一利益方,是较好的各方利益的协调者。由政府主导制定会计制度,有着由其他利益集团制定时所不具备的公平性优势。除了利益之争,社会分工也是造成集团纠纷的原因。现代经济的核心特征之一是社会分工。很多研究表明,随着社会分工的复杂程度上升,合作的难度越来越大。由于信息不对称和存在种种事前难以预料的不确定性,各集团或经济主体之间容易陷入博弈困境,导致合作效率下降;且需要进行合作的主体越多,信息不对称程度越高,合作越困难,最终导致纠纷的形成。政府凭借自身的权威性和公信力,能够协调各利益集团或经济主体间的纠纷,达成分工下的合作,维护社会运行效率。在政府主导会计制度制定过程中,有着同样的效果。

政府主导制定会计制度,还具有费时短、效率高(前提是要有高效率的政府)的制度制定成本优势;且因为政府权威性高,具有使会计制度得到迅速、有效推广的优势。按照新制度经济学的理论,实施机制是制度的基本组成部分,拥有一个强制的实施机制是制度能够履行的前提之一。判断制度是否完善,除了看制度本身是否恰当之外,还要看制度的实施机制是否健全有力。新中国制定了大量的会计制度,绝大多数能够得到贯彻落实,除了这些制度本身的合理性和适用性外,在很大程度上得益于会计制度制定的高效率和执行的强有力。在新中国成立早期,政府在很短的时间内制定了一批统一会计制度,包括企业会计制度(如1950年至1951年陆续公布的中央各企业主管部门企业会计制度、1956年公布的《中央级公私合营工业企业基本业务标准账户计划及会计报表格式说明》、1957年公布的《地方级公私合营企业会计核算制度》)、银行会计制度、农场会计制度、预算会计制度(如1950年发布的《各级人民政府暂行总预算会计制度》和《各级人民政府暂行单位预算会计制度》),并迅速在各相关单位实施,在短期内即结束了旧中国会计落后、混乱的局面,这完全是由于政府强有力的推动。如果没有政府的主导,这些会计制度既不可能出台,也不可能迅速推广。之后的各个时期内各项会计制度的实施、会计改革的开展,同样依赖政府制定会计制度的高效与权威。政府制定会计制度的高效和会计制度推行措施的得力,降低了会计制度变迁的成本,是会计制度变迁得以顺利进行的重要保障。

政府制定会计制度的另一个优势是能够保证会计的统一。会计的统一有着重要的意义。进入工业化社会之后,会计已经不是一家一户企业的个体行为,而负有社会责任,即向广大会计信息使用者提供决策有用信息,引导社会资金优化配置。会计这一作用的发挥,有赖于会计的统一。这是因为统一的会计才能使会计信息具有统一的标准,会计数据才具有可比性,会计信息使用者才能够凭借会计信息判断企业经营的优劣,否则会计的决策有用性难以实现。因此,会计的统一是现代会计发挥作用,实现会计目标的前提,也是衡量会计先进性、合理性的标志之一。新中国成立之前,除了政府部门和少量政府直接管理的公有营业和事业机构外,大批私营企业的会计是不统一的,"中央人民政府成立以前,中国的企业以私营为主,企业的会计制度是不统一的,有的采用西式簿记,有的采用中式簿记,有的又采用改良中式簿记。会计基础也不统一,有的采用应计基础,有的又采用现金基础。即使是同一行业,会计制度也各行其是,彼此的数据,没有可比性,也无法据以合并"①。新中国成立后实行统一会计制度,扭转了旧中国会计的混乱状况,使中国会计从此走上了统一的道路。这一历史性的进步,凭借的是政府的力量,如果不是由政府制定并推行会计制度,中国会计的统一恐怕还会推迟很长时间。

再次,政府制定会计制度能够在一定程度上有利于发挥会计信息的宏观作用。会计既有微观管理作用,也有宏观作用。会计信息能够在资本市场上为投资决策提供依据,引导资金的流向和配置;各微观单位汇总的会计信息,能够反映微观单位的运行状况,为宏观经济管理和制定经济政策(如产业政策、税收政策、价格政策、市场监管政策等)提供决策依据。政府制定会计制度,会较多地考虑如何发挥会计信息的宏观作用,设法使会计信息更多、更好地被用于宏观经济管理和经济政策的制定。政府热衷于使会计制度服务于宏观经济管理需要的偏好,是会计制度制定中政府意志的一种表现,但这确实增加了会计信息的宏观有用性。

政府制定会计制度的优势,还表现在便于会计制度与相关法规、政策及不同领域会计制度之间的配合,减少由于与相关法规、政策及不同领域会计制度(如企业会计制度、注册会计师制度、内部控制制度、会计信息化制度等)之间的冲突而可能走的弯路。会计作为一项管理工作,其作用的发挥有赖于其与经济社会活动的配合,会计制度必须与相关法规、政策,如税法、公司法律、证券法律、合同法律、国有资产法律、涉外法律等相协调,不同会计领域的制度之间也需要协调、配合,而不能相互冲突。由于政府对各种法规、制度比较熟悉,容易协调有关执法部门之间的关系,所以与个体或团体相比,由政府制定会计制度更加便于会计制度与相关法规、制度的配合,有利于会计制度顺畅执行。以制定 2006 年《企业会计准则》时的情况为例。2006 年《企业会计准则》是一项涉及面广泛的会计规则,当时主管会计制度的财政部负责人曾这样讲述准则制定过程中与各有关方面的协调:"会计准则体系的建设是一项专业技术性强、社会影响面广泛的系统工程,是夯实企业发展基础、规范游戏规则、完善市场经济体制的重要保证。……在准则起草过程中,我们敞开言路,鼓励争鸣,兼容并蓄,集思广益,成为保证准则质量、堵塞准则漏洞的主要手段,充分贯彻了中央提出的科学民主决策的精神。准则的整个制定过程建立了一套完整的机制,始终保持公开透明,征求意见规模之大、范围之广、领域之宽为我国会计标准制定史上少见。通过与相关部门、单位、专家等的广泛沟通,实现了会计政策与企业、金融、财政、税收、证券等政策的协调统一。……我

---

① 杨时展:《1949—1992 年中国会计制度的演进》,第 6 页,中国财政经济出版社,1998 年版。

国企业会计准则体系的建设与审计准则体系的建设是同步的,发布实施也是同步的。其中,企业会计准则规范企业会计确认、计量和报告行为,审计准则规范财务报表审计和鉴证行为,两者之间相互依赖,相互促进,有着非常密切的关系。在会计、审计准则制定过程中,凡是涉及相互交叉的内容,双方制定人员都及时研究,协调一致,相互参照,相互支持,保证了准则内容的一致性、严肃性和权威性,有利于两大准则体系的有效贯彻执行。"[①]

当然,由政府制定会计制度也会存在一些问题。例如,政府部门可能由于对经济形势判断失误或对会计新情况的认识存在偏差,而未能采用适当的会计制度;政府部门也可能由于官僚主义而对实际情况不了解,或政府官员工作不勤勉不尽责,导致对制度需求的反应迟钝;也可能因部分政府官员的个人道德、洞察力、专业素质偏低而使制度制定工作蒙受损失;会计制度还可能因部分官员的一时好恶,甚至独断独行,以个人意见代替集体决议而带有偏向;由于制度是政府制定的,基层单位和会计人员对制度的响应度可能会低,贯彻执行的积极性不高,甚至会抵触;政治原因或意识形态原因也可能导致会计制度的偏差,例如我国在计划经济体制形成初期一味模仿苏联的会计模式,在国民经济冒进时期和国民经济挫折时期对会计制度的过分简化,在改革开放前对西方会计的全盘否定与排斥等;再有,也存在政府部门将会计当作完成自己业绩的工具,过多地要求会计为政府当前的短期政策、阶段性工作服务而扭曲会计的本职(本职错位),忽视会计自身长久、全面发展的可能。

(三)会计制度改革采取渐进方式

新中国会计制度的变迁,特别是改革开放以来会计制度的变迁,采取的是渐进的而不是突变的方式。新中国会计制度的渐进式变迁,表现为两个方面。

一是会计制度随着经济改革进程的推进而变化,经济改革逐步深入,会计制度改革亦循序渐进,不做脱离经济改革的孤军独自深入。以改革开放以来企业会计制度的演变为例,无论修改《国营工业企业会计制度》,颁布《国营企业成本管理条例》和《国营工业企业成本核算办法》,还是出台《股份制试点企业会计制度》《企业会计准则(1992)》,抑或是制定企业会计准则体系(2006),无一不是与各时期经济体制改革、企业改革同步而行,随经济体制改革和企业改革的进展而发展。可以想象,如果中国的会计制度改革不与经济改革相随相行,而是脱离经济改革,我行我素或盲目地跟着别人走,必然不被社会所接受,必然遭受挫折。

[①] 王军:《关于中国企业会计准则体系建设与实施的若干问题》,载《企业会计准则讲解(2010)》,第5~6页,人民出版社,2010年版。

二是会计制度改革奉行"因时因人制宜、区别对待"的原则,而不是短期内"一刀切"地以新制度全面替代旧制度。改革开放以来每次出台重大会计制度,往往先在适当范围内试行,再逐步推广,因而经常存在一段时间内新旧制度交叉重叠的情况。例如,2000年出台《企业会计制度》后,先在股份制企业实行,然后再扩大到更多的企业;2006年公布《企业会计准则》之初,为了照顾不同企业的不同情况,《企业会计准则》的实施范围先限于上市公司和金融企业,数年后才扩大到其他大型企业,此后再逐步扩展。在2000年颁布《企业会计制度》和2006年颁布《企业会计准则》后的很长一段时间里,部分企业仍然分别执行1992年制定的行业会计制度,即所谓"制度、准则并行,新旧制度并行",实行会计规范的"双轨制"。这样做,看上去似乎新制度的推行较慢,"双轨制"也似乎令人感到"混乱",但却是正视市场发展和企业现实情况、稳扎稳打的做法。如果当时即刻全面推行新制度,很可能因为急于求成而带来麻烦。会计制度渐进式的变迁方式,是基于统筹部署经济体制改革与会计改革,及中国经济发展不平衡、企业发展状况存在较大差异的现实,这在会计制度发展过程中收到了很好的效果,顺利实现了新旧会计制度的交替,保证了会计秩序的稳定。

(四)会计制度具有法规权威

新中国会计制度的另一个特点,是以法规的权威性推动会计制度的实施。世界各个国家、地区的会计制度(准则)的性质不一样,有的作为规范会计确认、计量、报告的标准和会计信息使用者阅读会计报告的指南,具有权威性但并不强制执行(如美国的财务会计准则、英国的公认会计原则);有的则具有必须遵照执行的强制性。新中国成立后,将会计制度作为国家法规的一部分,会计制度具有必须执行的强制性。对此,主持会计制度的有关负责人曾有过多次说明:"在我国,《企业会计制度》以及《企业会计准则》[①]都是国家统一的会计核算制度,其定位属于行政法规性的规范性文件,而不是公认会计原则。行政法规具有强制性的特点,有关企业必须执行;公认会计原则不具有法规性和强制性,而是作为公众普遍接受和认可的会计原则或惯例。作为具有行政法规性的文件,对经济业务事项的会计处理,要求明确规定企业应当怎样做不应当怎样做,不允许企业有更多的选择会计政策的余地;公认会计原则却具有较大的灵活性,在实际执行中在很大程度上取决于企业和会计中介机构的职业判断。"[②]新中国会计制度足够高的法规权威性,使会计制度的推行畅通无阻,大大降低了制度变迁的阻力。应该指出的是,会计制度具有法规权威性,与目前广大会计制度执行

---

① 指2000年制定的《企业会计制度》和1992年制定的《企业会计准则》。
② 刘玉廷:《企业会计制度的中国特色及与国际惯例的协调》,《会计研究》,2000年第8期,第3~8页。

者对法规和政府具有较高信任度和服从性的现状相符合,既具有中国特色又符合当前中国会计国情。

(五) 会计制度采用易于接受的形式

新中国会计制度还有一个特点,就是会计制度坚持采用大多数制度执行者(包括广大会计人员和各单位的管理者)易于接受的形式,受到了普遍的欢迎。以下以会计制度中的会计核算制度为典型,说明这个特点。各个国家(地区)会计核算制度的内容与形式不一样,有的主要涉及会计确认、计量和报告的原则,有的涉及会计确认、计量、记录和报告的全部内容。会计核算制度包括什么内容、采取什么样的形式,应当与一个国家(地区)制度执行者的专业水平和工作思维方式相适应。人们习惯了某种形式的会计核算制度后,会产生对这种形式的依赖,会计核算制度内容与形式上不恰当的改变会使制度执行者感到不适应而无从执行,因此会计核算制度采取怎样的内容与形式,能否为制度执行者所接受,是会计制度变迁能否顺利推行的因素之一。新中国会计核算制度的变迁充分考虑了制度执行者的适应性,一直尽量采用他们熟悉的内容与形式,从而减小了制度变迁的阻力。新中国成立之后,为了会计人员办理业务的方便,政府公布的会计制度主要规定会计科目名称、会计分录编写、会计报表项目填列等,即主要规定了编制会计记录和填列会计报告的具体方法。以工业企业会计制度为例,1950年至1951年中央各企业主管部门制定的新中国最早的一批企业会计制度,主要内容是规定会计科目的设置和使用、会计报表的种类和格式等;1955年公布的《国营工业企业基本业务标准账户计划》对账户设置、说明、对应关系的规定更为详细;20世纪60年代到80年代的会计制度也都侧重对会计科目和会计报表的规定(如1961年制定的《国营工业企业会计科目和使用说明》、1962年制定的《国营工业企业会计报表格式和编制说明》、1985年制定的《中外合资经营工业企业会计科目和会计报表》),或将会计制度与会计科目和会计报表合并在一起,干脆称作《××会计制度——会计科目和会计报表》(如1980年、1985年和1989年制定的《国营工业企业会计制度——会计科目和会计报表》)。在会计制度中规定会计业务具体处理方法的方式,适合中国广大会计制度执行者专业素质不高的实际情况,为制度执行者所欢迎。在实行社会主义市场经济体制和会计与国际惯例趋同的过程中,新中国的会计制度仍然采取了这样的内容与形式,没有做大跨度的变化:1992年,公布《会计会计准则》的同时,颁布了12个行业的会计制度,详细说明会计科目的使用和会计报表的编制;20世纪90年代公布一系列会计准则后,紧接着2001年颁布《企业会计制度》,继续对会计科目使用和会计报表编制做出说明;2006年颁布《企业会计准则》,同时在《企业会计准则——应用指南》中规定了会计科目的使用和主要账务处理,并通过《企业会计准则讲解》对会计准则做进一步的解释;自2015年起推行的政府会计准则体系,也采取了同样的方式。会计制度采取这种大多数制度执行者易于接受的内容与形式,符合中国的现实情况,事实证明是妥当可行的,是会计制度变迁得以顺利进行的保证之一。对此,会计制度制定机构负责人有着清醒的认识:"我国以前的会计制度主要是以会计科目和会计报表形式加以规定,其中涵盖了会计确认和计量的内容,将会计确认、计量、记录和报告融为一体。新会计准则①改变了这种传统做法,明确了会计确认、计量和报告构成准则的体系的正文,从而实现了国际趋同;同时根据会计准则规定了156个会计科目及其主要账务处理,作为会计准则应用指南的附录,附录中的会计科目和主要账务处理不再涉及会计确认、计量和报告的内容。国际财务报告准则不涉及会计记录,主要是规范会计确认、计量和报告,会计科目由企业自行设计并进行账务处理。我国目前乃至相当长的时期内,还不能缺少对会计记录的规范,这样设计和安排,能够使会计准则更具操作性,便于准则体系被全面准确地贯彻执行。"②

二、新中国制定会计制度指导思想的变化

会计制度的制定总是遵从一定的思想认识,在一定思想认识的指导下进行的。从新中国会计制度的发展过程中,可以看出会计制度制定思想的前后变化。

一是抛弃了会计制度的政治化。改革开放前会计制度制定主要围绕如何学习苏联的经验和怎样处理会计制度"繁"与"简"的关系展开。国民经济恢复时期和计划经济体制形成初期,参照苏联的经验建立起新中国的会计制度;国民经济冒进时期至国民经济挫折时期,由于与苏联的关系恶化和政治上的"左倾",转向批判学习苏联经验所带来的繁琐和对"革命群众的管、卡、压",要求会计工作"突出政治",会计制度简单易懂。导致前后变化的原因很多,但最根本的是政治方向的改变。在那段时间里,政治需要左右了会计制度的走向,会计制度制定染上了浓烈的政治色彩,淡化了会计制度应有的经济管理本质。1978年召开的中共十一届三中全会"果断地停止使用'以阶级斗争为纲'这个不适用于社会主义社会的口号,做出了把工作重点转移到社会主义现代化建设上来的战略决策"③。在随后开始的经济体制改革中,不再生硬地将会计与政治捆绑在一起,不再以政治决定会计,使会计回归其原本的经济管理活动本质,依

---

① 指2006年制定的《企业会计准则》。
② 刘玉廷:《关于企业会计准则体系建设、趋同、实施与等效问题》,载《企业会计准则讲解(2010)》,第3—4页,人民出版社,2010年版。
③ 《中国共产党中央委员会关于建国以来党的若干历史问题的决议》。

照经济管理的规律发挥作用。

  二是对国外的会计经验采取了科学的态度。近代中国会计的发展是在学习国外会计经验的过程中走过来的,新中国会计制度变迁也没有脱离这一过程,如何对待国外会计经验,始终是影响会计制度变迁的一个重大问题。改革开放前,先是模仿,后又否定苏联的做法(但实质上并没有摆脱计划经济体制的会计模式);改革开放后,则面对着如何处理与以国际会计准则为代表的国际会计惯例的关系。比起改革开放前,改革开放后对待国外会计经验的态度明显更为成熟、理性。1992年至2001年市场经济建立时期,曾有人提出中国会计"与国际会计惯例全面接轨"的口号,主张全面模仿西方会计,与西方会计完全相同,但未被多数人接受;随着改革思想的成熟,对国际化认识的深入,人们在如何处理与国际会计惯例的关系上,思想逐步统一,提出了中国会计"国际趋同"的认识和坚持"趋是方向,趋同不是简单地等同,趋同需要一个过程,趋同是一种互动"的原则[①],并承诺与国际会计准则保持持续趋同,正确地处理了如何做才能通过学习国外会计经验,提高中国会计质量的问题。对国外会计经验的理性化转变,使中国会计在国际化大潮流中既没有丧失机会,又没有盲目跟从,较好地把握了会计制度变迁的独特做法与节奏。

  三是明确了会计发展的目标与方向。改革开放前,会计工作的变化和会计制度变迁多注重解决当下的具体现实问题,方向性与长远目标不够清晰。当时也曾制定过若干会计工作改革纲要或发展规划,但重点在于部署如何解决会计工作遇到的具体问题,没有清晰地提出会计今后的发展目标。例如,1965年制定的《企业会计工作改革纲要(试行草案)》提出了12项改革措施,包括区分行业和企业大小设计会计制度、改革成本核算方法、简化各项资金核算办法、改革记账方法、精减账表、实行财务民主、开展会计监督、健全会计机构等,却没有说明企业会计今后的发展方向和目标;1973年财政部制定的《国营企业会计工作规划(试行草案)》以纠正"文化大革命"中被破坏了的会计秩序为目的,强调要"促进企业健全会计制度,加强经济核算",但同样没有提出会计工作今后的方向与目标。改革开放后,在建设社会主义市场经济总目标的指引下,通过自由、开放地讨论,会计改革的方向和目标逐渐清晰,会计制度变迁的路线逐渐明确,增强了制度变迁的方向感。改革开放后会计改革的方向和目标,集中体现在几次会计改革发展纲要中。1991年7月29日财政部公布了经过多年酝酿讨论的《会计改革纲要》,"它初步明确了我国会计改革的指导思想、目标、主要内容以及改革过程

[①] 王军:《关于中国企业会计准则体系建设与实施的若干问题》,载《企业会计准则讲解(2010)》,第4页,人民出版社,2010年版。

中需要掌握的政策等一系列重大问题"①,提出会计改革的目标是建立适应有计划商品经济要求的会计模式;会计改革的主要内容之一是处理好与财政、经济体制改革的协调关系,注意微观管理与宏观管理的协调,正确处理"破"与"立"、"繁"与"简"的关系,做到借鉴国外经验和立足国情、发挥自己的经验相结合。为了指导"九五"计划期间乃至21世纪初会计的改革与发展,财政部于1995年12月15日公布了《会计改革与发展纲要》,提出"新时期会计改革与发展的总体目标"是"根据党的十四大、十四届三中全会和五中全会确立的我国经济体制改革总体目标和行动纲领,到本世纪末,我国会计改革与发展的总目标是:建立与社会主义市场经济发展要求相适应的会计模式的基本框架。其基本点是:第一,初步建立以间接管理为主,法律、经济、行政手段并用,有利于改善和加强宏观调控,同时可以充分发挥地方、部门、基层单位积极性和创造性的会计管理体制;第二,初步建立标准科学规范、内容客观真实、反映迅速及时,满足国家宏观调控和市场运行需要的会计信息管理体系;第三,初步建立以提高经济效益为目标,以强化经济管理为中心,有利于完善经营机制的基层单位会计管理体系;第四,初步建立以注册会计师为主体的社会审计监督和会计咨询、服务体系;第五,初步建立会计人才的评价、选拔和培养体系"②。进入21世纪后,财政部公布的《会计改革与发展"十二五"规划纲要》(2011年9月9日),将"十二五"期间(2011年至2015年)的会计发展总体目标确定为"健全适应社会主义市场经济体制要求的会计体系:一是健全以间接管理为主,推进依法管理,发挥地方、部门、基层单位和会计人员积极性和创造性的会计管理体系;二是不断完善和强化实施与国际财务报告准则、国际审计准则及其他国际标准持续趋同,并与主要市场经济国家和经济体等效的企业会计、审计、内部控制和会计信息化标准体系,构建由企业会计准则体系和小企业会计准则体系组成的我国统一的企业会计标准体系;三是健全与发展现代服务业、国际服务贸易和实施'走出去'战略相适应,大中小会计师事务所协调发展,执业领域不断拓展,能够持续提升行业社会公信力和诚信度的注册会计师行业管理体系;四是健全以会计职业胜任能力框架为指导,能够全面提升会计队伍业务素质、诚信水平和结构优化的会计人才培养、选拔和评价体系;五是建立健全适应社会主义新农村建设要求,有利于促进农村经济健康可持续发展的农村会计管理体系;六是健全既具中国特色又有国际影响,对会计教育和会计实务具有指导作用的会计理论方法体系"③,同时提出了"建立健全与社会主义市场经济相适应的会计体系,深入推进会计工作法治化、信息化、现代化"的

---

① 项怀诚:《新中国会计50年》,第49页,中国财政经济出版社,1999年版。
② 财政部:《会计改革与发展纲要》,1995年12月15日。
③ 财政部:《会计改革与发展"十二五"规划纲要》,2011年9月9日。

总体目标,并明确了会计法制和会计标准体系更加科学、会计工作转型升级取得实效、会计工作者执业能力明显增强、会计管理体制更加完善等四方面具体目标。《会计改革与发展"十三五"规划纲要》(2016年10月8日)则提出了"建立健全与社会主义市场经济相适应的会计体系,深入推进会计工作法治化、信息化、现代化"的总体目标,并明确了会计法制和会计标准体系更加科学、会计工作转型升级取得实效、会计工作者执业能力明显增强、会计管理体制更加完善等四方面具体目标;还提出了加强会计法制建设、加快推进政府及非营利组织会计改革、健全企业会计准则体系、推进管理会计广泛应用、完善内部控制规范体系、加强会计信息化建设、大力发展会计服务市场、实施会计人才战略以及繁荣会计理论研究等九大方面共计32项具体措施。

这些纲要中提出的各个时期会计(包括会计制度)改革发展目标,明确了会计制度变迁的方向,使会计制度变迁有了思想指导、原则和规划部署,摆脱了混沌与盲动,走上了科学和理性的道路。

第3节　新中国会计制度发展演变的基本经验和路径依赖

一、新中国会计制度发展演变的基本经验

新中国会计制度的发展演变走过了艰难的历程,取得了重大的成就,获得了宝贵的经验。这些经验产生于新中国会计制度发展的历史之中,是新中国会计事业的宝贵财富,也对新中国会计制度今后的发展有着弥足珍贵的参考价值。

(一)政治和社会的稳定是会计制度建设健康发展的前提

近代中国历史上政治变动频繁,社会几经动荡。政治的变动总是制约着经济的发展,也决定着会计的变化,会计制度是在政治的变动中,随着政治的变动而演变的。处在社会转型过程中的国家,政治对经济社会的影响尤其显著,更是影响会计制度最重要的因素,这在新中国的历史上表现得非常明显。新中国成立以后,结束了旧中国的战争动乱,会计得到前所未有的发展,但受不同时期不同政治路线的制约,也经历了发展方向左右摇摆的曲折过程。在计划经济体制形成初期,我国会计制度建设仿效苏联的做法,将采纳什么会计方式作为政治问题看待,以是否接受苏联的做法作为衡量一个人"政治立场"的标准;同时排斥旧中国和西方国家的经验,甚至将借贷记账法这样的纯技术方法当作资产阶级压榨无产阶级的工具来批判。我国政治上与苏联产生分歧后,在会计领域则批判苏联的会计模式。从国民经济冒进时期到国民经济挫折时

期,"左"倾政治路线占据主导,推行"无产阶级专政下的继续革命",思想混乱,社会动荡,正常的会计制度被斥为"资产阶级对无产阶级的管、卡、压",会计制度建设受到冲击。① "文化大革命"之后,放弃了"以阶级斗争为纲"的路线,"坚定不移高举中国特色社会主义伟大旗帜,既不走封闭僵化的老路,也不走改旗易帜的邪路"②,坚持经济改革和对外开放政策,逐步向市场经济转型,才使会计领域能够采纳西方市场经济国家科学合理的做法,实现了企业会计制度与国际惯例的趋同。

政治是会计发展的重要影响因素,会计模式是在一定政治环境下形成的。新中国会计的稳定发展,最需要的是坚持中共十一届三中全会以来放弃"以阶级斗争为纲"的政治思维和"把全党工作的着重点和全国人民的注意力转移到社会主义现代化建设上来"③、"始终坚持中国特色社会主义政治发展道路"④的战略决策,"中国特色社会主义进入新时代,我国社会主要矛盾已经转化为人民日益增长的美好生活需要和不平衡不充分的发展之间的矛盾"⑤。中国特色社会主义政治发展道路实行社会主义市场经济,"坚持和完善基本经济制度,加快完善现代市场体系"⑥等论断和政治与经济路线,为会计的进步和现代化从政治上创造了可能。对外开放政策为了解国际会计新发展,借鉴国际会计的有益经验,为中国会计融入世界打通了道路。中国特色社会主义政治发展道路实行"解放思想、实事求是、与时俱进、求真务实"⑦的思想路线,为会计的探索和不同意见的讨论提供了宽松的政治环境,开启了会计发展的思想空间。新中国的发展历史证明,只有正确、稳定的政治路线,才能为会计的正常发展提供良好的环境;什么时候政治开明宽松、社会稳定,什么时候会计就能够发展;什么时候政治守旧僵化、社会动荡,会计就会受到冲击。会计制度的健康发展需要政治和社会的稳定,这是新中国会计制度发展的一条重要规律。

(二)与经济社会发展协调共进是会计制度建设的目标

新中国会计制度发展的历史一再诠释了这样一条规律:会计制度与经济社会的发

---

① 1965年7月2日公布的《会计工作改革纲要(试行草案)》认为:"社会主义的会计工作,是党和国家管理经济的一项重要工具,它通过核算、反映和监督,为阶级斗争、生产斗争和科学实验三大革命运动服务,为多快好省地建设社会主义服务。"对会计工作突出阶级斗争的要求是:"会计工作必须坚决保卫社会主义财产,同一切……资本主义经营方式……的行为做斗争。"见杨纪琬:《中国现代会计手册》,第238页,中国财政经济出版社,1988年版。
② 胡锦涛:中国共产党第十八次全国代表大会报告,2012年11月8日。
③ 《中国共产党第十一届中央委员会第三次全体会议公报》,1978年12月22日通过。
④ 习近平:在庆祝改革开放40周年大会上的讲话,2018年12月18日。
⑤ 习近平:中国共产党第十九次全国代表大会报告,2017年10月18日。
⑥ 习近平:在庆祝改革开放40周年大会上的讲话,2018年12月18日。
⑦ 习近平:在庆祝改革开放40周年大会上的讲话,2018年12月18日。

展是互动的关系,一方面会计制度必须适应经济社会发展的需要,另一方面与社会经济发展相适应的会计制度又能够促进经济的发展。

改革开放前我国实行计划经济体制,各种会计制度主要用来反映国家统一计划的执行情况,与当时的计划经济体制需要相一致。改革开放后我国实行社会主义市场经济,原来计划经济体制下的会计制度与市场经济的要求差距巨大,为顺应时代变化,我国在较短的时间内出台了《股份制试点企业会计制度》、1992年《企业会计准则》、2001年《企业会计制度》、2006年《企业会计准则》《事业单位会计准则》《政府会计准则——基本准则》《中国注册会计师独立准则》《中国注册会计师执业准则》《企业内部控制基本规范》《管理会计基本指引》等一大批适应不同时期经济体制改革和对外开放需要的会计制度,使会计跟上了经济发展的步伐。

会计发展必须紧密配合国家经济发展,不断适应经济体制改革需要的基本特征,不仅是新中国会计发展的经验,也是由会计与经济活动之间的基本关系决定的。会计最基本的职能是对经济活动(包括生产、交换、分配等)的反映和控制。会计的反映,指运用专门方法对已经发生的经济活动的记录与表达;会计的控制,指运用专门方法对即将发生的和已经发生的经济活动的规划、调节和评价。可见,会计只能对即将发生和已经发生的经济活动做出反映和实施控制,其本身既不是经济活动,也不能创造经济活动,这决定了会计必须围绕经济活动展开,为经济活动服务,脱离了现实经济,会计也就失去存在的必要。正如美国会计学家迈克尔·查特菲尔德在研究了世界会计发展历程后所说的:"会计的发展是反应性的,也就是说,会计主要是应一定时期的商业需要而发展的,并与经济的发展密切相关。一般来说,文明的水平越高,簿记方法就越精湛,随着记账必要性的增强,会计资料促进或妨碍经济发展的能力也增强。"

在为经济社会服务的同时,新中国的会计制度也有反作用,能够在一定程度上促进经济社会的发展。与国际趋同的企业会计准则最为明显地证明了高质量会计制度对经济社会的促进作用:"企业会计准则的平稳有效实施不仅全面提升了我国企业会计信息质量,也满足了服务我国经济发展、完善市场经济体制、维护社会公众利益的需要,为我国金融创新和经济可持续发展奠定了良好基础。在我国(内地)企业会计准则与中国香港财务报告准则实现等效的基础上,我国进一步实现了与欧洲会计准则的等效互认,为我国内地企业'走出去'创造了良好的条件。"[①]上述事实充分反映出经济发展对适当的会计制度的依赖。可以想象,如果不能及时制定与时代相适应的会计制

---

① 财政部会计司:《立足国情 解放思想 开拓创新,进一步完善并有效执行企业会计准则——〈会计改革与发展"十三五"规划纲要〉解读之五》,《财务与会计》,2017年第4期,第6~10页。

度,现代企业制度建设、金融市场建立、开发对外市场等重大改革开放举措得不到会计、审计配套措施的支持,必将阻碍改革开放的进程。

会计制度的发展与经济社会发展相适应,还要采取实事求是的态度,客观分析中国现实情况与世界其他国家的不同、大中型经济组织与小型经济组织对会计信息的不同要求,使会计制度适合实际情况、受欢迎、有效果。20 世纪五六十年代一味仿效苏联的会计核算模式,甚至核算形式、会计科目名称都如数照搬,结果并不适应中国的经济与企业现实,也因其过分繁琐而遭到群众抵制的教训,至今令人记忆犹新。经过反复讨论和数十年的实践,人们认识到在会计、审计标准体系国际趋同的过程中,由于中国在政治、经济、法律、人员素质等诸方面与西方国家存在差异,在经济和金融市场高度发达的西方国家很成功的会计做法,不一定完全适合中国,冷静地考虑中国的现实情况,对西方国家的会计经验既充分吸收借鉴,又不头脑发热般全盘照搬,是科学和明智的,只有这样才能使中国的会计制度健康发展。同时,中国的企业、事业单位、非营利组织等各类经济组织有大小之分,它们的经营与管理要求不同,外界对它们的会计信息要求也不同,应该对各种不同经济组织区别对待,分别制定不同标准的会计制度。在会计信息标准上对不同企业不加区别地统一要求,片面追求形式的"高大上"是不可取的。总之,必须正确处理好会计国际通行做法和中国国情、规范性与多样性、前瞻性与现实性、"繁"与"简"的关系,才能保证会计工作平稳运行,为经济社会提供高质量的服务。

(三)改革创新是会计制度建设的动力

会计的发展不是自发的,需要人们以改革的精神主动地去创新、探索。新中国会计制度的每一步发展,都是人们摒弃旧做法,对会计工作改革创新的结果。例如,1980年公布《关于成立会计顾问处的暂行规定》,拉开了恢复注册会计师事业的序幕,是对当时由财政税务部门、行政主管部门统揽会计检查、办理涉税事项等传统做法的突破;1982年颁布的《中外合资经营企业会计制度》,在会计原则、会计要素、会计等式、收入确认、利润构成、财务报表设置等诸多方面第一次采取了国际通行的做法,创造性地改革了多年来计划经济体制下的企业会计制度;1992年公布的《企业会计准则》是新中国历史上的第一次按照国际惯例制定的会计准则,是会计制度形式与内容的一次重大改进;2001年实行的《内部会计控制规范》和随后实行的若干业务控制规范,将会计制度延伸到内部管理,第一次将会计控制职能制度化,创新性地改革了长期以来的会计工作,成为我国会计信息化工作的纲领性文件;2009年发布的《关于全面推进我国会计信息化工作的指导意见》,提出了我国会计信息化的目标、任务,对于提升会计工作水平,提高对会计信息的应用能力提供了充分指导,提出了新的发展我国会计信息化改革措施。事实证明，改革就是追求过去没有的、大家不习惯的东西，这往往要冒风险，要承担失败的责任，但墨守成规，不思进取，不可能有新的进步，新中国会计制度的发展过程同样如此。

新中国的会计发展不是谁恩赐赠予的，而是被经济社会改革的要求和出现的问题倒逼出来的。前文提及的新中国会计制度，特别是改革开放以来带有变革性质的会计制度，无一不是在社会主义经济建设，多种形式的企业经营制改革、引进外资、成立"三资企业"、建立市场经济、推行现代企业制、加入世界贸易组织和世界会计信息技术快速进步等形势的逼迫下制定出来的。在新的形势下，出现了必须解决的会计问题，这些问题不及时解决，必将破坏经济建设和改革开放，这逼迫和催动着新会计制度的出台。从历史的回顾中可以看到，会计制度发展的原动力是经济建设和经济体制改革中的各种会计问题，现实中发生了怎样的问题，便促成了相应会计制度的出台，会计改革便在相应的领域取得进展。事实上，会计改革走的是一条"问题导向"的路线，而改革创新是解决问题的根本推动。"改革是不断解决发展中的矛盾和不断推进社会前进的过程，会计事业要取得进步，就要坚持不懈地深化改革，坚定不移地大胆探索、勇于创新。"①

改革创新的前提是解放思想。如果思想不解放，墨守成规，因循守旧，总是以"没有前例"为借口而拒绝尝试新做法，就不可能创新。改革开放前新中国实行了近30年的计划经济体制下的会计模式，其习惯做法、思维方式被广泛接受，甚至被一些人视为天经地义。实行改革开放解放了人们被长期禁锢的思想，突破了原有框框的束缚，做了大量前人没有做过的事，才取得了会计制度改革的成就，这在向市场经济转轨时期、市场经济建立时期的会计制度改革中表现得尤为显著。会计制度的创新必须要有思想的解放，有敢于探索、敢于尝试的担当。"实践发展永无止境，解放思想永无止境，改革开放永无止境。"②邓小平同志在党的十一届三中全会上提倡的"解放思想，实事求是"的精神是中国改革开放的思想指导，也是中国会计制度改革发展的思想指导和精神财富。

习近平同志在庆祝改革开放40周年大会上的讲话中指出："40年的实践充分证明，改革开放是党和人民大踏步赶上时代的重要法宝，是坚持和发展中国特色社会主义的必由之路，是决定当代中国命运的关键一招，也是决定实现'两个一百年'奋斗目标、实现中华民族伟大复兴的关键一招。"世界总是处在变化之中，会计也总是处在变

---

① "财政部会计司负责人就《会计改革与发展'十二五'规划纲要》答记者问"，财政部会计司网站。
② 《中共中央关于全面深化改革若干重大问题的决定》，2013年11月12日中国共产党第十八届中央委员会第三次全体会议通过。

化之中,"只有顺应历史潮流,积极应变,主动求变,才能与时代同行"。中国会计的进步靠的是改革创新的推动,这是新中国会计制度发展的又一条规律。

(四)理论指导是会计制度建设的思想准备

会计是一项实践性很强的工作,但会计的实践不是盲目的,需要科学理论的指导。会计理论来自会计实践,是对会计实践一般性规律的归纳、对会计实践的总结和说明。美国会计学家瓦茨和齐默尔曼认为:"会计理论的目的是解释和预测会计实务。解释是指为观察到的实务提供理由。预测则是指会计理论应该能够预测未观察到的会计现象。"对会计的理论研究,能够为会计实践提供指导。理论对实践的指导作用,起码表现在两个方面:第一,人们在实践之前总要确定实践活动的目的、步骤、方法以及期望达到的后果,制定会计制度也是这样。在会计制度制定之前,一般会运用会计理论、经济理论、管理理论等对即将制定的会计制度的目的、内容、方法、效果予以论证,以对其合理性、可行性、条件是否具备、能否达到预期的目的等做出初步判断,以防止或减少制度制定的盲目性。论证的形式多样,可以经常召开座谈会或研讨会,也可以发动各界人士撰写论文开展专题讨论。通过论证,会提高人们对未来会计制度的认识,纠正一些错误或含糊理解,明确措施。第二,对实践的实际结果,要评判其是否合理、是否达到了预期目的。对实践的实际结果的评判也要辅之以理论检验。没有理论上的审视和检验,无法断定实践的合理性、正确性。任何一项会计制度的执行都会产生正反两方面的结果,为了纠错和完善,对一些重要性较高、影响面较大的会计制度经常会在执行后开展评估和讨论,审视其实践效果是否符合预期及有无负面影响,理论上是否科学合理。对会计制度的评估和讨论,也往往采取召开研讨会、论文讨论等形式。

新中国会计制度的进步,特别是改革开放后的每次重大改革,都有着充分讨论、酝酿,统一认识,协调步调的前期准备。科学的理论指导,是新中国会计制度规避失误,迈向一个又一个胜利的思想保证。这样的事例,在新中国会计制度的发展过程中比比皆是。改革开放之初,面对以"扩权让利,放开搞活"为特征的企业改革,如何转变企业会计职能,使其适应企业改革的需要,是当时的急迫问题。会计理论界积极投入对这一问题的讨论,从会计本质、会计目标、会计职能、会计对象等角度论述了对会计的认识,提出了"会计管理论",认为"无论从理论上还是从实践看,会计不仅仅是管理经济的工具,它本身就具有管理的职能,是人们从事管理的一种活动"[①],为转变会计职能

---

① 杨纪琬、阎达五:《开展我国会计理论研究的几点意见——兼论会计学的科学属性》,《会计研究》,1980年第1期,第2~10页。

和进行会计改革提供了理论支持和思想准备。新中国企业会计准则的出台,也经历了长期的理论准备。20世纪七十年代,有学者开始介绍西方国家会计准则的情况;在1980年中国会计学会年会上,与会学者讨论了在我国制定会计准则的问题;1987年,中国会计学会成立了"会计理论与会计准则研究组",该研究组1989年举办了"会计准则专题研讨会",就会计准则的制定进行了较深入的思想交流。此后,理论界不断提出对制定会计准则的见解,大体统一了人们的认识,为我国会计准则的制定铺垫了较深厚的理论基础。注册会计师独立审计准则的制定、内部控制规范的制定,也同样经历了类似的前期理论准备过程。新中国会计制度演变的历史说明,会计制度的制定需要有理论研究为前导,需要通过理论研究分辨方向,明确道路,统一认识,提高会计制度的科学性;凡是理论研究活跃的时期,会计制度的制定就相对合理,会计制度就能够得到较好地理解和执行。

新中国会计制度演变的历史还表明,会计理论研究既然是会计实务的前导,就应该不设禁区,鼓励研究者解放思想,畅所欲言,只要不危害国家安全,绝对不可"扣帽子""打棍子",应该吸取历史上极左政治路线下曾发生的教训[1],杜绝在理论探讨中以言论定罪的错误和以政治正确代替学术讨论的做法[2];会计理论研究应该倡导科学,追求真理,不应该只是将理论研究作为对领导讲话或上级精神的解读,否则不但得不出有价值的研究结论,反倒容易适得其反。

(五)处理好中国国情与国外经验的关系是会计制度建设的重心

前文谈到了在新中国会计发展的过程中,人们在对待国外会计惯例的态度上前后发生过变化。自清末以来,国外会计(实质上是以欧美国家为代表的西方国家会计)对中国会计的发展产生了重要的影响,从一定程度上可以说,中国近现代会计史就是一部中国传统会计在外来会计影响下不断自我改造提升的过程。这是因为中国传统会计陈旧落后,不适合现代经济社会发展的需要,除了学习、引进西方先进的会计做法,没有其他出路。但是,对国外会计做法又不能简单移植,全盘照搬,必须结合中国的实际情况,有选择地、经改动后采纳,这样才能使国外的会计做法在中国发挥良好的作用,对国际会计惯例的学习和借用才能成功。这是被历史反复证明了的,本书已在前文以历史事实做出了论证。历史的经验告诉我们,无视世界发展潮流,闭关锁国,拒绝

---

[1] 20世纪50年代,一些会计学者因发表不同意会计带有明显阶级性,体现不同阶级利益的意见而被公开批判,受到不公正的政治待遇。

[2] "文化大革命"时期,以阶级斗争代替一切,不允许开展会计理论讨论,会计理论研究进入停滞时期。"在'文化大革命'十年里,几乎没有出现过任何会计理论方面的著作和论文,只是在'文化大革命'的后期,全国才出现了适应农业学大寨需要的有关农村人民公社财务会计的小册子。"(陈信元、金楠:《新中国会计思想史》,第17页,上海财经大学出版社,1999年版)

接受国外适合市场经济发展需要的、成熟可行的会计做法,一定会断送中国会计事业的发展,阻碍中国的经济改革;而盲目照搬国外的会计做法,食洋不化,不懂装懂,同样会给中国的会计事业和经济改革造成损失。只有在引进国外经验的同时兼顾中国国情,新中国会计制度建设才能不断进步,这是新中国会计制度建设的重心和一条不可忽视的经验。

(六) 严格监管是会计制度建设的保证

会计的运行需要监管,监管缺位必然带来会计秩序的混乱。在新中国会计制度发展演变的过程中,什么时候放松了会计监管,会计秩序就会失控,会计制度就得不到准确地执行;什么时候加强了会计监管,会计秩序稳定,会计制度就能够被准确地执行。20世纪90年代,会计造假一度泛滥成灾,屡屡发生利用虚假会计信息行骗、偷税、损害投资人利益和社会公众利益的事件,为了遏制会计造假行为,我国在第二次修订的《会计法》(1999年)中,规定单位负责人是会计工作的责任人,要求建立内部会计监督,细化了相关人员违反法规应当承担的法律责任,对于整治会计秩序,制止当时的会计造假起到了一定的作用。我国第一部具体会计准则——《关联方关系及其交易的披露》(1997年)的出台,则是一项针对上市公司通过关联交易提供虚假信息,扰乱市场行为的管制措施。会计师事务所审计质量低下、注册会计师违规执业是长期以来困扰我国注册会计师行业发展的大问题,为了保证注册会计师行业的健康发展,提高数据质量,打击注册会计师违规行为,我国先后制定并多次修订加强注册会计师行业监管的制度,如《会计师事务所执业质量检查制度(试行)》(2004年制定,2009年、2011年两次修订)、《中国注册会计师协会会员执业违规行为惩戒办法》(2006年制定,2011年修订)等。客观地说,包括上述列举的监管措施在内的新中国会计制度发展过程中为数众多的监管措施,虽然没有根除会计秩序的混乱,但如果没有这些监管措施,对会计行业不施以严格的监管,局面一定会更加不堪,会计制度一定难以贯彻执行。

新中国的会计监管是由政府主导的,这是新中国会计的一个显著特点。有人对在中国实行政府主导的会计监管不以为然,但政府主导的会计监督有着其自然合理性。这可以从几个方面理解:其一,中国的会计工作由政府主导,会计监管也自然应由政府主导,这是顺理成章的;其二,社会诚信度和职业道德水准不佳,会计造假屡屡发生,若不凭政府行政之力强化监管,将会给经济社会造成严重危害;其三,我国法制和市场机制尚不够健全,不具备由社会和市场自动纠偏的条件。上述导致政府主导会计监管的原因会在我国长期存在,因此政府主导会计监管在我国会计制度发展过程中必不可缺,毋庸置疑,且会继续延续。

从新中国会计制度发展的过程中还能够看到,在实行会计制度监管的过程中,政府应该做到既不"缺位",也不"越位",慎重处理好政府与市场、政府与法制的关系。所谓政府与市场的关系,指的是应该分辨清楚哪些事情需要由政府管理,哪些事情可以由市场决定,如果事无巨细全部由政府包办,既缺乏道理,政府也无能力做到,效果还不好。以注册会计师行业监管为例。在对注册会计师行业的监管上,我国曾反复改变监管事权,有时行业自律组织的权力大些,有时又由政府机构行使大部分监管权。这种反反复复,实质就是在如何对事务所实施监管的问题上摇摆不定,没有弄清楚在事务所监管上政府与市场(行业自律)的关系。所谓政府与法制的关系,指的是应该分清楚哪些事情应该通过立法解决,哪些事情由政府行政管理。会计事务行政管理的好处在于中间环节少,办事效率较高,但容易导致标准不一,且官员容易凭长官意志行事,受官僚主义干扰;广泛实行会计事务管理的法制化,好处在于凡事依法依规办理,会提高办事的统一性和公开透明度,减少随意性和官僚主义的干扰。

协调各会计监管部门之间的关系,使它们做到相互配合,分工合作,形成监管合力,是实行有效监管的重要方面。在新中国会计发展的过程中,长期存在对会计多头监管、重复检查的问题,这不但给会计部门和会计人员造成负担,引起了会计人员的反感与抵触,也降低了监管的效率,同时还加大了政府监管部门的成本。要想取得理想的监管效果,并不在于动员了多少部门的参与,也不在于简单增加检查的次数,而是应该找准监管的重点,讲究监管的深入,同时还要协调各监管部门的步调和合作,这是取得会计制度监管理想效果所不可忽视的一项工作。

二、新中国会计制度发展的路径依赖

在道格拉斯·C·诺思的制度变迁理论(Institution Change Theory)中,制度被视为一种公共产品,即在制度的供给方面,制度是由个人或组织生产出来的,当现存制度不能满足人们的需求时,便会发生制度的变迁。由于"历史确实是起作用的,我们今天的各种决定、各种选择实际上受到历史因素的影响",所以制度变迁具有"路径依赖"(path dependence)的特性,也就是"过去对现在和未来的强大影响"。路径依赖,可以理解为人们在从事某种活动时,对完成该项活动特定的、难以轻易改变的方式方法。制度所依赖的路径可能是人为的选择,也可能是不依人的意志而自然形成的。但无论怎样,路径在制度变迁中的作用非常重要。如果路径合理,制度的变迁会"报酬递增",促进市场发展和经济增长,这反过来又会推动制度进一步变迁,形成良性循环。如果路径不合理,制度变迁不能给人们带来普遍的收益,就会导致市场秩序混乱和经济衰退,迫使制度再度变化,其结果很可能越变越糟,且这种"锁定"局面一旦出现,往往不易扭转。

与所有制度变迁一样,新中国会计制度的发展也存在路径依赖。归纳新中国会计制度的演变过程、影响因素、特征和规律可知,新中国会计制度发展的最大依靠是具有中国特色的政府主导模式(以下简称政府主导会计模式),这构成了新中国会计制度发展的路径依赖,其要点是政府全面主导国家各项会计工作。

诺思有关制度变迁的国家理论认为,国家是经济增长的关键之一,政府是国家机构的代理人,代表国家界定和实施产权,并最终对经济增长或衰退负责;政府在经济改革和制度变迁过程起着重要的作用。他指出,当政府机构组织比较严密,而私人市场未得到充分发展时,或当制度创新实行之后所获得的利益不归于从事创新的个别成员,创新只能由政府机构进行时,由政府实行的制度创新具有优越性。

有关新中国政府主导会计模式的现实状况、形成过程、历史原因和优劣势已在前文做过详尽的分析。由于自新中国成立以来历次会计制度的改变均由政府负责,因此政府始终是会计制度变迁的"第一行动集团",会计制度变迁属于自上而下的"强制性变迁"。

世界上也有其他国家的会计制度是由政府或立法机关制定的,如一些实行大陆法的国家,包括法国、比利时、德国等,但中国模式与这些国家的模式有所不同,这表现为中国政府对会计的主导是全方位的,贯穿于会计工作的全过程。

首先,政府能够以长远眼光,从全局角度考虑会计制度的发展。这表现为政府会计主管部门或由政府管理的行业协会每隔数年便制定会计发展规划,对会计制度的制定等作出中长期部署。例如,1965年制定的《企业会计工作改革纲要(试行草案)》、1991年制定的《会计改革纲要(试行)》、1995年制定的《会计改革与发展纲要》、2011年制定的《会计改革与发展"十二五"规划纲要》、2016年制定的《会计改革与发展"十三五"规划纲要》、2016年制定的《注册会计师行业发展规划》(2016—2020年),等等①。这些规划确定了一段时间内全国会计工作的任务、发展重点、步骤、措施,是开展会计工作统一的行动计划,将会贯彻落实到各地区、各行业的实际工作中。

其次,政府负责会计制度的落实推进。制定会计制度后,政府要安排会计制度的

---

① 除了正式的会计发展规划外,政府部门还制定其他发展各类特定事项的文件,如1994年财政部印发的《关于大力发展我国会计电算化事业的意见》、1996年财政部发布的《关于深化企业会计核算制度改革、实施会计准则的意见》、2005年中国注册会计师协会印发的《关于加强行业人才培养工作的指导意见》、2009年国务院办公厅转发的财政部《关于加快发展我国注册会计师行业的若干意见》、2009年财政部发布的《关于全面推进我国会计信息化工作的制度意见》等。

具体实施,保证会计制度的落实。例如,对1992年至1996年间陆续公布的30个企业会计准则,安排执行的时间和范围是:"根据企业机制转换情况、自我约束能力以及对会计信息的需求情况,先在条件成熟的企业施行;其他企业仍执行行业会计核算制度;随着市场经济的发展以及企业经营机制的转换,逐步扩大具体准则的施行范围。……从1997年1月1日起,对具备条件的企业,经审批开始施行具体准则。"为了保证具体会计准则的顺利执行,政府还提出了若干项配套措施,包括编写具体会计准则的操作指南。"由于具体会计准则对有关会计政策规定得比较原则,企业在选择会计政策时有一定的灵活性,为了保证正常的会计核算工作秩序,使会计人员能够掌握会计准则的操作方法,应当对企业实施具体会计准则进行系统指导,为此,应当编写与具体会计准则相配套的操作指南,作为具体会计准则的组成部分。"①对于2006年制定的企业会计准则体系,政府同样指出执行的时间与范围:"企业会计准则体系自2007年1月1日起在上市公司范围内实行,鼓励其他企业执行。从2008年1月1日起企业会计准则体系扩大了实施范围,包括:中央国有企业、城市商业银行等非上市银行业金融机构、非上市保险公司,以及部分地方国有企业等。2009年至2010年,还将进一步扩大准则实施范围。"②

在落实推进会计制度的过程中,政府部门还承担着宣传会计制度和会计人员培训的工作。如利用各种新闻媒体介绍重点会计制度的意义、制定过程、主要内容;撰写和发表介绍会计制度的书籍和文章;举办各种培训班或培训机构培训会计人员;等等。

此外,在会计制度制定前后,有关条款、执行范围等事项在相关部门之间的协调与合作、会计的国际交流与协调等工作,也由政府完成。

几十年来,在新中国会计发展全过程中,各方面的工作几乎全部由政府负责,政府一直承担着包括制度制定在内的所有会计管理事宜,并在工作中形成了一整套成熟的方法,积累了丰富的经验。中国会计制度发展有别于其他国家的政府主导模式,是由中国特色社会主义制度所决定的,具有历史必然性、现实合理性和不可替代性。尽管这种模式目前存在尚待改进之处,但已经以较小的变迁成本(制度制定、部门协调、制度宣传、人员培训等)换取了较高的变迁收益(基本满足了经济发展和经济体制改革的需要、制度更替平稳过渡、社会各界的普遍接受和国际社会的认可等),总体上是一条适合中国国情的、成功的路径。

---

① 财政部:《关于深化企业会计核算制度改革、实施会计准则的意见》,1996年。
② 刘玉廷:《关于企业会计准则体系建设、趋同、实施与等效问题》,载《企业会计准则讲解(2010)》,人民出版社,2010年版。

第4节　新中国会计制度发展的展望

新中国会计制度经历了七十余年的发展历程,取得了辉煌的成就。放眼未来,和谐稳定的政治环境、欣欣向荣的经济前景、不断提高的人员素质,令人对中国会计制度的持续进步充满了信心。根据当前的形势和今后一段时间的动向,我们预计新中国会计制度将会有如下一些发展。

一、修订和执行会计法律法规

这里所说的会计法律法规指全国性的会计法律法规,包括由全国人民代表大会公布的会计法律、由国务院颁布的会计行政法规和由国务院部门发布的会计部门规章,是会计制度中在全国执行的、层级很高的那部分。新中国成立以来,特别是改革开放以来,会计法律法规建设取得了很大成绩,但也存在一些不足,如《会计法》和《注册会计师法》滞后于会计改革与发展,会计监管体系有待完善,会计法制意识和诚信意识特别需要大幅度加强,等等。会计法律法规体系中的这些短板,应当尽快加以改进。第一,修订《会计法》和《注册会计师法》及其配套法规、规章。《会计法》作为规范和调整会计行为的法律,其条款应该更侧重于会计法律关系、会计监督、会计机构、会计人员法律责任等社会属性的内容,如进一步明晰会计责任和会计责任追究,明确会计监管部门的职责和权限,建立具有威慑力的会计违规处罚标准等,改变现行《会计法》侧重对微观主体会计行为的规范,对各单位会计机构设置、会计核算等操作层面设置过多条款的状况。《注册会计师法》的修改,则应丰富其内容,适当增加关于注册会计师地位、业务执行、管理体制等方面的规定,使其在注册会计师业务开展中发挥更全面的作用。第二,严格执行会计法规。法规的有效性在于实施。为了保证会计法规的执行,必须严格执法,形成高效的法规实施体系。其中,最重要的是加强对单位会计工作的监督检查和对注册会计师的监管,严厉查处违法违规的会计行为,做到有法必依,执法必严,违法必究,改变目前一定程度上有法难依和单位内部会计监管薄弱、社会会计监管乏力、政府会计监管分散的局面。

二、保持企业会计准则国际趋同

经过多年的努力,新中国建立了较完整的企业会计准则体系,对规范企业会计行为、提升会计信息质量、促进资本市场发展、维护社会公众利益起到了积极的作用,取得了举世公认的成就。然而,不断深化的改革和复杂多变的国内外经济环境,对企业会计准则建设提出了新的挑战,我国企业会计准则需要不断完善,继续保持国际趋同。从国内看,我国经济已经从高速增长转为中高速增长,经济结构不断优化升级,正在从要素驱动、投资驱动转向创新驱动。转变经济增长方式、加快现代市场体系建设、充分发挥市场在资源配置中的决定性作用,推进产业结构改革,对会计处理和核算方式、会计信息披露提出了新的要求。从国际上看,世界经济复苏乏力,经济不稳定因素增加,全球治理体制不断调整,二十国集团和金融稳定理事会试图重整全球治理结构,并对全球会计准则改革提出了要求,希望通过会计准则及时、有效地揭示并化解经济金融危机。国际财务报告准则基金会正在抓紧对国际财务报告准则的修订,以满足世界经济复苏和金融监管对国际财务报告准则的要求。基于我国企业会计准则体系建设的总体战略,我国应当密切关注国际财务报告准则的变化,参与国际财务报告准则的制定,借鉴国际财务报告准则的成果,不断完善我国的企业会计准则,加大我国在国际会计准则制定中的话语权,维护我国的经济利益。为此,企业会计准则体系的建设今后应当重点做好如下工作:第一,根据转变经济增长方式、现代市场体系建设、对外投融资的需要,借鉴国际财务报告准则的变化,坚持问题导向,及时修订、完善我国企业会计准则。第二,密切跟踪、分析上市公司年报,及时掌握和解决企业会计准则执行过程中出现的问题。第三,建立会计准则制定机构、监管机构、会计师事务所、企业、投资者、税务部门等各方面利益相关者之间的沟通协调机制,合力解决好会计准则执行中的问题。第四,立足我国实际情况,本着"趋同而不简单等同""趋同是一种互动"的原则,有效评价国际财务报告准则在我国具体实务中的适用性,稳妥地推进我国企业会计准则与国际财务报告准则的持续趋同;积极参与国际财务报告准则的制定,在国际财务报告准则的制定过程主动表达我国的观点和建议,加大在国际会计规则制定中的话语权。第五,抓紧完善符合现实需要和国际习惯做法的小企业会计准则,规范小企业会计行为,提高小企业的会计信息质量,促进小企业可持续发展。

三、加快政府会计制度、民间非营利组织会计制度和社会保障类基金会计制度的改革

政府会计和民间非营利组织会计是我国会计体系中的重要部分,其内容需要与我国政治、经济改革进程相适应,也应当与我国整体会计体系同步发展。与企业会计体系突飞猛进的改革相比较,现行主要以收付实现制为基础的预算会计体系显得相对滞后,暴露出与新时期全面深化财税改革的诸多不协调。民间非营利组织会计在会计核算、信息披露等方面也出现了一些新情况、新问题。现行社会保障类基金会计体系则在涵盖范围、核算方法等方面显露出与国家社会保障体系及其运行机制的不适应。城

镇住房制度、土地储备制度改革新措施出台后，现行住房公积金和土地储备资金制度亦有待修订。我国政治、经济深化改革的形势，要求加快政府会计、民间非营利组织会计和社会保障类基金会计改革的步伐。

继续坚持国务院批转财政部《权责发生制政府综合财务报告制度改革方案》中确立的政府预算会计和财务会计功能适度分离又相互衔接的政府会计改革方向，努力完整地反映政府收支信息，建立全面规范、公开透明的现代预算制度；如实反映政府"家底"，强化政府资产管理的主体责任，监控政府债务；真实反映政府运行成本，考核政府绩效和评价政府受托责任履行情况；生成基于收付实现制的决算报告和基于权责发生制的政府财务报告并按规定进行审计和公开，反映政府的预算执行情况和财务信息。在制定了政府会计准则体系的基础上，政府会计改革需要继续做好的工作还有：对政府会计准则体系进行进一步的完善；研究制定政府成本会计制度，规定政府运行成本的归集和分摊方法，反映政府向社会提供公共服务的成本和政府机关运行成本的财务信息；等等。

民间非营利组织主要包括各种社会团体、基金会、民办非企业单位（社会服务机构）、宗教团体、宗教活动场所等。加快修订、完善民间非营利组织会计制度，推进民间非营利组织会计制度的执行，是规范社会组织内部管理的需要，也是促进社会事业单位集体发展的要求。完善民间非营利组织会计制度要做好的工作，主要是补充现行民间非营利组织会计制度的不足，改进成本费用核算方法、健全捐赠资产的核算和信息披露制度，建立民间非营利组织会计制度执行情况的检查和审计制度，等等。

加快社会保障类基金的会计改革，健全会计核算体系，是准确核算社会保障类基金的资金收支及其运行情况，服务社会保障制度改革，完善社会保障体系建设的需要。这方面的工作主要有：根据机关事业单位工作人员养老保险制度改革和基本养老保险投资管理的最新规定，进一步完善社会保险基金会计制度；根据国务院关于机关事业单位职工年金办法的规定，修改与机关事业单位职工年金相关的会计制度；修订住房公积金、土地储备金等会计制度；等等。

四、改进注册会计师制度

自新中国 1980 年恢复注册会计师制度以来，注册会计师已成为完善我国社会主义市场经济体制、维护市场秩序和经济金融稳定、保护社会公众利益、优化社会资源配置的重要力量。回顾新中国注册会计师事业的发展，既有令人骄傲的成绩，也有需要继续提高之处。当前，我国注册会计师行业存在专业服务领域狭小、事务所内部治理不力、人才队伍素质不高、行业监管偏弱等问题，注册会计师行业的发展和管理与经济社会需求相比仍有一定差距,需要改进注册会计师制度,促使注册会计师行业不断取得新进步。改进注册会计师制度近期需要做好的工作主要有以下几个方面。第一,修订《注册会计师法》。自1993年颁布实施《注册会计师法》、2014年修订《注册会计师法》以来,连续涌现出不少新情况、新问题,该法的一些内容已不能满足新形势的要求,需要对该法再做修订,研究如何将会计师事务所组织形式及相应的规模和法律责任、合伙人资格、法定业务调整、执业质量监管、事务所内部治理、行业管理体制、注册会计师法律责任等内容纳入《注册会计师法》的修订范畴,使《注册会计师法》在新形势下更好地发挥规范和指导注册会计师事业的作用。第二,落实行政审批制度改革要求,简化会计师事务所设立审批和变更备案,健全事务所退出机制。第三,改进事务所选聘方式和审计费用支付方式,确保事务所独立于被审计单位和能够公平发表审计意见,保证注册会计师的独立性。第四,改进中央企业审计轮换制度,适当延长审计轮换期,降低轮换成本,保证审计质量。第五,建立会计师事务所首席合伙人主体责任和签字注册会计师登记管理制度,强化首席合伙人的审计责任。第六,修改《会计师事务所职业风险基金管理办法》,完善职业风险基金管理日常管理,通过职业风险基金的合理使用,提高事务所和注册会计师抵御风险的能力;第七,与各有关部门合作,联合解决会计师事务所多头监管、重复检查的问题,建立联合监管机制,形成资格管理和业务监督、行政监督和自律管理相互配合,各有分工的监督体系,形成监管合力,提高监管效能。

五、推动会计信息化水平提升

在信息技术日新月异的今天,会计信息化无疑是会计数据生成、传递的发展方向。信息化能够把存在时效迟滞的会计信息变为实时在线的信息,把相对单一的信息变为联结价值链的整合信息,把单向信息变为多向信息,对于整合信息资源,延伸管理触角,实施精细化管理,开展定制化服务,防范风险舞弊,做出科学决策有着重要的作用。在不懈的努力下,我国的会计信息化已经取得了相应的成绩,会计信息化标准体系初步建立;可扩展商业报告语言(XBRL)在资本市场、国有资产管理、企业年金和职工年金监管领域的应用初具规模,对企业的应用价值初步显现;可扩展商业报告语言数据的互联互通显露雏形。为了使我国的会计信息化水平持续提高,还需要进一步完善相关制度建设,以制度建设催动会计信息化水平的提升。这方面应该做好的工作主要有:第一,根据可扩展商业报告语言技术发展情况,补充制定或修改可扩展商业报告语言技术规范系列国家标准和通用分类标准;第二,根据企业实际需要制定可扩展商业报告语言在企业内部应用的相关技术标准,为通用分类标准实施和可扩展商业报告语言应用打下标准基础；第三，制定通用分类标准在更多监管领域的应用办法，并最终将其推广到执行企业会计准则的所有企业，为信息使用者提供方便、快捷、经济的财务报告信息。

六、健全内部控制规范体系

内部控制是提高单位管理水平和风险防范能力，促进可持续发展，维护社会主义市场经济秩序和社会公众利益的重要手段，对于保证单位经济活动的合法合规、保证资产安全、防范舞弊和预防腐败、保证财务报告及相关信息真实完整、提高经营管理或公共服务效率和效果、促进单位实现发展目标，有着重要的作用。新中国企事业单位开展管理控制活动的历史由来已久，改革开放以来，我国企事业单位的内部控制制度得到了大规模推广，内部控制效果有了提高。企事业单位内部控制活动的开展，靠的是内部控制制度的指导与推动，内部控制制度建设是内部控制活动的保证。展望今后，内部控制制度建设还应做好如下工作：第一，完善《企业内部控制基本规范》及其配套指引，使企业内部控制规范内容和措施更为具体，更具操作性；第二，扩大内部控制的实施范围，研究制定政府内部控制规范和非营利组织内部控制规范，将内部控制推广到政府机关和非营利组织；第三，修订《行政事业单位内部控制规范（试行）》，将行政事业单位内部控制对象从经济活动层面拓展到全部业务活动和内部权力运行；第四，研究制定行政事业单位内部控制量化指标体系；第五，本着不贪大求洋、讲实际、见效果的精神，制定《小企业内部控制规范》，指导小企业实行内部控制。

七、加快管理会计指引体系建设

管理会计是会计的重要分支，大力加强管理会计工作，强化管理会计应用，有助于推进企业建立与完善现代企业制度、增强企业价值创造力、建立现代财政制度、推进国家治理体系和治理能力现代化、推动行政事业单位加强预算绩效管理和降低行政成本；也是深化会计改革，促进会计转型升级的方向。在出台了管理会计指引体系之后，还需要集思广益，对管理会计指引体系做进一步的完善，以更科学地指导管理会计工作的开展；多措并举，营造适合管理会计发展的氛围，通过组织企业应用管理会计的经验交流会、专题讲座等活动推动企业对管理会计的重视和开展管理会计的积极性，促进单位管理水平的提高，同时实现长期以来会计工作转型升级的愿望。

八、加快会计人才培养制度建设

会计组织制度的重心是会计人员管理制度，制定会计人员管理制度的基本目的是培养高素质的会计人员。我国会计工作的顺利开展,需要大批合格会计人员的支撑;我国市场经济的深入发展和向全球经济的深度融入,更需要一批熟练掌握会计审计知识、懂管理、通晓金融市场和国际商务规则的高端会计人才。在中共中央组织部认定的重点人才领域中,会计人才是我国人才队伍的重要组成部分;《国家中长期人才发展规划纲要(2010—2020年)》在战略目标中提出,要在财会等经济发展重点领域建成一批人才高地,并在经济社会发展重点领域急需的紧缺专门人才、企业管理人才素质提升工程、专业技术人才知识更新工程等部分分别提出了相应的会计人才培养目标。加强会计人才建设不仅是会计行业发展的客观要求,也是国家人才战略的重要内容。加速会计人才培养,需要相应的制度保证,这方面需要做好的工作主要有:第一,借鉴国外成熟经验,以会计人员能力框架为指引,修订《会计专业技术资格考试暂行规定》及其实施办法,调整考试内容,改进选才评价标准,通过专业技术资格考试引导会计人员完善知识结构,提高专业水平。第二,改进会计人员继续教育制度,丰富会计人员继续教育内容,从会计理论、政策法规、职业道德、业务知识和技能训练等多角度对会计人员进行继续教育,提高会计人员的会计专业能力,丰富其管理、金融等与会计工作有关的知识,使会计人员成为知识结构全面,专业技术熟练的合格人才。第三,修订《总会计师条例》,强化总会计师参与单位经营决策的职能,推动在大中型企业和行政事业单位配备总会计师,保障总会计师制度落实到位,不断提升总会计师素质,研究制定总会计师后续培训制度。

参 考 文 献

一、书籍

[1] 刘玉廷. 会计中国二十年[M]. 上海：立信会计出版社，2012.

[2] 中国会计学会. 中国会计理论研究丛书：会计史专题(2010)[M]. 北京：经济科学出版社，2012.

[3] 余盛钧. 中国注册会计师法规史[M]. 香港：天马出版有限公司，2012.

[4] 萧国亮，隋福民. 中华人民共和国经济史(1949—2010)[M]. 北京：北京大学出版社，2011.

[5] 赵凌云. 中国共产党经济工作史(1921—2011)[M]. 北京：中国财政经济出版社，2011.

[6] 许家林，蔡传里. 中国会计发展与改革研究[M]. 武汉：华中科技大学出版社，2011.

[7] 武力. 中华人民共和国经济史：上下卷[M]. 增订版. 北京：中国时代经济出版社，2010.

[8] 刘玉廷. 中国企业会计准则改革与发展[M]. 北京：人民出版社，2010.

[9] 付磊. 企业改革与企业会计变迁[M]. 北京：经济日报出版社，2010.

[10] 尹世芬. 改革开放后会计人员管理体制发展演变研究[M]. 北京：经济日报出版社，2013.

[11] 财政部会计司. 企业会计准则讲解2010[M]. 北京：人民出版社，2010.

[12] 财政部会计司. 企业内部控制规范讲解[M]. 北京：经济科学出版社，2010.

[13] 财政部会计司. 企业内部控制配套指引发布会专辑[M]. 北京：中国财政经济出版社，2010.

[14] 王宝忠. 中国会计制度变迁经济学研究[M]. 北京：中国物资出版社，2010.

[15] 刘仲藜. 新中国经济60年[M]. 北京：中国财政经济出版社，2009.

[16] 赵晓雷. 中华人民共和国经济思想史纲(1949—2009)[M]. 北京：首都经济贸易大学出版社，2009.

[17] 中国会计学会. 中国会计理论研究丛书：会计史专题(2007)[M]. 北京：经济科学出版社，2009.

[18] 张卓元，郑海航. 中国国有企业改革30年回顾与展望[M]. 北京：人民出版社，2008.

[19] 陈佳贵. 中国企业改革发展三十年[M]. 北京：中国财政经济出版社，2008.

[20] 王佳宁. 中国经济改革30年：抚脉历程(1978—2008)[M]. 重庆：重庆大学出版社，2008.

[21] 高尚全. 改革文集：献给改革开放30年[M]. 北京：经济科学出版社，2008.

[22] 张宇. 中国模式：改革开放三十年以来的中国经济[M]. 北京：中国经济出版社，2008.

[23] 贾康，赵全厚. 中国财税体制改革30年回顾与展望[M]. 北京：人民出版社，2008.

[24] 李宝震基金会.李宝震文存[M].北京:经济科学出版社,2008.

[25] 财政部会计司编写组.企业会计准则讲解2008[M].北京:人民出版社,2008.

[26] 财政部会计司.我国上市公司2007年执行新会计准则情况分析报告[M].北京:经济科学出版社,2008.

[27] 王建忠.会计发展史[M].2版.大连:东北财经大学出版社,2007.

[28] 财政部会计司.企业会计准则讲解2006[M].北京:人民出版社,2007.

[29] 加里·约翰·普雷维茨,巴巴拉·达比斯·莫里诺.美国会计史[M].杜兴强,于竹丽,等,译.北京:中国人民大学出版社,2006.

[30] 丁平准.风雨兼程:中国注册会计师之路(开放卷)[M].大连:东北财经大学出版社,2006.

[31] 中华人民共和国财政部.企业会计准则2006[M].北京:经济科学出版社,2006.

[32] 中华人民共和国财政部.企业会计准则——应用指南2006[M].北京:中国财政经济出版社,2006.

[33] 中国会计学会.中国会计理论研究丛书:会计史专题(2005)[M].北京:中国财政经济出版社,2005.

[34] 郭道扬.会计史研究 历史·现实·未来:第二卷[M].北京:中国财政经济出版社,2004.

[35] 刘玉廷.中国会计改革理论与实践[M].北京:民主与建设出版社,2003.

[36] 郭永清.新中国企业会计核算制度变迁研究[M].大连:东北财经大学出版社,2003.

[37] 中华人民共和国财政部.企业会计制度2001[M].北京:经济科学出版社,2001.

[38] 财政部会计司.企业会计制度讲解[M].北京:中国财政经济出版社,2001.

[39] 丁平准.风雨兼程:中国注册会计师之路(改革卷)[M].大连:东北财经大学出版社,2001.

[40] 中国会计学会.中国会计理论研究丛书:会计史专题(2000)[M].大连:东北财经大学出版社,2000.

[41] 《中华人民共和国会计法讲话》编写组.中华人民共和国会计法讲话[M].北京:经济科学出版社,2000.

[42] 中央财经领导小组办公室.中共中央关于国有企业改革和发展若干重大问题的决定学习辅导讲座[M].北京:人民出版社,经济科学出版社,1999.

[43] 项怀诚.新中国会计50年[M].北京:中国财政经济出版社,1999.

[44] 陈信元,金楠.新中国会计思想史[M].上海:上海财经大学出版社,1999.

[45] 财政部全国会计人员继续教育教材编审委员会.企业会计准则及股份有限公司会计制度讲解[M].北京:中国财政经济出版社,1999.

[46] 全国人大常委会法制工作委员会经济法办公室.中华人民共和国会计法详释[M].北京:中国言实出版社,1999.

[47] 汪海波.中华人民共和国工业经济史[M].太原:山西经济出版社,1998.

[48] 杨时展.1949—1992年中国会计制度的演进[M].北京:中国财政经济出版社,1998.

[49] 中华人民共和国财政部.股份有限公司会计制度——会计科目和会计报表[M].北京:中国财

政经济出版社,1998.
[50] 余玉苗,李国运,吴联生.以史为镜——注册会计师职业发展史[M].北京:中国经济出版社,1997.
[51] 中华人民共和国财政部.中国会计年鉴 1996—2014 年[M].北京:中国财政经济出版社,2015.
[52] 黄菊波.新中国企业财务管理发展史[M].北京:经济科学出版社,1996.
[53] 赵友良.中国近代会计审计史[M].上海:上海财经大学出版社,1996.
[54] 财政部《企业会计制度讲座》编写组.企业会计制度讲座[M].长沙:湖南科学技术出版社,1993.
[55] 余盛钧.中国注册会计师法规史[M].成都:成都科技大学出版社,1993.
[56] 海渥.会计史[M].文硕,付磊,译.北京:中国商业出版社,1991.
[57] 索科洛夫.会计发展史[M].陈亚民,等译.北京:中国商业出版社,1990.
[58] 迈克尔·查特菲尔德.会计思想史[M].文硕,董小柏,译.北京:中国商业出版社,1989.
[59] 李宝震,王建忠.中国会计简史[M].北京:经济科学出版社,1989.
[60] 杨纪琬.中国现代会计手册[M].北京:中国财政经济出版社,1988.
[61] 付磊.企业财务管理体制的过去与未来[M]//北京亚太华夏财务会计研究中心.中国会计理论与实务前沿(香港国际会计学会)论文集.北京:科学技术文献出版社,2001.
[62] 杨纪琬.中国会计史上的一次重大变化[M]//中国会计教授会秘书处.1995—1996 中国会计教授会年会论文集.北京:中国财政经济出版社,1997.
[63] 杨纪琬.我国会计改革的历程与前景[M]//中国会计学会.1994 年会计学论文选.北京:中国财政经济出版社,1996.
[64] 曲晓辉,等.中国会计准则的国际趋同效果研究[M].上海:立信会计出版社,2011.
[65] 曲晓辉,等.会计准则趋同研究[M].上海:立信会计出版社,2015.

二、论文

[1] 朱廷辉,许家林.中国注册会计师行业发展史研究初步论纲[J].中国注册会计师,2011(11).
[2] 杨丹,等.中国会计改革三十年——经济和会计互动的中国路径[J].会计研究,2009(1).
[3] 刘玉廷.中国会计改革开放三十年回顾与展望:下[J].会计研究,2009(1).
[4] 张梦霞.中国企业改革与发展 30 年回顾与展望——2008 年首都改革与发展研究会学术前沿论坛观念综述[J].经济与管理研究,2009(3).
[5] 张辉.解放初期会计师行业的一些情况[J].中国注册会计师,2009(2).
[6] 财政部会计司.会计改革与发展 30 年回顾与展望[J].财务与会计,2008(12).
[7] 郭道扬.论中国会计改革三十年[J].会计研究,2008(11).
[8] 高一斌.社会主义市场经济会计模式的探索之路[J].会计研究,2008(11).
[9] 刘玉廷.中国会计改革开放三十年回顾与展望:上[J].会计研究,2008(12).
[10] 余秉坚.会计改革的历史记忆[J].财务与会计(综合版),2008(11).

[11] 刘仲藜.注册会计师行业改革发展若干重大事件的回顾[J].中国注册会计师,2008(10).

[12] 陈毓圭.我国注册会计师行业发展的四个阶段[J].财务与会计(综合版),2008(12).

[13] 张连起.激荡30年注册会计师的共同记忆[J].财务与会计(综合版),2008(7).

[14] 张立民,唐松华.注册会计师审计的产权功能:演化与延伸——改革开放30年中国会计师事务所产权演变评析[J].会计研究,2008(8).

[15] 杜恂诚.近代中国的注册会计师[J].史林,2008(2).

[16] 刘海英,张宏林,周文.我国注册会计师制度的历史发展及其变革[J].山东工业大学学报(社会科学版),2000(1).

[17] 中国注册会计师协会.我国注册会计师事业发展历程(一)[J].中国注册会计师,1999(9).

[18] 中国注册会计师协会.我国注册会计师事业发展历程(二)[J].中国注册会计师,1999(11).

[19] 和平.我国注册会计师行业大事记[J].中国注册会计师,1999(9).

[20] 易庭源.新中国会计工作五十年变革的回顾与前瞻[J].财务与会计,1999(10).

[21] 冯淑萍.会计改革与发展的二十年[J].财务与会计,1998(12).

[22] 许家林.中国注册会计师制度演进的四个基本阶段回顾[J].注册会计师通讯,1997(12).

[23] 付磊.论我国注册会计师事业的发展历程[J].商业会计,1995(3).

[24] 杨时展.中国注册会计师制度的沿革与发展[J].财会通讯,1995(1-3).

[25] 财政部注册会计师考试办公室.全国第一次注册会计师考试考核工作回顾[J].中国注册会计师,1992(10).

[26] 吕众文.十年来会计工作的宏观管理[J].财会通讯,1989(10).

[27] 杨纪琬,余秉坚.新中国会计工作的回顾[J].会计研究,1987(3).

[28] 付磊.我国企业会计改革的回顾与思考[J].会计研究,2007(12).

[29] 付磊.企业改革与会计发展[J].经济与管理研究,2009(11).

[30] 付磊.会计改革的企业基础[J].会计之友,2010(12).

[31] 付磊.二十世纪中期的中国会计[J].会计之友,2014(3).

[32] 付磊.成本核算与成本管理的回顾与思考[J].会计研究,2019(10).

本书执笔人

前言:付磊
第1章、第4章:付磊、陈杰
第2章、第5章:王健琪、于鹏、叶青
第3章、第9章:尹士芬
第6章:曹健
第7章、第八章:杨鹃、王海林
第10章:付磊
全书修改和总纂由付磊负责。